L'ESPRIT DE LA CITÉ

Du même auteur

Chronique des derniers païens. La disparition du paganisme dans l'Empire romain, du règne de Constantin à celui de Justinien, Paris, Les Belles Lettres-Fayard, 1990, 2e édition revue et corrigée, 1991.

Mythologie et géographie dionysiaques. Recherches sur l'œuvre de Nonnos de Panopolis, ADOSA, Clermont-Ferrand, 1992.

Lady Mary Montagu, *L'Islam au péril des femmes. Une Anglaise en Turquie au XVIIIe siècle* (lettres présentées et traduites avec Anne-Marie Moulin), Paris, François Maspero, 1981, 3e édition, 1987.

Nonnos de Panopolis, *Les Dionysiaques* (texte établi, traduit et commenté), Paris, Les Belles Lettres, t. II : chants III à V, 1976 ; t. III : chants VI à VIII, 1992.

PIERRE CHUVIN

LA MYTHOLOGIE GRECQUE

DU PREMIER HOMME
À L'APOTHÉOSE D'HÉRACLÈS

FAYARD

J'aimerais exprimer mes remerciements au professeur Francis Vian, qui a bien voulu lire le manuscrit de cet ouvrage et le faire profiter de sa science.

Introduction

La mythologie grecque nous raconte, la plupart du temps, des aventures vécues par des hommes. Elle les déroule dans un passé déjà lointain pour ses rédacteurs, qui le croyaient pourtant datable ; et sur cette terre, encombrée de monstres, parcourue par les dieux, peuplée, surtout, par nos semblables de jadis, à peine retouchés : les ancêtres que les Grecs s'étaient donnés.

De triomphes et de drames révolus, il reste aujourd'hui bien peu, certes ; assez pour que la mythologie continue à être, comme toujours, une manière de parler, un répertoire de noms, d'images, de situations, bref, une référence. Rester médusé par un sosie, se heurter à un cerbère, poursuivre quelque chimère, voir devant soi l'hydre de la corruption faute d'avoir su nettoyer à temps les écuries d'Augias... Même à travers ces expressions éparses, banales, un peu guindées parfois, Méduse la jeune fille au regard mortel, à la chevelure vipérine, Cerbère le chien noir à trois têtes prolongent la gloire des héros chargés de les mater, Persée, Héraclès.

Or la mythologie grecque, avant sa dislocation, fut toute en mouvements liés, en glissements d'une histoire à l'autre. Les « théologiens » qui l'ont assemblée paraissent avoir été intarissables comme des conteurs : Chéhérazade aussi fut experte à nouer la fin d'une histoire au début d'une autre. Mais pour Chéhérazade, le moteur de l'accumulation était externe : la peur de l'aube où, n'ayant suscité nulle attente pour le soir, elle serait exécutée. Ou bien, plus simplement, c'était le plaisir gourmand de l'auditoire. Dans la popularité de la mythologie, le plaisir joua peut-être un rôle essentiel ; dans sa formation, ce fut le déchiffrement, par un peuple, de ce qu'il croyait être son destin et celui de l'humanité, dans ses plus anciens souvenirs, sollicités, reconstitués, fabriqués à partir d'un conglomérat de traditions locales.

Ainsi furent ordonnés images et thèmes, tantôt à creux de palais ou de maison forte, au sein de quelque famille meurtrière, Atrides retournant contre eux-mêmes le venin d'une malédiction divine renouvelée à chaque génération ; tantôt par monts et par vaux, sous le signe de l'errance et de la métamorphose : les premiers hommes germant du sol boueux d'après le déluge ; Io la jolie fille qui fut transformée en vache, pour la soustraire, disent les uns, à l'ardeur du roi des dieux, Zeus son amant, ou bien, disent les autres, à la jalousie d'Héra, l'épouse bafouée ; Zeus, à nouveau, devenu pluie d'or fécondant Danaé, la princesse recluse dans un souterrain de bronze ; Zeus, encore, triplant la durée de la nuit pour aimer autant qu'elle le méritait la belle Alcmène, si sage que son divin séducteur, pour se faire admettre, dut prendre l'apparence du mari. Il n'en fallut pas moins, il en fallut même beaucoup plus pour que naquît Héraclès le brave, qui élimina en douze reprises les monstres des marais et des bois, vipère, lion, sanglier ; en guise de treizième travail, il rendit mères les cinquante filles de l'un de ses employeurs, en cinquante nuits disent les uns, en une seule disent les autres ; et enfin, né mortel, après une infinité d'exploits, il accéda à la vie immortelle des dieux, sur l'Olympe.

Ce livre ne poussera pas le récit au-delà. L'idée de l'écrire m'a été inspirée par le constat d'une absence paradoxale, alors qu'abondent les études sur les mythes : celle d'une narration continue des légendes, comme si tous connaissaient leurs péripéties ainsi que les lieux et les temps où elles s'inscrivent, aussi bien dans les générations de la Grèce héroïque que sur l'étendue des eaux et des terres méditerranéennes. Or c'est cette insertion précise, cette continuité, qui fait l'originalité, et en partie l'intérêt, de la mythologie des Grecs. C'est elle qui permet à la plus ancienne œuvre littéraire produite par leur civilisation, l'*Iliade,* de ne presque rien raconter de la guerre de Troie : les événements non décisifs d'un mois lunaire sur les dix ans que dura le siège. C'était possible parce que, avant l'*Iliade,* existait déjà un cycle complet de légendes troyennes, embrassant l'ensemble du monde grec au temps des dernières générations de héros. Et ce cycle à son tour se rattachait à d'autres plus anciens, le cycle thébain par exemple, par les liens de la généalogie et ainsi de suite en remontant jusqu'à la mise en ordre originelle de l'Univers. Tous les auditeurs d'Homère connaissaient au moins l'existence de réponses aux questions qu'ils pouvaient se poser autour du poème. Sinon, comment s'y fussent-ils intéressés ? Mais déjà sans doute les bonnes réponses n'étaient pas les mêmes pour tous.

En effet, le système des mythes n'est pas entièrement ordonné ; il est impossible en particulier de raccorder la geste thébaine et la geste argienne. Il n'en est pas moins très élaboré, manifestant un vif souci des chronologies relatives et une connaissance précise des régions où se déroulent les différents épisodes ; une sorte de « Comédie humaine » à travers champs, forêts et cités du monde antique dont il faut respecter le dessin général, esquissé aux origines homériques et hésiodiques de la littérature grecque.

Prenons garde cependant : même lorsque de grands auteurs leur ont prêté leur talent, les silhouettes des héros de la mythologie n'ont jamais la consistance des personnages historiques, ni des héros des romans modernes. Avec leurs contours nets, leurs teintes franches, ils s'insèrent dans des situations stéréotypées dont les narrateurs successifs explorent certaines virtualités. Cela donne l'impression d'un jeu auquel le lecteur serait convié, choisissant à sa convenance aux carrefours du destin : on le verra à propos de la jeune Augé et de son fils Télèphe... Mais ce qui est véritablement humain et vivant, derrière ces figures, ce sont les interrogations de leurs créateurs, exprimées avec une force qui nous saisit encore aujourd'hui. Et les légendes ont été mises en forme par des auteurs si divers, tellement remaniées au gré des élargissements successifs de l'horizon des Grecs et du monde qu'ils dominaient, que le récit mythographique est aussi un voyage à travers leur littérature et leur histoire.

Comme la tradition nous livre non pas un mais plusieurs ensembles mythiques, ce volume va du premier homme, apparu à Argos, jusqu'à l'apothéose d'Héraclès, héros à la fois argien et thébain. Il propose une première traversée de cette forêt enchantée, que devraient compléter d'autres itinéraires. Sur le chemin, au risque de paraître s'égarer parfois dans les contre-allées, il donne une version aussi complète que possible de légendes universellement connues comme d'épisodes oubliés, non moins émouvants ou pittoresques ; leur multiplicité interdisait de prétendre être exhaustif.

L'ensemble suit un ordre double, selon lequel toutes ces histoires ont été charpentées : le fil des généalogies, qui seules rendent compréhensibles les destins individuels ; la formation du paysage des cités, leurs territoires, leurs affinités ethniques et politiques. Il s'agit de restituer aux mythes grecs leur espace et leur histoire, ce qui ne veut pas dire qu'on les prend pour de l'histoire travestie ou pour des allégories du cadre naturel ; de recueillir tous les éléments qui font leur inépuisable richesse, les jeux para-étymologiques sur le sens des noms propres aussi bien que les réflexions sur l'origine du droit et l'institution de la justice civique face aux vengeances de clan. Une des tâches de celui qui veut ressusciter aujourd'hui la mythologie est de faire surgir ses décors enfouis : les paysages concrets, tout comme les mentalités, impriment leur caractère aux légendes.

Encore faut-il accéder à l'information nécessaire sur le contenu de ces mythes et leurs différentes formes. C'est grâce aux œuvres littéraires qu'ils continuent à nous captiver, mais ils sont loin d'y être enfermés tout entiers. Pour les éclairer et les compléter, il faut se reporter aussi à une énorme production de traités, commentaires ou scholies (extraits de commentaires plus anciens, compilés en marge du texte commenté, à partir du IVe ou du Ve siècle ap. J.-C. environ).

La matière de cet ouvrage correspond au livre II d'un bref manuel de mythologie transmis sous le nom d'Apollodore d'Athènes, « grammairien » du IIe siècle av. J.-C., intitulé *Bibliothèque*, c'est-à-dire « compilation » ou « compendium »[1]. « Apollodore » va du règne du Ciel, aux premiers temps du monde, jusqu'à la fin du cycle troyen, marquée par la mort, de vieillesse, du chef achéen rentré le dernier de Troie, Ulysse. En réalité, le texte qui nous est parvenu a dû être composé au début de la période antonine, sous le règne de Trajan ou d'Hadrien (début du IIe siècle ap. J.-C.). Ici ou là, il s'accorde avec des versions attribuées à Apollodore d'Athènes et l'utilise donc sans doute plus largement qu'il n'y paraît aujourd'hui. C'est un résumé qui recueille les formes anciennes des mythes, souvent d'après les *Catalogues* en vers, composés à la manière d'Hésiode au cours du VIIe siècle av. J.-C., ou d'après l'un des premiers prosateurs (*logographes*), Phérécyde, au début du Ve siècle av. J.-C. En revanche, la *Bibliothèque* passe systématiquement sous silence tout ce qui concerne Rome, ce qui ne veut pas dire que son auteur

1. À l'exception du dernier chapitre de ce livre (le retour des descendants d'Héraclès dans le Péloponnèse).

ait éprouvé un quelconque ressentiment envers le pouvoir romain. « Apollodore » vient de faire l'objet d'une traduction complète ; elle rendra d'autant plus de services que les notes citent nombre de passages parallèles ou complémentaires, provenant des travaux des grammairiens antiques[2].

Car, des autres traités antiques de mythographie, il n'existe le plus souvent pas de traduction française[3]. Quant aux scholies, qui ont gardé tant de précieux extraits d'ouvrages perdus, il arrive que leurs éditions soient introuvables et par ailleurs on doit, pour les utiliser, lire couramment le latin et le grec, puisque aucun de leurs recueils n'est traduit ni ne le sera de sitôt.

Un guide mérite une place à part, la *Description* [« Périégèse »] *de la Grèce* de Pausanias, à un double titre. Pour les régions qu'il a parcourues, l'auteur, qui écrit sous Marc Aurèle (vers 170-180), a constitué un répertoire unique de traditions locales. D'autre part, visitant les grands sanctuaires, il nous fait connaître des offrandes ou des décors de monuments dont les thèmes ont été choisis avec soin par ceux qui les ont dédiés — rois, cités, chefs de grandes familles ou simples particuliers. Souvent, sans lui, nous ne saurions même pas que ces œuvres alors de premier plan ont existé. Pausanias, certes, ne commente guère les intentions des donateurs. Mais il ouvre des perspectives sur l'usage que les Grecs faisaient de leurs mythes[4]. Si sa traduction complète n'est pas encore disponible en français, il serait injuste d'incriminer la négligence des érudits. Pour redonner chair à son texte, il faut à chaque page le concours de tant de disciplines, géographie, épigraphie, numismatique, histoire littéraire, archéologie et histoire de l'art, bien sûr ; et le savant qui a frayé son chemin à travers tous ces dédales doit encore avoir le courage de sacrifier la plus grande partie de ce qu'il a trouvé pour ne pas étouffer le texte sous les gloses et les digressions...

Nombre d'auteurs, de toute époque, ne nous sont connus que

2. *La « Bibliothèque » d'Apollodore*, traduite, annotée et commentée par Jean-Claude Carrière et Bertrand Massonie, Besançon, Annales littéraires de l'Université-Paris, Les Belles Lettres, 1991.

3. On annonce pour 1993 la parution du premier mythographe du Vatican, texte établi par Novio Zorzetti et traduit par Jacques Berlioz, Paris, Les Belles Lettres.

4. Le livre I (*L'Attique*) vient de paraître (Paris, Les Belles Lettres, CUF, 1992), édité par Michel Casevitz, traduit par Jean Pouilloux et commenté par François Chamoux. Pour le livre II (*La Corinthie*, incluant l'Argolide), voir Georges Roux, *Pausanias en Corinthie*, Paris, 1958. Pausanias a fait l'objet d'un essai alerte de Paul Veyne, *Les Grecs ont-ils cru à leurs mythes* ? Paris, Le Seuil, 1983, rééd. poche, 1992.

par les extraits, références, allusions qui se rencontrent chez les compilateurs érudits ou les polémistes des siècles suivants ; et par les morceaux que nous livrent les papyrus, avec leurs déchirures capricieuses et désolantes, ou parfois les secrets dévoilés par quelques lignes préservées à propos. Aujourd'hui, il faut prendre en considération non seulement ce qui est conservé, mais aussi les œuvres perdues ou fragmentaires, les plus nombreuses, ombres auxquelles les œuvres survivantes renvoient constamment. À force de les scruter, bien des philologues se sont imaginé qu'ils arriveraient à reconstituer les parties manquantes : lorsque leurs intuitions ont pu être contrôlées, on s'est aperçu qu'ils s'étaient souvent trompés. Ce serait une erreur aussi grande de passer à côté de ces informations en feignant de ne pas les voir.

Les recueils de fragments procurent donc une aide indispensable, par exemple ceux des historiens, publiés par Felix Jacoby, de 1923 à 1958, d'abord en Allemagne, puis, après l'avènement du nazisme, depuis l'Angleterre. Une floraison de recueils a paru ces dernières années, où le texte grec s'accompagne d'un commentaire latin : le *Supplementum hellenisticum* en 1983, les poètes épiques archaïques, en deux éditions indépendantes, en 1988, les tragiques et les comiques en cours et d'un bon pas... Mais les renvois aux recueils, pratiqués en formules d'aspect algébrique, ne doivent pas faire oublier que les citations se comprennent en général mieux si elles sont lues aussi à la lumière de l'œuvre qui les a conservées. Et même si certaines nouveautés paraissent menues, notre savoir mythographique est aujourd'hui un peu plus étendu qu'il y a cinquante ans, notablement plus qu'il y a un siècle.

Heureusement, la petite foule de ces modestes écrits antiques, visant à faciliter la lecture ou la contemplation des œuvres majeures, comme ces œuvres elles-mêmes, a été depuis longtemps répertoriée, en quasi-totalité. Une fois exclues des présentations qui peuvent être agréables et de qualité, mais n'ouvrent pas l'accès à l'étude de la tradition, les ouvrages modernes de référence dans ce domaine, renfermant la somme de la mythologie grecque, ou du moins sa plus large part, et donnant des pistes pour le reste, sont au nombre de trois[5] :

5. Je laisse de côté Herbert J. Rose, *A Handbook of Greek Mythology*, Londres, 1928, six fois réédité, puis réimprimé, par trop succinct ; et Robert Graves, *Greek Myths*, Londres, 1958, trad. fr. : *Les Mythes grecs*, Paris, Fayard, 1967, sans prétention scientifique.

— l'*Ausführliches Lexikon der griechischen und römischen Mythologie,* paru sous la direction de W. Roscher, publié par fascicules de 1884 à 1937 ;

— la *Griechische Mythologie* de L. Preller, dont on utilise le tome I, paru en 1860, dans sa quatrième édition de 1894, et surtout le tome II, 1 et 2, *Die Griechische Heldensage,* rédigé par Carl Robert (Berlin, 1920) ;

— dans un format plus modeste, le *Dictionnaire de la mythologie grecque et romaine* de Pierre Grimal, Paris, PUF, première édition, 1951, constamment réimprimé.

Une entreprise ambitieuse et utile, le *Lexicon iconographicum mythologiae classicae,* est actuellement en cours ; de 1981 à 1990, cinq tomes en dix volumes sont parus, représentant à peu près la moitié de l'ouvrage. Il apporte à l'occasion d'excellentes mises à jour. Mais ce dictionnaire richement illustré traite avant tout, comme son intitulé l'indique, de l'iconographie ancienne des légendes[6].

Le présent ouvrage, au contraire, repose avant tout sur la tradition littéraire[7]. Il délaisse la présentation d'un dictionnaire, adoptée par Roscher et Grimal, et rejoint l'œuvre de Preller et Robert, mais restaure la cohérence du récit qu'ils ont souvent mise à mal en vertu de reconstructions, maintenant périmées, de la genèse des légendes. Ce qui amena Carl Robert à étudier la naissance et l'enfance d'Héraclès aussitôt après sa mort, à ranger les héros argiens dans l'ordre Persée, Proitos, Io, Danaos, Phoroneus, alors que l'ordre généalogique, ici constant, est Phoroneus, Io, Danaos, Proitos, Persée...

Il est facile aujourd'hui de souligner les limitations imposées à l'auteur par les préjugés de la philologie classique allemande d'alors : l'identification nationaliste avec les Doriens, la tendance hypercritique à corriger les œuvres d'après ce qu'il était sûr de si bien comprendre, la propension à restituer des « formes originelles », au détriment de ce que disent expressément les textes. Beaucoup plus facile que de prendre conscience de nos propres travers. Avec tous ses défauts, l'analyse de Carl Robert reste la plus pénétrante à laquelle on ait soumis la mythologie grecque.

6. Son prix le rend presque inabordable pour les simples particuliers, et même pour certaines bibliothèques universitaires.

7. J'ai privilégié dans les notes les renvois aux sources anciennes. On n'y trouvera évidemment pas l'énorme bibliographie des études sur les légendes.

La reconstitution de la genèse des variantes, quand elle est possible, ne saurait révéler un précieux noyau primitif qui se serait développé et compliqué au long des siècles. La mythologie grecque, si haut que nous puissions remonter, est foisonnante et composite. Elle a évolué par modifications, par abandon, dépérissement ou oubli de certains récits au profit d'autres. Il convient, certes, de chercher à prendre en compte toutes ses formes ; il serait vain de vouloir à tout prix les hiérarchiser, et surtout de dégrader systématiquement les plus récentes au profit des plus anciennes [8]. Reconnaissons plutôt la diversité des attentes auxquelles les auteurs eurent à répondre.

Une légende argienne comme celle de Danaos, présentée sur la scène athénienne, ne peut pas avoir tout à fait la même signification qu'à Argos, où elle explique des reliques, commente une particularité du paysage ou des coutumes. Elle changera encore si elle est adaptée par une cité, Rhodes, qui se réclame d'une parenté avec l'illustre Argos par le biais du héros Tlépolème, fils d'Héraclès ; et à nouveau lorsqu'un zoologiste essaiera de décrire une bête étrange de l'Afrique, le gnou, en la comparant à un monstre de la fable argienne, la Gorgone Méduse. Ou bien c'est un auteur d'histoire universelle, Denys d'Halicarnasse, qui cherche une origine grecque aux peuples indigènes de l'Italie et, en rationalisant à toute force les traditions, tâche de leur donner un visage historique [9].

Certaines préoccupations peuvent étonner. Des objets décrits avec minutie, la coupe gagnée par Amphitryon à la guerre, la massue d'Héraclès, sont doués ici d'une vie mystérieuse. Reliques conservées dans les temples, ils paraissaient garantir l'authenticité des récits qui leur donnaient un rôle. Sans doute aussi, à l'époque où fut composée la mythologie grecque, vers le VIIIe et le VIIe siècle av. J.-C., dans une société enrichie par le commerce et le pillage, le public aimait-il retrouver dans les légendes, magnifiés, parés de vertus magiques, les chaudrons, les coupes, les armes qui s'accumulaient dans les sanctuaires et dans les chambres fortes des nobles.

8. Cela ne s'entend bien sûr, qu'à l'intérieur d'un espace, le monde hellénophone et ses surgeons romains (comme Ovide pour une part de son œuvre), et d'une durée, celle de l'Antiquité dite païenne. Il ne s'agit pas de mettre tous les témoignages sur le même plan, bien au contraire, mais de dissocier l'examen des différences et les jugements de valeur.

9. Voir ci-dessous, p. 77.

Vertigineuses parfois, les listes de noms propres : on reste ébahi de les voir surgir, se compléter, se contredire, sans que nous comprenions clairement la portée de ces débats. Hippocoon, qui n'est certes pas le héros spartiate resté le plus célèbre, avait vingt fils. Dix furent tués par Héraclès : leur état civil est méticuleusement enregistré. Pour commémorer des existences fauchées avant l'âge ? Surtout parce que, dans la plaine de Sparte, on avait attaché leur souvenir à de petites bosses ou à de très vieux monuments ; on voulait savoir sous quel nom invoquer le défunt supposé pour qu'il dispensât ses faveurs, sa protection.

Ces souvenirs qui ont presque tous sombré, il faut les débrouiller à l'occasion, élucider ces noms auxquels les Anciens attachaient tant d'importance. Un mot qui n'appartient pas au français courant revient très souvent dans ce livre : « éponyme ». L'éponyme, c'est celui qui donne son nom : magistrat bien réel, il le donne à l'année dans ces étranges datations antiques qui ne chiffrent pas l'écoulement du temps ; fondateur fictif ou réel, il le donne aux cités, aux pays qu'il est censé avoir créés ou organisés.

Pour ce travail, j'ai voulu prendre le temps, et la place, d'expliquer et de raconter, avec le souhait qu'il serve à l'instruction comme au plaisir de tout lecteur. À côté des analyses mythographiques, la traduction d'extraits des poètes vise à rendre à la fable son charme, certes, mais aussi à dégager les intentions qui ont commandé le choix de telle version, à expliquer tel silence ou telle insistance. Enfin, cette mythologie est grecque, et non pas romaine ; c'est-à-dire que n'ont été systématiquement recueillies ni les légendes latines, même si elles font intervenir des héros d'origine grecque, ni les variantes latines de légendes grecques. Cela n'empêche pas d'utiliser les auteurs latins et l'on comprendra aisément qu'il n'y a là de ma part nul dédain, mais seulement le souci de respecter l'originalité d'une autre grande culture.

Rejoignons donc les agoras et les théâtres des cités hellènes, où ces histoires ont été imaginées, embellies et patiemment ajustées, des siècles durant, avant de courir le monde et de se répandre en toutes les langues.

LE MONDE DES MYTHES

I

Le monde des mythes

La Grèce où nous entrons n'est pas seulement le pays qu'a popularisé le tourisme, méditerranéen, égéen, brûlé par un soleil d'or entre l'azur du ciel et l'indigo de la mer, bercé par les cigales, rafraîchi par le meltem [1], à saveur de vin, d'olives et de figues. Les mythes grecs ont pour cadre l'univers tout entier, tel que l'imaginèrent des générations de poètes. Experts à déduire l'invisible par de subtiles analogies, ils observaient avec acuité ce qui s'offrait à leurs regards. Plus encore pour eux que pour nous, l'univers était en définitive incompréhensible ; ils ne renoncèrent pourtant ni à le décrire ni à l'expliquer. Essayons, un instant, de regarder le monde avec leurs yeux, de retrouver leur horizon d'explorateurs, à pied ou à dos de mulet sur terre, à vue de pilote sur la mer.

Leur ignorance était grande même à l'intérieur des contrées les plus familières. Longtemps ils ne disposèrent ni de cartes ni, bien moins, de globes pour y inscrire ce qu'ils savaient tout de même. Ils percevaient le monde au fil d'itinéraires qu'ils décrivaient avec la plus grande précision, mais qu'ils eurent toujours beaucoup de mal à reporter sur des cartes, faute de pouvoir mesurer avec exactitude les distances (surtout les longitudes) et de savoir évaluer, même grossièrement, les altitudes. Sur la mer, ils portaient aux hauts-fonds, aux courants, aux vents une attention que nous n'avons plus. Sur la terre ferme, comment retrouverions-nous leur sensibilité au sol qu'ils foulaient, leur angoisse devant les terrains mouvants, leur malaise à travers la rocaille ? Comment partager leur attente de la source fraîche, leur appréhension devant

1. Les « vents étésiens » de l'Antiquité.

l'eau inconnue ? Le ciel étoilé leur était à la fois calendrier, baromètre, repère géographique...

Ils avaient aussi une tout autre conception de l'ordre du monde et des rapports entre les différents états de la matière. Leurs savants pouvaient imaginer des orages souterrains provoquant les tremblements de terre. Ils pouvaient concevoir qu'une tempête violente, à force de baratter la mer et de la faire écumer, finisse par transformer l'écume en blancs galets. La métamorphose est un élément essentiel de leur monde. Le limon devient chair, non pas une seule fois, à l'origine, grâce à un démiurge, mais couramment, sans autre action que celle du soleil. Les êtres humains deviennent fontaine, plante ou oiseau ; le ciel se peuple des héros de la fable, de leurs emblèmes, de leurs adversaires ou victimes, dont les constellations font entrevoir la silhouette, la Vierge, les Ourses, les Pléiades. Les dieux circulent sur la terre, soit en empruntant une apparence humaine, soit en se faisant rayon de soleil, arc-en-ciel, murmure du vent ou de l'eau ; ils parlent aux hommes grâce à l'intelligence d'interprètes inspirés, au fait des multiples langues qu'utilise l'univers. La terre des Grecs est piquetée d'oracles proposant à tous la connaissance de « ce qui est, ce qui sera et ce qui fut », selon la formule épique. De ces lieux privilégiés, tout le monde aujourd'hui encore connaît Delphes, parfois Dodone, Claros ; il y en avait des dizaines d'autres. Enfin, gouffres, cavernes et marécages ouvrent des lucarnes sur le monde des morts et des anciens dieux relégués dans l'obscurité.

Ce monde poreux, malléable, changeant, a inspiré de nombreux recueils de métamorphoses et de catastérismes (« transformations en constellation »). Appréciés naguère parce qu'on les créditait d'une valeur pratique, négligés aujourd'hui, ils gardent pour qui sait les lire le charme d'une description de la nature qui nous environne, à la fois métaphorique et très concrète.

Tant de mobilité requiert quelques lignes fermes pour maintenir la cohésion de l'ensemble. Et d'abord un contour extérieur. Au niveau de cette terre, ronde et plate comme chacun peut le constater en regardant autour de soi, la limite est marquée par un fleuve annulaire, l'Océan, dieu très vénérable, le père de toutes les sources, des rivières et des fleuves qui remplissent les mers intérieures. Lorsque, dans l'*Iliade*, Homère décrit le bouclier d'Achille, qui porte un tableau abrégé de la terre habitée par les hommes, il est commode pour lui de placer l'Océan sur la bordure extérieure de l'objet. Déjà toutefois s'élèvent des difficultés.

L'Océan a-t-il lui-même des sources ? Comment son eau lui revient-elle ? Par quels cheminements alimente-t-il les autres cours d'eau ? Chez Homère, la croyance à ce fleuve repose peut-être sur la tradition bien plus que sur l'expérience concrète des marins de l'Ionie. Mais les Grecs eurent tôt fait d'arriver sur ses rives : au-delà du détroit de Gibraltar, ils virent s'ouvrir devant eux l'Océan immense. Dès lors, il leur fallut non seulement résoudre les difficultés internes de la croyance au fleuve Océan, mais encore concilier celle-ci avec l'existence de l'Atlantique.

Autant dire que leur notion des parcours de l'eau était fort différente de la nôtre. Depuis l'enfance, un schéma scolaire nous est familier : la fonte des glaciers et des neiges, avec le ruissellement des pluies, alimente les sources, qui forment les rivières, qui se jettent dans les fleuves, qui vont à la mer ; l'évaporation de toutes ces eaux gonfle les nuages, d'où nous viennent pluie, neige ou glace. C'est un schéma surtout aérien. Les Grecs, eux, préféraient des voies souterraines, inspirées sans nul doute par les reliefs karstiques sur lesquels ils vivaient si souvent. Pour eux, le circuit de l'eau était fait pour l'essentiel de résurgences. Faute de savoir calculer les altitudes, les observateurs antiques restaient insensibles à bien des impossibilités. Quoi de plus banal qu'un fleuve disparût ici pour reparaître là ? La même rivière peut couler à la fois sur et sous la terre (en particulier les fleuves infernaux), ou dans deux pays différents, se jeter dans deux mers opposées, communiquer dans la région de ses sources avec un autre cours d'eau. Aussi l'Istros, le Tanaïs, l'Éridan ne ressemblent-ils guère à leurs équivalents actuels, le Danube, le Don, le Pô. Il en va de même pour le Nil. Parmi tant de fleuves fantasques et fantastiques, l'Alphée chemine sous la mer depuis la côte occidentale du Péloponnèse jusqu'en Sicile pour rejoindre son amour, Aréthuse, pure fontaine sous-marine à Syracuse.

La terre est plate, certes, et pourtant un navire qui s'éloigne vers l'horizon paraît s'enfoncer progressivement, jusqu'à ce que seule dépasse la pointe de son mât, puis plus rien... Oublions l'explication facile que nous n'avons pas eu la peine d'inventer et songeons à ce que voyait un Grec : en allant vers l'horizon, le bateau s'enfonçait ; autrement dit, les horizons marins sont plus bas que le centre, la terre est un plateau dont les bords, à tout le moins les bords maritimes, sont enfoncés. C'est peut-être de là que leur est venue l'idée que l'extrême Occident, au-delà de l'Océan, voyait se rencontrer notre terre et le monde d'en dessous ; le bouvier de l'Ouest et le bouvier de l'Enfer (l'Hadès) s'y croisaient avec leurs troupeaux. Mais là aussi sont très vite apparues des difficultés. Comment peut-on être à la fois dessus et dessous ? Sur l'autre rive de l'Océan, les lois qui régissent notre espace cessent, semble-t-il, d'avoir cours. Là passent seulement des dieux, qui se déplacent « comme une aile ou comme la pensée ».

On a beaucoup dit que ce monde était symétrique, géométrisé. C'est vrai de l'image qu'en donnèrent les savants de l'Ionie, à la fin du VIe siècle av. J.-C. Avant eux, à côté d'eux, ce l'était beaucoup moins, tout simplement parce que les poètes ne se souciaient pas de donner une image complète du monde. On le verra : en allant vers l'ouest ou vers le nord, il semblerait qu'on arrive à un point au-delà duquel le climat cesse d'être froid ou pluvieux, les jours et les nuits d'être inégaux, pour acquérir la sereine uniformité d'un bel équinoxe, par un printemps précoce qui jouirait aussi des fruits de l'automne Vers le nord, le peuple bienheureux qui habite ces contrées s'appelle justement les « Hyperboréens », ceux qui vivent au-delà du vent du nord. De chez eux Héraclès peut rapporter un plant d'olivier. Vers l'ouest, c'est le merveilleux jardin interdit des Hespérides. Mais cette embellie ultime n'est pas décrite aussi clairement à propos des deux autres points cardinaux. Les Éthiopiens sont souvent mis en parallèle avec les Hyperboréens : deux peuples commensaux des dieux aux confins de la terre habitée. Seulement, les dieux vivant dans la chaleur et la lumière intenses, on avait moins besoin en Éthiopie de suggérer un changement de climat. Quant à l'est, c'est le domaine où la force fécondante du soleil, dans sa jeune vigueur du matin, s'exerce le mieux. De ce côté, la description des merveilles de l'Inde a suffi à captiver l'imagination des Grecs, qui ne se sont guère aventurés, même en rêve, sur les eaux de l'Océan oriental. Le pays de l'extrême Est, où était gardée la rutilante toison d'or que Jason ramena en Grèce, la terre d'Aia, s'est trouvé en définitive identifié à la Colchide, au pied du Caucase, sur la mer Noire. Pas si loin que cela des cités grecques. Il en va de même, de l'autre côté, pour l'île de Calypso, fille d'Atlas, la déesse qui retient Ulysse prisonnier de son amour. Cette île « primordiale » d'après son nom (*Ogygié*) gîte loin de tout sur la mer, et même les dieux olympiens se plaignent quand ils ont à faire le trajet. Atlas étant un Titan relégué aux extrémités occidentales du monde, l'île de sa fille devrait se situer dans ces lointains parages. Pourtant elle a été constamment localisée en Méditerranée occidentale. Elle n'en est pas moins qualifiée de « nombril du monde », expression qui ne désigne pas tant un centre que l'endroit où les diverses composantes du monde, comme celles du corps humain, se rejoignent et trouvent leur cohésion.

C'est surtout dans la poésie archaïque, dans l'*Odyssée* et chez Hésiode, qu'abondent les expressions énigmatiques : l'endroit où les chemins du jour et de la nuit se rencontrent, par exemple. Les énumérer ne servirait à rien, et quelques pages de plus ne résoudraient pas mieux ces énigmes que les milliers qui les ont précédées sur ce sujet[2]. Pour rester aux extrémités du monde, quel est le rôle d'Atlas ? Soutient-il le ciel sur ses épaules ? C'est la représentation la plus simple, qui a fini par s'imposer. Elle n'est pas entièrement claire : s'il porte un globe céleste, cela suppose qu'il est entièrement à l'extérieur du monde. Se tient-il sur la terre, comme l'un des supports du ciel ? Dans ce cas, une fois pétrifié, il est devenu le mont Atlas. Sa fonction est alors comparable à celle d'autres montagnes, en particulier les divers Olympes. Soutient-il une colonne qui… ou deux colonnes ? Ou les garde-t-il ? Soutient-il seulement le ciel ou bien le ciel et la terre ? La situation se complique encore avec l'apparition des stèles, ou piliers, d'Héraclès (les colonnes d'Hercule) ; avec l'existence des « Roches qui s'entrechoquent » (Symplégades) à l'est et des « Roches errantes » (Planctes) à l'ouest, qui ne laissent passer entre elles nul navire sans le broyer ; les Planctes représentent une étape sur le chemin de l'Olympe, du moins pour les colombes qui y portent l'ambroisie… Elles aussi ont un rôle cosmique, mais se trouvent à l'intérieur de la terre habitée par les hommes, l'*oicouméné*. De plus, les Grecs ont beaucoup pratiqué le report au-delà de l'Océan (l'*exokéanismos*) de sites fabuleux, dans les légendes de Persée ou d'Héraclès, ainsi que dans d'autres, le retour d'Ulysse ou des Argonautes.

Il faut penser, aussi, quand on essaie de se figurer cet univers mythique des Grecs, aux changements d'échelle. Ils sont frappants pour Héraclès, tantôt mortel de taille raisonnable et tantôt géant — de format variable dans la démesure, du reste. Ils devraient l'être pour les autres habitants surnaturels du monde. Que représente le palais de l'Olympe ? Tient-il sur la cime d'une montagne ? Lorsque le soleil disparaît le soir à l'ouest pour reparaître le lendemain à l'est, ne se comporte-t-il pas simplement

2. Alain Ballabriga, *Le Soleil et le Tartare*, Paris, Éd. de l'ÉHÉSS, 1986.

en seigneur qui entre dans son manoir par la porte de la ville et en ressort par la porte des champs ? Manoir souterrain, cela va sans dire.

À l'intérieur même de la Grèce égéenne, les dieux se battent contre les Géants qui, pour arriver jusqu'à eux, entassent montagne sur montagne, « Pélion sur Ossa ». Les projectiles des défenseurs de l'Olympe, quand ils tombent dans la mer, forment des îles. La bataille ne s'en déroule pas moins sur un coin de terre à dimensions humaines (la presqu'île de Pallène) et Héraclès y participe en tant que simple mortel. Diverses colères divines façonnent les paysages, un coup de trident de Poseidon détache l'Eubée du continent, un autre creuse le port rond de Lindos, dans l'île de Rhodes, ainsi abruptement tranchée ; Athéna fortifiant Athènes laisse échapper une pierre de ses mains : ce sera le Lycabette. Les déluges, provoqués par une remontée des nappes souterraines autant que par les averses, laissent des résidus limoneux et l'on repère les bondes d'évacuation des eaux déchaînées : le Tempé en Thessalie, la plaine d'Iconion en Asie Mineure. L'île de Rhodes naît comme une fleur, la rose dont elle porte le nom ; Théra (Santorin), comme une motte de terre qui remonte mystérieusement à la surface des flots. Ce monde traversé et unifié par les dieux porte les cicatrices de leur histoire, combats, amours, faveurs diverses...

La terre des hommes, on le voit, offre un vaste lieu de rencontre. C'est l'espace indivis entre les trois frères qui se sont réparti l'univers : à Zeus le ciel, à Poseidon la mer, à Hadès le monde souterrain qui porte son nom. Zeus occupe son domaine avec son épouse Héra et avec les autres dieux dits olympiens : ses frères et sœurs, ses enfants et ceux de sa femme. Ils vivent dans une sorte d'empyrée, une région où ils ne respirent pas l'air épais et brumeux qui nous environne, mais une substance subtile, plus ardente que le feu, l'éther que les poumons mortels ne sauraient supporter et qui baigne les plus hauts sommets des montagnes. De l'autre côté de la terre, dans les ténèbres souterraines, dans l'Érèbe aussi noir que l'éther est lumineux, les dieux se font plus rares, sauf les réprouvés ou les punis. Les pauvres mortels, hélas, s'y pressent, gardés par des fleuves marécageux, par le chien Cerbère, par la peur qu'ils inspirent aux vivants enfin. Ce sont les acteurs principaux de la mythologie, et c'est à la rencontre de leur communauté qu'il nous faut aller avant de commencer à dérouler les écheveaux de leurs histoires de famille.

II

Les Enfers

La mythologie grecque tout entière est une forme d'évocation des morts et les « héros » ne sont autres que des défunts, anciens ou récents, ayant échappé à l'anonymat qui engloutit peu à peu les gens du commun. Ils reçoivent un culte, gardent pour le moins un nom, parfois une histoire et, plus rarement, une certaine capacité d'intervenir en ce monde, dans des situations exceptionnelles [1]. Quelques-uns pouvaient s'enorgueillir d'une descendance qui reliait l'âge héroïque (au sens actuel du terme) à l'histoire grecque antique. C'est ainsi que les rois de Sparte étaient issus d'Héraclès, que ceux de Macédoine et d'Épire se disaient « Éacides » (descendants d'Achille, lui-même petit-fils d'Éaque, un fils de Zeus), qu'une grande famille de Milet, les Néléides, se rattachait à Nélée, père du sage Nestor, que le dème attique des Philaïdes était issu de Philaios, fils d'Ajax.

Mais les Grecs avaient aussi conscience d'une rupture qui les séparait de leur lointain passé et le plus grand nombre des héros se rattachaient à des souches mortes, anéanties par des cataclysmes d'ordre privé ou public. Ils n'en étaient pas moins révérés, parce qu'à défaut de leur famille la cité ou le culte qu'ils avaient fondé subsistait, parce que, d'une manière ou d'une autre, pas toujours

1. Chez Homère, qui évoque un temps révolu dont il ne reste plus aucun survivant, tous les personnages peuvent être qualifiés de « héros », devenu un simple terme de respect, « sire ». Mais l'acception de « défunt objet d'un culte » semble bien attestée par le grec mycénien et, après Homère et Hésiode, elle s'est imposée dans le grec classique. Voir Martin P. Nilsson, *Geschichte der Griechischen Religion*, Munich, Beck, I, 3e éd., 1967, p. 350 ; Pierre Chantraine, *Dictionnaire étymologique de la langue grecque*, Paris, Klincksieck, 1968-1980, *s.* ἥρως (voir à la fin de l'ouvrage la « Note sur les abréviations ») ; Martin L. West, dans son édition d'Hésiode, *Les Travaux et les Jours (Works and Days)*, Oxford, Clarendon Press, 1978, p. 370-373.

bienfaisante, ils avaient laissé leur marque sur cette terre. Tous ces personnages composent une société légendaire en partie arrimée à la société grecque historique par les liens de la généalogie et par des cultes, en partie indépendante, et en tout cas d'une cohérence remarquable compte tenu de sa complexité.

Aussi paraît-il judicieux de commencer une promenade à travers les générations de cette vaste tribu des héros par l'endroit où ceux-ci nous apparaîtront tous réunis, l'Hadès, monde des morts qui héberge également bons et méchants, pauvres et riches, vaillants et couards ; de replacer les héros parmi leurs semblables, les morts, et pour cela de suivre Ulysse dans la première exploration de l'Au-delà tentée par un Grec, telle que la dépeint Homère dans l'*Odyssée* (chant XI).

Ulysse doit consulter l'âme d'un grand devin d'autrefois, Tirésias, pour apprendre les conditions de son retour à Ithaque. Il se rend donc aux confins de la terre, sur le seuil d'un Au-delà auquel on n'accède qu'en bateau (ce sera une constante de la géographie infernale des Grecs) et il s'y livre à une évocation des âmes des morts qui arrivent en foule, avides de boire dans la fosse qu'il a creusée le sang frais des moutons noirs qu'il égorge pour eux. Les morts ont soif sans cesse ; grâce au sang, leur tourment s'apaise et ils retrouvent, à défaut de la vie, la conscience.

Ulysse voit d'abord l'un de ses matelots, Elpénor, qui s'est tué par accident juste avant le départ : la veille, il avait trop bu, il est allé dormir à l'écart, sur la terrasse, pour se rafraîchir ; à l'aube, entendant le bruit fait par ses camarades, dans sa hâte de les rejoindre, il est tombé du toit et s'est brisé la nuque. Faute d'avoir reçu des funérailles, d'avoir été « pleuré et enseveli » par son roi trop pressé, Elpénor est là, devant les portes de l'Hadès que son âme n'a pu franchir ; il supplie Ulysse de le brûler avec ses armes, de lui faire un tertre et d'y planter la rame qui était la sienne dans le bateau. Nul ne souhaite en effet rester dans cet état intermédiaire ; le mort demande le repos, son seul souhait est de passer définitivement de l'autre côté, de sombrer dans l'inconscience, séparé de ce qu'il laisse sur terre, un emblème sur sa tombe, un nom dans les conversations des hommes et les chants des aèdes. Mort sans sépulture, Elpénor n'est pas attiré par le sang (*Odyssée*, XI, 51-83).

Ensuite s'avance la mère d'Ulysse, Anticlée. Ulysse ne savait pas qu'elle était morte. Il pleure, il éprouve un chagrin violent, mais il ne peut la laisser boire la première, avant Tirésias, qui survient aussitôt. Seul entre les morts, Tirésias a gardé le privilège de la conscience. Il reconnaît Ulysse avant de s'être désaltéré, mais c'est seulement ensuite qu'il lui révèle les conditions de son retour. Puis Ulysse attend que revienne sa mère ; elle boit le sang et aussitôt reconnaît son fils. Derrière elle, Perséphone presse les fantômes des dames du temps jadis venues dans l'attente d'une gorgée de sang qui leur redonne un semblant de vigueur. Leur défilé rappelle de très près la poésie généalogique des *Catalogues*, placée ailleurs sous le nom d'Hésiode, fondement même de la mythologie grecque, qui énumère des dames illustres par leurs amours divines et leur descendance (XI, 225-327).

Ce ne sont pas leurs rejetons que ces dames précèdent en silence, mais les héros de la guerre de Troie, chacun interrogeant Ulysse sur les êtres chers laissés là-haut (v. 542). Après la poésie généalogique, c'est l'épopée qui présente ses grandes figures. Et, par un étrange glissement, peu à peu ce n'est plus la procession des morts qui se dirige vers le vivant debout, l'épée à la main, au bord de la fosse sacrificielle ; le vivant se trouve transporté au cœur même du royaume infernal. L'âme d'Agamemnon, le chef suprême des Achéens coalisés contre Troie, est la dernière qui ait besoin de boire le sang pour le reconnaître. Les héros qui viennent ensuite semblent savoir immédiatement qui il est : il faut croire que certains morts au moins ne subsistent pas simplement comme des larves assoiffées, mais forment une sorte de société. C'est cette conception qui triomphera.

Ulysse les voit dans les gestes où l'éternité les a figés, jusqu'à ce que la peur le saisisse devant le fracas provoqué par ces dizaines de milliers de nations des morts en train de s'assembler ; il fuit les bords de l'Hadès avant que la reine de ces lieux, Perséphone, ne fasse surgir la tête de la Gorgone au regard meurtrier. Il se replie vers son navire (v. 632-637), renonçant à poursuivre sa visite. Mais ce qu'il a vu suffit à fournir, pendant plus d'un millénaire, une référence pour imaginer l'Au-delà. De ce modèle, toute notion de paradis est absente, mais ses incertitudes laissent espérer quelques adoucissements au pessimisme radical du début. Surtout, ce qui distingue ces morts homériques des vampires ordinaires, outre leur innocuité (ils sont enfermés dans l'Hadès), c'est leur propension à se raconter dès qu'ils ont bu. Avec des défunts aussi bavards, la mythologie grecque devait assurément être d'une richesse exceptionnelle.

Une société comme une autre

Les Enfers sont organisés en royaume, gouverné par des dieux spécialisés, Hadès, qui s'identifie dans le langage avec son domaine, et son épouse Perséphone, qui semble plus présente, plus active et plus redoutée que lui. Sous la surveillance assez lointaine du couple royal, qui ne paraît guère intervenir directement dans leurs affaires, les morts « vivent » dans l'Au-delà, moins bien qu'ici-bas, mais sur le même modèle. Dans l'*Odyssée*, Achille est toujours roi chez les morts, même si, affirme-t-il, cela vaut moins que d'être valet de ferme sur terre. Minos arbitre les conflits qui peuvent s'élever entre eux ; il reste le juge qu'il était sur terre mais, dans la vision homérique, il n'a aucunement pour rôle de porter un jugement moral sur ce qu'ils ont fait de leur vivant[2]. Et, du reste, lui-même n'a pas mené, loin de là, l'existence irréprochable qu'on attendrait d'un juge suprême... Les rancunes et les amitiés nouées sur terre persistent intactes ; Ajax n'a pas pardonné à Ulysse de l'avoir frustré des armes de leur camarade Achille, qui lui revenaient ; Agamemnon exprime sa rancœur contre les femmes, solidement motivée par le comportement de la sienne, Clytemnestre, qui l'a expédié *ad patres* avec la complicité de son amant Égisthe.

Il y a des suppliciés dans ces Enfers. Assez peu, à vrai dire. Ulysse n'en voit que trois, Tityos, Tantale et Sisyphe, entourés du chasseur Orion et de l'archer Héraclès. Ces derniers ne subissent pas une punition mais ont un sort à part. Et la peur empêche Ulysse de chercher à apercevoir les deux amis inséparables, Thésée et Peirithoos, de leur vivant eux aussi visiteurs de l'Hadès, condamnés à une immobilité perpétuelle, mais la précision n'est pas donnée dans l'*Odyssée*[3]. Après Homère, la liste s'est naturellement allongée ; certains subissaient ailleurs leur châtiment, tel Ixion mis en croix sur une roue enflammée tournant dans les airs, parce qu'il avait voulu faire violence à Héra. Double faute : s'en prendre à une déesse, et de surcroît à l'épouse de Zeus, protectrice

2. Dans l'*Hymne homérique à Déméter*, 367, Hadès semble dire à Perséphone : « Il y aura un châtiment pour ceux qui enfreignent la justice, à jamais » mais il précise aussitôt : « ceux qui ne t'apaiseront pas par des sacrifices ». Il s'agit d'assurer le respect dû à une divinité, non d'instaurer une justice rétributive au-dessus des hommes.

3. XI, 630-631. Thésée a été délivré une première fois de la mort par Héraclès. Voir ci-dessous, p. 285.

du mariage[4]. C'est seulement au IIIe siècle av. J.-C., chez Apollonios de Rhodes, que son châtiment est explicitement situé dans les Enfers, regroupant désormais l'ensemble des damnés[5]. Ceux-ci, en fait, n'étaient pas plus criminels que d'autres, mais ils s'étaient opposés aux dieux durant leur vie. C'est peut-être pourquoi le tableau n'inclut ni Médée, meurtrière de ses enfants, ni les frères maudits Atrée et Thyeste, pour nous en tenir aux auteurs de crimes contre la famille ou le clan, auxquels les Anciens étaient particulièrement sensibles, et ne rien dire des massacreurs d'innocents que furent Achille, son fils Néoptolème et tant d'autres. C'est sur terre que tous payent leurs fautes, si elles doivent être payées, par eux ou par leur descendance.

Ces conceptions ne sont pas entièrement originales. Comme l'auteur du chant XI de l'*Odyssée*, les Hébreux aussi considèrent qu'il existe une seule résidence, le Chéol, commune à tous après la mort ; mais, monothéistes, ils n'en confient pas l'administration à des dieux infernaux. C'est un lieu radicalement coupé du monde des vivants comme de la présence de l'Éternel et, lorsque Moïse fait face à la révolte des descendants de Ruben, Coré, Datan et Abiram (Nombres, 16,33 et suiv.), le châtiment divin qu'il appelle sur eux, c'est la mort et non la damnation : ils sont engloutis par le Chéol, eux et leur clan. Cependant, la Bible ne reflète sans doute qu'une partie des croyances anciennes des Hébreux. Des épisodes comme la consultation par Saül d'une nécromancienne, à la veille de la bataille décisive contre les Philistins, montrent que les morts gardaient certaines possibilités de communiquer avec les vivants, voire d'intervenir (I Samuel, 28,3-25). La nécromancienne fait apparaître Samuel, qui avait jadis donné l'onction royale à Saül ; mais le spectre n'apparaît que pour reprocher à Saül cette démarche inutile (« Et pourquoi m'interroges-tu, si le Seigneur s'est retiré loin de toi et t'est devenu hostile ? ») et pour lui signifier qu'il sera tué dans la bataille du lendemain avec ses fils. Rien ne vient adoucir l'angoisse qui se dégage de cette scène, grandiose prélude à la défaite de Saül et à la fin de sa lignée.

Ulysse aura plus de chance : il évoque les morts pour apprendre du devin Tirésias comment rentrer chez lui, malgré l'hostilité de Poseidon, et il obtient satisfaction. Le monde des morts, comme celui des dieux, est en Grèce quelque peu perméable aux vivants.

4. Pindare, *Pyth.*, II, 21-48 ; Sophocle, *Phil.*, 677 et suiv. ; Euripide, *Héraclès*, 1298 ; *Phén.*, 1183-1186.
5. Apoll. Rh., III, 61 et suiv. (voir à la fin de l'ouvrage la « Note sur les abréviations »).

Panorama

Le respect dû à Homère n'a pas empêché la défunte société des héros d'évoluer. Elle s'est notablement enrichie. Vers le milieu du ve siècle av. J.-C. ou un peu avant, un peintre célèbre, Polygnote de Thasos, décora les murs d'une sorte de parloir, une *lesché*, que le peuple de Cnide avait fait construire dans le sanctuaire d'Apollon à Delphes. Sur le mur de droite, il représenta le pillage de Troie et le départ des Grecs ; sur le mur de gauche, il illustra la consultation des morts par Ulysse, sur le modèle de l'*Odyssée*[6]. De ces peintures il ne reste plus rien ; mais l'auteur de la *Description de la Grèce*, Pausanias, les a vues vers 170-180 (après plus de six cents ans, elles n'étaient plus complètement lisibles) et en a fait un inventaire minutieux qui nous permet, dans une certaine mesure, de reconstituer l'Au-delà tel qu'on pouvait l'imaginer en Grèce au début de l'âge classique.

L'Hadès est cerné par un fleuve, l'Achéron, dans lequel nagent des poissons « si blêmes que l'on dirait plutôt des ombres que des poissons ». Et sur la barque du passeur des morts, Charon, l'artiste, originaire de Thasos, a placé un homme et une femme de son île ou de Paros, la cité mère, qui établissent un lien entre le monde héroïque et la société contemporaine : ce sont l'arrière-grand-père du poète Archiloque (ce dernier venu de Paros s'installer à Thasos) et la prêtresse qui avait institué dans l'île le culte de Déméter. Aussitôt après apparaissent des suppliciés, un parricide et un sacrilège, qui ne sont pas des individus identifiés, mais représentent, semble-t-il, des types généraux de coupables. Le parricide est étranglé par son père, le sacrilège puni par une sorcière. Puis un démon décharne les cadavres, ne leur laissant que les os ; la peau marbrée de bleu-vert et de noir, couleur de mouche à viande, découvrant les dents, il est assis sur une peau de vautour. Viennent alors les premiers fantômes mythologiques ; parmi eux, un personnage allégorique, Ocnos, « Tergiversation », tresse une corde de paille qu'une ânesse, derrière lui, broute au fur et à mesure. Le thème de l'activité sans résultat, si fréquent dans les cauchemars, a été utilisé avec prédilection par les Grecs pour leurs châtiments infernaux. Tityos, l'un des damnés aperçus par Ulysse, est lui aussi sur ce seuil de l'Hadès, mais son châtiment (deux

6. Paus., X, 25-27 sur le pillage de Troie, 28-31 sur la consultation des morts.

vautours lui becquetaient le foie) est interrompu ; il n'existe presque plus ; tout dévoré, blêmi, son fantôme n'est même plus entier.

Pausanias, en avançant, voit d'abord, comme Ulysse dans l'*Odyssée*, des héroïnes ; puis, après le groupe d'Ulysse au bord de la fosse, en présence de sa mère et de Tirésias, des héros qui ne sont pas tous empruntés au cycle troyen ou à l'évocation homérique de l'Hadès. En bonne place figure un groupe de musiciens : Orphée le cithariste et l'un de ses admirateurs, Thamyris, concurrent malheureux des Muses, qui a cassé sa lyre ; Marsyas le flûtiste, concurrent malheureux d'Apollon, et son élève Olympos. Il est possible que cette place reflète le rôle des doctrines dites orphiques pour assurer aux hommes un sort plus convenable après la mort. Et, de toute façon, la musique et le chant proposent aux Grecs la forme la plus sûre d'immortalité à laquelle ils puissent prétendre.

Des représentants d'autres cycles épiques sont là aussi, comme Méléagre, figure importante de la visite d'Héraclès aux Enfers : c'est la seule ombre, avec Méduse, qui ne s'enfuit pas devant le héros[7]. Et pour finir, une série de damnés ; après Sisyphe roulant son rocher, un groupe formé d'un adolescent et d'un vieillard, d'une jeune fille et d'une vieille femme, occupés à remplir une jarre sans fond. Ce ne sont pas les Danaïdes mais, suppose Pausanias, ceux qui n'ont fait nul cas des cérémonies d'Éleusis ; enfin Tantale, soumis à un double supplice : outre la faim et la soif éternelles qu'il endure, comme chez Homère, en présence d'eau affleurant à ses lèvres, de branches chargées de fruits frôlant son visage, il est constamment menacé par un rocher suspendu au-dessus de lui, innovation que Pausanias attribue à l'influence d'Archiloque.

Une partie de la composition était imposée par l'*Odyssée.* Polygnote a eu aussi le souci, en débordant son modèle, d'évoquer plus largement les légendes troyennes, de faire leur part à des exigences locales, phocidiennes (Delphes est en Phocide), thasiennes (puisque Thasos était la cité du peintre) ou cnidiennes (les commanditaires). Et il a infléchi ce que lui offrait l'*Odyssée* en ajoutant quelques figures de suppliciés qui soulignent le côté moral du châtiment. Ce tableau montre en raccourci comment a évolué la mythologie : le modèle homérique reste fondamental ;

7. Bacch., *Ode triomphale* V, 63-85, et Apollodore, II, 5, 12.

l'artiste élargit le répertoire, ici en utilisant les légendes troyennes. Les préoccupations locales et actuelles jouent un rôle important, et enfin il moralise la fable.

Le choix des coupables correspond pour une part à la tradition. Le châtiment de l'impie était déjà connu d'Homère, pour qui les parjures, après leur mort, sont tourmentés par les Érinyes[8]. En janvier 405, les malheureux qu'Aristophane, dans sa comédie *Les Grenouilles*, place dans la fange et les excréments, à l'entrée des Enfers, sont pour l'essentiel les parjures et ceux qui n'ont pas respecté leurs parents. Au-delà, dans une lumière radieuse, parmi les bosquets de myrte, dans une atmosphère de banquet, commence le séjour des initiés[9].

Les Champs Élysées

Si résider dans l'Hadès ne signifie pas que l'on est puni, du moins ne pas y aller a-t-il valeur de récompense. Déjà dans l'*Odyssée*, quelques mortels échappent à cette commune destination. Très curieusement, Ulysse explique qu'il a vu Héraclès, mais seulement « son image. Car lui-même est parmi les dieux immortels, se réjouit dans les banquets et possède Jeunesse [*Hébé*] aux belles chevilles, l'enfant du grand Zeus et d'Héra aux sandales d'or » (*Odyssée*, XI, 602-604). Ce dédoublement *post mortem* paraît sans autre exemple. Il a du reste, dans l'Antiquité et de nos jours, éveillé la méfiance des critiques, prompts à flairer les insertions, les interpolations. Lorsque Ménélas, époux de la belle Hélène, au retour de la guerre de Troie, retenu par les vents contraires sur une île du littoral égyptien, interroge le Vieux de la mer, il apprend de lui qu'à la fin de ses jours il ne mourra pas ; il sera envoyé par les dieux aux confins de la terre, aux Champs Élysées, où règne le blond Rhadamanthe, frère de Minos, pour y vivre un éternel printemps ; cette faveur lui est accordée parce que, grâce à Hélène, il est le gendre de Zeus[10].

Cette résidence sera plus tard décrite par Pindare[11]. C'est l'une

8. Homère, *Il.*, III, 278-279 ; XIX, 259-260.
9. Aristophane, *Gren.*, 145-157.
10. Homère, *Od.*, IV, 561-569 ; voir Hésiode, *Trav.*, 167-173.
11. Pindare, *Olymp.*, II, 57-83 ; *Thrène* VII (fr. 129-131*a* Snell-Maehler) ; voir Hésiode, *Trav.*, 166-172, avec, comme dans l'*Odyssée*, l'idée que le séjour dans les îles des Bienheureux est une alternative à la mort.

des « îles des Bienheureux », où se dresse le château de Cronos, roi divin de l'âge d'or. L'évocation des pensionnaires marque la différence entre les conceptions héritées et celles qui sont propres à l'époque du poète. En effet, de manière générale, y résideront tous ceux qui auront pu, au cours de trois séjours ici-bas et trois dans l'Au-delà, garder leur âme à l'écart de toute injustice [12]. Mais quand il en vient à nommer certains de ces privilégiés, ce sont Ménélas, Pélée, Cadmos, qui ont été mariés à des déesses ; Achille, qui est fils d'une déesse. L'attribution semble donc résulter d'un privilège en quelque sorte nobiliaire. Encore n'est-ce pas suffisant, car ni Anchise, amant d'Aphrodite, ni leur fils Énée, ni quelques autres ne semblent l'avoir obtenu [13]. En revanche, Diomède, protégé d'Athéna, en bénéficie, et une chanson de banquet attique montre que l'on pouvait toujours espérer ce sort pour les glorieux patrons de son parti politique : « Harmodios chéri, tu n'es pas mort, non ! Mais, dit-on, tu es aux îles des Bienheureux, là où se trouvent Achille aux pieds rapides et, dit-on, le fils de Tydée, le brave Diomède [14] ! »

Plus mystérieuse, plus arbitraire encore, l'apothéose de deux fils de Zeus nés d'une mère mortelle, Dionysos et Héraclès. Persée aussi, qui n'est guère inférieur par ses exploits à ses deux demi-frères, apparaît épisodiquement comme un dieu. Le processus d'apothéose est complexe, comportant des épreuves (πόνοι) sur terre et un passage par le feu : à la naissance pour Dionysos, à la mort pour Héraclès. Quant à Asclépios, fils d'Apollon, dont la divinité semble avoir été admise assez tard, il naît sur un bûcher (où Apollon le retire du ventre de sa mère morte) et meurt par la foudre de Zeus ; sa carrière mortelle est ainsi encadrée par le signe du feu.

Ces deux privilèges, béatitude à l'écart ou ascension dans l'Olympe, ne bénéficient qu'à un très petit nombre d'élus. Pausanias cite quelques noms, pris à la légende : outre Héraclès, Aristée, Britomartis de Crète, Amphiaraos, Pollux et Castor (VIII, 2, 4). Il aurait pu en ajouter quelques autres. De plus, à

12. Pindare, *Olymp.*, II, 68-70. La réincarnation est aussi mentionnée dans le fr. 133 Snell-Maehler (cité par Platon, *Ménon*, 81*b*).

13. Il semble qu'à l'origine des hôtes des Champs Élysées aient été les victimes de la foudre, considérées comme élues par les dieux, de manière totalement arbitraire. Un adjectif, ἐνηλύσιος, « en qui [la foudre] est venue », « atteint par la foudre », aurait été interprété « qui est dans l'ἠλύσιον » : Walter Burkert, *Greek Religion*, Oxford, Blackwell, 1985, p. 198.

14. Scolion (chanson de table) attique, *Carmina convivalia*, 11 (894 *PMG*).

toute époque, des mortels, des rois surtout, peuvent devenir dieux ou à tout le moins bénéficier de la condition « héroïque » après leur mort. De sorte que le séjour sur cette terre, s'il est concrètement et visiblement, alors comme aujourd'hui, celui des hommes destinés à l'Hadès, n'en offre pas moins vers le haut, vers l'immortalité, une foule de chemins. Jamais les hommes n'ont été aussi proches des dieux... à leurs risques et périls.

Des poèmes pour les morts

Jamais enviable, la condition des morts peut néanmoins être adoucie. Tout est affaire de rituels, d'offrandes, d'honneurs accordés aux défunts par les vivants, et d'abord par ceux qui perpétuent leur famille ou leur tribu. Pour les Grecs, l'exigence minimale pour jouir du repos dans l'Au-delà, c'est d'avoir reçu une sépulture — c'est la demande d'Elpénor à Ulysse. C'est aussi la condition d'une séparation, à la fois cruelle et nécessaire. Ainsi le ressent Patrocle, apparaissant à Achille la nuit qui précède ses funérailles :

> Tu dors, et moi, tu m'as oublié, Achille. Ce n'est pas quand j'étais vivant que tu me négligeais, mais maintenant que je suis mort. Ensevelis-moi, au plus vite, que je franchisse la porte de l'Hadès. À l'écart m'en tiennent les âmes, fantômes des défunts, et elles ne me laissent pas m'approcher d'elles par-delà le fleuve ; mais en cet état je rôde, par la demeure d'Hadès au porche profond. Donne-moi la main, je te le demande en pleurant. Car je ne reviendrai plus de l'Hadès, une fois que vous m'aurez donné ma part de feu (*Iliade*, XXIII, 69-76).

Mais déjà l'âme de Patrocle est insaisissable. Lorsque Achille veut le prendre dans ses bras, il s'échappe, « comme une fumée, avec des cris stridents » (*ibid.*, 100 et suiv.). Ulysse n'a pas plus de bonheur avec sa mère :

> Trois fois je m'élançai, et mon cœur m'ordonnait de la saisir, mais trois fois, hors de mes bras, pareille à une ombre ou à un songe, elle s'envola. Et moi, un chagrin aigu grandissait en mon âme (*Odyssée*, XI, 206-208).

Tout au long de l'Antiquité, les tombeaux gardent leur extrême importance : nombre de légendes ont été construites autour de quelque tertre dont l'occupant réel était oublié depuis longtemps et dont on cherchait à capter la bienveillance ou du moins à éviter l'éventuelle colère. Quant au culte funéraire, le mort souhaite le recevoir aussi régulier et durable que possible. Surtout, s'il est chanté par les poètes, il survivra dans la mémoire des hommes et occupera une place de choix dans la mythologie. Maigre consolation ? Elle n'en est pas moins enviée, et Sappho signifie sans ménagements à une dame sans instruction qu'elle ne doit attendre rien de tel :

> Quand tu seras morte, tu seras sous terre et on ne te mentionnera plus jamais, plus jamais dans la suite des temps, car tu ne prends pas ta part des roses du pays des Muses. Mais passant inaperçue dans la demeure d'Hadès aussi, tu tiendras compagnie aux morts blêmes, en voletant [15].

Ces défunts que seule peut ranimer, mieux que le sang du bélier et de la brebis noire, la poésie, nous leur verserons comme une libation cette longue récitation d'ancêtres, pour qu'une fois de plus la mythologie soit un pont par-delà la mort.

De cette brève incursion retenons aussi que pour les Grecs l'autre monde ne peut en rien corriger les imperfections et les injustices de celui-ci. Seules les souillures religieuses s'expient forcément. La grisaille morale qui en résulte, chez ces héros dont aucun n'est vraiment bon ni uniquement méchant, ne les rend pas indifférents. Ils vivent avec amertume et violence un présent d'autant plus intense que nul jour du jugement ne viendra compenser les pertes subies ici-bas.

D'Homère aux Tragiques, la mythologie grecque doit à sa médiocrité morale son extraordinaire richesse et sa complexité humaine. Puis vient l'avènement des théodicées. Dans le *Gorgias*, Platon présente les trois juges, Minos qui préside, Rhadamanthe qui reçoit les morts d'Asie et Éaque ceux d'Europe ; dans *La République*, avec le mythe d'Er, l'Hadès se subdivise en un paradis, délicieuse prairie, et un enfer brûlant de flammes. Également au IVe siècle av. J.-C., les peintures de tombes macédoniennes montrent les trois juges infernaux dans leurs terrifiantes fonctions, attestant la diffusion du thème. Il reste à

15. Fr. 55 Lobel-Page ; voir le fr. 193.

transporter le paradis au ciel et les âmes des justes dans les étoiles ; c'est chose faite à l'intérieur de l'école pythagoricienne, chez les acousmates (« traditionalistes »), dont un précepte dit : « Qu'est-ce que les îles des Bienheureux ? Le soleil et la lune[16]. » Les « légendes dorées » font alors leur apparition. Mais la mythologie était constituée, désormais détachée des croyances individuelles, toujours vénérée parce qu'elle célébrait les ancêtres, inépuisable répertoire de récits et d'images qui devait survivre aux dieux, aux cultes et même à la civilisation de l'Antiquité grecque et romaine.

16. Jamblique, *Vie de Pythag.*, 18, par. 82 ; voir Armand Delatte, *Études sur la littérature pythagoricienne*, Paris, 1915, p. 274-275. Même croyance dans l'*Axiochos*, dialogue pseudo-platonicien.

III

Naissances

Il n'y a dans la mythologie grecque ni création du monde, ni légende d'un ancêtre unique au genre humain. Au lieu d'un Adam et d'une Ève primitifs dont la descendance « croît et multiplie », les Grecs ont conçu une série de germinations indépendantes, indéfinies mais se conformant à un nombre limité de modèles, souvent proches les uns des autres. Le foisonnement dont l'apparition d'Éros, chez Hésiode, donne le signal subit une mise en ordre longue, laborieuse, par une succession d'éliminations et de nouveaux engendrements, non sans retours en arrière.

Cela n'a pas empêché les Grecs d'affirmer l'unité du genre humain. Et même de l'élargir, dès l'aube de leur littérature. « De même origine sont les dieux et les hommes mortels », affirme Hésiode. Et Pindare reprend : « Une est la race des hommes, une la race des dieux. Mais d'une seule mère nous tirons notre souffle, les uns et les autres[1]. »

Cette mère dont parle Pindare est évidemment la Terre et le peuple qui peut se vanter, tels les Athéniens, d'être né de la terre sur laquelle il vit encore, c'est-à-dire d'être « autochthone », en tire une grande fierté[2]. Une quantité de créations partielles expriment tout à la fois le sentiment de la diversité, notamment des groupes humains, et de l'unité d'ensemble du monde des vivants à travers les divers règnes de la nature, unité qui est très sensible aux Grecs[3].

1. Hésiode, *Trav.*, 108 ; Pindare, *Ném.*, VI, 1 et suiv.
2. Sur les significations politiques et sociales de l'autochthonie athénienne, voir Nicole Loraux, *Les Enfants d'Athéna. Idées athéniennes sur la citoyenneté et la division des sexes*, Paris, François Maspero-La Découverte, 1981.
3. N. Loraux, « Origines des hommes. Les mythes grecs : naître enfin mortels », *Dict. mythol.*, Yves Bonnefoy (dir.), Paris, 1981, t. II, p. 197-202.

La castration originelle

Au début, raconte Hésiode, naquit l'Espace (« naître », « devenir » et « exister » peuvent s'exprimer en grec par le même verbe, γίγνεσθαι/γενέσθαι[4]). Puis la Terre et l'Abîme (le Tartare). Puis Amour, « le plus beau parmi les dieux immortels ». De l'Espace naquirent les Ténèbres noires (le mot est masculin singulier en grec) et la Nuit. Ténèbres et Nuit s'unirent pour engendrer le Firmament éclatant (l'Éther) et la Lumière du jour. De la Terre naquirent « le Ciel [*Ouranos*] étoilé, pour qu'il la recouvrît bien partout », les longues montagnes et l'étendue des mers. La Terre s'unit avec le Ciel et leur couple est d'abord si étroitement et constamment joint que le Ciel « vigoureux » (v. 138) ne laisse pas les enfants qu'il engendre sortir du ventre de leur mère ; eux « haïssent leur père » (v. 138 et 155) ; lui « se réjouit de son méfait » (v. 158), tandis que la Terre, congestionnée, souffre, gémit « et, avec malveillance, lui tend un piège » (v. 160).

Elle fabrique une faucille d'acier et cherche, parmi ses enfants, celui qui l'aidera à « venger la male honte que m'inflige votre père » (v. 165). La haine et le plaisir du mal sont les premiers sentiments qui apparaissent aux origines[5]. C'est le fils cadet, Cronos, qui a l'audace de châtrer le Ciel d'un coup de faucille. Le Ciel alors se retire de sur sa mère-épouse et prend place où nous le voyons. Il en résulte une chaîne impressionnante de naissances. Les enfants déjà conçus par le couple peuvent venir à la lumière dans l'espace terrestre ainsi libéré : ce sont les dieux Titans, frères et sœurs de Cronos, les Cyclopes à l'unique œil rond et trois colosses munis chacun de cent bras et de cinquante têtes[6].

Mais, au moment même de sa mutilation, le Ciel continue à engendrer. Des gouttes de son sperme et de son sang mêlés tombées sur la Terre se forment des êtres redoutables, pleins de violence et de colère : les Érinyes, déesses poursuivant ceux qui ont commis un crime contre leur propre famille ; les Géants,

4. Hésiode, *Théog.*, 116-160. Je transpose les noms utilisés par Hésiode : la notion d'« espace » (attestée pour le mot χάος à partir de Bacchylide, début du Vᵉ siècle av. J.-C.) est certainement trop abstraite ; mais la simple transcription française, « chaos », serait encore bien plus fautive. Quant à « béance » et analogues, ils créent un effet de dépaysement qui s'exerce au détriment de la compréhension de la construction hésiodique.

5. Le si bel Amour (v. 120-122) est une énergie, toute-puissante sur les hommes et les dieux, non un sentiment.

6. Hésiode, *Théog.*, 164-182 (et 133-153 pour la liste des enfants).

« resplendissants dans leurs armes, tenant de longues piques », qui se révolteront plus tard contre les Olympiens, issus de Cronos ; les Nymphes des frênes, dont on verra le rôle dans l'apparition de l'humanité. Des testicules eux-mêmes, jetés à la mer, sort, dans un bouillonnement d'écume, Aphrodite, accompagnée par Amour et Désir[7]. On lui adjoindra plus tard le poisson-pilote, le pompile, qui, comme Aphrodite, accompagne les marins et protège les amoureux[8] ! Ces derniers enfants du Ciel perpétuent, fragmenté, ce qu'il a éprouvé, désir d'amour et soif de vengeance.

La conception hésiodique a connu un succès durable. Par la bouche de son héroïne Mélanippe « la Sage », Euripide l'exprime, à peine rationalisée, effaçant simplement les aspects terrifiants et monstrueux des premières générations :

> C'est un récit qui ne vient pas de moi, mais de ma mère. Le Ciel et la Terre ne formaient qu'un. Puis, lorsqu'ils se furent séparés, à l'écart l'un de l'autre, ils enfantèrent tous les êtres et les firent monter à la lumière : arbres, oiseaux, bêtes sauvages, créatures que nourrit la mer, et le genre humain[9].

Dans la Bible aussi, l'homme apparaît à la fin d'un processus qui, alors, est celui de la création du monde. Mais, dans la Bible, « Dieu vit que cela était bon ». Chez les Grecs, tout se passe dans la violence, le crime, la culpabilité, de manière empirique et sans projet d'ensemble. La création des êtres animés échappe à ses acteurs.

Dès la castration du Ciel, les temps sont mûrs non encore pour la venue des premiers hommes, mais, déjà, pour celle d'êtres qui les préfigurent. En effet, avec les créatures primitives d'Hésiode apparaissent aussi, ajoute une tradition, les Phéaciens et Silène[10]. Les uns sont d'aspect purement humain, l'autre est en partie

7. *Ibid.*, 183-206. Amour (Éros) est déjà paru aux v. 120-122. Le v. 201 ne marque donc pas sa naissance, mais son arrivée sur terre.

8. Athénée, VII, 282*f*, peut-être d'après le poète hellénistique Nicandre (voir le fr. 16 Schneider, conservé par Athénée dans le même passage). La mer est peu féconde dans les récits grecs ; on peut cependant citer Simias de Rhodes, poète un peu plus ancien que Nicandre, à propos de deux populations primitives de son île ; leurs noms sont parlants : « Nourrice des Ignètes [Indigènes] et des Telchines [Magiciens] fut la mer saumâtre » (fr. 11 Powell).

9. Euripide, *Mélanippe*, fr. 484 Nauck[2] ; passage célèbre, cité par plusieurs auteurs (Platon, Callimaque, Diodore de Sicile, Denys d'Halicarnasse, Eusèbe...).

10. Silène : Nonnos, *Dion.*, XIV, 96-97 ; Servius, à Virgile, *Buc.*, VI, 13 ; aussi fils d'Hermès ou de Pan. — Les Phéaciens nés du sang d'Ouranos : Alcée, fr. 441 Lobel-Page, Acousilaos, III (n° 2, fr. 4 Jac.), cités dans les schol. à Apoll. Rh., IV, 992.

chevalin. Silène, uni à une nymphe « Frêne » (*Mélia*), engendre le Centaure Pholos[11]. Les Centaures ont au moins trois origines différentes ; mais, d'une manière ou d'une autre, tous sont de proches descendants du Ciel ; souvent aussi, ces hôtes de la forêt descendent de nymphes portant des noms d'arbres[12].

D'un pêle-mêle de dieux, de monstres et d'animaux, les hommes, d'une part, les dieux olympiens, maîtres de ce monde, de l'autre, émergent peu à peu, en même temps qu'un ordre s'installe. Avant eux, puis à côté d'eux, des êtres plus ou moins surnaturels, Titans, Centaures, Silènes, Géants, différentes variétés de « démons », remplissent les étages de l'univers, colorent le monde matériel de toutes les nuances du divin et ne sont pas tous plus anciens que les simples mortels. Leur longévité ne les met pas à l'abri de la mort, qui finit par atteindre certains d'entre eux, encore que tard et difficilement. Il n'est pas toujours simple de discerner qui en est exempté, et pourquoi : ainsi Prométhée serait, à l'origine, mortel, alors que ce n'est pas le cas de ses frères les Titans ; à rebours, parmi les Centaures, mortels, Chiron est immortel. Dans sa famille, seule Circé a rang de déesse. Parmi les trois Gorgones, seule Méduse est mortelle[13]. Mieux, toutes les têtes de l'hydre de Lerne sont mortelles, sauf celle du milieu[14] !

Premiers combats

Ces premières générations sont anthropomorphes plutôt qu'humaines. Après les Titans, les Géants naissent directement de la Terre, à la fois glèbe et déesse, nourricière universelle, l'élément

11. Apollodore, II, 5, 4. Un autre fils de Silène et d'une nymphe Frêne, Dolion, ancêtre d'un peuple indigène sur les rives du lac de Nicée, est probablement purement humain. Voir Alexandre d'Étolie dans Strabon, XII, 4, 8 (566) = XIV, 5, 29 (681) = fr. 6 Powell.

12. Le commun de la troupe est issu d'un homme, Ixion, fils ou protégé d'Arès, roi des Lapithes (Thessalie). Ixion est un ami des dieux, mais souvent l'amitié des dieux, tout comme leur amour, ne réussit guère aux mortels. Il a goûté l'ambroisie, mais n'a pu s'empêcher de convoiter Héra. Trompé par un fantôme, la Nuée, qui a pris l'aspect de la déesse, il s'unit à elle et engendre une laide créature, Kentauros. Kentauros, laid mais humain, à son tour s'unit dans la montagne (le Pélion) aux juments des Magnètes. Leurs enfants, qui portent le nom de leur père, sont mi-hommes, mi-chevaux (Pindare, *Pyth.*, II, épode 2 ; Diodore, IV, 12, 6).

13. Hésiode, *Théog.*, 276-278. Un homme, Chrysaor (« Glaive d'or »), et un cheval ailé, Pégase, sont les deux créatures distinctes qui naissent du cou tranché de Méduse, enceinte des œuvres de Poseidon au moment de sa mort. Chrysaor est le père de Géryon (*ibid.*, 287-294).

14. Apollodore, II, 5, 2.

par excellence auquel appartiennent les hommes « nés du sol », χαμαιγενεῖς, selon l'épithète que leur donne Hésiode. De fait, la représentation grecque des Géants a subi des variations instructives. Dans l'*Odyssée*, ils forment un peuple sauvage, avec femmes et enfants, qui a péri par la faute (non précisée) de son roi, Eurymédon. Cependant une fille a survécu ; Poseidon s'est uni à elle et c'est la souche d'où est issu, par un mariage entre oncle et nièce, le couple qui règne sur le peuple juste des Phéaciens au moment du passage d'Ulysse [15].

Les Géants sont ainsi proches des Phéaciens, mais aussi des Cyclopes et des Lestrygons, et ces derniers à leur tour pourraient être une réplique des Fils de la Terre qui occupent le mont des Ours (la presqu'île de Cyzique dans la Propontide), en voisins d'un autre peuple primordial, pacifique celui-là et non monstrueux, les Dolions [16]. Géants, Phéaciens, Cyclopes, Dolions sont en rapports étroits avec Poseidon, maître du sol (des Lestrygons nous ne savons presque rien). Quant aux dieux, ils se montrent à ces créatures dans tout leur éclat (ἐναργεῖς, *Odyssée*, VII, 201), ce qu'ils ne sauraient faire avec les simples mortels, trop faibles pour supporter leur vue. En dehors d'Homère, les Géants sont représentés tantôt comme des « guerriers redoutables, vêtus d'armes étincelantes » et juvéniles, tantôt comme des hommes sauvages, adultes barbus à peu près nus, armés de pierres. À partir du IVe siècle apparaît le type du Géant dont les jambes se terminent par le corps d'un serpent, muni d'une tête redoutable à son extrémité. Ce type, qui s'impose à l'époque romaine au détriment des autres, est inspiré d'un autre adversaire de Zeus, Typhée, suscité par la Terre après la défaite des Titans et l'anéantissement des Géants [17].

En effet, une série d'éliminations discipline toutes ces créatures. D'abord la chute des Titans. Après le forfait qu'il a perpétré sur son père le Ciel, Cronos règne sur les Titans et sur les hommes d'alors et préside à l'âge d'or. À leur tour, Cronos et les Titans sont renversés par les enfants de Cronos, les Olympiens, menés par leur aîné, Zeus, et aidés, sur le conseil de la Terre, des trois

15. Homère, *Od.*, VII, 56-68 et 201-206. Comparer X, 118-122.
16. Apoll. Rh., I, 936-952, 989-1011 et Francis Vian, dans son éd., Notice du chant, p. 28-34. Sur les Dolions (descendants de Poseidon d'après Apoll. Rh., I, 952), voir ci-dessus, n. 11.
17. Voir F. Vian, *LIMC*, *s.* Gigantes (1988), p. 191-270 (p. 191 et suiv. et 251).

monstres fils de la Terre et du Ciel, les trois frères « innommables » aux cent bras et aux cinquante têtes (Cottos, Briareus, Gygès). Les Titans sont ensuite relégués dans l'Abîme (le Tartare), où ils sont gardés par les trois monstres (*Théogonie,* 617-735).

Mais il ne suffit pas aux Olympiens d'écraser les Titans pour établir leur pouvoir sans contestation. De leurs luttes successives deux versions sont données, par Hésiode et par le mythographe Apollodore (I, 6, 1-2). D'après Apollodore, la Terre, constante adversaire du pouvoir établi, fait naître les Géants pour venger ses premiers enfants, et les dieux n'en viendront à bout qu'avec l'aide d'un mortel, Héraclès. Ensuite, dernière manifestation de l'inquiétante fécondité de la Terre, Typhée, monstre unique, plus épouvantable encore que tous les guerriers précédents, ne sera lui aussi éliminé par Zeus qu'avec l'aide d'un jeune dieu, Hermès (et Aigipan), ou d'un mortel, Cadmos[18].

Chez Hésiode, après l'écrasement des Titans le poète se consacre à la description des portes de la Nuit et de l'Hadès, où les Titans subissent leur châtiment (v. 736-819). Puis vient le combat contre Typhée (v. 820-880), où Zeus parvient à lui seul à éliminer son ennemi. C'est après la Titanomachie que les dieux se répartissent entre eux les honneurs (τιμαί) et probablement alors aussi que se séparent les dieux et les hommes, qui auparavant vivaient mêlés et commensaux (*ibid.*, 535-616 et 881-885).

Cette présentation rapide juxtapose Apollodore et Hésiode, dont les visions sont sensiblement différentes[19] ; les artistes ou les poètes qui traitent un seul de ces trois épisodes tendent en général à l'enrichir de traits empruntés aux deux autres. Et la reconstruction se heurte à des difficultés chronologiques ici ou là ; Cadmos (qui participe à la lutte contre Typhée) est en principe un héros plus ancien qu'Héraclès (qui participe à la Gigantomachie), alors que Typhée a été produit pour venger les Géants. Ou bien, sur la frise sculptée du grand autel de Pergame, qui montre une prodigieuse Gigantomachie, les Olympiens comptent parmi leurs alliés certains dieux de la génération des Titans.

18. Apollodore, I, 6, 3 ; Oppien de Cilicie, *Hal.*, III, 15-25 ; Nonnos, *Dion.*, I-II, avec les comm. de F. Vian.

19. Hésiode se contente d'une allusion à la Gigantomachie, *Théog.*, 954 et suiv., reconnue par M.L. West, *ad loc.* Voir F. Vian, « Nouvelles réflexions sur la Gigantomachie », *Studi... A. Barigazzi, Sileno*, 1984, p. 259 (p. 255-264).

Les autochthones

L'identité du premier homme, fils de la Terre (γηγενής) comme les Géants, donc « autochthone », varie selon les provinces ou les cantons. En Arcadie, c'est Pélasgos : « Dans les forêts à la haute chevelure, la Terre noire produisit Pélasgos, afin qu'existât la race des mortels[20] », ou Phénéos, dans la haute plaine fermée qui porte son nom, au nord-est de la province[21]. À Rhodes, l'une des trois tribus est celle des Autochthones (une autre est celle des Héliades, descendants du Soleil, grand dieu de l'île ; la troisième est celle des Telchines, génies forgerons[22]). Ce sont parfois des êtres hybrides, mi-hommes, mi-serpents : en Attique, le nom de Cécrops « à double nature » indique son apparence monstrueuse (« Pourvu d'une queue »). Tous ces peuples ont un trait commun : ils se targuent d'être plus anciens que le voisin.

L'ancienneté était pour tous un titre de gloire essentiel. Nous retrouverons constamment, associé, le double thème de l'autochthonie du héros local et de son antériorité sur ses voisins. Les grandes cités, comme Argos, ont tendance à faire de leur autochthone le père des fondateurs ou éponymes des cités qu'elles prétendent dominer d'une manière ou d'une autre. Les petites agglomérations ne sont pas en reste. Les gens de Phlionte avaient un héros, Aras, premier homme et autochthone, qui avait installé sur une colline la première agglomération de Phlionte, Arantia, et qui était enterré dans le même village que Dysaulès, héros d'Éleusis (Pausanias, II, 12, 4). Les lointains descendants d'Aras ont bien pris soin de préciser à Pausanias que leur ancêtre était contemporain de Prométhée (qui, à partir de l'époque classique, passa pour avoir façonné le premier homme), plus ancien que Dysaulès, plus ancien que Pélasgos l'Arcadien et que les autochthones d'Athènes — bref, plus ancien que tout le monde (II, 14, 4). Qu'était Phlionte au temps de Pausanias ? Une bourgade dans un coin de l'Argolide, dont un hameau, Kéléai, abritait les tombes des ancêtres mythiques, dans une plaine agricole fertile mais

20. Asios de Samos, poète archaïque, fr. 8 Bernabé/Davies, dans Paus., VIII, 1, 4 ; voir Hésiode, fr. 160 Merk.-West, dans Apollodore, II, I, 2.
21. Paus., VIII, 14, 4.
22. *Inscr. de Lindos,* « Chronique du temple » (n° 2, B, 15). Les Autochthones sont-ils les mêmes que les Ignètes de Simias (voir ci-dessus, p. 39, n. 8) ?

minuscule, même à l'échelle de la Grèce antique. Ses habitants ne se laissaient pas pour autant impressionner par les traditions des autres, quelle que fût leur illustration littéraire.

Était-ce pour décourager la concurrence ? Les Arcadiens se déclaraient « prélunaires[23] ». Le titre ne paraît guère leur être décerné avant le IVe siècle av. J.-C. Mais l'expression « prélunaire » d'une part et de l'autre la croyance des Arcadiens à leur antiquité sont évidemment bien plus anciennes[24]. On l'expliquait de diverses façons : la ville de Pallantion en Arcadie avait été fondée par un nommé Pallas. Or le père de la Lune (Séléné) était un Titan nommé lui aussi Pallas, et on pouvait confondre les deux personnes[25]. Certaines versions étaient au détriment de l'ancienneté du peuple (la Lune serait apparue « un peu avant la guerre d'Héraclès contre les Géants[26] ») ou de son autochthonie (les Arcadiens auraient conquis leur pays sur ses premiers occupants grâce à une attaque lancée avant le lever de la Lune, Aristote, *Constitution de Tégée*, fr. 591 Rose). Des esprits désobligeants prétendaient que le terme « prélunaire », προσέληνος, était en réalité un dérivé d'un verbe signifiant « injurier, brutaliser »[27]. On pouvait aussi rattacher cette épithète à l'invention du calendrier lunaire[28]. Elle est en général citée avec ironie mais, sous l'Empire, pour faire l'éloge d'une cité ou d'un peuple, on dira volontiers qu'ils sont « plus anciens que le jour[29] ».

Par la suite, des puissances étroitement liées à la Terre, les serpents, peuvent à l'occasion engendrer quelque ancêtre, qui ne sera guère moins noble qu'un autochthone : « Un énorme serpent, divin, apparaît à Halia, fille de Sybaris, dans un bois d'Artémis en Phrygie et s'unit à elle. » Halia devient l'ancêtre des « fils du

23. L'expression apparaît surtout chez les poètes hellénistiques : Callim., *Iambes*, I (fr. 191 Pf.), 56 ; Apoll. Rh., IV, 264 (avec la note de F. Vian) ; Lycophron, 482 ; voir Stace, *Théb.*, IV, 275. La scholie à Apoll. Rh., IV, 263-264*b*, répertorie les opinions sur les Arcadiens prélunaires. Voir Ed. Meyer, *Real-Enc.*, *s.* Proselenoi (1957).

24. « Prélunaire » : Aristophane, *Nuées*, 398. Antiquité des Arcadiens : Hellanicos, n° 4, fr. 161 Jac. et Hérodote, VIII, 73.

25. Voir *H. hom. IV, à Hermès*, 99 et suiv. ; sur le Titan Pallas, aussi Hésiode, *Théog.*, 134 et 375 ; Épicharme, d'après le P. Köln III, 126 ; Pallas, fils de Lycaon, Apollodore, III, 8, 1.

26. Théodoros, n° 62, fr. 2 Jac., cité par la scholie à Apoll. Rh., IV, 263-264*b*.

27. Schol. à Eschyle, *Prom.*, 440 ; Aristophane, *Nuées*, 397 ; Lycophron, 482 ; *Étym. Gen.* B et *Étym. Magn.*, *s.* Προσέληνοι.

28. Schol. à Lycophron, 482 ; Censorinus, *Jour natal*, 19, 5.

29. Ironie : voir par ex. Lucien, 48, *Astrol.*, p. 26. Sérieux au moins apparent : Ovide, *Fastes*, I, 469 ; II, 290 ; V, 90. Thème d'éloges : *Mythologie et géographie*, p. 104 et n. 31, p. 212. Voir Louis Robert, *Villes d'Asie Mineure*, 2e éd. Paris, De Boccard, 1962, p. 315-316.

Serpent », les *Ophiogeneis*, à Parion[30]. Zeus Ammon ne s'était-il pas approché d'Olympias sous la forme d'une énorme couleuvre pour engendrer Alexandre, se substituant à son géniteur naturel, le roi Philippe[31] ? Un curieux témoignage atteste qu'à l'époque romaine encore on pouvait croire à la vertu génésique d'un divin reptile, en l'occurrence une hypostase d'Asclépios, le serpent Glycon, que les dévotes consultaient en son oracle d'Abonouteichos, sur la côte sud de la mer Noire[32]. Les enfants qu'elles concevaient à la suite de leur visite étaient censés être nés du dieu ; plutôt des œuvres de son prophète, raillait Lucien ; ou peut-être tout simplement, penserais-je, de celles de leur mari, qui les avait accompagnées en pèlerinage.

Germinations minérales et hommes-fourmis

À mi-chemin entre les naissances directement hors du sol et des conceptions plus ordinaires, il arrive que le germe prenne l'aspect, moins paradoxal qu'il n'y paraît d'abord, d'un corps sec et dur, qui a pu être suggéré par les grains du blé. La légende la plus célèbre à cet égard est celle des simples cailloux, « ossements de leur grande mère », que Deucalion et Pyrrha se bornent à jeter derrière leur épaule après le déluge, au sommet du Parnasse, selon la prescription de l'oracle de Thémis[33]. Des cailloux jetés par Deucalion naissent les hommes, de ceux que jette Pyrrha naissent les femmes[34]. Cet épisode est devenu, pour les Grecs, l'origine de l'humanité entière. Issus de pierres, « nous sommes une race dure, endurante à la peine », *genus durum sumus experiensque laborum*[35]. Pindare, dans un poème adressé à un Locrien d'Oponte, pays de Deucalion, a su exploiter toutes les ressources que la

30. Élien, *Nat. Anim.*, XII, 39 ; Strabon, XIII, 1, 14 (588) et Friedrich Imhoof-Blumer, « Eine Sage von Parion », *Nomisma*, 6 (1911), 7-8, cités par L. Robert, *À travers l'Asie Mineure*, Paris, De Boccard, 1980, p. 408, n. 60.

31. Olympias semble avoir eu par ailleurs un goût réel pour l'intimité avec les couleuvres. Voir Plutarque, *Alex.*, 2, 6.

32. Sur le serpent Glycon et sur l'inscription qui a confirmé la réalité de son activité fécondante, objet des railleries de Lucien, voir L. Robert, *À travers l'Asie Mineure*, p. 405-408.

33. Ovide, *Mét.*, I, 367-415. Les oracles de Thémis ont précédé ceux d'Apollon à Delphes.

34. Apollodore, I, 7, 2, avec une mise en scène différente dans les mêmes lieux. Deucalion, après le déluge, rend grâce à Zeus des Fugitifs et le dieu envoie Hermès lui demander ce qu'il veut. Il désire avoir des hommes.

35. Ovide, *op. cit.*, I, 414 ; voir Virgile, *Géorg.*, I, 63.

légende offrait pour un éloge : ancienneté (le déluge), force guerrière (des « ancêtres aux boucliers d'airain »), noblesse (Deucalion est le petit-fils du Titan Iapétos, frère de Cronos), autochthonie, légitimité royale (Zeus s'est uni à la fille d'Opous, petit-fils de Deucalion)[36].

Il est possible qu'anciennement il se soit agi de la création d'une troupe de guerriers, comme le suggère le jeu de mots sur *laous*, « pierres », et *laous*, « troupes », qui ne diffèrent, à l'accusatif pluriel, que par l'accent. C'est en tout cas l'interprétation des *Catalogues* hésiodiques[37], qui font de surcroît, par un jeu de mots supplémentaire, de cette « troupe d'élite », *laoi lectoi*, les ancêtres d'un peuple de Grèce occidentale, les Lélèges (ensuite passés en Asie Mineure)[38]. Il ne s'agirait pas, fondamentalement, de la création du genre humain mais d'une caste guerrière. Les *laoi* de Deucalion auraient une origine analogue à celle d'autres auxiliaires guerriers, les Spartes (« Semés »), qui surgissent aux origines de la ville de Thèbes. Un serpent monstrueux gardait la source qui rend le site habitable. Sur l'ordre d'Athéna, le fondateur Cadmos le tue, puis laboure et sème les dents de la victime. Des sillons lève une moisson de fils de la Terre ou Spartes, sortis tout armés des entrailles de celle-ci. Cadmos les fauche, n'en épargnant que cinq, qui seront les princes cofondateurs de Thèbes, à la tête de la classe militaire de la cité[39]. De naissance analogue à celle des Spartes, mais voués à l'anéantissement complet, d'autres fils de la Terre sont suscités par Jason. Lui aussi, en Colchide, a semé des dents — la moitié de celles du dragon de Thèbes, qui avaient été mises de côté par Athéna, nous dit Apollonios de Rhodes. Mais Jason doit éliminer toute la récolte et, pour cela, il a recours à une ruse : il lance une pierre au milieu des hommes armés ; ceux-ci s'accusent mutuellement de l'avoir jetée et s'entre-tuent. Ces générations primitives ne sont pas ou peu viables[40].

36. Pindare, *Olymp.*, IX, 49-61.
37. Fr. 234 Merk.-West, cité par Strabon, VII, 7, 2 (322). Voir F. Vian, *Les Origines de Thèbes. Cadmos et les Spartes*, Paris, Klincksieck, 1963, p. 171 et n. 6.
38. Voir Acousilaos, n° 2, fr. 35 Jac. (schol. à Pindare, *Olymp.*, IX, 45) ; Pindare, *Olymp.*, IX, 42-46 ; Épicharme, fr. 122 K. (cet auteur avait composé une comédie, *Prométhée ou Pyrrha*, dont on a retrouvé des fragments : 85 Austin) ; Callimaque, fr. 295 *Suppl. Hell.* (= 496 et 533 Pfeiffer) ; Hygin, *Fable* 153, plaçant la scène sur l'Etna, comme la schol. à Germ., p. 154, 3 Breysig.
39. F. Vian, *Les Origines de Thèbes*, p. 158-171.
40. Apoll. Rh., III, 1176-1190 et 1355-1398 ; voir F. Vian dans son éd., Notice du chant. p. 7-8 et note au v. 1187.

Dans l'île d'Égine, les Myrmidons thessaliens, autre groupe militaire, étaient d'abord des fourmis. Elles furent transformées en êtres humains par Zeus sur la prière d'Éaque, fils de la nymphe éponyme de l'île, elle-même fille d'un fleuve[41]... La légende repose sans doute sur un jeu de mots entre le nom des fourmis, *myrmèkes*, et celui des Myrmidons. Chez Hésiode, Éaque s'ennuie tout seul dans son île et son père Zeus lui donne des compagnons. Éaque est aussi un roi pieux dont les prières mettent fin à une sécheresse meurtrière[42] et on raconte parfois que les fourmis ont été transformées en hommes pour repeupler l'île (après une épidémie)[43]. Francis Vian rapproche des Myrmidons les Guêpes, nom donné aux premiers habitants de Chypre et, de façon plus lointaine, les cigales, emblème des nobles athéniens, fiers de leur autochthonie[44]. Un peuple de l'Orient fabuleux, que nous rencontrerons dans la légende de Persée et d'Andromède, s'appelait les Bourdons (*Képhènes*).

Le frêne, le poirier et le tilleul

D'autres naissances adviennent par l'intermédiaire de nymphes, créatures féminines qui constituent l'âme des arbres, et ces deux origines sont peut-être rappelées par l'expression, fameuse dans l'Antiquité, de Pénélope s'adressant à Ulysse, qu'elle n'a pas encore reconnu : « Dis-moi quelle est ta famille. Car tu n'es pas issu de l'arbre d'antique renommée ni du rocher[45]. » Ces vers de l'*Odyssée* ont amené à considérer parfois que l'humanité, dans son ensemble, était née des chênes[46]. Mais c'est des frênes (les noms d'arbres sont féminins en grec), eux-mêmes engendrés par le sang du Ciel, que sortent les êtres belliqueux de la race de bronze ; le

41. Hésiode, *Catal.*, fr. 205 Merk.-West.
42. Isocrate, *Évagoras* (9), 14-15 ; Diodore, IV, 61, 1-2 ; Apollodore, III, 12, 6 ; Paus., II, 29, 6 ; Clém. Alex., *Strom.*, VI, 28, 5 (753) ; Nonnos, *Dion.*, XIII, 206-213.
43. Strabon, VIII, 6, 16 (375) ; Ovide, *Mét.*, VII, 523-660 ; voir Hygin, *Fable* 52. Tous ces exemples racontent un repeuplement après déluge ou catastrophe (épidémie) et non une origine primordiale.
44. F. Vian, *Les Origines de Thèbes*, p. 171.
45. Homère, *Od.*, XIX, 162 et suiv.
46. Voir M.L. West à Hésiode, *Théog.*, 187 et *Trav.*, 145-6, citant [Hésiode], fr. 266*a*, 9 (les Pélasges nés du chêne) et Diodoros Zonas de Sardes, contemporain des guerres de Mithridate, *Anth. Pal.*, IX, 312 (*Garl. Phil.*, 3480-3485). Il s'agit là d'un thème courant : Platon, *Rép.*, VIII, 2, 544*d* ; Cicéron, *Att.*, XIII, 28 ; Virgile, *Én.*, VIII, 315 ; Ovide, *L'Art d'aimer*, II, 541 ; Stace, *Théb.*, IV, 276-281 ; Juvénal, VI, 12 ; Nonnos, *Dion.*, XLVIII, 504.

lexicographe Hésychios explique l'expression, sans doute d'origine poétique, « fruit du frêne » par « genre humain ». Le frêne est le bois dur dont on fait les bonnes lances[47]. Phoroneus, le premier homme argien, Pholos, le bon Centaure du plateau de Pholoé, en Arcadie occidentale, Ténéros, le prophète béotien sont fils d'une nymphe Mélia, « Frêne »[48]. Le poirier, autre essence dure, joue un rôle important dans les plus anciennes traditions de l'Argolide. Diverses naissances analogues, individuelles, sont répertoriées. Le bon Centaure Chiron, qui était immortel, a été engendré avec la nymphe Philyra, « Tilleul », dans l'île qui porte son nom (ou « île aux Tilleuls »), par Cronos au temps où, avec Rhéa, il régnait encore sur l'Olympe. Rhéa les surprend au milieu de leurs amours ; Cronos s'enfuit « sous la forme d'un cheval à longue crinière » et Philyra s'exile sur le Pélion, où elle donne le jour à Chiron, fruit d'amours inachevées, à demi chevalin[49]. Chiron, médecin et herboriste des bois, n'est sans doute pas par hasard le fils du dieu Cronos et de la nymphe Tilleul.

Traditions régionales, fleuves ancêtres

Les filles ou les fils des divinités fluviales offrent une autre ressource encore. Les fleuves, imaginés comme des taureaux fortement encornés, deviennent souvent, en Grèce, les ancêtres de familles royales ou de peuples tout entiers, dans les pays qu'ils vivifient. Nombre de héros naquirent d'un fleuve et d'une femme mortelle ou d'une nymphe des arbres. Le plus célèbre est sans doute Phoroneus d'Argos, « le premier homme », que la tradition locale, reprise par Platon, disait issu du principal fleuve de la région, l'Inachos, et de Mélia[50].

Les servantes de la déesse Circé naissent ainsi « des fontaines, des bois sacrés et des fleuves sacrés qui se jettent dans la mer »

47. Hésiode, *Trav.*, 145-6. Voir Apoll. Rh., IV, 1641 ; le géant d'airain qui gardait la Crète, Talos, était un survivant de « la race d'airain des hommes nés des frênes ». Palaiphatos, 35 (36) ; schol. T à Homère, *Il.*, 22, 126 ; Hésychios, *s.* μελίας καρπός. Comparer le proverbe « discuter du chêne et du rocher ». Homère, *Il.*, XXII, 126 ; Hésiode, *Théog.*, 35, etc. Pour Nonnos, *Dion.*, XII, 55-58, les hommes d'avant le déluge descendent des pins.

48. Fille de l'Océan, unie à Apollon, précise Pindare, *Péan* IX, 44, pour la mère de Ténéros. Voir aussi Paus., IX, 10, 5.

49. Apoll. Rh., II, 1232-1241.

50. Paus., II, 15, 5 et Apollodore, II, 1, 1. Voir ci-dessous, p. 62-66.

(*Odyssée*, X, 350 et suiv.). Elles restent anonymes, installées qu'elles sont dans un pays de fantaisie ; mais, le plus souvent, les enfants de cours d'eau sont des figures marquantes. Ainsi, en Thessalie, la jeune Tyrô tomba amoureuse d'un fleuve, l'Énipeus, « de beaucoup le plus beau des fleuves qui vont sur la terre ». Mais tandis qu'elle se lamentait sur ses rives, Poseidon prit la forme d'une ample vague et, lui faisant croire qu'il était l'Énipeus, s'unit à elle[51]. Les jumeaux conçus à cette occasion, Pélias et Nélée, sont des personnages de premier plan. En Étolie, Déjanire montre moins d'empressement à se rendre aux sollicitations de l'Achéloos[52].

De telles naissances se produisent encore à date historique : à Locres, en Italie du Sud, un certain Euthymos était officiellement le fils d'un Locrien, Astycléos ; mais dans le pays, on le disait en réalité fils du fleuve local, le Caikinos. L'histoire a été conservée car cet Euthymos devint boxeur et fut victorieux à Olympie (c'est à sa force exceptionnelle qu'il dut la réputation d'être le fils d'un fleuve[53]). Enfin, à Ilion, à date historique également, le rituel voulait que les fiancées, avant leur mariage, aillent prendre un bain dans le Scamandre en lui disant : « Scamandre, prends ma virginité ! » S'il faut en croire une anecdote, il serait arrivé qu'un plaisantin surgisse des buissons de la rive, couronné de roseaux, comme il convient à un dieu fleuve, en répondant : « Je te reçois et te prends volontiers, moi, le Scamandre, et je te ferai beaucoup de bien ! », et enlève la fille naïve qui lui plaisait[54]...

Un fragment de poème lyrique, proche des rythmes de Pindare mais d'auteur inconnu, passait en revue quelques-unes de ces naissances progressives dont nous venons de feuilleter le catalogue, forcément incomplet. Ce fragment a été conservé grâce à un prêtre chrétien du début du IIIe siècle ap. J.-C., Hippolyte de Rome, qui l'utilise dans sa *Réfutation de toutes les hérésies*, le cite et ajoute peut-être des exemples supplémentaires :

> C'est la Terre, disent les Grecs, qui la première produisit l'homme,

51. Homère, *Od.*, XI, 235-259 (je cite le v. 239) ; Hésiode, *Catal.*, fr. 30, 25-fin, 31, 32 ; Sophocle, les deux *Tyrô* ; Lucien, 78, *Dial. marins*, 13 ; Apollodore, I, 9, 8 ; Eustathe à Homère, *Od.*, XI, 234, p. 1681.
52. Voir ci-dessous, p. 345-346.
53. Pausanias, VI, 6, 4. De même, à Magnésie du Méandre, un père considère que son fils est le fils du fleuve et non le sien, à cause de sa force : Pseudo-Eschine, *Lettres*, 10, 8.
54. Pseudo-Eschine, *Lettres*, 10.

« obtenant là un bel apanage »,

parce qu'elle ne voulait pas être la mère de plantes insensibles ni de bêtes sans raison, mais d'un être vivant civilisé et aimant les dieux. Mais il est, dit [le poète], difficile de découvrir

« si c'est chez les Béotiens qu'Alalcoméneus s'est élevé au-dessus du lac du Céphise, le premier des hommes ; ou si ce furent les Courètes de l'Ida, race divine [en Crète] ; ou les Corybantes phrygiens que le Soleil vit, les premiers, naître des arbres et grandir. Ou si l'Arcadie engendra Pélasgos, plus ancien que la Lune ; ou Éleusis l'habitant d'un sinistre palais [Dysaulès], dans la plaine de Raros ; ou si Lemnos aux beaux enfants accoucha de Cabeiros, en des célébrations qu'il faut taire ; ou bien Pellana d'Alkyoneus de Phlégra, l'aîné des Géants. Mais les Libyens disent que, surgissant de leurs plaines arides, le premier-né, Iarbas, eut pour premier aliment les châtaignes sucrées [55] ».

En Égypte, jusqu'à aujourd'hui féconde en êtres vivants, c'est le Nil qui, avec son limon fertilisant, produit des corps vivants, dit-il, qui prennent chair grâce à la chaleur humide. En Assyrie, le premier homme fut Oannès, le mangeur de poissons, en Chaldée ce fut Adam [56].

Ces premiers hommes autochthones sont dépeints par Hippolyte comme « aimant les dieux ». Et, en effet, plusieurs ont avec ceux-ci des rapports privilégiés. Alalcoméneus indique à Zeus comment persuader Héra, qui ne veut pas se donner à lui : il éveille la jalousie de la déesse en lui faisant croire que Zeus va s'unir à une fiancée qui n'est qu'un morceau de bois habillé, Daidalé, l'ancêtre des statues primitives en bois [57]. Les Courètes, les Corybantes sont bien connus comme gardiens et nourriciers de Zeus, Cybèle, Dionysos, Hécate... Dysaulès, venu d'Éleusis, a introduit à Phlionte le culte initiatique de Déméter [58]. Cabeiros est lui aussi l'objet d'un culte. Seul Alkyoneus le Géant est un impie.

L'unité des Grecs

On peut classer ces légendes en deux grandes catégories : celles qui racontent comment sont apparus les familles des héros ou les

55. Les châtaignes : littéralement, le « gland de Zeus ». La présence de châtaigniers en Libye surprend.

56. Hippolyte, *Réf. hér.*, V, 7, 3-6, 1. 13-26 Marcovich ; fr. 985 *PMG*.

57. Plutarque, *Fêtes des Daidala à Platées*, fr. 157 Sandbach (dans Eusèbe, *Prép. Év.*, III, prologue). Sur cette fête, voir Paus., IX, 3, 2-8. D'autres ruses trompent Héra en Béotie : voir ci-dessous, p. 177.

58. Paus., II, 14, 1-3.

ancêtres des divers peuples ; ce sont elles qui forment le cadre général de cet ouvrage. Et celles, moins variées, attestées plus tard, et parfois adaptées des précédentes, qui expliquent l'origine du genre humain dans son ensemble. Parmi les procédés retenus pour la venue au jour des premiers hommes, la fabrication par modelage est réservée aux origines de l'espèce. Divers types de germination, croissance végétale ou métamorphose, servent soit pour l'espèce en général, soit pour les grands ancêtres individuellement. Les croisements entre dieux et filles mortelles (ou, beaucoup moins fréquents, entre déesses et mortels) sont réservés aux ancêtres. Les familles issues des dieux, et avant tout de Zeus, l'emportent de loin sur celles qui ont un fleuve pour ancêtre. Cette supériorité forme le thème d'un chant de victoire d'Achille, dans l'*Iliade,* sur un petit-fils de l'Axios (le Vardar) qu'il vient d'abattre (XXI, 184-199).

La semence divine est dispensée généreusement par les Olympiens aux plus belles d'entre les mortelles... Zeus est le principal de ces géniteurs ; Poseidon et d'autres n'ont pas une importance égale à la sienne. Les souches mortelles issues de déesses sont en nombre plus restreint, encore que bien attestées ; le Troyen Énée est le fils d'un mortel, Anchise, et d'une déesse, Aphrodite. Parmi sa descendance figure Jules César.

Les *Catalogues* hésiodiques d'héroïnes aimées par les dieux (et dotées par eux d'une descendance), poème généalogiquement enchaîné à la *Théogonie* par des continuateurs d'Hésiode, constituent la première mise en ordre générale des grandes familles qui composent la légende grecque. L'auteur de la composition a cherché à construire un système qui rende compte à la fois de l'unité de la nation grecque et des rapports de parenté, proche ou lointaine, entre ses différents rameaux, chacun caractérisé par des traits dialectaux, par des traditions généalogiques et par des cultes. Le schéma hésiodique part de la Grèce centrale, ce qui n'est pas étonnant, car c'est la région où Hésiode lui-même a vécu. Il nous en reste de notables lambeaux et des résumés partiels, plus ou moins sûrs[59].

Dans cette région, il revient à Deucalion et Pyrrha, le couple préservé par les dieux après le déluge, de repeupler le monde. Certains de leurs enfants, par leur nom, évoquent Delphes : leur

59. Tentative de reconstitution de l'ensemble par M.L. West, *The Hesiodic Catalogue of Women*, Oxford, Clarendon Press, 1985.

fille Thyia est l'éponyme des femmes adoratrices de Dionysos à Delphes et sur le Parnasse, les Thyiades ; un de leurs garçons, Amphictyon, est l'éponyme d'une association religieuse de Grèce centrale, l'Amphictyonie, siégeant aux Thermopyles et chargée de l'administration du sanctuaire de Delphes. L'ensemble des Grecs recevra plus tard le nom d'un autre garçon, Hellen, qui, dans l'*Iliade* (II, 684), désigne simplement une tribu de Thessalie, vassale d'Achille. De Zeus et Thyia naissent deux fils, Magnès (les Magnètes de Thessalie) et Makédôn (les Macédoniens). D'Hellen et de son épouse Othryis (elle porte le nom d'une montagne de Thessalie, l'Othrys[60]), naissent Dôros (les Doriens), Xouthos (père d'Ion — les Ioniens — et d'Achaios — les Achéens) et Aiolos (les Éoliens).

En l'espace de deux ou trois générations à partir de Deucalion se met ainsi en place un système de parenté qui rend compte des rapports entre les branches maîtresses du peuple grec antique. Ensuite, selon un temps de la mythologie qui ne correspond pas forcément à un processus historique, chaque branche se diversifie en rameaux et leurs représentants contractent des alliances locales. C'est ainsi que Xouthos, pour engendrer Ion, épouse la fille d'Érechthée, lui-même autochthone de l'Attique. Des princes éoliens s'associent à la souche argienne d'origine autochthone et prennent le pas sur elle[61]. Les Héraclides sont à la fois des Doriens venus de Grèce centrale et, à travers leurs ancêtres Persée et Io, des autochthones de l'Argolide.

L'arbre partant de Deucalion embrasse l'ensemble de la nation hellénique historique, mais non tous ses ancêtres. Des familles importantes restent en dehors du schéma ou ne s'y intègrent que sur le tard. Il s'agit essentiellement de la descendance d'Io, de celle de Pélops et des Arcadiens.

Les traditions légendaires ne reflètent pas directement le passé du peuple grec. On sait aujourd'hui, grâce au déchiffrement de l'écriture dite « linéaire B », que les dialectes grecs se sont différenciés seulement après la chute de la civilisation mycénienne, c'est-à-dire dans la période qui va du XIIe au VIIIe siècle av. J.-C. C'est donc à ces siècles obscurs qu'il faut faire remonter la mise en ordre des généalogies mythiques, et plutôt à la fin qu'au début, car

60. *Ibid.*, p. 57.
61. Voir ci-après, p. 120-124.

on voit par l'exemple d'Hellen que cette mise en ordre n'était pas encore achevée à l'époque où Homère composait l'*Iliade.*

Ces légendes, qui font la part belle aux migrations de peuples, les décrivent en quelque sorte en circuit fermé : les héros circulent du sud au nord, du nord au sud, d'ouest en est ou inversement, mais à l'intérieur d'une zone qui correspond à la mer Égée et aux régions montagneuses qui la bordent et la dominent de plus ou moins loin. Les savants, surtout allemands, du XIXe siècle et de la première partie du XXe supposèrent, là aussi sur des bases linguistiques (la parenté des langues indo-européennes entraînant une origine géographique commune pour les peuples de la famille), que les Grecs étaient arrivés dans leur pays historique par migrations successives depuis les régions danubiennes. Ils corrigèrent par conséquent les récits héroïques pour y retrouver ces vagues déferlantes de peuples cousins.

Mais on voit aujourd'hui que ces traditions ne remontent pas si haut dans la nuit des temps et qu'elles ont dû naître en réalité des troubles internes de la région égéenne, à une époque où les Grecs étaient installés dans leur pays depuis assez longtemps pour considérer que nombre de leurs rameaux étaient autochthones. La mémoire des steppes et des plaines d'Europe centrale était totalement effacée de leurs traditions, qui décrivent en revanche leurs relations avec des peuples voisins, les Phrygiens, les Phéniciens surtout ; peuples auxquels ils avaient conscience de devoir des éléments fondamentaux de leur culture : la musique d'une part, l'alphabet de l'autre. La mythologie, au fond, nous décrit l'horizon d'un peuple, à la fois aux sens concret et figuré : la manière dont il s'est installé sur les collines et dans les plaines de son pays, les frontières qu'il se trace, les emprunts qu'il fait à ses voisins, les affinités ou les aversions qu'il éprouve à leur égard, l'angoisse que lui donne le sentiment des violences qu'il a dû commettre pour conquérir et conserver son domaine, le désir d'assurer la légitimité de sa possession.

Mise en ordre à l'aube du VIIe siècle av. J.-C., la mythologie grecque n'a jamais cessé d'être adaptée et remaniée selon les bouleversements du monde. C'est ainsi qu'on a, sans doute assez tôt, glissé un certain Graicos et un certain Latinos parmi les enfants de Deucalion. Et, sous la forme de récits d'origine des cités de l'Empire romain, elle a même survécu à la déroute des cultes païens devant le christianisme, durant l'Antiquité tardive. C'est cette longue histoire que nous allons retracer, en partant d'Argos toutefois, et non de la Grèce centrale. Grâce à la descendance d'Io, les légendes d'Argos ont été les plus fécondes de la mythologie grecque, alors que, malgré l'autorité d'Hésiode, les figures issues de la Grèce centrale pâlissaient et tendaient soit à s'effacer, soit à intégrer les schémas venus du Péloponnèse, où nous les retrouverons.

ARGOS ET SES LÉGENDES

IV

La terre du premier homme

Argos est la mère des légendes grecques. L'un des « premiers hommes » y était apparu, et non le moindre, quelque éclipse qu'il ait subie par la suite : Phoroneus. Surtout, elle est la patrie de la belle Io, la jeune fille transformée en génisse par la faute de l'amour que Zeus lui porta ; et la descendance d'Io peuple l'Argolide, par Danaos et ses filles ; la Béotie, par Cadmos ; et la Crète, par Europé, sœur de Cadmos. Une descendance incomparable par sa célébrité. Ne comprend-elle pas notamment Minos, Persée, Dionysos, Héraclès, Œdipe ? Elle abonde en grands voyageurs, explorateurs et civilisateurs de la terre habitée. Les cités de l'Asie hellénisée l'avaient bien senti et, lorsqu'elles voulaient affirmer leurs origines grecques, c'est à Argos qu'elles tâchaient avant tout de se rattacher. « Argien » n'était-il pas synonyme de « Grec » ?

Cette gloire d'Argos est chantée par Pindare au début d'un poème, la dixième *Néméenne,* adressé, comme il se doit, à un ressortissant de la noble cité. En trois strophes, en des vers quelque peu cryptiques, et qui l'étaient sans doute même pour les Grecs de l'époque, il présente les principales figures légendaires de la ville d'Héra, sans nommer Io, très certainement à cause des démêlés de l'amante de Zeus avec la déesse protectrice : l'aventure de la génisse apparaît seulement à travers son fils Épaphos, né et installé en Égypte.

> Célébrez, ô Charites, la cité de Danaos et de ses cinquante filles aux trônes éclatants, Argos, demeure d'Héra, divine de majesté ! Elle flamboie de mille excellences, fruits d'actes audacieux. Lointains, les hauts faits de Persée contre la Gorgone Méduse ; innombrables, les cités qu'en Égypte fondèrent les mains d'Épaphos.

Hypermestra non plus n'a pas perdu la bonne route lorsque, seule de son avis, elle garda son épée au fourreau.

Quant à Diomède, immortel le rendit jadis Athéna à la chevelure mordorée, aux yeux scintillants, et elle en fit un dieu ; à Thèbes, la terre, foudroyée par les traits de Zeus, reçut le devin fils d'Oiclès, nuée de guerre. Et, par ses femmes aux beaux cheveux, Argos excelle depuis longtemps : Zeus, en venant à Alcmène, à Danaé, montra ce que j'affirme. Dans le père d'Adraste comme en Lynkeus, la cité a réuni le profit de la raison à une droite justice ;

et elle a nourri le fer d'Amphitryon. Et Celui qui plus que tous prospère [Zeus] est entré dans sa race, tandis qu'en armes de bronze le héros faisait disparaître les Téléboai. Son apparence fut empruntée par le roi des immortels pénétrant au palais, porteur de la semence sans peur d'Héraclès. Celui-ci, dans l'Olympe, a pour épouse Jeunesse marchant à côté de sa mère par qui tout vient à fin, elle qui est la plus belle des déesses.

Mais brève est ma bouche pour tout raconter, toutes les nobles destinées que contient le territoire sacré des Argiens. Et lourde, aussi, est à affronter la satiété des hommes.

Pindare a soin de célébrer Héra au début et à la fin de son propos — c'est elle la déesse « par qui tout [et spécialement les mariages] vient à fin ». Des lignées issues d'Io il ne retient que les héros qui se sont illustrés en tant qu'Argiens : Persée brièvement, Héraclès dans une strophe entière, la troisième ; il les évoque aussi l'un et l'autre par leurs mères (respectivement Danaé et Alcmène). S'il mentionne Danaos et ses filles, les Danaïdes, il donne une place d'honneur à la seule qui ait respecté la morale en refusant de tuer son mari le soir de ses noces, Hypermestra, épouse de Lynkeus. Il présente des figures marquantes et contrastées de la seconde dynastie argienne, qui supplanta la descendance d'Io et mena campagne contre Thèbes : Diomède, fils de Tydée, Amphiaraos, fils d'Oiclès, Adraste, fils de Talaos, chef de l'expédition. Le devin Amphiaraos, un juste, englouti par la terre, était devenu le patron d'un oracle ; le guerrier Tydée avait dégoûté par sa sauvagerie Athéna qui voulait lui donner l'immortalité (il s'était mis à dévorer la cervelle de l'ennemi qu'il venait d'abattre) : au lieu de rappeler cet épisode, Pindare signale que ce don a été fait au fils de Tydée, Diomède, héros de la guerre de Troie. Il a donc été seulement différé[1].

1. La scholie à ce passage des *Néméennes* (X, 12), cite deux autres garants de cette divinisation, le poète archaïque Ibycos de Rhégion, fr. 13 (294 *PMG*), et le périégète

Une fois déchiffrées les allusions de ces trois strophes, on voit que ces fragments de légendes reflètent toute l'étendue de la mythologie argienne, des origines, avec Io, jusqu'à l'engloutissement final des héros dans les guerres catastrophiques contre Thèbes et Troie. Associant les épisodes célèbres, même aujourd'hui (Zeus couchant avec Alcmène sous les traits de son mari Amphitryon), et ceux qui furent toujours obscurs, même jadis (la divinisation de Diomède ou la justice de Talaos), ces vers donnent une bonne idée de l'exubérance des légendes, sous laquelle ne se cachent pas moins des intentions et un ordre précis.

Le plus ancien récit des traditions argiennes, composé pour Argos, dont nous ayons gardé le souvenir (mais guère plus) est une épopée archaïque, la *Phoronide,* au titre évocateur de Phoroneus, qui passait localement pour avoir été le premier homme. Ce poème était sans doute un peu plus récent et obéissait à d'autres préoccupations que les *Catalogues* hésiodiques. En effet, les Argiens et ceux qui les suivirent privilégiaient naturellement l'Argolide, alors que la tradition hésiodique plaçait en Grèce centrale, où elle s'était formée, les débuts de l'humanité.

La *Phoronide* fut sans doute utilisée au tout début du ve siècle av. J.-C. par Acousilaos d'Argos, quoique celui-ci ait prétendu se rattacher à une autorité encore plus vénérable. N'écrivit-il pas ses *Généalogies* « à partir de tablettes de bronze que son père, dit-on, avait trouvées en creusant quelque part dans sa maison [2] » ? C'était affirmer le caractère indigène des traditions qu'il prétendait transcrire. L'œuvre était aussi inspirée d'Hésiode, mais en prose et « corrigeant » son modèle [3].

Les *Généalogies* que Phérécyde d'Athènes composa à son tour dans la première moitié du siècle, à peu près à l'époque de Pindare, marquaient, semble-t-il, une réaction contre les tendances trop étroitement locales de son prédécesseur, au profit d'une mise en ordre globale des légendes grecques de tous horizons [4]. Une ou deux générations plus tard, Hellanicos de Lesbos rédigea un

hellénistique Polémon. Il faut sans doute la distinguer de l'héroïsation dans l'« île de Diomède ».

2. *Souda, s.* Acousilaos (n° 2, *test.* 1 Jac.).

3. C'est ainsi que l'œuvre d'Acousilaos est caractérisée par deux savants qui avaient la possibilité de la connaître, Josèphe, *Contre Apion*, I, 16 (Acousilaos, n° 2, *test.* 5 et 6 Jac.) et Clém. Alex., *Strom.*, VI, 26, 7 (752).

4. Phérécyde, n° 3 du recueil de Felix Jacoby.

exposé intitulé à nouveau *Phoronide*, prenant souvent le contre-pied de ses prédécesseurs, en particulier d'Acousilaos[5].

Acousilaos, Phérécyde et Hellanicos, à leur tour, furent utilisés par les auteurs plus tardifs ; parmi leurs compilateurs, ceux que nous rencontrerons le plus souvent sont, pour les deux premiers, le mythographe Apollodore (qui puise par ailleurs son schéma d'ensemble dans les *Catalogues*[6]), le périégète (guide) Pausanias et le rédacteur anonyme de deux scholies, qui se complètent, à Euripide, *Oreste*, vers 932 et 1246. De ceux-là, enfin, les écrits sont conservés.

Le domaine d'Héra

Selon Apollodore, Océan et Téthys, divinités primordiales des eaux, engendrèrent, parmi une nombreuse descendance de sources et de rivières, le fleuve symbole d'Argos, l'Inachos (II, 1 et suiv.). Cet Inachos donnait son titre à une pièce de Sophocle, sans doute un drame satyrique[7], qui évoquait la légende d'Io transformée en vache et surveillée par Argos. Le fleuve prend dans les vers de Sophocle une dimension que la simple géographie ne lui aurait pas accordée. Fils de l'Océan, il passe par la Grèce du Nord, le Pinde, la Thessalie ; arrive en Grèce de l'Ouest, où il mêle ses eaux à l'Achéloos, le fleuve le plus célèbre de la Grèce, dont le nom est même devenu en poésie synonyme d' « eau courante » ; enfin, franchissant le golfe de Corinthe et traversant l'Arcadie, sans doute par un cours souterrain, il reparaît à Lyrkeia où se trouvent, pour nous, ses sources (fr. 270-272 Radt).

Avec deux de ses semblables et voisins, Astérion et Képhisos, Inachos eut à départager Poseidon et Héra, qui se disputaient le patronage de l'Argolide. Tous trois arbitrèrent en faveur d'Héra ; Poseidon, en représailles, les assécha, et depuis lors l'aridité de l'Argolide — « Argos l'assoiffée », disait Homère — est restée proverbiale.

Mais avant d'assécher le pays, Poseidon l'inonda[8]. Ce déluge va

5. Josèphe, *loc. cit.*, cité par Jacoby, Acousilaos, n° 2, *test.* 6, et Hellanicos, n° 4, *test.* 18 Jac.
6. M. L. West, *Hesiodic Catalogue*, p. 45.
7. Un drame satyrique est une pièce à tonalité comique, sur un sujet tiré de la légende. Les acteurs y sont environnés d'un ballet de satyres, d'où le nom du genre.
8. Paus., II, 22, 4, expliquant l'origine d'un sanctuaire de Poseidon Prosclystios (« Inondeur »).

jouer un rôle dans les récits argiens sur le premier homme. Par ailleurs, une version historicisante fait d'Inachos non pas un fleuve, mais un roi qui ramène les Argiens des montagnes où ils avaient cherché un abri pendant le déluge, les organise en une cité, draine la plaine, trace le lit du fleuve et lui donne son nom[9]. Inachos réunit le peuple sur l'esplanade qui sera plus tard celle de l'assemblée argienne, sur le flanc de la colline que couronnera la citadelle, et lui propose de coloniser la plaine[10]. Cette version avait des racines locales, comme en témoigne la question de Plutarque :

> Pourquoi, dans une fête, les enfants d'Argos s'appellent-ils en plaisantant « lance-poires » ? Parce que l'on dit que les premiers hommes, ramenés dans la plaine par Inachos depuis les hauteurs, se nourrirent de poires sauvages. C'est à ce moment que les Grecs découvrirent les poires, quand ce pays s'appelait encore Apia. C'est pourquoi les poires ont pris le nom d'*apioi*[11].

La première statue d'Héra argienne fut taillée dans du poirier (voir ci-après). Quant à l'explication étymologique, elle est fantaisiste et introduit le thème, fréquent dans les récits d'origine, de la nourriture primitive des hommes : « Les Arcadiens se nourrissaient de glands, les Argiens de poires cultivées, les Athéniens de figues, les Tirynthiens de poires sauvages » (Élien, *Histoires variées*, III, 39).

Poseidon apparaît dans d'autres légendes analogues, chaque fois évincé par le principal protecteur de la région concernée. Poseidon, dit Plutarque, a toujours le dessous quand il dispute à une autre divinité le patronage d'une région, l'exemple le plus célèbre

9. Schol. à Euripide, *Oreste*, 932.

10. *Ibid.*, 872 ; voir ci-après, p. 107-108 et 116.

11. Plutarque, *Quest. gr.*, 51 (303*a*). L'histoire joue sur le nom de la « poire cultivée », ἄπιον ou ἄπιος (la « poire sauvage » se dit ἀχράς), et sur Ἀπία, nom ancien du Péloponnèse ; mais la longueur de l'alpha initial diffère (il est bref pour le nom de la poire). « Le Péloponnèse a été appelé *Apia* parce que les poiriers y sont très abondants », disait Istros, auteur du cercle de Callimaque, dans ses *Argolica* (n° 334, fr. 39 Jacoby ; d'après Athénée, XIV, 650*b*), à moins que ce ne fût l'inverse : « Les poires qui viennent dans le Péloponnèse ont été appelées *apioi*, dit Istros, par les gens de l'extérieur d'après le nom du pays » (Ét. Byz., *s.* Apia). Au début de la dynastie lagide, un nom désuet donné au Péloponnèse et spécialement à l'Argolide est remis en honneur : « C'est un nom donné par les modernes », dit Ét. Byz., qui allègue Rhianos, fr. 13 Powell, et Ératosthène, fr. 5 Powell ; voir aussi [Théocrite], XXV, 183 ; Apoll. Rh., IV, 1564, et l'épigramme métrique *IG*, IV, 1372, v. 3-4, 218 av. J.-C. Cela entraîne une effervescence d'explications et évoque l'assimilation, à la même époque, entre Apis, le héros argien, et Apis/Sarapis de Memphis et d'Alexandrie. Voir aussi ci-après, p. 67, n. 36.

étant Athènes, qu'il cède à Athéna : « À Delphes il est vaincu par Apollon, à Argos par Héra, à Égine par Zeus, à Naxos par Dionysos. Et pourtant, partout il reste bénin et sans rancune malgré sa malchance » (*Propos de table,* IX, 6,2). À cette liste il faut ajouter au moins Trézène, où il est battu par Athéna, et Corinthe, qu'il partage avec le Soleil : au Soleil l'Acrocorinthe, à Poseidon l'Isthme[12].

Dans tous ces exemples, le dieu principal établit son pouvoir au détriment du maître universel des terres comme des mers, Poseidon l'Ébranleur du sol, qui reste un protecteur puissant sur le territoire de la cité, bien qu'il ait perdu la prééminence au cœur de celle-ci. Plutarque y fait allusion quand il note l'absence de rancune du dieu, du moins à long terme, car dans l'immédiat il se venge : en Attique aussi, il noie la région sous un déluge (Pausanias, II, 15,5). Argos n'en reste pas moins, à jamais, la terre par excellence d'Héra, sa préférée, dont le nom vient le premier à sa bouche lorsque, dans un accès de rage, elle fait mine de sacrifier à Zeus « les trois villes qui [lui] sont, de beaucoup, les plus chères, Argos, Sparte et Mycènes aux larges rues » (*Iliade*, IV, 51-52). Les légendes soulignent son pouvoir absolu sur le pays, qui ne s'exerce pas toujours au bénéfice des habitants, notamment des femmes : Io, les filles de Proitos, les femmes d'Argos...

Le plus ancien des hommes

Du fleuve Inachos et d'une fille d'Océan (donc en principe la nymphe d'une source), Mélia, « Frêne », naquit un être qu'à la différence de ses parents l'on peut qualifier d'humain, Phoroneus[13]. Le sens de son nom reste obscur. Il serait tentant d'y voir un dérivé de *Phoreus,* « le Porteur » (de bienfaits), appellation amplement justifiée par sa légende[14]. Phoroneus est le premier homme des traditions argiennes, racontées dans la *Phoronide* : il est « le père des hommes mortels » alors que les *Catalogues*

12. Paus., II, 1, 6 (Corinthe) ; 30, 6 (Trézène).

13. Cette nymphe s'appelle *Argia* chez Hygin, *Fable* 243 (le manuscrit portait *Archia,* forme corrigée d'après la liste des Océanides chez le même auteur, Préface, 6).

14. D'autres noms mythologiques comportant la même finale, *Aïdoneus, Salmoneus,* sont également inexpliqués. *Aïdoneus,* 'Αιδωνεύς, paraît tiré de 'Αίδης, *Hadès* chez Homère. *Salmoneus* est le roi de Salmoné, ville légendaire, et il existait une autre ville légendaire, Salmos (Ét. Byz., pour l'une et l'autre).

commençaient par la descendance de Deucalion, fils du Titan Prométhée[15]. Ce sont là les deux plus célèbres des « premiers hommes » dont disposaient les Anciens, l'un pour les Grecs de Grèce centrale et l'autre pour les Argiens et, plus généralement, les Péloponnésiens. Leurs rôles sont très similaires. Comme Deucalion, Phoroneus avait vécu tout de suite après un déluge, que l'on identifia à celui qui était survenu du temps d'Ogygos en Béotie, synonyme d'une Antiquité insondable, bien antérieur à son rival[16].

On disait que Phoroneus était l'inventeur de la vie civilisée, ayant regroupé les hommes pour les faire vivre en société dans la « ville de Phoroneus », qui prit ensuite le nom de son petit-fils, le roi Argos[17]. Il crée une agglomération (ἄστυ), non une cité (πόλις) ; c'est-à-dire que les règles de la vie politique ne sont pas encore établies. On disait aussi que c'était lui, et non Prométhée, qui leur avait procuré le feu, conservé dans le temple d'Apollon Lykios, sur l'agora de la ville, car le feu était descendu du ciel sur terre à Argos[18]. Hygin le désigne comme le fondateur du culte d'Héra et le premier détenteur du pouvoir royal, que Zeus lui avait octroyé en récompense de sa piété[19].

Le débris sur papyrus d'un aide-mémoire composé sous les derniers Ptolémées ou au début de l'Empire, un catalogue d'inventeurs, surtout militaires, la plupart mythiques, qui fait la part belle aux Argiens, lui attribue l'invention des tribunaux, sans doute à la suite du premier meurtre, celui de son fils Apis[20]. Un autre de ses fils, Car, régna à Mégare et lui donna le nom qu'elle porte encore, à l'époque où fut célébré pour la première fois le

15. *Phoronide*, fr. 1 Bernabé/Davies ; *Catalogues*, fr. 2 Merk.-West ; M. L. West, *Hesiodic Catalogue*, p. 31.

16. Acousilaos, n° 2, fr. 23*a* Jac., dans Clém. Alex., *Strom.*, I, 102, 5 (380), répété par Eusèbe, *Prép. Év.*, X, 10 ; voir 11, 18.

17. Tatien, *Disc. aux Grecs*, 39, par. 60 ; Paus., II, 15, 5.

18. Paus., II, 19, 5 ; schol. à Sophocle, *Électre*, 4. Les Argiens n'en prétendaient pas moins avoir la tombe de Prométhée (Paus., II, 19, 8) ; on la montrait aussi chez les Locriens d'Oponte, c'est-à-dire, comme on s'y attend, en Grèce centrale (*ibid.*).

19. Hygin, *Fable* 143 ; Héra argienne porte l'épithète Φορωνιάς sur une inscription de Lindos, II, 698, vers 200 av. J.-C. ; Phoroneus est ainsi désigné comme le fondateur du culte de la déesse, et le renseignement fourni par Hygin se trouve confirmé. Hygin, *Fable* 274, 8, ne parle plus de « culte » (*sacra*) mais d'« armes » (*arma*), que l'on a corrigé en *aram*, « autel », en comparant Clém. Alex., *Protr.*, 44, 1 (38).

20. *P. Oxy.*, X, 1241, col. IV, 3-5 ; recopié dans la première moitié du IIe siècle ap. J.-C. Noter en VI, 19-25, une similitude remarquable avec Servius, à Virgile, *Én.*, IX, 503. Sur le meurtre d'Apis, voir plus loin.

culte de Déméter[21]. Un héros qui est, en l'occurrence, rangé parmi ses descendants, Pélasgos, apprit aux hommes comment manger le blé : « Le premier, il découvrit la fabrication du pain, alors que les hommes se nourrissaient de blé sur pied[22]. » Cet ensemble de notations, qui nous sont parvenues par différents intermédiaires, compose le tableau d'un civilisateur dont le rayonnement, dépassant de loin l'Argolide, s'étend vers le nord, autour de l'isthme de Corinthe et en Arcadie. Apparaissent déjà les éléments d'une rivalité avec les contrées voisines : Pélasgos est en fait un Arcadien annexé à la famille argienne. De même, pour la fondation de la première ville, les Sicyoniens, tout proches, contestaient les prétentions argiennes : « Quelques-uns veulent qu'Argos ait été fondée avant [Athènes], certains ajoutent Sicyone, et les Égyptiens disent que, chez eux, bien plus tôt, ce fut Diospolis [“ la ville de Zeus ”, Thèbes, ville d'Amon][23]. » Sicyone avait des titres à faire valoir : c'est sur son territoire qu'auraient eu lieu la répartition par tirage au sort des honneurs entre les dieux, après la guerre contre les Géants, dit Callimaque, et la séparation entre les hommes et les dieux, dit Hésiode, dans des circonstances que le poète ne précise pas. Une scholie signale cependant que chez Callimaque l'expression « guerre contre les Géants » pourrait être une impropriété pour « guerre contre les Titans » (les confusions entre les uns et les autres sont fréquentes), ce qui conviendrait beaucoup mieux et pour la répartition des honneurs, et pour la séparation d'avec les hommes[24]. Enfin, l'antiquité des rois de Sicyone était fameuse[25].

Phoroneus, cher à Zeus et à Héra (tout le contraire de Prométhée), est resté une figure importante d'Argos. On rendait encore un culte funéraire à son tombeau dans la ville, près du sanctuaire de Zeus Néméen, à l'époque de Pausanias (II, 20, 3). Des tentatives pour coordonner les traditions concurrentes aboutirent à faire de Phoroneus le premier homme avant le déluge, Deucalion étant l'auteur du renouveau de l'humanité après celui-ci. Platon, à la suite d'Acousilaos, propose cette mise en ordre qui

21. Paus., I, 39, 5. Car est par ailleurs l'éponyme de la Carie : voir Pline, VII, 56 (203), qui lui attribue l'invention de la divination par les oiseaux.
22. Schol. à Euripide, *Oreste*, 932.
23. Pline, VII, 56 (194).
24. Hésiode, *Théog.*, 535-536 ; Callim., *Aitia*, fr. 119 Pf. ; schol. à Euripide, *Hécube*, 472. Un lieu-dit de Sicyone, Titané, passait pour être le lieu de naissance de Titan (Paus., II, 11, 5).
25. Clém. Alex., *Strom.*, I, 102, 5 (380) ; voir la chronique d'Eusèbe, ans 24 à 155.

laisse la priorité à Phoroneus : « Phoroneus, que l'on appelle le premier [homme], et Niobé ; et en deuxième lieu, après le déluge, Deucalion et Pyrrha[26]. » Le déluge de Deucalion était et reste le plus célèbre des déluges grecs. Phoroneus fut gratifié, on l'a vu, du même type de cataclysme que son émule.

Vivant à l'origine de l'humanité, Phoroneus est contemporain d'un âge d'or tôt révolu, un peu comme les premiers âges dans la Genèse biblique, où tous les hommes parlaient la même langue, où régnaient la concorde et la justice. Tous ces bonheurs, naturellement, ne sont évoqués que pour expliquer comment ils se sont envolés. Hygin, dans la *Fable* 143 où Hermès répartit les différentes langues entre les hommes et où Zeus délègue la royauté à Phoroneus, conserve des éléments de ce récit, parallèle à la légende de séparation entre les dieux et les hommes dont une scène est racontée par Hésiode dans la *Théogonie*, 535-616, et où le rôle principal est dévolu à Prométhée ; l'épisode hésiodique se déroule juste au nord d'Argos, à Sicyone, appelée *Mékônê* (nom dérivé du mot « pavot »).

Dans les traditions locales, Phoroneus l'Argien et son frère ou fils Aigialeus le Sicyonien éclipsèrent Prométhée. L'auteur de la *Phoronide* épique s'en inspirait sans doute, et l'un des rares fragments qui subsistent de son œuvre confirme qu'il décrivait certaines de ces dures origines, retraçant l'invention de la métallurgie du fer par les Dactyles phrygiens, grâce, peut-on supposer, au feu que leur avait procuré Phoroneus[27]. La métallurgie était étroitement associée dans l'esprit des Grecs aux malheurs de l'humanité, à la guerre, aux meurtres et à la magie, dont nous verrons les méfaits parmi les descendants immédiats de Phoroneus.

Cet ensemble de données rappelle à certains égards les premiers chapitres de la Genèse. La séparation, là de l'homme et de Dieu, ici des hommes et des dieux ; le premier crime, dont est victime Apis, le fils de Phoroneus (comme Abel, fils d'Adam) ; les premiers forgerons ; le déluge ; la pluralité des langues, accompagnée par la dispersion des hommes à travers la terre. Mais alors

26. Platon, *Timée*, 22*a* ; voir. Clém. Alex., suite du *loc. cit.* = Acousilaos, n° 2, fr. 23 Jac. ; fr. 20 Diels. Sur la valeur de l'expression « le premier », voir les paroles d'Énée à Achille, Homère, *Il.*, XX, 215, « Dardanos, le premier qu'engendra Zeus », fondateur de la ville qui a précédé Troie et ancêtre d'Énée. Le passage ne précise pas par rapport à qui Dardanos est le premier.

27. Fr. 2 Bernabé/Davies, d'après la schol. à Apoll. Rh., I, 1129.

que le récit biblique nous est parvenu sous une forme suivie, le récit argien, oublié avec la vieille *Phoronide*, mais non discrédité pour cela, se présente en morceaux éclatés qu'il faut ramasser un à un et trier.

En famille : Phoroneus, Apis et Niobé

Phoroneus est parfois flanqué d'un frère, Aigialeus. C'est l'éponyme de l'Aigialeia (la « région côtière »), nom primitif de la côte nord du Péloponnèse, englobant le pays de Sicyone et l'Achaïe[28]. Il est donné comme « mort sans enfant » par Apollodore, chez qui il semble n'avoir d'autre rôle que d'expliquer un nom géographique, transparent par ailleurs ; mais les traditions de Sicyone lui accordaient une descendance. À la place d'Aigialeus (qui devient alors le fils de Phoroneus), une autre tradition mentionne Phègeus, l'éponyme de Phègeia, la « Hêtraie », nom plus ancien de Psophis, communauté arcadienne au sud du massif de l'Érymanthe, dans la haute vallée du fleuve du même nom[29]. Dans les traditions locales que reflète Pausanias, Phègeus devenait le fils du fleuve Alphée (dans lequel se jette l'Érymanthe) et appartenait à une génération plus récente. Il était contemporain de l'expédition des Sept Chefs contre Thèbes[30].

Phoroneus a pour épouse une nymphe (une Océanide, semble dire Hygin, *Fable* 145), c'est-à-dire une créature surnaturelle, et non une simple mortelle. De manière significative, elle s'appelle Kerdô (« Gagneuse »), Peithô (« Persuasion ») ou Télédiké (« Justice au loin »)[31]. Ce dernier nom rappelle celui des déesses béotiennes du serment, les Praxidicai (« Qui réalisent la justice ») et tous conviennent à la compagne d'un tel civilisateur. Phoroneus, au gré des mythographes, a reçu une assez nombreuse descendance. Parmi ses enfants figurent à l'occasion d'autres héros éponymes de contrées plus ou moins voisines (Car, éponyme des

28. Apollodore, II, 1, 1. Sur l'Aigialeia, Homère, *Il.*, II, 574, et le comm. de Strabon, VIII, 6, 19 (377) ; 25 et 7, 1 (382-383), « Sicyone s'est d'abord appelée Mékôné, et encore avant Aigialeis. »

29. Schol. à Euripide, *Oreste*, 932 et 1246, et Ét. Byz., *s.* Phègeia. Cette communauté est connue, à date historique, sous le nom de Psophis : Paus., VIII, 24, par. 2, 8 et 10 pour ses traditions. Voir Madeleine Jost, *Sanctuaires et cultes d'Arcadie*, Paris, Vrin, 1985, p. 53-60.

30. Voir Hygin, *Fables* 244, 3 et 245, 2. Ses fils ne portent pas le même nom que dans la scholie : Paus., *loc. cit.* ; VI. 17, 6 et IX, 41, 2.

31. Kerdô : Paus., II, 21,1 ; Peithô : schol. à Euripide, *Oreste*, 932 et 1246 ; Télédiké : Apollodore, II, 1, 1 ; Tzetzès, à Lycophron, 177, ne fait que répéter Apollodore (à un détail près, voir ci-dessous, p. 69, n. 40).

Cariens, mais installé à Mégare, Lyrcos, de Lyrkeia). Une fille, peut-être Niobé, est désignée par Strabon, citant les *Catalogues* hésiodiques, comme la mère des Nymphes des montagnes, des Satyres et des Courètes : autant dire que l'on n'est pas encore dans la sphère de l'humanité courante, et toujours parmi les êtres surnaturels, les Courètes étant qualifiés de « dieux » par l'auteur des *Catalogues*[32]. On retrouve par ailleurs un nommé Satyros dans la légende d'Argos « Voit-tout ». Cette tradition évoque celle qui fait naître Silène aux premiers temps du monde (voir ci-dessus, p. 39).

Mais les enfants les plus notoires de Phoroneus et de son épouse sont un garçon et une fille, Apis et Niobé : l'ascendance de Niobé était donnée déjà dans les *Catalogues* hésiodiques ; celle d'Apis peut-être seulement chez Acousilaos[33].

Comme Aigialeus, Apis est, dans une autre tradition, un maillon de la première dynastie des rois de Sicyone (Pausanias, II, 5, 7). Quand il est inséré dans le lignage argien, Apis n'a pas d'enfant[34]. Eschyle, pour qui Apis est fils d'Apollon, en fait un guérisseur venu de Naupacte (sur la côte nord du golfe de Corinthe), qui a autrefois débarrassé la région de Lerne des serpents que la Terre y faisait pulluler, parce qu'elle était irritée des meurtres commis à sa surface[35]. On retrouve le thème de la fin de l'âge d'or, qui voit les premiers crimes entraînant, implicite, la nécessaire invention des tribunaux. Ces serpents nés de la Terre anticipent par ailleurs sur l'hydre, fléau dont Héraclès débarrassera Lerne. Apis donne au Péloponnèse d'avant Pélops l'un de ses noms, Apia ; à moins qu'il ne faille imaginer une dérivation inverse, du nom géographique au nom de personne, le Péloponnèse étant alors la « terre douce », *apia* (le premier *a* est long, comme celui d'Apis), sans animaux nuisibles[36]. Il est clair en tout

32. Hésiode, fr. 123 Merk.-West, dans Strabon, X, 3, 19 (471).
33. Hésiode, fr. 160 Merk.-West, cité par Apollodore, II, 1, 1. — Apis, fils de Phoroneus, fils d'Inachos, chez Rhianos, poète hellénistique, fr. 13 Powell.
34. D'après Apollodore, suivant probablement Acousilaos sur ce point aussi.
35. Eschyle, *Suppl.*, 260-270. Voir Eustathe, à Denys le Périégète, 414.
36. Ἄπιος avec α long serait la forme dorienne de l'ionien-attique ἤπιος. Le rapprochement a été fait par Maass, *De Aesch. Suppl.*, Ind. lect. Gryph., 1890-1891, p. x, cité par U. Wernicke, *Real-Enc.*, *s.* Apis 6 (1894). Chez Clém. Alex., *Strom.*, I, 75, 2 (362), et dans la *Souda*, *s. v.*, Apis est le premier médecin. Clément le dit « Égyptien autochthone », dans un contexte où il veut montrer que les principales inventions sont dues à des Barbares. On a aussi rapproché, sans fondement, le nom d'Apis d'un autre adjectif, *apios*, avec *a* bref (long seulement chez Sophocle, *Œd. Col.*, 1685), épithète homérique appliquée à une terre « lointaine ». Et enfin (voir ci-dessus, p. 61, n. 11) d'un nom de la poire...

cas que le poète tragique, en parlant du héros, songe à l'adjectif *apios*, « doux, apaisant » : il désigne une qualité éminente des dieux médecins et a aussi le sens d' « inoffensif », ce que, par excellence, n'est pas la vipère[37].

Selon le philosophe Porphyre, qui écrit à la fin du IIIe siècle ap. J.-C., Apis fut le premier législateur de la Grèce : il reçoit ici un rôle dévolu ailleurs à son père Phoroneus. Il institua des lois « lorsque les hommes en eurent besoin », c'est-à-dire à la fin de l'âge d'or, quand apparurent les crimes (*De l'abstinence*, III, 15). Ce témoignage tardif repose sur une tradition ancienne, comme le prouvent les confirmations indirectes qu'elle reçoit : Apis aurait été le premier à mener une armée en campagne et aussi la première victime d'un assassinat, selon le catalogue d'inventeurs, fragment d'aide-mémoire, déjà cité, qui le présente d'abord comme le fils de Phoroneus, puis comme celui d'Io, tué par Aitôlos aux jeux funèbres d'Azan, organisés par Képheus — Aitôlos et Azan aussi sont des éponymes[38]. Cette position de premier roi d'après l'âge d'or permet sans doute d'expliquer pourquoi Apollodore voit en lui un tyran brutal. D'après le mythographe, il est éliminé par deux personnages, Thelxion et Telchis, que leurs noms rattachent à un groupe de sorciers forgerons, les Telchines[39] (sur le radical du verbe θέλγω, « jeter un charme »).

Cette version, qui remonte peut-être à Acousilaos, donne à des personnages sicyoniens (Aigialeus, Apis) des parents argiens (Inachos, Phoroneus) et réserve aux Argiens Phoroneus et Argos le privilège d'avoir une descendance. Pélasgos l'Arcadien, qui chez Hésiode est simplement fils de la Terre, est lui aussi naturalisé argien en devenant fils de Niobé ; et là, Apollodore indique expressément sa source, « selon Acousilaos ». Pélasgos est l'éponyme des premiers habitants du pays, les Pélasges, et le père de Lycaon, roi mythique d'Arcadie. Dans la construction d'Acousilaos, la filiation donnée à Pélasgos relie et subordonne à l'Argolide les traditions d'Arcadie, sans doute aussi celles de Sicyone.

37. Voir Euripide, *Alceste*, 310, « pas plus douce qu'une vipère ».

38. *P. Oxy.*, X, 1241, col. II, 24-27 et III, 31 et suiv. Même récit chez Paus., V, 1, 8, mais il n'y a pas d'indication de primauté et Apis est donné pour le fils de Iason, de Pallantion d'Arcadie (entre Tégée et Mégalopolis, la patrie d'Évandre, le héros de Virgile). La version de Porphyre n'est donc pas vraiment « sans aucun parallèle » comme le disent ses éditeurs dans la CUF.

39. Dans la liste des rois de Sicyone, Apis est le fils de Telchis et le père de Thelxion, (Paus., II, 5, 7).

De plus, on trouve l'affirmation répétée que le pouvoir de Pélasgos s'étendait jusqu'en Thessalie ; il règne même sur la Grèce continentale, jusqu'au Strymon, fleuve de Thrace qui forme la limite orientale du pays [40]. Ce héros est évidemment indissociable du « peuple » dont il est éponyme, les Pélasges. Les Grecs appelaient ainsi des populations qu'ils considéraient comme non helléniques, éparpillées en Crète, dans le Péloponnèse, en Grèce du Nord, à Lesbos [41]. Cette appellation commode permettait d'étendre à volonté le domaine du vieux roi Pélasgos, pour sa plus grande gloire et celle de l'Argolide, dont la prééminence sur la Grèce primitive se trouvait ainsi confirmée.

Apis a enfin évoqué aux Grecs le célèbre taureau Apis d'Égypte, comme le montre une phrase d'Apollodore : « il fut considéré comme un dieu, sous le nom de Sarapis [42] » ; cette version a donc été remaniée après l'établissement du culte gréco-égyptien du dieu Sarapis à Alexandrie, au début du IIIe siècle av. J.-C. L'expression est du reste tout à fait correcte, Sarapis (Ousor-Hapi) étant en effet le nom divin du taureau Apis. La présence d'un héros Apis dans la région, les relations établies par la légende d'Io et de ses descendants entre l'Égypte et le Péloponnèse suffisent à expliquer la « divinisation de Sarapis » [43].

Niobé, fille de Phoroneus (à ne pas confondre avec son homonyme plus récente, fille de Tantale le Lydien, mère infortunée) est considérée comme la première femme mortelle (sa mère était une nymphe) ; c'est du moins ce que laisse entendre l'expression de Platon citée plus haut « Phoroneus, que l'on appelle le premier [homme], et Niobé [44]. » Niobé est, littérale-

40. Apollodore, II, 1, 1 citant et opposant Hésiode (fr. 160 Merk.-West) et Acousilaos (n° 2, fr. 25 Jac.). Pélasgos en Thessalie : Eschyle, *Suppl.*, 254-259 ; voir Tzetzès, à Lyc., 177 (c'est le seul détail que Tzetzès ajoute à Apollodore ; outre Larisa, la citadelle d'Argos, il existe une Larissa en Thessalie). Voir les noces d'Argos avec une fille du Strymon (Apollodore) et, ci-dessus, le parcours de l'Inachos chez Sophocle.

41. La question des Pélasges a été étudiée par Eduard Meyer dans des chapitres longtemps célèbres : *Forschungen zur alten Geschichte*, t. I, Halle, 1892, p. 1-124.

42. Voir aussi Aristippos, n° 317, *Arcadica*, fr. 1 Jac. : Apis, roi d'Argos, fonde Memphis. Aristéas d'Argos ajoute qu'il fut surnommé *Sérapis* et que les Égyptiens le vénèrent (dans Clém. Alex., *Strom.*, I, 106, 5) ; et encore Porphyre, *De abst.*, III, 15 ; saint Augustin, *Cité de Dieu*, XVIII, 5 (roi d'Argos mort en Égypte et divinisé) ; *Souda*, *s.* Ἆπις (Égyptien qui introduisit la médecine en Grèce). L'assimilation des deux Apis n'a rien d'étonnant. Dès Hérodote, le taureau Apis égyptien avait été identifié au fils d'Io, Épaphos (Hérodote, II, 153 et III, 27).

43. Voir le culte, sans doute implanté à l'époque hellénistique, de l'Athéna de Saïs (la déesse égyptienne Neith) à Lerne, sur la colline du Pontinos (Paus., II, 36, 8).

44. Platon, *Timée*, 22 *a*. Variante isolée dans la chronologie d'Eusèbe de Césarée (début du IVe siècle ap. J.-C.), où Niobé est mère de Phoroneus (voir Jérôme, *Chron.*, an d'Abraham 211, et Georges le Syncelle, p. 236).

ment, la mère d'Argos, puisqu'elle conçoit des œuvres de Zeus un héros portant ce nom illustre, qui désigne non seulement l'Argolide, mais le Péloponnèse entier (par exemple, dans l'expression de l'*Odyssée* : « en Hellade et au cœur d'Argos »). Argos à son tour engendre Épidauros et Tiryns, entre autres[45]. Quant à Niobé, « la première femme mortelle avec qui Zeus se soit uni », elle inaugure une longue série qui forme la trame de la mythologie. Elle n'occupait sans doute pas cette place dans les *Catalogues* hésiodiques, où la primauté devait être dévolue à Pyrrha, que le dieu rendit mère d'Hellen[46], et peut-être a-t-on dans cette affirmation la trace d'une revendication argienne. Elle figure avec un complément significatif chez Diodore de Sicile : « La première mortelle avec qui Zeus s'unit fut Niobé, fille de Phoroneus, la dernière fut Alcmène ; Alcmène était descendante de Niobé à la seizième génération » (Diodore, IV, 14, 4).

Le temps de la mythologie se trouve ainsi délimité par les amours de deux héroïnes argiennes. Plus tard, pour Nonnos, c'est Io qui sera la première amante mortelle de Zeus (*Dionysiaques*, VII, 117), ce qui reste dans la ligne de la primauté argienne[47]. Mais dès le *Prométhée* d'Eschyle est établie une connexion étroite entre Io ou son ascendance proche et Alcmène, la mère d'Héraclès : c'est au titre d'aïeule d'Héraclès, du héros qui délivrera Prométhée, le premier bienfaiteur des hommes, qu'Io apparaît dans cette pièce (v. 871-874). La légende d'Io et de sa descendance a été sentie comme un ensemble qui racontait les efforts de l'homme pour s'assurer la maîtrise de la terre et se concilier la bienveillance ou du moins la neutralité des dieux.

Chaînes généalogiques

Argos, fils de Niobé, est l'ancêtre d'un autre Argos, « Voit-tout » (*Panoptès*), souvent qualifié de « fils d'Arestor[48] » ; c'est le

45. Épidauros : Apollodore, II, 1, 1-2 ; la schol. à Euripide, *Oreste*, p. 932, ajoute Tiryns.
46. Voir M.L. West, *Hesiodic Catalogue*, p. 53 et 173.
47. La liste, chez Nonnos, a été allongée de manière qu'elle se termine par Olympias, mère d'Alexandre le Grand.
48. Argos Panoptès, fils d'Arestor et de Mykéné, fille de l'Inachos d'après les *Catalogues.*, fr. 246 Merk-West (Paus., II, 16, 4 et voir schol. à *Od.*, II, 120) : cela convient à la généalogie courte que les *Catalogues* accordent à Io. Dans cette version, Arestor lui-même peut être un proche descendant du premier Argos. Argos Panoptès, fils d'Arestor,

gardien aux multiples yeux placé par Héra auprès d'Io, que nous rencontrerons à nouveau dans le chapitre suivant. Mais à des degrés et par des intermédiaires qui diffèrent selon les auteurs. Chez Apollodore, dans une version anonyme qui provient peut-être des *Catalogues*, le premier Argos est l'arrière-grand-père du second. Dans une épopée archaïque, *Aigimios*, son père[49]. Chez Phérécyde d'Athènes (première moitié du ve siècle av. J.-C.), « Voit-tout » était arrière-arrière-petit-fils d'Argos, fils de Niobé. Un peu avant Phérécyde, Acousilaos avait fait de ce second Argos un fils de la Terre, le détachant ainsi de la famille royale argienne[50]. Cette ascendance simple est adoptée, au théâtre, par Eschyle et Bacchylide. Tandis que d'après Asclépiadès de Tragilos (IVe siècle av. J.-C.), qui exploite des auteurs tragiques, Argos, le gardien d'Io, était un enfant d'Inachos (comme Io elle-même, on le verra, dans la plupart des tragédies[51]) !

Il semble qu'Apollodore, dans la première version qu'il donne, attribue au second Argos un exploit qui devrait appartenir au premier, puisqu'il venge le meurtre d'Apis, ce qui ne peut être le fait que du neveu de la victime, et non de l'arrière-arrière-petit-neveu de celle-ci (II, 1, 2 fin). Mais alors que le premier Argos restait une figure évanescente, le second recevait la stature d'un justicier. Argos « Voit-tout » tue un taureau qui dévastait l'Arcadie, et il en porte ensuite la peau en guise de cape. Ce vêtement constitue son emblème[52]. Il était usuel, pour un berger ou un chasseur, de se couvrir avec une peau d'animal jetée sur l'épaule ; mais il s'agit en général d'un petit animal, chèvre (*égide*), faon (*nébride*), panthère (*pardalide*), renard (*bassaride*). Il faut être un

---

fils de Phorbas, fils de Criasos, fils du premier Argos : Phérécyde, n° 3, fr. 67 Jac., cité par les schol. à Euripide, *Phén.*, 1116 et à Homère, *Od.*, II, 120 ; voir Ovide, *Mét.*, I, 624 ; Hygin, *Fable* 145 ; Servius, à Virgile, *Én.*, VII, 790. Peut-être, chez Apollodore, II, 1, 3, dans la séquence Argos-Ecbasos-Agénor-Argos Panoptès, faut-il corriger *Agénor* en *Arestor*. Arestor et Criasos sont des héros obscurs dont Nonnos de Panopolis s'est amusé à reprendre le nom dans son poème (*Dion.*, XXXII, 187 ; XXXV, 379 ; XXXVII, 85).

49. D'après l'auteur de l'*Aigimios* (sur cet auteur, voir ci-après, p. 90), Argos Voit-tout est fils d'Argos et d'Isméné, fille d'un fleuve sicyonien, l'Asôpos, doublement indigène par conséquent (fr. 294 Merk.-West, d'après la schol. à Euripide, *Phén.*, 1116 et Apollodore, II, 1, 3).

50. Id., II, 1, 2 pour la version anonyme, 3 pour les autres : *Aigimios*, fr. 294 Merk.-West ; Acousilaos, n° 2, fr. 27 Jac. ; Phérécyde, n° 3, fr. 67 Jac.

51. Eschyle, *Suppl.*, 305 ; *Prom.*, 568 ; Bacch., XIX, 31-33 ; Asclépiadès, n° 12, fr. 16 Jac.

52. Il figurait dans Sophocle, *Inachos*, fr. 281 Radt, connu à travers la parodie d'Aristophane, *Femmes à l'Assemblée*, 80, et chez Dionysios de Samos, mythographe du début de l'époque hellénistique, n° 15, *Cycle historique*, I, fr. 1 Jac., d'après la schol. à Euripide., *Phén.*, 1116.

géant pour se couvrir ainsi avec une peau de taureau, et Apollonios de Rhodes l'a bien senti lorsqu'il a ressuscité cet Argos oublié pour en faire le constructeur de la nef *Argo* (en jouant, sans doute, sur l'ambiguïté des noms repris de génération en génération) : « Argos, descendant d'Arestor, avait jeté sur ses épaules une peau de taureau au poil noir tombant jusqu'à ses pieds[53]. »

Ce héros tue ainsi un certain Satyros, qui volait les troupeaux des Arcadiens, et Échidna (« Vipère »), fille de l'Abîme (le Tartare) et de la Terre, qui enlevait les passants, en la surprenant pendant son sommeil, ce qui évoque Persée surprenant endormie la vipérine Méduse (une sœur des Gorgones, chez Hésiode, s'appelle Échidna et elle est la mère de l'hydre de Lerne[54]). Argos reste un protecteur des Argiens : son image orne le bouclier de l'un des sept chefs qui assiègent Thèbes, chez Euripide[55]. Après Apis, cet Argos prend place parmi les bienfaiteurs de l'humanité et les lointains précurseurs d'Héraclès. Mais en tant que gêneur des amours de Zeus et d'Io, il encourait une réprobation qui a fait pâlir ses mérites, et c'est peut-être ce qui a amené Acousilaos à le détacher de la famille royale.

Sans doute, au fur et à mesure que les érudits s'évertuaient à tisser des liens entre les traditions d'Argos et celles d'autres cités, la liste des ancêtres d'Io a tendu à s'allonger. Cela n'a pas été fait par un rédacteur tenant compte des prétentions des uns et des autres. Chacun a essayé de se frayer une place sans trop se préoccuper du voisin, sauf s'il pouvait en tirer quelque prestige. La confusion qui en résulte s'éclaire trop rarement, le temps d'un conte comme celui de Crotopos, Psamathé et Linos. Mais suivons avec patience ces chaînes généalogiques auxquelles les Anciens attachaient tant de prix (voir le Tableau 1, p. 379).

Selon Hésiode et Acousilaos (donc à la fois selon les *Catalogues* et un auteur argien), le premier Argos avait eu un fils, Peirèn, qui fut le père d'Io ; celle-ci n'était alors séparée de Phoroneus que par

53. Apoll. Rh., I, 111-112 et 324-325. L'expédition de Jason se déroule de nombreuses générations après les aventures d'Io, et Apollonios ne s'est pas embarrassé de préciser comment ce doublet tardif, personnage très épisodique dans son poème, se rattachait à son modèle argien, dont la légende devait être déjà quelque peu estompée.

54. Exploits d'Argos (« fils d'Agénor » : lapsus pour Arestor ?) chez Apollodore, II, 1, 2. Famille d'Échidna chez Hésiode, *Théog.*, 295-318 (fille de Phorkys et Kétô) ; voir Paus., VIII, 18, 2 (Arcadienne, fille de Peiras, « qui que soit Peiras » et de Styx selon Épiménide).

55. Euripide, *Phén.*, 1113-1118.

quatre générations[56]. Peirèn avait consacré à Tirynthe la plus ancienne statue d'Héra, taillée dans du bois de poirier sauvage, emportée plus tard à l'Héraion par les Argiens lorsqu'ils détruisirent Tirynthe. Dans une version qui efface le souvenir de l'hostilité entre Argos et Tirynthe, Plutarque donne à ce Peirèn, qu'il appelle « Peirasos », un rôle plus important : il a fondé le culte de l'Héraion et sculpté pour ce sanctuaire la première statue d'Héra, dans le bois d'un poirier des environs de Tirynthe, « aux belles fibres » bien droites (le poirier donne un bois très dur). Cette épithète rare donne à penser que la source de Plutarque est ici une œuvre poétique[57]. Pausanias et les scholies d'Euripide placent Io plus loin dans la descendance du premier Argos, père de Phorbas (Pausanias) ou de Criasos, qui engendre Phorbas (scholies), qui engendre Triopas, et Triopas engendre des jumeaux, Iasos et Pélasgos, et deux cadets, Agénor et Xanthos[58]. Iasos est le père d'Io, Pélasgos le futur colonisateur de l'Arcadie, Agénor l'ancêtre des rois d'Argos pendant la période d'exil d'Io et de ses descendants, auxquels ils céderont un jour le trône. Xanthos enfin, « roi des Pélasges d'Argos », conquiert une partie de la Lycie, où il règne sur les Pélasges qui l'ont suivi et plus tard passe à Lesbos[59].

Même sans connaître l'inventeur de ces filiations, nous pouvons comprendre certains de ses buts : il fait de Phorbas et de Triopas des Argiens. Or ce sont des figures de Rhodes, île qui se vantait d'origines argiennes. Phorbas la purge des serpents qui l'infestaient. Le nom de Triopas évoque « Trois yeux » ; c'était l'aspect d'Argos « Voit-tout » selon Phérécyde (le troisième œil sur l'occiput) et aussi celui d'une vieille statue de Zeus, dans le temple du dieu sur l'acropole de Larisa (le troisième œil sur le front), que l'on disait provenir du butin de Troie , Triopas est le fondateur de Cnide et l'éponyme du sanctuaire fédéral des Doriens d'Asie. Mais le reste de la légende de Phorbas et de Triopas se déroule en

56. Io, fille de Peirèn : Hésiode, *Catal.*, fr. 124 Merk.-West ; Acousilaos, n° 2, fr. 26 Jac., l'un et l'autre dans Apollodore, II, 1, 3. Peirèn doit être identique à Peiras, Piranthus ou Peirasos, qui figurent aussi dans la généalogie à la même place (id., II, 1, 2 ; Paus., II, 16, 1 ; Hygin, *Fable* 124, 145 ; schol. à Euripide, *Or.*, 932).

57. Paus., II, 17, 5 ; Plutarque, *Fêtes des Daidala à Platées*, fr. 158 Sandbach, cité par Eusèbe, *Prép. Év.*, III, 8, 1, et les textes cités par Rudolf Pfeiffer à Callimaque, *fr. dub.* 769. Cette statue avait été ensuite emportée à Samos (Callimaque, fr. 100 Pf. et la *Diegesis*). Statue faite à Tirynthe par le héros Argos, d'après « Démétrios, *Argolica*, II » (n° 304, fr. 1 et unique Jac. ; cité par Clém. Alex., *Protrept.*, IV, 47, 5).

58. Schol. à Euripide, *Oreste*, 932 ; comparer aux *Phéniciennes*, 1116.

59. Diodore, V, 81, 2, seul à nous donner ces détails biographiques.

Thessalie ; y compris dans les traditions rhodiennes, Phorbas est thessalien[60].

Comme le chef des premiers colons grecs à Rhodes, l'Héraclide Tlépolème, était lui-même un Argien exilé à la suite d'un meurtre, on voit le but de cette longue généalogie : donner une ascendance argienne au plus grand nombre de cités doriennes d'Asie, autour de Rhodes ; Iasos porte un nom qui est à la fois celui de l'une de ces villes de Doride et, comme Apis et Pélasgos, correspond à une appellation ancienne du Péloponnèse, Iason Argos, déjà attestée dans l'*Odyssée* (XVIII, 246), et mise en rapport avec Io par les Anciens. Xanthos porte le nom du plus beau fleuve et de la capitale de la Lycie où il va régner, au voisinage immédiat des Doriens d'Asie. Quand l'extension a-t-elle été imaginée ? Phorbas et Triopas sont inséparables ; or nous savons par une scholie à Euripide que Phorbas figurait dans les généalogies argiennes de Phérécyde[61].

Rois et bergers

Peu après Phérécyde, toujours au ve siècle av. J.-C., Hellanicos de Lesbos, contemporain de Sophocle, raconte l'histoire de la descendance de Triopas. Il lui donne seulement trois fils : Pélasgos, Iasos et Agénor ; Xanthos semble négligé et, de fait, ce fragment ne montre pas d'intérêt particulier pour Rhodes et sa région. À la mort de leur père, les trois frères se partagent l'Argolide. Pélasgos obtient la région de l'Érasinos (tout à l'ouest) ; il y fonde Larisa, la citadelle d'Argos. Iasos obtient l'est du pays. Comme il ne reste plus de terre pour le troisième, Agénor, il reçoit les chevaux de son père. Grâce à la cavalerie qu'il se constitue ainsi, il peut, après la mort de ses frères, envahir et occuper le pays[62]. Et, par la suite, les bergers d'Argos viennent en

60. Diodore, V, 58, 5. Aspect d'Argos chez Phérécyde : voir ci-après, p. 87. Zeus troyen : Paus., II, 24, 3. Sur Phorbas et Triopas en Doride d'Asie, voir mes remarques, *Rev. arch.*, 1987, fasc. 1, p. 106-107.

61. Schol. à Euripide, *Phén.*, 1116, citant Phérécyde, n° 3, fr. 66 Jac. Acousilaos ne semble pas mentionner Phorbas. Voir le Tableau 1, p. 379.

62. Hellanicos, n° 4, fr. 36 Jac. (schol. T et A à *Il.*, III, 75). Comparer la scholie A et la scholie à Euripide, *Oreste*, 932. La scholie T, qui paraît faire naître les trois frères directement de Phoroneus, donne simplement une généalogie abrégée (elle emploie la préposition ἀπό, qui indique une ascendance éloignée, alors que A utilise ἐκ, qui marque l'origine immédiate). — « L'est du pays » : c'est ainsi que je comprends, en corrigeant τὰ πρὸς Ἦλιν, absurde, que H. Erbse note de la *crux* dans son édition des scholies, en τὰ πρὸς ἥλιον, ce qui explique que l'auteur ajoute : « Il ne restait plus de terre pour le troisième frère. »

pèlerinage à son tombeau avec leurs troupeaux de moutons, que cet excellent éleveur continue à protéger[63]. Selon le catalogue d'inventeurs de l'art militaire que nous avons utilisé plus haut, Agénor n'aurait pas attendu la mort de son frère pour envahir l'Argolide ; il aurait été le premier fauteur de guerre civile, « rassemblant des bergers contre Pélasgos pour le chasser », à l'évidence pour le refouler en Arcadie[64].

Agénor a un fils, Crotopos, auquel est rattachée l'origine d'une fête argienne des Agneaux (vers le mois de mai ?). Cette origine avait peut-être été racontée par le philosophe Cléarque et en tout cas par Callimaque, dans un poème appuyé sur des sources locales. De l'œuvre de Callimaque il ne subsiste que des débris, mais on peut les relier par les résumés qu'en ont tirés Conon et Pausanias[65].

Crotopos a une fille, Psamathé, aimée d'Apollon, qui lui donne un fils, Linos. Psamathé, redoutant la colère paternelle, abandonne son enfant. Recueilli par un berger de Crotopos, l'enfant grandit parmi les agneaux, jusqu'au jour où il est dévoré par les chiens qui veillent sur le troupeau. Impuissante à cacher sa douleur, Psamathé révèle qu'elle était la mère de la jeune victime et Crotopos condamne à mort sa propre fille, parce qu'elle s'est mal conduite et parce que, dit-il, elle a menti en prétendant avoir été aimée d'Apollon. Le dieu envoie alors aux Argiens Punition (Ποινή), qui fait périr les petits enfants. Le mari de Psamathé, Coroibos, arrive à tuer Punition[66]. Cela ne démonte pas la colère divine : désormais c'est une épidémie qui ravage Argos.

Coroibos va consulter l'oracle de Delphes, qui lui ordonne de ne pas retourner à Argos, mais d'emporter du temple un trépied et, là où il tombera, de fonder une ville. Ce sera Tripodiscos (« Petit Trépied »), sur le territoire de Mégare. Le tombeau de Coroibos se trouvait sur l'agora de Mégare et l'épitaphe du héros,

63. Plutarque, *Quest. grecques*, 50 (303*a*).

64. *P. Oxy.*, X, 1241, II, 28-42. C'est aussi à cause d'Agénor que Trochilos, fils d'Io et petit-fils d'Iasos, émigre à Éleusis : voir chap. V, p. 84.

65. Cléarque de Soloi, philosophe péripatéticien du début du IIIe siècle av. J.-C., fr. 79 Müller, dans Élien, *Hist. an.*, XII, 34 (la fête argienne) ; F. Wehrli l'a retranché, peut-être à tort, de son édition (ce serait la suite du fr. 103 Wehrli, 2e éd., 1969) ; Callimaque, *Aitia*, I, fr. 26-31 Pf. ; *Anth. Pal.*, VII, 154 ; Conon, *Récits*, 19 (dans Photios, *Bibl.*, codex 186, t. III Henry) ; Ovide, *Ibis*, 480, 574 et suiv. ; Paus., I, 43, 7 ; II, 16, 1 ; 19, 8 ; Stace, *Théb.*, I, 570 et suiv. et schol. ; Servius, à Virgile, *Buc.*, IV, 57 (« Linus, fils d'Apollon et de Psamathé, auteur d'une théologie »).

66. C'est l'épitaphe de Coroibos, *Anth. Pal.*, VII, 154, 6, seule qui nous apprend qu'il était le mari de Psamathé.

lue sur place par Pausanias qui la résume, a été conservée par ailleurs dans l'*Anthologie.* Quant aux Argiens, l'oracle leur prescrit de chanter un chant de deuil pour Linos, le petit enfant mangé par les chiens, et d'organiser en son honneur une fête au mois des Agneaux, durant laquelle on tue tous les chiens qui passent sur l'agora[67]. Le chant pour Linos, lié à Apollon, est déjà connu d'Homère (*Iliade,* XVIII, 570 ; voir scholies) ; il résulte peut-être d'une fausse coupe du mot αἴλινος, « cri funèbre », compris « Aïe, Linos[68] ». Quant à Crotopos, il est placé par Ovide parmi les réprouvés.

Cette légende, de prime abord assez différente des autres anecdotes des premiers temps d'Argos, s'en rapproche néanmoins à certains égards : elle rend compte de fêtes de bergers, comme la légende d'Agénor, père de Crotopos, et, en faisant de Linos un Argien, alors qu'il était revendiqué par les Thébains, elle ajoute à la gloire de la ville dans un domaine jusque-là laissé de côté, la poésie. Rappelons qu'Agénor et Crotopos inaugurent la dynastie qui règne sur Argos au moment de l'arrivée de Danaos, descendant d'Io[69].

Les générations qui relient Inachos et Phoroneus à Io sont ainsi peuplées d'ancêtres fort obscurs, dont le nom et l'ordre varient sans cesse selon les versions. Ils complètent le tableau de la découverte des arts propres à la vie civilisée, comme on l'a vu pour Pélasgos, situent les héros argiens, à leur avantage, par rapport à ceux d'autres régions de la Grèce et donnent leurs noms à l'Argolide ou au Péloponnèse, à l'instar d'Aigialeus. Ils dessinent aussi une histoire du peuplement de l'Argolide et présentent les relations entre cette province et les autres terres grecques, voisines ou lointaines, par les filiations assignées aux différents éponymes : en particulier Rhodes, les Doriens d'Asie et la Lycie voisine. Pour établir les synchronismes nécessaires, les mythographes n'ont pas plus hésité à susciter des homonymes qu'en élaborant, par exemple, les traditions athéniennes. Le procédé ne pouvait choquer : dans la vie courante, il était usuel que les mêmes noms

67. Cléarque et Conon, *loc. cit.* ; Athénée, III, 99 *e-f,* la fête « Tue-chiens » (*Kynophontis*) à Argos. Le mois est mentionné dans des inscriptions argiennes (Schwyzer, *Dialect. gr. ex epigr.*, 3e éd., 1923, n° 90, 3 ; Margharita Guarducci, *Annuario,* III-V, 1941-1943, 141-151). Nous ne connaissons que six des mois du calendrier argien, et celui-ci précédait de trois mois Carneios. Les histoires d'enfants abandonnés mangés par les chiens appartiennent aux faits divers sinistres de l'Antiquité.

68. Sur Linos, en particulier à Thèbes, voir Paus., IX, 29, 6-9.

69. Id., II, 16, 1 et Clém. Alex., *Strom.*, I, 21.

reparussent à l'intérieur d'une famille ; notamment, le fils aîné portait en général le nom de son aïeul paternel. Les légendes pouvaient ainsi s'adapter à tous les élargissements de l'horizon hellénique et intégrer les peuples étrangers.

Un exemple de ces procédés est fourni par Denys d'Halicarnasse, qui écrit la préface de ses *Antiquités romaines* en 7 av. J.-C. Denys veut montrer que les peuples de l'Italie sont d'ascendance arcadienne. Il remonte aux deux premiers rois du Péloponnèse, qui sont d'après lui Phoroneus en Argolide et Aizeios en Arcadie. Phoroneus a une fille, Niobé, qui de Zeus conçoit un fils, Pélasgos. Aizeios a un fils, Lycaon, qui engendre une fille, Déianeira. Pélasgos épouse Déianeira ; leur fils, Lycaon II, engendre vingt-deux enfants ; l'un d'eux, Oinotros, mécontent de la part exiguë de l'héritage paternel qui lui revient, part avec l'un de ses frères, Peukétios, traverse la mer Ionienne et aborde en Italie, dix-sept générations avant la guerre de Troie. Les deux frères laissent leur nom à des peuples italiques (Denys d'Halicarnasse, I, 11,2-3).

On peut classer les généalogies amoncelées sur Argos primitive selon leurs affinités : les unes se rattachent aux *Catalogues* hésiodiques, les autres, les plus nombreuses, à Acousilaos (de la *Phoronide* nous ne pouvons rien dire). Mais comme les auteurs successifs les ont tantôt allongés, tantôt abrégés, il est très difficile de reconstituer les schémas originels. C'est ainsi que l'un des plus complets qui subsistent pour Argos est conservé par les scholies à Euripide, *Oreste*, 932 et 1246. Ces dernières sont recoupées par Pausanias, II, 16, 4, attribuant expressément à Acousilaos une filiation Phoroneus-Sparton-Mykéneus, qui subordonne à Argos les capitales de Ménélas (Sparte) et d'Agamemnon (Mycènes). Les trois villes sont évoquées suivant le même ordre que dans le célèbre vers d'Homère cité plus haut (p. 62 ; *Iliade*, IV, 52). Pausanias ironise sur ce Sparton « dont les Lacédémoniens seraient bien surpris d'apprendre l'existence[70] » et oppose à Acousilaos les *Catalogues*, qui ignorent Sparton et font de Mykéné (non pas de Mykéneus) la fille de l'Inachos : l'éponyme de Mycènes se trouverait donc chez Hésiode à la même génération que Phoroneus, le fondateur de la ville qui a précédé Argos, alors

70. Pausanias connaît cependant un autre Sparton, fils de Tisaménos, fils d'Oreste : VII, 6, 2. Voir le Tableau 1, p. 379.

qu'Acousilaos donnait une ancienneté plus grande à Phoroneus, donc la prééminence à Argos.

Mais ni Pausanias ni l'auteur des deux scholies à Euripide ne reproduisent exactement la version d'Acousilaos. Ils s'en écartent sur un point fondamental : d'après eux, Io est fille d'Iasos, elle est fille de Peirèn d'après Acousilaos. Pausanias et les scholies suivent donc une version allongée (chez Acousilaos, Pélasgos était fils de Niobé, frère d'Argos ; chez Pausanias et dans les scholies, il naît quatre générations plus tard), enrichie par l'insertion de Phorbas et Triopas, qui est attestée chez Phérécyde, aussitôt après Acousilaos[71].

Difficulté supplémentaire, dans la version que Pausanias attribue à Acousilaos, Sparton est fils de Phoroneus ; dans les scholies, il est seulement son neveu, fils de son frère Phégeus... La signification de cette variante est claire. Lorsqu'un auteur extrait une séquence d'une généalogie, il lui arrive de la simplifier pour les besoins de sa cause. Dire dans une citation isolée que Sparton était fils de Phégeus n'évoquait rien à personne. Dire qu'il était fils de Phoroneus faisait immédiatement apparaître, derrière les héros, deux des plus grandes cités du Péloponnèse, Sparte et Argos.

Une page de Clément d'Alexandrie (*Stromates*, I, 21) est précieuse pour nous faire comprendre comment, à partir de cet enchevêtrement, les chronologistes ont pu travailler, et pourquoi, aujourd'hui, ce qui nous est parvenu de leurs travaux donne un sentiment d'irrémédiable confusion. Clément veut montrer que les Grecs sont un peuple beaucoup plus jeune que les Barbares (en particulier les Juifs). Il prend donc les traditions grecques d'Argos, considérées comme les plus anciennes et, à partir de là, par un double mouvement, met en évidence à la fois leur relative jeunesse par rapport à celles des Barbares et, ce qui nous intéresse ici, leur antériorité par rapport à celles des autres rameaux du peuple grec. Dans ces traditions argiennes, il choisit naturellement une variante longue.

Il mentionne les premiers rois d'Argos dans un développement qui part d'Acousilaos. En ce qui concerne les noms qui sont donnés, Clément s'accorde dans cette partie avec les scholies à Euripide, que nous avons déjà citées à plusieurs reprises[72].

71. Phérécyde, n° 3, fr. 66 Jac., d'après la schol. à Euripide, *Phén.*, 1116.

72. Schol. à Euripide, *Oreste*, 932 et 1246 ; Clém. Alex., *Strom.*, I, 102, 5 à 103 fin (379-381). Dans un premier développement (*ibid.*, 102, 1-4), citant Tatien, autre polémiste chrétien un peu plus âgé que lui, Clément envisage quatre familles principales, de souches

Comme il ne compte pas les générations, mais énumère les événements fondateurs de la mythologie, il n'a pas à se soucier d'être complet ; il date ces événements, à la manière antique, du « temps » des rois argiens, qui sont énumérés par ordre de succession, avec des omissions. En effet, un peu plus loin (136, 4), se référant à cette liste, il compte huit générations entre Inachos et son descendant Crotopos, alors qu'il n'a donné que cinq noms.

Différent est l'ordre suivi par d'autres auteurs, qui n'en dérivent pas moins d'Acousilaos. Alors que le scholiaste à Euripide place la naissance d'Io à la septième génération après Phoroneus, comme Clément (implicitement), Apollodore la place à la quatrième. Pausanias égrène une généalogie très proche de celle du scholiaste, mais plus courte d'une génération. Pausanias, le scholiaste et Clément ont en commun, par rapport à Apollodore, d'intercaler dans la généalogie argienne, entre Argos et Iasos, les figures de Phorbas et de Triopas. Tous les quatre se distinguent d'Acousilaos en ce qu'Io chez eux est la fille d'Iasos, non de Peiras/Peirasos[73].

D'Acousilaos et peut-être, avant lui, de la *Phoronide*, ils préservent, fût-ce de manière implicite, un intérêt pour les progrès de la civilisation. En effet, Clément d'Alexandrie énumère « Phoroneus qui vint après Inachos et le déluge du temps d'Ogygos et la royauté à Sicyone, qui fut d'abord à Aigialeus, puis à Europs, puis à Telchis, et celle de Crès en Crète[74] ». Europs est cité comme frère d'Aigialeus par le scholiaste (il était son fils dans la tradition locale de Sicyone, qui par ailleurs fait d'Aigialeus un autochthone, rejetant ainsi toute subordination à un premier homme argien)[75]. Quant à Telchis, le forgeron malfaisant, c'est l'un des meurtriers d'Apis d'après Apollodore, qui n'en dit pas plus à son sujet[76]. La mention de « la royauté à Sicyone » nous ramène aux mythes de la fin de l'âge d'or, ainsi que le déluge, et au parallèle entre Prométhée et Phoroneus.

---

indépendantes, dans la mythologie grecque : la descendance d'Inachos en Argolide ; quatre générations plus tard, celle de Cécrops, autochthone, en Attique ; neuf générations après Inachos, celle de Pélasgos, lui aussi autochthone, en Arcadie ; enfin, deux générations après Pélasgos, celle de Deucalion en Phthiotide (Grèce centrale). Ce développement puise à une autre source que celui qui le suit.

73. Paus., II, 16, 1 ; Apollodore, II, 1, 1 à 3 ; schol. à Euripide et Clém. Alex., *loc. cit.* Enfin, Hygin, *Fable* 145, offre les débris méconnaissables d'une autre version.

74. Clém. Alex., *Strom.*, I, 102, 5 (379-380) = *Phoronis*, fr. 1 Bernabé/Davies.

75. Paus., II, 5, 6-7.

76. Voir ci-dessus. Selon Ét. Byz., *s.* Sicyone, *Telchinia* était un nom ancien de Sicyone.

Io, fille d'Inachos

Il reste à évoquer une (presque) dernière version des origines d'Io. La plus courte et la plus répandue, elle est sans doute aussi la plus récente. Il existait en effet des mises en œuvre de la légende de la jeune fille transformée en génisse qui ne se souciaient pas de marquer la primauté d'Argos sur Sicyone ou sur les Arcadiens mangeurs de glands, ni de souligner ses liens avec Rhodes. Une généalogie simple était alors la plus commode. Apollodore la signale : c'est celle de « beaucoup de poètes tragiques » (et aussi d'Hérodote et de Bacchylide), qui font d'Io directement la fille d'Inachos[77]. Ils tendent en même temps à simplifier l'ascendance des autres personnages en les donnant comme fils de la Terre ; c'est ce que fait Eschyle dans *Les Suppliantes* et, pour Io, dans le *Prométhée*, 589-590.

« Fille d'Inachos » est la manière banale de désigner Io, par exemple lorsqu'elle est nommée dans une description d'œuvre d'art, sans référence mythographique locale précise[78]. Dans *Les Suppliantes*, pièce consacrée à des légendes argiennes, le poète n'indique pas l'ascendance d'Io, « gardienne des clés d'Héra » (v. 291), et l'Inachos est mentionné seulement comme un fleuve (v. 497). *Les Suppliantes* font d'Argos (le gardien d'Io) un fils de la Terre (v. 305), de Pélasgos le fils de Palaichthôn (« Terre antique »), lui-même fils de la Terre (v. 250-251). Apis est un fils d'Apollon. Le raccourci le plus frappant est peut-être celui du scholiaste à Euripide, *Hécube*, 886, qui fait d'Io la fille d'Inachos, puis lui donne comme descendants Égyptos et Danaos, sans nommer aucun intermédiaire. Il est vrai que son intention est d'expliquer la légende des Danaïdes et de donner la filiation qui relie à Héraclès la Danaïde Hypermestra et son époux Lynkeus. Il abrège de manière drastique ce qui précède, sans créer sur ce point de variante significative.

Ces simplifications sont compréhensibles chez des auteurs qui

77. Eschyle, *Prom.*, 590, 705 ; Sophocle, *Él.*, 5. Aussi chez Bacch., XIX, 18 ; Hérodote, I, 1 ; Ovide, *Mét.*, I, 584 ; Nonnos, *Dion.*, III, 259-261. Chez Ovide, le v. 668 paraît contredire cette filiation, mais voir ci-après.

78. Moschos, II, *Europé*, 52 ; Paus., I, 25, 1 ; III, 18, 13 ; mais non au livre II, celui où figurent les traditions proprement argiennes ; là, elle est la fille d'Iasos (16, 1) ; voir aussi Callimaque, *H.*, III, *à Artémis*, 254 (à propos du Bosphore cimmérien) et *Épigr.*, 57, 1 (*Anth. Pal.*, VI, 150 ; Io identifiée à Isis) ; Lucien 78, *Dial. marins*, 11 (7), 1 ; Hygin, *Fable* 155 (liste de fils de Zeus).

n'ont pas besoin d'établir des synchronismes avec d'autres familles légendaires. Elles accentuent l'ancienneté de la légende d'Io. Leur succès est attesté par le fait qu'Io devient la fille d'Inachos aussi chez l'annaliste Castor de Rhodes, au Ier siècle av. J.-C., sans que nous sachions comment il insérait cette filiation dans sa chronologie universelle, qui devait comporter une généalogie longue. Peut-être avait-il recours à un deuxième Inachos, de nombreuses générations après le premier ; il semble qu'il subsiste une trace d'une invention de ce genre chez d'autres auteurs[79]. Enfin, deux versions isolées, dont les motivations restent énigmatiques, proposent pour Io des filiations aberrantes[80].

Au total, alors que la descendance d'Io forme l'un des arbres généalogiques les mieux structurés, les plus clairs, les plus importants de la mythologie grecque, l'histoire de ses origines révèle un fourmillement d'ancêtres dont la place semble n'avoir jamais été définitivement fixée. Les Grecs n'ont cessé d'hésiter sur la manière dont la génisse errante se rattachait à ses ancêtres argiens. On a devant elle la même impression que, dans *Les Suppliantes* d'Eschyle, le roi Pélasgos face aux Danaïdes, ses arrière-arrière-petites-filles : elle semble étrangère à la ville. Pausanias, si disert quand il s'agit de Phoroneus, ne la mentionne qu'une seule fois dans sa description de l'Argolide, et encore est-ce dans une généalogie, indépendamment de toute description de reliques. Io, on va le voir, avait pourtant laissé dans sa patrie quelques traces de son histoire.

79. Castor, n° 250, fr. 8 Jac. Ovide, *Mét.*, I, 584 et 668, fait d'Io à la fois la fille d'Inachos et une descendante de Phoroneus. Chez Hygin, *Fable* 145, il semble qu'on ait une tentative pour concilier la généalogie longue et la filiation avec Inachos : Hygin cite un Inachos fils d'Agénor, descendant de Phoroneus. Cette version peut avoir été celle de Castor.

80. Selon Istros, au début de l'époque hellénistique, Io est fille de Prométhée : n° 334, fr. 43 Jac., d'après Clém. Alex., *Strom.*, I, 106, 1 (382). D'après Charax de Pergame (sous les Antonins), Io (et Pélasgos) sont les enfants d'Arestor, fils d'Ecbasos, fils du premier Argos : n° 103, fr. 13 (voir ci-après, p. 83, n.3) et 15 (Ét. Byz., *s.* Parrhasia) Jac. ; Argos Panoptès est le frère de la mère d'Io.

V

Io, les tribulations d'une génisse

La légende d'Io offre, en un bel échantillonnage, les multiples ressources et les séductions de la mythologie, spécialement des légendes argiennes : Io se lance à la découverte d'un monde mi-réel, mi-fantastique, troublant et plein de fraîcheur ; elle connaît le désir impérieux, à la violence animale, de Zeus ; sa métamorphose en vache brode sur les thèmes de la folie et de la haine que les dieux éprouvent parfois pour les humains ; et pourtant l'apaisement final de ses tourments, la gloire promise à sa descendance répandent malgré tout sur l'ensemble leur lumière. Autant de thèmes que nous verrons, tout au long de ce livre, brasser et élaborer par les poètes, les historiens, les mythographes et même les philosophes.

L'aventure d'Io commence au principal sanctuaire d'Héra en Argolide, l'Héraion, qui se trouve à l'intérieur des terres, sur les premiers contreforts de la montagne (l'Arachnaion), en direction de Mycènes[1]. La hauteur dont les pentes portent les terrasses du sanctuaire s'appelait *Euboia,* dont l'équivalent pourrait être « le Pré aux vaches[2] ». Il s'agit précisément du sanctuaire dont Io était la première desservante[3].

1. La légende d'Io, notamment dans ses rapports avec les arts figurés, a fait l'objet de deux études récentes de Nicolaos Yalouris, « Le mythe d'Io : les transformations d'Io dans l'iconographie et la littérature grecques », *Iconographie classique et identités régionales, Bull. Corr. Hell.,* suppl. XIV, 1986, p. 3-23, et *LIMC, s.* Io 1, 1990, p. 661-676.

2. Paus., II, 17, 1 ; aussi Strabon, X, 1, 15 (449), « colline en Argolide » ; Ét. Byz., *s.v.,* « lieu à Argos », sans plus. Sur Euboia/l'Eubée, voir ci-après, p. 90.

3. *Catalogues,* fr. 124 (Apollodore, II, 1, 3) et 125 Merk.-West ; *Phoronide,* fr. 4 Bernabé, 3 Davies, d'après Clém. Alex., *Strom.,* I, 24 (164, 2) ; Eschyle, *Suppl.,* 291 et suiv. ; Charax, n° 103, fr. 13 Jac.

La prêtrise d'Io constitue un détail important, car il lie étroitement la légende au culte d'Héra. Qu'ils appellent son père Inachos ou Peirèn / Peiras, les mythographes présentent Io comme la fille du fondateur du culte de la déesse[4]. Io elle-même est surnommée « Celle qui fait de beaux sacrifices », *Callithy(o)essa* ou « Callithoé, garde-clés de la souveraine de l'Olympe, d'Héra argienne, qui de rubans et de franges la première orna la longue colonne de la déesse » (*Phoronide*). La fonction de garde-clés, qui est aussi celle d'Io chez Eschyle (*Les Suppliantes*, 291) fait de sa titulaire beaucoup plus qu'une concierge : la principale responsable du temple. En ornant « de rubans et de franges » la « longue colonne » de la déesse, c'est-à-dire sa statue en bois de poirier, elle tient le rôle d'une stoliste, préposée à la vêture de l'effigie divine. Ouverture du temple, soins à la statue de culte, sacrifices : Io apparaît aux origines de l'ensemble des rituels qui honorent la patronne de l'Héraion et de l'Argolide.

Selon une tradition locale transmise par Pausanias et par un commentateur d'Aratos, Io-Callithyessa eut à Argos un fils, Trochilos, qui, initié par sa mère la première prêtresse, chassé de sa patrie par l'hostilité d'Agénor, devint le premier hiérophante d'Éleusis, où il engendra, d'une femme du pays, deux enfants, Eubouleus et Triptolème ; nous retrouverons ce dernier un peu plus loin dans la légende d'Io. La légende établissait un lien entre les mystères d'Éleusis et ceux d'Argos, en donnant la priorité aux Argiens[5]. Pausanias relève à cette occasion que les Argiens sont, de tous les Grecs, les principaux rivaux des Athéniens pour ce qui est de l'ancienneté et des présents que leur ont faits les dieux. Trochilos, « Coureur », porte un nom d'oiseau, le roitelet en Grèce ou le pluvier en Égypte ; mais son nom évoque aussi la roue (*trochos*) du char, dont il aurait été l'inventeur ; en récompense, il fut placé au ciel, où il forme la constellation du Cocher[6].

Une autre légende du même type est conservée par des commentaires érudits. C'est l'histoire de la nymphe, fille d'Écho ou de Persuasion, qui sut par ses incantations provoquer l'amour de Zeus pour Io. Pour la punir, Héra la transforma en pierre ou en

4. Inachos et Héra : voir ci-dessus, p. 65 ; Nonnos, *Dion.*, III, 262-264. Peiras : voir ci-dessus, p. 73.
5. Paus., I, 14, 2, complété par les scholies à Aratos, 161.
6. Schol. à Aratos, *loc. cit.;* Tertullien, *De spect.*, 9 ; Hygin, *Astron.*, II, 13, 2 (« Orsilochus ») ; cf. Jérôme, *Chron.*, an 442 (Eusèbe, II, 25 Schoene). Il existait d'autres façons d'expliquer l'origine de cette constellation.

un oiseau, le torcol, utilisé par la suite à des fins de sorcellerie amoureuse[7]. Il porte le nom de la nymphe, *iynx* (reproduisant l'onomatopée d'un appel magique).

Zeus, amoureux d'Io, lui demande par des rêves de quitter le palais paternel et de se rendre aux pâturages de Lerne, afin qu'il puisse assouvir son désir. Comme elle n'obéit pas, ce sont des oracles qui ordonnent à son père, cette fois, de la chasser et de l'envoyer errer plus loin que Lerne, aux confins de la terre. Le père s'y résigne ; Io est aussitôt transformée en une belle génisse blanche et s'enfuit, sous les piqûres d'un taon, en direction de Lerne, puis au-delà, sur la route de l'Arcadie, vers le village de Kenchreia[8]. Ce récit, fait par Eschyle dans le *Prométhée* (v. 640-682), est repris en substance par Ovide, qui signale le passage d'Io à Lerne puis aux confins de l'Arcadie, mais sur une autre route : c'est à Lyrkeia, dans la région des sources de l'Inachos, qu'elle s'unit à Zeus et c'est alors seulement qu'elle est transformée en vache[9]. Ovide aussi place les amours de Zeus et d'Io sur les confins de l'Argolide et de l'Arcadie.

Il en va peut-être de même dans l'*Inachos* de Sophocle si la métamorphose d'Io a lieu à Kenchreia (dont le nom peut évoquer une surface granuleuse, rugueuse). Le poète mentionne en effet l'excroissance « granuleuse » (*kerchnos/kenchros*) qui pousse à Io (ses cornes ou ses sabots) et l'on s'attend à ce que cette expression étrange serve à l'une de ces interprétations de toponymes dont les Anciens étaient friands[10].

Le motif et le responsable de cette métamorphose ne sont pas clairement établis. Selon Hésiode et Ovide, ce fut Zeus, au moment de son union avec la jeune fille : Héra prit les amants sur le fait et Zeus trouva ce moyen pour dissimuler son infidélité, prétendant que ce bel animal était né de la terre[11]. Héra, soupçonneuse, le demande pour elle et Zeus ne peut le lui refuser. Zeus aurait juré n'avoir jamais touché Io, et ce parjure divin expliquerait que les dieux ne punissent pas ceux qui mentent sur leurs amours. Il ne s'agit pas exactement de ce qu'on entendrait

7. Schol. à Pindare, *Ném.*, IV, 35 ; à Théocrite, II, 17 ; Photios, *Lex.*, *s.v.*
8. La couleur est indiquée par Hésiode, fr. 124 Merk.-West (Apollodore, II, 1, 3) ; couleur et beauté, chez Ovide, *Mét.*, I, 610-613, voir 652 et 743. Le blanc restera la couleur d'Isis : Val. Fl., IV, 380.
9. Eschyle, *Prom.*, 645-677 ; Ovide, *Mét.*, I, 588-624.
10. Sophocle, *Inachos*, fr. 279 Radt.
11. Ovide, *Mét.*, I, 615.

par de faux serments d'amour, mais de protéger le secret de la relation amoureuse[12].

D'après le *Prométhée* d'Eschyle également, la métamorphose est due à Zeus, mais elle a lieu sitôt qu'Io est chassée de la demeure paternelle. Comme le récit est placé dans la bouche de la jeune fille, qui dit en préambule qu'elle a honte de ce qu'elle va raconter, certains épisodes sont gommés par pudeur. Io évite d'indiquer à quel moment elle a cédé aux avances de Zeus, mais on peut le déduire des « propos veloutés » et indécents que le dieu lui murmure en songe : « Pars vers la prairie profonde de Lerne, vers les troupeaux et les parcs à vaches de ton père, afin que l'œil de Zeus soit soulagé de son désir[13] » (v. 647 et 652-654). Il n'était guère pensable que la jeune fille raconte la scène de jalousie dont Ovide se délecte. Elle évite systématiquement de faire mention d'Héra, et, de ce fait, la présence d'Argos, ensuite, pour la surveiller demeure inexpliquée[14]. Une variante plus consistante, mais isolée, est proposée par Eschyle dans *Les Suppliantes :* c'est Héra qui fait d'Io une vache, pour empêcher Zeus de s'unir à la jeune fille. Mais, après la métamorphose, le dieu, se transformant en taureau, continue à saillir Io[15]. Les dieux ne s'unissent en général qu'une fois aux femmes qui leur plaisent. Cependant, Io a de Zeus au moins deux enfants, Kéroessa et Épaphos (voir ci-après), et peut-être Trochilos (voir ci-dessus).

Dans tous les cas, Héra donne à la génisse un gardien, Argos Panoptès (« Voit-tout », comme le soleil, donc omniscient). Nous l'avons déjà rencontré, sous les traits d'un héros bienfaiteur, dans les généalogies argiennes[16]. Il figure ici en bouvier, volontiers musicien et chanteur[17]. Pour veiller sur Io, il utilise les multiples yeux qui lui ont valu son surnom et une célébrité durable puisque, plus souvent appelé Argus, avec une désinence latinisée, il est même devenu un nom commun — l' « argus automobile ». Argos

12. Hésiode, fr. 124 Merk.-West, d'après la schol. à Platon, *Banquet,* 183*b,* Hésychios, *s.* « Serment vénérien » (ἀφροδίσιος ὅρκος), Apollodore, II, 1, 3.

13. Au v. 647, je rends par « velouté » un adjectif qui signifie « lisse, sans aspérité ». Les termes qui annoncent les amours bestiales de Zeus et d'Io sont présents dès le début. Le verbe que je rends par « soulager » s'applique au sens propre à un animal à qui l'on ôte le joug. Zeus défend à Io de « donner du pied » contre son désir (v. 651) ; à son père il ordonne de chasser sa fille, « bête lâchée » (comme étaient les troupeaux sacrés ; v. 666).

14. De même, au début de la dixième *Néméenne,* Pindare, célébrant Héra, évite de nommer Io (voir ci-dessus, p. 57).

15. Eschyle, *Suppl.,* 299-305 ; voir peut-être Martial, XIV, 180.

16. Voir ci-dessus, p. 70-72.

17. Sophocle, *Inachos,* fr. 281 et 281*a* Radt.

disposait d'assez d'yeux pour voir partout à la fois et ne jamais tous les fermer dans son sommeil[18]. Tantôt il en avait quatre, ce qui correspond à des représentations où il est muni de deux têtes (*Aigimios*) ; tantôt trois, dont un sur l'occiput (Phérécyde) ; tantôt enfin son corps en était couvert (Bacchylide, Eschyle, Ovide), ce qui a inspiré la représentation la plus populaire du personnage[19]. Au théâtre, son masque est caractérisé par le grand nombre de ses yeux (Pollux, IV, 141).

Argos attache la génisse blanche à un olivier, que l'on montrait encore à date historique dans le bois sacré de Mycènes[20]. Il l'a donc ramenée aux environs du sanctuaire d'Héra. Chez Apollodore, il est aidé en outre par un épervier, oiseau à la vue perçante, ou par un personnage nommé *Hiérax,* « Épervier », qui lui dénonce ceux qui s'approchent. C'est pourquoi, malgré toute son habileté de dieu des voleurs, Hermès, envoyé par Zeus, ne parvient pas à subtiliser Io. Il tue alors le bouvier indésirable en lui lançant une pierre ; c'est peut-être la version de Bacchylide et en tout cas celle d'Apollodore[21]. Ou bien encore Hermès le décapite après l'avoir assoupi par ses récits, puis profondément endormi par sa baguette magique (Ovide, *Métamorphoses*, I, 668-723). Ou bien la déesse de l'amour s'en mêle. Sur plusieurs peintures de vases, dont certaines semblent illustrer un drame satyrique, figure Aphrodite, parfois tenant un instrument magique (une *iynx,* dont les origines sont liées précisément à la légende) ; elle détourne l'attention du bouvier l'instant suffisant à Hermès pour s'approcher de lui et le mettre à mort[22].

À cet exploit Hermès doit, pensait-on, son surnom d'*Argeiphontès,* interprété « Tueur d'Argos ». C'était l'Hermès qu'on adorait spécialement à Phénéos, en Arcadie[23]. Le haut bassin de

18. Ce détail chez Euripide, *Phén.*, 1116-1118 (passage d'authenticité douteuse) : les yeux d'Argos s'ouvrent et se ferment au rythme des mouvements des astres.

19. *Aigimios,* fr. 294 Merk.-West. Sur ce poème, voir ci-dessous, p. 90 ; le vers qui évoque les quatre yeux d'Argos a été repris par les poètes orphiques : Hermias, à Platon, *Phèdre,* 246*e,* fr. orph. 76 Kern. Par d'autres aussi : Phérécyde, n° 3, fr. 66 Jac., (ces deux témoignages d'après la schol. à Euripide, *Phén.*, 1116) ; Bacch., XIX, 19-20 ; Eschyle, *Prom.*, 569, 678-679 ; Ovide, *Mét.*, I, 625.

20. Apollodore, II, 1, 3 (Acousilaos, n° 2, fr. 27 Jac.) ; Pline, XVI, 239. Sophocle, *Él.*, 5, fait sans doute allusion à ce bois : depuis l'acropole de Mycènes, le précepteur d'Oreste lui montre « l'antique Argolide, le bois sacré de la fille d'Inachos que piquait le taon ».

21. Bacch., XIX, 32 (passage mutilé) ; Apollodore, II, 1, 3.

22. Carl Robert, p. 258 et suiv. ; N. Yalouris, *LIMC,* s. Io, catalogue, n° 56 (cratère de Ruvo, début du IVe siècle), 57 (vers 360, Argos tenant un diptyque [où est inscrit son destin], Aphrodite), 58 (vers 340-330, Aphrodite avec une *iynx*), 60 (vers 330).

23. Cicéron, *De natura deorum,* III, 56 ; Paus., VIII, 14, 10, confirme qu'Hermès était le dieu principal de Phénéos mais ne dit rien de l'épithète *Argeiphontès.*

Phénéos paraît à première vue bien isolé d'Argos, mais un autre héros de cette ville, et non le moindre, Héraclès, y a des attaches ; il sert, à l'occasion, à dissimuler du bétail volé (des juments) ; on verra d'autre part les filles de Proitos errer plus loin encore en Arcadie. Avec le meurtre d'Argos commence la partie peut-être la plus célèbre de la légende d'Io, sa course folle jusqu'en Égypte.

Tout au début de son *Enquête*, Hérodote donne des voyages d'Io une interprétation simple et prosaïque : ce serait une princesse argienne enlevée en bateau par des revendeurs phéniciens de passage, ou peut-être séduite par l'un d'eux et s'enfuyant avec lui pour dissimuler sa grossesse[24]. Sous les Antonins, l'historien Charax de Pergame élabore une autre interprétation de la même veine, rationalisant avec raffinement tous les détails[25]. Charax se singularise d'emblée en faisant d'Io la fille d'Arestor. Elle était prêtresse d'Héra et tomba enceinte sans être mariée. Sous l'effet de la grossesse et de l'épanouissement amoureux, elle embellit au point que les Argiens la surnommèrent « la Vache ». Son père, se rendant compte de l'état de sa fille, la mit sous bonne garde : celle d'Argos, frère de sa mère, un insomniaque auquel rien n'échappait, si bien qu'on le surnomma « Voit-tout ». Avec la complicité d'Io, un enfant du pays nommé Hermaon tua Argos et la jeune fille s'enfuit avec les meurtriers sur un bateau de commerce (ναῦς φορτίς, qui fait sans doute jeu de mots avec πόρτις, la génisse errante). Ballottée par la tempête sur la mer qu'on appelle depuis « Ionienne » (entre la Grèce et l'Italie), après bien des escales Io arriva enfin au « pays des Brumes » (l'Égypte), où sa beauté la fit considérer comme une déesse[26].

Vagabondages

D'après la fable, c'est parce que, en réplique au meurtre d'Argos, Héra lance un taon contre elle qu'Io, affolée, prend la fuite et parcourt le monde, jusqu'à l'Égypte. Dans le *Prométhée*,

24. Hérodote, I, 1-2 et 5.
25. Charax, n° 103, fr. 13 Jac. (d'après les *Excerpta vaticana*, anonyme, *De incredibilibus*, 16).
26. Le terme poétique « brumeuse » pour désigner l'Égypte n'est pas si étonnant qu'il y paraît : il s'applique avec justesse au bas delta et a même pu être appliqué à certaines parties du littoral libyen. Sur le climat libyen, André Laronde, *Cyrène et la Libye hellénistique*, Paris, 1987 p. 259. Voir aussi Eschyle, *Suppl.*, 75, et Apoll. Rh., IV, 267, avec la note de F. Vian, rappelant d'autres interprétations.

ce taon est identifié au fantôme d'Argos qui poursuit la responsable de sa mort (v. 568). Il est de toute manière, en un sens, le digne successeur d'Argos, comme l'épervier en était le digne auxiliaire, car ses yeux à facettes lui permettent à lui aussi de voir de tous côtés à la fois. L'insecte est du reste qualifié de « bouvier » dans *Les Suppliantes* (v. 557) comme dans le *Prométhée* (v. 569). La déesse recueille les yeux du bouvier humain et les sème sur la queue du paon, oiseau qui lui est consacré[27]. Dans le *Prométhée*, de même que la métamorphose d'Io est anticipée, le taon la pique dès avant l'apparition d'Argos (v. 675) ; il appartient en fait au registre des images qui décrivent la montée de la folie chez la jeune fille[28].

La légende d'Io, dont le nom résonne en grec exactement comme un cri de détresse, prend à nos yeux un aspect sombre et dramatique à cause de la forte évocation, dans le *Prométhée*, de la génisse haletante, déchirée par l'insecte attaché à ses flancs, symbole de la victime innocente des dieux, en qui Prométhée reconnaît sa semblable. Les Anciens étaient sensibles aussi à une forme d'apologie tranquille de l'amoralité, présente dès les *Catalogues* avec l'évocation du parjure amoureux, qui n'entraîne pas la colère des dieux. Cette amoralité se manifeste surtout dans la première partie de la légende, où l'intervention d'Iynx enlève toute responsabilité aux deux acteurs principaux, et dans le meurtre d'Argos.

Harcelée par le taon, Io est la première de trois figures de grands voyageurs solitaires qui ont permis aux rédacteurs des traditions argiennes de présenter un panorama du monde tel qu'ils le voyaient : Io, Persée, Héraclès le parcourent jusque dans ses confins les plus éloignés[29]. La parenté entre les trois est soulignée par le *Prométhée :* Io arrive auprès du Titan relégué aux extrémités du monde, qui salue en elle l'ancêtre d'Héraclès, son libérateur futur (v. 871-874). Prométhée lui décrit par avance ce qui lui reste de terre à parcourir jusqu'aux confins du monde : elle passera au pays des filles de Phorkys et des Gorgones, dont le nom évoquait pour tous les Grecs les exploits de Persée (v. 792-800).

27. Premier témoin, Moschos, II, *Europé*, 55-61 ; Ovide, *Mét.*, I, 722-723 ; voir la schol. à Aristophane, *Ois.*, 102.

28. Il en va de même du motif de l'échauffement (v. 650, 685, 879), qui évoque à la fois la chaleur du désir amoureux et de la folie.

29. Il faut bien distinguer ces voyages solitaires d'entreprises collectives comme la conquête de la Toison d'or ou la guerre de Troie.

Il nous est parvenu cependant quelques vestiges d'une tradition eubéenne de la légende d'Io qui rétrécit le champ de ses voyages à un minuscule pré carré. *Euboia* en effet n'est pas seulement le nom de la colline du sanctuaire d'Héra, en Argolide, dont Io était prêtresse, mais aussi celui de l'île d'Eubée, où l'on retrouvait les sites de la légende d'Io : dans le lieu-dit Argoura, proche de Chalcis, Hermès aurait tué Argos Voit-tout[30] ; Zeus et Io se seraient unis dans l'île, qui se couvrit d'abondantes prairies, détail que l'on retrouve à Lerne et dans d'autres décors[31]. Io s'y transforma en une très belle vache (d'où le nom actuel de l'Eubée) et y séjourna, Épaphos naquit au lieu-dit Clos-de-la-Vache[32]. En l'état actuel des débris qui nous en restent, il paraît difficile d'interpréter cette tradition, qui remonte à un poème archaïque d'attribution incertaine, l'*Aigimios,* placé tantôt sous le patronage d'Hésiode, tantôt sous celui de « Cercops de Milet, pythagoricien » ; dans ce cas, l'œuvre aurait été composée au plus tôt dans la seconde moitié du VIe siècle av. J -C. Martin L. West réduit encore les parcours de la jeune fille, en supposant que, dans leur forme première, ils prenaient fin là où ils avaient commencé, sur la colline Euboia en Argolide : cela aboutirait à supprimer la pérégrination à travers le monde, qui fait l'originalité actuelle de cette légende, au profit d'un motif plus fréquent d'errance par les montagnes environnantes[33].

Eschyle, dans *Les Suppliantes* et le *Prométhée,* détaille les voyages de la génisse avec une tout autre ampleur : elle laisse son nom, en Occident, à la mer Ionienne[34]. *Les Suppliantes* font allusion au franchissement du Bosphore de Thrace, dont le nom peut être compris « le passage de la Vache », les célèbres détroits entre mer Noire et mer de Marmara (Pont-Euxin et Propontide, v. 544-546). Le nom n'aurait pu être donné que par antiphrase, car

30. Ét. Byz., *s.v.;* sur Argoura, voir Démosthène, XXI, *C. Midias,* 132, 164, Harpocration et la *Souda s.v.*

31. Voir Eschyle, *Suppl.,* 44 et 538-540 ; *Étym. Magn., s.* ἴα. Comparer l'origine des pommiers des Hespérides (voir ci-dessous, p. 267).

32. Dans l'ordre des événements cités, Ét. Byz., *s.* Argoura ; *Aigimios,* fr. 296 Merk.-West, cité par Ét. Byz., *s.* Abantis ; *Étym. magn., s.* Εὔβοια ; Strabon, X, 1, 3 (445). Sur l'*Aigimios,* voir ci-dessous, p. 353.

33. M.L. West, *Hesiodic Catalogue,* p. 145.

34. Entre la Grèce et l'Italie ; *Prométhée,* 836-841. Voir aussi la schol. à Apoll. Rh., IV, 308 et Hygin, *Fable* 145. Ammien Marcellin, XXII, 8, 13, semble prêter à Io un trajet d'est en ouest : elle passe par les deux Bosphores avant de se diriger vers la mer Ionienne. Par ailleurs, le nom de cette mer, inexpliqué, ne dérive ni de celui d'Io, ni de celui des Ioniens (il devrait s'écrire avec un *o* long).

aucun bovin ne saurait traverser à la nage le Bosphore, dont le courant est bien trop violent, et ni l'une ni l'autre de ses rives ne conviennent à l'élevage des vaches.

Selon une tradition peut-être relativement tardive, sur la rive européenne Io donne le jour à une fille, Kéroessa (« Cornue »), éponyme de la Corne d'Or, qui aura de Poseidon un fils, Byzas, le futur fondateur de Byzance[35]. Byzas s'installe plus tard sur le site même de Byzance, à l'emplacement actuel du palais impérial de Topkapı, après avoir triomphé d'un taureau. La traversée du Bosphore par Io était beaucoup plus célèbre que la légende de Byzas, et depuis une date beaucoup plus haute[36]. Vers 380 av. J.-C., les monnaies de Byzance montrent une vache marchant sur la mer (elle est représentée au-dessus d'un dauphin), tandis que la cité qui lui fait face, sur la rive asiatique, Chalcédoine où la vache avait retrouvé la terre ferme, montrait le même animal, mais au-dessus d'un épi d'orge[37]. C'est seulement vers le IIe siècle ap. J.-C. que Byzas apparaît, nommé, sur les monnaies pseudo-autonomes de sa ville, comme un guerrier casqué. Mais même alors, ce type monétaire pourrait représenter le chef des colons mégariens, fondateurs historiques[38].

Dans le *Prométhée*, Io laisse son souvenir à un autre Bosphore, situé près de la Crimée, qui selon les Anciens, séparait l'Europe et l'Asie (v. 729-736). Les deux tragédies décrivent ainsi des itinéraires différents. Dans *Les Suppliantes*, de manière fort claire même si les noms de chaque série paraissent quelque peu en désordre, elle atteint l'Égypte en longeant la lisière du monde grec, par l'Asie Mineure occidentale (v. 547-550, Teuthrania en Mysie, Lydie, Phrygie) et méridionale (v. 551-552, Pamphylie, Cilicie), puis la Phénicie (v. 553-555).

Le *Prométhée* emmène la jeune fille au bout du monde.

35. Les légendes d'origine de la ville sont racontées au IIe siècle ap. J.-C. par Denys de Byzance, *Remontée du Bosphore*, 24 Wescher. La filiation qui donnait à la cité (fondation mégarienne et béotienne) des origines argiennes est devenue célèbre après la fondation de Constantinople ; entre autres, Nonnos, Hésychios, Étienne de Byzance l'évoquent alors : voir Gilbert Dagron, *Constantinople imaginaire*, Paris, PUF, 1984, p. 62-69. Certains éléments doivent être beaucoup plus anciens : F. Vian, « Légendes et stations argonautiques du Bosphore », *Mélanges Roger Dion* (= *Caesarodunum*, IX *bis*), 1974, p. 96 et suiv.

36. Euripide, *Iph. Taur.*, 392-397 ; Polybe, IV, 43, 6 ; Arrien, *Bithynica*, fr. 36 Roos ; Denys le Périégète, 140-141 et schol. ; Val. Fl., IV, 345-421.

37. Colin M. Kraay, *Archaic and Classical Greek Coins*, Londres, Methuen, 1976, p. 259 et fig. 936-937.

38. La présence sur les monnaies de sa mère Kéroessa (une figure féminine cornue, qui conviendrait aussi à Hécate) est douteuse : Barclay V. Head, *Historia Numorum*, 2e éd., Oxford, Clarendon Press, 1911, 269-270.

Quittant l'Argolide, après un passage à Dodone, où l'oracle de Zeus lui annonce qu'elle sera « l'épouse glorieuse de Zeus », après le franchissement obligé de la mer Ionienne (v. 829-841), elle va dans le nord lointain de l'Europe, où Prométhée a été relégué sur une montagne de Scythie à l'écart des hommes, où vivent des peuples violents, les Scythes, les Chalybes, « charpentiers du fer », les Amazones, futures victimes d'Héraclès (v. 709-728), puis, en Asie, jusqu'à l'extrême Orient, vers les créatures de cauchemar, Vieilles et Gorgones, que Persée plus tard saura gruger (v. 790-800).

Les vers d'Eschyle soulèvent de nombreuses difficultés géographiques : les positions respectives du Caucase et du Bosphore de Crimée semblent inversées ; le pays de l'or que se disputent le peuple fantastique des Arimaspes à l'œil unique et l'espèce non moins fantastique des griffons est placé au sud-est de l'Asie (v. 800-806), alors que pour Hérodote il se trouvait au nord de l'Europe[39] ; mais les intentions de l'auteur n'en paraissent pas moins bien définies. Io côtoie les sauvages et les monstres dont la terre est encore encombrée, car les héros qui la nettoieront, Persée et Héraclès, appartiennent à sa descendance lointaine. Elle arrive aux « sources du Soleil » où naît un fleuve, Aithiops, imaginé à partir de ce qu'on savait de l'Indus, sinon du Gange. Elle descend ce fleuve, qui décrit un long circuit et entre en Égypte par les cataractes d'Assouan, où il prend le nom de « Nil »[40] (v. 807-815). Enfin, parvenue dans le delta, elle rencontre Zeus au même lieu que dans la version courte, à Canope (v. 846-852).

La quête d'Io

La légende d'Io a naturellement connu dans le Proche-Orient hellénisé des développements, modelés sur l'itinéraire « court » et réaliste indiqué dans *Les Suppliantes ;* on lui a prêté de nouvelles étapes et, surtout, on a raconté les aventures de ceux qui étaient

39. Hérodote, III, 116 et IV, 13.

40. La question des sources du Nil est aussi débattue chez Hérodote, II, 28. Pour l'identification de l'Aithiops, voir les schol. au *Prom.*, 809*a*, tantôt le Nil (*Mediceus*) et tantôt le Gange (CPdWX ; éd. Herington, 1972) ; les éditeurs anciens, Wecklein (1872), H. Weil (1906) et Wilamowitz, *Aischylos Interpretationen*, p. 152 ; A. Peretti, *SIFC*, 27-28, 1956, p. 376-410 (références communiquées par F. Vian). Conception bien attestée par ailleurs : *Mythologie et géographie*, p. 288. *Contra*, A. Ballabriga, *Le Soleil et le Tartare*, p. 245.

partis à sa recherche. Hérodote fait de l'enlèvement d'Io par des Phéniciens le plus ancien motif d'affrontement entre les Grecs et les Barbares (I,1). Cette modification historicisante est reprise par Strabon : Io, première victime d'un rapt, avait été emmenée à Tyr. L'expression du géographe, Io, « disparue pour la première fois dans Tyr », peu claire à première lecture, ne se comprend que par référence à la version d'Hérodote. Selon Strabon, Triptolème fut envoyé par les Argiens à sa recherche et arriva en Cilicie. Une partie de ses compagnons s'y arrêtèrent et fondèrent Tarse ; les autres, avec lui, parvinrent jusqu'à la région d'Antioche, où il fut par la suite honoré comme un héros. Le fils de Triptolème, Gordys, s'enfonça à l'intérieur des terres et s'installa dans la Gordyène ; on reconnaît dans ce personnage l'éponyme des Kurdes d'aujourd'hui, qui ont gardé leur nom depuis l'Antiquité[41]. La présence d'un héros d'Éleusis, Triptolème, à la tête d'une troupe argienne s'explique par la tradition déjà rencontrée, qui fait d'un fils d'Io, banni de son pays, le premier hiérophante d'Éleusis et, justement, le père de Triptolème. La légende a dû être adaptée à une époque où le héros ailé en qui Tarse voyait son fondateur n'avait pas encore été définitivement identifié à Persée et où on pouvait prétendre le reconnaître dans Triptolème sur son char volant (ou Bellérophon, ou encore Melqart de Tyr[42]).

On rencontre en Carie deux transpositions analogues : ou bien Inachos a envoyé à la recherche de sa fille Io un certain Kyrnos, l'un des chefs de l'Argolide, en lui défendant de revenir sans la jeune fille ; Kyrnos, en fin de compte, s'installe dans la Chersonèse de Carie et fonde une cité qui porte son nom, à laquelle il donne un régime démocratique[43]. Ou bien c'est Lyrcos, fils de Phoroneus, qu'Inachos envoie à la recherche de sa fille, enlevée par des pirates. Lyrcos est l'éponyme du lieu aux frontières de l'Arcadie où Zeus s'était uni à Io pour la première fois, d'après la version archaïsante d'Ovide ; c'est probablement un indice que la tradition même de la quête d'Io, sinon ses étapes, est très ancienne. Dans la version carienne de cette quête qui nous est parvenue, Lyrcos a

41. Strabon, XIV, 5, 12 (673) et XVI, 2, 5 (750) ; voir Ét. Byz., *s.* Gordyaia ; Malalas, II, 7 (28-30) et les traditions sur la « quête d'Io » à Antioche.

42. Voir mon étude, « Apollon au trident et les dieux de Tarse », *Journ. Sav.*, 1981, p. 305-326.

43. Diod., V, 60, 4-5. On ne connaît pas de cité Kyrnos en Carie et Wilamowitz a proposé de corriger en *Syrnos*, d'après le nom d'une ville de la côte carienne : voir ci-après. Étienne de Byzance nomme un fondateur Kyrnos homonyme de sa fondation, mais il semble bien qu'il s'agisse du colonisateur mythique de la Corse (p. 50, l. 1 Meineke).

peur de revenir sans la jeune fille et s'installe à Caunos. Il épouse la fille du roi local ; comme le couple n'a pas d'enfants, Lyrcos va consulter l'oracle de Didymes, qui lui dit qu'il engendrera un fils avec la première femme à laquelle il s'unira en descendant de navire. Au retour, faisant escale à Bybastos, il a l'étourderie de raconter l'oracle à son hôte, Staphylos, fils de Dionysos, qui s'empresse de s'arranger pour que son invité couche avec sa fille. Après quelques péripéties, le fils qui naît de cette nuit, Basilos, succède à Lyrcos sur le trône de Caunos[44]. Il existait une autre légende, plaçant la fondation à une date plus récente. Le héros en est un Thessalien, Podaleirios, ancien combattant de la guerre de Troie, et elle associe Syrna et Bybassos (Bybastos), tout comme les traditions relatives à la quête d'Io, associant Kyrnos et Bybastos[45]. On retrouve les doubles connexions légendaires déjà notées dans cette région, avec la Thessalie et avec l'Argolide.

Ces légendes sont construites selon le même schéma, influencé par l'histoire de Cadmos, que son père envoie à la recherche de sa sœur Europé. Elles dérivent de l'interprétation hérodotéenne, qui voit dans l'histoire d'Io et de ses semblables l'embellissement de rapts de femmes. Quant à la légende de l'enfant de Lyrcos, elle adapte très fidèlement la naissance de Thésée[46].

La délivrance

Dans *Les Suppliantes,* Io se borne à traverser l'Asie Mineure occidentale, puis la Phénicie, pour arriver en Égypte (v. 547-564). C'est alors qu'elle retrouve sa forme humaine, à Canope, c'est-à-dire à la bouche la plus occidentale du Nil, celle que fréquentaient les Grecs qui abordaient le pays en bateau, directement depuis leur patrie (alors qu'Io, arrivant par voie de terre, est entrée en Égypte par l'est, par Péluse, ou, d'après le *Prométhée,* par le sud). Io est guérie par le souffle de Zeus et par le contact de sa main, qui lui

44. Parthénios, *Narr. Am.*, I, d'après Nicainétos, *Lyrcos* ; Apoll. Rh., *Fondation de Caunos.* Voir la Carte, p. 388.
45. Paus., III, 26, 10 et Ét. Byz., *s.* Syrnos. Installation de Podaleirios en Carie : voir le curieux oracle qui le guide, Apollodore, *Épit.*, 6, 18. Pour l'identification de Syrna, voir Peter M. Fraser et George E. Bean, *The Rhodian Peraea and Islands,* Londres, 1954, p. 22 et suiv. (n° 16) ; Jeanne et L. Robert, *Bull. épigr.*, 1955, 212.
46. Sur ces calques, voir *Mythologie et géographie,* p. 108 et suiv et 140. Pour la filiation argienne de cités de la côte carienne, on se reportera à ce qui a été dit au chapitre précédent à propos de Triopas et des Rhodiens.

rendent la raison et sa forme humaine, ce qui inspire aux Danaïdes, dans *Les Suppliantes,* une glorification accompagnée de louanges à Zeus :

> Et qui alors fut l'envoûteur de celle qui avait tant erré, la malheureuse que le taon faisait tournoyer, Io ?
> Pour un âge qui ne cessera pas souverain, ⟨Zeus la délivra⟩, par l'énergie d'une force qui ignore la souffrance, par ses souffles divins. Elle s'apaise et, dans ses larmes, laisse couler tristesse et honte. Recevant de Zeus son fardeau, selon un récit qui ne ment pas elle engendra un fils sans défaut,
> Pour un âge qui fut long, et en tout opulent ! Depuis lors toute terre le crie : « Cette descendance qui répand la vie, elle est de Zeus, véritablement ! » Qui en effet aurait fait cesser les maladies voulues par Héra ? Cet ouvrage est de Zeus. Et cette descendance, tu aurais raison de dire qu'elle est d'Épaphos !

Un tel éloge n'avait pas sa place dans le passage correspondant du *Prométhée,* pièce où Zeus fait figure de tyran qui n'a pas encore discipliné son pouvoir[47].

Le fils qui naît alors s'appelle Épaphos, nom que les Anciens rattachaient à un verbe signifiant « toucher », parce que l'attouchement de Zeus avait enfin été bénéfique à la pauvre bête (v. 810-815, 844-852). En Égypte, Io s'identifiera à Isis ; les deux sont comparées chez Hérodote (II, 41) : elles ont le même type iconographique, une femme cornue. Avant de la quitter, Zeus lui donne un époux terrestre, un certain Télégonos (Apollodore, II, 1, 3 fin). Les Grecs, à Memphis, avaient pu connaître la vénération qui entourait la vache « mère d'Apis » et les coutumes égyptiennes ont pu inspirer certains enrichissements de la légende grecque.

Les enfants d'Io

La filiation Épaphos-Libyé-Bêlos-Danaos et Égyptos (Eschyle, *Suppliantes*, 313-323) est restée constante à travers toute l'Antiquité. Elle doit remonter aux *Catalogues* Épaphos, qui règne sur l'Égypte, a une légende que lui prête Apollodore (II, 1, 3) et qui semble transposée librement de celle d'Isis et d'Osiris :

47. Eschyle, *Suppl.*, 311, 574-589 ; *Prom.*, 846-852. Voir Suzanne Saïd, *Sophiste et Tyran ou le problème du « Prométhée enchaîné »*, Paris, Klincksieck, 1985.

Héra demande aux Courètes de faire disparaître Épaphos ; ils lui obéissent ; lorsque Zeus l'apprend, il tue les Courètes et Io se met en quête de son fils, qu'elle retrouve à Byblos, où il est en nourrice auprès de la femme du roi[48].

Épaphos figure dans les généalogies, à cause de Libyé, sa fille, et dans les listes de fondateurs de villes, à cause de Memphis et de bien d'autres. Ce rôle est formulé très clairement par les sources, de Pindare (« nombreuses en Égypte sont les villes fondées par les mains d'Épaphos ») au second mythographe du Vatican, qui exprime bien la mission d'Épaphos (« Jupiter ordonna à Épaphos de fortifier des villes en Égypte et d'y être roi. Il établit la ville de Memphis et de nombreuses autres[49] »). Épaphos épouse soit Memphis, fille du Nil — c'est la version courante[50] —, soit Cassiopée, héroïne dont la légende marine se déroule à Jaffa (Iopé), aux confins nord-est de l'Égypte[51], soit encore une Amphirrhoé, nom qui désigne la terre du delta, entourée de part et d'autre (*amphi*) par le cours (*rhoos*) du Nil. Outre Libyé, il a eu d'autres enfants : un fils, Dôros, qui pourrait être l'éponyme dont les Grecs ont dû affubler la ville phénicienne de Dôr (au nord d'Iopé, sur la côte entre Césarée et Acre/Aké-Ptolémaïs)[52]. Dôros est père de Pygmaios, ancêtre des Pygmées (littéralement : « les hommes hauts comme le poing » ; Étienne de Byzance, à l'article Πυγμαῖοι). Épaphos a dû être à l'occasion doté d'autres enfants encore, tel ce Télégonos que nous fait connaître la liste généalogique conservée par le scholiaste à Euripide (*Oreste*, 932). Il porte le nom de l'époux, grand-père adoptif de l'enfant, donné par Zeus à son amante Io.

48. Les Courètes, dans la mythologie grecque, sont des génies belliqueux, qui ont protégé l'enfance du petit Zeus. Ils représentent ici des divinités égyptiennes.

49. Pindare, *Ném.*, X, 5 (ne nomme pas Memphis) ; Eschyle, *Prom.*, 812 : « [le Nil] te conduira vers le triangle de la terre nilotique, où est cette lointaine colonie, Io, que le destin accorde, à toi et à tes enfants, de fonder » ; Hygin, *Fable* 275 ; voir schol. à Stace, *Théb.*, IV, 737 ; à Lucain, IX, 911 ; second mythogr. Vat., 75. Dans Eschyle, *Suppl.*, 311, l'expression « et [Io] arrive à Canope et vers Memphis » ne forme pas une variante : prononcée quatre générations après les événements, c'est une désignation générale de la Basse-Égypte et non une manière de dire que Memphis existait avant la venue d'Io.

50. Apollodore, II, 1, 4 ; schol. à Lyc., 894 (précise que c'est ce que racontent « presque tous les mythographes ») ; à Platon, *Timée*, 24*e* ; à l'*Énéide* (schol. Veron.), II, 82.

51. Hygin, *Fable* 149 ; schol. à Stace, *Théb.*, IV, 737 ; second mythogr. Vat., 75. Sur Cassiopée, voir ci-après, p. 140-141.

52. Dôros est fils de Poseidon selon Ét. Byz., *s.v.*, p. 255, l. 15 Meineke, citant « Claudius Iolaos, *Phoinikika*, III » (n° 788, fr. 2 Jac.). Claudius Iolaos semble avoir été un Phénicien (d'après son nom *Iolaos*, qui reproduit la forme grecque du nom d'une divinité de Tyr) qui serait né sous le règne de Claude, d'où son autre nom *Claudius*. Il est cité par Ét. Byz., *s.* Aké, Dôros, Ioudaia, Lampé, et par l'*Étym. Magn.* pour les origines de Gadeira (Cadix).

Libyé est l'éponyme d'une vaste région qui correspond plutôt à l'Afrique du Nord actuelle qu'au seul État de Libye. Les Grecs ne se la représentaient pas comme une zone désertique, mais comme un pays occupé par de nombreuses villes. Pindare, dans une des mentions de l'héroïne les plus anciennes qui nous soient conservées, le dit bien : « Un jour la fille d'Épaphos fera pousser la racine de cités chères au cœur des mortels sur le sol de Zeus Ammon[53] ». La « Libye aux cent villes » fortifiées, a-t-on répété d'Hérodote à Nonnos[54]. La vocation de l'héroïne rejoint ainsi celle d'Épaphos. Libyé s'unit à Poseidon et conçoit deux fils, Bêlos et Agénor.

Le nom de Bêlos est tout simplement la transcription grecque du titre donné aux dieux dans les cités de la côte phénicienne, *Baal*, « Maître ». Ce personnage est le père d'Égyptos et de Danaos. Égyptos donne son nom au pays après avoir vaincu le peuple des Pieds-Noirs (Mélampodes ; Apollodore, II, 1, 4). Danaos revient vers le pays natal de leur ancêtre Io et forme la souche des maîtres anciens de l'Argolide. Si le rapport entre le nom d'Égyptos et celui des Égyptiens est évident, il a pour symétrique le rapport entre Danaos et les « Danaens », terme qui sert à désigner l'ensemble des Grecs chez Homère et ses nombreux émules. Quant à Agénor, père de Phoinix, éponyme des Phéniciens, lui-même père de Cadmos et d'Europé, il rattache à Io les familles royales crétoise (par Europé) et thébaine (par Cadmos ; voir le Tableau 2, p. 380). Nous sommes arrivés ici à un carrefour majeur, et pour une fois clairement balisé, de l'ensemble de la mythologie grecque. Io, par sa descendance, relie non seulement différents rameaux du peuple grec, mais encore ceux-ci à leurs principaux voisins non helléniques.

53. Pindare, *Pyth.*, IV, 14.
54. Hérodote, IV, 179 ; Nonnos, *Dion.*, XIII, 365-366.

VI

Des Danaïdes aux filles de Proitos

Le retour au pays des descendants d'Io permet de raconter la fondation des villes de l'Argolide et, à travers les luttes pour le pouvoir de rois légendaires, de justifier le partage du territoire et la hiérarchie qui s'établit entre leurs dynasties et leurs cités. En même temps, le récit, très précis du point de vue géographique, décrit la province à partir de son angle sud-ouest, de Lerne où débarquent Danaos et ses filles d'abord, puis les fils d'Égyptos, accompagnés ou non de leur père, poursuivant leurs cousines germaines qu'ils veulent forcer à les épouser[1]. Ils parviendront à leurs fins, mais seront, tous sauf un, Lynkeus, assassinés par leurs épouses, le soir même de leurs noces. La légende est rappelée dans le *Prométhée* eschyléen (v. 853-864), sous forme d'une prédiction du Titan :

> La cinquième génération après Épaphos, génération de cinquante enfants, à nouveau vers Argos, contre son gré, reviendra, graine féminine qui veut échapper au mariage avec ses cousins. Et eux, l'esprit éperdu, éperviers que les colombes distancent de peu, arriveront, en chasse de mariages qu'ils ne pouvaient pas chasser ! Mais la divinité sera jalouse de leurs corps ; la terre de Pélasgos les recevra, domptés par l'Arès de femmes meurtrières, par une audace qui veille dans la nuit. Car chaque femme privera son mari de la vie, trempant une épée à double tranchant dans sa gorge ouverte. Sauf une seule, que le désir d'enfants par sa magie empêchera de tuer son compagnon de lit.

1. Égyptos accompagne ses fils d'après le tragique athénien Phrynichos dans *Les Égyptiens*, pièce dont il nous reste un seul mot, « s'envenime », curiosité lexicographique, car son homonyme exact, et plus usuel, signifiait « se réjouit » (Phrynichos, n° 3, fr. 1 Snell, d'après schol. à Euripide, *Oreste*, 872). Il ne les accompagne pas d'après Eschyle, un peu plus récent (*Suppl.*, 928).

Plus que Danaos, c'est le couple rescapé, sa fille Hypermestra et son neveu et gendre Lynkeus, fils d'Égyptos, qui fait figure d'ancêtres authentiquement argiens, après la rupture marquée par l'exil d'Io et l'assimilation de sa progéniture à une nation étrangère. Assimilation soulignée par Eschyle dans *Les Suppliantes*, où les Danaïdes, en parlant avec des intonations que le poète a voulues exotiques, surprennent le bon roi indigène Pélasgos. Le principal titre de gloire de Lynkeus lui est conféré par son épouse, qui lui permet d'être le seul survivant des Égyptiades. Eschyle a expliqué très clairement leur rôle : « Car c'est elle [Hypermestra] qui en Argos enfantera la race royale[2]. »

C'était bien là le point de vue des Argiens. Lorsque, alliés aux Thébains, ils eurent remporté à Leuctres une victoire décisive sur les Spartiates (371 av. J.-C.), ils offrirent un ex-voto à Delphes et choisirent les héros dont ils voulaient dresser les statues. Ce furent Danaos, le plus puissant roi d'Argos, puis Hypermestra et Lynkeus, puis tout leur lignage, jusqu'à Persée et enfin Héraclès, qui, thébain par son domicile et argien par sa naissance, convenait bien pour célébrer l'alliance des deux cités[3]. Le point de départ choisi, les figures prééminentes qui ont frappé Pausanias regardant cet ex-voto sont les mêmes que dans la dixième *Néméenne* de Pindare, composée un bon siècle plus tôt, que nous avons citée au début du chapitre sur Argos. Et ce n'est sans doute pas fortuit ; simplement, compte tenu des circonstances, on a éliminé les figures des chefs (« les Sept Chefs ») de la grande expédition argienne contre Thèbes, et on a exalté Héraclès, « proclamant la réconciliation et l'amitié » entre les deux cités (François Salviat).

La légende de Danaos a connu de nombreuses élaborations et réinterprétations tout au long de la littérature grecque. Elle avait été traitée dans une épopée archaïque, la *Danaïde*, en six mille cinq cents vers dont il ne reste que deux :

> Et voici qu'alors s'armaient à la hâte les filles de Danaos,
> En avant du fleuve au beau cours, du seigneur Nil.

2. *Prom.*, 869. Voir déjà *Le Bouclier d'Héraclès* pseudo-hésiodique, 327, Héraclès et Iolaos, « descendance de Lynkeus dont la gloire s'étend au loin ».

3. Monument décrit par Pausanias, X, 10, 5 ; étudié par François Salviat, « L'offrande argienne de l' " hémicycle des rois " à Delphes et l'Héraclès béotien », *Bull. Corr. Hell.*, 1965, I, p. 307-314.

Ils suffisent d'ailleurs à assurer l'originalité de ce poème, le premier témoin (et l'un des rares) à montrer les Danaïdes comme des combattantes. Du moins si Clément d'Alexandrie, qui cite ces deux vers et paraît connaître leur contexte, a raison de les interpréter ainsi, car le verbe que je traduis par « s'armaient » pourrait aussi bien signifier « se préparaient » ou « s'équipaient[4] ». Nous ne savons rien des *Danaïdes* du poète tragique Phrynichos. Parmi ses émules figure, dans le cours du ve siècle, le lyrique Mélanippide, dont les Danaïdes paraissent être des créatures fantastiques ou à tout le moins, comme chez Eschyle, d'étranges étrangères : « Car elles n'avaient pas l'allure harmonieuse des êtres humains, et leur cri n'était pas celui des femmes, mais sur des chars munis de sièges, elles s'entraînaient par les forêts ensoleillées, se divertissant à la chasse, ou bien cherchant les larmes sacrées de l'encens, les dattes, la cassie, délicats produits de la Syrie[5]. »

Sur le mariage de ces étranges jeunes filles, le plus ancien texte réellement exploitable est dû à Eschyle, qui fit représenter, à une date située entre 465 et 459, trois pièces liées, suivies d'un « drame satyrique », *Amymoné* ; seule subsiste la première, intitulée *Les Suppliantes.* Cette pièce n'offre pas tout à fait la même version de la légende que le *Prométhée*, et cela rend d'autant plus difficile de proposer une interprétation d'ensemble de la trilogie. Du moins *Les Suppliantes* et le *Prométhée* ont en commun le thème du consentement nécessaire des jeunes filles et de leur père : sans ce consentement, tout éperviers qu'ils sont, les garçons n'arriveront pas à rattraper leurs cousines colombes ; le gibier restera hors d'atteinte, impossible à abattre : « des mariages qu'ils ne pouvaient pas chasser[6] ». Comment une proposition de mariage en vient-elle à être perçue comme une menace ?

Ce n'est pas la peur de l'inceste. L'union entre cousins germains ne pouvait pas choquer le public athénien des *Suppliantes*, habitué à voir l'oncle paternel épouser sa nièce si elle était héritière unique, pour éviter qu'elle ne porte son patrimoine dans une autre

4. *Danaïde*, fr. 1 Bernabé/Davies, dans Clém. Alex., *Strom.*, IV, 120, 4 (618). « Se préparaient » : comparer Homère, *Od.*, XXIII, 143 (des femmes vont danser). Les Danaïdes pouvaient aussi se préparer à prendre la mer, ce qui exigeait d'elles la vaillance soulignée par Clément.

5. Fr. 757 Page, dans Athénée, XIV, 651*f*. Comparer Eschyle, *Suppl.*, 227-290. On a proposé diverses corrections pour éliminer notamment la bizarrerie du premier vers de Mélanippide.

6. Comparer Eschyle, *Suppl.*, 223-228 ; *Prom.*, 869.

famille[7]. Le conflit prend son origine dans l'animosité qui oppose les deux frères. La crainte d'Égyptos, c'est que Danaos, en mariant ses filles à l'extérieur, n'acquière des gendres et des alliés nombreux et divers qui lui donneront la suprématie[8]. C'est pourquoi il tient à lui imposer ses cinquante fils, privant son rival de précieuses ressources diplomatiques. La crainte de Danaos, c'est que son clan ne soit complètement absorbé par celui d'Égyptos. Sa fuite aurait été motivée par une tentative de meurtre sur sa personne de la part de son frère (Hygin, *Fable* 168) et, sur les bords du Nil, on l'a vu, les Danaïdes s'étaient déjà préparées à résister à leurs cousins.

Quant aux Danaïdes, chez Eschyle elles invoquent une « fuite devant les hommes, qui n'a pas d'autre cause » (v. 9) que le comportement brutal et impie de ceux-ci[9]. Mais nous ne savons pas comment évoluait leur attitude, ni quel jugement le poète portait sur elles en définitive. Expriment-elles une aversion pour les hommes en général, qui serait à son tour impie envers Aphrodite ? La pièce se termine sur un hymne à cette déesse, chanté par les servantes des Danaïdes (v. 1035-1052) ; les jeunes filles leur répondent en priant pour écarter un mariage précis, avec leurs ennemis (v. 1053-1074). Les deux chants ne sont pas sur le même plan. Dans la dernière pièce de la trilogie, Aphrodite elle-même célébrait son pouvoir (fr. 44).

Quels que soient les motifs de ce refus, il entraîne le retour de Danaos en Grèce et, par la suite, le mariage définitif de ses filles à des prétendants de diverses origines[10]. C'est Athéna qui lui aurait inspiré l'idée de s'enfuir par mer et elle lui aurait montré comment construire un navire pour cinquante rameurs — des rameuses en l'occurrence (Apollodore, II, 1, 4). Sur le chemin de la Grèce,

7. Émile Benveniste, « La légende des Danaïdes », *Rev. de l'hist. des relig.*, 1949, 136, p. 129-138, s'est trompé en voyant dans le refus des jeunes filles « une révolte des consciences devant une infraction à la loi fondamentale de l'exogamie ».

8. Ce point est très clair dans le commentaire de Servius à Virgile, *Én.*, X, 497 : *Aegyptus, veritus, ne Danaus de filiabus per generos et nepotes auxilia conquireret* (« Égyptos, craignant que Danaos, à partir de ses filles, grâce à ses gendres et à ses petits-fils, ne gagnât des renforts »).

9. Je reprends le texte, αὐτογενῆ φυξανορίαν, d'Ahrens, adopté en dernier lieu par Martin L. West dans son édition, Stuttgart, Teubner, 1990 ; cf. l'interprétation de W. Kraus, *Aus Allem Eines*, Heidelberg, 1984 (1948), p. 92-96.

10. Il existe une curieuse version isolée, renversant les rôles : selon elle, c'est Danaos qui a chassé son frère d'Argos et l'a obligé à se réfugier en Égypte. Plus tard, lorsque ses fils ont grandi, Égyptos revient. C'est Danaos alors qui propose le mariage, en prescrivant à ses filles de tuer leur mari avant que l'union n'ait été consommée. Seule Hypermestra désobéit, s'unit à Lynkeus et l'épargne. Lynkeus ensuite tue Danaos et ses autres filles, et règne sur Argos avec Hypermestra (scholie à Euripide, *Hécube*, 886, sans référence).

Danaos passe à Rhodes, où il consacre la statue d'Athéna Lindia, tandis que le culte de la déesse est fondé par ses filles [11]. Il laisse sur place à cette escale soit cinq de ses filles, qui deviennent prêtresses d'Athéna, soit trois, qui, mortes là-bas, auraient donné leurs noms aux trois cités rhodiennes de Lindos, Ialysos et Camiros [12].

Lerne et les sources de l'Argolide

Sur la côte argienne, c'est juste au sud de Lerne, au lieu-dit Apobathmoi, « Débarcadère », que débarquent Danaos et ses cinquante filles, poursuivis par Égyptos et ses fils, en nombre égal (Pausanias, II, 38, 4). Or, grâce à ses multiples sources abondantes et pérennes, résurgences des bassins fermés de l'Arcadie, le canton de Lerne échappe à la sécheresse qui frappe l'Argolide depuis que Poseidon en a perdu le patronage. La première source quand on vient d'Argos, et la plus belle, est celle de l'Érasinos, que les Anciens considéraient avec raison comme une résurgence du lac Stymphale (aujourd'hui Képhalari). À Lerne même coulent deux gros ruisseaux, l'Amymoné, issu de la source du même nom, et le Pontinos (Pausanias, II, 37,1), et subsiste, tout près de la mer, le « lac » de Lerne, dans une zone de marais aujourd'hui bien réduite. Lerne est un lieu maléfique ; son lac offre une voie d'accès vers l'Hadès, empruntée par Dionysos pour aller chercher sa mère Sémélé (Pausanias, II, 37, 5). Et la source Amymoné, jusqu'à la venue d'Héraclès, sera gardée par l'hydre fameuse. Ici, comme souvent, on perçoit l'attirance et la terreur éprouvées par les Grecs à l'égard des sources et des étangs, lieux surnaturels...

Ce privilège d'eaux jaillissantes, Lerne le doit au moins en partie à l'une des filles de Danaos, Amymoné. Amymoné, partie chercher de l'eau, fait la rencontre de Poseidon et le dieu, pour la remercier de ses faveurs, fait jaillir d'un coup de trident une source qui portera le nom de la jeune fille [13]. Cette version a été ensuite

11. Hérodote, II, 182 ; *Marbre de Paros,* n° 239, 9, l. 15-17 Jac. ; Callim., fr. 100 (chez Eusèbe, *Prép. Év.*, III, 8, 1) ; Diodore, V, 58, 1 ; Strabon, XIV, 2, 11 (655) ; Apollodore, II, 1, 4.

12. Diodore, V, 58, 1, sans préciser les noms des trois Danaïdes ; Strabon, XIV, 2, 8 (654), version liée à la fondation des villes par Tlépolème l'Héraclide, qui aurait ainsi honoré les filles de son lointain ancêtre.

13. Euripide, *Phén.*, 187 et suiv. ; Lucien, 78, *Dial. mar.*, 8 (6) ; Philostrate, *Imag.*, I, 8 ; Eustathe, à Homère, *Il.*, IV, 171 (p. 461, l. 2 et suiv.). Properce, II, 26*a*, 47 et suiv., condense bien les données essentielles de la légende (« témoins Amymoné, alors qu'elle portait de l'eau, violée dans la campagne, et le marais de Lerne frappé par le trident »).

développée et compliquée, en particulier par Eschyle dans le drame satyrique concluant la tétralogie ouverte par *Les Danaïdes*[14]. Amymoné, en quête d'une source, croisait un satyre (ou un personnage nommé Satyros) entreprenant ; elle appelait à l'aide ; surgissait Poseidon, qui mettait en fuite le fâcheux et obtenait ce que la belle avait refusé à ce dernier. Puis Poseidon, d'un coup de trident, faisait surgir trois sources abondantes, procurant à la jeune fille l'eau qu'elle avait auparavant cherchée en vain et donnant à l'endroit son nom, « Trident[15] ». Parfois c'est à la source même qu'Amymoné est surprise et enlevée[16]. Selon une variante, Amymoné, digne du portrait que Mélanippide traçait de ses sœurs, était partie chasser et elle avait blessé par accident un satyre d'un coup de javelot (Hygin, *Fable* 169) ; ou bien son javelot avait simplement réveillé le satyre endormi (Apollodore, II, 1, 4) ; celui-ci, pour la punir, voulait la violer lorsqu'elle implora Poseidon.

Poseidon ne venait pas de loin : on l'honorait sous l'épithète « Génésios » tout à côté du Débarcadère (plage moderne de Kiveri) et il était le maître d'une résurgence sous-marine d'eau douce qui crée un tourbillon côtier au même endroit ; du haut de la falaise, les Argiens y précipitaient des chevaux munis de leur mors[17]. C'est la localisation du tourbillon, contre le rivage, qui permet de comprendre comment on exécutait le rituel[18]. S'il avait été à trois cents mètres de la côte comme on l'a supposé, il aurait été difficile et même dangereux de jeter à l'eau, depuis un bateau, un cheval harnaché. La victime se serait certainement débattue, ce qui eût invalidé l'offrande. Peut-être ce plongeon fatal commémorait-il l'enlèvement d'Amymoné par Poseidon sur son char. En effet, Amymoné n'appartient pas à la catégorie des jeunes filles

14. Voir D.F. Sutton, *Greek, Rom. and Byz. St.*, 15 (1974), p. 193 et suiv. ; Erika Simon, *Das Antike Theater*, 2e éd., Fribourg-Würzburg, 1981, p. 41 ; *LIMC*, I, 742 et suiv., 750 et suiv.

15. Eschyle, fr. 128-133 Mette. Cf. Stefan Radt, *Trag. Gr. Fragm.*, t. III (Eschyle), p. 131 et suiv., réunissant les textes anciens. À Lerne, le lieu-dit Trident : schol. à Euripide, *Phén.*, 187.

16. Références dans *Mythologie et géographie*, p. 214-216.

17. Paus., II, 38, 4 pour Poseidon Génésios, au lieu-dit Génésion, qui doit être identique au Généthlion près duquel le même auteur, dans les mêmes parages, situe le tourbillon sous-marin (Paus., VIII, 7, 2).

18. W.K. Pritchett, *Studies in Greek Topography*, t. I, Berkeley-Los Angeles, 1965, p. 131-134, suivi par Raoul Baladié, *Le Péloponnèse de Strabon*, p. 98 n. 23. On rectifiera les localisations indiquées par Marcel Detienne, *L'Écriture d'Orphée*, Paris, 1989, p. 66 : le « tourbillon » n'est pas à 300 mètres de la côte, mais tout près. Ce n'est pas lui qui porte le deuxième nom de Généthlion, mais le lieu-dit Génésion.

que les dieux séduisent plus ou moins cavalièrement, puis abandonnent. Poseidon l'enlève ; elle disparaît de cette terre pour accompagner le dieu : c'est ce qui explique que, chez Pindare, Danaos n'ait que quarante-huit filles à remarier, et non quarante-neuf (Hypermestra étant aussi exclue[19]).

Des œuvres du dieu justement appelé « Génésios », Amymoné conçoit un fils, Nauplios, qui sera le fondateur de Nauplie. Le nom de l'éponyme a été tiré de celui du site, de l'autre côté de la plaine d'Argos, à l'est. Comme celui de Lerne, ce site côtier possédait des « lacs » et une source abondante, Canathos, où chaque année les Argiens venaient baigner la statue d'Héra pour qu'elle retrouve sa virginité (Pausanias, II, 38, 2).

Les nouveaux arrivants remédient à la sécheresse du reste de l'Argolide de deux manières. D'une part, Danaos, accueilli à Argos, remercie ses hôtes en leur enseignant la science des puits et des canaux (il n'est pas étonnant que les Grecs aient attribué une origine égyptienne à cette science, et les marais de Lerne pouvaient offrir quelque analogie avec le delta). C'est là un élément de son portrait en héros civilisateur. Il aurait aussi apporté aux Grecs la pentécontore, c'est-à-dire le navire à cinquante rames mis au point pour la fuite hors d'Égypte ; l'écriture, inspirée de celle de son pays ; la course à pied, c'est-à-dire l'épreuve qui lui servit à marier ses filles[20]... Dans ce jeu tout artificiel, seuls les puits étaient déjà, de manière sûre, mentionnés dès les *Catalogues* hésiodiques[21]. On notera que, dans cette série, l' « invention » des rites du mariage manque à l'appel, alors que pour certains savants modernes, « leur destin [des Danaïdes] est entièrement dominé par les règles de l'institution du mariage en Grèce[22] ».

Dans la ville même d'Argos, les Danaïdes, en des circonstances qui ne sont pas précisées, mais de toute manière après y avoir été accueillies par les autochthones, indiquent l'emplacement des

19. Pindare, *Pyth.*, IX, 112-116 ; Eschyle, fr. 131 Mette ; voir Lucien, 78, *Dial. mar.*, 8 (6), fin. Sur une mosaïque d'Apamée représentant le concours de beauté entre Cassiopée et les Néréides, Amymoné figure comme l'épouse de Poseidon : Janine Balty, *Mos. ant. de Syrie*, Bruxelles, 1977, fig. 38.

20. Références dans mon édition de Nonnos, *Dion.*, t. II, p. 46 (à propos de *Dion.*, 4, 252-259). Le premier navire était plutôt la nef Argo : Ératosthène, *Catast.*, 35 ; Catulle, 64, 11 et suiv. De même, l'introducteur en Grèce de l'écriture est communément Cadmos.

21. Hésiode, fr. 128 Merk.-West ; voir Callim., *Suppl. Hell.*, fr. 260 A, 4 ; Pline, VII, 195 ; des citernes selon Strabon, I, 2, 15.

22. Jacques Desautels, *Dieux et mythes de la Grèce ancienne. La Mythologie gréco-romaine*, Québec, Presses de l'université Laval, 1988, p. 278 et 293, résumant l'opinion générale.

nombreux puits qui suppléent l'absence d'eau courante[23]. Quatre d'entre eux étaient sacrés ; ils avaient été trouvés par Amymoné et trois de ses sœurs, Physadeia, Hippé et Automaté ; le puits d'Amymoné foré à Argos ne se confond pas avec la source du Trident qui jaillissait à Lerne[24].

Ces puits servaient à des rituels, notés par deux historiens locaux, Agias et Derkylos, qui ont éveillé la curiosité de deux poètes, Antimaque de Colophon d'abord et Callimaque ensuite, qui, semble-t-il, corrige son devancier. À travers les débris de leurs vers et des explications qui les accompagnaient, nous entrevoyons que des jeunes filles appelées « accoucheuses » allaient au puits d'Automaté chercher l'eau, apparemment pour le premier bain des accouchées[25] ; au puits d'Hippé, d'autres jeunes filles, dont le nom était rattaché par les Anciens à celui d'Héra ou au verbe « puiser », prenaient l'eau pour les bains de la statue d'Héra du Sommet[26]. Physadeia et Amymoné fournissaient l'eau que l'on buvait le jour de la fête des Bains de Pallas Athéna[27]. Enfin, à propos d'Amymoné seule, Callimaque explique : « À celles qui d'Héra doivent tisser le chaste vêtement il n'est pas permis de se mettre au métier avant que de ton eau, de la tête aux pieds, elles ne se soient aspergées, assises sur la pierre sacrée que toi tu entoures de toutes parts[28]. »

La caractéristique commune de ces puits est de dispenser une eau pure, servant soit aux accouchées (qui sont sous la protection d'Héra), soit aux rituels de deux déesses qui défendent la cité, Héra du Sommet et Athéna à la vue perçante (*Oxyderkô*), dont les

23. La figure d'Amymoné (avec la légende de ses amours avec Poseidon) a été transportée à Beyrouth, qui dépendait elle aussi de puits pour son alimentation en eau, au témoignage des monnaies de la ville au IIIe siècle ap. J.-C. et de Nonnos, *Dion.*, XL-XLIII. Voir *Mythologie et géographie*, p. 214-216.

24. Strabon, VIII, 6, 8 fin (371), complété par Callim., *Aitia*, III, fr. 65-66 Pfeiffer, et voir la schol. mutilée à Euripide, *Phén.*, 188, qui commente l'expression « les eaux amymoniennes » en énumérant « les filles de Danaos, Hippé, Amymoné, Physa... », où il faut suppléer avec R. Pfeiffer Physa<*deia* [*sic* déjà E. Schwartz], *Automaté*>. C'est par Strabon que nous savons qu'il s'agit bien de puits ; le terme κράνα employé par Callim., *H.* V, *Sur les Bains de Pallas*, 46, leur convient, de même que les formes dérivées du neutre employées dans le commentaire à Antimaque : ἀπὸ τοῦ Αὐτοματείου (φρέατος sous-entendu, plutôt que ὕδατος, comme le pense R. Pfeiffer).

25. Λοχεύτριαι, Antimaque, fr. 179 Wyss ; Callim., fr. 65 Pf.

26. Ἠρεσίδες), *Commentaire* à Antimaque, p. 81 Wyss (donne la forme Ἡρεσῖδες) ; Hésychios, *Étym. Magn.* et *Étym. Gen. B*, *s.* Ἠρεσίδες ; textes cités par R. Pfeiffer à Callim., fr. 65.

27. Callim., *H.* V, *Sur les bains de Pallas*, 45 et suiv. Il était interdit, ce jour-là, d'utiliser l'eau de l'Inachos pour un autre usage que le bain de la statue de la déesse.

28. Callim., fr. 66 Pf., 2-6.

temples se trouvaient sur la citadelle fondée par Danaos (Larisa ; voir Pausanias, II, 24, 1-2). L'usage de baigner les statues des dieux et de les vêtir est bien attesté à Argos (entre autres lieux) et, comme on le voit par l'exemple d'Athéna, n'est pas forcément lié à des demandes de fécondité[29].

Danaos parmi les siens

Mais ces bienfaits furent sans doute dispensés plus tard. Au moment de leur arrivée à Lerne, les immigrantes se mettent sous la protection du souverain local, Pélasgos chez Eschyle, Gélanôr chez Apollodore et Pausanias. Avant de s'effacer devant Danaos, il empêche les Égyptiades de s'emparer aussitôt de leurs cousines. La passation des pouvoirs est décrite comme pacifique, soit que le souverain cède de son plein gré la place au nouveau venu, soit que la contestation donne lieu à un procès. Cela semble avoir été la version locale racontée par Pausanias : le peuple est pris pour juge, et les deux parties font valoir des droits équivalents. Mais le matin du jour où le jugement doit être rendu, on voit un loup attaquer un troupeau de vaches paissant sous les murailles. Il se bat avec le taureau qui mène le troupeau et les Argiens reconnaissent dans le taureau Gélanôr et dans le loup Danaos le hors-venu. Comme c'est le loup qui l'emporte, le peuple donne aussi la victoire et le trône à Danaos, et celui-ci fonde le culte d'Apollon au loup (*Lykios*) en remerciement au dieu qui lui a envoyé le fauve[30]. C'est un moment important où les « Pélasges » deviennent des « Danaens » ; une nation se forme : « Ceux qu'auparavant on nommait Pélasges, de les appeler Danaens il introduisit l'usage en Grèce. »

Danaos n'est pas le fondateur d'Argos proprement dite, mais de

29. De ces pratiques, M. Detienne tire une synthèse qui, bien que ciselée avec éclat, n'en paraît pas moins approximative : « Et, chaque année, pour le service de la déesse, les Danaïdes sanglantes, devenues sources d'eau vive, accomplissent au nom des femmes argiennes les gestes de l'eau portée, de la décence et du voile tissé sans lesquels il n'est pas d'accomplissement, pas d'achèvement de l'être féminin, ni de pacte matrimonial, d'alliance consacrée entre mâle et femelle » (M. Detienne, *L'Écriture d'Orphée*, p. 43). Rien dans la documentation, à vrai dire lacunaire, dont nous disposons sur l'usage religieux de l'eau de ces puits ne suggère de lien avec l'institution du mariage.

30. Paus., II, 19, 3-4 ; Gélanôr descend d'Argos, fils de Niobé, comme Io et Danaos, par une branche collatérale (Paus., II, 16, 1). Le combat du loup et du taureau et la fondation du culte d'Apollon Lykios sont rattachés à la lutte contre la sécheresse qui frappe l'Argolide chez Servius, à *Én.*, IV, 377.

sa citadelle Larisa, indique Strabon en citant ces vers d'Euripide[31]. Une fois de plus, Pausanias, complété par les mythographes, est un guide précieux pour connaître les versions locales de la légende, liées au culte d'Apollon Lykios, l'un des principaux d'Argos. Chez Eschyle, le roi est Pélasgos ; il n'a pas de lien de parenté avec Io et la pièce conservée ne nous permet pas d'entrevoir comment Danaos ou ses descendants lui succédaient, puisqu'elle montre seulement le père et ses filles, à leur arrivée dans le pays de leurs ancêtres, en position de suppliants.

Le massacre de Lerne

Comment la décision du mariage fut-elle prise ? Les témoignages anciens sont aujourd'hui muets sur ce tournant, qui était sans doute raconté dans la deuxième pièce de la trilogie d'Eschyle, intitulée soit *Les Égyptiens* soit *Les Constructeurs de chambre nuptiale,* dont il ne reste guère que le titre. Peut-être à la suite d'un combat entre les Égyptiens et les Argiens, où Pélasgos trouvait la mort[32]. C'est à Lerne, où campaient les fils d'Égyptos, qu'eurent lieu finalement les noces des filles et des fils des deux frères, et le massacre de quarante-neuf (ou quarante-huit, si l'on considère avec Pindare, *Pythiques,* IX, 113-114, qu'Amymoné, enlevée par Poseidon, ne participait pas au mariage collectif) des époux par leurs cousines, la nuit même des noces. Les mythographes nous ont transmis certains noms des Danaïdes et de leurs cousins ; seuls Apollodore (II, 1, 5) et Hygin (*Fable* 170) fournissent des listes complètes, d'ailleurs assez différentes. Celle d'Apollodore a été étudiée par Carl Robert (II, 1, p. 267, n. 3), qui a montré que les noms proviennent d'un poème en hexamètres et portent la marque des procédés littéraires hésiodiques ; ils sont certainement tirés des *Catalogues.*

Les corps et les têtes des maris assassinés sont ensevelis séparément : les corps à Lerne et les têtes enterrées au pied de la résidence de Danaos, la citadelle d'Argos (Larisa), à gauche en montant selon Pausanias, qui explique que les têtes avaient été tranchées par les Danaïdes et apportées à leur père afin de lui

31. Euripide, fr. 228, 7 et suiv. Nauck^2 ; Strabon, VIII, 6, 9 (371).
32. Voir la discussion dans A.F. Garvie, *Aeschylus' Supplices. Play and Trilogy,* Cambridge, 1969, p. 197-204.

donner la preuve que ses ordres avaient bien été exécutés (Pausanias, II, 24, 2). Ces trophées furent ensuite enterrés sur place. Selon Apollodore, ce serait l'inverse : les têtes à Lerne et les corps devant la cité (Apollodore II, 1, 5). Mais quand il s'agit d'indiquer la topographie de souvenirs historiques, le témoignage du périégète, décrivant habituellement les lieux avec précision, a certainement plus de poids que celui du mythographe. Et son explication a l'avantage d'être, dans ce contexte spécial, d'une logique macabre mais sans défaut.

D'autre part, pour dire ce qui s'est passé à Lerne après le meurtre, tous les auteurs emploient des verbes signifiant « enfouir », « ensevelir »[33]. Aucun, sauf le Byzantin Jean Tzetzès au XIIe siècle, ne précise que l'on jeta les têtes dans le marais, ce qui n'aurait pas manqué de le rendre putride, alors que les eaux de Lerne sont saines[34]. C'est pourtant ce qu'a supposé Eduard Meyer, selon une vision naturaliste de la légende qu'il vaut la peine de citer, car elle s'est imposée aux dépens de la simple lecture des textes :

> Cette situation [la sécheresse de la plaine d'Argos, contrastant avec les sources jaillissantes de Lerne] a suscité la légende selon laquelle les fleuves d'Argos veulent épouser les Nymphes des sources, mais celles-ci leur coupent la tête et la jettent dans les marais de Lerne, c'est-à-dire que les torrents qui dévalent des montagnes et recherchent les faveurs des sources de la plaine tarissent (perdent leur tête) après une brève existence, de sorte que leur mariage ne dure pas. Mais les masses d'eau que recueillent les montagnes (en particulier le Pontinos [ruisseau de Lerne], voir Pausanias, II, 36, 8), reparaissent dans les sources de Lerne : c'est donc là que gisent les têtes des fougueux prétendants[35].

33. Apollodore, κατορύσσω ; Pausanias parle d'un tombeau pour les têtes à Larisa et semble en impliquer un autre pour les corps à Lerne. Dans son recueil de proverbes, Zénobios, IV, 86, à propos du proverbe « une Lerne de malheurs », Λέρνη κακῶν, suppose qu'il peut venir de ce que les corps des Égyptiades ont été ensevelis (καταθεῖναι) à Lerne. Il ne dit pas qu'ils ont été jetés à l'eau. Le proverbe est cité aussi par Strabon, VIII, 6, 8 (371), qui l'explique par les purifications qu'on y faisait, dans les cérémonies en l'honneur de Déméter et Dionysos, populaires à l'époque romaine (voir R. Baladié *ad loc.*). L'explication pourrait être tout simplement que Lerne avait vu la mort de quarante-neuf fils d'Égyptos.

34. Tzetzès, *Chil.*, II, 254-257. Il faut distinguer les renseignements fournis par Tzetzès, homme de lettres et érudit, dans ses commentaires savants, notamment à Lycophron, et ses compositions originales, souvent fantaisistes, comme le récit en vers de la vie d'Héraclès auquel est pris ce détail.

35. Ed. Meyer, *Forsch. zur alten Gesch.*, I, p. 75 et suiv.

Il est impossible aujourd'hui de soutenir cette interprétation séculaire, car si les légendes rendent souvent compte des détails d'un paysage, c'est toujours de manière beaucoup plus directe et plus explicite. Mais la reconstitution du crime qui en découle a été adoptée par Carl Robert, pour passer, à partir de là, même chez des savants dont les conceptions sont aux antipodes du naturalisme d'Eduard Meyer[36].

Horrifié par le sort de ses enfants, épouvanté au seul nom de Danaos, Égyptos se réfugia sur le site de Patras et y mourut ; son tombeau se trouvait dans l'un des deux sanctuaires de Sérapis que comptait la ville (Pausanias, VII, 21, 13). Cette tradition a pu se former à l'époque hellénistique ou plutôt au début de l'époque romaine, alors que Patras était devenue une grande ville soucieuse de produire elle aussi des titres de noblesse légendaire.

La tendresse d'Hypermestra

Seule Hypermestra épargne son mari Lynkeus[37]. Est-ce parce que, comme dit une scholie, « après s'être unie à lui, elle éprouvait de l'inclination à son égard », alors que ses sœurs avaient respecté l'ordre paternel de tuer les fiancés avant que le mariage ne fût consommé[38] ? Mais cette scholie est un résumé aberrant, à contre-pied de la version usuelle que reflète plutôt Apollodore disant, à l'opposé, qu'Hypermestra a épargné son mari par gratitude parce qu'il avait respecté sa virginité ; les autres fils d'Égyptos furent tués pendant leur sommeil, donc, peut-on croire, après consommation (Apollodore, II, 1, 5). C'est Horace qui nous a laissé le plus beau tableau de la tendresse d'Hypermestra :

> Une seule, de leur nombre, digne du flambeau nuptial, trahit la parole donnée à son père, splendide menteuse, vierge à jamais noble :
>
> « Lève-toi, dit-elle au jeune homme son époux, lève-toi, de peur qu'un long sommeil ne te soit donné, venant d'où tu ne le crains pas ; échappe à ton beau-père et à mes sœurs criminelles, qui, pareilles à des lionnes ayant trouvé des veaux, chacune le sien, malheur ! les mettent en pièces. Moi, plus tendre qu'elles, je ne te

36. C. Robert, p. 271 ; voir M. Detienne, *L'Écriture d'Orphée*, p. 46, 56.
37. Une autre exception a été imaginée à l'époque hellénistique. Voir ci-dessous, p. 240.
38. L'expression est du scholiaste à Euripide, *Hécube*, 886.

frapperai ni ne te retiendrai derrière les verrous. Qu'un père cruel me charge de chaînes parce que, clémente, j'ai épargné mon pauvre mari, qu'il me relègue, avec sa flotte, jusqu'au fin fond de la Numidie ! Va, où t'emportent tes pas et les brises, tant que la Nuit et Vénus nous sont favorables ; va sous de bons présages et, en mémoire de nous, sur ta tombe fais graver ma plainte[39] ».

Après la nuit fatale, il fallut juger les Danaïdes. Le litige, avant le mariage, entre Danaos et les fils d'Égyptos ayant été tranché par la violence et non par un arbitrage, on comprend que, pour une tradition oublieuse de Phoroneus et d'Apis, ce massacre ait provoqué le premier procès pour meurtre, opposant Danaos et Égyptos. Il fut jugé par une sélection de jurés argiens et égyptiens, qui se réunirent sur l'esplanade de l'assemblée du peuple[40]. Il faut distinguer ce procès de l'action intentée ensuite par Danaos contre Hypermestra (voir ci-après). Sur l'ordre de Zeus, les jeunes filles furent purifiées du meurtre par Athéna et Hermès (Apollodore, II, 1, 5). C'est peut-être cette purification qui constituait l'acte originel censé être reproduit, par la suite, dans le rituel d'une fête célébrée dans tout le monde grec, les Thesmophories, consacrées à Déméter *Thesmophoros,* c'est-à-dire « Législatrice ». Toutefois, Hérodote, qui attribue aux filles de Danaos l'institution de la fête (du moins telle qu'elle se pratiquait en Arcadie de son temps), dit qu'elles l'ont rapportée d'Égypte (II, 171). Que signifiaient les Thesmophories ? Les Anciens s'accordent à dire qu'elles honoraient en Déméter la dispensatrice du blé et de la manière de le préparer, ainsi que des lois et de la vie en société[41]. Elles se

39. Horace, *Odes,* III, 11, 33-52. Voir aussi Ovide, *Héroïdes,* 14 : lettre d'Hypermestra à Lynkeus qui lui rappelle la nuit du crime. Ovide paraît s'y souvenir d'Horace à plusieurs reprises. Chez les deux poètes, la séparation des époux semble définitive.

40. Euripide, *Oreste,* 871-873 et schol. au v. 872.

41. Callim., *H. à Dém.* (VI), 18-21 ; Diodore, V, 5, 2 ; Servius, à Virgile, *Én.*, IV, 58. Ce dernier passage est particulièrement instructif. Didon et sa sœur Anna veulent rendre les dieux favorables au mariage que Didon projette avec Énée. Elles font le tour des autels « à Cérès législatrice [*legifera,* correspondant au grec *thesmophoros*], à Phébus, au vénérable Lyaeus [Dionysos], à Junon avant tous autres, qui veille sur les liens du mariage » (Virgile, *Én.*, IV, 58 et suiv. ; trad. J. Perret). Si Servius avait connu les Thesmophories comme une fête du mariage, il avait toutes les raisons de le rappeler. Or il commente : « On dit en effet qu'elle a inventé les lois elle-même. Car ses fêtes sont appelées *Thesmophories,* c'est-à-dire " Promulgation des lois ". Mais on imagine cela parce que, avant la découverte du blé, les hommes erraient çà et là, sans lois. Cette sauvagerie a pris fin une fois l'usage du blé découvert, après que le droit naquit de la répartition des champs. Ou bien est-ce parce que les lois furent déposées, gravées sur du bronze, dans le temple de Cérès ? » Et plus loin : « Selon certains, Cérès est hostile au mariage, soit à cause du rapt de sa fille, soit parce que, épousée par Jupiter, elle se vit préférer Junon et fut répudiée [...] selon d'autres, elle est favorable au mariage, parce qu'elle a été la première épouse de Jupiter, qu'elle a enseigné les lois saintes et qu'elle a présidé à la fondation des cités. »

déroulaient dans une société de femmes (probablement réservées aux femmes mariées de tous âges)[42] strictement fermée aux hommes, sous menace de mort s'ils osaient les épier, et c'est sans doute cette agressivité passagère qui les rapprochait de la légende des Danaïdes[43]. Rien n'invite à restreindre les attributions législatives de Déméter aux lois du mariage.

Comment la trilogie d'Eschyle s'achevait-elle ? La seule issue vraisemblable est celle qui amène une réconciliation des Danaïdes avec les usages des hommes et les lois des dieux — l'ensemble des Danaïdes, et non seulement le couple survivant. Cela suppose qu'elles acceptent enfin de se soumettre à Aphrodite, comme les servantes les y incitaient dès la fin de la première pièce, et cela pourrait être le sens du discours de la déesse dont subsiste un extrait :

> Le ciel pur désire percer la terre, le désir prend la terre de se faire aimer. La pluie tombée du ciel ruisselant engrosse la terre. Et elle enfante, pour les mortels, la pâture des moutons, et le grain de Déméter, et les fruits des arbres. C'est par leur union moite que s'accomplit tout ce qui existe. Et de cela je suis cause, moi[44].

La perspective finale devait donc être celle du mariage définitif des Danaïdes, qui pouvait être décidé sans qu'il fût nécessaire de le réaliser sur l'heure[45]. Ce que la violence n'avait pas réussi à imposer aux Danaïdes, la persuasion le leur faisait accepter. Nous ne pouvons pas savoir si la célébration des Thesmophories était évoquée, ni quel sens était donné à la fête. Chez Eschyle, le terme θεσμός, au sens d'« institution », peut aussi désigner un tribunal[46].

Le vrai mariage des Danaïdes

De toute manière, dans la légende, après la purification Danaos s'occupa de remarier ses filles. C'est l'épisode auquel Pindare fait

42. Callim., *Aitia*, III, fr. 63 Pf.
43. Sur les Thesmophories, voir W. Burkert, *Greek Relig.*, p. 242-246, et M. P. Nilsson, *Gesch. Griech. Relig.*, I, p. 461-466, pour qui la fonction législatrice de Déméter se serait « développée tardivement » (p. 464).
44. Eschyle, *Danaïdes*, fr. 44 Nauck^2 (Radt), dans Athénée, XIII, 600*b*.
45. C'est la conclusion à laquelle parvient A. F. Garvie, *Aeschylus' Supplices*, p. 225-228.
46. Eschyle, *Eum.*, 615.

allusion, non le mariage, mais le remariage des Danaïdes ; ce poète pudique évite de rappeler des noces qui s'étaient terminées par le meurtre collectif des fiancés :

> Danaos, jadis, à Argos, comme il a su, pour ses quarante-huit filles, en moins d'une demi-journée, choisir le plus rapide des mariages ! Ne plaça-t-il pas leur file tout entière juste à l'arrivée d'un concours ? Et ensemble il déclara qu'il déterminait par une épreuve pour les jambes celle que prendrait chacun des héros qui étaient venus pour être ses gendres[47].

Danaos attribue donc ses filles par un concours, une épreuve de course à pied dont Pindare souligne le caractère expéditif. Les jeunes filles se tiennent sur la ligne d'arrivée ; Pindare qualifie leur groupe d'un mot qui désigne une danse en rond ou en file, χορός ; cela ne suppose pas qu'elles dansent en attendant les coureurs qui devraient les saisir dans leurs évolutions[48] ; ceux-ci s'emparent des jeunes filles selon leur classement et tout est terminé avant midi.

Il n'en va pas tout à fait de même chez Pausanias ; son récit a un côté burlesque plus marqué que celui de Pindare : personne ne veut des filles de Danaos à cause de la souillure qui pèse sur elles ; leur père fait alors proclamer qu'il les donnera gratuitement, sans demander de dot, et que les candidats pourront choisir celle dont le physique leur plaît (ce n'était évidemment pas l'usage !). Même ainsi, dit Pausanias, les prétendants ne sont pas nombreux. Danaos organise entre eux une épreuve de course à pied et ils choisissent leur épouse selon leur classement. Comme, après cela, il reste encore des filles à marier, le père doit organiser un deuxième concours (III, 12, 2)...

Pausanias raconte cette histoire à propos du mariage de Pénélope, que son père Icarios avait également donnée au plus rapide de ceux qui briguaient sa main ; il suppose, car le procédé lui paraît étrange, qu'Icarios s'inspirait du comportement de Danaos. Pour comprendre cette histoire, Carl Robert la rapproche du mariage de la fille d'un tyran de Sicyone, Clisthène, personnage historique du VIe siècle av. J.-C., tel que le raconte Hérodote[49]. Clisthène fait proclamer qu'il a une fille à marier et invite les prétendants chez lui pendant une année, où il les entretient et les

47. Pindare, *Pyth.*, IX, 112-116, en 474 av. J.-C.
48. C'est ce qu'avait pensé Louis Gernet dans l'étude de 1928 citée ci-dessous.
49. Hérodote, VI, 126-131 ; C. Robert, II, 1, 273.

soumet à diverses épreuves. Mais si le sport tient effectivement une place dans l'histoire, on voit bien qu'il s'agit de tout autre chose que d'une seule course à pied et Louis Gernet, dans son étude sur les mariages de tyrans, s'est bien gardé d'invoquer le faux précédent de Danaos[50]. Il faut laisser cette sélection parodique dans la sphère du mythe, peut-être en la rapprochant de la légende d'Atalante, la jeune fille que nul garçon ne pouvait rattraper à la course, voire d'Hippodamie, que son père proposait en mariage à celui qui le battrait à la course de chars ; elle n'a pas grand-chose à voir avec l'institution réelle du mariage[51].

En commémoration de ces noces enfin bien accomplies, Danaos fonde à Argos des concours comportant, nous dit-on, une épreuve de chant nuptial ; d'après Aristote, ce sont « les concours argiens », qui furent appelés à l'époque romaine « le Bouclier à Argos ». Il existait aussi une fête en l'honneur de Zeus Fort, *Sthénios,* qu'on a voulu mettre en rapport avec cette course, sans doute à tort : la force que patronne ce Zeus permet de soulever une grosse pierre, rien ne dit qu'elle donne aussi la vitesse des jarrets[52].

Les deuxièmes noces des Danaïdes permettent d'engendrer un certain nombre d'éponymes. Ainsi, deux d'entre elles qui figurent dans la liste reconnue par Carl Robert comme hésiodique, Automaté (« Spontanée ») et Scaié (« Gauche »), épousent Architélès et Archandros, venus de Phthiotide (en Thessalie). Scaié et Archandros ont un fils, appelé Métanastès (« Émigrant ») à cause de la migration de son père[53] ; Archandros est chez Hérodote en rapport avec une cité d'Égypte, Archandroupolis. D'autres furent rendues par les dieux mères de fondateurs ou de héros, parfois péloponnésiens, Orchoménos (Orchomène d'Arcadie), Pharis (les

50. Reprise dans *Anthropologie de la Grèce antique,* Paris, Maspero, 1968, p. 344-359 (ici p. 356-357).

51. L. Gernet, dans « Frairies antiques » (*Rev. ét. gr.*, 1928, p. 313-359, repris dans *Anthropologie de la Grèce antique*, p. 21-61, en partic. p. 43), voit dans cet épisode le vestige de concours sportifs et de danses, « véhéments et allègres », ayant accompagné les fêtes des mariages. L'existence de tels concours et danses n'est pas douteuse. Mais s'ils ont pu inspirer une légende excentrique, c'est de loin, et Pindare comme Pausanias ne cachent pas leur surprise devant le procédé attribué à Danaos.

52. Voir encore [Aristote], *Péplos,* fr. 637 Rose (schol. à Aristide, *Panath.*, p. 323 Dindorf), donnant un classement des concours, par ordre d'ancienneté. Celui d'Argos vient en troisième, après les Éleusinia et les Panathénaia. Concours de chant nuptial : Hygin, *Fable* 273, début. Danaos et les Sthénia : Plutarque, *De musica,* 26, p. 1140*c* ; Hésychios, *s.* Σθένια ; la grosse pierre est l'autel de Zeus Sthénios que Thésée a dû soulever pour retrouver les objets dissimulés par son père : Paus., II, 32, 7 ; 34, 6.

53. Hérodote, II, 98 ; Paus., VII, 1, 6.

deux Pharai, en Messénie et en Achaïe), Myrtilos (en Élide), Kélainos (Kélainai en Phrygie), Dryops (en Thessalie). Elles sont mentionnées comme des Danaïdes, mais ne figurent pas dans les listes générales[54] ; l'épouse d'Oinomaos, l'éponyme du bourg laconien de Sidé sont aussi des Danaïdes[55].

La fin de Danaos, la fondation d'une famille

Quant au couple modèle d'Hypermestra et Lynkeus, le mari doit d'abord s'enfuir dans la montagne pour échapper à la colère de Danaos. Il s'en va dans le même canton qui avait jadis abrité les premières amours de Zeus et Io, à Lyrkeia, dans la haute vallée de l'Inachos, à la fois abrité et proche d'Argos, puisqu'on y est à portée de vue de la citadelle de la ville (Larisa). Une fois en sécurité, la nuit venue, il rassure par des signaux de feu sa femme restée sur la citadelle et elle lui répond de la même manière. En souvenir, les Argiens célèbrent chaque année une fête des flambeaux (Pausanias, II, 25, 4). Le nom de Lynkeus, comme celui de son homonyme l'Argonaute à la vue perçante, est dérivé du nom du lynx. Lyrkeia, dit Pausanias, se serait d'abord appelée Lynkeia, et aurait pris son nom définitif de Lyrcos, bâtard du fils de Lynkeus, Abas. Mais il existait aussi un autre Lyrcos plus ancien, fils de Phoroneus (voir ci-dessus, p. 67). Eduard Meyer considérait qu'il s'agissait de variantes du même nom ; en tout cas, il est arrivé que l'on confonde les deux formes[56].

Hypermestra est citée en justice par son père pour lui avoir désobéi. Cela aussi est surprenant : dans la Grèce des légendes, un père a-t-il besoin de l'aval d'un tribunal pour se faire justice sur ses enfants ? Mais les traditions argiennes se plaisent à évoquer les débuts de la légalité. Hypermestra plaide sa cause et la gagne, au lieu dit par la suite « place du Jugement » (*Criterion*) ; en action de grâces, elle consacre une statue à Aphrodite Porte-victoire et un temple à Artémis Persuasion[57].

54. Schol. à Apoll. Rh., I, 230 (Orchoménos, fils d'Isonoé et de Zeus) ; Paus., IV, 30, 2 ; VII, 22, 5 (Pharis, fils de Phylodameia et d'Hermès) ; Strabon, XII, 8, 18 (579 ; Kélainos, fils de Kélainô et de Poséidon) ; Phérécyde, n° 3, fr. 18 Jac. (Dryops, fils de Polydôra, unie au fleuve Spercheios, d'après la schol. à Apoll. Rh., I, 1212) et Nicandre, cité par Anton. Lib., 32 (même généalogie).
55. Paus., III, 22, 11 (Sidé). Voir C. Robert, II, 1, p. 276 et suiv.
56. Ed. Meyer, *Forsch. zur alten Gesch.*, I, p. 76, n. 2. Voir Apoll. Rh., I, 125, avec l'apparat critique et la note de F. Vian.
57. Paus., II, 19, 6 ; 20, 7 ; 21, 1.

Là aussi, bien des aspects du conflit nous échappent aujourd'hui. Nous savons par Aristote qu'un de ses contemporains, Théodectès de Phasélis, avait composé une tragédie, *Lynkeus*, où l'on voyait « Lynkeus emmené comme s'il allait mourir, Danaos l'accompagnant comme s'il allait le tuer », alors qu'au dénouement Danaos meurt, Lynkeus est sauvé : Aristote, qui est notre seule source sur la pièce, donne un exemple de coup de théâtre et ne se soucie pas de résumer l'intrigue[58]. Celle-ci se nouait autour de l'enlèvement d'un enfant : il ne peut guère s'agir que d'Abas, le fils d'Hypermestra et Lynkeus, et peut-être venait-il aussi, au dénouement, annoncer la mort de Danaos (voir ci-après).

Une autre version met en scène la Danaïde Cléométra et l'Égyptiade Mélanchros (« Teint noir ») : « En hâte, se rendant maîtres de Cléométra et de Mélanchros, ils les tuent à coups de pierres. Et on montre, aujourd'hui encore, leur tombeau, entièrement en terre [?], au-dessus du lieu-dit Prôn, où il arrive que siège le tribunal d'Argos. » Ce fragment de récit a la caution d'un historien du cru, Deinias, auteur d'une histoire d'Argos[59]. Cléométra est-elle une émule moins heureuse d'Hypermestra ? Qui sont les responsables de la lapidation ? La réponse aujourd'hui nous échappe. Même l'identification des lieux de ces différents jugements et exécutions est longtemps restée incertaine[60]. Prôn désignerait le cadre naturel comportant deux lieux de réunion distincts, l'Haliaia, qui correspond au théâtre, et le Criterion, une terrasse au nord du théâtre.

Les divisions de l'Argolide sont expliquées par des querelles familiales : Hypermestra et Lynkeus ont un fils, Abas. À la mort de Danaos, dans des circonstances qui ne sont pas précisées, Abas apporte le premier la nouvelle à Lynkeus, et celui-ci, cherchant des yeux un cadeau à lui faire pour la bonne nouvelle, voit le bouclier que Danaos avait consacré à Héra après l'avoir porté dans sa jeunesse. Il le lui donne et organise des épreuves où la course occupe la première place, tous les quatre ans, dont la récompense est un bouclier et non une couronne. Le concours, qui est dédié à

58. Théodectès, n° 72, fr. 3*a* Snell, d'après Aristote, *Poétique*, 11 (1452*a*27) et 18 (1455*b*29).

59. Deinias, vers la fin du IIIe siècle av. J.-C., n° 306, fr. 3 Jac. ; cité par la schol. à Eurip., *Oreste*, 872.

60. Le Criterion se serait trouvé au lieu-dit Prôn (« Pointe »), un saillant de Larisa : schol. à Euripide, *Oreste*, 872. La question a été étudiée par Ed. Meyer, « Pron und Haliaia in Argos », *Forsch.*, p. 101-104. Voir Francis Croissant, *Bull. corr. hell.*, 1972, p. 137-154 (essentiel) ; Christian Le Roy, *Rev. ét. gr.*, 1975, p. 191.

Héra, s'appelle à l'époque romaine « le Bouclier d'Argos ». Il est bien attesté, par Pindare et par les inscriptions[61]. On disait parfois que Danaos avait inventé le bouclier[62] ; ou encore Abas, et que son bouclier, brandi, suffisait à mettre l'ennemi en déroute[63] ; ou encore Proitos et Acrisios, que nous allons rencontrer. Comme le relève Pierre Amandry, la fabrication des boucliers était restée une spécialité argienne depuis l'époque archaïque : en 271-270 av. J.-C., un Argien offre à Delphes dix boucliers pour la course en armes[64].

Plus simplement, Lynkeus venge ses frères en tuant Danaos, selon une version attribuée à Archiloque, que confirme de manière indirecte un oracle rapporté dans des scholies : Danaos devait être tué par l'un des Égyptiades ; pour éviter le destin, il avait pris les devants et ordonné à ses filles de tuer leurs maris, fournissant ainsi à celui qui fut épargné un bon prétexte pour l'assassiner[65]. On sait que tous les efforts des hommes pour éviter le destin ne servent qu'à faciliter son accomplissement...

Le tonneau des Danaïdes

Les Danaïdes sont restées célèbres pour le châtiment qu'elles subissent à la suite de leur forfait, qui consiste à puiser éternellement avec des tamis de l'eau pour remplir le « tonneau des Danaïdes », tonneau percé qui est plus exactement une jarre. Ce châtiment semble avoir été à l'origine sans rapport avec leur légende et destiné non à des figures du mythe, mais à ceux qui mouraient sans s'être fait initier, à Éleusis ou ailleurs, aux mystères de l'Au-delà : c'est ainsi que Pausanias l'interprète lorsqu'il voit parmi les scènes infernales dépeintes par Polygnote

61. Récit d'origine, Hygin, *Fable* 170, 9-10 ; attestations, Pindare, *Olymp.*, VII, 84 ; inscriptions citées par C. Robert, p. 273 ; voir aussi J. et L. Robert, *Bull. épigr.*, 1963, 80 (*IG*, II^2, 3145) et 1971, 308 (*Bull. corr. hell.*, 1970, 946 et 949) ; Pierre Amandry, « Sur les concours argiens », *Bull. corr. hell.*, suppl. VII, *Études argiennes*, 1980, p. 211-253.

62. *P. Oxy.*, X, 1241, col. IV (catalogue d'inventeurs des armes), l. 13-14 (Danaos) et 14-22 (Proitos et Acrisios) ; boucliers en bois.

63. Servius, à Virgile, *Én.*, III, 286.

64. *Sylloge*^{3}, 419 ; P. Amandry, « Sur les concours argiens », p. 234.

65. Lynkeus exécute Danaos : Archiloque, fr. 305 West, d'après Jean Malalas, IV, 1 (68) ; schol. à Euripide, *Héc.*, 886 ; Servius, à Virgile, *Én.*, X, 497. L'oracle : schol. AD à Homère, *Il.*, I, 42 ; schol. à Stace, *Théb.*, II, 222 (suivi par les mythographes du Vatican, I, 134 ; II, 103) et VI, 269 ; à Euripide, *Or.*, 872.

sur les murs du parloir (*lesché*) des Cnidiens, à Delphes, peintures exécutées vers 460 ; la description de Pausanias exclut qu'il s'agisse des Danaïdes (il y a un vieillard, un enfant, une femme jeune et une vieille). Pausanias « suppose que ce sont ceux qui n'ont fait aucun cas des mystères d'Éleusis » (X, 31, 11). Ce supplice est mentionné, sans référence aux Danaïdes, par plusieurs auteurs au début du IVe siècle av. J.-C., par Platon comme étant le sort des non-initiés (*Gorgias*, 493*b*), par Xénophon sous forme d'un proverbe à valeur générale : « verser dans une jarre percée » (*Économique*, VII, 40), par le poète comique Philétairos comme le châtiment de ceux qui n'entendent rien à la *mousiké*, un mot d'acception plus large que « musique », cependant que ceux qui meurent en jouant de la flûte garderont seuls dans l'Hadès la possibilité de goûter à Aphrodite[66]. Ce dernier passage, joint au fait que les Danaïdes étaient, sur terre, des porteuses d'eau, indique peut-être comment on a pu avoir l'idée d'appliquer aux Danaïdes une expression proverbiale, visiblement populaire, dans la première moitié du IVe siècle[67]. C'est précisément l'époque où des vases de Tarente, figurant le monde infernal, attribuent pour la première fois aux Danaïdes le châtiment qui s'est imposé comme le leur[68]. Leur existence terrestre ne semble pas en avoir été affectée : « leur destin lent à venir », dit Horace (*Odes*, III, 11, 27).

Les frères ennemis

Laissant les Danaïdes à leurs jarres, abordons la génération suivante. Elle est marquée par la haine entre les jumeaux Proitos et Acrisios, fils d'Abas : semblant hériter de l'antipathie qui séparait leurs arrière-grands-pères Danaos et Égyptos, ils se battent alors qu'ils sont encore dans le ventre de leur mère, comme font d'autres jumeaux, plus célèbres qu'eux, les héros bibliques Jacob et Ésaü, avec des implications politiques analogues[69]. Une fois

66. Philétairos, fr. 18 Kock, cité par Athénée, XIV, 633*f*.
67. Sur les Danaïdes porteuses d'eau, voir (bien plus tard, il est vrai), Lucien, 78, *Dial. marins*, 8 (6), fin.
68. Premier témoignage écrit, pseudo-Platon, *Axiochos*, 371*e*. Voir Emily Keuls, *LIMC*, III, 1 (1986), *s.* Danaïdes.
69. Genèse, 25, 22-23. En Grèce, en Phocide, Crisos et Panopeus, éponymes du port de Crisa et de la cité de l'intérieur Panopeus, font de même (schol. à Lycophron, 939).

grands, Proitos et Acrisios se battent derechef, mais pour le trône et, ce faisant, inventent les boucliers ronds, qui décorent la tombe des victimes de la bataille livrée entre Argos et Épidaure[70]. Cette bataille est commémorée par une fête annuelle des Argiens, la Daulis (Hésychios, *s.v.*).

Le combat est indécis et l'affaire se conclut par un compromis, Acrisios s'installant dans la citadelle d'Argos, Larisa, et Proitos à Tirynthe (scholie à Euripide, *Oreste*, 965) ; ou bien (Apollodore) Acrisios est le plus fort, Proitos quitte Argos, se réfugie d'abord en Lycie, province lointaine, à l'est de la Carie, qui apparaît à plus d'une reprise en rapport avec Argos, peut-être par l'intermédiaire de l'île voisine de Rhodes, fière de ses origines argiennes[71]. Le roi de Lycie, dont Proitos a épousé la fille, nommée Anteia[72] ou Sthénéboia (selon « les Tragiques », dit Apollodore), le ramène en Argolide avec une armée. Proitos s'installe alors à Tirynthe, fortifiée par les Cyclopes de Lycie[73]. On n'est pas étonné, quand on voit aujourd'hui les sites des acropoles lyciennes, Tlos, Pinara, que les Anciens les aient attribuées à des Cyclopes et les aient comparées aux fortifications mycéniennes.

L'Argolide est donc désormais partagée en deux royaumes, ceux d'Argos et de Tirynthe (sites distants de sept ou huit kilomètres, commandant la plaine littorale). Mais la descendance d'Acrisios ne se maintiendra pas à Argos : son petit-fils Persée, comme on le verra au chapitre suivant, devra s'installer à Mycènes.

Plus tard, le palais de Proitos sera le théâtre d'un drame domestique, la légende de Bellérophon, dont le scénario rappelle l'histoire de Joseph et de la femme de Putiphar[74]. L'épouse lycienne de Proitos s'éprend d'un jeune homme, Bellérophon, originaire de Corinthe, qui vit à la cour de ce roi. Comme il repousse ses avances, elle l'accuse auprès de son mari d'avoir voulu la séduire. Le mari crédule, n'osant pas tout de même tuer ce jeune noble contre lequel il n'a aucune preuve, l'envoie chez son beau-père, le roi de Lycie, avec une tablette chargée de « signes funestes » — en d'autres termes, une lettre demandant

70. Bacch., XI, 59-81 ; Apollodore, II, 2, 1 ; Paus., II, 25, 7 ; schol. à Euripide, *Or.*, 965 ; *P. Oxy.*, X, 1241, col. V, l. 14 et suiv. Bacch., XI, 62, qualifie les hommes de Proitos de « demi-dieux aux boucliers de bronze ».
71. Voir ci-dessus, p. 73-74.
72. Homère, *Il.*, VI, 160. Servius l'appelle par erreur Antiopa, à Virgile, *Buc.*, VI, 48.
73. Apollodore, II, 2, 1. Version différente et isolée chez Ovide, *Mét.*, V, 236-241. Voir aussi Hygin, *Fable* 64.
74. Genèse, 39, 6-20 ; Homère, *Il.*, VI, 152-210.

que l'on fasse disparaître le porteur. Ce sera pour Bellérophon le signal d'une série d'exploits en Lycie, face aux épreuves successives que le roi lui impose pour se conformer à la demande de son gendre sans commettre directement un crime. Au terme de ces exploits, Bellérophon épousera une autre fille du roi, sœur de celle qui a voulu le perdre, et s'établira en Lycie.

Mélampous, le hors-venu

Quant au royaume de Proitos à Tirynthe, il sera ensuite à nouveau partagé, en trois cette fois, entre son fils Mégapenthès et deux étrangers, les frères Bias et Mélampous, qui ont épousé ses filles et sont à l'origine d'une nouvelle dynastie.

Comme Hypermestra et Lynkeus, Mélampous et son frère viennent d'ailleurs, mais de moins loin. D'origine thessalienne, ils descendent de Tyro ; ils sont nés d'un fils qu'elle eut de son époux terrestre, Amythaon. Cependant, de son amant divin Poseidon Tyro eut deux autres fils, Nélée et Pélias. Deux branches de cette famille se sont installées dans le Péloponnèse, Nélée et ses enfants à Pylos, en Messénie, Mélampous et Bias d'abord à Pylos, puis en Argolide[75]. Des deux frères c'est Mélampous, le héros ingénieux au service de Bias, qui possède la figure la plus consistante. Nés en Thessalie, ils vont chez leur oncle Nélée, dont Bias veut épouser une fille. Mélampous la lui obtient. Ils doivent ensuite se trouver un royaume. Ce sera en Argolide, grâce aux services qu'ils rendent à Proitos.

Mélampous guérit en effet les filles de Proitos (elles étaient trois, Lysippé, Iphinoé, Iphianassa[76]), rendues folles, lorsqu'elles atteignirent l'âge de se marier, par Héra. Les raisons de la colère de la déesse varient selon les auteurs. Ou bien les trois sœurs s'étaient moquées de la souveraine d'Argos en passant devant son sanctuaire, soit parce que sa vieille statue de culte en bois n'était pas belle, soit parce qu'elle n'était pas riche ; ou bien, prêtresses d'Héra, elles avaient osé utiliser les vêtements en or de la déesse[77].

75. La légende antérieure de Mélampous appartient aux généalogies éoliennes.
76. *Catal.*, fr. 37 Merk.-West, 10-15. Leurs noms chez Apollodore, II, 2, 2 ; Servius, à Virgile, *Buc.*, VI, 48.
77. Sur les Proitides, voir F. Vian, « Mélampous et les Proitides », *Rev. ét. anc.*, 1965, p. 25-30 ; M. Jost, *Sanctuaires et cultes d'Arcadie*, p. 47-51 et 417-425. Le dernier motif est donné par Servius, à Virgile, *Buc.*, VI, 48. Comme Io (ci-dessus), les Proitides avaient la charge d'habiller la déesse.

Celle-ci leur envoya une maladie de peau et une frénésie sexuelle (les deux étant associées ailleurs dans la tradition grecque), et les fit errer par monts et par vaux, par l'Argolide, puis l'Arcadie et le reste du Péloponnèse. Comme celle d'Io, la folie des Proitides les identifie à des vaches [78]. Leur père avait dû d'abord chercher à les interner ; on montrait, sur la route menant de Tirynthe à la mer, des constructions « cyclopéennes » que l'on appelait « chambres des filles de Proitos », selon Pausanias (II, 25, 8) ; il s'agit certainement de vestiges mycéniens, peut-être tombes à chambre ou « casemates » comme on en voit encore à Tirynthe.

Mélampous promet de les guérir, contre un tiers du royaume de leur père. Comme Proitos trouve le prix trop élevé et refuse, la folie des filles redouble et s'étend aux femmes d'Argos, qui tuent leurs enfants et abandonnent leurs foyers. Proitos accepte alors les conditions du devin, mais celui-ci demande désormais la main des sœurs, pour son frère et pour lui, ainsi qu'un tiers du royaume pour chacun. Proitos y consent et Mélampous, aidé de rabatteurs, à grands cris et en dansant, chasse les folles hors des montagnes jusqu'à Sicyone ; un temple contenant les statues d'Apollon et d'Artémis sera plus tard consacré par Proitos à l'endroit où ses filles ont été délivrées [79]. Ou peut-être simplement jusqu'aux sources de l'Inachos, où Proitos a fondé un temple d'Artémis [80]. Ou bien plus loin, jusqu'à l'Anigros, petit fleuve de la côte ouest du Péloponnèse, au sud d'Olympie ; les bains dans les eaux puantes de l'Anigros étaient bons contre les maladies de peau [81]. Ou encore en Arcadie, à Lousoi (un nom évocateur de bains), auprès d'Artémis Héméra, « Qui apaise » ou « apprivoise ». Les sœurs y arrivent soit après s'être réfugiées dans une grotte des monts Aroaniens, au-dessus de Nonacris, au nord-est de la plaine de Lousoi, et Mélampous les fait descendre [82] ; soit depuis les monts Azaniens, qui encadrent la même plaine au nord-ouest, et Proitos les rejoint sans doute à Cleitôr, si c'est bien là qu'il faut

78. Virgile, *Buc.*, VI, 48-51 ; Lactantius Placidius, à Stace, *Théb.*, III, 453.

79. Selon Apollodore, II, 2, 2 (guérison à Sicyone) et Paus., II, 7, 8 (temple sur l'agora de la cité).

80. Artémis Oinôatis, à Oinoé, au pied du mont Artémision : Ét. Byz., *s.* Oiné, dit que Proitos avait fondé le culte. Sur le lieu, voir Paus., II, 25, 4. Il est lié à la légende de la biche aux cornes d'or, poursuivie par Héraclès : voir ci-après, p. 221-222.

81. Selon Strabon, VIII, 3, 19 (346) et Paus., V, 5, 10-11. R. Baladié, dans une note à Strabon (p. 88, n. 3 de son éd.), signale que l'on soigne toujours les eczémas avec les eaux de l'Anigros.

82. Paus., VIII, 18, 7-8.

placer un sanctuaire d'Artémis Coria (« protectrice des adolescentes », selon Madeleine Jost), fondé par le roi en action de grâces parce qu'il a retrouvé ses filles [83].

À Lousoi, elles sont guéries en se baignant dans une source [84]. En même temps qu'il les baigne, Mélampous récite des incantations et leur fait prendre de l'ellébore noir, qui doit à son inventeur son nom grec, *mélampodion* [85]. Puis il jette les drogues utilisées dans l'eau, qui, depuis lors, passe pour inspirer le dégoût du vin [86]. Dans cette partie de la légende, Mélampous est tantôt le meneur de jeu que nous connaissons déjà, tantôt un simple auxiliaire, berger oublié sitôt qu'il a rempli son rôle. À Lousoi, Proitos fonde à nouveau un sanctuaire en action de grâces, cette fois pour la guérison de ses filles, et institue des concours en l'honneur d'Artémis Héméra, les Hémérasia [87].

L'une des Proitides meurt d'épuisement, les deux autres épousent les deux frères Mélampous et Bias [88]. Proitos appelle Mégapenthès (« Grand Deuil ») le fils qui lui naît après ces événements [89] ; le thème du roi nanti d'abord de filles et auquel il naît un fils sur le tard se retrouve à propos de Cadmos, dont le cadet porte aussi un nom anecdotique, Polydôros [90].

Dans une autre version, ce sont les femmes d'Argos, rendues folles par Dionysos, que Mélampous aurait guéries [91]. Cette

83. Callim., *H.* III, *à Art.*, 233-236. Mais à Cleitôr on ne connaît qu'un culte d'Athéna Coria : M. Jost, *Sanctuaires et cultes d'Arcadie*, p. 389 et suiv., 415.

84. Bacch., XI, 37-42 et 94-112 (passe sous silence l'intervention de Mélampous ; c'est Proitos qui guérit lui-même ses filles après s'être baigné dans la source de Lousos) ; Callim. et Paus., *loc. cit.*

85. Théophraste, *Hist. pl.*, IX, 10, 2-4 (l'ellébore noir découvert par un nommé Mélampous, sans précisions mythologiques) ; Ovide, *Mét.*, XV, 326-327 *(per carmen et herbas)*; Dioscoride, IV, 162 (un berger du nom de Mélampous purifia et guérit les Proitides atteintes de folie) ; Pline, XXV, 47 (ledit berger a donné aux Proitides du lait de ses chèvres, au préalable purgées à l'ellébore noir). L'ellébore blanc ou vératre, toxique, est lié à la légende d'Héraclès sur l'Oita (*ibid.*, 49, et les notes de J. André).

86. Vitruve, VIII, 3, 21 (cite une inscription en vers gravée à la source) ; Ovide, *Mét.*, XV, 322-328 ; Ét. Byz., *s.* Azania, citant Eudoxe, Γῆς περίοδος, VI, et voir Athénée, II, 43*f*. À l'époque romaine, Lousoi était sur le territoire de Cleitôr, et ces deux auteurs ne parlent que de Cleitôr et non de Lousoi. Voir M. Jost, *Sanctuaires et cultes d'Arcadie*, p. 421-425.

87. Callim., *H.* III, *à Artémis*, 233-236 ; Paus., VIII, 18, 7-8. Selon Sophocle, le fondateur du temple est Mélampous : *Iphigénie*, fr. 309 Radt, d'après Hésychios, *s.* ἀκρουχεῖ.

88. Les Argiens célébraient une fête funéraire en l'honneur de celle qui était morte, les Agriania : Hésychios, *s.* Ἀγράνια et Ἀγριάνια.

89. Schéma généalogique très clair de ces familles dans la schol. à Pindare, *Ném.*, IX, 30*b*. Voir le Tableau 3, p. 381.

90. Nom faisant allusion aux *nombreux cadeaux* reçus par Cadmos et Harmonie à leur mariage.

91. Hérodote, IX, 34 ; Diodore, IV, 68, 4 (attribue la folie à Dionysos) ; Paus., II, 18, 4

variante est en fait un doublet du récit de la lutte de Dionysos contre Persée à Argos, avant que Persée ne doive partir de la ville[92]. Mélampous intervient à Argos, comme dans la légende qui a servi de modèle, et non dans la ville de Proitos, Tirynthe. Mais il n'y a pas là d'inadvertance, car Diodore de Sicile et Pausanias, qui datent l'événement, le placent sous le règne d'Anaxagoras, fils de Mégapenthès. Or ce dernier avait échangé son royaume de Tirynthe contre celui de Persée, à Argos. Dans cette version il n'y a pas de mariage (et l'on évite de marier Bias deux fois), mais le salaire demeure un tiers du royaume pour Mélampous et un tiers pour son frère[93]. La tripartition de l'Argolide apparaît ainsi comme un trait important de la légende. Pausanias précise que « seuls des Grecs », à sa connaissance, « les Argiens sont répartis entre trois royaumes » et que « la famille royale indigène, celle des Anaxagorides, a la primauté »[94]. Ces réflexions font difficulté, car d'une part les Doriens en général sont eux aussi rangés en trois tribus, dont l'une est rattachée à Hyllos, fils d'Héraclès, et les deux autres à Dymas et Pamphylos, fils d'Aigimios et compagnons des Héraclides. D'autre part, la prééminence de la lignée de Proitos et Mégapenthès n'est pas confirmée par la suite de la légende, comme on va le voir.

Plus tard, c'est la descendance de Bias qui régnera sur l'Argolide, et non celle que lui aurait donnée son épouse argienne, mais le fils qu'il a eu de son premier lit, à Pylos, de sa cousine Péro. De sorte que la souche thessalienne (les descendants d'Aiolos) paraît supplanter complètement la souche argienne (les descendants de Danaos). Mais en fait la lignée du frère de Proitos, Acrisios, se perpétuera à travers Danaé et Persée jusqu'à Héraclès ; d'autre part, le fils de Bias et de Péro épousera une de ses cousines, petite-fille de Mélampous et de sa femme la Proitide. De sorte qu'il n'y a pas usurpation, mais association des deux lignages (le nom d'Abas, père de Proitos, est porté par un fils de Mélampous) et subordination de l'un à l'autre (les descendants du fils de Proitos, guerriers comme Capaneus ou simples écuyers comme Sthénélos, ne sont pas au même niveau que ceux de Bias, qui ont rang royal, comme Adraste et son petit-fils Diomède, ni ceux de Mélampous, comme Amphiaraos, autre grand devin). Devant Troie, les représentants

92. Persée doit émigrer après avoir tué involontairement son père : voir ci-après.

93. Hérodote, IX, 34 (les femmes d'Argos, avec le thème du marchandage comme dans l'autre version) ; Diodore, IV, 68, 4 ; Apollodore, I, 9, 12 fin ; Paus., II, 18, 4.

94. Id., II, 18, 4. Voir le Tableau 3, p. 381.

de la lignée d'Amphiaraos sont absents ; il reste seulement Diomède et Sthénélos. Alors, l'Argolide est devenue le domaine d'Agamemnon, qui représente une troisième dynastie, connue sous le nom d'Atrides, issue de Pélops ; elle vient du nord-ouest du Péloponnèse. Mais auparavant, la descendance de Danaos aura connu des heures de gloire qui la portent au tout premier rang de la mythologie grecque, avec Persée et Héraclès, encore que l'histoire de l'un comme de l'autre puisse se comprendre comme une éviction progressive hors du domaine ancestral.

LES ANCÊTRES D'HÉRACLÈS

VII

Persée le conquérant

Persée s'incarne pour nous dans la fierté juvénile du bronze de Benvenuto Cellini, sous la loggia de la place de la Seigneurie à Florence. Et, de fait, à la différence d'Héraclès, adulte aux traits et au corps marqués, depuis l'Antiquité Persée s'élance à l'attaque des monstres avec l'insolence d'un adolescent. Cette image si nette n'empêche pas sa légende d'être faite de récits qui paraissent de prime abord indépendants les uns des autres.

Le premier contient l'accomplissement d'une malédiction qui le condamne à tuer son grand-père Acrisios : elle explique les précautions prises pour empêcher sa naissance ; puis la tentative pour le faire périr, encore tout enfant, enfermé dans un coffre que l'on lance à la mer ; enfin, à son retour, la fuite de son grand-père jusqu'en Thessalie, où Persée le rejoint et, involontairement, le tue.

D'autre part, Persée reçoit, d'un prince amoureux de sa mère et qui veut l'éloigner, l'ordre de rapporter la tête de la Gorgone Méduse : cette mission, pour laquelle les dieux lui fournissent des chaussures ailées, l'entraîne en des voyages à la lisière du monde habité, et le trophée dont il s'empare, la tête coupée au regard pétrifiant, restera son emblème. Cette arme absolue lui permet de vaincre ses ennemis sans effort (à la différence d'Héraclès ou de Thésée [1]).

Troisième série d'aventures : une belle princesse, Andromède, est attachée à des poteaux au bord de la mer ou à un récif. Persée

1. Remarque de Karl Schefold et Franz Jung, *Die Urkönige, Perseus, Bellerophon, Herakles und Theseus in der klassischen und hellenistischen Kunst,* Munich, Hirmer, 1988, p. 97. Cet ouvrage sera cité, par la suite, simplement par le nom de ses auteurs.

arrive à temps pour la délivrer du monstre marin auquel elle a été offerte. Pour cela, en principe il n'utilise pas la tête de Méduse. En revanche, celle-ci est l'auxiliaire de sa lutte contre Dionysos à Argos et pétrifie la compagne de son adversaire, Ariadne ; c'est la partie la moins bien connue d'une légende riche, plus qu'en récits, en images colorées, sensuelles et terrifiques à la fois.

Une prison de bronze, une pluie d'or

C'est Phérécyde qui a composé le plus ancien récit suivi de la légende de Persée parvenu jusqu'à nous, dans la première moitié du ve siècle av. J.-C. Sa substance nous est transmise par deux scholies à Apollonios de Rhodes[2]. Acrisios, devenu seul roi d'Argos après sa victoire sur son frère Proitos, épouse, selon Phérécyde, Eurydiké, fille de Lakédaimon ; ou bien Sparté, fille de l'Eurotas[3] ; dans les deux cas, la légende relie l'Argolide et la Laconie. Son épouse était la fondatrice et la prêtresse du culte d'Héra Argeia à Sparte[4]. Acrisios n'a qu'un seul enfant, une fille, Danaé[5]. Pour obtenir une descendance masculine, il se rend à Delphes, où l'oracle lui répond qu'il n'en aura pas, mais que Danaé donnera le jour à un garçon qui tuera son grand-père. Acrisios aménage alors dans la cour de son palais une chambre souterraine, en bronze, où il séquestre la jeune fille.

Carl Robert pensait non sans vraisemblance que les Grecs avaient imaginé ce souterrain de bronze à la suite de la découverte fortuite d'une tombe mycénienne à chambre, dont les parois intérieures étaient, comme on le sait, recouvertes de feuilles de bronze et, souvent, le sol jonché d'or[6]. Il en irait de même des

2. Phérécyde, n° 3, fr. 10, 11 et 12 Jac., d'après la schol. à Apoll. Rh., IV, 1091 et 1515*a*. Sur cet auteur, voir ci-dessus, p. 59. De Phérécyde dérivent aussi les schol. ABD à Homère, *Il.*, XIV, 319 ; partiellement, Apollodore, II, 4, 1 et suiv. (et Zénobios, I, 41) ; Tzetzès, à Lycophron, 838, avec des variantes et des discussions intéressantes ; schol. à Lucien, 22, *Le Songe* ou *Le Coq*, 13 (p. 90, l. 26 et suiv. Rabe ; maison de bronze) ; Libanios, *Narrat.*, 41 (t. VIII, p. 58 Förster) ; Hygin, *Fable* 63 (version abrégée, ignore non seulement Andromède, mais encore le meurtre de la Gorgone ; Persée tue Acrisios accidentellement aux funérailles de Polydectès) ; schol. à Stace, *Théb.*, VI, 255.

3. Apollodore, III, 10, 3, 1 (d'où schol. à Lycophron, 838).

4. Paus., III, 13, 8 et *IG*, XIV, 1292.

5. Selon une schol. à Aristophane, *Gren.*, 849, aussi un fils, Mégareus, qui vit en union incestueuse avec sa sœur ; une sœur de Danaé, Euarété, apparaît dans la légende d'Oinomaos.

6. Sur la connaissance des vestiges mycéniens par les Grecs des siècles ultérieurs et leur « récupération » dès la fin du VIIIe siècle av. J.-C., avec l'essor des cultes funéraires, voir Alan Snodgrass, *The Dark Age of Greece*, Édimbourg, Presses de l'université, 1971, p. 192-194.

« prisons des filles de Proitos » entre Tirynthe et la mer (voir le chapitre précédent). L'Argolide est restée jusqu'à nos jours parsemée des restes imposants de l'époque mycénienne ; ils étaient encore plus nombreux et imposants dans l'Antiquité — Pausanias nous a transmis le témoignage de l'impression qu'ils produisaient alors. Et les ouvertures de ces tombes, par effondrement du haut de la coupole, qui sont attestées pour le début du XIXe siècle, ont dû se produire à toutes les époques. Par la suite, des auteurs étrangers à l'Argolide hésitent, pour définir le métal dont est faite la prison, entre le bronze et le fer, ce dernier étant davantage associé à l'idée de brutalité et de violence ; pour décrire la prison, ils balancent entre une chambre et une tour, notamment les Latins ; dans une tour, la pluie d'or s'infiltre entre les tuiles ou par le trou destiné à la fumée[7]...

Zeus pénètre donc à travers le toit de la chambre sous forme d'une pluie d'or ; puis, selon Phérécyde, il se montre à la jeune fille sous forme humaine, lui révèle son identité et s'unit à elle[8]. Mais sur ce point Phérécyde est isolé : on a préféré imaginer que la pluie d'or atteignait directement l'amante de Zeus, et les peintres, modernes et antiques, ont chéri cet épisode[9]. Très tôt aussi, on a vu dans cette pluie d'or une métaphore du pouvoir persuasif des pièces jaunes, distribuées à bon escient. Toute fille victime, malgré la surveillance de ses parents, d'un mystérieux séducteur, vénale ou non, évoquait Danaé[10].

Danaé donne le jour à un garçon, Persée. Elle l'élève en secret, avec l'aide d'une servante qu'Acrisios a placée près d'elle. Persée a trois ou quatre ans lorsque son grand-père l'entend crier alors qu'il joue et découvre ainsi son existence. Il se fait amener Danaé

7. Une prison en hauteur semble impliquée par les scholies à Lycophron, 838, disant que Zeus entre « par un trou » ou « par le toit » dans la « chambre de fer » de Danaé. Cf. Properce, II, 20, 9-12, « des chaînes de bronze, une demeure de fer » ; Ovide, *Art d'aimer*, III, 8, 28-29, « une porte aux montants de bronze, une tour de fer » ; Lucien, 25, *Timon*, 13, « la chambre de bronze ou de fer » ; etc.

8. Phérécyde, n° 3, fr. 10 Jac. ; Pindare, *Pyth.*, XII, 17-18 ; Eschyle, *Perses*, 79-80 ; Sophocle, *Ant.*, 944-948, 950 ; Lycophron, 838 ; Ovide, *Mét.*, IV, 697 ; Lucain, IX, 659 et suiv. Première mention de cette généalogie, sinon de l'histoire de la pluie d'or, Homère, *Il.*, XIV, 319-320. Variante : « La jeune fille fut séduite par Proitos, selon quelques auteurs, et de là naquit la discorde entre les deux frères » (Apollodore, II, 4).

9. Tableau pour chambre à coucher : voir Térence, *Eunuque*, 583-591 (stimule un faux eunuque, préposé à la garde d'une jeune fille).

10. Sur la popularité du thème, voir une scène du poète comique Ménandre, *Samienne*, 761-767 (dernières décennies du IVe siècle av. J.-C.). Le personnage dit expressément que l'histoire est connue par les Tragiques, Sophocle et Euripide, l'un et l'autre auteurs d'une *Danaé*.

et la servante ; cette dernière est exécutée sur-le-champ tandis que Danaé se réfugie à l'autel de Zeus Herkeios (« Zeus de l'Enclos », protecteur de la famille). Resté seul avec sa fille, Acrisios la somme de dire qui est le père de l'enfant. Elle nomme Zeus, mais Acrisios ne la croit pas et l'enferme avec son fils dans un coffre qu'il jette à la mer.

D'autres auteurs ont préféré choisir pour ce drame familial un moment jugé sans doute plus pathétique : Acrisios s'aperçoit de la grossesse de sa fille et met dans le coffre la mère et l'enfant aussitôt après la naissance [11]. Ce n'est pas un radeau, mais une boîte fermée de tous côtés, représentée exactement comme les coffrets dans lesquels on recueille les cendres des défunts — un cercueil [12]. Les plaintes angoissées de Danaé abandonnée sur les flots ont inspiré le poète Simonide :

> Tandis que, dans le coffre ciselé, le vent qui soufflait et la houle de la mer l'écrasaient de peur, les joues ruisselantes, jetant autour de Persée ses tendres bras, elle dit :
>
> « Mon enfant, quelle est ma peine ! Toi, tu goûtes le sommeil ; nourrisson que tu es, profondément tu dors dans cette affreuse caisse cloutée de bronze, lumière dans la nuit, sans peur au plus noir des ténèbres. L'écume épaisse sur tes boucles, quand passe la vague, ne te tourmente pas, ni la voix du vent, toi, couché dans un mantelet de pourpre, mon beau visage ! Si ce qui est vraiment terrible était terrible aussi pour toi, alors à mes paroles tu prêterais ta petite oreille. Mais je t'en prie, dors, mon bébé, que dorme la vaste mer, dorme le malheur sans mesure ! Et puisse un changement de ta volonté, ô Zeus, se manifester ! Si je fais là une prière trop hardie, si elle n'est pas juste, pardonne-moi [13] ! »

Le coffre approche des rives de Sériphos, une île rocheuse dont la pauvreté et l'insignifiance étaient proverbiales dans la Grèce

11. Cf. Tzetzès, à Lycophron, 838. Apollodore suit Phérécyde : Acrisios s'aperçoit plus tard de la naissance de l'enfant.

12. Voir des exemples dans K. Schefold et F. Jung, p. 98-99. Un motif voisin est celui d'Augé, elle aussi jetée à la mer dans un coffre par son père, mais (au moins dans la version de Pergame) sans son enfant. C'est elle, et non Danaé, qui est représentée sur une monnaie d'Élaia, en Éolide d'Asie, au cabinet de Vienne, publiée par F. Imhoof-Blumer, *Monnaies grecques*, Paris-Leipzig, 1883, p. 274, n° 236 (sous Marc-Aurèle), contrairement à ce qu'ont cru et F. Imhoof-Blumer et, à sa suite, Stoll, *Myth. Lex.*, *s.* Danae, col. 948. Voir ci-dessous, p. 331-333.

13. Simonide (vers 556-466 av. J.-C.), fr. 38 Page, dont je ne suis pas le texte aux v. 11 (où je lis νυκτιλαμπής) et 12 (ἀδεής) ; Sophocle avait composé un *Acrisios* et une *Danaé* (à moins qu'il ne s'agisse d'un double titre pour une seule pièce) ; Euripide une *Danaé*.

classique. Deux frères, Dictys (« l'Homme au filet ») et Polydectès (« l'Accueillant »), y demeuraient ; selon Phérécyde, c'étaient des descendants de Nauplios (fils d'Amymoné et de Poseidon), donc des cousins de Danaé. Dictys est un pauvre pêcheur, Polydectès au contraire est le roi de l'île. Dictys ramène le coffre dans ses filets et protège la mère et le fils, en raison de leur cousinage [14]. Les peintres ont souvent montré cet épisode sur les flancs de pots à accessoires féminins, sans doute parce qu'il paraissait de bon augure [15].

L'errance marine de Danaé a fait l'objet d'élaborations de la part des auteurs latins, auxquels il a plu, dès la fin de l'époque hellénistique, de transporter la légende chez eux. Danaé et Persée n'abordent pas à Sériphos, mais sur la côte du Latium. Danaé épouse le roi Pilumnus ; avec lui, elle fonde Ardea, qui reçoit ainsi des origines argiennes, et ils sont les ancêtres de Turnus, l'ennemi du Troyen Énée : « Turnus, d'ailleurs, si l'on doit remonter aux origines premières d'une maison, descend d'Inachus, d'Acrisius, du cœur même de Mycènes [16]. » Ou bien Danaé, mariée à un certain Phineus, a deux enfants, Argos et Argeus, qu'elle emmène en Italie, où elle s'installe sur le site de Rome. Argos, tué par les aborigènes, donne son nom à l'Argilète, *Argi-letum*, « trépas d'Argos » [17] (c'est un quartier argileux de Rome, près du Palatin). Ou bien encore, dans un arrangement evhémériste, le roi d'Italie Picus, identifié à Zeus (Diodore, VI, 5), aurait épousé Danaé et aurait été le père de Persée [18].

La tête de la Gorgone

La tradition grecque, elle, est bien fixée à Sériphos. Dans l'épisode suivant, le fils de Danaé est un jeune homme ; peut-être

14. Cette précision dans Phérécyde, n° 3, fr. 10 fin (voir ci-dessus). Il paraît intéressant que le mythographe ait éprouvé le besoin d'insister sur la parenté, là où la simple compassion fournirait à nos yeux une explication suffisante.

15. C'est l'explication avancée par K. Schefold et F. Jung, p. 99.

16. Virgile, *Én.*, VII, 372 et 409-411 (trad. J. Perret), et Servius au v. 372 ; Pline, III, 56 (et Solin, II, 5) ; Silius It., I, 660-661 ; schol. à Stace, *Théb.*, II, 220 ; myth. Vat., I, 157 ; II, 110 (d'où schol. à Germ., cod. Strozz., p. 147 Breysig). Il existe aussi une version rationaliste : Danaé enceinte est mise par son père sur un bateau en partance pour l'Italie.

17. Servius, à Virgile, *Én.*, VIII, 345.

18. Selon un chroniqueur tardif (mais plus ancien que Libanios), Pausanias, *FHG*, IV, p. 468, fr. 4. Voir Jean d'Antioche, *ibid.*, p. 544. Chez Jean Malalas, VI, 18 (p. 162), c'est Augé qui vient en Italie avec Télèphe, et Télèphe a un fils, Latinus.

s'appelle-t-il Eurymédon, et non encore Persée, nom qu'il recevra seulement après ses exploits ; et Polydectès est tombé amoureux de sa mère. Comme la présence de l'adolescent le gêne, Polydectès cherche la première occasion de l'éloigner. Or, tout en soupirant après Danaé, il souhaite épouser Hippodamie, fille d'Oinomaos, que nous avons déjà rencontrée : elle avait été promise comme récompense pour celui qui battrait son père à la course de chars. Afin de concourir, Polydectès réclame une contribution à ses amis. Persée demande ce qu'il doit apporter. « Un cheval », répond l'autre. Les chevaux devaient être rares sur l'aride Sériphos. « La tête de la Gorgone ! » réplique le jeune homme, qui est aussitôt pris au mot[19]. Ou bien Polydectès donne à ses sujets un repas auquel, selon un usage grec, chacun apporte son écot, sous forme d'un présent, et c'est à cette occasion qu'il réclame un cheval à Persée. Peut-être y a-t-il là un souvenir des représentations archaïques où la Gorgone est un monstre chevalin, Persée renchérissant ironiquement sur la prétention exorbitante de Polydectès[20]. Cependant, il subsiste de toute manière une difficulté dans le passage d'un animal ordinaire à cet étrange trophée.

Cet ordre marque le début d'une carrière héroïque. Les Gorgones sont trois sœurs, filles de génies de la mer, Phorkys et Kétô. Leur nom générique fait allusion à l'éclat redoutable de leur regard, pétrifiant ceux qui le croisent. Individuellement, elles se nomment Méduse (« Souveraine »), Euryalé (« Au vaste domaine ») et Sthennô (« Vigoureuse »). Seule la première est mortelle.

Leur apparence varie : Méduse est figurée comme une sorte de centauresse sur une jarre à reliefs provenant de Béotie, de l'époque géométrique, au Louvre ; mais, selon une tradition littéraire, c'était une jeune fille pleine de beauté dont Athéna transforma la chevelure en un buisson de serpents, par jalousie ou pour la punir de s'être laissé forcer par Poseidon dans un temple d'Athéna[21].

19. Apollodore, II, 4, 2 ; voir Tzetzès, à Lycophron, 838. Cette version introduit un synchronisme entre la dynastie des Perséides et celle des Atrides (remontant à Hippodamie, qui épouse Pélops), « Billevesées, réplique Tzetzès, Polydectès a vécu trois générations avant Hippodamie. » Une sœur de Danaé, Euarété, serait la mère d'Hippodamie selon Hygin, *Fable* 84.

20. Voir aussi Pindare, *Pyth.*, X, 46 ; XII, 14 et les schol. *ad loc.* Méduse enfantera Pégase.

21. Ovide, *Mét.*, IV, 794-801 (l'union avec Poseidon ; de même chez le premier myth. Vat., 131) ; Servius, à Virgile, *Én.*, VI, 289 (Méduse se vante d'être plus belle qu'Athéna ; de même chez le second myth. Vat., 112). Cf. Apollodore, II, 4, 3 : « Quelques auteurs disent que Méduse fut décapitée par Athéna ; et ils affirment que la Gorgone avait voulu se comparer à la déesse pour la beauté. »

« Les Gorgones avaient des têtes autour desquelles se lovaient des serpents écailleux[22], de grandes dents comme des sangliers, des bras de bronze et des ailes d'or grâce auxquelles elles volaient », dit Apollodore, et c'est bien ainsi qu'on les représente couramment. Ajoutons les yeux exorbités et la langue pendante de l'animal enragé. De quoi déformer sans remède leur beauté première, dont le thème remonte à Hésiode, évoquant les « belles joues » de leurs sœurs les Vieilles[23]. Méduse avait été aimée de Poseidon, dont elle était enceinte. À sa mort, les créatures engendrées par le dieu s'échapperont de son cou tranché, le cheval ailé Pégase et Chrysaor (« Glaive d'or »), le père de Géryon.

D'après Hésiode, les Gorgones habitent à l'extrémité occidentale du monde, près des Hespérides, sur l'autre rive de l'Océan. Cependant, par la suite, leur lieu de résidence varie du tout au tout selon les auteurs. Chez Pindare, elles se trouvent près des Hyperboréens, donc au nord[24] ; chez Eschyle, au sud-est du monde[25] ; dès avant Hérodote, les voyageurs grecs, sans doute déjà les mercenaires du VIe siècle, passant à Khemmis, en Haute-Égypte, avaient reconnu Persée dans le dieu local, Min le Veilleur, car le mot égyptien pour « le Veilleur » se transcrirait en grec *Πορσεύς[26]. On a ici un exemple d'assimilation d'une divinité étrangère à une figure grecque, qui repose uniquement sur une analogie phonétique. Là comme le plus souvent, il est vain de chercher à expliquer l'identification par des affinités théologiques : la théologie n'a que faire là où il suffit d'identifier un dieu par l'évidence d'un nom, d'un attribut, d'un type iconographique.

Persée, décontenancé par l'ordre de Polydectès, s'en va gémir « au bout de l'île ». Il se comporte comme s'il s'agissait d'une épreuve imposée et non d'un défi qu'il a lui-même lancé[27]. Sur ce

22. L'expression d'Apollodore, qui transcrit peut-être un poète, fait difficulté, mais le sens n'est pas douteux.
23. Hésiode, *Théog.*, 270. Sur Méduse, outre les témoignages déjà cités, voir Cicéron, *Contre Verrès*, IV, 56 : « Le si beau visage de la Gorgone, encadré d'une chevelure de serpents », et les représentations figurées.
24. Pindare, *Pyth.*, X, 29-36, 44-48. À la suite de Pindare, le poète hellénistique Simias évoque « les Hyperboréens, auprès desquels jadis dîna le prince sire Persée » (*Apollon*, fr. 1 Powell). Scène étrange chez Pindare : les Hyperboréens sacrifient des ânes à Apollon, et le dieu « rit en regardant la roide insolence des bêtes brutes » (leur sexe en érection) (v. 33 et 36).
25. Eschyle, *Prom.*, 791 et suiv., voir schol. à Pindare, *Pyth.*, X, *72b*.
26. L'astérisque indique que la forme est reconstituée. Hérodote, II, 91 ; Serge Sauneron, « Persée, dieu de Khemmis », *Revue d'égypt.*, 1962, p. 53-57 (repris dans *Villes et légendes d'Égypte*, 2e éd., Le Caire, IFAO, 1983, p. 39-44).
27. K. Schauenburg, *Perseus in der Kunst des Altertums*, Bonn, Habelt, 1960, p. 13.

finisterre il rencontre Hermès, qui le réconforte et le conduit, précédé par Athéna, chez des sœurs des Gorgones, les Vieilles (*Graiai*). Elles sont deux chez Hésiode, trois d'après les auteurs suivants[28]. Chez Eschyle, elles ont « forme de cygne » et gardent les abords de la demeure des Gorgones, dans une grotte que n'éclairent jamais ni un rayon de soleil ni la clarté de la lune[29]. Les Vieilles pourraient être de jolies filles, si elles n'étaient venues au monde avec des cheveux blancs. Elles se nomment Pemphrédô (« Frelon »), Ényô (« Mêlée ») et, pour la troisième, Deinô (« Terrible ») ou Persô (« Destructrice »). Le nom de Persô est identique, au féminin, à celui de Persée (*Perseus*), « Destructeur », « Pilleur ». Le héros avait été appelé par sa mère Eurymédon, « Grand Souverain », ce qui évoque Méduse (*Medousa*), « Souveraine ». « Voici pourquoi les Achéens changèrent son nom en " Persée " : Parce qu'il avait pillé [πέρσεν] les cités de peuples sans nombre[30]. » Persée en effet, voyageur au long cours, pétrifie moult peuples d'Asie et s'empare de leurs cités... Au fond, alors qu'avant lui le pouvoir maléfique des Gorgones était confiné au couchant du monde, il le répand à travers la terre et, par son intermédiaire, Méduse est bien plus dévastatrice après sa mort que de son vivant.

À elles trois, les Vieilles n'ont qu'un seul œil et une seule dent, qu'elles se passent à tour de rôle. Persée se présente au moment de la relève et intercepte l'œil unique, puis les oblige à lui indiquer le chemin : il ne mène pas directement chez les Gorgones, mais chez des nymphes. Persée rend ensuite œil et dent à leurs titulaires, ou bien les neutralise définitivement en jetant l'œil dans le lac Triton, en Libye[31].

Qui sont ces nymphes ? Elles possèdent le casque d'Hadès, qui rend son porteur invisible et lui permet, ajoute Apollodore, de

28. Hésiode, *Théog.*, 270 et suiv. ; trois chez Eschyle, *Prom.*, 795.

29. Eschyle, *Prom.*, 794-797, « à l'apparence de cygnes », à cause de leurs cheveux blancs, comme le Troyen Kycnos (Hésiode, fr. 237 Merk.-West ; Théocrite, XVI, 49) ; et la tragédie perdue des *Phorkides* (« filles de Phorkys »), qui appartenait peut-être à une tétralogie, S. Radt, *Trag. Gr. Fragm.*, p. 118. La pièce a été résumée par les auteurs de traités sur les catastérismes, dont le fr. 262 Radt regroupe les textes.

30. Vers attribués à Euphorion (fr. 176 Powell). Ce sont deux poètes hellénistiques, Apoll. Rh., IV, 1513-1514, et Euphorion, fr. 18 et 86 Powell, qui nous révèlent cet autre nom de Persée. Au v. 1514 d'Apoll., F. Vian traduit : « Eurymédon — car sa mère lui donnait aussi ce nom ». Il me semble plus naturel de comprendre : « Eurymédon — et en effet c'était le nom que sa mère lui donnait », selon le sens banal de καὶ γάρ en grec.

31. C'est la version des astronomes, Ératosthène, *Catast.*, 22 (Persée) ; Hygin, *Astron.* II, 12 ; schol. à Germ., p. 73 Breysig.

voir ce qu'il veut, les sandales ailées et la besace (*kibisis*) où il cachera la tête de Méduse, pour plus tard l'exhiber au besoin et utiliser son pouvoir pétrificateur[32]. De plus, elles indiquent à Persée le dernier tronçon de l'itinéraire. Toujours chez Phérécyde, et dans le même livre II, des nymphes jouent aussi un rôle de guides pour Héraclès parti cueillir les pommes des Hespérides[33]. Ce sont sans doute des Naïades, si l'on se souvient que d'après Hésiode (*Théogonie*, 282), Pégase est ainsi nommé parce qu'il est né aux sources (πηγαί) de l'Océan. Parfois, c'est directement d'Hermès qu'il reçoit les chaussures ailées et le casque d'Hadès ; mais en principe la besace lui vient toujours des nymphes. On peut noter l'importance du chiffre trois dans ce voyage : trois Vieilles, trois Gorgones, trois étapes pour Persée, trois cadeaux des nymphes pour le héros.

Ainsi équipé, accompagné d'Hermès, il est guidé et aidé par Athéna pour décapiter Méduse. Son arme sera soit une épée, soit, d'après la plupart des témoignages (mais Phérécyde n'en parle pas), une arme recourbée, un genre de faucille ou de serpe, qu'avaient déjà utilisée Cronos pour châtrer son père Ciel (Ouranos) et Hermès pour tuer Argos Voit-tout, la *harpé*. Ce type de lame semble avoir été en usage chez les voisins orientaux des Grecs, les Hittites et leurs successeurs[34]. Œuvre d'Héphaistos, la harpé avait été procurée au héros par les dieux, Hermès (Apollodore, II, 4) ou Athéna (sur certaines figurations).

Persée surprend les Gorgones endormies et les divinités qui l'escortent lui indiquent laquelle des trois est Méduse. Comme il ne peut, sous peine de mort, regarder son visage, il s'en approche en détournant la tête et l'empoigne à tâtons. Cette attitude a pu être suggérée par les représentations de cylindres babyloniens où

32. Cette besace ou ce havresac porte un nom d'origine chypriote, dit le lexicographe Hésychios, toujours appliqué au sac de Persée dans ses exemples les plus anciens. Dans le texte d'Apollodore figure une explication étrange. « Elle est ainsi appelée parce qu'on y pose [κεῖσθαι] habits [ἐσθῆτα] et nourriture [τροφή]. » Faut-il penser au latin *cibus* pour expliquer la « nourriture » ? Et à *uestis*, avec la confusion du grec entre *b* et *v*, pour « habits » ? Apollodore évite toute référence latine dans son manuel, mais on considère en général cette phrase comme une glose tardive. Du reste, voir plus loin à propos de *uitulus* et d'*Italia* (p. 256).

33. Phérécyde, n° 3, fr. 16*a* Jac., d'après les schol. à Apoll. Rh., IV, 1396-1399*a* ; ces nymphes habitent dans une grotte vers le fleuve Éridan et envoient Héraclès consulter Nérée. Voir ci-après, p. 272. L'entrevue de Persée avec les nymphes était figurée au temple d'Athéna Chalkioicos à Sparte (Paus., III, 17, 3).

34. La harpé fut comparée plus tard au crochet dont les cornacs se servent pour conduire les éléphants (Élien, *Nat. An.*, XIII, 22). Persée armé d'une épée : [Hés.], *Bouclier*, 221 et suiv.

un héros, corps de profil, visage de face, empoigne à la gorge un être monstrueux figuré selon la même convention, de sorte que le héros semble en effet détourner la tête pour ne pas croiser le regard de sa victime[35]. Phérécyde connaît un stratagème plus raffiné : Athéna présente à Persée un bouclier poli qui sert de miroir ; à sa surface se reflète le visage de Méduse, que le héros ne voit ainsi qu'indirectement. Sur les plus anciennes représentations, elle est éveillée ; mais, dans le récit de Phérécyde et par la suite, Persée la surprend dans son sommeil, ce qui est du reste un trait courant dans ce type de légendes ; on l'a déjà rencontré à propos d'Argos Voit-tout, Héraclès vient de même à bout d'Alkyoneus. Plus tard, Athéna reçoit de Persée la tête de Méduse, qu'elle place sur sa poitrine, au centre de la cape en peau de chèvre, l'égide, qui la protège. Mais, selon la tradition locale, la tête de la Gorgone était enterrée à Argos (Pausanias, II, 21,5) ; et un roi de Tégée avait reçu d'Héraclès une boucle de la chevelure de Méduse, qui empêchait les ennemis de s'emparer de la ville[36].

La légende a inspiré de nombreuses interprétations rationalisantes[37]. Chez Palaiphatos, dans la seconde moitié du IVe siècle av. J.-C., Persée apparaît en pirate ; il s'aventure, au-delà des colonnes d'Hercule, dans des îles où règnent trois sœurs, Sthénô, Euryalé et Méduse, filles d'un Éthiopien, Phorkys, qui a élevé une statue en or de quatre coudées à Athéna Gorgo. Les trois sœurs ont dissimulé la statue après la mort de leur père. Elles ont pour conseiller un ami de leur père, qu'elles appellent, selon l'usage perse, leur « Œil ». Persée capture ce dernier, apprend l'existence de la statue et se rend auprès des trois sœurs, sur lesquelles il exerce un chantage : elles lui révéleront la cachette ou bien il les tuera. Méduse refuse et est exécutée ; les deux autres cèdent et sauvent leur vie. Persée brise la statue et n'emporte que la tête, puis retourne écumer les îles grecques. La légende ainsi revue est peu flatteuse pour le héros argien[38].

35. E. Will, « La décollation de Méduse », *Rev. arch.*, 1947, I, p. 60-76.
36. Voir ci-dessous, p. 314 et 330.
37. À titre de curiosité, on peut lire celles, étroitement apparentées, du premier myth. Vat., 130, du deuxième, 112 et du troisième, 14, 1 (aussi schol. à Germ., G., p. 147, 17 Breysig). Confondant les Gorgones et les Vieilles, ils expliquent (d'après Servius, dit le troisième mythographe) que si elles n'avaient qu'un seul œil, c'est une manière de dire qu'elles étaient d'une beauté unique.
38. Palaiphatos, n° 44, fr. 31 et 32 Jac.

D'autres commentateurs sont restés dans un registre plus héroïque, faisant des Gorgones des vierges guerrières, en Libye, sortes d'Amazones occidentales, du reste vaincues par ces dernières avant de l'être par Persée, puis par Héraclès. Des savants du Ier siècle ap. J.-C., le géographe Pomponius Mela, le naturaliste Pline, le zoologiste Alexandre de Myndos, décrivent une bête féroce d'Afrique, le *catoblépon* (« qui regarde en bas »), à la tête massive, recouverte d'une énorme crinière, qu'elle tient tournée vers le sol ; si elle vient à la relever, ceux qui croisent son regard meurent sur-le-champ ; elle a de surcroît une haleine infecte. L'ensemble du portrait a été sans doute inspiré par le gnou. À cause de sa toison, cette bête est comparée à une brebis par Alexandre de Myndos, qui l'appelle aussi « Gorgone »[39]. La base de l'identification est fournie par l'hirsutisme terrifiant et le regard baissé de l'animal. Enfin, d'après un nommé Héraclite, auteur d'un recueil de « choses incroyables », Méduse était une prostituée...

Dans les versions canoniques de la légende, Persée, après le meurtre de Méduse, est poursuivi par les deux sœurs survivantes. Grâce à son casque, il échappe à leur regard et Phérécyde s'en tient là. Mais la scène de la poursuite a été populaire ; elle est souvent représentée sur les vases, le héros fuyant de toute la vitesse de ses sandales ailées. La première évocation littéraire que nous en ayons se veut précisément la description d'une œuvre d'art, le bouclier d'Héraclès. Création d'Héphaistos, ce bouclier porte des figures en ronde-bosse, animées, qui tiennent sans être fixées et font entendre le fracas de la course. Persée apparaît avec ses attributs, les sandales ailées, l'épée (non la harpé) suspendue à ses épaules, le casque d'Hadès, « faisant une obscurité affreuse ». « Son dos tout entier était pris par la tête du monstre terrifiant, la Gorgone ; autour courait la besace, une merveille, en argent ; des franges pendaient, éclatantes, en or[40]. »

L'épisode prêtait à des développements géographiques. La première victime de Persée aurait été le géant Atlas, transformé en montagne tout près du repaire de Méduse[41]. Tandis que le héros

39. Gorgones guerrières : Denys Bras-de-cuir, dans Diodore, III, 52 et suiv. ; Paus., II, 21, 5 et suiv. Gnou/Gorgone : P. Mela, III, 9, 98 (chez les Éthiopiens, en face des îles des Gorgones) ; Pline, VI, 77 ; Alexandre de Myndos, dans Athénée, V, 221*b-e* ; fr. recueillis par M. Wellmann, *Hermes*, 1891, p. 481 et suiv. Voir aussi Élien, *Nat. An.*, VII, 5.

40. *Bouclier* (poème archaïque mis sous le nom d'Hésiode), 220-227.

41. Polyidos (Poète lyrique, compositeur de dithyrambes), fr. 1 (et unique) Page, n° 837 *PMG* (dans l'*Etym. Magn.*, 164, 20 et la schol. à Lycophron, 879) ; Ovide, *Mét.*, 627-662.

vole au-dessus de la Libye, les gouttes de sang noir qui tombent de la tête fraîchement coupée de la Gorgone sur le sable donnent naissance aux serpents venimeux du Sahara[42]. Les Gorgones s'arrêtent à Mycalessos, en Béotie, dont le nom viendrait du mugissement (μύκημα) poussé à cet endroit par les sœurs désespérées[43]. Leurs cris, le sifflement des serpents qui forment leur chevelure, seraient à l'origine de l'invention de la flûte par Athéna, située également en Béotie, à Orchomène[44] :

> L'art que jadis découvrit Pallas Athéna, des Gorgones arrogantes tressant la mortelle lamentation ; elle l'avait entendue distiller par les têtes de leurs serpents, virginales, intouchables, dans le tourment d'un deuil violent, lorsque Persée hurla, rapportant la troisième des sœurs, fatale à la marine Sériphos et à ses gens ! [...] Mais lorsque de ces épreuves la Vierge [Athéna] eut sauvé le héros qui lui était cher, elle créa la musique si expressive des flûtes, pour imiter, jailli des mâchoires rapides d'Euryalé, effleuré sur l'instrument, le sanglot strident. Invention de la déesse ! mais invention à garder par les mortels, qu'elle appela mélodie aux multiples têtes, glorieuse prétendante des concours où s'assemble le peuple, maintes fois traversant le bronze délié et les roseaux[45].

Il reste à Persée, de retour à Sériphos, à délivrer sa mère des assiduités de Polydectès et à se venger de celui-ci. Il lui suffit de le pétrifier, ainsi qu'une partie de la population de l'île naïvement rassemblée pour l'exhibition du trophée, dit Phérécyde, ou seulement avec les invités au banquet par écot qu'il surprend encore attablés, ce qui, remarque Carl Robert, semble supposer que l'action se passe tout entière dans une seule journée, comme il est de règle au théâtre[46]. C'est au passage de Persée, le grand

42. Apoll. Rh., IV, 1513-1517 et *Fondation d'Alexandrie*, fr. 4 Powell (schol. à Nicandre, *Ther.*, 12 ; passage mentionné aussi à la fin de la schol. à Apoll. Rh., IV, 1515*a*, où il faut lire « et il dit aussi la même chose dans la *Fondation d'Alexandrie* » : *sic* H. Fränkel, suivi par F. Vian) ; les vers d'Apollonios sont pratiquement traduits par Ovide, *Mét.*, IV, 617-620 ; voir Lucain, IX, 619-633 ; Sil. It., III, 314-316.

43. Scholies et Eust. à Homère, *Il.*, II, 498*b* ; Nonnos, *Dion.*, XIII, 77-78, voir XXV, 58 et 30, 266.

44. Pindare, *Pyth.*, XII, 6-27 ; *Dithyr.*, I, fr. 70*a* Snell-Maehler (*P. Oxy.*, XIII, 1604, 18) ; voir la schol. à Pindare, *Pyth.*, XII, 31. Sur la légende, W. Roscher, *Die Gorgonen und verwandtes*, Leipzig, 1879, p. 91 et suiv.

45. Pindare, *Pyth.*, XII, 7-12 et 18-25. « Le bronze délié et les roseaux » désignent les constituants de la flûte.

46. La population de l'île : Pindare, *Pyth.*, X, 46 et suiv. ; XII, 12 et suiv. ; Aristide, XXXVII, 24. Les banqueteurs : schol. à Pindare, *Pyth.*, X, 72*a* ; voir Apollodore, II, 4 ; C. Robert, p. 233, n. 3.

pétrificateur, que Sériphos doit d'être aussi rocailleuse, disaient en plaisantant les auteurs comiques[47]. Et de rêver à ces triomphes faciles, ainsi le grognon misanthrope, héros de Ménandre :

> Quelle chance il avait, le fameux Persée, et à double titre ! Parce qu'il avait des ailes et ne rencontrait personne de ceux qui marchent sur le sol. Et deuxièmement, parce qu'il possédait un machin à transformer en pierres ceux qui l'embêtaient ! Ah, si j'en avais un maintenant ! Rien ne serait plus abondant que les statues de pierre, il y en aurait partout[48] !

Selon Apollodore, Persée trouve sa mère réfugiée auprès des autels en compagnie de Dictys. « Installant Dictys comme roi de Sériphos, il rend à Hermès les sandales, la kibisis et le casque, et la tête de la Gorgone à Athéna. Hermès restitue aux nymphes lesdits objets, tandis qu'Athéna place la tête de la Gorgone au milieu de son bouclier. » Pour le mythographe, qui suit Phérécyde, ici s'arrêtent les exploits merveilleux du héros, désormais démuni de tout pouvoir magique. La scène où Danaé réfugiée aux autels est en butte à la violence du tyran paraît d'origine dramatique ; peut-être vient-elle du *Dictys* d'Euripide, qui s'est plu à montrer ce genre de situations (voir *Héraclès*, *Télèphe*, *Hélène*). Dans d'autres versions, Polydectès a contraint Danaé à devenir sa concubine et Persée venge « le constant servage et la couche forcée de sa mère[49] ». Persée recevait à Sériphos un culte héroïque (Pausanias, II, 18, 1).

Andromède et le monstre

Très tôt, entre le meurtre de Méduse et le retour du vainqueur en Grèce, on a placé de longs trajets qui font de Persée l'un des plus grands voyageurs de la mythologie. Il passe d'abord au pays de Képheus, roi et éponyme des Képhènes (« Bourdons ») ; en fait, le nom du roi est plus probablement tiré de celui d'un peuple

47. Strabon, X, 5, 10 [487]. Un contemporain d'Aristophane, Cratinos, avait composé une comédie intitulée *Les Sériphiens.*
48. Ménandre, *Dyscolos*, 153-159.
49. Pindare, *Pyth.*, XII, 14-15, trad. J.-P. Savignac ; *Anth. pal.*, III, 11, dans une série d'épigrammes décrivant des scènes d'amour filial qui ornaient les colonnes d'un temple de Cyzique, élevé par Eumène II et Attale II de Pergame à leur mère divinisée Apollonis, première moitié du IIe siècle av. J.-C.

légendaire analogue aux Guêpes de Chypre, aux Fourmis d'Égine... Il avait été reconnu par les Grecs dans les Chaldéens, puis dans les Perses [50]. Képheus est un fils de Bêlos ; il demeure en Éthiopie [51]. À partir de l'époque hellénistique, toutefois, la légende est placée sur la côte palestinienne, à Iopé (Jaffa), où elle s'enracine [52]. L'épouse de Képheus, Cassiopée (*Cassiepeia*), avait provoqué les Néréides à un concours de beauté [53]. Dans la version répandue en Syrie, elle l'avait emporté [54].

La punition de la présomptueuse retombe sur sa fille, singularité que n'ont pas manqué de souligner les poètes [55] (mais c'est le cas aussi pour Iphigénie, qui paye pour son père) : Poseidon envoie un raz de marée, puis un monstre marin qui dévaste le littoral. Un oracle d'Ammon déclare que le pays sera débarrassé du fléau si la fille du roi et de Cassiopée, Andromède, est livrée au monstre. Sur la scène athénienne, il semble d'après les peintures de vases que la jeune fille, en costume oriental, parfois soutenue par des Noirs, ait été attachée à deux poteaux, bras levés et écartés [56]. Ou bien, à Iopé, Andromède est attachée à un rocher en bordure de mer, qui gardera les empreintes de ses chaînes [57]. Le monstre s'apprête à dévorer sa proie lorsque Persée survient par la voie des airs ; il fait jurer à Képheus de lui donner sa fille s'il la sauve, puis affronte la bête et la met à mort. Persée se bat avec des pierres ou avec la harpé, bien qu'il soit déjà en possession de la tête de Méduse ; et à Iopé on montrait la source, restée sanglante, où le héros s'était lavé

50. Chaldéens : Hellanicos, n° 4, fr. 59 (dans Ét. Byz., *s.* Chaldaioi). — Perses : Hérodote, VII, 61, c'était leur nom avant la venue de Persée.

51. Bélos, qui descend d'Io, est un ancêtre de Persée ; c'est le père de Danaos. Un autre Képheus, roi de Tégée en Arcadie, possédait une boucle de cheveux de la Gorgone, qu'il avait reçue d'Héraclès : Apollodore, II, 7, 3 et voir ci-après, p. 330.

52. Strabon, XVI, 2, 28 (759) ; et voir ci-après.

53. La légende remonte pour nous à Sophocle, *Andromède*, fr. 126 à 136 Radt ; argument d'après Ératosthène, *Catast.*, 16. Elle est très populaire à l'époque impériale, thème de pantomimes et de déclamations : Lucien, 45. *Sur la danse*, 24, 50. *Pour les images*, 7, 78. *Dial. mar.*, 14 ; Libanios, *Narr.*, 35 (t. VIII, p. 55 Foerster).

54. Cette version est illustrée par des mosaïques de Palmyre, d'Apamée et de Paphos, étudiées par Jean-Charles Balty, « Une version orientale méconnue du mythe de Cassiopée », *Mythologie gréco-romaine, mythologies périphériques*, 1981, p. 95-106, et par Janine Balty, « Nouvelles remarques sur les mosaïques de Palmyre », *Travaux du centre d'archéologie méditerranéenne de l'Académie polonaise des sciences*, 30. *Études et travaux*, 15, p. 38-40. Nonnos paraît y faire allusion : *Dion.*, XLI, 233-236 ; 43, 166 et suiv.

55. Properce, III, 22, 29 ; Ovide, *Mét.*, IV, 669 et suiv.

56. K. Schefold et F. Jung, fig. 131-132.

57. Pline, *Hist. nat.*, V, 69 ; et les témoignages d'écrivains qui connaissaient bien la région, Flavius Josèphe, *Guerre des Juifs*, III, 9, 3 (420) ; Jérôme, *Comm. à Jonas*, I, 3 (*PG*, 25, 1123).

après le combat (Pausanias, IV, 35, 9). Certains auteurs combinent le recours à l'arme blanche et le sortilège[58].

Andromède délivrée épouse son sauveur, malgré l'opposition de son père, qui refuse de donner sa fille à un étranger, bâtard de surcroît. À Iopé, Andromède avait déjà un prétendant, Phineus, le frère de Képheus, qui aurait alors réclamé la jeune fille. Lui aussi est pétrifié par le héros trop bien équipé. La légende avait été mise en scène par Sophocle (*Andromède*) et par Euripide (*Andromède* également, jouée en 412 av. J.-C.). Tous les personnages, Képheus (Céphée) et Cassiopée, Persée (tenant la tête de la Gorgone) et Andromède, jusqu'au monstre marin, furent par la suite transformés en constellations et brillent désormais dans le même secteur du ciel, grâce à Athéna[59]. Les postures, très précises, des personnages (Andromède enchaînée bras écartés, Cassiopée assise et Képheus tendant les mains, l'une et l'autre dans une attitude de deuil), font penser que l'ensemble s'inspire d'une scène de tragédie. Tout à la fin de l'Antiquité, le poète Nonnos de Panopolis joue à imaginer les plaintes d'Andromède devenue constellation :

> Qu'ai-je gagné à ce que tu me conduises dans l'éther, Persée, mon époux ? Le beau cadeau de noces pour moi que l'Olympe ! Constellé d'étoiles, le Monstre me persécute encore ici. Ce sont des chaînes nouvelles, à l'image des précédentes, qu'après la terre et l'onde effroyable je porte encore jusque parmi les constellations ! Ta serpe céleste ne m'a pas sauvée ; il ne me sert de rien que l'œil radouci de l'astrale Méduse jette ses feux dans l'Olympe ; le Monstre me persécute encore, sans que tu déploies tes ailes légères. La peine de ma mère fait mon tourment, car elle aussi, la craintive Cassiépeia, à travers l'éther plonge dans les flots en redoutant les Néréides ; et elle envie la félicité de l'Ourse, qui, dans sa révolution, ne se laisse ni mouiller par l'Océan ni toucher par la mer. Et au spectacle de l'effroi d'Andromède et du Monstre de l'Olympe, le vieux Képheus, après avoir quitté la terre, continue à se lamenter ici[60].

58. Voir Ovide, *Mét.*, IV, 706-734 (Persée a déjà la Gorgone, mais ne l'utilise pas) ; Manilius, V, 592-594. Dans la description d'Achille Tatios, III, 7, 7-9, Persée brandit à la fois la Gorgone dans sa main gauche et la harpé dans sa main droite. La schol. à Lycophron, 836, associe l'usage des deux armes : Persée pétrifie une partie du monstre et tranche l'autre. Libanios, *Narr.* 35-36, et Nonnos, *Dion.*, XXV, 81, ne retiennent que la pétrification (mais pour Nonnos, il s'agit de dénigrer Persée en ne lui attribuant que des exploits faciles).

59. Aratos, *Phén.*, 179-204 (Andromède et ses parents), 248-255 (Persée ; la harpé et la tête de la Gorgone ne sont pas mentionnées), 353-366 (le monstre marin).

60. Nonnos, *Dion.*, XXV, 126-139, trad. F. Vian (CUF, t. IX, 1990).

La légende d'Andromède fut, comme celle de la Gorgone, rationalisée : Andromède est enlevée, avec la complicité de son père, par un certain Phénix (« Phénicien »), monté sur un bateau appelé le *Monstre*. La jeune fille crie et appelle au secours ; Persée, qui par hasard naviguait dans les parages, attaque le *Monstre*, coule le navire, massacre l'équipage, « de saisissement presque pétrifié », et emmène Andromède, qu'il épouse, à Argos[61].

Persée et Andromède ont une descendance : d'une part, en Éthiopie, il leur naît Persès, l'ancêtre des Perses, père d'Achaiménès, de qui descendent les Achéménides. De l'autre, une fois installés à Argos, ils ont six enfants, cinq fils, Alcaios, Électryon, Sthénélos, Mestor, Héleios, et une fille, Gorgophoné, épousée par Périérès. Avec eux, nous sommes déjà parmi les ancêtres immédiats d'Héraclès.

Avant de revenir à Argos, Persée avait parcouru le monde, et notamment l'Asie Mineure. Ses pérégrinations furent allongées avec complaisance. Pour nombre de villes qui avaient gardé, durant l'époque hellénistique et au-delà, une communauté iranienne importante mais ne trouvaient pas moins glorieux de se déclarer argiennes, il fut commode de proclamer qu'elles avaient été fondées par Persée. Tarse, qui comptait parmi ses divinités une figure ailée, l'a reconnue en Persée et a adopté le culte typiquement argien de l'Apollon aux loups. Le nom même de la ville ne gardait-il pas le souvenir de l'élan que Persée y aurait pris de la plante du pied (ταρσός) ou de la plume (même mot) qu'il y aurait perdue[62] ? À Iconion, face à des indigènes hostiles, Persée réédite son exploit de Sériphos ; il pétrifie tous ses adversaires, puis consacre sur un pilier l'image de la Gorgone, d'où la ville est censée avoir tiré son nom, assez proche en effet du mot « image » en grec, εἰκών[63]. Nous ne savons plus à quelle occasion, au cours de ses voyages, Persée était passé aussi par Aigeai, port important à l'est de Tarse, mais cela assurait la parenté de ce port avec Argos[64].

61. Conon, *Récits*, 40, résumé dans Photios, Bibl., codex 186 (t. III Henry). L'œuvre est dédiée à Archélaos Philopator (roi de Cappadoce de 36 av. J.-C. à 17 ap.).

62. Antipater de Thessalonique, *Anth. Pal.*, IX, 557 ; Nonnos, *Dion.*, XVIII, 291 (voir XXV, 101), et une inscription argienne ; voir L. Robert, cité ci-après n. 64, et mon article « Apollon au trident et les dieux de Tarse », *Journ. sav.*, 1981, p. 305-326 ; Dion de Pruse, XXXIII, 45 ; Jean d'Antioche, *FHG*, IV, 544 (fr. 6, 18). Voir aussi Nonnos, XVIII, 291-292 et la schol. à Juv., III, 117 (Persée aurait perdu à Tarse une plume rémige de ses talonnières).

63. *Mythologie et géographie*, p. 128 et suiv.

64. L. Robert, « De Cilicie à Messine et à Plymouth avec deux inscriptions grecques errantes », *Journ. sav.*, 1973, p. 161-211 (repris dans *Op. min.*, VII, p. 225-275), en particulier p. 184-185, 200, 202-203.

Plus à l'ouest, les cités de Kiétide, bien que certaines fussent perdues dans la montagne, profitaient de la ressemblance du nom de la région avec celui du monstre (κῆτος) occis par le preux sauveur d'Andromède pour inscrire ce dernier parmi leurs gloires nationales et le figurer sur leurs monnaies. Louis Robert remarquait que toutes ces attestations sont particulièrement denses dans une région définie de l'Asie Mineure, centrale et sud-orientale, et présumait que Persée devait avoir un attribut commun avec quelque dieu plus ancien de ces régions. Ailleurs, la raison de sa présence est claire : Persée est l'ancêtre dont peuvent se réclamer des communautés d'origine perse, hellénisées mais restées conscientes de leurs origines, en Lydie, à Hiérocésarée, ou dans l'ancien royaume du Pont (Sinope)[65]. Cyzique, à vrai dire parmi une très grande variété de types, met aussi Persée sur son monnayage au IVe siècle av. J.-C.[66]. Si Persée est largement représenté dans le bassin méditerranéen, depuis Ardea dans le Latium jusqu'à Iopé en Palestine, l'Asie Mineure semble néanmoins avoir été une de ses terres d'élection.

Meutrier de Dionysos

Voici une légende étrange, dont il ne subsiste plus que des bribes. À Argos, Persée affronte un autre fils de Zeus, Dionysos ; bien mieux, il le tue. Pausanias a vu en ville les tombes de certaines des Ménades, qu'il appelle des « Créatures de la mer », Haliai, qui avaient accompagné Dionysos (une seule, nommée Choreia, « Danse », est individualisée)[67]. Leur nom générique semble indiquer que Dionysos venait de la mer Égée, c'est-à-dire sans doute, comme chez Nonnos à qui nous devons le seul récit conservé de l'affrontement, de Naxos, en compagnie d'Ariadne ; celle-ci est pétrifiée par la Gorgone, que brandit Persée ; Dionysos est protégé par un talisman sur son visage, un diamant dont l'éclat repousse celui du regard meurtrier de Méduse[68]. Chez Nonnos

65. Id. « Documents d'Asie Mineure », IV. « Deux Inscriptions de Tarse et d'Argos », *Bull. corr. hell.*, 1977, p. 118-119 (et dans le recueil des *Documents*, Paris, 1987, p. 76-77).
66. B. V. Head, *Historia Numorum*, p. 526. Variété des types de Cyzique : C. M. Kraay, *Archaic and Classical Greek Coins*, p. 263.
67. Paus., II, 20, 4 ; 22, 1.
68. Nonnos, *Dion.*, XLVII, 474-741 (590-593 pour le diamant). Persée s'était protégé du regard de Méduse par un bouclier en cristal de roche ; voir le premier myth. Vat., 130, le deuxième, 112, et le troisième, 14, 1. Dans la schol. à Germ., G., p. 147, 17 Breysig, Persée utilise une faucille *adamantina*, ce que l'on peut comprendre « en acier » ou « en diamant ».

comme chez Pausanias, les deux fils de Zeus se réconcilient ; Dionysos reçoit un temple où il porte l'épithète de « Crétois », Crèsios, en l'honneur d'Ariadne, qui y est ensevelie[69]. Dans une autre version, Dionysos aurait été vaincu et tué par Persée, qui l'aurait jeté dans l'étang de Lerne (lequel passait pour une bouche des Enfers)[70]. D'après le chronographe Apollodore d'Athènes, Dionysos serait devenu un dieu la trente-deuxième année du règne de Persée, ce qui pourrait se rapporter à cet épisode[71]. La répugnance des Argiennes, inspirées par Héra, à adopter le culte de Dionysos aurait été punie par une crise de folie aux conséquences comparables à celle qui les frappa lors de l'épisode des Proitides. Dans la même veine, Euphorion racontait comment l'affrontement de Dionysos et Persée s'était terminé par la destruction d'Argos[72]. Néanmoins, dans tous les cas, la légende aboutissait à la réconciliation entre les deux fils de Zeus, et le héros-dieu ailé local finissait par accepter la présence du hors-venu. C'est ce compromis que l'on trouve en filigrane du récit nonnien et que différents auteurs pouvaient présenter de manière favorable à l'un ou l'autre des adversaires.

Parricide et fondateur de Mycènes

Il reste à accomplir l'oracle rendu à Acrisios. Ici, à nouveau, le récit repose sur Phérécyde, connu par les scholies à Apollonios de Rhodes (IV, 1091), et suivi par Apollodore (II, 4, 4) et par Pausanias (II, 16, 2 et suiv.). « Avec Danaé et Andromède, Persée se hâte d'aller à Argos pour voir Acrisios. Ce dernier, apprenant sa venue et craignant l'oracle, quitte Argos pour se retirer en Pélasgiotide », donc en Thessalie ; on se souvient que le pouvoir du vieux roi argien Pélasgos s'étendait jusque-là. Il quitte Larisa, citadelle d'Argos, pour se rendre dans une autre Larisa (le récit d'Apollodore, sans doute d'après *Les Larisséens* de Sophocle). Le

69. Paus., II, 23, 7-8. À l'occasion de travaux, on avait retrouvé, sous le temple, le cercueil d'Ariadne (Paus., d'après un certain Lykéas).

70. Schol. T. à Homère, *Il.*, XIV, 319 ; voir saint Augustin, *Cité de Dieu*, XVII, 12.

71. Apollodore, n° 244, fr. 119 Jac., cité par Clém. Alex., *Strom.*, I, 105, 1 (381-382) ; voir Clém., *loc. cit.*, 103, 5 (Persée et Dionysos contemporains) ; Tatien, 39, p. 40 Schwantz. Témoignage douteux d'un certain Deinarchos, rapporté par Eusèbe, II, p. 44 Schœne ; Cyrille, *Contre Julien*, X, 341 ; Malalas, II, 28 (p. 45 Bonn) ; Kédrénos, I, p. 24 Bonn : la tombe de Dionysos à Delphes serait à mettre en rapport avec cette légende ou avec la fuite de Dionysos devant Lycurgue (Malalas citant Deinarchos et Philochoros).

72. Euphorion, fr. 18 Powell.

roi Teutamidès organise des concours sportifs en l'honneur de son père défunt ; Persée s'y présente, prend part au pentathlon et, en lançant le disque (dont il serait l'inventeur selon Pausanias, *loc. cit.*), frappe Acrisios au pied et le tue, « sur le coup », précise Apollodore. On remarque le rôle de la blessure au pied, qui évoque la légende d'Œdipe. Acrisios sera enseveli à l'extérieur de la ville, qui lui rendra un culte héroïque ; quant à Persée, le trône d'Argos lui est désormais interdit à cause de la souillure qu'il vient de contracter. « Il va à Tirynthe auprès du fils de Proitos, Mégapenthès, fait avec lui un échange et lui remet Argos. Et Mégapenthès règne sur Argos, Persée sur Tirynthe, et il fortifie en outre Mideia et Mycènes » (Apollodore, II, 4, 4).

Avec le règne de Persée s'achève la colonisation de l'Argolide par les descendants de Danaos. Les deux cités les plus éloignées du littoral, Mideia et Mycènes, sont désormais fondées. C'est Persée qui a baptisé Mycènes, à cause d'une virole (μύκης) tombée là de son épée ou d'un champignon (même mot) qu'il y aurait aperçu, lui indiquant la présence d'eau pour se désaltérer[73] ; la citerne Perseia, tout au sommet de la citadelle, lui doit son existence et son nom. Persée est le protecteur de Mycènes, où il est enseveli (Pausanias, II, 18, 1) ; quand les Argiens eurent détruit la ville, en 468 av. J.-C., ils y maintinrent son culte[74].

Persée a aussi des rapports avec le mont Apésantios, qui domine la région : c'est de là qu'il aurait pris son envol pour aller combattre la Gorgone, ce qui confirme que cette légende a pu être à l'origine indépendante non seulement des autres éléments de la « biographie » de Persée, mais même de l'histoire de Polydectès[75]. C'est Persée qui aurait institué le culte de son père Zeus sur l'Apésantios, au cœur même de la région qui, trois générations plus tard, verrait le premier exploit d'un nouveau fils de Zeus dans la descendance d'Io : Héraclès, tuant le lion de Némée.

73. Paus., II, 16, 3 ; pour la première explication, aussi Hécatée de Milet, n° 1, fr. 22 Jac. (schol. A à Homère, *Il.*, XV, 302) ; Ét. Byz., *s.* Mykènai.

74. *IG*, IV, 493 ; voir *ibid.*, IV, 586, 590, 606, 940. C. Robert, p. 237, n. 2 ; P. Amandry, « Sur les concours argiens », p. 234, n. 58.

75. Stace, *Théb.*, III, 460-465 ; voir [Plutarque], *Fleuves*, 18, 7. Sur le mont Apésantios, voir ci-après, p. 206.

VIII

L'avent d'Héraclès

L'histoire des deux générations qui séparent Persée d'Héraclès se clôt par une des scènes les plus célèbres de la mythologie grecque, la conception d'Héraclès et de son demi-frère à la faveur des noces successives de Zeus et d'Amphitryon avec Alcmène, Zeus survenant le premier et trompant la jeune femme en prenant les traits de son mari. La scène est à Thèbes et non plus à Argos. Pour en arriver là, pour expliquer comment Amphitryon a dû quitter l'Argolide et comment son union avec Alcmène a été longtemps différée, un ensemble de récits évoquait des campagnes menées par les Argiens, puis les Thébains, contre les populations établies dans les îles à l'entrée du golfe de Corinthe, entourées d'une solide réputation de piraterie incorrigible.

D'autre part, une parenté avec Héraclès ne manquait pas de prestige et ses ancêtres immédiats ont en conséquence retenu l'attention des généalogistes (voir les Tableaux 4 et 5, p. 382-383). Ce sont ces récits et filiations, aujourd'hui fort mal en point, qu'il nous faut reconstituer avant de prendre quelque dépaysement en bordure des côtes occidentales de la Grèce et de laisser s'étendre sur la terre la « longue nuit » de la conception d'Héraclès.

À Argos, Andromède, comme on l'a vu, donne à Persée six enfants, cinq fils, Alcaios, Électryon, Sthénélos, Mestor, Héleios, et une fille, Gorgophoné. Alcaios et Électryon sont les deux grands-pères, paternel et maternel, d'Héraclès, qui, par son lignage terrestre (son véritable père étant Zeus), descend ainsi doublement de Persée. Sthénélos est le père d'Eurysthée, qui lui imposera les Travaux. Quant à Mestor et à Héleios, ils jouent un rôle dans la lutte d'Amphitryon contre les pirates des îles, les Téléboai. Dans la généalogie, ce sont les seules figures qui paraissent indépendantes de la vie d'Héraclès. En fait, l'épisode où ils interviennent précède immédiatement, et permet, la conception du héros. Tout s'arrange désormais en fonction de la venue de celui-ci et cette mise en ordre a sans doute rejeté dans l'ombre d'autres aspects de ces traditions, enracinées dans des villages du Péloponnèse ou de la Grèce occidentale (Acarnanie), dont les chroniques ne nous sont pas parvenues.

Héleios, le plus jeune, porte un nom géographique transparent : « Celui du marais ». Parmi les divers lieux appelés Hélos, « le Marais », il passait pour avoir fondé le port de Laconie, à l'ouest de l'embouchure de l'Eurotas[1]. Héleios accompagne Amphitryon dans sa campagne en Acarnanie et reçoit de lui les îles des pirates, les Échinades ; il y fonde une « cité » portant son nom[2]. Mais il n'a pas de descendance connue et sa figure pâlie est presque effacée du monde des héros[3]. Du reste, une de nos meilleures sources l'ignore : vers 400 av. J.-C., Hérodoros d'Héraclée du Pont, dans le volumineux ouvrage qu'il consacre à Héraclès, fondateur légendaire de sa patrie, ne compte que quatre fils qui « gardent la royauté en commun ». Ce sera la base de la revendication des descendants de Mestor, qui reviendront d'Acarnanie réclamer leur part[4]. Quant à la fille de Persée et d'Andromède, Gorgophoné, épousée par Périérès, elle devient mère de Tyndare, et à l'horizon pointent d'autres grands noms, dans d'autres cycles : les Dioscures d'une part, Hélène et Clytemnestre de l'autre.

Les quatre autres enfants nous retiendront davantage. Alcaios, Électryon, Sthénélos et Mestor, fils de Persée et petit-fils de Danaé, se marient à des filles de Pélops. On retrouve un souci de synchronisme déjà noté entre la descendance de Pélops, qui est appelée à régner sur l'Argolide, puis à exercer son hégémonie sur l'ensemble du Péloponnèse et de la Grèce héroïque, et celle de

1. Strabon, VIII, 5, 2 (363) ; Paus., III, 20, 6-7, tirant de là l'origine du nom « hilotes ». La population se réclamait d'une origine achéenne (prédorienne ; Paus., III, 2, 7). Nommé par Homère dans le « Catalogue des vaisseaux » (*Il.*, II, 584), le port d'Hélos, envasé, était abandonné à l'époque de Pausanias.

2. Apollodore, II, 4, 7. Héleios quitte « Hélos l'argienne » ; peut-être ici l'épithète « argienne » a-t-elle un sens ethnique (Hélos en Laconie, de population « achéenne »), et non géographique (Hélos d'Argolide, non attesté ailleurs).

3. Voir aussi Tzetzès, à Lycophron, 838 (seulement nommé) ; schol. à Homère, *Il.*, XIX, 116.

4 Hérodoros d'Héraclée, n° 31, fr. 15 Jac. (schol. à Apoll. Rh., I, 747-751*b*).

Danaos, qui devra lui faire place[5]. Les quatre frères épousent leurs cousines issues de germains, car l'épouse de Pélops, née d'une sœur de Danaé, était la cousine germaine de Persée[6]. Alcaios est le père d'Amphitryon, lui-même père putatif d'Héraclès. La fille de Pélops qui lui est assignée s'appelle Astydameia ou Lysidiké. Les mythographes, paraissant pour une fois manquer d'imagination, prêtent ce même nom de Lysidiké à la femme d'Électryon et à celle de Mestor, Sthénélos recevant une Nikippé[7].

D'autres traditions sur l'épouse d'Alcaios se placent dans la perspective de l'histoire d'Héraclès, en l'identifiant, « selon quelques-uns, à Laonomé, fille de Gouneus, ou encore, selon d'autres, à Hipponomé, fille de Ménoikeus[8] ». En effet, Gouneus est originaire de Phénéos, en Arcadie, où Héraclès se retire après le meurtre d'Iphitos ; Ménoikeus est le roi de Thèbes, où Héraclès naît et où il a son domicile durant la plus grande partie de son existence. Le choix des épouses d'Alcaios prépare ainsi les futurs refuges de l'éternel banni que fut son petit-fils. Alcaios a fourni à Héraclès un patronyme assez utilisé, notamment sous sa forme latine, passée dans le français classique, « Alcide ».

C'est Électryon, le grand-père maternel d'Héraclès, qui est présenté le plus souvent comme l'époux de Lysidiké, la fille de Pélops[9]. Il est difficile aujourd'hui de se représenter l'importance qu'eurent ces généalogies dans l'Antiquité. Lysidiké est la mère d'Alcmène, mère d'Héraclès[10]. Grâce à elle, Thésée (qui descend de Pélops par sa mère) peut être dit le cousin d'Héraclès, ce que relèvent aussi bien Euripide que Plutarque, pour la gloire d'Athènes. Sous le règne du dernier des rois de Pergame (138-133 av. J.-C.), dont la dynastie prétendait descendre d'Héraclès, le poète Nicandre n'omet pas de rappeler qu'ils remontent aussi,

5. Voir ci-dessus, p. 123-124.
6. Hygin, *Fable* 84. Voir ci-dessus, p. 128, n. 5.
7. Astydameia : Apollodore, II, 4, 5. Lysidiké : Paus., VIII, 14, 2. Alcaios eut, en plus d'Amphitryon, une fille, Anaxô.
8. Apollodore, *loc. cit.*
9. Hésiode, fr. 193 Merk.-West, 9-23, vers mutilés, dont il n'est pas douteux cependant qu'ils évoquent l'union d'Électryon et d'une fille de Pélops, et leur descendance ; on pourrait songer aussi pour le nom à Eurydiké (Diodore, IV, 9, 1). Comme Apollodore, Hésiode énumérait neuf fils d'Électryon, mais les noms ne concordent qu'en partie ; schol. T à Homère, *Il.*, XIX, 116 ; schol. à Pindare, *Olymp.*, VII, 49 ; schol. à Platon, *Alc.*, 120*e* ; schol. à Stace, *Théb.*, VI, 6.
10. Apollodore donne la liste des neuf fils d'Électryon, les frères d'Alcmène : Stratobatès, Gorgophonos, Phylonomos, Kélaineus, Amphimachos, Lysinomos, Cheirimachos, Anactôr, Archélaos (son texte doit être complété grâce à Tzetzès, à Lycophron, 932).

plus lointainement, à Pélops : grâce, là encore, à Lysidiké[11].

Par ailleurs, Électryon a une concubine phrygienne, Mideia, éponyme de la cité argienne de Mideia, ou Midéa, dont la nationalité a pu être inspirée par la ressemblance entre ce nom et celui du célèbre roi phrygien Midas. Elle lui donne un fils bâtard, Likymnios, qui joue un certain rôle dans la vie de son neveu Héraclès. Alors que Persée est associé à Mycènes et Eurysthée à Tirynthe, Électryon est le roi de Midéa et sa fille Alcmène est dite « de Midéa » par Théocrite[12]. C'est là aussi qu'est établi Likymnios[13].

Le troisième fils de Persée et d'Andromède est Sthénélos, père d'Eurysthée, le célèbre persécuteur d'Héraclès, l'instrument de la haine d'Héra à l'encontre du héros[14]. Comme pour Alcaios, la tradition varie au sujet de son épouse, Nikippé, fille de Pélops selon Hésiode, que suit Apollodore[15]. Non pas, mais Amphibia l'Arcadienne, fille d'Amphidamas, de la région de Tégée, disait Phérécyde[16]. Non pas Amphibia, mais Antibia, rectifiait à son tour Rhianos de Crète, poète épique qui écrivit une *Héracleia* à l'époque hellénistique[17]. Pourquoi a-t-on choisi une fille de cette contrée d'Arcadie pour en faire la mère du principal ennemi d'Héraclès ? On s'attend à ce que le choix soit dicté par des considérations relatives à ce dernier, comme pour les épouses d'Alcaios, mais elles n'apparaissent pas clairement.

Enfin, Mestor, lui aussi censé être marié à Lysidiké, fille de Pélops (selon Apollodore), engendre une fille, Hippothoé, et non un garçon. Cette dernière est à l'origine d'un peuple insulaire, répandu sur la côte occidentale de la Grèce et dans les îles adjacentes, les Téléboai. En effet, Poseidon l'enlève, l'emmène dans l'archipel des Échinades et la rend mère d'un fils.

11. Euripide, *Héraclides*, 211, et Plutarque, *Thésée*, 7, 1 ; Nicandre, fr. 104 (p. 1-2 et 129 Schneider).

12. Théocrite, XIII, *Hylas*, 20 ; XXIV, *Héraclès enfant*, 1 ; voir Paus., II, 25, 9. Dans Euphorion, fr. 51 Powell, 14, Héraclès, se rendant à Tirynthe, passe par Midéa.

13. Pindare, *Olymp.*, VII, 27-30.

14. Sthénélos a aussi deux filles, Alkyoné et Médousa (Apollodore, II, 4, 5), et un autre fils, Iphis, qui prit part à l'expédition des Argonautes et fut tué par le roi de Colchide Aiétès (Denys Bras-de-cuir, n° 32, fr. 10 Jac., d'après schol. à Apoll. Rh., IV, 223-230*a*).

15. Hésiode, fr. 191 Merk.-West.

16. Phérécyde, n° 3, fr. 68 Jac. (schol. B et T à Homère, *Il.*, XIX, 116).

17. Rhianos, fr. 9 Powell, d'après schol. AB à Homère, *Il.*, XIX, 119.

Dans les eaux de Lépante

Les Échinades, chef-lieu Taphos, sont un petit archipel à l'entrée du golfe de Corinthe, en face de l'embouchure de l'Achéloos, non loin de l'Élide[18]. Dans l'*Iliade*, le contingent de Doulichion et des Échinai est mentionné entre celui d'Élide et celui des îles, plus vastes, plus loin vers le large, qui obéissent à Ulysse (II, 615-637). Il est considérable : quarante vaisseaux contre douze pour Ulysse.

Taphos a une certaine importance dans l'*Odyssée*. De Taphos est originaire le sage Mentès (Mentor), ami et conseiller de Télémaque. Surtout, l'*Odyssée* présente les Taphiens (et Téléboai), bons marins, comme un peuple de trafiquants et de pirates, en relation avec les Phéniciens : ils ont enlevé dans son pays, pour la vendre au loin, la fille du roi de Sidon ; Eumée, le fidèle porcher d'Ulysse, s'est procuré auprès d'eux l'un de ses serviteurs. Ils entraînent à l'occasion dans leurs expéditions des chefs des îles voisines, ainsi le père du prétendant Antinoos[19].

La *Souda*, résumant l'impression qu'ils ont laissée, glose Taphien par « pirate ». Vers l'ouest, ils sont les colons de Capri[20]. Leur domaine s'étendait aussi sur la côte en face, où une partie de l'Acarnanie porte le nom de Téléboïs. Aristote, dans la *Constitution de Leucade*, enregistrait la prétention des Téléboai à descendre d'un fils de la Terre, Lélex, dont une fille eut pour fils Téléboas, qui engendra vingt-deux enfants, les Téléboai[21].

Les atterrissements de l'Achéloos, envasant la côte et rattachant au littoral les plus proches de ces îles, ont par la suite enlevé toute importance aux Échinades, parmi les boues, dans une région de confins indistincts entre terre et mer[22]. Ce refuge trop précaire n'a

18. Les Échinades (aussi dans Hérodote, II, 10, etc.) ou 'Εχῖναι (Homère, *Il.*, II, 625 ; Euripide, *Iph. Aulis*, 286). Quant au nom de Taphos, on retrouve dans la toponymie du voisinage des formes analogues : une Taphos/Taphioussa à Céphallonie ; le mont Taphiassos en Étolie (Pline, IV, 6) ; l'île elle-même s'appelle aussi *Taphiousa* ou *Taphias* (Pline, IV, 53 et XXXVI, 151).

19. Dans l'*Odyssée*, Mentès le Taphien : I, 105, 181, 419, 427. Taphiens marchands d'esclaves : XIV, 452. Taphiens et Phéniciens : XV, 427-429. Taphiens et autres contre les continentaux du Nord (les Thesprotes) : XVI, 424-430.

20. Virgile, *Én.*, VII, 735 ; Tacite, *Annales*, IV, 67 ; Silius It., VII, 418.

21. Voir Aristote, *Const. d'Acarnanie* et *Const. de Leucade*, fr. 473 (474, 546) Rose, cité par Strabon, VII, 7, 2 (321-322) ; Ét. Byz., *s.* Téléboïs. Lélex était l'ancêtre d'une autre tribu de la région, les Lélèges, dont la légende montrait la parenté avec les Téléboai, tout en affirmant l'autochthonie des uns et des autres.

22. Thuc., II, 102, 3-6. Parfois appelées « Strophades », voir F. Vian dans son éd. d'Apoll. Rh., t. I, p. 143-144, et A. Ballabriga, *Le Soleil et le Tartare*, p. 35 et suiv. Jolie légende d'origine dans Ovide, *Mét.*, VIII, 574-610.

pas eu la bonne fortune du site de Venise. Les îles n'en ont pas moins continué d'occuper une position stratégique, verrou du golfe : dans leurs eaux s'est livrée, le 7 octobre 1571, la bataille de Lépante[23]. La légende garde le souvenir d'une époque, sans doute éphémère, où les marins qui avaient cherché là un abri détinrent la suprématie sur l'ensemble de la région.

Les grands ancêtres de ces contrées avaient été inclus dans la descendance d'Hippothoé et par là rattachés à Argos. On a déjà observé que l'Acarnanie et l'Argolide sont reliées dans la description, chez Sophocle, du cours extraordinaire suivi par l'Inachos. Relation qu'il serait aventureux d'expliquer mais que l'on constatera à nouveau. Après Amphitryon, Héraclès accomplira des exploits en Grèce de l'Ouest, en triomphant du fleuve Achéloos, en tuant Nessos au bord du Lycormas/Événos, et le port d'Alyzia lui était consacré[24].

Il règne une certaine confusion dans l'échafaudage généalogique construit à partir d'Hippothoé, petite-fille de Persée et mère du maître des Échinades. La version aujourd'hui la mieux ordonnée n'est peut-être pas la plus ancienne. Elle a été transmise par Hérodoros d'Héraclée du Pont. Hippothoé et Poseidon ont un fils, Ptérélaos, qui à son tour engendre les deux éponymes des populations locales, Taphios (les Taphiens, de Taphos, l'île principale) et Téléboas (les Téléboai).

Chez Apollodore, au contraire, le fils d'Hippothoé s'appelle Taphios et il est le chef des Téléboai[25]. Taphios, à son tour, a un fils, Ptérélaos, que Poseidon rend immortel (ou invincible) en plantant sur sa tête un cheveu d'or ; Ptérélaos engendre six fils, qui seront les adversaires des Argiens, et une fille, Comaithô (« À la chevelure flamboyante »). Il n'y a pas place ici pour un éponyme des Téléboai. Taphios, Argien d'origine, appelle ainsi son peuple « parce qu'il était allé [ἔβη] loin [τηλοῦ] de sa patrie. » En réalité, Téléboai est un nom transparent, « Ceux dont le cri porte loin », qui désigne sans doute une tribu belliqueuse.

Cette version pose un problème de chronologie, car, si on la suit, les fils de Ptérélaos ont une querelle avec Électryon, qui est

23. Lépante (Naupacte) était seulement la base de la flotte ottomane.
24. Strabon, X, 2, 21 (459).
25. Apollodore II, 4, 5 et Tzetzès, à Lycophron, 932, plus complet et plus précis que le texte actuel du mythographe. Apollodore nomme les six fils de Ptérélaos : Chromios, Tyrannos, Antiochos (Ampélos selon Tzetzès), Chersidamas, Mestor et Évérès. Il nommait aussi la fille : voir J.-Cl. Carrière, *ad loc.*

leur arrière-arrière-grand-oncle, et ils s'entre-tuent avec des cousins de la génération de leur arrière-grand-mère. D'autre part, on est surpris qu'un don aussi précieux que le cheveu d'or soit fait par Poseidon non à son fils, mais à son petit-fils. La version d'Hérodoros, où Ptérélaos est le fils de Poseidon, Taphios et Téléboas ses petits-fils, paraîtrait donc plus satisfaisante ; mais, dans le combat des fils de Ptérélaos contre les fils d'Électryon, qui forme une partie essentielle de la légende, Taphios et Téléboas ne sont jamais mentionnés. Il a dû exister deux versions incompatibles, qu'on n'est pas arrivé à ajuster.

L'une, dont il subsiste peut-être un vestige chez Apollodore, efface toute difficulté chronologique, mais réduit au minimum la famille de Ptérélaos. Hippothoé est la femme de Ptérélaos et non sa mère, ce qui supprime une génération. Ptérélaos, fils de Poseidon et gendre de Mestor, envoie ses enfants réclamer l'héritage de leur grand-père maternel[26] ; ils trouvent la mort en Argolide et Ptérélaos est tué par un des cousins germains de sa femme, qui envahit son royaume en représailles. L'autre version ne se soucie pas de chronologie relative, mais donne toute son importance locale à Ptérélaos, roi légendaire des Échinades, considéré comme l'ancêtre, par ses deux fils, des peuples de la région, qui survivent évidemment au-delà de l'époque d'Amphitryon et d'Héraclès.

Pour accorder cette tradition à celle qui racontait l'anéantissement des fils de Ptérélaos dans les pâturages d'Argos et la mort du roi de la main d'Amphitryon, on a pu rejeter les deux éponymes dans les générations précédant Ptérélaos, et de fait toutes les formules semblent avoir été essayées[27].

Les pirates taphiens et Amphitryon

La lutte d'Amphitryon contre les Taphiens et les Téléboai était racontée dans les *Catalogues* hésiodiques. Elle faisait partie de ces légendes, assez nombreuses, qui ont disparu ou n'ont survécu, fortuitement, que sous forme de bribes. Ici, c'est l'œuvre archaï-

26. Expression d'Apollodore, II, 4, 6, qu'on a voulu corriger, défendue par C. Robert, p. 609 ; *contra*, J.-Cl. Carrière, *ad loc.*
27. Par exemple, Ptérélaos, fils de Taphios et petit-fils de Téléboas, Arguments 4 et 5 du *Bouclier*.

que intitulée *Le Bouclier d'Héraclès* qui a préservé, dans ses cinquante-six premiers vers échappant à la médiocrité générale de cette composition, le cadre hésiodique de la légende d'Amphitryon, tout bonnement un morceau des *Catalogues :*

> Ou bien celle-là, qui, laissant sa demeure et la terre de sa patrie, vint à Thèbes auprès du guerrier Amphitryon : Alcmène, la fille d'Électryon, leveur de troupes, qui surpassait tout le genre féminin par sa beauté et sa prestance. Et pour l'esprit, elle n'avait pas de rivale, parmi les mortelles qui, dans le lit de mortels, ont conçu des enfants. De son front, de ses paupières sombres venait le même souffle que d'Aphrodite riche en or. Et même ainsi, elle vénérait son mari comme aucune encore d'entre les femmes nourricières[28]. Et pourtant, il lui avait tué son noble père, par force brutale, en colère pour des vaches. Quittant la terre de sa patrie, il était allé, suppliant, à Thèbes, chez les Cadméens aux grands boucliers. C'est là qu'il demeurait, avec son épouse respectable, sans connaître la tendresse du désir, et il ne lui était pas permis de monter dans le lit de la fille d'Électryon aux belles chevilles, avant d'avoir vengé le massacre des frères vaillants de son épouse et d'avoir consumé dans la furie des flammes les villages des seigneurs Taphiens et Téléboai[29].

Le poème, par une dérive savante qui met en place les éléments d'énigmes successives, conduit son auditeur de la personne d'Alcmène (l'éloge de sa beauté présage l'intérêt que Zeus va lui porter) à son époux Amphitryon, au passé meurtrier qui en fait un banni — Amphitryon a tué son beau-père — et au devoir de vengeance qui le tient à l'écart du lit conjugal : avant de jouir de sa femme, il doit exterminer les meurtriers des frères de celle-ci. Passé important pour Héraclès, car il explique que cet Argien ait été conçu de Zeus et soit né en exil, à Thèbes, qui sera, pour lui comme pour son père terrestre, la ville d'où ils partiront pour accomplir la plupart de leurs exploits. Et c'est à la faveur de l'absence d'Amphitryon occupé à laver dans le sang l'honneur familial de son épouse que Zeus se glisse auprès de la trop belle Alcmène.

28. L'épithète homérique ici traduite par « nourricières » semble avoir eu à l'origine le sens de « féminines », par opposition aux hommes : É. Benveniste, *Noms d'agent et noms d'action en indo-européen*, Paris, 1948, p. 117-118. Mais elle faisait difficulté dès l'Antiquité et « nourricières » représente l'un des sens qu'on lui donnait.

29. *Bouclier*, 1-19 = *Catalogues*, fr. 195 Merkelbach-West, 8-26. C'est l'argument du *Bouclier* qui nous apprend que les cinquante-six premiers vers du poème proviennent du livre IV des *Catalogues*.

Mais il ne s'agit pas seulement d'une frasque. Derrière l'illusion au service du plaisir, Zeus échafaude un grand dessein : « engendrer un protecteur contre le désastre, pour les dieux comme pour les hommes » (v. 28-29). Les sonorités des premières lettres de l'expression « protecteur contre le désastre », *arèsalk[tèra],* semblent jouer avec celles du nom d'Héraclès[30].

L'hostilité entre Amphitryon et les Taphiens/Téléboai de Grèce occidentale remonte à une contestation d'héritage, qui pourrait être réglée sur un modèle que nous avons déjà rencontré, où les uns gardent les terres, les autres prennent les troupeaux. Mais ici, faute d'entente, les plaignants essaient d'imposer leur solution par la force. Les fils de Ptérélaos viennent avec Taphios réclamer la part de royauté de leur ancêtre Mestôr. Devant le refus d'Électryon, ils s'emparent de ses vaches. La scène est évoquée par Apollonios de Rhodes, dans une sorte de pastiche des procédés narratifs de la poésie archaïque, parmi les broderies qui ornent le manteau de Jason : « Et là, c'étaient des bœufs paissant l'herbe drue. Pour les bœufs, les Téléboai livraient bataille aux fils d'Électryon, ceux-ci se défendant tandis qu'eux, pirates de Taphos, les voulaient dépouiller. De leur sang se mouillait le pré couvert de rosée et, nombreux face à quelques-uns, ils forçaient les bouviers[31]. »

Cette scène donne une indication précieuse : les Téléboai sont en passe de remporter la victoire ; ils sont plus nombreux que les bouviers, les fils d'Électryon (alors que ce pourrait être l'inverse : Ptérélaos a six fils, Électryon neuf). Apollodore connaît une version un peu différente, où l'affaire se règle par un défi entre les deux groupes de cousins, qui s'entre-tuent. « Des enfants d'Électryon ne survécut que Likymnios, parce qu'il était encore tout jeune ; des enfants de Ptérélaos Évérès, parce qu'il gardait les vaisseaux. » Les Téléboai repartiront avec les bœufs après avoir tué leurs cousins ; Amphitryon devra récupérer le troupeau et venger le meurtre. La récupération du troupeau se fait sans gloire particulière : il est tout simplement, dit Apollodore, racheté au roi d'Élide Polyxeinos, dans les gras pâturages duquel les Téléboai avaient laissé leur capture, ce qui correspond à un usage des insulaires, ici et ailleurs en Grèce, mettant volontiers leurs bêtes aux champs sur le continent. La mort des frères d'Alcmène est un

30. L'observation est de C. F. Russo dans son éd., *Hesiodi Scutum*, Florence, 1950.
31. Apoll. Rh., I, 747-751.

élément important : le lit de la jeune femme reste interdit à Amphitryon, soit par la volonté de son beau-père, soit par Alcmène elle-même, tant qu'il ne l'a pas vengée. L'expédition contre les Taphiens, qui formera le principal titre de gloire du héros, n'aura pas d'autre motif[32]. Mais elle part de Thèbes et non d'Argos, et ici intervient l'exil d'Amphitryon.

Il est, de manière classique, provoqué par un meurtre. Dans le poème hésiodique cité plus haut, Amphitryon tue son futur beau-père « en colère pour des vaches ». En colère contre qui ? L'extrait conservé ne le dit pas, et le plus simple serait de penser à une discussion orageuse entre les deux hommes. Pour Apollodore, il s'agit d'un meurtre accidentel, survenu au moment de la récupération du troupeau : « L'une des vaches s'échappa et Amphitryon lança contre elle la massue qu'il tenait à la main ; la massue rebondit contre les cornes de la vache, alla frapper Électryon à la tête et le tua. » La légende a pu être moralisée, mais sa forme ancienne nous échappe[33].

Dès lors, des quatre « régents » de l'Argolide fils de Persée la descendance de Mestor (les Téléboai) est éliminée, celle d'Alcaios et d'Électryon se réduit au couple d'Amphitryon et Alcmène, qui doit s'exiler à cause de la souillure entraînée par le meurtre d'Électryon. Seul reste donc le quatrième frère, Sthénélos, dont la vilenie annonce celle de son fils Eurysthée. Il confisque à son profit l'ensemble du royaume. « Quant à Mideia [concubine d'Électryon], Sthénélos envoya chercher les fils de Pélops, Atrée et Thyeste, et il la mit à leur disposition. Amphitryon se rendit à Thèbes avec Alcmène et Likymnios et il y fut purifié par Créon ; il donna sa sœur Périmédé en mariage à Likymnios » (Apollodore, II, 4, 6).

La légende prépare au passage l'installation future de la dynastie d'Atrée dans l'Argolide. Comme avec l'apparition, plus haut, de Tyndare, nous arrivons ici aux portes des légendes du cycle troyen. En même temps, la narration sèche d'Apollodore résout les énigmes du poème hésiodique : le mari assassin de son beau-père et néanmoins respecté par sa femme, l'interdit qui pèse sur le lit conjugal, l'incendie des villages d'Acarnanie, prélude nécessaire à l'union des époux.

32. Euripide, *Héraclès*, 60 et 1077-1080.

33. *Bouclier*, 12 ; comparer le v. 82. C.F. Russo a rassemblé les vestiges d'une double tradition, selon que le meurtre est volontaire (*Bouclier* et schol. à l'*Il.*, XIV, 323 qui paraît en dépendre) ou non (Phérécyde, n° 3, fr. 13*b* Jac., dans la schol. à l'*Od.*, XI, 266, et Apollodore).

Le renard et le chien

Toutefois, les conteurs ont aimé multiplier les conditions préalables. La destruction d'une province commande le mariage d'Amphitryon, mais cette destruction est à son tour commandée par un autre exploit : car pour recruter des hommes, Amphitryon, exilé, dépend du roi du pays. Il invite donc celui-ci, Créon, à se joindre à lui.

Or Créon est sous le coup d'une malédiction lancée contre son pays par Dionysos, petit-fils de Cadmos, le fondateur de Thèbes. Parce que les Thébains ont exclu du trône les descendants de Cadmos, après les malheurs d'Œdipe et de ses fils, un étrange renard a surgi de la colline de Teumessos, au centre de la plaine de Thèbes[34]. Cet animal féroce s'attaque aux « Cadméens » (les Thébains : la Cadmée est la citadelle de Thèbes). Tous les mois, ils doivent lui exposer un enfant que l'animal dévore. Et le destin veut que personne ne puisse rattraper ce renard[35].

Créon demande donc à Amphitryon de débarrasser le pays du fauve. Amphitryon se rend à Athènes pour trouver Képhalos, un personnage célèbre pour avoir été aimé de la déesse du jour, Éôs, et pour avoir aimé Procris, la fille du roi d'Athènes. Ou peut-être Képhalos vit-il déjà en Béotie, exilé lui aussi pour avoir tué sa femme involontairement[36]. De Procris il tient deux talismans, que celle-ci a elle-même reçus du roi de Crète Minos : un javelot qui ne manque jamais son but et un chien qui ne laisse jamais échapper le gibier. Procris a été victime du javelot (par accident de chasse)[37].

Amphitryon persuade Képhalos de venir avec son chien chasser le renard de Teumessos et de se joindre ensuite, moyennant une part du butin, à l'expédition contre les Téléboai. Le renard que personne ne peut rattraper étant poursuivi par le chien qui ne

34. La tradition remonte à l'époque archaïque et à l'épopée de la *Thébaïde :* Aristodémos, n° 383, fr. 2 Jac. Le Teumessos avait été la cachette choisie par Zeus pour son amante Europé : Antimaque, *Thébaïde*, fr. 3 Wyss (dans Ét. Byz., *s.* Teumèsos).

35. Le renard de Teumessos : récits complets et assez proches dans Anton. Lib., XLI ; Paus., IX, 19, 1 ; Apollodore, II, 4, 6-7.

36. Strabon, X, 2, 14 (456) et 20 (459) ; Paus., I, 37, 6 ; Eust., à Homère, *Il.*, II, 631 (p. 307, 5).

37. Ce chien avait été forgé par Héphaistos, qui lui avait ensuite donné la vie, en bronze de Démonésos (en Propontide ; voir ci-dessous, p. 297 n. 13). Offert par Héphaistos à Zeus, puis par Zeus à Europé, par celle-ci à Minos et par Minos à Procris, ce chien fut l'ancêtre des molosses d'Épire.

laisse échapper aucun gibier, Zeus résout l'aporie en les pétrifiant tous les deux[38]. Ou bien il pétrifie le renard (ce qui devait correspondre à quelque rocher près de Thèbes) et transporte le chien parmi les constellations[39].

Amphitryon délivre aussi les Thébains du tribut que leur a imposé le roi d'Eubée Chalcodon et tue celui-ci devant Thèbes[40]. La légende ressemble à celle d'Héraclès délivrant les Thébains du tribut qu'ils versaient à leur voisin du nord, le roi d'Orchomène (voir ci-après, chap. X).

Le cheveu d'or

Amphitryon, dès lors, peut partir en campagne. Se joignent à lui Créon de Thèbes, Képhalos de Thoricos, en Attique, Héleios, fils de Persée, venu de Hélos, en Laconie, et enfin Panopeus, de Phocide. Cela évoque l'organisation de l'expédition des Sept Chefs contre Thèbes (qu'il n'est pas possible de situer dans le temps par rapport à celle-ci ; selon les traditions argiennes, elle est plus tardive, selon les thébaines plus ancienne). Dans le cas des Sept aussi, un banni (Polynice) rallie à sa cause le roi du pays (Adraste), contre un espoir de butin, et réunit sous sa bannière à la fois des chefs locaux et d'autres déracinés comme lui. L'auteur du poème sur Alcmène, dont le point de vue est béotien, présente l'expédition contre les Téléboai un peu autrement ; c'est une coalition de peuples de la côte nord du golfe de Corinthe, Béotiens, Locriens, Phocidiens, contre leurs voisins de l'Ouest, dont on peut supposer qu'ils gênent leur commerce maritime (*Le Bouclier d'Héraclès*, 23-26).

La coalition a beau ravager les îles, tant que Ptérélaos garde son cheveu d'or, Taphos reste imprenable. « Mais lorsque Comaithô, fille de Ptérélaos, tombée amoureuse d'Amphitryon, eut arraché le cheveu d'or sur la tête de son père, Ptérélaos mourut et Amphitryon soumit toutes les îles. Puis il tua Comaithô » (Apollodore, II, 4, 7). Le vainqueur donne les îles à Héleios, dont

38. Voir Héraclite, *Incred.*, 30.

39. Pour cette dernière version, Ératosthène, *Catastérismes*, XXXIII. Selon la poétesse béotienne Corinne, c'est Œdipe qui détruisit le renard de Teumessos, après la Sphinx (fr. 19 Page, d'après la schol. à Euripide, *Phén.*, 26).

40. Paus., VIII, 15, 6 ; IX, 17, 3 (il aurait dédié deux statues d'Athéna Zostéria, « Du ceinturon », à l'endroit où il s'était armé en partant) ; 19, 3 (le tombeau de Chalcodon).

la figure a été évoquée au début de ce chapitre, et à Képhalos, qu'il installe à Céphallonie[41]. À ce compte, la domination des Téléboai s'étendait bien au-delà de l'archipel proprement dit des Échinades[42]. Les quatre enfants de Képhalos, Pronos, Samos, Péleus, Cranios, sont les éponymes des quatre cités de l'île[43]. L'une au moins, Palé, frappe des monnaies à l'effigie de Képhalos[44].

La légende de Comaithô, « À la chevelure flamboyante », est racontée par des mythographes, Apollodore et le Byzantin Jean Tzetzès, qui ne sait plus si Comaithô était amoureuse d'Amphitryon ou de Képhalos[45]. Ce point n'est pas tranché par le poète hellénistique Euphorion, ramassant l'ensemble de l'épisode en six vers pour en faire un exemple de loi du talion : « Car ils ne se seraient pas abattus sur les îles Échinades, ceux qui [...] de Képhalos et d'Amphitryon [...], et Comaithô n'aurait pas arraché le cheveu d'or sur la tempe de son père, pour trouver un tombeau qui n'était pas un tombeau, s'ils n'avaient pas labouré leurs champs avec des bœufs volés, les Téléboai venus de l'Arsinos à travers la mer[46]. »

Un détail reste obscur, celui du « tombeau qui n'était pas un tombeau » ; l'expression n'est certainement pas un simple équivalent de « sans sépulture ». Comme l'autre héroïne du nom de Comaithô est une nymphe cilicienne éprise du fleuve Kydnos et devenue fontaine par désespoir d'amour, peut-être Comaithô de Taphos, elle aussi, devenait-elle fontaine[47] Peut-être aussi Euphorion joue-t-il sur le nom de l'île (qui signifie précisément « Tombeau »). Le passage en tout cas confirme l'importance du rôle de Képhalos dans l'expédition.

Pour les érudits, nous apprend Strabon, Képhalos, amoureux de

41. Voir Strabon, X, 2, 13 (456) et 20 (459) ; Paus., I, 37, 6, reprenant une tradition attique qui explique par celui de Képhalos le nom de l'île.

42. Les problèmes de terminologie géographique dans toute cette région font l'objet d'une longue discussion dans Strabon, X, 2, 7 à 20 (451-459).

43. Voir Épaphroditos dans *Etym. Magn.* p. 507, 26 : Ét. Byz., *s.* Cranioi. Sur Képhalos à Céphallonie, voir aussi Aristote dans *Etym. Magn.*, p. 144, 26 ; Héraclide, *Polit.*, fr. 27 Schmid ; Eust., p. 307, 5 ; 308, 14.

44. *BMC Pelop.*, p. 84 et suiv., 89, 91.

45. Tzetzès, à Lycophron, 932 et 934. Allusions chez Ovide, *Ibis*, 361 et suiv. ; Dion de Pruse, *Disc.* LXIV, 27 ; voir Eust., à Homère, *Il.*, I, 197 (83, 6). Voir aussi schol. à Homère, *Il.*, XIV, 323 (et schol. T. à *Il.*, XIX, 116).

46. Euphorion, fr. 415, II, 14-19 *Suppl. Hell.* (ces vers se trouvent vers la fin d'un poème d'imprécations contre un malfaiteur, le *Thrax*). *Arsinos* est une forme du nom du fleuve argien l'Érasinos : Strabon, VIII, 6, 8 (371).

47. Comaithô cilicienne : Parthénios de Nicée, poète du Ier siècle av. J.-C., fr. 22 Martini (Gaselee), 14 Diehl ; Nonnos de Panopolis, *Dion.*, II, 142-146 (avec le comm. de F. Vian) et XL, 141-145. L'*Anth. Pal.*, IX, 684, évoque une fontaine de l'île de Taphos, Nycheia, installée par Ptérélaos, « fils d'Ényalios » (d'Arès).

Ptérélaos, aurait été le premier à sauter de la roche blanche de Leucade, saut qui passait pour guérir du mal d'amour, sans doute la plupart du temps de manière définitive[48]. L'histoire du cheveu d'or a de nombreux parallèles, les plus célèbres étant, en Grèce, l'histoire de Nisos et Skylla ; chez les Hébreux, celle de Samson et Dalila ; de manière plus lointaine, à Rome, l'histoire de Tarpéia. Cette ruse semble ignorée par un seul texte : dans l'*Amphitryon* de Plaute, où Sosie fait un récit détaillé de la victoire de son maître, celle-ci est remportée par la seule force des armes, à l'issue d'une bataille rangée complètement romanisée (v. 203-261). Mais un point est certainement ancien : Amphitryon tue de sa main le chef ennemi.

Ce que la tradition a retenu de l'expédition contre les Téléboai, c'est, outre la victoire remportée par traîtrise, l'importance du butin, sur laquelle les indices concordent. Apollodore souligne qu'Amphitryon rentre à Thèbes « avec le butin » — plus d'un chef d'expédition victorieuse perd le sien sur le chemin du retour. Ptérélaos possédait une coupe en or célèbre, que Sosie n'omet pas de mentionner (v. 260-261 : c'est la récompense d'Amphitryon) et sur laquelle le goût d'un auteur d'époque romaine, Athénée de Naucratis, pour les ustensiles de banquet a préservé quelques informations[49]. Poseidon l'avait donnée à Téléboas (qui prend ici la place de Taphios) et celui-ci à Ptérélaos. Amphitryon se la réserve lors du partage du butin. Et lorsque Zeus, précédant le mari victorieux, prend son apparence et sa place dans le lit d'Alcmène, il offre à la jeune femme une copie de cette coupe, en même temps qu'il lui raconte tout ce qui s'est passé lors de la campagne. C'est un cadeau pour leur première union, dit Hérodoros, et Pausanias a vu à Olympie, sur le « coffre de Kypsélos », œuvre de marqueterie archaïque, « un homme en tunique, tenant de la main droite une coupe, de l'autre un collier, et Alcmène les prend ». L'homme n'est pas nommé, évidemment parce qu'il représente à la fois Zeus et Amphitryon. L'objet a été conservé jusqu'à l'époque historique et on le montrait encore à Lacédémone, où vivaient des descendants d'Héraclès[50]. Théocrite est le

48. Strabon, X, 2, 9 (452) et 24 (461).

49. Athénée, XI, 498*c*, citant Anaximandros de Milet, le Jeune, n° 9, *Hérôologia,* fr. 1 Jac. (selon la *Souda,* époque d'Artaxerxès Mnémon, 404-358 av. J.-C.).

50. Athénée, XI, 781*c-d* (citant un hexamètre en dorien) ; 474*f* (renvoie à Phérécyde, n° 3, l. II, fr. 13*b* Jac. (schol. à Homère, *Od.*, XI, 266) et à Hérodoros d'Héraclée, n° 31, fr. 16 Jac.) ; 475*c* (renvoie à Charon de Lampsaque, n° 262 Jac., *Hôroi,* fr. non repris) ; Paus. V, 18, 3.

seul à évoquer le bouclier qu'Amphitryon a pris à son ennemi vaincu et qu'il a ensuite utilisé comme berceau pour le bébé Héraclès.

Enfin, Hérodote a lu à Thèbes, dans le sanctuaire d'Apollon Isménios, un vers gravé sur un trépied en lettres très archaïques (« cadméennes », c'est-à-dire ressemblant à du phénicien, nous dit-il) : « Amphitryon m'a consacré au dieu, sur le butin pris aux Téléboai[51]. » L'historien date cette inscription de l'époque de Laios, le père d'Œdipe, alors que la légende place le séjour à Thèbes d'Amphitryon à l'époque de Créon, après l'éviction des Labdacides. Hérodote éloigne dans le temps le séjour d'Amphitryon, sans doute parce qu'il tient compte de l'expédition des Sept Chefs, menés par l'Argien Adraste contre Thèbes du temps de Créon. On retrouve l'incompatibilité entre les chronologies de Thèbes et d'Argos.

Avant la rencontre décisive, les alliés avaient juré par Arès et Athéna de ne rien dissimuler du butin. Un seul, Panopeus, enfreignit le serment et en punition eut pour fils un lâche, Épeios (celui qui plus tard fabriqua pour les Grecs le cheval de Troie, instrument peu glorieux de la prise de la ville). Une fois de plus, Troie — et la fin du monde héroïque — est à l'horizon.

La longue nuit

Héraclès est ainsi le fils de Zeus et d'Alcmène, engendré en l'absence du mari[52] : « Zeus, survenant de nuit et triplant la durée de celle-ci, sous l'apparence d'Amphitryon coucha avec Alcmène » (Apollodore, II, 4, 8). Si le déguisement de Zeus prenant les traits du mari a surtout fait à l'époque moderne la célébrité de cet épisode, la triple nuit n'y a pas moins contribué dans l'Antiquité[53]. Pindare se singularise en racontant qu'Alcmène, « comme or au milieu de la nuit neigeant, reçut le dieu suprême, lorsque, au portail d'Amphitryon surgissant, il vint trouver son épouse pour la conception d'Héraclès[54] ».

51. Théocrite, XXIV, *Héraclès enfant*, 4 ; Hérodote, V, 59.

52. Hygin, *Fable* 29, paraît être le seul à dire qu'Amphitryon était parti assiéger Oichalia, version aberrante sans doute due à une erreur, qu'on ne s'explique pas bien.

53. Phérécyde, n° 3, fr. 13*c* Jac. (d'après schol. A(B) à Homère, *Il.*, XIV, 324) ; Lycophron, 33 ; Plaute, *Amph.*, 112-114 ; Diodore, IV, 9, 2 ; Lucien, 79, *Dial. des dieux*, 14 (10), Hermès et le Soleil...

54. Pindare, *Isthm*, VII, 5-7. Ailleurs, il rejoint la version courante : *Ném.*, X, 15-17 passage traduit ci-dessus, p. 57-58.

C'est au retour de l'expédition qu'Amphitryon s'unit à Alcmène pour la première fois. « À son retour, Amphitryon vit que sa femme ne lui faisait pas fête et il lui demanda pourquoi. Elle lui répondit que, revenu la nuit précédente, il avait dormi avec elle ; c'est ainsi qu'Amphitryon, en consultant Tirésias, apprit que sa femme s'était unie à Zeus » (Apollodore, *loc. cit.*). Amphitryon ne prenait pas les choses aussi bien dans toutes les versions. D'après l'*Alcmène* d'Euripide, incrédule au récit de sa femme, il voulut la tuer ; elle se réfugia sur un autel ; n'osant l'en déloger, le mari jaloux chercha à suffoquer la malheureuse en allumant un bûcher tout autour de la pierre sacrée, lorsque Zeus intervint pour éteindre les flammes par une pluie providentielle[55]. Plus tard, définitivement apaisé, le mari se glorifie de la venue du dieu dans le lit de sa femme, dans l'*Héraclès* du même poète tragique... L'histoire devient un thème de comédie : *La Longue Nuit*, par Platon le comique ; et le personnage de Sosie a été immortalisé par Plaute[56]. De cette longue nuit allait naître un enfant qui, à lui tout seul, aurait une carrière remplie d'autant d'aventures que celles de tous les héros qui l'avaient précédé réunis.

55. Louis Séchan, *Études sur la tragédie grecque dans ses rapports avec la céramique*, Paris, 1926, p. 245, à partir d'un cratère en cloche italiote, vers 370 av. J.-C., au British Museum, F 149.
56. Platon le comique, fr. 89-94 Kassel-Austin.

HÉRACLÈS, ARGIEN ET THÉBAIN

IX

Héraclès aux multiples vies

Héraclès est un personnage complexe, à la fois dieu et mortel, comme Dionysos ou Asclépios, mais, serait-on tenté de dire, plus pleinement qu'eux, au moins pour son existence humaine [1]. Il a, de plus, joui d'une énorme popularité, à laquelle on ne peut comparer celle d'aucun héros ni d'aucun dieu antique, sauf Dionysos, mais les légendes concernant ce dernier sont moins riches. Héraclès représente à la fois l'homme grec et son idéal ; l'homme tel qu'il se voyait, avec ses faiblesses, ses défauts, et un idéal de lutte opiniâtre contre l'adversité et contre soi-même. Très loin de l'Hercule de foire, Héraclès n'est ni insensible ni invulnérable. Il pleure « pour l'unique fois dans sa vie », nous dit-on à diverses occasions : en écoutant le fantôme de Méléagre lui raconter comment il est mort, ou encore de douleur quand il a revêtu la tunique fatale [2]. Il est blessé, en particulier, grièvement, par les fils d'Hippocoon à Sparte.

Mais à travers difficultés et échecs, Héraclès n'en est pas moins, par excellence, le vainqueur de la mort ; grâce à son apothéose finale, certes, mais aussi au long de sa carrière terrestre, où il l'a affrontée plusieurs fois : il est descendu dans l'Hadès chercher le chien Cerbère, préparant sa propre immortalisation ; il a lutté avec la mort pour lui arracher la tendre Alceste, qui avait donné sa vie pour celle de son mari Admète ; il a fait face, presque par hasard, au dieu des morts, Hadès en personne, et l'a blessé sur le champ de

1. Héraclès était honoré à la fois comme un dieu et comme un héros à Sicyone (Paus., II, 10, 1), à Thasos (Hérodote, II, 44) et sans doute ailleurs. D'après le chant XI de l'*Odyssée* (voir ci-après), Héraclès est à la fois un fantôme dans les Enfers et un hôte des dieux immortels, festoyant avec eux.
2. Bacch., V, 155 et suiv. ; Sophocle, *Trach.*, 1070-1074.

bataille. Un symbolisme qui était clair pour les Anciens permet de retrouver ce thème dans d'autres épisodes. Peut-être pas dans la conquête des troupeaux de Géryon, mais du moins dans celle des pommes des Hespérides, promesse d'éternelle jeunesse, préfigurant son mariage avec Hébé, Jeunesse divinisée, après son entrée dans l'Olympe. Sur quelques représentations, on le voit s'apprêtant à assommer la Vieillesse personnifiée, ou la menaçant familièrement (« tu vas pleurer »)[3]. Mais ce n'est là qu'un fil directeur, parmi d'autres, dans le conglomérat de récits divers et parfois contradictoires qui lui tiennent lieu de biographie. Comment les mettre en ordre ?

Les modèles

Parmi les biographies qui lui ont été consacrées dans l'Antiquité, deux sont particulièrement complètes et détaillées : elles sont contenues dans les *Bibliothèques* respectives d'Apollodore (livre II, de 4, 8 à la fin) et de Diodore de Sicile (livre IV, 9 à 39). Les deux auteurs s'accordent à séparer les Douze Travaux, racontés d'abord, et le reste des aventures d'Héraclès[4] ; et leurs récits parallèles nous offrent deux points de vue complémentaires. Apollodore, dont on a déjà noté les tendances archaïsantes, évite les allusions au présent.

Diodore d'Agyrion, en Sicile, fait tout le contraire. Composant au milieu du Iᵉʳ siècle av. J.-C. sa *Bibliothèque*, histoire universelle depuis les origines jusqu'au début de la guerre des Gaules, il consacre ses premiers livres à l'histoire légendaire. C'est-à-dire qu'il transforme autant qu'il peut la légende en histoire et qu'il la met à jour, introduisant un écho du siège d'Alésia en 52 dans la légende d'Héraclès. Diodore est précieux pour les épisodes occidentaux de la légende d'Héraclès, dont il donne une version

3. Cette légende est connue par quelques vases attiques peints entre 490 et 450 av. J.-C. ; aucun texte n'en parle : H. A. Shapiro, *LIMC*, IV, 1, S. Geras (cinq exemples sûrs et deux incertains) ; voir aussi Pierre Devambez, dans P. Devambez et R. Flacelière, *Héraclès. Images et récits*, Paris, De Boccard, 1966, p. 113, vers 480-470, Louvre G 234 ; et K. Schefold et F. Jung, fig. 211 et 212.

4. Il faut signaler l'exposé d'un savant byzantin du XIIᵉ siècle, Jean Tzetzès, dans ses *Histoires* ou *Chiliades* (« milliers » de vers). Tzetzès suit en effet de près Apollodore, et il a pu disposer d'un texte de la *Bibliothèque* plus complet que celui que nous lisons. Il l'utilise aussi dans son commentaire à Lycophron. Cependant, comme il manifeste beaucoup de fantaisie (en modifiant les noms propres, par exemple), il est difficile de donner de la valeur aux variantes qu'il introduit et qui ne sont pas attestées autrement.

détaillée, faisant la part belle aux événements qui ont marqué sa cité natale, Agyrion[5]. Cela nous vaut une page sur la venue d'Héraclès dans ce bourg de l'intérieur de la Sicile, les prodiges qui l'ont marquée et le culte qu'elle a suscité, judicieusement inséré dans le processus de divinisation du héros. Tout rationaliste qu'il soit, Diodore n'en reste pas moins fidèle aux conceptions de la religion antique.

Avant d'entrer dans le dédale des exploits d'Héraclès, nous demanderons aux poètes de nous donner, de manière plus concise, un aperçu de l'ensemble de sa carrière. Et à la manière antique, pour connaître la vérité sur une personne ou des événements, il faut interroger les dieux : par les devins, par les songes. C'est le premier procédé que choisit Pindare, quelque temps après 481 av. J.-C. Près du berceau d'Héraclès qui venait d'étouffer dans ses petites mains deux serpents, le devin Tirésias dit à ses parents et à toute l'assistance

> quels aléas il rencontrerait, combien sur la terre ferme, combien sur la mer il tuerait de bêtes ignorantes de la justice. Et parmi les hommes, celui que l'arrogance mène hors du droit chemin, il affirma qu'Héraclès le tuerait de male mort. Il déclara aussi que, lorsque les dieux, dans la plaine de Phlégra, affronteraient en bataille les Géants, sous le choc des flèches du héros, ceux-ci souilleraient de terre leur brillante chevelure. Et que lui, vraiment, dans une paix qui jamais n'aurait de cesse, obtenant pour rétribution de ses grandes peines une exquise quiétude, en une demeure fortunée, recevant pour épouse Jeunesse florissante, fêtant son mariage auprès de Zeus, fils de Cronos, il glorifierait la loi auguste[6].

Tirésias, avec une clarté inhabituelle chez les devins, propose une vision triomphale d'Héraclès, agissant par le monde entier, sur mer comme sur terre, exterminant les fauves, punissant les hommes et enfin aidant les dieux à maintenir l'ordre dans l'univers. Dans cette composition balancée, le tableau de l'éternelle félicité d'Héraclès est précisément égal à celui de ses exploits, et partout il est au service de la Loi — ce n'est pas toujours évident d'après son comportement sur terre.

Sauf pour la Gigantomachie, Tirésias ne fait allusion qu'en

5. Il avait eu un devancier, une de ses sources principales, Timée de Tauroménion (Taormine, en Sicile), historien de la Sicile et de l'Ouest méditerranéen à la fin du IVe siècle av. J.-C. et au début du IIIe.
6. Pindare, *Ném.*, I, 61-72 (fin). Voir ci-dessous, p. 178 et 313-314.

termes généraux aux épreuves de la vie d'Héraclès. La stylisation est encore plus poussée dans une autre révélation, procurée celle-là par un rêve, et non seulement allusive, mais métaphorique. C'est une œuvre hellénistique anonyme, *Mégara*, qui rapporte une conversation larmoyante entre la mère d'Héraclès, Alcmène, et sa première épouse, Mégara. Alors qu'il a tué dans un accès de folie les enfants qu'elle lui avait donnés, Mégara l'a suivi de Thèbes à Tirynthe, dans l'exil qui est la conséquence de ce meurtre[7]. En attendant le retour de leur fils et mari, les deux femmes se plaignent et Alcmène raconte à sa bru un rêve qu'elle a fait : Héraclès creusait un fossé, comme un ouvrier qui s'est loué ; arrivé au bout de son travail, une flamme jaillissait et le faisait reculer, sans que son demi-frère Iphiclès pût lui porter secours. Le cauchemar reprend des thèmes héracléens : le chenal que l'on creuse, la voie d'eau que l'on ouvre ; la servitude (et pas seulement l'hommage ou le service à autrui) ; le feu, qui est à la fois un ultime supplice et l'instrument de l'apothéose ; la solitude. Dans son extrême dépouillement, il résume une version de l'histoire d'Héraclès où celui-ci consume sa vie dans les travaux que lui inflige Eurysthée, trouvant aussitôt après à la fois la mort et l'immortalité. Les Douze Travaux (expiation pour le meurtre des enfants, copieusement rappelé au début du poème) sont désormais passés au premier plan, ils symbolisent à eux seuls une vie d'épreuves et suffisent à mériter au héros sa récompense. Les images du rêve, si différentes du contenu de la prédiction de Tirésias, renvoient bien pourtant au même personnage. *Mégara* met en relief un trait marquant de la biographie légendaire d'Héraclès : ce que nous appellerions sa vie privée est une succession de désastres.

La popularité des Douze Travaux a rejeté dans l'ombre d'autres aventures, traitées avec prédilection par la poésie archaïque ; mais leur groupement semble relativement récent[8]. Pour l'ensemble, un classement hérité de l'Antiquité oppose les exploits accomplis sur l'ordre d'Eurysthée — les Douze Travaux — et ceux qu'Héraclès a choisi, volontairement, de tenter ; la distinction est faite aussi bien par les compilateurs comme Pausanias (III, 17, 3) que par les poètes comme Callimaque, s'exclamant : « Salut,

7. Ce poème est attribué à Moschos (IIe siècle av. J.-C.) depuis la Renaissance, sans certitude.
8. Voir ci-dessous, chap. XI, début.

l'homme à la lourde trique, toi qui sur ordre en accomplis deux fois six, et de ton libre choix bien des fois plus[9] ! »

Parmi ces « figures libres », une nouvelle subdivision distingue les « accessoires » (Πάρεργα), accomplis à l'occasion des Travaux, et les « gestes d'Héraclès », qui en sont indépendantes. Tout cela est quelque peu artificiel, car certains des Douze Travaux sont extraits d'une geste d'Héraclès, où ils figuraient dans un autre contexte, et d'autre part le thème de la servitude, dans la légende d'Héraclès, n'est pas lié à ses seuls rapports avec son cousin Eurysthée. Les exploits accessoires, surtout, ont proliféré. Quelle dynastie, des souverains numides aux rois de Commagène, n'a pas souhaité trouver Héraclès parmi ses ancêtres ? Pour cela, il fallait que le héros fût venu dans le pays, y eût accompli quelque haut fait (exécution d'un bandit) et y eût engendré un fils (avec la fille du bandit, par exemple, et une fois avec sa femme) : ce fut le parti adopté par les Numides. Ou bien, de manière moins romanesque, il fallait se rattacher à une dynastie hellénique descendant elle-même d'Héraclès : ce fut le parti des rois de Commagène.

Victime en quelque sorte de son succès, la biographie d'Héraclès, qui n'a jamais été totalement unifiée, s'est désintégrée. On le voit bien sur un très curieux document, la Table Albani. Cette plaque de marbre offre, par les reliefs et les textes qu'elle porte, un résumé de la carrière d'Héraclès, depuis sa première participation, encore petit garçon, à une cérémonie religieuse officielle, jusqu'au perpétuel banquet dont il jouit désormais. Conçue sans doute vers la fin du IIe siècle ap. J.-C., sous l'Empire romain, à une époque où le souverain régnant se comparait volontiers à Hercule, elle présente l'ensemble de la biographie du héros comme des travaux juxtaposés, estompe les crimes et transforme toutes les aventures en succès. Mais plus que cette sorte de moralisation, ce qui frappe est, désormais, l'émiettement des exploits[10].

9. Fr. 23 Pfeiffer, v. 19-20, χαῖρε βαρυσκίπων, ἐπίτακτα μὲν ἑξάκι δοιά, ἐκ δ' αὐταγρεσίης πολλάκι πολλὰ καμών.

10. La Table Albani, ainsi nommée parce qu'elle est fixée dans un mur de la villa Albani, à Rome, connue depuis les années 1534-1538, a été étudiée notamment par Otto Jahn et K. Michaelis, *Griechische Bilderchronike*, p. 69 et suiv. ; les inscriptions ont été publiées par G. Kaibel, *IG*, XIV, 1293, texte repris par F. Jacoby (n° 40 de son recueil) ; voir enfin Anna Sadurska, *Les Tables Iliaques*, Varsovie, 1964, p. 83-94 ; je suis son classement des différentes inscriptions : *a* et *b*, inscriptions du haut, le repos d'Héraclès ; *c*, dédicace du trépied ; *d*, gestes (Πράξεις) d'Héraclès gravées sur les deux stèles ; *e*, inscription en hexamètres sur la plinthe, les Douze Travaux et des exploits accessoires (πάρεργα), *f*, sur la plinthe, l'inscription d'Admata.

Quant à nous, pour la clarté de l'exposé, nous distinguerons : la naissance ; l'enfance et les premiers exploits, sur lesquels règne un semblant d'accord (les serpents dans le berceau, le lion du Cithéron et les filles de Thespios, la défaite des Minyens) ; les Douze Travaux ; les expéditions guerrières, entreprises depuis Tirynthe (contre Troie) ou depuis Phénéos (contre l'Élide), plus ou moins liées aux Travaux ; le cycle de la ville d'Oichalia, c'est-à-dire la demande en mariage d'Iole, le meurtre par traîtrise du frère de la jeune fille, Iphitos, la servitude chez Omphale et la vengeance d'Héraclès contre ceux qui ont refusé de le purifier ; enfin la mort du héros, qui est la conséquence de son mariage avec Déjanire et de son désir pour Iole.

Cette construction dissocie des groupes d'aventures qui se déroulent dans les mêmes parages. Par exemple, les débarquements dans les îles de l'Égée appartiennent à plusieurs séries : Paros (expédition contre les Amazones), Cos (retour de Troie), Icaria (service d'Omphale), Rhodes (retour de Troie). De même, certaines aventures en Propontide et mer Noire surviennent lorsque Héraclès accompagne les Argonautes ou à son retour : à Troie, à Kios ; mais ce n'est pas le cas de ses campagnes contre les tribus de Bithynie (Amazones), de son passage sur le site d'Héraclée, aussi en Bithynie (Cerbère). Il a parcouru aussi les côtes de la mer Noire lors de son expédition contre les Amazones, et la libération de Prométhée enchaîné sur le Caucase intervient alors qu'il est en quête des pommes des Hespérides !

Des campagnes et expéditions lointaines permettent parfois des ébauches de regroupement. Ce sont plutôt les voyages vers le sud qui sont rattachés à la quête des pommes des Hespérides, vers l'ouest au vol des troupeaux de Géryon, l'une et l'autre pouvant donner prétexte à des incursions dans le Grand Nord des Hyperboréens. Mais, toutes proches, les campagnes de dévastation dans le Péloponnèse sont dissociées, consécutives à l'un des Travaux (guerre contre Augias) ou intégrées au cycle d'Oichalia (massacre de Nélée et de ses enfants).

À toute époque, il y a eu des liens entre ces différentes parties : le mariage avec Déjanire, qui entraîne la mort du héros, exploite des thèmes issus des Douze Travaux, ce que souligne Sophocle dans *Les Trachiniennes* : Héraclès succombe à la vengeance de ses victimes, l'hydre, le Centaure. Dans la cinquième *Ode triomphale* de Bacchylide, son mariage avec Déjanire est décidé lors de son douzième travail, dans l'Hadès, où il s'allie à un mort, Méléagre, le frère de sa future épouse. Le mariage avec Déjanire s'intègre aussi au cycle d'Oichalia, puisque Déjanire sera délaissée pour Iole. Il réunit de la sorte les principaux volets de la biographie d'Héraclès. L'ordre de nombreux épisodes n'a jamais été définitivement fixé, notamment la place des Douze Travaux à l'intérieur de la carrière d'Héraclès. Mais la plupart sont aimantés par la mort-apothéose.

Dans cette superposition de biographies, on peut distinguer aussi des périodes en fonction du lieu de résidence d'Héraclès, qui naît en exil et vit en éternel banni, ou de son maître. Il a une période thébaine — Thèbes est sa ville natale. Il connaît en Grèce centrale nombre d'aventures, souvent racontées à l'époque archaïque, un peu oubliées par la suite au profit des Douze Travaux, car ceux-ci s'organisent autour de l'Argolide, patrie de ses ancêtres. Mais dans tous les cas, durant la dernière partie de sa vie, il installe sa famille en Grèce centrale, à Trachis. Héraclès n'a pas eu une seule existence, mais plusieurs et, dans plus d'un coin de Grèce, les traditions locales suffisaient à le doter d'une carrière riche en rebondissements, le menant jusqu'à l'apothéose.

X

Enfances

Alcmène conçut deux enfants à une nuit d'intervalle : des œuvres de Zeus, Héraclès ; d'Amphithryon, Iphiclès. Une quatrième personne fut mêlée à ces naissances, Héra, dont la vindicte distingue spécialement, parmi les nombreux bâtards de Zeus, Héraclès et Dionysos. La statue de l'Héra de Samos n'avait-elle pas « du lierre dans les cheveux, une peau de lion jetée à terre », en signe de victoire sur les deux bâtards [1] ?

Sa haine s'exerce dès le premier instant. Avant la naissance de son fils, Zeus se laisse aller à des promesses imprudentes devant les autres dieux : « L'enfant qui va naître aujourd'hui parmi les hommes de ma descendance régnera sur tous ceux qui l'entourent » (Homère), ou bien : « L'enfant qui va naître parmi les descendants de Persée sera roi de Mycènes [2] » (Apollodore). Alors Héra, profitant de l'imprécision des paroles de son époux, avance la naissance d'un autre descendant de Persée (donc aussi de Zeus), Eurysthée, dont la mère n'est enceinte que de sept mois, et retarde, comme on le verra, la délivrance d'Alcmène. L'anecdote resta proverbiale pour légitimer une naissance dont la précocité paraissait suspecte [3].

Elle a, dans l'*Iliade*, une autre fonction : placée dans la bouche d'Agamemnon, à l'assemblée où les chefs achéens, mal en point, traînant leurs blessures, se réconcilient enfin avec Achille, elle sert

1. Exposé (*Diegesis*) d'un grammairien anonyme à propos de Callim., *Aitia,* IV, fr. 101 Pfeiffer (*Dieg.*, IV, 30).
2. Homère, *Il.*, XIX, 103-105 ; Apollodore, II, 4, 5.
3. *Ibid.* et Diodore, IV, 9, 4. Aussi le poète Rhianos, *Héracleia,* fr. 9 Powell (schol. AB à Homère, *Il.*, XIX, 119). Usage proverbial : Paus., III, 7, 7 (un enfant né après sept mois de mariage).

à excuser l'erreur, aux conséquences catastrophiques, du commandant suprême. Zeus aussi a erré, répète Agamemnon. Mais, furieux de s'être laissé prendre, il a saisi par ses nattes Erreur, sa fille aînée, et l'a jetée du haut du ciel sur la terre, en lui interdisant de jamais revenir. Et, depuis ce temps-là, les dieux dans l'Olympe sont à l'abri de l'Erreur, qui parcourt le monde, sans s'abîmer les pieds, car jamais elle ne foule le sol ; toujours elle va sur les têtes des mortels[4]. Le sort d'Héraclès apparaît ainsi comme le fruit d'une erreur divine, et lui-même se trompera plus d'une fois. Pourtant, son action sur terre sera de plus en plus interprétée dans un sens providentiel.

Naissance, premiers dangers

Où la délivrance d'Alcmène a-t-elle lieu ? À Thèbes, où Amphithryon, père putatif du héros, vit en exil, comme on l'a vu au chapitre précédent. Héraclès porte l'épithète de « Né à Thèbes » chez Hésiode. C'est la version courante, chez Homère, Pindare, Sophocle, Apollodore[5]... Alcmène est une héroïne importante à Thèbes. Près des portes « Électres », on montrait les ruines de la maison où elle avait habité avec Amphitryon et où Héraclès était né, en particulier sa chambre. Les douleurs d'un accouchement qui la conduisit « tout près des portes bien closes de l'Hadès » (*Mégara*, 83-87) étaient restées mémorables. Pour retarder la naissance d'Héraclès, Héra avait en effet, selon la version locale racontée par Pausanias, posté des divinités, les Pharmakides (« Jeteuses de sort »), qui empêchaient la jeune femme d'accoucher[6]. Elles furent écartées par un stratagème de la fille de Tirésias, qui lança le cri de joie rituel, comme si l'enfant était né. Les Pharmakides, trompées, s'en allèrent et l'événement attendu put se produire[7].

Les auteurs de recueils de métamorphoses, le Grec Nicandre, puis le Latin Ovide, donnent une version dérivée : Héra avait

4. Homère, *Il.*, XIX, 91-94 et 126-131.
5. Hésiode, *Théog.*, 530 ; Homère, *Il.*, XIV, 323 et suiv.
6. Paus., IX, 11, 1. On voyait auprès de la maison les statues informes des Pharmakides et les tombeaux des enfants d'Héraclès (p. 226). C'était peut-être un reste de construction mycénienne, comme d'autres « chambres » mythiques, à Tirynthe pour les filles de Proitos, à Argos pour Danaé, à Thèbes même pour Harmonie et Sémélé (Paus., IX, 12, 3).
7. Id., IX, 11, 3. Héra cherche de même à empêcher l'accouchement de Létô, que Zeus a rendue enceinte d'Apollon et Artémis.

posté à la porte de la demeure d'Alcmène la déesse des naissances. Ovide décrit son attitude avec une grande précision : elle se tenait assise sur l'autel, jambes croisées, le mollet droit sur le genou gauche et les doigts entrecroisés. Le sens de cette attitude était clair pour les Anciens ; elle est commentée par le savant Pline :

> C'est un sortilège de s'asseoir au chevet d'une femme enceinte ou de quelqu'un à qui on donne des remèdes, avec les doigts entrecroisés ; on s'en aperçut, paraît-il, quand Alcmène accoucha d'Hercule. Le sortilège est aggravé si les mains entourent un genou ou les deux ; et de même si on met le mollet d'une jambe sur le genou de l'autre [8].

La ruse qui délivre Alcmène est chez Ovide l'œuvre d'une de ses servantes : passant devant cette femme immobile, elle l'invite à féliciter sa maîtresse pour la naissance qui vient d'avoir lieu. De surprise, l'autre se lève, dénoue les mains et Alcmène peut enfin mettre son enfant au monde, après sept jours et sept nuits de travail ! La servante se met à rire ; pour sa punition, la divinité la transforme en belette ; sous son nouvel aspect, elle garde son poil blond, sa ruse et sa démarche affairée ; parce qu'elle a menti à propos d'une femme en couches, elle perd sa virginité *(sic)* ; elle est fécondée par l'oreille et met bas par la gorge. Une fois grand, Héraclès reconnaissant fonde un sacrifice en son honneur, qui depuis lors marque le début des grandes fêtes thébaines d'Héraclès [9]. Celles-ci ont un caractère domestique (elles se déroulent dans la « maison » du héros, un repas lui est offert, sa femme et ses enfants reçoivent aussi un sacrifice). On n'est pas étonné que la belette, la « petite belle », animal domestique familier et utile, soit associée aux réjouissances. Dans une version simplifiée, les divinités hostiles à l'accouchement sursautent simplement en

8. Pline, XXVIII, 17 (59). Cette attitude paralysante était interdite aussi dans les réunions d'état-major ou de magistrats. La parturiente ôtait toute ceinture, défaisait tout nœud de ses vêtements et détachait ses cheveux ; elle et les sages-femmes avaient soin de garder leurs paumes bien ouvertes, et les ex-voto après une heureuse délivrance consistent en ceintures, sandales, soutiens-gorge... Exemples dans J. Heckenbach, *De nuditate sacra sacrisque vinculis*, Giessen, 1911, p. 78-82.

9. Nicandre, *Mét.*, IV, résumé par Anton. Lib., *Mét.*, 29 ; Ovide, *Mét.*, IX, 285-303. Les versions de Nicandre et d'Ovide offrent des divergences mineures que je n'ai pas relevées ; celle d'Ovide prépare mieux la métamorphose et je la reproduis sur ce point. Seul Nicandre indique le rite qui en est issu. Les Héracleia : Martin P. Nilsson, *Griech. Feste*, Leipzig, 1906, p. 446-447.

voyant passer une belette et Alcmène est délivrée à cet instant[10]. Héraclès naît le quatrième jour du mois, et ceux qui naissent de même sont comme lui promis à peiner pour les autres leur vie durant. « Je suis né un 4 », disait-on familièrement pour se plaindre de travailler pour autrui, aux ve et ive siècles[11].

Héraclès, d'ascendance argienne, est ainsi thébain par sa naissance et une partie de sa carrière. Exilé qui aspire à rentrer, tel il apparaît à plusieurs reprises, et plus encore ses descendants les Héraclides (dont le « retour » dans le Péloponnèse devait être si laborieux). Il se tient aux portes de la ville. Alors que les ruines du palais de Cadmos, le fondateur de Thèbes, se trouvaient à l'agora, le palais d'Alcmène, diverses reliques, ainsi que le sanctuaire et le gymnase d'Héraclès sont près des portes Électres ; aux portes Proitides sont des souvenirs de la guerre menée par Héraclès contre les gens d'Orchomène, ainsi que le sanctuaire et le gymnase d'Iolaos ; aux portes Néistai, le « champ d'Héraclès », où il fut allaité par Héra, et la statue d'Héraclès Coupeur de nez[12].

La tradition, pour une fois, est presque unanime. Où encore serait-il né ? Diodore, seul, affirme que cela se passa à Tirynthe, en Argolide, et qu'Amphitryon ne fut banni que plus tard. Héraclès, de toute façon, sera « aussi bien béotien qu'argien », comme dit Plutarque[13]. À Thèbes ou à Tirynthe, une légende analogue avait cours. À Tirynthe, on montrait un endroit appelé la « plaine d'Héraclès » où Alcmène, craignant la rancune d'Héra, avait abandonné son enfant ; Athéna et Héra passant par là, Athéna avait persuadé Héra de donner le sein à cet enfant abandonné que

10. Istros l'élève de Callimaque, n° 334, fr. 72 Jac. (d'après la schol. à Homère, *Il.*, *ibid.*) ; Élien, *Nat. an.*, XII, 5 (en XV, 11, autres superstitions sur la belette). Voir Lactantius Placidus, à Ovide (*Récits*, IX, 5) ; Libanios, *Narr.* (III), 8 (t. VIII, p. 39 Förster).

11. L'expression se trouve chez des poètes de la comédie attique, paraissant se moquer d'Aristophane qui travaille pour les autres : dans Kassel-Austin, Aristonymos, Ἥλιος ῥιγῶν, fr. 3 ; Sannyrion, Γέλως, fr. 5 ; Platon le comique, Πείσανδρος, fr. 107 ; Amipsias, fr. 27. Le 4 était aussi le jour de la naissance d'Hermès (*H. hom.* IV, *à Hermès*, 19), protecteur d'Héraclès dès ses premiers instants, et un jour de banquet (Aristophane, *Ploutos*, 1126). C'est un 4 qu'Héraclès devait monter au ciel. Ces questions furent étudiées par un savant, historien et devin, Philochoros d'Athènes (vers 340-263), dans son traité *Sur les jours* (n° 328, fr. 85 Jac.), utilisé par les auteurs de scholies (schol. Aret. (B) à Platon, *Apol.*, 19*c*, dictionnaires et recueils de proverbes (Zénobios, II, 78).

12. Paus., IX, 12, 3 (palais de Cadmos) ; 12, 11 (d'Alcmène) ; 17, 1-3 et 23, 1 (portes Proitides) ; 25, 2 et 4 (portes Néistai).

13. Diodore, IV, 10, 2 ; Plutarque, *De la malignité d'Hérodote*, 14, 857*ef*, se référant à l'ensemble des anciens poètes : Homère, Hésiode, Archiloque, Pisandre, Stésichore, Alcman, Pindare, polémiquant contre Hérodote et ceux qui parlent d'un Héraclès égyptien ou phénicien.

l'épouse de Zeus n'avait pas reconnu ; mais Héraclès tira si fort sur la mamelle d'Héra qu'il lui fit mal ; la déesse le rejeta ; Athéna le rendit alors à sa mère [14]. Le premier lait qu'ait goûté Héraclès, dans cette version, est donc le lait de la déesse ; une mère qui va abandonner son enfant ne lui donne pas le sein (l'abandon est réalisé dans les heures qui suivent la naissance, avant le premier allaitement).

À Thèbes également, près des portes Néistai, se trouvait un terrain « où Héra avait donné du lait à Héraclès encore enfant, grâce à une supercherie de Zeus » — nous ne savons pas laquelle ; Héra est ainsi mystifiée pour la deuxième fois [15]. Une fresque des thermes de Titus à Rome, aujourd'hui perdue, montrait Jupiter mettant le bébé Hercule sur le sein de Junon endormie (sur terre), en présence de Cupidon (au-dessus de Junon) et de Minerve (derrière Jupiter) [16]. Ératosthène et Lycophron mentionnent le fait sans le situer ; ils considéraient probablement qu'il s'était déroulé au ciel : le petit Héraclès aurait été glissé (par Hermès, semble-t-il) auprès d'Héra tandis qu'elle dormait. La déesse, réveillée, le repoussa et le lait qui coulait de son sein laissa dans le ciel la traînée de la Voie lactée [17]. C'est le premier des signes avant-coureurs d'apothéose qui parsèment la carrière d'Héraclès ; il est présenté expressément comme tel chez Ératosthène. Deux autres fils illégitimes de Zeus goûtent eux aussi au sein de la déesse, Hermès et Dionysos [18]. Parfois, Héra donne le sein à un Héraclès jeune homme ou adulte, selon un rite d'adoption qui sera présenté à propos de l'apothéose du héros et de sa renaissance symbolique grâce à sa marâtre (Diodore, IV, 39, 2).

C'est au berceau qu'Héraclès accomplit son tout premier exploit : il étouffe les serpents envoyés par Héra pour le tuer et

14. Diodore, IV, 9, 6-7.

15. Paus., IX, 25, 2. Pour un troisième exemple en Béotie, voir ci-dessus, p. 50.

16. Marcel Renard, « Hercule allaité par Junon », *Mélanges Jean Bayet*, Bruxelles, coll. Latomus, 70 (1964), p. 611-618, d'après Mirri, *Le Antiche Camere delle terme di Tito*, pl. VI. L'authenticité de cette fresque a été parfois suspectée.

17. Ératosthène, *Épitomé*, 44 (p. 198 Robert) ; Lycophron, 1327 et suiv., et schol. Les témoins du texte d'Ératosthène donnent des versions divergentes : tantôt Héra dormait (Hygin, *Astron.*, II, 43) ; tantôt Hermès lui a d'abord fait croire qu'Héraclès était son fils à elle (*sic* la schol. à Aratos, 474 ; à Germ., BP, p. 104, 1 et suiv. Breysig). Héraclès tire trop fort sur son sein : outre Diodore, IV, 9, 6-7, Hygin, *Astron.*, II, 43 ; Achille Tatios, à Aratos, p. 146.

18. Ératosthène, *loc. cit.* (Hermès) et Nonnos, *Dion.*, XXXV, 275-335. — Illustrations de la légende : voir *Anth. pal.*, IX, 589 (inscription d'une statue d'Héra allaitant Héraclès, *LIMC*, *s.* Hera, n° 454), et un lécythe apulien, vers 360 av. J.-C. : sur une face, Héra et Athéna découvrent l'enfant ; sur l'autre, Héra lui donne le sein (*ibid.*, n° 301).

reçoit à ce moment le nom d'Héraclès, compris comme « Celui à qui Héra donne la gloire [κλέος][19] ». Jusque-là, il s'appelait Alkeidès, « Descendant d'Alkaios », qui était fils de Persée ; le nom de l'ancêtre a été choisi pour sa signification, « Fort » (c'est l'adjectif ἀλκαῖος). Apollodore place ce changement de nom (qui évoque celui de Persée) avant le début des Travaux : il l'attribue à la Pythie, saluant le fils de Zeus après le meurtre de ses enfants, au moment de lui imposer de servir Eurysthée[20]. L'épisode des serpents est mis en scène par Pindare dans la première *Néméenne* et à sa suite par Théocrite dans l'*Idylle* XXIV, *Héraclès enfant*[21]. La première *Néméenne* est l'œuvre conservée de Pindare où Héraclès est le mieux mis en valeur. Par le biais d'une prophétie du célèbre devin de Thèbes Tirésias, le poète esquisse la carrière entière du héros, vue comme une marche grandiose, à travers les épreuves, vers l'immortalité et la félicité. L'œuvre est dédiée à l'un des principaux officiers de Hiéron de Syracuse et, derrière l'éloge d'Héraclès, chargé de la police du monde et glorieusement récompensé de ses peines, se profile le destin personnel du héros du jour, Chromios. Théocrite reprend le même principe de mise en perspective, peut-être pour louer, à travers Héraclès, un prince de la dynastie des Ptolémées[22]. Cet épisode est ainsi traité par les deux poètes comme un miroir de l'avenir d'Héraclès, le héros fort et surtout le triomphateur de la mort, qu'il nargue dès sa naissance. Une même déesse, Héra, permet à Héraclès de vaincre la mort grâce aux gouttes de son lait et la met sur son chemin. L'image du bébé étouffant les serpents a été utilisée par des cités grecques alliées, au début du IVe siècle av. J.-C., pour signifier qu'elles avaient réussi à se délivrer de leur oppresseur[23].

Phérécyde, à peu près contemporain de Pindare, donne une interprétation différente de l'épisode et en fait une sorte d'ordalie : « Amphitryon, voulant apprendre lequel des deux enfants était de lui, mit les serpents dans leur berceau ; comme Iphiclès prenait la

19. Diodore attribue cette interprétation à un certain Matris (I, 24, 4, voir IV, 10, 1). Sur Matris, voir ci-dessous, p. 319. — Hypothèses sur l'origine du nom d'Héraclès dans W. Burkert, *Greek Religion*, p. 210 et n. 21.
20. Apollodore, II, 4, 12.
21. Ἡρακλίσκος. La légende était aussi racontée dans le vingtième *Péan* de Pindare, fr. 52*u* Snell-Maehler. Un extrait de la première *Néméenne* est traduit p. 167.
22. Voir les notes d'A.S.F. Gow aux v. 4 et 11 : Héraclès a pour berceau un bouclier (emblème familial des Lagides) et il est né au mois d'avril (comme Ptolémée II).
23. C. M. Kraay, *Archaic and Classical Greek Coins*, p. 248 et fig. 918, 926-928 (vers 394 ou 391-390).

fuite alors qu'Héraclès faisait face, il apprit qu'Iphiclès était son fils[24]. »

Premier crime

L'éducation d'Héraclès fut évidemment soignée et, comme pour d'autres héros, nous connaissons le nom de ses précepteurs. Théocrite les présente : Linos, le frère d'Orphée, lui apprit les lettres ; Eurytos, le tir à l'arc ; Eumolpos, fils de Philammon, la musique ; Harpalycos de Panopeus, fils d'Hermès, la lutte ; Amphitryon, la charrerie ; Castor, l'art de la guerre. La liste d'Apollodore est très proche : Autolycos, le grand-père d'Ulysse, remplace Harpalycos pour l'art subtil de la lutte, avec ses feintes et ses prises savantes ; Eumolpos disparaît et Linos est le professeur de musique du jeune garçon[25]. Deux de ces maîtres ont une importance particulière, Eurytos et Linos.

Eurytos, archer célèbre, est mêlé à plusieurs reprises à l'existence d'Héraclès, directement ou par l'intermédiaire de ses enfants, sa fille Iole ou son fils Iphitos. D'après l'*Odyssée,* il est le propriétaire d'un arc merveilleux qui passera à Iphitos, puis d'Iphitos à Ulysse. Cet arc à double courbure, fait de deux cornes reliées par une poignée, est l'instrument de l'épreuve proposée par Pénélope aux prétendants, puis de leur massacre[26]. Héraclès apprend d'Eurytos la technique où il excellera plus tard, mais, disciple mal aimé, il ne reçoit pas de lui son arme[27]. Une joviale chanson à boire dans le style d'Anacréon, sur le thème « laissez-moi boire à larges rasades, je veux, je veux être fou », évoque parodiquement des héros fous. Après Oreste le parricide, avant Ajax en proie à la paranoïa, voici Héraclès : « Il était fou, dans le temps, Héraclès, quand il secouait son terrible carquois et l'arc d'Iphitos » — avant de tuer ses enfants[28]. Il ne faut pas demander trop de précision mythologique à cette composition fantaisiste,

24. Phérécyde, n° 3, fr. 69*a* Jac., dans Apollodore, II, 4, 8.
25. Théocrite, XXIV, *Héraclès enfant,* 103-129 ; Apollodore, II, 4, 9.
26. Homère, *Od.*, XXI, 11-41 (histoire de l'arc) ; XI, 395 et 419 (sa forme). Dans la scène du massacre, au chant XXII du poème, Ulysse acquiert une stature digne d'Héraclès, qui lui aussi, à plusieurs reprises, seul ou avec quelques aides, abat à coups de flèches une collectivité (ses enfants, les fils de la Terre de Cyzique...).
27. Il l'a fabriquée lui-même, selon Quintus de Smyrne, IX, 395-397
28. *Anacreontea,* 9 Campbell.

qui atteste surtout la célébrité de l'arme d'Eurytos et de son fils.

Au hasard des textes et des citations d'auteurs perdus, d'autres maîtres en archerie sont nommés. Quelques lignes de scholies à Théocrite permettent de reconstituer une moisson de variantes[29]. La forme spéciale de l'arc d'Héraclès, différente de celle de l'arc apollinien à courbure simple, a suggéré aux Grecs un rapprochement avec les Scythes, qui utilisaient une arme analogue : le héros aurait été instruit et équipé par Teutaros, un Scythe, bouvier d'Amphitryon[30]. Cette version semble remonter à Hérodoros d'Héraclée du Pont[31].

Pour d'autres savants, non précisés, les maîtres d'Héraclès auraient été le Centaure Chiron (célèbre pour avoir veillé sur l'enfance de Jason et d'Achille[32]) et Thespios (son premier employeur). Selon Aristophane de Béotie, ce fut Rhadamanthe : expert en tir à l'arc en sa qualité de Crétois, il vivait exilé à Ocaléai, en Béotie ; après la mort d'Amphitryon, il épousa Alcmène (Apollodore, II, 4, 11) et serait ainsi devenu le professeur d'Héraclès en cet art. Mais Rhadamanthe était fameux avant tout par ses talents de législateur, dont il avait fait bénéficier les insulaires avant d'être banni et qui lui valurent plus tard de juger aux Enfers[33]. Il eut l'occasion de les appliquer à son élève.

En effet, si Héraclès excellait dans les disciplines sportives et militaires, dans son enfance il ne montrait guère d'intérêt pour les choses de l'esprit, que devait lui enseigner Linos. Pour en faire un héros complet, Hérodoros ou Plutarque ont imaginé une conversion d'Héraclès adulte à l'étude et à la dialectique, à la faveur de certains épisodes (la conquête des pommes des Hespérides, la lutte pour le trépied). Mais ce sont là spéculations de philosophes, experts à découvrir un sens allégorique aux légendes. Dans une comédie du IVe siècle av. J.-C., Linos demande au jeune Héraclès de choisir, dans la bibliothèque, un livre de lecture. Le maître passe en revue les auteurs les plus nobles, Orphée, Hésiode,

29. Schol. à Théocrite, XIII, *Hylas*, 7-9*b* et 56*a* (Hérodoros, n° 31, fr. 17 et 18 Jac. ; Aristophanès, n° 379, fr. 8 Jac., voir la schol. à Lycophron, 458).

30. Callim., fr. 692 Pfeiffer ; voir Théocrite, XIII, *Hylas*, 56 ; Lycophron, 56 et les schol. aux v. 50, 458, 915.

31. Hérodoros, n° 31, fr. 17 et 18 Jac. La tradition inverse (l'arc des Scythes leur a été donné par Héraclès) figure chez Hérodote : voir ci-dessous, à propos de Géryon.

32. On place d'ordinaire les relations d'Héraclès avec Chiron beaucoup plus tard dans la vie du héros : voir p. 216.

33. Pindare, *Olymp.*, II, 75 ; *Pyth.*, II, 73-74 ; Apollodore, III, 1, 2 ; voir Platon, *Lois*, I, 624*b* ; XII, 948*b* ; Aristote, *Éthique à Nicom.*, V, 8, p. 1132*b* ; Diodore, V, 79, 1.

Homère, les Tragiques... Mais l'enfant saisit un livre de cuisine[34]. Il n'est pas dit cependant que cette divergence de goûts littéraires ait été l'origine directe de la mort de Linos. Héraclès, en colère d'avoir été frappé par son professeur de musique, l'aurait assommé d'un coup de cithare. Ou bien, selon la tradition littéraire, avec le plectre de l'instrument. Dans *Héraclès enfant*, Théocrite ne mentionne pas le meurtre : dans ce poème courtisan, il lui faut un enfant modèle. Quant aux monuments figurés, des vases attiques peints entre 490 et 450 montrent Héraclès maniant un tabouret. Une seule de ces scènes d'école est paisible. D'un côté, Iphiclès en train de prendre sa leçon se tient assis sagement face à Linos ; de l'autre, Héraclès arrive en retard, boudeur, tenant une javeline, accompagné par une très vieille esclave portant sa cithare[35].

Le meurtre de Linos introduit le thème des jugements et de la culpabilité d'Héraclès : ces réflexions sur le problème de la légitime défense permettent de dater une phase de l'élaboration de la biographie (d'autres affaires impliquant Héraclès ont une issue judiciaire chez Apollodore : Héraclès et Artémis à propos de la biche ; Héraclès et Augias). Le jugement est placé sous l'autorité de Rhadamanthe. C'est Aristote qui donne le principe, posé par Rhadamanthe, de l'acquittement d'Héraclès : « S'il [la victime] a subi ce qu'il a fait [le premier à son agresseur], ce sera droite justice. » Or Linos avait le premier frappé Héraclès avant de recevoir de lui le coup mortel. Héraclès affronte différentes formes de culpabilité ; ici, une riposte brutale est assimilée à une légitime défense entendue de manière quelque peu extensive ; plus tard, après avoir tué ses enfants dans un accès de démence, il se soumet à une purification et à l'exil ; c'est aussi le meurtre involontaire d'un enfant échanson ou d'un hôte et ami, Iphitos, par pure perfidie[36]. Les aventures de ce délinquant hors du commun illustrent sans doute, de manière plus ou moins lointaine, certaines pratiques sociales de la Grèce archaïque, notamment les règles de la purification après un crime. Dans sa biographie, chaque faute entraîne un rebondissement, un exil, de nouvelles

34. Alexis, fr. 140 Kassel-Austin, dans Athénée, IV, 164*b-d*. De même, Anaxandridès, *Héraclès*, fr. 16 Kassel-Austin (Athénée, XIV, 638*c-d*), fait d'Héraclès le modèle du cancre.

35. Pour les textes, outre Apollodore, voir Callim., *Aitia*, I, fr. 23 Pf., 5 et suiv. ; Diodore, III, 67, 2 ; Paus., IX, 29, 9 ; Élien, *Var. hist.*, III, 32 (avec un plectre), Linos était associé à l'invention des lettres, ce qui correspond à son emploi chez Théocrite : Tacite, *Annales*, XI, 14 ; Zénobios, IV, 45. Pour les peintures de vases, *LIMC*, t. IV, *s.* Herakles, n°s 1666 (scène paisible) à 1673.

36. Voir p. 324-325 et 346-347.

aventures. Cependant, il ne semble jamais puni pour ses frasques amoureuses. C'est sans doute que les mythographes s'y sont intéressés non pour elles-mêmes, mais pour l'enfant qui ne manque jamais d'en naître.

Première chasse, premières amours

> Amphitryon, craignant qu'il n'accomplît un autre exploit du même genre [que le meurtre de Linos], l'envoya garder ses troupeaux de vaches. C'est là qu'Héraclès grandit, dépassant tout le monde par sa stature et par sa force. À le voir, il était évident que c'était Zeus qui l'avait engendré. Il mesurait en effet quatre coudées et une lueur de feu jaillissait de ses yeux. Il ne manquait son but ni à l'arc ni au javelot.

Quatre coudées équivalent à 1,77 m selon le système attique. Quatre coudées et un pied (2,07 mètres), précise Hérodoros d'Héraclée, pour qui quatre coudées représentent une taille normale, qu'Héraclès dépassait donc d'un seul pied[37]. Pindare l'imagine plutôt trapu ; il est vrai que c'est par rapport au géant Antaios. Son scholiaste ajoute : « certains disent qu'il était de taille harmonieuse » ; c'était l'avis des Syracusains, affirmant que leur compatriote Lygdamis, premier vainqueur au pancrace dans les concours olympiques, était aussi grand qu'Héraclès. Pour Pythagore, d'après Plutarque, il fallait évaluer la taille d'Héraclès par rapport à la longueur de son pied à Olympie, environ 32 centimètres[38]. Quant au personnage qui pourchasse les Centaures d'un bout à l'autre du Péloponnèse comme des daims à l'intérieur d'un parc, qui ouvre le Tempé ou la vallée de l'Oronte avec sa massue comme s'il traçait une rigole, qui monte dans le bol en or du Soleil, celui-là est hors de toute échelle humaine. Le feu qui rend son regard insoutenable est par ailleurs bien attesté. « Ses yeux flambaient sous son front terrible, le sauvage[39] ! » Ce feu brille déjà dans les yeux d'Héraclès au berceau, face aux serpents, et son fantôme dans l'Hadès a gardé un regard scrutateur et effrayant. Ses enfants en héritent[40].

37. Hérodoros, n° 31, fr. 19 Jac. (dans les schol. à Pindare, *Isthm.*, IV, 87, et Tzetzès, à Lycophron, 663).
38. Pindare, *Isthm*, IV, 52-54 ; Paus., V, 8, 8 ; Plutarque, *Vie d'Hér.*, fr. 7 Sandbach.
39. Apoll. Rh., IV, 1437, trad. F. Vian.
40. Au berceau : Pindare, *Péan* XX. Dans l'Hadès : Homère, *Od.*, XI, 608. Ses enfants : Euripide, *Hér.*, 131 et suiv. Voir encore id., *Syleus*, fr. 689 Nauck[2] ; Paus., IX, 34, 5 (voir ci-après, chap. XIV) ; et *LIMC*, IV, 1, *s.* Herakles, p. 730*a*.

> Dans les pâturages, quand il eut dix-huit ans, il tua le lion du Cithéron. Ce lion sortait du Cithéron pour tuer les vaches d'Amphitryon et de Thespios. [...] Et lorsqu'il eut triomphé du lion, Héraclès revêtit sa peau et se servit de sa gueule comme d'un casque.

Le lion du Cithéron fournit dans ce récit la peau qui protège désormais le héros et constitue son signe distinctif dans l'iconographie. La légende comporte ainsi des doublets et nous offre deux lions en quelque sorte concurrents, l'un sur le Cithéron, à la frontière de la Béotie, l'autre, plus connu, à Némée, sur les marges de l'Argolide.

> Thespios était le roi de Thespies [...] Il reçut Héraclès pendant cinquante jours ; Héraclès partait à la chasse et, chaque nuit, Thespios le faisait coucher avec l'une de ses filles — il en avait eu cinquante de Mégamédé, fille d'Arnéos. Il désirait en effet qu'elles eussent toutes des enfants d'Héraclès. Celui-ci s'unit à toutes en croyant qu'il n'y en avait qu'une avec laquelle il dormait chaque soir[41].

Le rythme auquel Héraclès rendit à ces jeunes filles, sans grand discernement, un viril hommage varie : une par nuit selon Apollodore, cinquante en sept jours selon Hérodoros[42] ; toutes, sauf une qui ne voulut point, en une seule nuit selon Pausanias[43] ; sans indication de durée mais « une par une » *(sic)* chez Diodore, qui donne aussi l'initiative du rapprochement au père des filles (IV, 29, 3). C'est le treizième travail d'Hercule.

Sur pareil thème, gaudriole et dérision sont faciles[44]. Cependant, la mythologie grecque offre d'autres exemples de pères qui, espérant un enfant, unissent leur fille à un étranger de passage dont la prestance montre qu'il est roi ou prince dans son pays. C'est ce que font Pittheus à Trézène, Staphylos à Bybastos[45]. C'est le même désir de se trouver des alliés à l'extérieur du clan qui

41. Apollodore, II, 4, 10, comme la citation précédente.
42. Hérodoros, n° 31, fr. 20 Jac. (dans Athénée, XIII, 556*f*).
43. Paus., IX, 27, 6. Héraclès l'aurait vouée à la virginité pour le restant de ses jours et en aurait fait sa prêtresse, mais Pausanias refuse de croire à une telle sévérité envers la fille d'un hôte. Dans cette variante aussi, le nombre des enfants est tout de même de cinquante car la dernière fille a des jumeaux. La chasteté était imposée à certains desservants du culte d'Héraclès. En Phocide, « celui qui exerce les fonctions de prêtre [d'Héraclès Misogyne], pendant l'année [de son sacerdoce], ne doit avoir de rapports avec aucune femme » : Plutarque, *Sur les oracles*, 20 (403).
44. Voir Grég. Naz., *Disc.*, IV, *Contre Julien (PG* 35, 661).
45. Voir ci-dessus, chap. V.

explique l'attitude de Danaos, d'abord son refus du mariage endogamique de ses filles et ensuite l'étrange mise à l'encan que représente l'épreuve de course pour les attribuer. Ces pratiques étaient complètement obsolètes dans la Grèce classique...

Les enfants d'Héraclès et de ces jeunes filles portent le nom de leur grand-père maternel ; on les appelle les Thespiades. Quand ils sont adultes, deux restent à Thèbes [46], où deux familles nobles s'en réclament encore à l'époque de Diodore ; sept à Thespies, dont les descendants, avec le titre de « maîtres [ou " gardiens "] du pays » (δημοῦχοι) dirigèrent la cité « jusqu'aux changements récents », ajoute Diodore. À la suite d'un oracle, les autres partent avec Iolaos, le neveu du héros, pour la Sardaigne ; ils se partagent la plaine appelée *Iolaeion*, imposent aux indigènes le nom d'*Iolaeis*, et leur chef fait venir de Sicile Dédale, qui construit nombre d'édifices, gymnases et tribunaux. Iolaos mourra en Sardaigne, ainsi que « les Athéniens et les Thespiens » qui avaient fait la traversée avec lui [47].

La présence en Sardaigne de ces « Grecs » barbarisés serait plus ancienne que celle des Phéniciens, ne manque pas de relever Diodore. Pourtant eux-mêmes pourraient être des Phéniciens hellénisés : les noms grecs d'Héraclès et Iolaos désignent le maître divin de Tyr, Melqart, et l'auxiliaire qui lui permet de ressusciter. Ils figurent parmi les grands dieux de Carthage sur le traité conclu entre Hannibal et Philippe V de Macédoine en 215 av. J.-C. [48].

Première guerre

L'occasion des premiers exploits d'Héraclès contre les hommes est la rivalité qui oppose les deux capitales de la Béotie, Thèbes, commandant la plaine de l'Isménos et de l'Asôpos, au sud, et Orchomène, capitale des Minyens, dominant le bassin du Céphise et le lac Copaïs, au nord. Pendant l'enfance d'Héraclès, Thèbes est tributaire d'Orchomène, car, explique Apollodore, « le cocher de

46. Trois selon Apollodore, II, 7, 6.

47. Diodore, IV, 29, 3 à 30, 2 ; V, 15 en entier ; Strabon, V, 2, 7 (225) ; Paus., VII, 2, 2 ; IX, 23, 1 ; X, 17, 5. Pausanias et le pseudo-Aristote, *Mir. Ausc.*, 100, gardent aussi l'écho de la tradition selon laquelle la Sardaigne contient des constructions « dédaliques » (les *nuraghe* ?). Une autre légende de colonisation de la Sardaigne fait intervenir un Béotien par alliance, Aristée (Paus., X, 17, 3-4). Kyrnos, éponyme de la Corse, est fils d'Héraclès selon Servius *auctus*, à Virgile, *Buc.*, IX, 30.

48. Diodore, V, 15, 4 ; le traité chez Polybe, VII, 3, 9.

Ménoikeus, nommé Périérès, avait lancé une pierre à Clyménos, roi des Minyens, et l'avait blessé, à Onchestos, dans le sanctuaire de Poseidon[49] ». Onchestos (près du lac Copaïs, sur la route qui vient de Thèbes) possède un sanctuaire fédéral de Poseidon, maître du sol ; c'est lui qui en quelque sorte préside à ces luttes fratricides. La pierre lancée par Ménoikeus, descendant des premiers habitants de Thèbes, les Spartes, évoque celle que Cadmos, aux origines de la ville, lance au milieu de ces mêmes Spartes pour les amener à s'entre-tuer. Dans la légende parallèle où les Athéniens se libèrent du joug d'Éleusis, Poseidon est le père du roi d'Éleusis, Eumolpos. Avant Héraclès, Amphitryon avait tué un chef étranger qui voulait lever tribut sur la Béotie, Chalcodon l'Eubéen, petit-fils de Poseidon (voir ci-dessus, chap. VIII). Mortellement blessé, Clyménos, en expirant, ordonne à son fils Erginos de punir les Thébains ; Erginos organise donc une expédition contre Thèbes — après avoir consulté l'oracle de Delphes, précise Pindare. Vainqueur, il impose tribut aux Thébains : pendant vingt ans, cent vaches par an[50].

« Comme [Héraclès] revenait de la chasse [au lion du Cithéron], il rencontra des hérauts envoyés par Erginos pour percevoir le tribut des Thébains. » Que fit le héros ? « Il leur coupa les oreilles, le nez et les mains, les leur attacha au cou et leur dit de rapporter ce tribut à Erginos et aux Minyens. » La scène se passe à l'extérieur de la ville, devant les portes Néistai, qui regardent vers Orchomène ; une statue, en plein air, d'Héraclès Coupeur de nez *(Rhinocoloustès)* y commémora l'événement[51].

« Erginos en colère fit une expédition contre Thèbes. Mais Héraclès, armé par Athéna, commandait les Thébains. » Héraclès est ici à la tête d'une armée et lui-même équipé de pied en cap, conformément à la tradition archaïque, comme pour vaincre

49. Apollodore, II, 4, 11. Suzeraineté des Minyens d'Orchomène sur Thèbes : Diodore, IV, 10, 3 et XV, 79, 5. Chez Paus., IX, 37, 1, Clyménos n'est pas le fils d'Orchoménos, mort sans laisser de fils, mais de Presbôn, fils de Phrixos (ascendance indiquée par l'oracle de Delphes cité en 37, 4) ; dans la schol. à Théocrite, XVI, 104 et suiv., « des Thébains » ont tué Clyménos, « pour un motif futile », à la fête de Poseidon Onchestios. Sur les générations précédentes des rois d'Orchomène, voir F. Vian, *Mélanges Dumézil*, Latomus, 1960, p. 215-224.

50. Pindare, *Péan* VIII, 103 ; voir Paus., IX, 17, 1. Le tribut : schol. à Pindare, *Olymp.*, XIV, 2 ; même texte dans la schol. à Lycophron, 874. « Erginos, vainqueur des Thébains grâce à sa cavalerie [ἵππῳ], leur imposa tribut. » Le tribut imposé à Thèbes par les Minyens était célèbre : Isocrate, X, 10 ; Strabon, IX, 2, 40 (414) ; Aristide, XL, 3 ; le proverbe ἅλις Μινύαις τῶν φόρων. [« Assez de tribut pour les Minyens ! »].

51. Eschyle, *Sept*, 460 ; Euripide, *Phén.*, 1104. La statue : Paus., IX, 25, 4.

Hippocoon et ses enfants à Sparte ou pour se battre contre Kycnos[52]. Un peu plus loin dans le texte d'Apollodore, les dieux lui donnent la panoplie. Selon Pausanias, les Thébains avaient un oracle (λόγιον, sans indication d'origine) disant que, pour qu'ils obtiennent la victoire, le plus en vue d'entre eux devait se suicider ; c'était un certain Antipoinos (« Compensation »), qui refusa ce sacrifice, mais ses filles, Androcleia (« Gloire virile ») et Alkis (« Forte »), le remplacèrent. Leur tombe était dans le sanctuaire d'Artémis Eucleia (« De la bonne gloire »), à laquelle Héraclès consacra un lion de pierre après l'écrasement des Minyens[53]. La victoire des Athéniens sur Eumolpos d'Éleusis est acquise au prix d'un sacrifice analogue[54].

Dans l'*Héraclès* d'Euripide, Héraclès se bat seul contre les Minyens ; chez Diodore, avec une troupe très inférieure en nombre à ses adversaires[55]. Il n'est pas sûr que la version d'Euripide soit la plus ancienne. Avant le rappel brutal de sa sujétion à Eurysthée, Héraclès fait figure de jeune prince de grand avenir, promis à la fille du roi. Il est normal qu'il affronte les Minyens à la tête d'une armée. Diodore trace le portrait d'une ville occupée, dont l'occupant a désarmé les habitants, avec son roi, Créon, tout prêt à livrer le révolté Héraclès, ses jeunes gens qu'Héraclès persuade de « libérer leur patrie », ses temples où l'on va récupérer les armes consacrées par les ancêtres, témoins de la gloire passée de la cité et instruments de sa libération. Ce tableau concret et expressif avait déjà frappé Carl Robert[56]. De telles occupations et révoltes étaient bien connues de l'historien antique, qui a mis à jour le récit traditionnel.

Héraclès incendie le palais des Minyens et rase Orchomène selon Diodore, bouche le Céphise, exutoire du Copaïs, et fait de la plaine d'Orchomène un marécage selon Pausanias[57]. Cela évoque son activité en d'autres lieux : à Phénéos ; en Élide ; près

52. Contre Hippocoon : Paus., III, 15, 3. Contre Kycnos : *Le Bouclier* et les représentations figurées.

53. Paus., IX, 17, 2, voir plus haut. On connaît d'autres consécrations relatives à Héraclès à Thèbes : voir ci-après, la légende d'Icare (Héraclès chez Omphale). Aussi Amphitryon (Table Albani, *c*).

54. C. Robert, *Griech. Heldens.*, p. 141 et suiv. ; voir aussi l'argument des *Héraclides* d'Euripide.

55. Id., *Héraclès*, v. 220 et suiv. ; Diodore, IV, 10, 5.

56. Il le jugeait *pragmatisch und romantisch* (C. Robert, *Griech. Heldens.*, p. 626).

57. Paus., IX, 38, 6-8 ; Table Albani, *d*, 6-8. Chez Polyen, I, 3, 5, c'est un stratagème pour empêcher les Minyens d'utiliser leur cavalerie et Héraclès débouche ensuite le gouffre. Voir ci-dessous, p. 234-235.

d'Abdère. D'une manière générale, les aventures thébaines d'Héraclès préfigurent, sous une forme simplifiée, ses exploits ultérieurs. Selon Apollodore, il tue Erginos. Selon Pausanias au contraire, Erginos conclut la paix avec le héros, puis, dans son ardeur à retrouver sa richesse d'autrefois, il vieillit sans songer à avoir d'enfants ; lorsqu'il s'en aperçoit, il consulte l'oracle de Delphes, qui lui conseille d' « enfiler un joug neuf à son vieux timon » ; il épouse donc une femme jeune qui lui donne deux fils, Trophonios et Agamédès, constructeurs célèbres, notamment du premier temple d'Apollon à Delphes fait de main d'homme, et, quant à Trophonios, patron d'un oracle à Lébadeia, en Béotie[58].

Héraclès impose aux Minyens de payer désormais un tribut double de celui qu'ils percevaient auparavant. « Au cours du combat, Amphitryon trouva la mort en se battant vaillamment » ; Amphitryon trouvera parfois grâce aux yeux des poètes et des mythographes et, dans l'*Héraclès* d'Euripide, le vieux père vit encore à la fin des travaux accomplis par son fils. « Créon donna Mégara, sa fille aînée, à Héraclès pour prix de sa bravoure ; Héraclès en eut trois enfants, Thérimachos, Créontiadès et Déicoon. Créon donna sa fille cadette à Iphiclès ; Iphiclès avait déjà un fils, Iolaos, d'Automédousa, la fille d'Alcathos[59] [fils de Pélops]. » Iolaos joue un grand rôle auprès d'Héraclès, dont il conduit le char ; il est son plus proche compagnon. Les enfants d'Héraclès et ceux qu'Iphiclès a eus de son épouse thébaine d'après certains auteurs sont promis à une mort tragique et prématurée. L'importance attachée à leur nombre, le soin mis à citer leurs noms, alors qu'ils n'ont aucune légende propre, font une cacophonie : ils sont deux (Hygin), trois (Euripide), quatre (Deinias d'Argos), cinq (Phérécyde), sept (Batos), huit (Pindare et peut-être Ménécratès, historien hellénistique, précisant : « huit, et non pas quatre »). Parfois il s'y ajoute deux enfants d'Iphiclès (Nicolas de Damas et Apollodore[60]).

D'après une légende isolée, Héraclès, comme Amphitryon, se bat contre les Eubéens, dont le roi est un certain Pyraichmès. Héraclès le fait écarteler par deux chevaux, sur le bord du

58. Paus., IX, 37, 3. Pindare évoque les temples successifs d'Apollon à Delphes, d'une part, et, de l'autre, des oracles d'Apollon à Erginos, dans son huitième *Péan*.
59. Apollodore, II, 4, 11.
60. Phérécyde, n° 3, fr. 14 Jac. ; Pindare, *Isthmiques*, IV, 65-70 ; Euripide, *Héraclès*, 994 et suiv. ; Deinias d'Argos ; Batos, *Histoires attiques*, II ; Ménécratès, n° 701, fr. 2 Jac. ; Nicolas de Damas, n° 90, fr. 13 Jac. ; Apollodore, *loc. cit.* ; Hygin, *Fable* 32. Les listes sont données par la schol. à Pindare, *Isthm.*, IV, 104g ; cf. Tzetzès, à Lyc., 38.

« ruisseau d'Héraclès » *(Héracleios)*, au lieu dit ensuite « Les Poulains-de-Pyraichmès ». Chaque fois qu'on y mène boire des chevaux, un hennissement sort de l'eau[61].

Héraclès armé par les dieux

À la fin de ces exploits d'enfance, Héraclès est armé par les dieux : « Lorsque Eurytos lui eut appris le tir à l'arc, Héraclès reçut d'Hermès une épée, d'Apollon un arc et des flèches[62], d'Héphaistos une cuirasse d'or, d'Athéna un péplos. Lui-même se tailla une massue à Némée[63]. » Héraclès a désormais tous ses attributs, la peau de lion qui l'enveloppe et lui sert de cuirasse et ses deux armes favorites, la massue et l'arc, paradoxales pour un héros en qui on a vu le prototype du guerrier grec, dans l'Antiquité et de nos jours. La massue restera une arme de berger et l'arc sera dénigré par les Grecs de l'époque classique comme l'arme des lâches, alors que le courage consiste à affronter « une rangée rapide de lances, bien ferme à son poste », selon les propos d'un ennemi mortel du héros[64]. Mais il reçoit aussi la panoplie, l'armement traditionnel qu'il porte sur les figurations les plus anciennes. Cette panoplie était suspendue dans son temple à Thèbes. En 371 av. J.-C., au moment de la victoire décisive que les Thébains, menés par Épaminondas, remportèrent sur les Spartiates à Leuctres, tous les temples s'ouvrirent d'eux-mêmes et les armes d'Héraclès disparurent du sien, « comme s'il était parti au combat. Mais on dit que tout cela était un coup monté des dirigeants[65] ».

Le thème des armes données par les dieux reparaît chez Diodore, mais comme une récompense à la suite des premiers travaux (IV, 14, 3). Héraclès passe sa vie au contact des dieux : Héra, Athéna, toute proche, presque une amie, Hermès, Zeus dans le lointain ; il a pour antagonistes Arès, Apollon... Pareilles fréquentations annoncent elles aussi l'immortalité qui lui sera conférée.

61. Pseudo-Plutarque, *Parall.*, 7 (307). Comparer Glaucos mis en pièces par des chevaux, à Potniai, en Béotie : Strabon, IX, 2, 24 (409), et les traditions d'Abdère : voir ci-dessous, p. 234-235.
62. Même origine dans *Mégara*, 13 ; sur l'arc d'Héraclès, voir ci-dessus, p. 179-180.
63. Apollodore, II, 4, 11. Sur la massue d'Héraclès, voir ci-dessous, p. 209 et 218.
64. Lycos, dans l'*Héraclès* d'Euripide, 157-164.
65. Xénophon, *Helléniques*, VI, 4, 7.

À cette noble figure, vêtue de bronze et promise à l'immortalité, qui entre solennellement dans l'âge adulte, s'oppose l'image du malchanceux bon vivant, à la truculence surhumaine, que nous allons suivre sur les routes du monde. Sa gloutonnerie et son ivrognerie ont fait d'Héraclès un héros favori du drame satyrique et de la comédie : c'est ainsi qu'il figurait dans le *Syleus* et dans l'*Alceste* d'Euripide, dans *Les Oiseaux* d'Aristophane, et Athénée consacre une grande page à citer des témoignages de sa voracité ; on en trouverait, dit-il, chez presque tous les poètes et prosateurs, à commencer par Pindare[66].

Le personnage est moralisé dans le célèbre apologue du sophiste Prodicos, celui que Socrate revendiquait pour maître. Héraclès, au début de sa carrière, est harangué par deux femmes, représentant le Vice et la Vertu, qui lui proposent chacune une route à prendre. Naturellement, il choisit la route de la Vertu. Mais il est troublant que les offres que lui fait le Vice correspondent avec précision à l'image comique du héros, amateur de bonne chère et de bons lits[67]...

Sur l'évolution de cette image, un autre passage d'Athénée, consacré au plaisir, admissible ou blâmable, est fort instructif. Mégacleidès d'Athènes, un exégète d'Homère de la seconde moitié du IVe siècle av. J.-C., distingue trois figures du héros[68]. D'abord le chef d'armées, preneur de villes, que chantent les poètes à la suite d'Homère et d'Hésiode. Ensuite un voluptueux, qui a couché avec de multiples femmes et fait des enfants à d'innombrables filles (sans préjudice, ajouterons-nous, de ses amours avec des garçons) ; Mégacleidès n'indique pas d'auteur, parce qu'il veut accréditer l'idée que c'est la représentation courante d'Héraclès. Cet Héraclès-là préside aux usages de banquet et donne son nom aux lits les plus confortables. Il patronne aussi toutes les sources thermales. Comme le fait remarquer, dans *Les Nuées* d'Aristophane, le Raisonnement injuste, qui défend la pédagogie moderne et l'usage de l'eau chaude, contre le Raisonnement juste partisan d'une éducation à la dure où les jeunes se lavent à l'eau froide :

66. Euripide, *Alceste*, 747-802 (sur *Syleus*, voir ci-dessous, p. 336) ; Aristophane, *Ois.*, 1574-1692 ; Athénée, X (411*a*-412*b*), citant Pindare, fr. 168 Snell-Maehler (voir Philostrate, *Tableaux*, II, 24).

67. Prodicos, 84 B 1 Diels-Kranz, d'après Xénophon, *Mémorables*, II, 1, 21-34 et la schol. à Aristophane, *Nuées*, 361.

68. Mégacleidès, *FGH*, IV, p. 443 et suiv. Müller, dans Athénée, XII, 512*e*-513*a* (Stésichore, 229 *PMG*).

« A-t-on jamais vu de l'eau froide dans les bains d'Héraclès ? Pourtant, qui fut plus viril que lui[69] ? » Parmi les plus anciennes sources qu'il patronne figurent celles des Thermopyles, qu'Athéna fit jaillir pour le délasser, disait déjà Pisandre de Camiros, à moins qu'il ne les eût créées lui-même en frappant les rochers avec sa massue[70].

Mais après l'homme de guerre et le voluptueux, voici, toujours selon Mégacleidès, un troisième aspect d'Héraclès, que, le premier, façonna Stésichore : le rôdeur solitaire, à la mine de bandit, portant une cape en peau de lion, une matraque et un arc... Mais Héraclès utilise déjà la massue chez Homère et porte la peau de lion chez Pisandre de Camiros. Cependant les lignes générales de l'évolution sont certainement exactes[71] : la figure du solitaire armé comme un irrégulier a tendu à éclipser le chef d'expédition, accentuant la singularité d'Héraclès dans le monde héroïque. Après avoir été loué par l'aristocratique Pindare, Héraclès le sera par Diogène, le non-conformiste. Ils se rejoignent sur un thème : l'énergie.

69. Héraclès et les bains chauds : Aristophane, *Nuées*, 1045-1052. Voir Ibycos de Rhégion : Héphaistos a donné les sources thermales à Héraclès, et on appelle parfois les thermes *Héracleia* (fr. 300 *PMG*, dans la schol. à Aristophane, *Nuées*, 1050). L'expression doit sans doute à Aristophane une part de sa célébrité ; voir les schol. aux *Nuées*, 1050, 1051 ; les dictionnaires : Hésychios, *Souda*, *s.* Ἡράκλεια λουτρά.

70. Pisandre, fr. 7 Bernabé, 9*a* Davies, dans les schol. à Aristophane, *Nuées*, 1051. Comparer Anton. Lib., *Mét.*, IV, 1 ; Hérodote, VII, 176 ; Apoll. Rh., IV, 1441-1446 (Héraclès fait jaillir une source en Libye).

71. Selon la *Souda*, c'est Pisandre de Camiros qui aurait donné le premier à Héraclès son équipement distinctif ; cf. *test.* 1 Bernabé/Davies et fr. 1 Bernabé/Davies, dans Strabon, XV, 1, 8 (688). Voir le plus ancien exemple d'Héraclès dans son costume habituel, à la fin du VIIe siècle (ci-dessous, p. 245 et 252). Pour Héraclès en hoplite, voir le combat contre Kycnos, p. 356.

XI

Les Douze Travaux

La servitude

Le bavardage imprudent de Zeus avant la naissance d'Héraclès, rapporté au début du chapitre précédent, est la cause de l'asservissement d'Héraclès à Eurysthée. Mais il faut une occasion particulière pour que l'engagement pris alors malgré lui par le dieu suprême se réalise. La servitude n'est pas imposée aussitôt à son fils. Au contraire, selon Diodore, Héraclès à Thèbes est un personnage respecté ; gendre du roi, il fait figure d'héritier présomptif. Son épouse Mégara lui a donné des enfants. C'est alors qu'Eurysthée, depuis l'Argolide, le convoque pour son service. Héraclès hésite, consulte l'oracle de Delphes, qui l'incite à obéir, lui assurant l'immortalité au bout de douze travaux accomplis pour Eurysthée. Cette perspective le plonge dans le désarroi. Tandis qu'il hésite, prostré, Héra, toujours hostile, le rend fou furieux et il tue ses enfants à coups de flèches[1]. La servitude ne sera donc pas seulement une fatalité, mais encore une punition. Comme souvent dans la mythologie, la prédestination du héros est confirmée par son propre comportement.

Ce schéma, qui semble avoir été conçu par un esprit soucieux d'une certaine vraisemblance psychologique, comporte bien des variantes. Pindare, d'abord, évoque la sépulture de huit enfants d'Héraclès, près des portes Électres à Thèbes et de son sanctuaire principal[2]. On leur rend un culte : des sacrifices commencent le soir et brûlent toute la nuit, et le lendemain des concours sportifs

1. Diodore, IV, 10, 6 à 11, 1.
2. Pindare, *Isthm.*, IV, 65-70.

sont récompensés par une couronne de myrte blanc. C'est un culte funéraire, le poète le dit expressément, adressé à ces enfants « à la pointe de bronze » : ils reçoivent par ces mots, avec une légère variante, une épithète homérique des flèches (v. 63) ; on peut penser que Pindare, qui n'aime pas les légendes scandaleuses, évoque ainsi avec discrétion leur mort sous les flèches de leur père[3]. Pausanias confirme que leur tombeau se trouvait près des portes Électres, mais, selon lui, la tradition locale, acceptée par Stésichore au VIIe siècle av. J.-C. et par Panyassis à l'époque de Pindare, veut qu'ils aient été tués par leur père[4].

Euripide, dans l'*Héraclès*, se singularise en plaçant la folie après l'accomplissement des Travaux ; alors que l'on peut croire le héros enfin délivré du malheur, il y est à nouveau plongé par la haine d'Héra, qui ne désarme pas. Outre ses enfants, il tue sa femme Mégara. Chez les autres auteurs, Mégara survit à l'épreuve[5]. Dans le poème hellénistique qui porte son nom, elle est même demeurée l'épouse d'Héraclès ; selon Diodore, Héraclès la remarie lui-même à son neveu Iolaos après les Travaux[6] ; à sa mort, il donnera aussi la femme qu'il aime, Iole, à son propre fils Hyllos.

Un tableau dramatique a été conservé par un historien de l'époque d'Auguste, Nicolas de Damas, familier d'Hérode : Héraclès tue deux enfants d'Iphiclès, cependant que leur père sauve l'aîné, Iolaos ; puis ses propres enfants, arrachant le tout dernier au sein de sa mère. Il aurait tué celle-ci si Iphiclès n'était intervenu[7]. Par la suite, Héraclès et son demi-frère seront brouillés. Le meurtre est accompli à coups de flèches (Euripide, Diodore). Les enfants sont jetés dans le feu chez Phérécyde, suivi par Apollodore[8]. Héraclès s'apprête à tuer le vieil Amphitryon, lorsque Athéna lui jette une pierre, qui le plonge dans un sommeil profond. Pausanias a vu cette pierre, que l'on appelle « pierre de sagesse[9] ».

3. C'est la première explication que proposent les scholies au passage (104*a*). Ou bien ils auraient été tués par d'autres, des étrangers ou Lycos (selon Lysimachos), Augias (selon un historien nommé Socrate). Les sacrifices nocturnes rappellent ceux que Clytemnestre a offerts pour apaiser les Érinyes après le meurtre d'Agamemnon (Eschyle, *Eum.*, 107-108).
4. Paus., IX, 11, 2, citant Stésichore, fr. 58 Page, et Panyassis, fr. 1 Bernabé, 20 Davies.
5. Sauf chez Hygin, *Fable* 32 et chez Tzetzès, à Lycophron, 38.
6. Diodore, IV, 31, 1.
7. Nicolas, n° 90, fr. 13 Jac., dans les *Excerpta de virtutibus* de Constantin Porphyrogénète, I, p. 337, 13. Diodore suit une version voisine : Héraclès essaie de tuer Iolaos, qui lui échappe ; il se retourne alors contre ses propres enfants.
8. Phérécyde, n° 3, fr. 14 Jac., d'après la schol. à Pindare, *Isthm.*, IV, 104 ; Apollodore, II, 4, 12.
9. Σωφρονιστήρ ; IX, 11, 2. Aussi Euripide, *Héraclès*, 1001-1008. Le même mot sert à désigner les dents de « sagesse ».

Selon un processus que nous retrouverons après le meurtre d'Iphitos, Héraclès s'exile et, avant d'expier son crime par la servitude, se fait purifier par Thespios, chez qui, dans son enfance, il avait gardé les vaches [10]. D'après le mythographe, c'est seulement alors qu'il consulte la Pythie, qui l'envoie à Eurysthée, lui promet l'immortalité et lui confère solennellement, pour la première fois, le nom d'Héraclès ; on l'appelait auparavant Alkeidès ou Alkaios : « Phoibos [Apollon] te donne le surnom d'*Héraclès* / Car, portant *secours* [ἦρα] aux hommes, tu auras une *gloire* [κλέος] impérissable [11]. » Un archaïsme homérique pour « porter secours » permet, à travers un jeu de mots approximatif, une interprétation des Travaux : ils posent Héraclès en bienfaiteur du genre humain.

Nicolas de Damas donne un récit différent. Héraclès, revenu à la raison, décide de quitter Thèbes sans retour. Son demi-frère Iphiclès et son oncle maternel le bâtard Likymnios l'accompagnent, ainsi que Mégara. Eurysthée l'invite à venir à Tirynthe. Héraclès accepte l'offre, se souvenant de l'oracle rendu à Amphitryon à l'époque des amours de Zeus et d'Alcmène, selon lequel il devait servir Eurysthée et obtenir une grande gloire. Mais lorsqu'ils sont tous arrivés à Tirynthe, Eurysthée se montre amical avec Iphiclès et Likymnios, méprisant et distant avec Héraclès, et lui impose les Travaux. Ces derniers détails rappellent un récit beaucoup plus ancien, celui du *Bouclier*, où Héraclès se plaint qu'Iphiclès ait pris le parti d'Eurysthée (v. 90-93). Un décor de vase, peint vers 490 av. J.-C., représente peut-être Iphiclès et Likymnios voulant venir au secours d'Eurysthée [12].

Quels sont donc ces Douze Travaux qu'Héraclès s'apprête à accomplir ? Les Anciens en avaient constitué une liste canonique, dont il convient peut-être d'égrener d'abord un spécimen, en vers de mirliton :

> Premièrement, à Némée, il tua le lion puissant ;
> Deuxièmement, à Lerne il fit périr l'hydre aux cous nombreux ;
> Troisièmement, là-dessus de l'Érymanthe il occit le sanglier ;
> La biche aux cornes d'or, après cela, il captura, et de quatre ;

10. Apollodore, *loc. cit.* Par un certain Sicalos selon Ménécratès, d'après la schol. à Pindare.

11. Élien, *Var. hist.*, II, 32 ; *Etym. Magn.*, p. 435, 1, 18 ; Tzetzès, à Lycophron, 663 (le premier nom d'Héraclès aurait été Palaimon). Autre tradition dans « Enfances ». Palaimon : voir ci-après, p. 275 et 319.

12. Voir ci-après, p. 219.

Cinquièmement, il mit en fuite les oiseaux du Stymphale ;
Sixièmement, de l'Amazone il rapporta la ceinture éclatante ;
Septièmement, d'Augias il nettoya le fumier surabondant ;
Huitièmement, de Crète il chassa le taureau souffleur de feu ;
Neuvièmement, de Thrace il ramena les cavales de Diomède ;
De Géryon, en dixième, il ramena les bœufs depuis Érytheia ;
Le chien Cerbère, en onzième, il fit remonter de l'Hadès ;
Douzièmement, il rapporta en Grèce les pommes d'or.
En treizième, voici quelle sinistre tâche il eut :
En une seule nuit, il coucha avec cinquante filles [13].

L'ordre suivi par ce poème, comme on le verra, suggère qu'il n'a pas été composé avant la fin du IIe siècle ap. J.-C. Nous avons déjà rencontré le prétendu « treizième travail » ; dans la partie sérieuse de l'énumération, l'intention mnémotechnique est évidente. Voilà les images stéréotypées, desséchées, auxquelles il nous faut redonner une histoire et, si possible, un peu de vie.

Mais une servitude, normalement, se mesure en années et non en tâches, et c'est bien ainsi qu'Apollodore la présente d'abord. « La Pythie lui dit d'habiter à Tirynthe, d'y rester au service d'Eurysthée pendant douze ans. » Nous apprendrons par la suite qu'Héraclès a mis un an à poursuivre la biche, huit ans et dix mois à accomplir les dix premiers travaux. Mais le mythographe ajoute : « et d'y accomplir dix épreuves [et non pas douze] que celui-ci lui ordonnerait ». Les Travaux auraient donc été dix à l'origine, selon Apollodore. Pourquoi ? Les dix premiers constituent l'expiation pour le meurtre de ses enfants. Les deux derniers sont des pénalités infligées par Eurysthée pour de prétendues irrégularités dans la lutte contre l'hydre et dans le nettoyage des écuries d'Augias. Or ce sont aussi les plus extraordinaires : la quête des pommes des Hespérides, l'expédition dans l'Hadès, qui est de surcroît le plus anciennement attesté, dès l'*Iliade* [14]. Surtout, ils préparent directement Héraclès à l'immortalité que les oracles lui ont promise.

L'*Iliade* connaît déjà le thème de la servitude d'Héraclès et des exploits qu'Eurysthée lui impose d'accomplir. Cela n'épuise pas toute sa carrière : dans un passage de l'*Odyssée*, il est libre [15]. Dans

13. *Anthologie de Planude*, 92.
14. Homère, *Il.*, VIII, 362-369. On ne peut donc pas suivre Marchinus Van der Valk, pour qui « la descente dans l'Hadès et l'acquisition des pommes, à l'origine, n'appartenaient pas aux Travaux » (« On Apollodori *Bibliotheca* », *Rev. ét. gr.*, 1958, p. 147, n. 164).
15. Homère, *Od.*, XXII, 25 et suiv.

le *Bouclier*, il a été au service d'Eurysthée, mais s'en est affranchi alors que, comme on l'a vu, son demi-frère Iphiclès s'entendait avec leur cousin. Autant dire que, si loin que nous puissions remonter, deux images d'Héraclès ont donc coexisté. Tantôt il est libre, tantôt asservi à un « vilain ». Il a du reste au moins un autre maître, une maîtresse plutôt, Omphale, qui l'achète lorsqu'il est vendu comme esclave après le meurtre d'Iphitos. Un poète de la première moitié du IIIe siècle av. J.-C. n'avait-il pas composé une *Héracleia* paradoxale, où Héraclès était l'amant d'Eurysthée et accomplissait ses exploits par amour pour lui [16] ? Mais les Travaux ont pris dans l'existence d'Héraclès une importance grandissante. Chez Apollonios de Rhodes, le héros est présenté à la veille de ses deux derniers travaux et vers la fin de sa vie, qui semble avoir été remplie tout entière par la série des douze.

Un cycle ordonné

Le cycle des Travaux, pourtant, serait relativement récent. Certes, Pisandre de Camiros (dans l'île de Rhodes) l'aurait organisé dès la fin du VIIe siècle av. J.-C., au dire de Théocrite, composant une épigramme pour la base d'une statue que sa ville natale élevait au vieux poète [17]. Mais ces travaux n'étaient peut-être pas encore douze. Le chiffre se serait imposé avec Panyassis, poète d'Halicarnasse, dans la même région que Rhodes, à l'époque des guerres médiques (premières décennies du Ve siècle). Rhodes et Halicarnasse sont des pays doriens et Rhodes avait été colonisée par un fils d'Héraclès, Tlépolème, ce qui explique l'intérêt particulier qu'on y prenait à la légende de l'ancêtre. Les deux poètes de la Doride d'Asie se sont tournés vers l'Héraclès argien. Le succès couronna leur élaboration : les Alexandrins les classèrent aussitôt après Homère et Hésiode comme les plus grands poètes épiques d'autrefois.

De fait, c'est seulement à Olympie, sur les métopes du temple

16. Diotimos d'Adramytteion, contemporain d'Aratos, *Suppl. Hell.*, 393 ; cité par Athénée, XIII, 603 *d*. Un autre poète hellénistique, Rhianos, prête les mêmes sentiments à Apollon à l'égard d'Admète (fr. 9 Powell).

17. Théocrite, *Anth. Pal.*, IX, 598 (épigr. 22 Gow, 3446 et suiv. Gow-Page ; Pisandre, *test.* 2 Bernabé et Davies). Date de Pisandre : voir en dernier lieu F. Vian, « Gigantomachie et Héracléide », *L'Univers épique*, M. Woronoff (dir.), Besançon, 1992, p. 137.

de Zeus, sculptées vers 460, vers l'époque de la mort de Panyassis, que la liste canonique nous apparaît constituée. L'ordre des Travaux comporte des points fixes : les deux premiers sont la victoire sur le lion de Némée, qui fournit au héros une pièce essentielle de son équipement, la peau du lion ; et la victoire sur l'hydre de Lerne, qui lui procure le venin pour empoisonner ses flèches[18]. Les deux derniers travaux aussi sont toujours les mêmes : la quête des pommes des Hespérides et la descente dans l'Hadès pour ramener Cerbère, mais leur place respective varie.

Dans l'ensemble, on reconnaît d'abord un groupe péloponnésien de six travaux, soit, en suivant l'ordre d'Apollodore, qui n'est pas tout à fait celui de l'épigramme citée plus haut : lion de Némée, hydre de Lerne, biche de Kérynia, sanglier de l'Érymanthe (qui inclut l'épisode « captif » du massacre des Centaures), étables d'Augias, oiseaux du lac Stymphale. Ces six premiers travaux sont situés dans le nord du Péloponnèse, Argolide, Arcadie, Élide, même s'ils entraînent à l'occasion le héros beaucoup plus loin, par exemple à la poursuite de la biche de Kérynia, du moins selon Pindare ; mais comme, d'après la troisième *Olympique,* c'est au terme de cette longue poursuite qu'Héraclès trouve l'olivier sauvage qui servira pour la couronne du vainqueur aux concours d'Olympie (v. 25-34), l'ancrage local n'en est pas moins respecté. Les concours eux-mêmes ont été fondés plus tard, après la victoire sur Augias et les Molionides, ses alliés[19]. En fait, ces six travaux ont pour cadre l'Arcadie (Stymphale) et ses piémonts, oriental vers la Corinthie et l'Argolide (Némée, Lerne), occidental vers l'Élide (le sanglier à Pholoé et sur l'Érymanthe, la capture de la biche, les étables d'Augias).

Les épreuves suivantes se déroulent entièrement au loin, d'abord aux confins sud et nord du monde grec : taureau de Crète (la Crète, pays dorien, est cependant la seule région de Grèce où Héraclès, anciennement, ne semble pas avoir eu de culte local), juments de Diomède le Thrace ; puis aux confins orientaux et occidentaux du monde habité par les hommes (*l'oicouméné*) : ceinture de la reine des Amazones, troupeaux de Géryon. Si, après l'antique Pisandre, la composition définitive du cycle des Douze

18. C'est ainsi que la lutte, à mains nues, contre le lion est présentée comme le tout premier des Douze Travaux dans un poème anonyme, peut-être d'époque hellénistique : J. U. Powell, p. 81, n° 8, 4-5.

19. Pindare, *Olymp.*, X, 56-59.

Travaux est due à Panyassis, oncle d'Hérodote, on peut remarquer que ce poète a vécu un peu après Hécatée de Milet, à la grande époque des *Tours du monde*, Γῆς περιηγήσεις. Enfin, les pays de l'Au-delà, jardin des Hespérides, Hadès, terminent la liste : en somme, le paradis et l'enfer. Les Hespérides vivent, dans certaines traditions, dans un pays de nulle part : c'est le sens du récit d'Apollodore ; Héraclès ne peut y aller lui-même, c'est soit Atlas, soit Athéna qui lui apporte les pommes, et le jardin des Hespérides est plus inaccessible que l'Hadès !

Les savants d'aujourd'hui se sont beaucoup interrogés sur la composition de ce cycle. C'est ainsi que Marchinus Van der Valk a voulu distinguer cinq exploits contre les bêtes, les cinq premiers, cinq contre les hommes, ensuite, et deux eschatologiques (Hespérides, Hadès), ajoutés plus tard[20]. Mais Héraclès se bat contre six bêtes : le lion, l'hydre, le sanglier, la biche, les oiseaux, le taureau, et seulement quatre fois contre des êtres humains ou anthropomorphes : Augias, Diomède, les Amazones, Géryon. Et chez Augias, il livre plutôt une lutte contre la matière (la bouse et l'eau), accomplissant un exploit hydraulique comme à Orchomène ou à Phénéos. Tandis que, dans l'affaire du sanglier de l'Érymanthe, la lutte contre les Centaures (pas plus monstrueux que Géryon) tient autant de place que la capture même de l'animal. Quant à la razzia des troupeaux de Géryon, le retour avec les bêtes est un tour de force, au même titre que la victoire sur leurs gardiens. La distinction entre adversaires humains et animaux n'est donc pas pertinente. Et pas davantage celle que Walter Burkert propose entre bêtes nuisibles qu'Héraclès tue et bêtes comestibles qu'il capture[21]. Nulle part Héraclès ne montre l'intention de manger la biche ou le sanglier. Et il relâche des prises comme le taureau de Crète ou les bœufs de Géryon.

Cette organisation très claire est, en substance, identique dans une série de catalogues : outre Apollodore, Diodore, la Table Albani, Quintus de Smyrne, Hygin, l'épigramme de l'*Anthologie de Planude* qui a été citée et la version augmentée du commentaire de Servius à *L'Énéide*[22]. Ils regroupent en tête les six travaux

20. M. Van der Valk, « On Apollodori *Bibliotheca* », p. 146-147.
21. W. Burkert, *Greek Religion*, p. 209.
22. Table Albani : voir ci-dessus, p. 169 ; Quint. Sm., VI, 207-268 ; Hygin, *Fable* 30 ; *Anth. Plan.*, 92, dont Ausone, VII, *Ecl.*, 24, donne une transposition latine (sauf la fin : il omet le « treizième travail », le dépucelage des filles de Thestios, et place Cerbère en douzième) ; Servius *auctus*, à Virgile, *Én.*, VIII, 299.

péloponnésiens mais, sauf pour les deux premiers, s'écartent légèrement de l'ordre d'Apollodore, permutant le sanglier et la biche, les oiseaux du lac et les étables.

Dans la seconde partie, il n'y a guère d'hésitations que sur l'ordre respectif des expéditions vers les Hespérides et dans l'Hadès[23]. Plusieurs catalogues d'époque impériale placent les Amazones en sixième, c'est-à-dire à une place d'honneur, brisant par cette seule retouche la répartition fondamentale des épreuves. Cette innovation remonte à l'époque de Commode, qui aimait se déguiser en Héraclès et avait une prédilection pour l'exploit contre les Amazones, au point de prendre le surnom d'*Amazonius*, d'appeler « amazonien » le premier mois de l'année et de faire paraître en public sa favorite Marcia en costume d'Amazone[24]. C'est également sous son règne que l'on se met à représenter l'hydre de Lerne avec la tête (unique) d'une belle jeune fille encadrée d'une chevelure vipérine (voir ci-après).

Diodore, après le septième travail (le taureau de Crète), marque une pause dans son récit. Celle-ci n'a pas de raison apparente, sauf peut-être la valeur accordée au chiffre 7. Alors l'historien raconte comment Héraclès fonde les concours olympiques (liés en général à sa victoire sur Augias, après la fin des Travaux). Les dieux lui font une série de cadeaux ; en dernier apparaît Déméter, qui lui confère l'initiation à Éleusis. Diodore récapitule le temps écoulé depuis l'apparition du premier homme et les premières amours de Zeus avec des mortelles, puis Héraclès participe à la Gigantomachie qui va lui ouvrir les portes de l'Olympe, abat l'aigle qui torture Prométhée et persuade Zeus de mettre un terme à sa colère contre lui. Cette pause permet donc une première glorification d'Héraclès, qui n'a pas d'équivalent chez Apollodore.

Parfois l'énumération est complètement arbitraire. C'est ainsi que, dans une autre épigramme de l'*Anthologie de Planude*, les Douze Travaux sont jetés dans un désordre trop parfait pour n'être pas volontaire. Il s'explique par le caractère du poème, appel

23. Quint. Sm., VI, 240-248, permute la ceinture de l'Amazone et les juments de Diomède.

24. *Anth. Plan.* et Ausone, *loc. cit.* ; Hilasius, *Anth. Lat.*, 627 Riese ; Chorikios, *Descr. de l'horloge*, p. 152 Boissonade. Sur les goûts de Commode, voir Dion Cassius, LXXII, 15, 20 ; Hérodien, I, 14, 8-9 ; *Hist. Aug.*, Lamprid., *Commode*, 8, 10. Le rapprochement est dû à C. Robert, p. 432-433, avec d'autres exemples, notamment tirés des arts figurés. À Olympie, Pausanias a vu la métope de l'Amazone en sixième position : voir ci-après.

au secours lancé en 155-154 av. J.-C. par les Pergaméniens à leur ancêtre divin[25]. La différence d'attitude entre les poètes et les mythographes apparaît très clairement si l'on compare Virgile et son commentateur. Virgile cite cinq travaux : les Centaures, le taureau de Crète, le lion de Némée, la descente dans l'Hadès, l'hydre de Lerne. Le commentateur (l'amplificateur de Servius), complète la liste en se conformant, lui, à l'ordre canonique : la capture du sanglier de l'Érymanthe (qui ne fait qu'un avec l'extermination des Centaures, mais l'érudit ne le signale pas), la biche, les oiseaux, les étables d'Augias, les juments de Diomède, la ceinture de l'Amazone, Géryon, les pommes des Hespérides. Puis il ajoute d'autres exploits, détachés du reste de la légende d'Héraclès, qu'on a fini par se représenter tout entière sur le modèle des Travaux : non plus comme une biographie cohérente, mais comme une série de hauts faits sans lien entre eux[26].

Je suivrai l'ordre le plus courant chez les mythographes, celui de Diodore. En dehors de leurs textes, seuls ont une place consacrée les deux premiers travaux (le lion et l'hydre, dans cet ordre) et les deux derniers, où la descente dans l'Hadès occupe souvent la douzième place, qui sera aussi la sienne dans cet exposé. « C'était le dernier des Douze Travaux », dit Euphorion, montrant Héraclès qui se rend à Tirynthe avec Cerbère, le chien infernal[27].

Les plus anciens témoins

Notre témoin le plus vénérable, le décor de métopes du temps de Zeus à Olympie, pose problème en raison de l'ordre dans lequel il présente ces travaux. Problème d'autant plus surprenant que des artistes travaillant en Élide étaient bien placés pour percevoir les affinités géographiques des divers épisodes. La disposition des métopes est connue par Pausanias[28]. Il y en avait six à l'est, au-dessus des portes d'entrée du sanctuaire (pronaos), et six à l'ouest, au-dessus des portes de la salle arrière (opisthodome).

25. *Anth. Plan.*, 91. Voir L. Robert, « Héraclès à Pergame », *Rev. phil.*, 1984, 7-18 (*Op. Min.*, VI). L'épigramme 92 (voir ci-dessus), beaucoup plus tardive, a été placée intentionnellement à la suite de celle-ci.
26. Virgile, *Én.*, VIII, 293-300, et Servius *auctus* au v. 299. Sur les adjonctions d'« exploits secondaires », *parerga*, à la liste canonique, voir F. Vian, à Quint. Sm., t. II, p. 57-63.
27. Euphorion, fr. 51 Powell, 13.
28. Paus., V, 10, 9.

Pausanias décrit d'abord la façade principale (à l'est), puis l'arrière du temple. C'est à l'est que devaient se trouver les derniers travaux, les plus grandioses, les premiers étant à l'ouest. Il faut donc lire la liste du Périégète à l'envers, en commençant par les plaques dernières nommées, au-dessus de l'opisthodome. On obtient d'abord un ordre attendu ou du moins acceptable : le lion, l'hydre, les oiseaux de Stymphale (ici la cohérence géographique est meilleure que chez Apollodore ou Diodore) et, en cinquième position, la biche. Mais ce début de série péloponnésienne est perturbé : en quatrième position apparaît le taureau de Crète (numéro 7 de la liste courante), en sixième la ceinture de l'Amazone (numéro 9), qui prennent la place du sanglier et des étables.

À l'est, au-dessus des portes du pronaos, Pausanias ne cite que cinq métopes, omettant Cerbère, dont des fragments ont pourtant été retrouvés. Ici le désordre paraît complet : le sanglier, les juments de Diomède, les troupeaux de Géryon, Atlas avec les pommes des Hespérides et enfin les étables d'Augias. Une explication simple s'offre cependant : les maîtres d'œuvre ont voulu mettre à l'honneur les exploits accomplis en Élide même (les étables d'Augias) ou tout près d'Olympie (le sanglier de l'Érymanthe). Ils les ont donc placés sur la façade principale, aux deux extrémités si l'on suit l'énumération de Pausanias, encadrant les épisodes par lesquels s'achevaient les Travaux et rejetant du coup sur la façade arrière deux des travaux lointains. Dès lors, il faudrait supposer que Cerbère, dont Pausanias ne parle pas, se trouvait à côté d'Atlas, soit avant, soit après lui, et le désordre redeviendrait très relatif. Le maître d'œuvre de ce décor aurait combiné deux principes de composition, linéarité et symétrie. Cette hypothèse me paraît plus vraisemblable que de supposer que les métopes auraient été remontées en désordre après une restauration[29]. Si remontage il y eut, la sixième place acordée à l'Amazone me ferait penser que l'on a voulu honorer Commode, associé au pouvoir à partir de 177 ; le chantier serait donc contemporain de la rédaction de l'œuvre de Pausanias, ce qui pourrait expliquer, dans sa liste, l'absence de Cerbère.

Un autre témoin ancien mérite attention, c'est Euripide, dont la

29. C. Robert, p. 436-437, conclut à un désordre complet, sauf pour les deux premiers Travaux. En réalité, dans le premier groupe, quatre métopes sur six sont de toute manière à leur place. Sur des sarcophages de l'époque des Antonins figurant les Travaux, un souci de mise en valeur a amené l'artiste à substituer la symétrie à la linéarité (voir id., p. 433).

liste, telle qu'elle figure dans l'*Héraclès*, est beaucoup plus éloignée du canon (v. 357-435). Il nomme successivement le lion, les Centaures (étroitement associés, dans d'autres récits, à la traque du sanglier de l'Érymanthe), la biche aux cornes d'or, les juments de Diomède, le meurtre de Kycnos, le fils d'Arès, les pommes des Hespérides, la pacification des mers lointaines[30], l'aide donnée à Atlas pour soutenir la voûte céleste (d'ordinaire intégrée à l'épisode des Hespérides), la ceinture des Amazones, l'hydre de Lerne, la lutte contre Géryon et enfin la descente dans l'Hadès pour ramener le chien Cerbère, l'Hadès d'où Héraclès n'est pas encore revenu à ce moment de la pièce. Gardant au lion et au chien leur place emblématique, Euripide a laissé de côté les oiseaux du lac Stymphale, le taureau de Crète, les étables d'Augias ; la lutte contre Kycnos lui permet d'atteindre le chiffre de dix exploits[31] ; pour arriver à douze, il subdivise en trois la quête des pommes des Hespérides : la quête elle-même (meurtre du dragon gardien de l'arbre), la suppléance d'Atlas pour soutenir la voûte céleste (incompatible avec le travail précédent : Héraclès ne remplace Atlas que pour lui permettre d'aller chercher les pommes), le voyage aux confins des étendues marines. Les luttes contre les monstres aquatiques sont un des titres de gloire d'Héraclès qui ont subi une éclipse à partir de l'époque classique[32]. De multiples œuvres d'art, la troisième *Néméenne* et la quatrième *Isthmique* de Pindare, confirment cette vogue ancienne, confinée plus tard dans les « exploits accessoires », les *parerga* du héros. Quant à l'ordre suivi par Euripide, sauf pour le premier et le dernier de ces exploits, il serait vain de chercher à l'expliquer par rapport à la norme définie plus haut.

Une certaine latitude d'interprétation a subsisté durant toute l'Antiquité. Au sanctuaire d'Héraclès à Thèbes, à la place des oiseaux du lac et des étables d'Augias, le sculpteur Praxitèle introduisait la lutte contre Antaios, ce qui n'est pas sans exemples[33]. De manière analogue, Apollonios de Rhodes présente l'extermination à coups de flèches des fils de la Terre, sur la presqu'île de Cyzique, comme si c'était l'un des Travaux, dans des termes employés par Callimaque à propos de la biche de Kérynia (I, 996 et suiv.). Les travaux d'Héraclès tiennent dans son poème

30. Ce thème avait déjà été traité par Pindare, *Ném.*, III, 22-25.
31. Rappelons que, selon Apollodore, les Travaux étaient dix à l'origine.
32. Voir ci-dessous, p. 272 et 368.
33. Paus., IX, 11, 6. Voir aussi P. Moreno, « Iconografia Lisippea delle imprese di Eracle », *Mél. éc. fr. Rome, ant.*, 1984, 1, p. 117-174.

une place importante. Un dieu marin, Glaucos, révèle aux Argonautes le destin de leur robuste camarade, qu'ils viennent d'oublier à l'escale de Kios[34] : il doit d'abord achever les Douze Travaux imposés par Eurysthée pour « le peu qu'il lui en reste », puis il ira « au foyer des immortels » (I, 1315-1320). Comme le remarque Francis Vian, Héraclès s'était joint à l'expédition « seul, de sa propre initiative, malgré l'ordre d'Eurysthée » (I, 130). Apollonios a eu soin de situer dans la carrière du héros cette velléité de participation à l'entreprise de Jason. Il fait allusion, ici ou là, à cinq travaux déjà accomplis (mais il n'en dresse pas de liste et n'est pas exhaustif), le dernier en date étant la capture du sanglier de l'Érymanthe, ce qui ne correspond pas à l'ordre usuel[35]. Si l'on s'en tient aux indications d'Apollonios, on sera amené à placer l'expédition chez les Amazones parmi les tout premiers travaux, puisque le roi, adulte et père d'un adolescent, qui la raconte aux Argonautes, voyait alors pousser sa première barbe. Ce détail sert à suggérer la longue carrière parcourue par Héraclès au moment de l'expédition des Argonautes[36].

D'après Glaucos, il lui reste « peu » d'exploits à accomplir. Deux de ces exploits à venir sont évoqués dans le poème : au chant IV, les Argonautes arrivent en Libye aussitôt après Héraclès, qui vient de ravir leurs célèbres pommes aux Hespérides (v. 1392-1484) ; d'autre part, au début de l'expédition, il n'est pas encore allé dans l'Hadès[37]. Or ce sont là les deux derniers exploits du héros, ceux qui annoncent sa mort et son apothéose, et selon toute vraisemblance les deux seuls restant : il est sans exemple que le cycle, dans une présentation ordonnée, s'achève sur l'un des autres. En fait, Apollonios ne cherche pas à donner une biographie d'Héraclès parfaitement cohérente ni complète. Il l'utilise avec éclectisme selon les besoins de sa composition.

34. Apoll. Rh., I, 1315-1320. Scène analogue chez Diodore, IV, 48, 6, mais placée au retour, alors qu'Héraclès est encore avec les Argonautes.

35. Ne sont pas nommés : la biche de Kérynia, les étables d'Augias, le taureau de Crète, les juments de Diomède, les bœufs de Géryon. Voir F. Vian, à Apoll. Rh., t. I, p. 8. On ne voit pas pourquoi Apollonios représente Héraclès venant tout juste d'attraper le sanglier. Pour faire ressortir sa supériorité sur Méléagre (voir I, 196 et suiv.), qui aura besoin plus tard d'une troupe pour débarrasser Calydon d'un autre sanglier ? Apollonios ne parle pas de cette chasse. Ou bien cela lui vient-il d'Hérodoros (fr. 24 Jac.), cité par la scholie à I, 127 ?

36. Apoll. Rh., II, 779. L'expédition chez les Amazones est importante dans la narration du chant II : F. Vian, à Apoll. Rh., t. I, p. 126 et suiv.

37. Apoll. Rh., I, 101-104. Héraclès n'a pas non plus tué l'aigle de Prométhée, exploit qu'il accomplit généralement au cours de son voyage vers les Hespérides (voir ci-dessous, p. 278).

Les vestiges d'un cycle de peintures dans une basilique d'Herculanum montrent que la série est restée fluctuante ; les inscriptions retrouvées nomment le Centaure Pholos, Alkyoneus le Géant, Sarpédon le Thrace, fils de Poseidon, et évoquent Kycnos et Antaios [38]. Or le choix de ces thèmes n'a sûrement pas été laissé au hasard : les peintures ornaient un bâtiment public d'une ville fondée par Héraclès. À la fin de l'Antiquité, à Piazza Armerina, dans la grande mosaïque des Travaux, une des plus belles de la villa sicilienne, les artistes ont gardé leur liberté d'interprétation. Ici, pour des raisons qui tiennent peut-être à l'actualité politique (des batailles en Thrace), tout en respectant le choix canonique, ils ont mis en valeur les juments de Diomède ; l'exploit a été transformé en un combat contre des cavaliers thraces et s'étale au centre de la composition, alors que l'hydre est réduite à un informe vermisseau monocéphale...

Les Travaux ont fait l'objet d'une interprétation philosophique. Plutarque voit dans les rencontres d'Héraclès avec Prométhée, Chiron et Atlas l'occasion pour le héros d'acquérir la sagesse à leur contact : à la fois la divination (qui est pour les Grecs une forme de supputation rationnelle) et la dialectique [39]. À peu près à la même époque, un auteur nommé Héraclite expose des *Problèmes homériques*, où il donne une interprétation morale de la légende d'Héraclès, et en particulier des Travaux : les monstres figurent les défauts de l'être humain, dont Héraclès triomphe successivement. Héraclès blessant Héra, ce sont les flèches de la raison qui transpercent le brouillard de l'ignorance [40].

Enfin, l'éloge ou le dénigrement humoristique de ces exploits est devenu un thème rhétorique, depuis Euripide, au ve siècle av. J.-C., jusqu'à Nonnos de Panopolis, au ve siècle après, en passant par les littérateurs de la seconde sophistique, à l'apogée de l'Empire : « Il a averti Diomède le Thrace de donner du grain à manger à ses chevaux, et non pas des êtres humains, et il a prouvé aux Amazones qu'elles n'étaient que des femmes [41]. »

38. M. Pagano, « Un ciclo delle imprese di Ercole con iscrizioni greche ad Ercolano », *Röm. Mitteil.*, 97 (1990), p. 153-161. Chez Sénèque, *Herc. Œta*, 16 et suiv., Antaios et Bousiris prennent la place du sanglier et des étables d'Augias.

39. Plutarque, *Sur l'* « *E* » *de Delphes*, 6 fin (387 *d*).

40. *Héra* est interprétée comme *aèr*, « brouillard », par une anagramme de son nom, courante dans l'Antiquité. Héraclite, *Problèmes hom.*, 33 et 34, éd. F. Buffière. L'Héraclès cosmique des stoïciens : Cornutus, *Theologia*, 13 début.

41. Euripide, *Héraclès*, 151-164 ; Dion de Pruse ([Dion] ?), LXIII, 6 (texte traduit) ; Nonnos, *Dion.*, XXV, 174-252.

XII

Six travaux dans le Péloponnèse

Le lion de Némée

Étrange lutte, si on y réfléchit, que celle de l'homme robuste empoignant sportivement à bras-le-corps un fauve aux griffes redoutables ! Elle passe néanmoins pour être la scène la plus souvent représentée de toute la mythologie grecque. De surcroît, grâce au lion, Héraclès conquiert l'acccoutrement sous lequel il a connu une immense popularité. C'est à Pisandre de Camiros que l'on devrait le type d'Héraclès portant sur le dos la peau de l'animal[1]. Nous regardons, et c'est une impression fréquente quand on passe les Travaux en revue, une image aux couleurs franches, un peu naïves, qui n'appelle guère d'explications. Et pourtant, à un examen plus attentif, simplicité et naïveté ont tôt fait de s'évanouir.

Le lion de Némée est l'un des monstres primitifs qui descendent de Phorkys, un Vieux de la mer, et de sa sœur Kétô, dont le nom signifie « Monstre marin » ; « Kétô aux belles joues », ne dit pas moins Hésiode[2]. Par leurs filles la Gorgone Méduse et Échidna la Vipère, Phorkys et Kétô sont à l'origine d'une lignée de monstres dont beaucoup seront victimes d'Héraclès : d'un côté, le fils de Méduse et Poseidon, Chrysaor, d'apparence humaine, engendre Géryon ; de l'autre, la Vipère, unie à Typhon, donne le jour à Orthos (le chien de Géryon), Cerbère, l'hydre. À son tour, l'hydre, ou la Vipère (ce n'est pas clair et les avis étaient déjà

1. Fr. 1 Bernabé et Davies.
2. Hésiode, *Théog.*, 237-238.

partagés dans l'Antiquité), engendre la Chimère[3]. De la Chimère, accouplée à son oncle ou demi-frère le chien Orthos, descendent le sphinx de Thèbes et le lion de Némée. D'autres victimes d'Héraclès, l'aigle bourreau de Prométhée, le dragon des Hespérides, prendront place dans cette glorieuse parentèle.

Héra, dont les affinités avec ces créatures du désordre sont connues, élève le lion sur « les hauts de Némée » (Hésiode), c'est-à-dire d'une part le mont Apésas, au nord, magnifique sommet tabulaire, régulier et imposant, dominant les terroirs de Phlionte et de Cléônai, visible dans le lointain depuis la citadelle d'Argos ; et d'autre part, plus au sud, la montagne Trètos (« Percée »), traversée par la grand-route de Cléônai à Argos, où l'on montrait la grotte à deux issues qui avait constitué sa tanière — d'où peut-être le nom donné à cette montagne[4]. Héra veut qu'il ravage le pays et qu'Héraclès l'affronte. « Dans sa grogne, l'épouse de Zeus l'avait lâché pour dévaster l'Argolide, son fief à elle — elle voulait une dure épreuve pour la descendance obscure de Zeus[5] » (en d'autres termes, pour les bâtards de son mari). L'animal se serait trouvé à l'origine sur la Lune, où les êtres sont quinze fois plus grands qu'ici-bas, et la Lune, « dans un terrible frisson », l'aurait fait tomber sur le mont Apésas, toujours à l'initiative d'Héra[6].

Le récit du combat avait été fait par Pisandre de Camiros, qui aurait imaginé de faire étouffer le lion par le héros, sans aucune arme, par amour de la gloire[7]. La peau du fauve ne pouvait être entamée par aucun tranchant, de fer, de pierre ou d'autre matériau[8]. Sur des représentations à peu près contemporaines du poète, on voit cependant un jeune homme empoignant à la gorge, de la main gauche un lion dressé face à lui et pointant de la droite

3. *Ibid.*, 270-336, en particulier 304-308 et 326. Voir M. L. West, n. aux v. 319 et 326. La généalogie contient également les Vieilles *(Graiai)*, filles de Phorkys et Kétô.

4. Hésiode, *Théog.*, 327-332 ; Bacch., IX, 4-9 (sans les noms des montagnes). Voir Paus., II, 15, 2 (ne nomme que le Trètos, sans faire expressément le rapprochement étymologique).

5. Callim., *Aitia*, III, fr. 55 Pf.

6. Épiménide, fr. 2 Diels-Kranz, I, 5e éd., 33, dans Élien, *Nat. anim.*, XII, 7 fin ; Hérodoros, n° 31, fr. 4 et 21 Jac. ; Euphorion, fr. 84 Powell, cité par Plutarque, *Propos de table*, V, 3, 3 (677*a*), le lion est fils de la Lune ; Nigidius Figulus (Pythagoricien ami de Cicéron), fr. 93 Swoboda et Legrand, d'après la schol. à Germ., p. 72, 1 Breysig ; Plutarque, *De facie*, 937*f* ; Hygin, *Fable* 30, la Lune l'avait nourri dans une grotte à deux entrées ; Ét. Byz., *s.* Apesas, avec jeu étymologique sur *Apesas* et « lâcher » (*aphesis*) du lion.

7. Pisandre, *test.* 1 Davies/Bernabé, fr. 1 Bernabé, 1 et 2^{A-C} Davies.

8. Pindare, *Isthm.*, VI, 47 ; pseudo-Théocrite, XXV, *Héraclès tueur du lion*, 274-275.

une épée contre le flanc de l'animal[9]. Parfois Héraclès utilise la massue.

En dehors des récits des mythographes, deux œuvres à la fois savantes et de qualité, dues l'une à Callimaque et l'autre à un poète hellénistique anonyme nous font connaître le détail de l'épisode[10]. Au livre III des *Aitia* de Callimaque, l'hospitalité donnée à Héraclès par un pauvre homme de Némée, Molorcos, et la lutte contre le lion étaient liées aux rituels du sacrifice lors des concours néméens. L'ensemble, inséré en tête du livre, constituait à l'origine un poème indépendant, célébrant la victoire remportée à ces concours par la reine d'Égypte Bérénice II, épouse de Ptolémée III, dans la course de chars. Ce texte est aujourd'hui en lambeaux ; il n'en est pas moins précieux grâce à son exactitude locale, permettant de restituer le cadre rituel de la légende[11].

Apollodore, complété par des scholies, aide à recomposer la version que suivait Callimaque. Héraclès, parti à la recherche du lion, arrive à Cléonai, la cité sur le territoire de laquelle se trouvent Némée et l'Apésas. Il « fut reçu par un pauvre homme, Molorcos [dont le lion avait tué le fils]. Comme celui-ci voulait sacrifier une bête [son unique bélier, pour faire meilleure chère à son invité], Héraclès lui dit d'attendre le trentième jour : s'il revenait sain et sauf de la chasse, Molorcos sacrifierait à Zeus Sauveur ; s'il mourait, alors ce serait à lui, Héraclès, que Molorcos ferait un sacrifice funèbre, comme à un héros[12]. » On devine qu'Héraclès traque le lion pendant vingt-neuf jours et n'en vient à bout, en l'étouffant, que le trentième ; bien plus, épuisé après son exploit ou victime de la malveillance d'Héra, il s'endort. La fatigue du héros après ce premier combat est bien exprimée sur la métope du temple de Zeus à Olympie, où, tête appuyée sur la main, bouche amère, il contemple sa victime gisante. À son réveil, il court chez Molorcos, se faisant la couronne rituelle pour participer à un

9. Pithos à reliefs, au musée de Naxos, vers 650, *LIMC*, V, *s.* Herakles, n° 1912. Vers 540, une amphore attique à figures noires montre encore un personnage plongeant son épée dans la gueule d'un lion.

10. L'attribution à Théocrite du poème XXV de son recueil est invraisemblable.

11. Callim., *Aitia*, livre III, fr. 54-59 Pf., rééd. dans le *Suppl. Hell.*, fr 254-268, avec commentaire, p. 110-117. Le recueil se termine (fin du livre IV) par une autre composition en l'honneur de la reine et de son mari, *La Boucle de Bérénice*, dont on peut dater l'occasion (246-245).

12. Apollodore, II, 5, 1, complété d'après la schol. à Stace, *Théb.*, IV, 160 et [Probus], à Virgile, *Géorg.*, III, 19 (Servius, III, 2, éd. Thilo-Hagen ; cité dans *Suppl. Hell.*, fr. 266). Voir R. Pfeiffer au fr. 54 de Callim.

banquet avec de l'ache (du persil sauvage) cueillie à la hâte. Molorcos s'apprêtait à faire un sacrifice funéraire qu'il transforme en action de grâces à Zeus Sauveur[13]. Cet ensemble de détails vise à expliquer le déroulement des concours néméens, censés commémorer cette victoire d'Héraclès. Parmi les épreuves figurent la lutte (qui évoque l'empoignade d'Héraclès avec le lion[14]) et la course à pied (qui rappelle sa course à son réveil pour arriver à temps chez Molorcos) ; la récompense du vainqueur est une couronne d'ache. Le passage des apprêts d'un rituel funéraire à un sacrifice en l'honneur de Zeus correspond sans doute à une singularité analogue de la fête néméenne. Celle-ci sera complétée plus tard par les Sept Chefs venus d'Argos[15]. De passage sur la route de Thèbes, ils provoquent sans le vouloir la mort de l'enfant royal Opheltès / Archémoros et organisent une course de chars à sa mémoire. Un tel cadre n'a rien d'étonnant : des cérémonies funèbres ont été placées aux origines de tous les grands concours panhelléniques.

Quant à la manière dont Héraclès est venu à bout du lion, la tradition la plus répandue veut qu'il l'ait étouffé entre ses bras, l'affrontant de face, ce qui est particulièrement invraisemblable puisqu'il se serait trouvé sans défense devant les griffes de l'animal. Le geste a pu être inspiré par les représentations orientales de Gilgamesh (ou un autre héros) serrant contre lui un lion. L'auteur du poème *Héraclès tueur du lion,* non sans humour, a donné de la lutte une version qui affecte plus de réalisme. Il met en scène le héros, se rendant vers les étables d'Augias et bavardant, chemin faisant, avec Phyleus, le fils d'Augias. À la demande du jeune homme, Héraclès lui raconte comment il a tué le lion (v. 199-281). Armé d'un arc et d'un gourdin d'olivier sauvage qu'il s'était taillé dans l'Hélicon, il a guetté l'animal lorsque celui-ci est sorti, le soir, pour manger. Mais les flèches ont rebondi sur la peau du lion qui a débusqué le tireur et s'est élancé sur lui. Héraclès est

13. Voir Callim., fr. 59 Pf., 265 *Suppl. Hell.*, avec les comm. de R. Pfeiffer et de H. Lloyd-Jones et P. Parsons. Le persil fut adopté aux concours isthmiques, où la couronne était à l'origine de branches de pin : Plutarque, *Propos de table*, V, 3, 2-3 (citant Euphorion, fr. 84 Powell, et Callim.), et le comm. de F. Fuhrmann. — L'hospitalité rustique de Molorcos a servi de modèle à Nonnos (Brongos recevant Dionysos, *Dion.*, XVII, 52 et suiv.).

14. Voir Euphorion, fr. 84 Powell, 3, « la prise [...] de ses bras », à propos d'Héraclès étouffant le lion, expression du vocabulaire sportif.

15. Schol. à Pindare, *Ném.*, X, 49*b*. On trouve aussi la chronologie inverse, les Sept Chefs survenant avant Héraclès.

parvenu à l'assommer à moitié d'un coup de massue, mais l'arme s'est brisée ; il a profité alors de l'étourdissement du lion pour lui serrer la gorge, par-derrière de peur de ses griffes, et l'étouffer, en le plaquant au sol. Ensuite, comme il n'arrivait pas à l'écorcher parce que sa peau résistait à tout tranchant, fer ou pierre, un dieu lui a donné l'idée d'ouvrir l'animal avec ses propres griffes ; il pourrait désormais utiliser la dépouille pour se protéger au combat.

Ce récit se veut original. Le pseudo-Théocrite critique implicitement ses devanciers et les corrige au nom de la vraisemblance. C'est ainsi qu'il a soin de préciser qu'Héraclès n'empoigne pas le lion de face, à la manière d'un lutteur, comme le montrent les peintres de vases. Le même souci de cohérence apparaît ensuite dans la manière de le dépouiller, pour laquelle on ne cite pas d'autre exemple. Le principe en est que le lion ne peut être blessé que par lui-même[16].

Dans la version courante, « lorsqu'il eut compris que la bête était invulnérable, il brandit sa massue et se mit à la poursuivre. Elle se réfugia dans une grotte à deux issues ; Héraclès mura l'une et entra par l'autre pour affronter le monstre » (Apollodore, II, 5, 1). Le pseudo-Théocrite a placé le combat en plein air car, dans une grotte, il aurait été difficile à Héraclès d'attaquer le lion par-derrière, et il fait assommer l'animal d'un coup de massue préalable pour faciliter l'assaut final ; comme, dans les corridas, on fatigue d'abord le taureau avant l'estocade. Cette massue, qui se brise, provient de l'Hélicon, en Béotie[17]. Selon une autre tradition, la massue utilisée par le héros au long de sa carrière aurait été elle aussi d'olivier sauvage, taillée à Némée ou près du golfe Saronique. À Trézène, consacrée à Hermès, qui, comme Héraclès, patronne les exercices sportifs, la massue avait repris racine en terre près de la statue du dieu. Sauvage de préférence, l'olivier est un emblème d'Héraclès, comme on le verra à propos de la poursuite de la biche et de la déportation des Dryopes à Asiné[18].

16. Cela n'a pas été vu par l'auteur de l'édition de référence de Théocrite, A.S.F. Gow, *ad loc.* ; ce n'est pas une affaire de zoologie et l'important n'est pas que les griffes du lion aient été, pour les Anciens, les plus acérées de toutes.

17. Est-ce un souvenir de la légende de l'autre lion, celui du Cithéron ? — Comme à propos de l'arc, il existait toute une tradition sur la massue d'Héraclès (voir ci-après, à propos de la chasse au sanglier).

18. À Némée : Apollodore, II, 4, 8, fin. Près du golfe Saronique : Paus., II, 31, 10 ; voir peut-être 28, 2. Ou bien l'Arcadien Évandre, installé dans le Latium, l'aurait reçue d'Héraclès et consacrée dans le temple d'Hercule, sur le forum Boarium à Rome (Solin, I, 11). — Asiné : voir p. 351.

Enfin, quand Héraclès revient à Mycènes avec la dépouille du lion, Eurysthée est tellement effrayé de la vaillance du héros qu'il lui interdit d'entrer en ville. Héraclès devra désormais montrer son butin devant les portes et Eurysthée lui transmettra ses ordres par l'intermédiaire du héraut Copreus (« Bouseux »), fils de Pélops. Par ailleurs, précaution que l'ordre précédent rendait inutile, Eurysthée se fait aménager une jarre de bronze, enterrée : elle lui servira d'abri quand Héraclès amènera le sanglier de l'Érymanthe et le chien Cerbère. Ces précisions données par Apollodore appartiennent au fonds ancien de l'histoire. Le héraut Copreus est connu de l'*Iliade*. Apollodore, en mentionnant ici la jarre-refuge d'Eurysthée, semble chercher à lier des travaux d'abord racontés séparément, au prix d'un certain illogisme. Le couard Eurysthée de surcroît ne sait que faire des prises de son serviteur ; il laissera périr les juments de Diomède, ordonnera de ramener Cerbère à son poste ou de rapporter les pommes des Hespérides. L'expression amère d'Héraclès sur la métope du lion, à Olympie, si frappante, s'explique peut-être non seulement par la fatigue, mais encore par le sentiment de la longue et injuste sujétion qui l'attend.

Quant au lion, il est transformé en constellation[19].

L'hydre de Lerne

Après le fauve tombé de la lune, le reptile caché dans les marais : le terme « hydre » pourrait ne désigner qu'un serpent d'eau, selon son étymologie, mais il est devenu dès l'origine nom propre de la bête aux multiples têtes repoussant sitôt coupées. C'est le plus meurtrier de tous les adversaires d'Héraclès. Son venin servira à enduire les flèches du héros et fera d'innombrables victimes — dont Héraclès lui-même. Comme le lion de Némée, l'hydre de Lerne est donc un être surnaturel descendant du Vieux de la mer et du Monstre aux belles joues ; comme le lion, elle fut élevée par Héra dans son insatiable animosité.

Mais l'affrontement est conçu de manière très différente. Héraclès la met à mort d'un « bronze impitoyable », avec l'aide de son neveu Ioalos et les conseils d'Athéna Meneuse d'armée, raconte Hésiode. Dans les quelques vers de la *Théogonie* qu'il lui

19. Ératosthène, 12.

consacre, il emploie ainsi le vocabulaire usuel d'un combat entre guerriers. Cela donne à l'exploit une tonalité épique traditionnelle, que l'on chercherait en vain dans les évocations du combat contre le lion, mais qui est perceptible aussi, au début du VIe siècle av. J.-C., sur un fronton en calcaire de l'Acropole d'Athènes : il représente l'arrivée d'Héraclès monté sur un char dont Iolaos est le cocher ; le héros en descend pour affronter le reptile, à la manière d'un guerrier de l'*Iliade* sur le champ de bataille. Le détail de l'arrivée en char a été conservé par la tradition ; il est repris par Apollodore.

Hésiode ne décrit pas l'hydre, que seul chez lui son nom permet d'imaginer. Pisandre de Camiros, le premier, lui aurait attribué plusieurs têtes[20]. Combien ? Les auteurs hésitent entre neuf et des chiffres qui n'expriment plus qu'une multitude fantastique : cinquante, cent, dix mille... La légende de l'hydre a pu être inspirée par des figurations du dieu hittite de l'orage exterminant, en présence de son fils, le dragon Illouyanka[21]. Walter Burkert évoque aussi le combat de Baal contre Léviathan à Ougarit et dans la Bible[22]. Mais l'hydre n'appartient pas à la catégorie des monstres marins, bien individualisée dans la mythologie grecque. Elle ne surgit pas des profondeurs de la mer, elle rampe dans les marais. En Grèce, les représentations figurées du combat sont sans doute plus anciennes que les textes, puisqu'on le reconnaît, au tout début du VIIe siècle av. J.-C., sur deux fibules où deux guerriers décapitent à coups de faucille une hydre à cinq ou six têtes[23]. Cette faucille ou serpe évoque la *harpé* de Cronos châtrant le Ciel ou de Persée décapitant Méduse et, comme elle, doit dériver de l'arme recourbée des dieux hittites, qui combattent parfois des monstres anguiformes. Plus tard, les artistes donnent souvent neuf têtes à l'animal et, pour des raisons faciles à comprendre, ne dépassent pas le chiffre de douze. À l'époque romaine, à partir de 180 environ, c'est-à-dire sous le règne de Commode, l'hydre a la

20. Hésiode, *Théog.*, 313-318 ; Pisandre, fr. 2 Bernabé, 3 Davies (dans Paus., II, 37, 4) ; Apollodore, II, 5, 2.

21. Dalle sculptée provenant de Malatya, vers 1050-850 av. J.-C., Ekrem Akurgal, *Orient et Occident. La Naissance de l'art grec*, Paris, Albin Michel, 1969 (1966), fig. 60, p. 94, et p. 169 pour le rapport avec le combat contre l'hydre.

22. W. Burkert, *Greek Religion*, p. 209, renvoyant à Isaïe, 27, 1 ; Psaumes, 74, 12-14.

23. *LIMC*, V, *s.* Herakles, n°s 2019 et 2020, voir n° 2025, pied de trépied, Olympie, vers 625-600 ; commenté par G. Kokkorou-Alewras. Le crabe auxiliaire de l'hydre (voir ci-après) figure déjà sur les fibules.

tête d'une jeune fille, unique, tantôt belle et tantôt terrifiante, entourée d'une chevelure vipérine comme celle de Méduse[24].

L'hydre est bien localisée à Lerne ; elle a son nid sur la colline, le Pontinos, qui commande le passage vers l'Arcadie et domine la source Amymoné, tout près de la mer, à l'angle sud-ouest de l'Argolide, dans une région de marais nourris par de vigoureuses résurgences des lacs arcadiens, marais dont il ne subsiste plus grand-chose aujourd'hui[25]. D'autres légendes, comme celle d'un lac sans fond menant vers l'Hadès, confirment leur caractère maléfique. La propriété la plus redoutable de l'hydre était que ses têtes, une fois coupées ou écrasées à coups de massue, repoussaient ; et même, dit Apollodore, « pour une d'écrasée, deux repoussaient ». Sans compter que « l'hydre avait un corps gigantesque, doté de neuf têtes dont huit étaient mortelles, mais celle du milieu était immortelle ». Seul le feu peut venir à bout de cette créature aquatique.

Déjà, Héraclès l'a forcée à sortir de son nid avec des flèches enflammées, parvenant ainsi à l'attraper. « Mais la bête se prend à l'une de ses jambes, qu'elle enlace. » Ce menu détail vise sans doute à expliquer qu'Héraclès appelle Iolaos. Parmi les péripéties du combat, un crabe géant est envoyé par Héra au secours de l'hydre et mord Héraclès au pied. Mais Héraclès l'écrase. Ou bien c'est alors qu'il est obligé de faire appel à Iolaos. De là, disait-on, le proverbe « Contre deux, pas même Héraclès[26] ! » Héra fera de son allié la constellation du Crabe[27] (le Cancer). Ensuite, Iolaos cautérise avec un tison les cous tranchés, empêchant ainsi la repousse[28]. Une fois toutes les têtes tombées, le héros enfouit celle

24. Sur les sarcophages, sur les mosaïques d'Acholla (184), Cártama, Piazza Armerina... Voir P. Amandry, « L'hydre de Lerne », *Bull. fac lettres de Strasb.*, 1951-1952, p. 293-322, Suzanne Gozlan, *Rev. arch.*, 1979, 1, p. 35-72 (p. 42). Voir le chapitre précédent pour les transformations du cycle des Travaux sous le règne de Commode.

25. Un peu plus haut jaillit la résurgence de l'Érasinos, alimentée par les eaux du lac Stymphale (ce que les Anciens avaient compris). Apollodore, dont le récit semble reposer sur une tradition locale très précise, situe l'hydre sur une colline que Paus., II, 36, 8 à 37, 2, permet d'identifier.

26. Archiloque, fr. 259 West (sans explication) ; Hellanicos, n° 4, fr. 103, et Hérodoros, n° 31, fr. 23 Jac. ; Phérécyde, n° 3, fr. 79 Jac., avec une autre explication, ci-dessous, p. 317 ; Platon, *Phédon*, 89c et les scholies (citant les trois auteurs précédents, et d'autres). Compilateurs de proverbes (parœmiographes) : Diogénianos, VII, 2 ; Apostolios, XIII, 29. Voir aussi Douris de Samos, élève de Théophraste, n° 76, fr. 93 Jac. ; Zénobios, V, 49 ; *Souda*, *s.* οὐδὲν Ἡρακλῆς.

27. Panyassis, fr. 6 Bernabé, 3 Davies. La constellation : Ératosth., *Catast.*, 11 et schol. à Germ., p. 70 et 128 Breysig ; Apollodore, II, 5, 2.

28. Outre Diodore et Apollodore, voir Quint. Sm., VI, 215-219 ; schol. à Euripide, *Phén.*, 1137.

qui est immortelle et pose une grosse pierre par-dessus, « près de la route qui va de Lerne à Élaious[29] ». L'hydre est à la fois un nuisible, « fléau pour les troupeaux et le pays », et une bête fantastique, un monstre surgi du fond des temps et une curiosité locale dont on montre la tombe. Sa victoire permet à Héraclès de compléter son équipement, offensif cette fois-ci, grâce à l'exceptionnelle virulence du venin de l'hydre. Il trempe la pointe de ses flèches dans le sang de la bête ou dans sa bile, chargés de venin[30] : « Tout ce que fait pousser la terre ensoleillée, herbe ou arbre, si cette sanie le touchait, comme desséché par le feu, prenait l'aspect de la cendre grise[31]. » C'est ce venin, passé dans le sang du Centaure Nessos, qui rendra mortelle la fameuse tunique. Indirectement, Héraclès périra par l'hydre. Cette épreuve, dit Apollodore, sera annulée par Eurysthée, sous prétexte qu'Héraclès s'est fait aider d'Iolaos pour venir à bout de l'hydre.

Le sanglier de l'Érymanthe

La troisième épreuve qu'Eurysthée impose à Héraclès est de ramener vivant le sanglier de l'Érymanthe. Il se trouve cette fois aux prises avec un simple porc sauvage, sans pedigree divin ni aptitudes surnaturelles, à la différence du lion, de l'hydre et même de la biche, qui sera l'objet du quatrième travail. Mais il ne s'agit pas seulement de lutte contre le sanglier. La plus grande partie du récit, chez Diodore comme chez Apollodore, est consacrée à un épisode « captif » de celui-là et qui se substitue parfois à lui, la lutte d'Héraclès contre les Centaures. Les deux sont constamment associés, ainsi chez Sophocle, qui, lui aussi, donne plus d'importance à la poursuite des Centaures qu'à celle du sanglier[32].

Le cadre est planté avec précision. Nous sommes sur les pentes occidentales de l'Arcadie, dominant immédiatement l'Élide. Le sanglier dévaste le pays de Psophis, c'est-à-dire la vallée du fleuve Érymanthe, qui se jette dans l'Alphée et mène donc à Olympie. « Le sanglier était dans la montagne, et faisait beaucoup de dégâts

29. « L'Olivaie », toponyme banal, mentionné en Argolide par Ét. Byz.
30. Stésichore, *Suppl. Lyr. Gr.*, S 15, II, 3-6 (sang et bile) ; Sophocle, *Trach.*, 573-574 (bile) ; Euripide, *Héraclès*, 419-422 ; Apollodore, II, 5, 2 (bile).
31. Euphorion, fr. 50 Powell.
32. Sophocle, *Trach.*, 1095 et suiv.

aux gens de Psophis[33]. » Il a son repaire sur le massif de l'Érymanthe ; comme la biche, il vit dans le domaine d'Artémis, à laquelle cette montagne est spécialement consacrée : « Telle va par les monts Artémis qui fait ruisseler les flèches, par le très haut Taygète ou par l'Érymanthe, elle qui se plaît avec les sangliers et les biches rapides. » Quel que soit le rapport entre ces vers célèbres de *l'Odyssée,* souvent cités, et les deux épisodes héracléens, l'analogie est frappante, car la biche poursuivie par Héraclès est en relation étroite avec la nymphe Taygète, éponyme du massif montagneux, comme le sanglier est lié à l'Érymanthe[34]. Les deux victoires consécutives d'Héraclès sont associées sur les monnaies de Psophis, qui portent comme emblème parfois la biche (celle-ci très tôt, vers 500 av. J.-C.) et parfois le sanglier[35]. Au passage, le héros tue aussi un brigand de grand chemin nommé Lézard (Sauros), installé sur les collines commandant un gué de l'Érymanthe, sur la route d'Olympie[36]. Il traque la bête à partir de Pholoé, le haut plateau ensoleillé qui, au sud, surplombe de son rebord abrupt la vallée d'Olympie, « toute proche », dit Strabon, et s'étend au nord jusqu'au pied de l'échine principale de l'Érymanthe, le mont Lampeia, « étincelant de ses cimes neigeuses ». Il la recherche dans ses bauges près de la rivière, « à travers le vaste marais de l'Érymanthos »[37].

À Pholoé, selon le récit d'Apollodore, « Héraclès est reçu par le Centaure Pholos, fils de Silène et d'une Nymphe des frênes ». À Némée, il avait de même trouvé abri chez Molorcos ; mais Molorcos est un homme tandis qu'ici les indigènes sont chevalins. Une scène de banquet retarde le récit de la chasse et le résultat imprévu de l'une et de l'autre sera d'expulser monstres et fauves de

33. Hécatée, n° 1, fr. 6 Jac., notre plus ancien témoin sur la légende (puis vient le texte de Sophocle cité plus haut). Sur Psophis, voir ci-dessus, p. 66.
34. Homère, *Od.*, VI, 102-104, vers cités par Paus., VIII, 24, 4 ; Élien, *Nat. an.*, III, 27. Voir p. 222.
35. B. V. Head, *Historia Numorum*, p. 453 ; C. M. Kraay, *Archaic and classical Greek Coins*, p. 96. Psophis était célèbre aussi pour les poissons chanteurs qui figurent sur ses monnaies en complément des types héracléens ; voir Paus., VIII, 21, 2 ; étudiés par Cléarque de Soloi, disciple d'Aristote, et d'autres après lui (Athénée, VIII, 331*d* et 332*f*) ; James G. Frazer, à Paus., t. IV, p. 265.
36. Paus., VI, 21, 3-4. Dans les environs, à 7,5 km environ d'Olympie, un village nommé *Héracleia* devait sans doute son nom à la présence de sources thermales : Strabon, VIII, 3, 32 (356) ; Paus., VI, 22, 7.
37. Strabon, VIII, 3, 32 (357). Cimes neigeuses : Stace, *Théb.*, IV, 290 ; Lampeia et les marais : Apoll. Rh., I, 127 et les scholies ; Diodore, IV, 12, 1. Le sens des noms *Pholoé* et *Pholos* reste incertain. On serait tenté de rapprocher *Phelloé*, « l'Endroit aux chênes-lièges », en Achaïe (*phellos* : « chêne-liège ») ; un nom d'arbre convient à un Centaure.

l'arrière-pays de Psophis. Diodore et Apollodore en donnent deux récits complexes, qui diffèrent sur des points importants[38].

Chez Diodore, Pholos est le dépositaire d'une jarre enfoncée dans la terre (comme il était usuel pour ces récipients énormes et fragiles), qui a été confiée quatre générations plus tôt par Dionysos à un Centaure, avec ordre de l'ouvrir pour la venue d'Héraclès. Pholos l'ouvre donc spontanément. La légende se déroule en hiver, saison où l'on entame les jarres de vin nouveau, mais il est expressément précisé que le vin de Pholos est vieux. Le récipient ouvert, ce vin répand un arôme tellement puissant qu'il suffit à mettre hors d'eux-mêmes les congénères de Pholos. Les êtres sauvages, Centaures ou Cyclopes, ne résistent pas au vin et une expression de l'*Odyssée :* « le Centaure aussi, le vin l'a... » était citée en proverbe, l'exemple de Pholos amenant celui du Cyclope Polyphème enivré par Ulysse, pour son malheur[39]. La beuverie a été racontée par Stésichore (la coupe d'Héraclès avait une contenance d'environ neuf litres), puis par le poète comique Épicharme dans *Héraclès chez Pholos*[40]. Des décors de coupes attiques où on les voit se régaler ensemble illustrent d'autre part l'amitié de Dionysos et du grand buveur Héraclès, les deux fils de Zeus unis par une apothéose identique[41].

Chez Apollodore, « le Centaure offre à Héraclès des viandes rôties, mais lui-même mange cru. Héraclès demande du vin : le Centaure dit qu'il a peur d'ouvrir la jarre commune des Centaures ». C'est Héraclès qui prend l'initiative fatale. Les responsabilités dans le massacre qui va suivre sont réparties différemment. En effet, « attirés par le bouquet du vin, les Centaures arrivent à la grotte de Pholos, armés de rochers et de sapins. Les premiers qui s'aventurent à l'intérieur, Anchios et Agrios, Héraclès les met en fuite avec des brandons », comme on écarte des fauves. Apollodore souligne leur animalité : ils mangent cru, ils ont peur du feu. Diodore prend le contre-pied exact de ces détails. Selon lui, les Centaures tiennent, en plus des rochers et des arbres, des torches et des haches à abattre les bœufs. Son récit, moins riche en détails concrets, porte davantage la marque de l'élaboration sophistique visant à l'éloge d'Héraclès, qui doit combattre contre « des êtres

38. Diodore, IV, 12, 3-8 ; Apollodore, II, 5, 4.
39. Homère, *Od.*, XXI, 295-304 ; Théocrite, VII, *Thalysies*, 149-153 ; Alcée de Messène (tout début du IIe siècle av. J.-C.), *Anth. Pal.*, XI, 12.
40. Stésichore, *Géryonéide*, S 19 Page, *SLG* ; Épicharme, fr. 78 Kaibel.
41. K. Schefold et F. Jung, fig. 220*a*. Cf. *LIMC*, V, *s.* Herakles, nos 3206 et suiv

qui du côté de leur mère étaient des dieux, pour la vitesse tenaient des chevaux, par la force de leur double corps étaient des animaux, pour le savoir et l'intelligence tenaient des hommes ».

Leur mère la Nuée envoie une averse qui ne gêne pas les quadrupèdes mais rend le terrain glissant pour le bipède Héraclès ! Commence alors une galopade effrénée, qui aboutit, chez Apollodore, à la dispersion des Centaures et à la disparition du gros de la troupe. Ils traversent le Péloponnèse depuis le nord-ouest et se trouvent acculés à sa pointe sud-est, au cap Malée. Chiron, chassé du Pélion par les Lapithes, les a précédés dans cette région sauvage et impraticable. Les Centaures cherchent protection auprès du plus sage d'entre eux. Le récit du mythographe est d'une grande précision visuelle : « En tirant sur les Centaures blottis autour de Chiron, Héraclès atteint Élatos [le nom rappelle Élaté, “ Sapin ”] ; la flèche traverse son bras et se plante dans le genou de Chiron. »

Les Centaures sont groupés dans l'attitude de suppliants, entourant de leurs bras les genoux de Chiron, ce qui explique cette double blessure par une seule flèche. « Héraclès, contrarié, accourt, retire la flèche et applique le remède que Chiron lui donne. Mais, la blessure étant incurable, le Centaure s'éloigne et va dans sa grotte. Là, il veut mourir mais ne peut pas, car il est immortel ; il faut que Prométhée se propose à Zeus pour devenir immortel à la place de Chiron, qui meurt alors [42]. » Le *Prométhée enchaîné* d'Eschyle fait allusion à cet échange, qui devait être raconté dans le *Prométhée délivré* (v. 1026-1029). En principe Prométhée, fils de Titans, devrait être immortel tout autant que Chiron. Dans cette scène, le seul être mortel est Héraclès, comme l'ont remarqué des érudits contemporains, en se demandant si ce n'était pas plutôt à lui de donner sa place à Chiron [43]. Mais on a déjà vu que les critères selon lesquels se répartissent mortels et immortels dans les premières générations nous échappent. Il est tout aussi difficile d'expliquer pourquoi Chiron est immortel ou de distinguer entre les êtres vraiment éternels et ceux qui sont seulement doués de longévité. Diodore fait un récit beaucoup plus sommaire, indiquant simplement qu'Héraclès a tué Chiron d'une flèche sans le faire exprès.

42. La mort de Chiron est évoquée aussi par Ovide, *Mét.*, II, 649-654 ; Lucien, 77, *Dial. morts*, 8 (26).

43. Hypothèse de D. S. Robertson, « Prometheus and Chiron », *Journ. Hell. St.*, 71 (1951), p. 150-155. Voir la discussion par J.-C. Carrière, à Apollodore, p. 187-188 et 200-201.

Certains des Centaures mis en fuite se rendent au bord de l'Anigros, ruisseau de la côte ouest du Péloponnèse, et lavent dans son eau les blessures que leur ont faites les flèches d'Héraclès, enduites du venin de l'hydre. L'Anigros, dont les eaux sulfureuses guérissent les maladies de peau, en reste empuanti[44]. Puis les monstres se dispersent. L'attrait du vin les a décimés, c'est leur lubricité qui perdra les survivants — les victimes ont les mêmes défauts que leur meurtrier. Eurytion retourne à Pholoé, et Héraclès le retrouvera trois épreuves plus loin, après le nettoyage des étables d'Augias, importunant la fille de l'obligeant Dexaménos ; Nessos se rend au bord du fleuve Évenos, de l'autre côté du golfe de Corinthe, où il fait office de passeur : c'est l'épisode célèbre de la tentative de viol sur Déjanire (voir ci-après, chap. XVII). Diodore cite encore, parmi les rescapés provisoires, un certain Homados, replié en Arcadie, où il tentera de violer une fille d'Eurysthée : pour cette vilenie, il sera tué par Héraclès, généreux, souligne l'historien, envers la fille de son ennemi.

Pholos, pendant ce temps, ajoute Diodore, se dissimule à l'intérieur de son antre. Il meurt après le massacre, alors que le calme est retombé et qu'il est sorti de sa cachette. Les deux récits concordent là-dessus, Apollodore étant comme ailleurs plus concret. « Quant à Pholos, il retire une flèche d'un cadavre et s'étonne que ce petit objet puisse tuer de si grandes créatures. La flèche lui glisse de la main, tombe sur son pied et le tue sur-le-champ[45]. Quand Héraclès revient à Pholoé, il voit Pholos mort et l'ensevelit. » C'est seulement dans la mythologie qu'une blessure au pied peut provoquer une mort subite (elle a le même effet sur Acrisios). Normalement, la mort devrait résulter d'une gangrène. C'est le mal (non mortel cette fois-là) qui frappera Philoctète, blessé de la même manière, avec l'une des flèches qu'il a héritées d'Héraclès.

Désormais, les Centaures n'existent plus en tant que collectivité. Dans un dernier galop, traversant encore une fois le Péloponnèse, ils disparaissent, masse anonyme, à Éleusis (qui possédait un accès vers l'Hadès). Mais Apollodore ne dit pas qu'ils meurent : Poseidon « les recouvre d'une montagne », selon un procédé qui sert aussi pour les Phéaciens, créatures non mons-

44. Strabon, VIII, 3, 19 (346-347). Les filles de Proitos y étaient passées : voir ci-dessus, p. 121.
45. Même version chez Servius, à Virgile, *Én.*, VIII, 294.

trueuses mais proches des Centaures par leur origine[46]. Ils deviennent des peuples souterrains. Héraclès devra plus tard se purifier du meurtre des Centaures avant d'être initié à Éleusis et de descendre dans l'Hadès chercher Cerbère.

Il existait une autre légende d'élimination des Centaures en tant que communauté menaçante pour les hommes : celle du combat des Lapithes de Thessalie contre les Centaures du Pélion venus troubler leurs fêtes de mariage. Mais le héros de cette tradition de Grèce centrale est l'Athénien Thésée, non Héraclès. Apollodore, qui la connaissait, donnait l'antériorité à Thésée.

Le tumulte des Centaures est éteint : la traque du sanglier peut commencer. Sur un vase à reliefs du Louvre, d'époque hellénistique, Athéna remet au héros une massue de bronze fondue par Héphaistos[47]. La scène trouve des confirmations ou des parallèles dans les textes : la massue avait été donnée par Héphaistos (Diodore) ; elle était chargée de bronze au bout (Apollonios de Rhodes) ou tout entière de bronze (un auteur nommé Pisandre), ou de fer avec des bosses (Théocrite). Elle lui venait peut-être de Dédale (Euripide)[48]. Après la peau de lion lors du premier travail et le venin des flèches lors du deuxième, Héraclès complète son armement à l'occasion du troisième.

Par ailleurs, il doit prendre le sanglier vivant, comme la biche. Cette difficulté supplémentaire imposée au héros est d'origine ancienne, car les vases archaïques montrent Héraclès tenant sur son épaule, tel un goret, le sanglier vivant ; Diodore, comme à propos de la biche, ne manque pas de souligner la valeur morale d'un tel exercice. Il permet de mesurer le sens de l'opportunité et de la juste proportion chez Héraclès : il doit épuiser l'animal sans le tuer. C'est aussi une démonstration de force pure : porter un sanglier sur l'épaule n'est pas donné à tout le monde. Seul Hygin dit qu'Héraclès tue sa victime[49]. Selon les autres, Héraclès se montre plus subtil et mérite que Polyen l'enregistre dans son

46. Homère, *Od.*, XIII, 146-187. Phéaciens et Centaures : voir chap. III.

47. Vase CA 551, légendé, où la capture du sanglier est donnée comme le cinquième travail ; K. Schefold et F. Jung, fig. 185.

48. Diodore, IV, 14, 3 ; Apoll. Rh., I, 1196 ; Théocrite, XVII, *Éloge de Ptolémée*, 31 ; un Pisandre, le poète, fr. *dub.* 13 Bernabé, 1 Davies, ou le mythographe, n° 16, fr. 4 Jac. ; Euripide, *Héraclès*, 471. Sur la reconnaissance de Dédale envers Héraclès, voir ci-dessous, p. 338.

49. Hygin, *Fable* 30, 4.

recueil de stratagèmes : à coups de pierres ou à force de cris, il débusque l'animal hors de sa bauge, le pousse, épuisé, dans une congère dont il ne pourra se dépêtrer, le prend au lasso [50].

Héraclès revient à Mycènes, portant le fauve sur son dos. C'est alors, ajoute Diodore, qu'Eurysthée se cache dans une jarre de bronze (elle aussi, comme celle de Pholos, est représentée enfouie dans la terre). Apollodore n'en parle pas, mais il a mentionné la mise en place de ce récipient à la suite du premier travail. La scène où Héraclès marche vers Eurysthée réfugié dans la jarre connut un succès presque exclusif parmi les artistes qui ont illustré cet exploit, assez tard semble-t-il, à partir du milieu du VIe av. J.-C. [51]. Deux vases attiques datant d'environ 490 av. J.-C. gardent le souvenir d'une mise en scène mouvementée, où les vieux parents d'Eurysthée se désolent en voyant leur fils dans la jarre et Héraclès qui menace d'y jeter le sanglier. Sur l'autre face, deux personnages sur un char semblent pousser leurs chevaux, sans doute pour voler au secours du roi, mais Hermès paralyse leur attelage. Selon une interprétation séduisante de Karl Schefold, il pourrait s'agir d'Iphiclès et de Likymnios [52]. Cette présentation, en tout cas, accentue la solitude d'Héraclès. Enfin, Cumes de Campanie prétendait conserver dans un temple d'Apollon les défenses du sanglier, mais Pausanias, qui rapporte cela incidemment à propos de Psophis, n'y croit pas. Peut-être la dépouille de l'animal se trouvait-elle à Psophis [53] ? Nul ne s'est soucié de nous dire ce qu'il en advint, et à cet égard aussi la chasse au sanglier se distingue des deux travaux précédents. Cet adversaire moins noble a mérité moins d'attention.

50. Polyen, I, 3, 2 ; Apollodore, II, 5, 4 ; Diodore, IV, 12, 2.

51. Héraclès avec le sanglier vivant aux portes de Mycènes : aussi dans Hérodoros, n° 31, fr. 24 Jac., d'après la schol. à Apoll. Rh., I, 124-129*c* et Apollonios de Rhodes lui-même. Eurysthée dans la jarre : P. Amandry, *Bull. corr. hell.*, 1942-1943, p. 150 et suiv. ; *LIMC*, V, *s.* Herakles, où le plus ancien témoin allégué paraît douteux (métope du Laphrion de Calydon, vers 600).

52. K. Schefold, *Athen. Mitteil.*, 1962, p. 132 et suiv., et pl. 36 ; id. et F. Jung, p. 146 et fig. 183-184. L'interprétation de Schefold n'est pas retenue dans le *LIMC*, V, *s.* Herakles, n°s 2129 et 2130. Pourtant les décors des deux faces de ces coupes (dus au peintre de Panaitios et à Oltos) suivent des schémas absolument identiques et, comme le fait remarquer Schefold, chez le peintre de Panaitios la règle est que les deux faces extérieures d'une coupe aient le même thème.

53. Paus., VIII, 24, 5. Le texte souffre d'une lacune juste avant (Paus. devait y citer les vers d'*Od.*, VI, 102-104, voir ci-dessus). Autres textes : Martial, IX, 101, 6 ; Claudien (?), *Laus Herculis*, 103-117 ; schol. à Stace, *Théb.*, IV, 298 ; Dracontius, *Romul.*, II, 96 ; Tzetzès, *Chil.*, II, 268.

La biche de Kérynia

La quatrième épreuve imposée à Héraclès, la capture de la biche aux cornes d'or, nous a paru d'abord jumelle de la précédente. Pourtant, cette chasse-là nous ramène dans le monde surnaturel. C'est Apollodore qui transmet la version sans doute la plus ancienne de la légende. Elle se passe tout entière en Arcadie.

> Comme Héraclès, pour cette raison [parce que la biche était consacrée à Artémis], ne voulait ni la tuer ni la blesser, il la poursuivit pendant une année entière. Lorsque la bête, fatiguée par la poursuite, se réfugia sur le mont Artémision, et de là vers le fleuve Ladon, Héraclès tira sur elle au moment où elle allait le franchir, la captura, la mit sur ses épaules et revint en hâte par l'Arcadie. Mais il rencontra Artémis accompagnée d'Apollon ; elle chercha à la lui enlever et lui reprocha d'avoir voulu tuer d'animal qui lui était consacré. En plaidant le cas de force majeure et en rejetant la responsabilité sur Eurysthée, Héraclès apaisa la colère de la déesse et rapporta la bête, vivante, à Mycènes[54].

Ce récit offre un bel exemple d'apparition divine : les jumeaux divins nés de Létô barrent la route à Héraclès traversant les hautes solitudes de l'Arcadie, mais le conflit entre l'homme et les dieux se résout de la manière la plus raisonnable, par une argumentation juridique. La scène est illustrée sur quelques vases de la fin de l'archaïsme (où la biche, à une exception près, est figurée sans andouillers). Mais c'est alors un affrontement purement physique, où Apollon essaie d'arracher de force l'animal à Héraclès, en présence d'Artémis[55]. Par le thème comme par le schéma iconographique, cette scène se rapproche de la contestation pour le trépied entre les deux fils de Zeus, qui sera relatée plus loin (voir p. 334).

Sans doute dès avant Pindare, la poursuite de la biche par Héraclès avait été allongée jusqu'aux confins du monde. Cette tendance des créateurs de mythes à rejeter toujours plus loin les circuits de leurs héros se manifeste surtout dans la seconde partie des Travaux, lors des pérégrinations d'Héraclès vers les pâturages

54. Apollodore, II, 5, 3. Comparer Diodore, IV, 13, 1 ; Hygin, *Fable* 30, 5 (seul à en faire un cerf) ; Tzetzès, *Chil.*, II, 265-267.
55. *LIMC*, t. V, *s.* Herakles, n°s 2176-2180.

de Géryon ou le jardin des Hespérides. Héraclès, pour rejoindre enfin l'animal, doit aller jusqu'au pays qui est « derrière les souffles du vent du Nord glacial » (c'est-à-dire l'Hyperborée), en Istrie. Le terme « Istrie » a servi beaucoup plus tard à désigner la presqu'île de Trieste, qui n'est pas vraiment une Sibérie. Mais telle que l'imaginait Pindare, l'Istrie, loin à l'intérieur des terres, renfermait les sources « pleines d'ombre » de l'Istros, notre Danube ; là résidaient les Hyperboréens, une catégorie de bienheureux[56]. La poursuite de la biche prend une allure de voyage aux frontières du monde. Là où il capture la bête, Héraclès remarque l'olivier extraordinaire dont il reviendra par la suite chercher un rejeton, afin d'utiliser son feuillage pour la couronne des vainqueurs à Olympie[57].

L'exploit s'est plié à ce qui nous semble aujourd'hui la fantaisie des poètes. « Celle qui était coiffée d'or, la chevrette au dos tacheté, celle qui pillait les paysans, il la tue et en fait honneur à la déesse d'Oinoé », dit ainsi Euripide, se plaçant d'emblée en marge de la vulgate[58]. Car celle-ci ne range pas l'animal dans l'espèce des chevreuils (qui ne sont pas tachetés). Pas plus que le sanglier, Héraclès ne doit la tuer, mais l'amener vivante à Mycènes. Et l'animal est consacré à Artémis avant toute poursuite.

Où était-elle ? À la différence des autres monstres qui ont un gîte, un repaire, la biche rapide passe par les monts les plus divers de l'Arcadie : sur le Ménale (au centre), en Parrhasie (au sud-ouest), à Kérynia (au nord, à la lisière de l'Achaïe)[59], sur le territoire d'Oinoé (au nord-ouest, appartenant aux Argiens). Cette Oinoé est au pied de l'Artémision, montagne où l'Inachos prend sa source, et possédait un sanctuaire d'Artémis[60]. Il existait d'autres Oinoé : une fontaine sur la route de Phénéos à Pelléné et

56. Pindare se représente sans doute l'Istros coulant du nord vers le sud. Dans cette géographie fantastique, le Grand Nord, « plongé dans la nuit », abrite aussi « l'antique jardin de Phoibos » : A. Ballabriga, *Le Soleil et le Tartare*, p. 240-245. Sources de l'Istros chez Eschyle : *Prom. délivré*, fr. 330 Mette (schol. à Apoll. Rh., IV, 284). Pour les Grecs, le Danube se jetait à la fois dans la mer Noire et dans l'Adriatique, vers l'Istrie actuelle.

57. Pindare, *Olymp.*, III, 13-30 pour l'ensemble. Sur l'olivier d'Héraclès, voir l'olivier sauvage qui poussait sur la tombe d'un héros, sur l'agora d'Héraclée du Pont, Apoll. Rh., II, 841-850 ; et Hérodoros, n° 31, fr. 51 Jac. Sa massue est en olivier sauvage : voir ci-dessus, p. 208-209.

58. Euripide, *Héraclès*, 375-379.

59. Callim., *H.*, III, À Artémis, 109 ; Apollodore, II, 5, 3 ; Héraclite, *Probl. hom.*, 33 ; Servius, à Virgile, *Én.*, VI, 802.

60. Paus., II, 25, 3 ; Voir Hésychios, *s.* Οἰνωᾶτις, et Ét. Byz., *s.* Οἴνη. Voir ci-dessus, p. 121, n. 80.

Aigeira. Il y avait là un sanctuaire d'Apollon Phénéatès et d'Artémis. Une autre encore sur le fleuve Ladon, en amont d'Olympie, près duquel aura lieu la capture[61].

L'animal était consacré à Artémis; par la fille d'Atlas, la nymphe Taygète (éponyme de la montagne du sud du Péloponnèse), dit Pindare (*Olympiques,* III, 29-30). C'est que Taygète, par sa beauté, avait séduit Zeus ; Artémis l'avait transformée en biche pour la mettre à l'abri. Plus tard, lorsqu'elle eut repris sa forme humaine, elle consacra à la déesse l'animal dont elle avait pris l'aspect. Ou bien, après avoir couché avec Zeus (dont elle eut un fils, Lakédaimôn), elle aurait offert une biche dorée en ex-voto. Ou bien elle aurait été transformée en biche aux cornes d'or par Artémis, à cause de sa beauté[62]... Selon Callimaque, il y avait cinq biches aux cornes d'or, « plus grandes que des taureaux », qui paissaient sur les rives d'un torrent. Artémis en captura quatre pour les atteler à son char et laissa la cinquième s'échapper au-delà du fleuve, vers Kérynia, par la volonté d'Héra, afin qu'elle fût plus tard l'occasion de l'un des travaux d'Héraclès[63].

Une biche avec des cornes, même si elles ne sont pas en or, est une curiosité zoologique. Le détail est constant, signalé aussi par Pindare. Selon la scholie, il remonterait aux plus anciens poèmes ayant abordé ce sujet[64]. On a supposé que les Grecs auraient entendu parler des troupeaux de rennes, ce qui est possible. Mais la forme des cornes de l'animal, dans les représentations, n'a rien à voir avec celle des bois d'un renne. En revanche, son caractère nuisible, signalé par Euripide et par Quintus de Smyrne, n'est pas étonnant : comme les sangliers, les hardes de cervidés peuvent faire des dégâts considérables aux cultures[65]. Il a des sabots de bronze, ce qui souligne son endurance; l'expression était déjà

61. Oinoé à Phénéos : ce sanctuaire avait été fondé par Héraclès après qu'il eut conquis l'Élide; on voyait aussi à Oinoé les tombeaux de ses compagnons tués pendant l'expédition : Paus., VIII, 15, 5-6. Sur le Ladon : Strabon, VIII, 3, 5 (338).

62. Euripide, *Hélène*, 381 et suiv. ; schol. à Pindare, *Olymp.*, III, 53*de*.

63. Callim., *Hymne* III, *à Artémis*, 107-109. Sur les rives d'un torrent ou de l'*Anauros* (nom commun pris pour un nom propre) ; cette rivière coule en Parrhasie (sud-ouest de l'Arcadie), mais le mot *Parrhasie* semble parfois désigner l'ensemble de la province (R. Pfeiffer à Callim., fr. *dub.* 802).

64. *Théséide*, fr. 2 Bernabé et Davies ; Pisandre de Camiros, fr. 3 Bernabé, 4 Davies et Phérécyde, n° 3, fr. 71 Jac., tous trois d'après la schol. à Pindare, *ad loc.* Discussions antiques à ce sujet : Élien, *Nat. an.*, VII, 39.

65. Euripide, *Hélène*, 381 et suiv. et *Téménides*, fr. 740 Nauck^2, 3 ; Quint. Sm., VI, 224 et 226 (elle souffle le feu).

employée dans l'*Iliade*, de façon peut-être imagée, à propos des chevaux infatigables de Zeus[66].

Diodore de Sicile, de son côté, se demande comment Héraclès a pu s'emparer de l'animal. Ou bien il a pris la biche dans un filet, ou bien il l'a capturée pendant qu'elle dormait, ou bien il l'a forcée à la course. Mais, dans tous les cas, il a gagné grâce à la « vivacité de son âme », sans violence ni périls. Une pure réussite de l'intelligence et de l'énergie.

Les oiseaux du lac Stymphale

La cinquième épreuve qu'Eurysthée impose à Héraclès est de mettre en fuite les oiseaux du lac Stymphale. Elle nous ramène, pour une étape, aux confins de l'Argolide, dans un cadre qui nous paraît aujourd'hui beau et paisible, et devait l'être déjà dans l'Antiquité : la cité de Stymphale était installée sur un promontoire du lac et ses abords étaient sans aucun doute défrichés. Il n'en allait pas de même à l'époque d'Héraclès. Ces oiseaux ne sont pas du gibier d'eau : ils se dissimulent dans les forêts alentour, « sous le couvert d'un bois épais. Des oiseaux en quantité infinie s'y réfugiaient, de peur d'être enlevés par les loups », dit Apollodore. Ce détail ne semble pas avoir beaucoup surpris les commentateurs du mythographe. Sir James G. Frazer, qui relève qu'il est propre à Apollodore, ne paraît pas remarquer son absurdité[67]. Et pourtant, comment des oiseaux pourraient-ils être enlevés par les loups ? Ces fauves ne grimpent pas aux arbres et passent en général pour préférer l'agneau à la volaille. Et, le loup étant par excellence un hôte des bois, ces oiseaux ressemblent fort à Gribouille, qui se jette à l'eau de peur de la pluie. Diodore, lui, se contente de noter que la multitude des oiseaux du bois nuisait aux cultures alentour, ce qui, à l'inverse, est d'une parfaite banalité[68].

Le stratagème utilisé par Héraclès pour réussir l'épreuve n'est

66. Comparer Homère, *Il.*, VIII, 41, et Virgile, *Én.*, VI, 802.
67. Apollodore, II, 5, 6, et la note de J. G. Frazer dans son édition (coll. Loeb). Si l'on pense à l'épithète d'Apollon Lykios, dieu « lycien », « aux loups » et « lumineux », ainsi qu'aux vestiges, en grec, d'un radical *λυκ- évoquant la lumière, on serait tenté de comprendre que dans un état ancien de la légende, ces oiseaux se réfugiaient dans les sous-bois, dont Apollodore signale qu'ils sont « épais », parce qu'ils fuyaient la lumière de la plaine et du lac.
68. Diodore, IV, 13, 2.

original que parce que le même homme joue à la fois le rabatteur et le tireur :

> Comme Héraclès ne savait par quel moyen faire sortir les oiseaux du bois, Athéna lui donna des castagnettes de bronze qu'elle avait reçues d'Héphaistos. En les faisant claquer sur une hauteur qui dominait le lac, il fit peur aux oiseaux. Eux, ne supportant pas le bruit, s'envolèrent effrayés et, de cette manière, Héraclès les abattit de ses flèches [Apollodore].

Le plus ancien témoin de la légende, Pisandre de Camiros, affirmait qu'Héraclès ne les avait pas tués (peut-être parce qu'ils étaient trop nombreux[69]), mais chassés, sans doute en Scythie[70].

Ces oiseaux ne se confondent pas avec ceux, bien plus redoutables, qui peuplent l'île d'Arès, sur la côte sud de la mer Noire, et que les Argonautes mettent en fuite[71]. Ceux-là projettent les plumes de leurs ailes, acérées comme des flèches. Mais Apollonios de Rhodes évoque à cette occasion les oiseaux nageant sur le lac Stymphale. L'un des voyageurs alors se souvient de l'exemple d'Héraclès, qui s'en défit grâce à des castagnettes[72]. Les Argonautes se couvrent de leurs armes et chassent ceux de l'île d'Arès à grand tapage, criant, agitant les aigrettes de leurs casques et leurs lances, tapant sur leurs boucliers. Rien de tel au lac Stymphale, sauf chez Hygin, qui contamine visiblement les deux épisodes[73]. Apollonios ne dit pas qu'Héraclès a tué les oiseaux. Pour d'autres, Phérécyde, Hellanicos, suivis par Apollodore et Strabon, Héraclès les a chassés du bois en faisant du bruit, puis abattus. Les castagnettes lui ont été données par Athéna, sauf chez Diodore de Sicile, qui, toujours soucieux de faire l'éloge de l'intelligence de son héros, affirme qu'il les a imaginées lui-même[74].

Ces volatiles, peints comme il est naturel sous un jour

69. *Etym. Gen.* A et B, *s.* πλωάδας ὀρνίθων / ας, sans indiquer de garant.

70. Fr. 4 Bernabé, 5 Davies, dans Paus., VIII, 22, 4, et schol. à Apoll. Rh., II, 1088, où le Pisandre qui est cité sans autre indication pourrait être un autre que le poète épique.

71. Euripide, *Phrixos*, fr. 838 Nauck^2 ; Timagétos (IVe siècle av. J.-C.), *Sur les ports*, fr. 4 Müller (*FHG*, IV, p. 520 ; d'après la schol. à Apoll. Rh., II, 1031*b*), utilisé par Apoll. Rh., II, 382-385 et 1030-1089.

72. *Ibid.*, 1052-1057, 1053.

73. Hygin, *Fable* 30. Voir aussi schol. à Apoll. Rh., II, 382-385*a* et 1031*b* (qui sur ce point ne semble plus utiliser Timagétos) ; Servius *auctus*, à Virgile, *Én.*, VIII, 299.

74. Phérécyde, n° 3, fr. 72 Jac., et Hellan., n° 4, fr. 104*a* Jac., l'un et l'autre d'après la schol. à Apoll. Rh., II, 1052-1057*a* ; Strabon, VIII, 6, 8 (371) (avec des tambourins) ; Diodore, IV, 13, 2 ; Apollodore, II, 5, 6.

monstrueux, sont devenus « androphages », et non anthropophages, chez Pausanias. Enfin, les Stymphalides auraient été non des oiseaux, mais des femmes, filles du héros Stymphalos et d'Ornis (« Oiseau »), qu'Héraclès aurait tuées parce qu'elles avaient accueilli les Molions[75]. Cette tradition peut être ancienne, car les récits de la « campagne d'Élide » menée par Héraclès ont été appréciés surtout à l'époque archaïque et n'ont guère tendu à s'enrichir[76].

Les étables d'Augias

L'imbrication des Travaux dans les autres aventures d'Héraclès est plus marquée dans la sixième des épreuves que lui impose Eurysthée : évacuer la bouse accumulée par les troupeaux d'un très riche éleveur, le roi Augias, en un seul jour et sans aucune aide[77]. Eurysthée veut ainsi humilier le héros, en lui imposant un travail de valet de ferme : curer des étables et, avant l'invention de la brouette, porter de la bouse sur le dos ; mais Héraclès, note Diodore, sait esquiver l'outrage en détournant un cours d'eau qui lave tout sur son passage. Il devient ainsi un adepte précoce du nettoyage au jet. Ce procédé expéditif est resté longtemps proverbial : « nettoyer les écuries d'Augias ». Le terme « étables » ou « écuries » est consacré par l'usage, mais il s'agit plutôt de parcs, d'enclos à ciel ouvert. La scène prend place en Élide, la province d'Olympie, au pied du plateau de Pholoé, en des parages qui nous sont déjà familiers.

L'idée de ce travail est étrange. Commandé par Eurysthée, il est aussi négocié par Héraclès avec Augias, contre un salaire qui est le dixième des troupeaux du roi, et en cela il est unique en son genre. Les démêlés d'Héraclès avec Augias ont constitué d'abord un ensemble autonome et seule une partie a été intégrée aux Travaux :

75. Version attribuée à Mnaséas (époque hellénistique) par la même scholie à Apoll. Rh.

76. On trouvera des exemples d'allégories contemporaines sur cet exploit d'Héraclès, rattaché au drainage du lac, rapportés ou proposés par Jost Knauss : les castagnettes représenteraient le bruit de l'eau qui s'engouffre dans le catavothre, ou bien des instruments des tailleurs de pierre et ouvriers construisant le canal... (« Der Graben des Herakles im Becken von Pheneos und die Vertreibung der stymphalischen Vögel », *Athen. Mitteil.*, 1990, p. 1-52 [p. 12-13], article par ailleurs remarquable).

77. Diodore, IV, 13, 3 ; Apollodore, II, 5, 5 ; Hygin, *Fable* 30. Diodore seul précise « sans aide ». Voir aussi Sénèque, *Herc. fur.*, 247 et suiv. ; schol. à Pindare, *Olymp.*, X, 32 (qui insistent sur la lutte ultérieure contre les Molions et peu sur l'exploit lui-même) ; à Homère, *Il.*, II, 629 ; XI, 300 ; Tzetzès, *Chil.*, II, 278 et 281-286.

leurs prolongements seront racontés ci-dessous, au chapitre XV. Plus étranges encore sont les explications complémentaires données par Pausanias : il y avait tellement de bouse sur le sol qu'on ne pouvait plus le cultiver[78]. Une campagne stérilisée par le fumier... Peut-être rencontre-t-on là l'élément de dérision qui apparaît souvent dans la personnalité mythique d'Héraclès. Est-ce parce qu'elle manquait de dignité ? Cette légende n'est racontée qu'assez tard, par les mythographes. Or elle est forcément ancienne, puisqu'elle provoque une guerre fameuse entre le héros et son employeur. Mais Pindare n'y glisse qu'une allusion très vague : Héraclès voulait « se faire payer le salaire de sa force gigantesque[79] ». Il ne plaît pas sans doute au poète d'évoquer une réalité aussi triviale. D'autre part, cet exploit ne se prête pas aussi bien qu'une chasse ou un combat à la représentation, ce qui a paru « frappant » à l'un des derniers savants à l'avoir étudié[80]. Aucun schéma typique ne s'est imposé, et celui de la métope d'Olympie, où Héraclès attaque le mur de l'enclos à coups de barre pour ouvrir une brèche à l'eau purificatrice, est resté isolé. Le charroi de fumier est remplacé par le creusement d'un canal, exploit héracléen typique.

Chez Apollodore, le nettoyage s'étend à la province d'Élide tout entière : Héraclès dévie ses deux fleuves principaux, le Pénée et l'Alphée, « qui coulaient près l'un de l'autre », pour leur faire traverser l'enclos, d'où ils emportent tout le fumier. L'image a pu être inspirée par les crues torrentielles de ces rivières, dont le lit, qui paraît la plus grande partie de l'année démesuré par rapport à leur débit, offre en effet une très large bande de sable et de galet, nette et comme nettoyée. Le choix des fleuves fait cependant difficulté, car non seulement l'Alphée et le Pénée ne sont pas voisins, mais encore leurs vallées sont séparées par le mont Érymanthe et par le plateau de Pholoé, prolongé vers l'ouest par des collines boisées. Il faut sans doute comprendre qu'à l'origine Héraclès organise le drainage des plaines et installe en fait les fleuves dans leur cours définitif. Dans cette interprétation, il les dévierait effectivement, mais en les faisant diverger. Diodore et Hygin ne mentionnent que l'Alphée[81] ; Pausanias ne mentionne

78. Paus., V, 1, 9.
79. Pindare, *Olymp.*, X, 29 et suiv.
80. S. Woodford, *LIMC*, V, 1, *s.* Herakles (1990), p. 57-59.
81. Selon Hygin, *Fable* 30, 7, Héraclès, en un seul jour, nettoie la plus grande partie avec l'aide de Zeus et achève le travail en détournant le fleuve.

que le Ménios, petit affluent du Pénée qui passait dans la ville même d'Élis, capitale de la province. C'est aussi sur le bord du Ménios qu'Héraclès rencontre Augias, accompagné de son fils, dans l'*Héraclès tueur du lion* dont nous avons déjà noté, à propos du lion de Némée, la tendance à un certain réalisme. Ici il est bien précisé que, si les troupeaux d'Augias ont des pâturages et des enclos séparés, néanmoins le marais du Ménios à lui seul est assez riche pour les accueillir tous, sous ses platanes et ses oliviers sauvages [82]. Comme dans les autres Travaux, la tradition peut amplifier l'exploit, et c'est souvent sa forme la plus ancienne ; ou bien elle le rapproche d'un fait divers rustique, et il n'est plus question que du ruisseau Ménios.

Ces troupeaux innombrables appartenaient, on l'a dit, à Augias, souverain de l'Élide. Or Augias est donné comme fils du Soleil à partir de l'époque hellénistique [83] ; des rayons jaillissaient de ses yeux, conformément à son ascendance et à l'étymologie de son nom (αὐγή « clarté »). Il avait pour père putatif Phorbas le Thessalien [84]. Pausanias présente une autre généalogie, qui constitue sans doute la version locale ancienne [85]. Un roi ancien de la région, Épeios (Ἐπειός) donne son nom aux habitants de l'Élide, les Épéens ; il n'a qu'une fille, Hyrmina. Lui succède un neveu, fils de Poseidon, Éleios (Ἠλεῖος), qui donne son nom à la région, l'Élide (Ἦλις). Éleios a pour fils et successeur Augias, qui partage le pouvoir avec les représentants de deux autres familles. D'abord un cousin, Actor, le fils d'Hyrmina et de Phorbas, émigrant thessalien. Actor est le père, putatif ou réel, des Molions [86]. Le second allié et associé d'Augias est, toujours d'après Pausanias, Amarynkeus. À la génération suivante, les chefs de ces trois familles mènent les habitants de l'Élide (les Épéens) à Troie. L'un des fils d'Augias, Phyleus, combat avec Héraclès contre son père :

82. Pseudo-Théocrite, XXV, *Héraclès tueur du lion,* 15, en particulier v. 8-22.

83. Apoll. Rh., I, 172-175 et III, 362 ; *Héraclès tueur du lion,* 54. Augias est l'un des Argonautes aussi chez Hygin, *Fable* 14, 15 et dans les *Argon. orph.*, 214.

84. Sa mère serait une fille de Nélée, Hyrmina, d'après la schol. à Apoll. Rh., I, 172 et suiv., qui ajoute : « d'autres la disent fille de Nycteus, d'autres d'Épeios ». La parenté entre Augias et Nélée par Hyrmina pourrait expliquer l'hostilité qui règne ensuite entre Héraclès et Nélée. Mais Héraclès attaque Nélée parce qu'il a refusé de le purifier du meurtre d'Iphitos : voir ci-après, chap. XVI. Dans l'*Iliade,* les relations entre Augias et Nélée sont mauvaises.

85. Paus., V, 1, 11. De cette généalogie complexe je ne donne ici que les éléments indispensables.

86. Selon Apollodore, on faisait parfois d'Augias le fils de Phorbas (donc le frère d'Actor) ou de Poseidon.

celui-là ne règne pas en Élide, mais dans les îles, Doulichion et les Échinades [87].

Pausanias, non sans vraisemblance, suppose que l'idée de faire d'Augias un fils du Soleil est venue de l'homophonie entre « Augias, fils d'Éleios » (Ἠλείου) et « Augias, fils d'Hélios » (Ἡλίου). Les deux formes ne se sont guère confondues dans la prononciation qu'à partir du IVe siècle av. J.-C. D'autre part, les Grecs considéraient le Soleil comme le propriétaire d'innombrables troupeaux de vaches en Occident et Augias jouissait de la même richesse en Élide, à l'occident de la Grèce. C'est ainsi que, dans *Héraclès tueur du lion,* la rentrée des troupeaux d'Augias prend une dimension cosmique, grâce à une comparaison implicite entre le Soleil et les nuées dans le ciel, sur terre Augias et ses troupeaux :

> Le Soleil ensuite tourna ses chevaux vers les ténèbres, amenant le soir. Survinrent les gras moutons, remontant de la pâture vers leurs bergeries et leurs enclos. Et ensuite les vaches, par milliers, allant troupeau après troupeau, semblaient des nuées chargées d'eau qui vont dans le ciel, poussées en avant par la violence du Notos ou de Borée le Thrace. Sans nombre, elles passent dans la brume, sans fin. Tellement, vers celles qui les ont précédées, les roule la force du vent, et d'autres s'élèvent à leur tour au-dessus d'elles [88].

Le poème, au demeurant, ne fait même pas allusion au motif de la venue du héros. Car, dans la conversation qui s'engage, celui-ci raconte son exploit le plus noble, tuer le lion de Némée, et le poème s'achève avec ce récit, qui éclipse ainsi toute évocation de la tâche la plus vulgaire qui a été imposée à Héraclès [89]. Or ce travail vulgaire appartient à un cycle complexe et très ancien, organisé bien avant les Douze Travaux.

Dans ce cycle, plus que le procédé d'exécution de l'épreuve, les clauses du pacte entre Héraclès et Augias sont importantes. En effet, Héraclès dissimule à Augias qu'il doit accomplir ce travail sur commande. Et Augias accepte le marché — le nettoyage contre

87. Homère, *Il.*, II, 615-624 et 625-630. Voir ci-dessous, p. 318.
88. V. 85-94.
89. Le poète joue évidemment avec la complicité du lecteur, puisqu'il raconte en même temps la première rencontre entre Héraclès et Phyleus, le fils d'Augias, dont l'appui va lui être si utile ; le récit d'Héraclès confirme l'admiration naissante de Phyleus. Callimaque observait-il une discrétion analogue ? Voir, au fr. 77 Pf., l'argument de son récit (d'après la schol. A à Homère, *Il.*, XI, 700).

le dixième de ses troupeaux — seulement parce qu'il croit qu'Héraclès n'arrivera pas à honorer son engagement. Héraclès a soin de prendre un témoin, Phyleus, le propre fils d'Augias, qui, dans le poème de Théocrite, accueille Héraclès à son arrivée en Élide. L'antagonisme entre Phyleus et son père, son amitié pour Héraclès sont des éléments anciens de la légende. L'*Iliade* connaît déjà l'exil de Phyleus « en colère contre son père » à Doulichion, la principale des îles Échinades, et donc, selon toute vraisemblance, l'ensemble de la légende du nettoyage des étables et du salaire refusé[90]. La contestation donne lieu à un procès, Augias acceptant de se soumettre à un tribunal. Une fois de plus son attente est déçue, car Phyleus vient en aide à Héraclès : « Phyleus est appelé par Héraclès pour témoigner contre son père en disant que celui-ci est convenu de lui donner un salaire » (Apollodore). Voilà un point fort intéressant : un fils peut-il témoigner en justice contre son père ?

Il n'y sera pas répondu. « Augias, en colère, avant que le jugement ne soit rendu, ordonne à Phyleus et à Héraclès de sortir de l'Élide. Phyleus va s'installer à Doulichion, Héraclès arrive à Olénos. » La cité d'Olénos se trouvait sur la côte de l'Achaïe, tout à l'ouest, près de Dymè, à la frontière de l'Élide et au pied de l'Érymanthe[91]. Héraclès y arrive « chez Dexaménos [« Accueillant »] et le trouve au moment où celui-ci allait être obligé de fiancer sa fille Mnésimaché au Centaure Eurytion. Dexaménos demande de l'aide à Héraclès ; celui-ci tue Eurytion, qui venait chercher la jeune fille ». Cet incident enchaîne l'histoire des démêlés d'Héraclès avec Augias à la poursuite du sanglier de l'Érymanthe, puisque Eurytion est l'un des survivants du massacre consécutif à la venue d'Héraclès à Pholoé[92]. Dans les deux cas, il semble que les Travaux présentent les aventures d'Héraclès en quelque sorte par le petit bout de la lorgnette. À Pholoé

90. Homère, *Il.*, II, 625-630. Remarque de W. Kullmann, *Die Quellen der Ilias*, Wiesbaden, 1960, p. 161 et suiv. Ce passage a gêné les Anciens, qui ont discuté sur son interprétation : voir les schol. A à Homère, *Il.*, II, 629.

91. Strabon, VIII, 7, 4 (386). Dymé, qui absorba Olénos, joue un rôle dans la revanche d'Héraclès (voir ci-après, chap. XV).

92. Voir aussi Bacch., fr. 44 Snell-Maehler, d'après la schol. à Homère, *Od.*, XXI, 295 fin (distinction entre cet Eurytion et le chef des Centaures du Pélion, Eurytos, tué lors des noces de Peirithoos) ; Diodore, IV, 33, 1 ; Paus., VII, 18, 1 (voir V, 3, 3). *Dexaménos* est aussi un nom de Centaure d'après la schol. à Callim., *H.*, IV, 102 : propriétaire de troupeaux de vaches à Boura en Achaïe ; voir *Etym. Magn.*, *s.* Βοῦρα —, et un titre de pièce de la comédie moyenne, *Le Centaure ou Dexaménos* (*Com. att. fr.*, II, fr. 19). Voir aussi ci-dessous, à propos de Nessos.

l'extermination des Centaures, dans la plaine d'Élide la guerre contre Augias paraissent des événements bien plus importants que leur prétexte, chasse au sanglier ou curage de parcs à bœufs. D'autre part, les prétentions d'Eurytion rappellent celles d'Achéloos à l'égard de Déjanire, des Centaures du Pélion sur les femmes lapithes. Les forces indigènes, personnifiées par ces hôtes des bois, revendiquent les filles des Grecs. Ce thème trouvera sa forme la plus aboutie dans les démêlés de Déjanire avec l'Achéloos et Nessos. À cet égard comme aux autres, le sixième travail d'Héraclès apparaît comme un morceau incomplètement détaché de la biographie du héros ; moins une épreuve dans une compétition artificielle qu'une expérience de la vie.

La version d'Apollodore renchérit sur l'échec d'Héraclès. Non seulement il n'est pas payé par Augias, mais encore « Eurysthée n'accepta pas de compter cette épreuve non plus au nombre des dix, disant qu'il l'avait accomplie pour un salaire[93] ».

93. Apollodore ne mentionne pas le personnage de Lépréos ou Lépreus, éponyme de la cité de Lépréon (« l'Endroit rocailleux » ; le mot évoque une maladie qui rend la peau écailleuse, la lèpre), au sud de l'Élide, qui conseille à Augias de mettre Héraclès aux fers lorsque celui-ci réclame son salaire. Héraclès se vengera après les Travaux, lors de son expédition punitive en Élide (voir ci-dessous, chap. XV).

XIII

Quatre travaux par le monde

Le taureau de Crète

La septième épreuve imposée à Héraclès par Eurysthée consiste à ramener le taureau de Crète. Cette légende a été peu traitée isolément. Les indications sur l'origine de l'animal ne varient guère. Pour l'ensemble de la tradition, « il était venu de la mer, en don de Poseidon, une fois où Minos avait dit qu'il sacrifierait à Poseidon ce qui apparaîtrait hors de la mer. Et, dit-on, voyant la beauté du taureau, il l'envoya dans ses pâturages et en sacrifia un autre » (Apollodore). Une indélicatesse bien mal inspirée puisque, par la suite, Pasiphaé devait tomber amoureuse de ce taureau surgi de la mer. Apollodore aura gommé ce détail inconvenant[1] ; il passera de même sous silence les amours d'Héraclès, esclave, avec Omphale, reine. Seul Acousilaos donne au taureau un autre pedigree : « C'était celui qui avait transporté Europé sur la mer pour Zeus[2]. »

Cet animal si séduisant est, dans la légende qui nous occupe, un nuisible. Quintus de Smyrne lui attribue un souffle de feu, comme à la biche[3]. « Là-dessus, le dieu, courroucé, rendit le taureau furieux. Pour le chercher, Héraclès se rendit en Crète. Il demanda l'aide de Minos, mais Minos lui dit de le capturer en luttant » (Apollodore, *loc. cit.*). Diodore dit au contraire qu'Héraclès a obtenu la participation de Minos, discordance dont la portée nous

1. Apollodore, II, 5, 7 ; Diodore, IV, 13, 4 ; Hygin, *Fable* 30 ; schol. à Stace, *Théb.*, V, 431 ; myth. Vat., I, 47 ; II, 120.
2. Acousilaos, n° 2, fr. 29 Jac., d'après Apollodore, *loc. cit.*
3. Quint. Sm., VI, 237 ; aussi *Anth. Plan.*, 92 ; Servius *auctus*, à Virgile, *Én.*, VIII, 294.

échappe. Héraclès, une fois de plus en lutteur, s'empare du taureau en le saisissant par une corne ; c'est le geste consacré pour cette scène dans l'iconographie. C'est aussi celui d'Héraclès face au plus beau taureau du troupeau d'Augias, dans *Héraclès tueur du lion,* (v. 145-149). Rarement le monstre de Crète est tué[4].

Selon Diodore, Héraclès revint de Crète sur le dos du taureau (personne ne pense à dire comment il y était allé) ; peut-être, après Acousilaos, se souvient-il lui aussi de la légende d'Europé. Héraclès conduisit l'animal à Mycènes. Les mythographes du Vatican disent qu'il y fut consacré à Héra et que celle-ci, par antipathie pour Héraclès, le chassa ; ou bien il fut tout simplement libéré par son vainqueur. « Le taureau vagua vers Sparte, puis par toute l'Arcadie, puis traversa l'isthme et arriva à Marathon, en faisant des dégâts » (Apollodore). Nous ne savons plus si, derrière les mentions de Sparte et de l'Arcadie, se dissimulent des traditions locales (l'Arcadie avait souffert d'un taureau redoutable, mais à une époque bien plus ancienne ; voir ci-dessus, « Argos et ses légendes »). L'irruption du taureau à Marathon prépare un exploit à venir de Thésée, légèrement plus jeune qu'Héraclès[5]. Au préalable, la bête y aura tué un fils de Minos, Androgéôs, ce qui est une source d'ennuis pour les Athéniens, Minos les rendant responsables d'une mort survenue sur leur territoire.

Les juments de Diomède le Thrace

« Le huitième travail fut de ramener à Mycènes les juments de Diomède le Thrace[6]. » Le plus ancien témoignage écrit sur cet épisode est fourni par les débris d'un poème de Pindare qui met en parallèle deux exploits d'Héraclès, la conquête des vaches de Géryon et celle des juments de Diomède. Ils conservent, de manière éloquente, l'image d'un homme ligoté, jeté dans les mangeoires de pierre des juments de Diomède, et la sonorité de ses os qui craquent. On croirait, dans l'*Odyssée,* la description du Cyclope en train de démembrer et d'engloutir deux compagnons

4. Antipatros de Sidon, *Anth. Pal.*, VI, 115, 8 (IIe siècle av. J.-C.) ; Virgile, *Én.*, VIII, 294 et suiv. ; Philippe, *Anth. Plan.*, 93 (Ier siècle ap. J.-C.). Voir Claudien (?), *Laus Herculis*, *Carm. min. app.*, II Birt, 118-137.

5. Voir Diodore, IV, 59, 6 ; Ovide, *Mét.*, VII, 433 et suiv. ; Paus., I, 27, 10 ; Hygin, *Fable* 38, 7.

6. Apollodore, II, 5, 8, comme les citations suivantes.

d'Ulysse[7]. Peut-être ni l'un ni l'autre poète ne sont-ils tout à fait sérieux. Les bêtes de Diomède étaient en effet anthropophages. Ce trait distinctif se retrouve dans toutes les versions. Mais les juments sont avant tout l'attelage d'un quadrige. Hygin connaît leurs noms, qui sont masculins, Podargos, Lampon, Xanthos, Dinos[8]. Une fois de plus, un thème courant, le vol et le dressage de chevaux de prix, est transformé par l'adjonction de détails extraordinaires. Dans le poème de Pindare, le tableau suivant montre Héraclès matant à coups de massue les animaux qui ont encore des membres humains à la bouche, puis quelqu'un porte la nouvelle à Diomède — celui-ci se hâte sans doute alors vers un affrontement fatal, mais cette partie est totalement perdue. Aux vers fragmentaires de Pindare correspond un tesson, reste d'un vase attique peint par Oltos (fin du VIe siècle av. J.-C.), donc plus ancien que le poète, qui semble en être l'illustration exacte : Héraclès brandit sa massue contre un cheval qui tient entre ses dents un avant-bras humain[9].

Dans *Alceste*, pièce d'Euripide représentée en 438 av. J.-C., Héraclès souligne qu'il s'oppose fréquemment à des fils d'Arès, Lycaon, Kycnos et enfin Diomède (v. 501-504). Nous retrouverons Kycnos dans la région d'Iolcos, au sud de la Thessalie, et Lycaon non loin de Thessalonique. Diomède avait pour mère Kyréné, dit Apollodore, dont on a voulu corriger le nom en Pyréné[10]. En effet, un texte tardif mais qui paraît conserver des détails de valeur appelle ainsi la mère de Lycaon, qu'Apollodore nomme aussi Kyréné. En conséquence, des érudits allemands du début du siècle ont généralisé la correction pour les adversaires d'Héraclès nés d'une Kyréné : outre Lycaon, Diomède et Lakinios[11]. La filiation de l'adversaire nous apprend moins que la localisation de son royaume. Il est thrace, donc belliqueux ; la Bistonie s'étend autour d'une lagune littorale qui emprunte son nom. La toponymie de la région était marquée par cette légende

7. Homère, *Od.*, IX, 288-293 ; Pindare, fr. 169*a* Snell-Maehler, 20-25.

8. Euripide, *Héraclès*, 380-385 ; Hygin, *Fable* 30, 9.

9. Reproduit par Carlo Pavese, *Harv. St. Class. Philol.*, 1968, p. 47-88 [p. 57] ; *LIMC*, V, *s.* Herakles, n° 2415 (non reproduit).

10. Kyréné est ailleurs une héroïne thessalienne, petite-fille de la Terre, aimée d'Apollon, qui la rend mère d'Aristée et l'enlève en Libye, où elle est l'éponyme de Cyrène : Pindare, *Pyth.*, IX, 13-17.

11. Voir C. Robert, p. 462 pour les références à Ludwig Malten, Ludwig Friedländer, etc. Certains rattachaient le nom de Pyréné à celui du feu, πῦρ. On pourrait tout aussi bien penser au « noyau », πυρήν... Lakinios : voir p. 260 ; Lycaon : p. 271-272.

des juments carnassières. L'eau de la rivière Cossinitis, qui se jette dans la lagune, rendait furieux les chevaux qui en buvaient. On montrait dans les environs le « palais de Diomède » ou « Village fort », sans doute rendu tel par sa position escarpée en marge d'une région plate [12].

Diodore ne retient de la légende que ses traits les plus généraux. C'est le triomphe d'Héraclès. Il rassasie les juments en leur donnant leur maître à dévorer, après quoi elles se trouvent domestiquées. Composant son récit de manière à souligner les qualités morales d'Héraclès, l'auteur met l'accent sur la juste punition infligée à Diomède et sur la sagacité dont le héros fait preuve [13].

Les exégètes se plurent à reconnaître cette sagacité dans une version plus complexe de la légende. Car une tradition remontant à Hellanicos, dont Apollodore nous fait le récit le plus complet, associe ce travail à la fondation du port d'Abdère, cité grecque sur la côte thrace, patrie de Protagoras et de Démocrite [14]. Chez Apollodore, Héraclès se rend en Thrace par la mer, avec des compagnons (qui seront les premiers habitants de la cité future), et débarque sur le site d'Abdère, encore vierge, qu'il prend comme base. La région est une plaine inondable, en face de Thasos, formée par les alluvions du Nestos, qui coule à l'ouest de la ville. Héraclès, pour empêcher son adversaire de profiter de l'avantage que lui donnent ses chevaux, creuse un chenal et y amène l'eau de la mer. On reconnaît la légende d'origine de la lagune (« lac de Bistonie ») qui se trouve de l'autre côté d'Abdère, à l'est [15]. Une fois de plus, Héraclès est associé à des travaux hydrauliques.

Héraclès et ses compagnons « maîtrisèrent les garçons d'écurie et il emmena les chevaux vers le rivage » (Apollodore). La ville sur le site de laquelle avaient été parqués ces chevaux honora un jeune amant d'Héraclès, ce qui n'est pas non plus sans exemple [16]. Il est mort là-bas, tandis que les Bistoniens essayaient d'intercepter le

12. Élien, *Nat. an.*, XV, 25 (voir ci-dessus, p. 188) et Strabon, VII, fr. 43 et 46, où R. Baladié signale la « prairie de Diomède » (Pline, XXV, 94) et l' « étable de Diomède » (*Itinéraire Antonin*) dans la même région.

13. Diodore, IV, 15, 3-4.

14. Hellanicos, n° 4, fr. 105 Jac. (d'après Ét. Byz., *s.* Ἄβδηρα) ; Apollodore, II, 5, 8 (les deux disent de la même manière qu'Abdéros fut mis en pièces par les juments et non qu'il fut dévoré par elles).

15. Strabon, VII, fr. 43 et 46. Stratagème analogue à propos d'Orchomène : Polyen, I, 3, 5.

16. Voir Hylas à Kios, Polystratos à Dymé : ci-dessous, p. 317 et 351-352.

groupe avant qu'il ne rembarquât : « Héraclès laissa les juments à la garde d'Abdéros, fils d'Hermès, Locrien d'Oponte, son amant, que les bêtes tuèrent en le mettant en pièces[17]. Lui-même livra bataille aux Bistoniens, tua Diomède, mit en fuite le reste, fonda une cité, Abdère, près du tombeau de la victime Abdéros. » Abdère était une colonie ionienne, fondée une première fois par Clazomènes (en 656), une seconde par Téos (en 543), d'après Hérodote (I, 168). Abdéros n'en est pas moins un Locrien originaire de Grèce centrale[18]. La ville organisait des concours, sans doute des Héracleia, commémoratifs de la mort du jeune Abdéros. En raison des circonstances de celle-ci, ils ne comportaient pas d'épreuves hippiques[19]. D'autre part, un usage local voulait que chaque citoyen eût son héraut particulier pour proclamer la fête, ce qui est peut-être à mettre en rapport avec l'origine d'Abdéros, fils d'Hermès, patron des hérauts[20].

Cette version est incompatible avec celle de Diodore, chez qui tout se passe à l'intérieur des terres, au palais de Diomède ; les juments ne sont plus sauvages lorsque Héraclès s'en empare et la mort immédiate de Diomède exclut certainement que les Bistoniens cherchent ensuite à empêcher le vol des animaux. Ensuite, d'après Apollodore, Héraclès « ramena les cavales à Eurysthée, auquel il les donna[21]. Mais Eurysthée les laissa aller ; elles arrivèrent au mont Olympe où elles furent tuées par les fauves ». Là encore, Diodore est d'un avis différent. Comme le taureau de Crète dans certaines versions, les juments sont consacrées à Héra par Eurysthée, et leur descendance se trouve encore en Macédoine à l'époque d'Alexandre.

Euripide a placé dans ce cadre un exploit fortuit, la délivrance d'Alceste, tendre épouse d'Admète, le roi de la ville thessalienne de Phères. Héraclès traverse la Thessalie à pied pour se rendre chez Diomède, seul, et passe par le palais d'Admète, à Phères. Le couple est déjà connu de l'*Iliade*. Apollon avait séjourné chez

17. À Potniai, en Béotie, Glaucos connaît le même sort : Strabon, IX, 2, 24 (409).
18. C'est le cas dans les deux filiations concurrentes qui lui sont prêtées, chez Apollodore (voir ci-dessus) et chez Pindare, où sa mère est Thronia, éponyme de Thronion, capitale de la Locride « épicnémidienne », voisine de la Locride d'Oponte (son père est alors Poseidon ; deuxième *Péan*, aux Abdéritains, fr. 52*b*, 1-2).
19. Philostrate, *Tableaux*, II, 25.
20. Machon de Corinthe, poète du IIIe siècle av. J.-C., auteur d'un recueil d'histoires drôles, fr. XI, 119-133 Gow, dans Athénée, VIII, 349 *b-c*. Le concours d'Abdère dont plaisante cette histoire est sûrement celui qui avait été fondé en l'honneur d'Abdéros. Pindare, *Péans*, II, fr. 52*b*, 1, fait un portrait différent d'Abdéros, « en cuirasse de bronze ».
21. Cet épisode a pu être raconté par Callim., *Aitia*, fr. 114 Pfeiffer, 19 et suiv.

Admète comme serviteur : c'était la punition que Zeus lui avait infligée pour avoir tué les Cyclopes, et elle est connue des *Catalogues* hésiodiques[22]. Apollon, pour remercier son maître temporaire, avait obtenu des Destinées (les Moires), en leur faisant boire du vin, qu'Admète, à l'heure de sa mort, pourrait être remplacé par un autre mortel[23]. Cette anecdote est certainement en rapport avec un interdit qui devait peser sur le vin dans les libations aux Destinées, comme aux Érinyes[24]. La faveur dérobée aux Destinées est ancienne elle aussi, puisqu'elle avait assez de notoriété pour qu'Eschyle pût l'évoquer par allusion en 458 av. J.-C.

L'heure venue, le père et la mère d'Admète se dérobent ; seule Alceste accepte de mourir à la place de son mari. Cette rare vertu sera récompensée, Alceste, pour cette fois, échappera à la mort. D'après Apollodore, dans la version la plus répandue, Coré, la souveraine des Enfers, de son propre mouvement renverra la jeune femme[25]. « Selon quelques-uns », ajoute-t-il, ce sera Héraclès combattant contre Hadès. En effet, dans une tradition ancienne, Héraclès se bat contre Hadès à Pylos (voir ci-après, chap. XVI) et c'est sans doute ce qui a donné l'idée de le faire intervenir ici aussi.

Mais si la légende a gardé une certaine célébrité, elle le doit uniquement à la pièce d'Euripide, où le démon de la mort remplace Hadès[26]. Héraclès, se présentant à point nommé à Phères, va guetter le démon de la mort près du tombeau de la jeune femme. Il surprend le « prince aux voiles noirs » au moment où il vient boire le sang des victimes égorgées, le saisit et le retient prisonnier jusqu'à ce qu'il relâche Alceste. Et lorsqu'il présente cette femme, voilée, à Admète éploré, sans lui dire encore que c'est la sienne, il lui explique comment il l'a gagnée : naturellement, dans un concours. Les plus belles victoires d'Héraclès sont celles-là — des empoignades à bras-le-corps.

22. Homère, *Il.*, II, 713-715 ; Hésiode, fr. 54 Merk.-West ; Euripide, *Alc.*, 481-504.

23. Eschyle, *Eum.*, 723 et 728 ; Euripide, *Alc.*, 12 (ne précise pas comment Apollon a trompé les Destinées).

24. Eschyle, *Eum.*, 106-107 ; Sophocle, *Œd. Col.*, 466-492 (481). Paul Stengel, *Opferbräuche der Griechen*, Leipzig, 1910, p. 180-183, sur les libations sans vin, ne mentionne ni les Moires ni les Érinyes.

25. Apollodore, I, 9, 15 ; Zénobios, I, 18. C'est la version, plus morale, retenue par Platon, *Banquet*, 179*bc*.

26. Hygin, *Fable* 51, suit Euripide (avec une nuance dont il est difficile d'apprécier la valeur : Héraclès ramène Alceste des Enfers, alors que, chez Euripide, il empêche la Mort de l'y faire descendre).

La ceinture de la reine des Amazones

Qu'est-ce que cette ceinture qu'Eurysthée réclame à Héraclès pour sa fille Admété, en guise de neuvième travail[27] ? Soit une parure (c'est ainsi qu'elle apparaît chez Euripide), soit un emblème royal donné à Hippolyté par son père Arès (Apollodore, Hygin), soit enfin une pièce d'équipement militaire, un baudrier. Admété la consacrera dans le temple à l'Héraion, si l'on en croit Euripide : « elle [la ceinture] est conservée à Mycènes[28] ». Les représentations figurées insistent sur le combat, mais ne montrent guère l'objet qui en est l'enjeu.

Les Amazones vivent sur la côte sud de la mer Noire, près des bouches du Thermodon (juste à l'est d'Amisos, aujourd'hui le grand port de Samsun). C'est un petit fleuve côtier qui s'éparpille dans une plaine humide et dont l'eau abondante a bien du mal à arriver jusqu'à la mer en contournant les bancs de sable. Là se trouvait leur cité de Thémiskyra. Le paysage n'est pas sans analogie avec celui d'Abdère et d'autres sites héracléens, mais ne laisse pas de surprendre pour des cavalières : leur domaine aurait dû se situer en arrière de la chaîne pontique, sur le plateau de Cappadoce, plutôt que dans ce terroir verdoyant à vocation agricole et fruitière. Euripide, lui, les imagine dans les plaines d'Ukraine, qui offrent de plus vastes horizons à leurs chevauchées :

> Et l'armée cavalière des Amazones, vers la Méotide aux nombreux fleuves [la mer d'Azov], il l'a rejointe, à travers la houle de la mer Noire. Quelle réunion d'amis, venus de Grèce, n'avait-il pas faite, pour le châle orné d'or dans lequel se drapait la fille d'Arès, la chasse meurtrière de son baudrier ! La Grèce a reçu les glorieuses dépouilles de la fille barbare[29].

Héraclès part avec une troupe de compagnons, comme il va à Abdère ou à Troie, mais non chez Géryon ou en Crète. Euripide insiste sur la qualité des héros qu'il a rassemblés ; à cet égard, son

27. Admété est mentionnée sur la Table Albani, prêtresse d'Héra Argienne : sur son rôle, voir ci-après, chap. XIV, fin.

28. Euripide, *Héraclès*, 418. Dans une autre pièce d'Euripide, Héraclès consacre une partie de son trophée à Delphes (*Ion*, 1143-1145).

29. Euripide, *Héraclès*, 408-417.

expédition semble un doublet de celle des Argonautes, comme déjà chez Hellanicos[30]. Dans un poème malheureusement impossible à dater, Télamon, proche d'Héraclès et, par ailleurs, l'un des Argonautes, tient, on le verra, un grand rôle[31]. Thésée aussi accompagne souvent Héraclès dans cette expédition ; des compagnons du héros il est le seul que mentionne Diodore[32]. Télamon de Salamine et Thésée d'Athènes, aux côtés d'Héraclès, donnent l'image du héros en milieu ionien. Cependant, leur présence n'exclut pas les alliés argiens, Iolaos et Iphiclès (voir ci-après, chap. XV).

Le voyage avait une certaine importance puisque le Sicilien Épicharme, au début du ve siècle av. J.-C., a composé une comédie intitulée *Héraclès à la recherche du baudrier*[33]. Il se fait par mer. Chez Diodore, c'est au cours de la traversée qu'Héraclès donne à la mer Noire son qualificatif de « Pont-Euxin » (mer hospitalière), sans doute parce qu'elle se montre paisible devant son bateau ; la mer Noire était appelée par les Iraniens d'un mot qui signifiait « noir » et qui sonnait pour les Grecs comme *axeinos* (Ἄξεινος), c'est-à-dire « inhospitalier ». Pour éviter un terme de mauvais augure, ils le corrigèrent en *euxeinos*, dont nous avons fait « Euxin ». Diodore ne fournit aucun détail sur les escales et concentre son intérêt sur la bataille entre Héraclès et les Amazones. Apollodore, de son côté, donne un récit composite, qui additionne les escales de la navigation (Paros à l'aller, Troie et les colonies pariennes de Thrace au retour) et une unique étape terrestre, chez Lycos, roi des Mariandynes[34]. Ses campagnes contre Troie et contre les Amazones ont assez de points communs pour que cette dernière ait pu être considérée comme une variante de l'autre[35]. Les Mariandynes, habitant sur la côte pontique, se

30. Hellanicos, n° 4, fr. 106 Jac., dans la schol. à Pindare, *Ném.*, III, 64*b :* tous les Argonautes prennent part à l'expédition (et Tzetzès, *Chiliades,* II, 309 et suiv. ; voir aussi le fr. 167*c* d'Hellanicos) ; Euripide, *Héraclès,* 408-418 ; Philochoros, n° 328, fr. 110 Jac. (cité par Plutarque, *Thésée,* 26, 1) ; Diodore, IV, 16 ; Justin, II, 4, 18-19, d'après qui Héraclès est à la tête d'une escadre de neuf vaisseaux de guerre ; Apollodore, II, 5, 9 (un seul navire).

31. Télamon argonaute : Apoll. Rh., I, 1289-1301.

32. Diodore, IV, 16, 4 ; voir aussi les schol. à Lycophron, 1327 et 1329.

33. Épicharme, fr. 76-77 Kaibel. Les deux fragments ne nous apprennent rien sur la légende (l'un est relatif à une fuite d'Héraclès, qui se cache dans un bourg perdu de la Sicile).

34. Le premier passage d'Héraclès à Troie sera raconté ci-dessous, chap. XV, ainsi que les escales à Paros et en Thrace, dans le récit de la campagne contre Troie auquel on les a le plus souvent rattachées.

35. K. Schefold, *Götter- und Heldensage in der spätarchaischen Kunst,* Munich, Hirmer, 1978, p. 110.

trouvaient bien au-delà de l'itinéraire troyen. Le passage d'Héraclès parmi eux, inscrit dans les légendes d'Héraclée du Pont, sera présenté ici d'après Apollonios de Rhodes, qui lui donne un grand relief, dans une version un peu différente du sec résumé d'Apollodore.

Chez Apollonios, en route pour la Colchide où est la Toison d'or, les Argonautes font escale sur le site futur d'Héraclée du Pont. Ils y sont chaleureusement reçus par le roi Lycos et la conversation tombe sur Héraclès, dont Lycos évoque le passage, bien des années plus tôt, dans la contrée. Apollonios a soin de préciser (et il est le seul à le faire) qu'Héraclès est venu chez Lycos à pied, en se rendant chez les Amazones. Son récit puise à des histoires d'Héraclée du Pont adaptant les traditions de Mysie et de Bithynie[36]. Il présente Héraclès comme le grand défenseur des Mariandynes, qui sont les premiers possesseurs du territoire de la future cité grecque d'Héraclée (aujourd'hui Eregli). Il les aide à se débarrasser d'autres tribus indigènes qui les opprimaient, les Mysiens, les Mygdoniens, les Bithyniens, situés à l'ouest ou au sud-ouest de la ville ; les Paphlagoniens, à l'est[37]. Il soumet ainsi un vaste territoire aux devanciers des Héracléotes. Apollonios, qui est lui-même un sujet des Ptolémées, raconte cette légende à l'époque où Héraclée est protégée de Ptolémée III Évergète (247-221), qui fait construire un temple d'Héraclès sur l'acropole, en marbre de Proconnèse[38]. Héraclée connaît alors sa plus grande extension car, sans doute en 280-279, elle a acheté au roi de Bithynie précisément les territoires qu'Héraclès, d'après les *Argonautiques,* avait une première fois procurés au roi Lycos.

Dans la version d'Apollonios, les Argonautes, après Héraclès, apportent leur aide à Lycos, en battant Amycos et les Bébrykes, non loin de l'emplacement de Nicomédie, capitale du royaume de Bithynie. On saisit la manière dont se superposent la légende et l'histoire, tout comme le jeune royaume de Bithynie se superposait au domaine fabuleux des Bébrykes, et l'hellénique Héraclée

36. Voir Apoll. Rh., II, 774-795. Sur les traditions d'Héraclée du Pont, F. Vian à Apoll. Rh., I, p. 156-157. Thésée aussi passe dans la région à l'intérieur des terres, à Nicée, mais, semble-t-il, sans Héraclès : c'est l'épisode de la noyade de Soloeis dans la rivière qui prend son nom, Ménécratès, *Histoire de Nicée,* n° 701, fr. 1 Jac. (elle le garde jusqu'à aujourd'hui : *Sölüz*).

37. Chez Apoll. Rh., Héraclès tue le roi des Bébrykes Mygdon (éponyme des Mygdoniens), frère d'Amycos. Apoll. Rh. semble réserver aux Argonautes le triomphe sur les Bébrykes, le plus glorieux.

38. Memnon, résumé par Photios, cod. 224, t. IV Henry, 229*a*.

aux anciens Mariandynes. Apollonios fait une large place à une cité amie du royaume où il vit et la montre dans l'âge héroïque, environnée de Barbares, telle qu'elle se voyait encore à l'époque du poète. Celui-ci pouvait placer le passage d'Héraclès en diverses circonstances : la disparition d'Hylas à Kios était trop récente, Héraclès serait arrivé en même temps que ses camarades ; la remontée des Enfers était réservée à des temps plus lointains ; il a donc choisi le voyage chez les Amazones, en insistant sur le temps écoulé depuis lors.

D'autres traditions, sans aucun doute issues du royaume de Bithynie (gouverné par une dynastie hellénisée d'origine iranienne) font de Bébryké une Danaïde, qui, comme Hypermestra, avait refusé de tuer son mari et cousin germain, fils d'Égyptos. Le couple s'était réfugié en Bithynie, avait enseigné aux gens du pays la sagesse égyptienne et donné à la tribu locale le nom de la jeune fille. Ce récit donne une image du royaume opposée à celle des sauvages Bébrykes, sujets du brutal Amycos, et il n'est pas étonnant que ce soit un écrivain bithynien de l'époque d'Hadrien, Arrien de Nicomédie, qui l'ait conservée[39].

Quant à la conquête de la ceinture, chez Apollonios, elle se singularise par son absence de violence. Héraclès capture dans une embuscade la sœur de la reine des Amazones et exige le baudrier en échange de sa prisonnière, à laquelle le poète a soin de préciser que son vainqueur « ne fait pas de mal »[40]. Dans les autres sources, la violence est générale[41]. Héraclès réclame d'abord la ceinture, puis, à la suite du refus des Amazones, leur livre bataille. Selon un fragment que les savants ne savent trop comment dater, entre le VIe siècle av. J.-C. et l'époque hellénistique, « Télamon, jamais rassasié des clameurs du combat, le tout premier présenta la lumière [du salut] à nos compagnons, en tuant la massacreuse de guerriers, l'irréprochable Mélanippé, propre sœur de la souveraine à ceinture d'or[42]. » En trois vers et demi, ce fragment recrée une

39. Arrien, *Bithynica*, fr. 38 Roos, dans Eustathe, à Denys le Périégète, 805, expliquant ainsi le chiffre de quarante-huit Danaïdes chez Pindare, en oubliant Amymoné ; voir ci-dessus, p. 113.

40. Apoll. Rh., II, 966-969, et de rares représentations : *LIMC*, V, *s.* Herakles, n° 2461.

41. Voir Quint. Sm., VI, 242-245, et la plupart des représentations.

42. Fragment conservé par les schol. à Pindare, *Ném.*, III, 64*b*. Il a été classé par A. Rzach fr. 278 d'Hésiode (non repris par R. Merkelbach et M. L. West), par M. Davies fr. 7 des *adespota vel dubia* (« sans auteur connu ou douteux ») de l'épopée archaïque, par H. Lloyd-Jones et P. Parsons *adespoton*, n° 1168 du *Suppl. Hell.* Tzetzès semble s'en souvenir, à Lycophron, 1329.

version du combat où Télamon, comme à Troie (voir ci-après), se distingue par sa bravoure et se pose en rival d'Héraclès, puisque c'est lui qui donne l'avantage aux Grecs.

Diodore condense une version aussi élaborée, mais différente : à l'issue de la bataille, la générale en chef de l'armée féminine, Mélanippé, perd son commandement ; Héraclès choisit, parmi les captives, Antiope, qu'il donne à Thésée (comme chez Hygin), et Mélanippé, qu'il libère en échange de la ceinture. Carl Robert, notant qu'ici Mélanippé n'est pas appelée « reine » mais « générale en chef », et que ce n'est pas elle qui détient la ceinture, en a déduit que la reine Hippolyté, en retrait pendant le combat, intervient ensuite pour libérer Mélanippé[43].

Chez Apollodore, la bataille résulte d'un malentendu. Comme avec les Centaures, la mêlée meurtrière est précédée de bonnes relations initiales : Hippolyté va trouver Héraclès (sans doute à bord de son navire, d'après la suite) et s'engage à lui donner la ceinture. Mais ici c'est Héra qui intervient : « Alors Héra, sous l'aspect d'une Amazone, se mit à parcourir la foule en répétant que les étrangers qui étaient survenus enlevaient la reine. Les Amazones, en armes et à cheval, se ruèrent vers le bateau. Lorsque Héraclès les vit sur le pied de guerre, croyant qu'on lui avait tendu un piège, il tua Hippolyté pour lui enlever la ceinture et, après avoir battu les autres, mit à la voile » (Apollodore, II, 5, 9). Dans les autres versions, Hippolyté survit à la défaite de son peuple.

Les Amazones ont exercé une véritable fascination sur les Grecs et leurs héritiers, qui ne se sont pas lassés de leur imaginer des mœurs et une histoire, d'Hérodote au grand archéologue et historien du monde iranien Roman Ghirshman[44]. Elles ont été affrontées aux héros les plus célèbres : outre Héraclès et Thésée, il faut citer au moins Priam, Bellérophon et Achille[45]. Chez

43. Diodore, IV, 16 et C. Robert, p. 464. On rencontre ce schéma dans la version de Justin (voir ci-dessous). Diodore énumère les victimes. Selon Hygin, *Fable* 30, Hippolyté est fille d'Arès et d'Otréra (« Vive » ou « Empressée ») ; la reine s'appelle ailleurs Déilyké, ou encore, selon le poète archaïque Ibycos de Rhégion, Oiolyké, fille de Briareus (fr. 299 *PMG*, dans la schol. à Apoll. Rh., II, 777-779).

44. *Le Manuscrit de Roman Ghirshman. Les Cimmériens et leurs Amazones*, Th. Sonneville-David (éd.), Paris, Recherche sur les civilisations, 1983.

45. Priam, dans Homère, *Il.*, III, 184-189 ; Bellérophon, *ibid.*, VI, 186 ; Achille, voir Quint. Sm., *La Suite d'Homère*, livre I et la notice de F. Vian (Paris, Les Belles Lettres, CUF, 1963), sur les épopées plus anciennes. Le dernier vers de l'*Iliade* avait été remanié pour annoncer l'arrivée de « l'Amazone », Penthésilée, dont la légende appartient au cycle troyen.

Hérodote, leurs derniers vainqueurs grecs sont des guerriers anonymes, venus avec trois navires sur les bords du Thermodon. Emmenées par leurs vainqueurs, elles se révoltent, les massacrent et voguent à la dérive jusqu'en Crimée (Méotide). Elles s'y établissent, s'associent à de jeunes Scythes et émigrent avec eux vers le nord-est, dans la steppe au-delà du Don (Tanaïs). Elles y forment un peuple nouveau et bien réel, les Sauromates, qui sont donc les descendants des Amazones légendaires [46].

Eschyle, lui, les présente non pas au seuil de l'histoire, mais dans leur passé le plus reculé, à l'époque d'Io, alors qu'elles ne se sont pas encore installées près du Thermodon, mais vivent quelque part « au midi », au-delà du Caucase. Elles haïssent les hommes et se montreront compatissantes envers Io, victime du désir d'un mâle [47].

Avant d'être chassées des bords du Thermodon, elles ont envahi l'ouest de l'Asie Mineure, où elles passaient pour les fondatrices de nombreuses villes, Éphèse en particulier [48]. Apollodore rappelle les traits les plus célèbres de leur ethnographie : « En effet, elles s'exerçaient à être viriles et si, s'étant unies à un homme, elles accouchaient, elles [n'] élevaient [que] leurs filles et leur comprimaient le sein droit, pour qu'il ne les empêche pas de tirer à l'arc, mais laissaient se développer le sein gauche, pour qu'elles puissent allaiter. » D'autres veulent que ces mères inhumaines aient brûlé, et non pas simplement comprimé, le sein droit de leurs filles.

C'est ce que dit Justin, résumant le récit syncrétique de l'histoire des Amazones qu'a composé Trogue Pompée (II, 4, 18-25). Ce dernier, petit-fils d'un client gaulois du grand Pompée, s'y est intéressé à cause des campagnes pontiques du général, dont un souvenir passe à nouveau, dans l'histoire de Géryon, à propos des Albains du Caucase. Chez Justin, les Amazones ont été obligées de fuir du pays des Scythes vers les rives du Thermodon. Une fois installées en Asie Mineure, elles deviennent des conquérantes, réparties en deux corps d'armée, l'un gardant le territoire et l'autre engagé dans des expéditions lointaines. Elles ont un double empire, en Europe et en Asie. L'exploit imposé à Héraclès consiste à triompher de guerrières qui paraissent invincibles et à

46. Hérodote, IV, 110-117.
47. Eschyle, *Prom.*, 721-728.
48. Strabon, XI, 5, 4 (505) : XII, 3, 21 (550) ; Arrien, *Bithynica*, fr. 48-50 Roos. Parmi les monuments figurés, voir la représentation des cités d'Asie en Amazones sur la « base de Pouzzoles » (règne de Tibère) et les types monétaires de nombreuses cités.

des armes (non plus de la ceinture) de leur reine. Quand Héraclès les attaque, seules les gardiennes du territoire sont présentes. Elles sont commandées par Antiope, qui a deux sœurs, Mélanippé (*Ménalippe*, dit Justin) et Hippolyté. Les deux sont faites prisonnières. Comme chez Diodore, la rançon de Mélanippé sera les armes (*alias* la ceinture) de la reine et Thésée recevra d'Héraclès l'autre captive, destinée à être la mère du bel et insensible Hippolyte, pour qui Phèdre s'éprendra de passion.

Les dernières des Amazones apparurent lors de l'expédition d'Alexandre. À deux reprises : durant l'hiver 329-328, alors qu'Alexandre était en Sogdiane, des envoyés du roi des Chorasmiens (la région du delta de l'Oxus / Amou-Daria, d'où partaient des caravanes en direction de la basse Volga puis de la mer Noire) vinrent lui proposer de soumettre, avec l'aide de leur maître, ses voisins de l'Ouest, les Colques et les Amazones, jusqu'à la mer Noire (Arrien, *Anabase*, IV, 15, 3-4). En 324, le satrape de Médie offrit au conquérant une troupe de cent femmes soldats, à cheval, armées en Amazones (*ibid.*, VII, 13, 2-3). De là s'est développée la légende des amours d'Alexandre avec la reine des Amazones[49]. Pas plus que le véritable Alexandre, Héraclès n'a cédé à la séduction de la reine des Amazones. Lui qui laissa tant d'enfants de tous côtés se comporte ici uniquement en ennemi, en explorateur inquiet qui, depuis son navire, s'affole en voyant les mouvements des indigènes à terre : en lisant Apollodore, on a l'impression du récit d'une tentative de débarquement colonial qui tourne mal, plutôt que de la mise en scène de quelque puissant fantasme masculin. Celui-là peut-être était-il réservé à Achille, tuant Penthésilée et s'éprenant de son visage soudain révélé. Ou même à Thésée. Les Amazones échappent à Héraclès.

Les vaches de Géryon

L'étrange voyage d'Héraclès vers l'île Rougeoyante (Érytheia) dans l'extrême Occident, son triomphe sur Géryon, le monstre à trois corps, et son retour avec le troupeau du vaincu comptent parmi ses exploits les plus anciens ; ils figurent dans la *Théogonie* d'Hésiode et ils formèrent ensuite le thème d'une œuvre du poète

49. Diodore, XVII, 77, 1-3 ; Justin, II, 4, 32-33 ; Plutarque, *Alexandre*, 46 ; Quinte-Curce, VI, 5, 24-32, etc.

lyrique Stésichore. Ce dixième travail est apparenté de près à la quête des pommes des Hespérides, qui le suit, et on a parfois l'impression que la quête, qui apparaît à une date plus tardive, a été développée à partir d'éléments pris à la légende de Géryon. Très tôt, celle-ci a été utilisée pour décrire, avec les ressources du mythe, l'Ouest méditerranéen. Les étapes d'Héraclès ont été multipliées et l'imagination des Grecs a donné la consécration de la mythologie à l'importance acquise par ces régions. La légende de Géryon a été beaucoup plus utilisée pour évoquer la Grande Grèce et la Sicile que l'expédition chez les Amazones pour les côtes de la Thrace et de la mer Noire, mais le principe est le même.

C'est le voyage de retour d'Héraclès qui s'est surchargé d'épisodes, dont on peut, parfois, dater exactement la naissance : la fondation d'Alésia par le héros n'a pas été imaginée avant le siège de 52 av. J.-C., qui, seul, donna sa célébrité dans le monde gréco-romain à l'oppidum bourguignon. De telles certitudes ne sont pas toujours possibles et on hésite souvent, quant à l'invention de telle ou telle aventure, entre l'époque de Stésichore et celle de Timée. Stésichore est né entre 632 et 629 à Matauros, en Italie du Sud, sur le territoire de Locres, a vécu à Himère, en Sicile, et serait mort entre 556 et 553 à Catane[50]. L'historien Timée de Tauroménion (Taormine), en Sicile, aurait vécu entre 356 et 260 ; il fut le témoin de l'essor de Rome. L'un et l'autre étaient bien placés pour recueillir et élaborer des traditions locales susceptibles d'être rattachées à la traversée de l'Occident méditerranéen par Héraclès.

Dans un passage de la *Théogonie* qui énumère des monstres primordiaux, victimes, pour la plupart, d'Héraclès, Géryon est nommé en premier :

> Et Chrysaor enfanta Géryon à trois têtes, uni à Callirhoé, fille de l'Océan glorieux. Celui-là, la force d'Héraclès le dépouilla, près de ses vaches au pied qui tourne, dans Érytheia qu'entoure le courant, en ce jour où il poussait les vaches au large front vers Tirynthe sacrée, franchissant le détroit de l'Océan, après avoir tué Orthos et le bouvier Eurytion, dans l'étable brumeuse, au-delà de l'Océan glorieux.

Géryon et ses acolytes se trouvent dans ce texte aux côtés de Cerbère, de l'hydre de Lerne, de la Chimère (tuée par Bellérophon), de Pégase (dompté par ce dernier), de la Sphinx (éliminée

50. D'après la *Souda ;* certains savants modernes voudraient le rajeunir.

par Œdipe) et du lion de Némée, qui termine l'énumération comme Géryon l'a ouverte. Six victimes d'Héraclès sont regroupées dans ce court passage et les combats successifs du héros contre les auxiliaires du monstre, puis le monstre lui-même, sont déjà imaginés. La mention de Tirynthe suffit-elle à impliquer que cette expédition est entreprise sur l'ordre d'Eurysthée, qui règne à Tirynthe[51] ? Avant et après, Hésiode évoque rapidement les Hespérides et le dragon qui garde leur pommier, mais sans aucune allusion à Héraclès[52].

Le chien Orthos est né d'Échidna et de Typhon ; c'est un monstre à deux têtes chez Apollodore et déjà sur la plus ancienne représentation du combat que nous possédions, une plaque de poitrail pour cheval, de Samos, contemporaine de Stésichore, voire antérieure ; Hésiode n'en dit rien, mais Apollodore, à l'époque romaine, n'a garde d'omettre ce détail archaïque. Eurytion le bouvier, dont Hésiode ne précise pas la naissance, est un beau jeune homme sur le pectoral. Hellanicos le disait fils d'Arès (comme tant de victimes d'Héraclès) et d'une nymphe locale, Érytheia, c'est-à-dire l'une des Hespérides[53].

Géryon (Γηρυονεύς) dont le nom, empreint de noblesse et de religiosité, signifie « le Chanteur », « le Parleur », plutôt que « le Rugissant », reçoit non seulement trois têtes, mais encore trois corps, et par là trois vies[54]. Stésichore lui donne aussi trois paires de jambes et des ailes[55]. Il est en général représenté sans ailes et avec deux paires de jambes. Ses trois boucliers recouvrent fort à propos pour l'artiste la région de son anatomie où s'opère la suture de ces différents éléments[56]. Il élève des vaches de couleur pourpre, détail qui, associé à l' « étable brumeuse » de ces animaux, a paru évoquer le soleil couchant ; son île lointaine s'appelle de même Érytheia, « la Rougeoyante », et son père Chrysaor, « Glaive d'or ». Non loin de son île se trouve celle des Hespérides ; près de ses troupeaux, Ménoitès fait paître ceux du dieu des morts[57].

51. C'est ce que pense Philip Brize, *LIMC*, V, 1, *s.* Herakles, p. 73.
52. Hésiode, *Théog.*, 287-294 (vers traduits), 287-332 (l'énumération), 275 (les Hespérides), 333-335 (le dragon).
53. Hellanicos, n° 4, fr. 110 Jac., voir Servius *auctus*, à Virgile, *Én.*, VIII, 300, « Eurytion, fils de Mars ».
54. Eschyle, *Agam.*, 869-873 ; Euripide, *Héraclès*, 423.
55. Stésichore, S 87 *SLG*, dans la schol. à Hésiode, *Théog.*, 287.
56. On a un fragment d'une description de Géryon par Eschyle, *Héraclides*, fr. 74 Radt, d'après les scholies M à Aristide, *Disc.*, 3 (46), 167.
57. Hespérides : Stésichore, S 8 *SLG*, dans le *P. Oxy.*, 2617, fr. 6. Ménoitès : Apollodore, II, 5, 10 et 12

Érytheia trouve une réalité géographique avec Stésichore, qui la situe près de l'Espagne, face au fleuve de Tartessos (le Guadalete ou le Guadalquivir), descendu d'un pays aux riches mines d'argent, où est né, nous apprend-il, le bouvier Eurytion[58]. C'est donc déjà, selon toute vraisemblance, l'une des îles du petit archipel, aujourd'hui rattaché au continent, sur lequel était installée Gadeira (Cadix), toute proche de la côte, que l'on se figurait néanmoins « au-delà de l'Océan ». Érytheia est identifiée tantôt à l'île même de Gadeira (Phérécyde), tantôt à une île voisine (Hérodote). D'autres sites de la région, comme Onoba (Huelva), étaient consacrés à Héraclès, certainement le dieu phénicien[59].

Le voyage d'Héraclès, à l'aller, n'est guère raconté par Apollodore. Héraclès passe par la Libye, qu'il débarrasse de ses bêtes nuisibles. Pendant cette traversée, Hermès donne à Héraclès, pour le sustenter, la Corne d'abondance, ou bien Déméter lui enseigne la nourriture « coupe-faim »[60]. Diodore, de son côté, élimine autant que possible tout merveilleux. Chrysaor, père de Géryon, est ainsi nommé à cause de sa richesse ; il a trois fils, chacun à la tête de tribus belliqueuses. Héraclès mène une expédition (cette armée sera oubliée par la suite) et assemble ses troupes en Crète, qu'il nettoie de ses animaux nuisibles (Apollodore retient également ce thème), ainsi que la Libye, où il aborde ensuite et où il tue le brigand Antaios[61].

Les colonnes d'Hercule

Nous retrouverons certaines étapes à propos du jardin des Hespérides, l'Égypte, où il tue Bousiris, la Libye[62]. En revanche,

58. Stésichore, S 7 *SLG*, dans Strabon, III, 2, 11 (148). Ménoitès est connu seulement par Apollodore ; Héraclès le retrouvera lors de sa descente dans l'Hadès (II, 5, 12). Stoll, dans le *Myth. Lex* a cherché à l'identifier au Titan Ménoitios, frère d'Atlas et de Prométhée, foudroyé et plongé dans les ténèbres par Zeus (Hésiode, *Théog.*, 510-516 ; Apollodore, I, 2, 3 ; schol. à Eschyle, *Prom.*, 347).

59. Les îles de Gadeira et Onoba : Strabon, III, 5, 3-5 (169-170) et Michel Gras, Pierre Rouillard, Javier Teixidor, *L'Univers phénicien*, Paris, Arthaud, 1989, p. 58-59 ; croquis p. 262. Phérécyde, n° 3, fr. 18*b* Jac., dans Strabon, *loc. cit.* ; Hérodote, IV, 8. Voir aussi Éphore, n° 70, fr. 129 et Philistis, n° 11, fr. 3 Jac. (Pline, IV, 120 pour l'un et l'autre).

60. Hésychios, *s.* Ἀμαλθείας κέρας. Sur la corne, voir ci-après, chap. XVII, p. 344. Porphyre, *Vie de Pythag.*, 34-35 ; cf. M. Detienne, *loc. cit.* ci-dessous, p. 364 n. 2.

61. Diodore, IV, 17-18, 5. Diodore explique qu'Héraclès n'aime ni les animaux nuisibles ni les hommes malfaisants à cause d'Eurysthée et des serpents envoyés par Héra dans son berceau (17, 5).

62. Diodore mentionne Hécatompylos, prise par le Carthaginois Hannon après 247 av. J.-C., qui est peut-être Théveste/Tébessa. Voir Polybe, I, 73 ; Diodore, XXIV, 10, 2.

sur les rives de l'Océan, l'érection de stèles qui forment les colonnes d'Hercule est propre à l'expédition contre Géryon. Diodore les compare aux drainages d'Héraclès dans la vallée du Tempé et à Orchomène (IV, 18, 6-7). C'est le chenal qu'elles délimitent (le détroit de Gibraltar) qui lui suggère ce rapprochement. Là aussi, Héraclès a ouvert un passage en coupant la montagne ; son étroitesse empêche les monstres de l'Océan d'entrer dans la Méditerranée[63].

Mais la signification des stèles est bien différente chez la plupart des auteurs. Elles marquent le bout du monde. C'est un repère géographique chez Hérodote et dans la tradition courante : « Venu à Tartessos, Héraclès dressa des monuments de son voyage, deux stèles en vis-à-vis aux frontières de l'Europe et de l'Afrique. » Chez Pindare, elles constituent une borne à la fois réelle et symbolique : « Plus avant ne peuvent passer ni les sages, ni les non-sages. Je ne le tenterai pas. Chimère[64] ! » Les savants d'aujourd'hui considèrent Géryon comme le défenseur des troupeaux du dieu des morts, et la victoire d'Héraclès comme un triomphe sur la mort ; les Anciens, de manière un peu différente, ont aimé interpréter cet exploit comme l'extrême limite de ce que les forces humaines peuvent accomplir, sans référence à l'immortalité, et ils insistent plus sur le voyage accompli par Héraclès que sur le combat avec le triple monstre, du moins dans la tradition littéraire. Mais ce voyage non plus, dans les textes que nous lisons, n'a pas, ou a perdu, le caractère de « voyage dans l'Au-delà », *Jenseitsfahrt* chamanique, qu'on a voulu lui prêter[65].

Où étaient ces colonnes et comment se les représentait-on ? S'il s'agit de Gibraltar d'un côté (mont Calpé) et du djebel Mousa, la montagne qui domine Ceuta, de l'autre (mont Abilé ou Abilyx), elles marquent effectivement le détroit, mais non la limite des eaux navigables, puisque Gadeira se trouve en dehors. Selon une tradition attestée peut-être par Aristote et en tout cas par des poètes hellénistiques, Euphorion, Parthénios, ces colonnes du détroit auraient été dressées par le géant Briareus (*alias* Aigaion) et plus tard consacrées à Héraclès, en reconnaissance de ses bien-

63. Outre Diodore, voir Pline, III, 4, et Pomponius Mela, I, 27.

64. Apollodore, II, 5, 10 ; Pindare, *Olymp.*, III, 44 (textes traduits). Voir *Ném.*, III, 21-27 ; IV, 69-70 ; Hérodote, II, 33 ; IV, 8, 42, 43. Sur la nature de cette limite, voir ci-dessus.

65. Pour une autre opinion, voir Colette Jourdain-Annequin, *Héraclès aux portes du soir. Mythe et histoire*, Besançon-Paris, Les Belles Lettres, 1989.

faits[66]. Mais Strabon, reprenant une discussion de Poseidonios, rappelle que le terme « colonnes » ou « stèles » peut aussi être pris au sens propre ; dans ce cas, il désigne les deux stèles qui se trouvaient dans le temple d'Héraclès/Melqart à Gadeira, à l'imitation de celles qu'abritait le sanctuaire de Tyr, métropole de Gadeira[67]. Cette dualité a suggéré l'idée, peu vraisemblable, que les colonnes-montagnes seraient une « concurrence » faite par l'Héraclès grec au Melqart tyrien, propriétaire des stèles de Gadès[68].

Le détroit franchi, voici enfin Héraclès en Ibérie. C'est là, d'après Diodore, qu'il bat séparément les trois fils de Chrysaor. Il n'y a plus de place pour le chien Orthos ni pour le bouvier Eurytion dans le récit de Diodore, qui transpose sur trois chefs de tribus le thème des trois combats successifs. Et pas de place non plus pour l'île d'Érytheia. Or dans les versions archaïques de ce travail, l'un des plus grands exploits d'Héraclès consiste à traverser l'Océan, cette étendue d'eau qui forme d'après les Grecs un fleuve large et puissant, entourant toutes les terres d'un anneau sans fin ; après quoi il aborde sinon sur l'autre rive, du moins sur une île qui est de l'autre côté.

Le bol d'or du Soleil

Pour cette traversée, le héros emprunte le bol d'or dont le Soleil se sert, le soir, pour revenir quiètement pendant la nuit du couchant au levant et se lever, dispos, à l'est le lendemain matin :

> Car le Soleil a pour lot de peiner, chaque jour, et de n'avoir jamais nul repos, ni lui ni ses chevaux, une fois que l'Aube aux doigts de rose, quittant l'Océan, est montée au ciel. Car un lit qui lui est très cher le porte en son creux à travers la houle, forgé par les mains d'Héphaistos, en or précieux, ailé, tandis qu'à la crête des vagues il

66. Aristote, fr. 678 (*dub.*) Rose, (Elien, *Hist. var.*, V, 3) ; Euphorion, fr. 166 Powell (schol. à Denys le Périégète, 64) ; Parthénios, fr. 31 Martini (Gaselee ; schol. à Denys le Périégète, 456). Voir Hésychios, *s.* Βριάρεω στῆλαι. La scholie à Pindare, *Ném.*, III, 40, cite un hexamètre d'origine inconnue : « et les stèles du géant Aigaion, [dressées] pour le souverain de la mer ». Aigaion est par ailleurs une victime de Poseidon en Propontide : Apoll. Rh., I, 1165, avec les notes de F. Vian et son article, « Les géants de la mer », *Rev. arch.*, 1944, II, p. 97-117.

67. Strabon, III, 5, 3-5 (169-170).

68. Corinne Bonnet, *Melqart. Cultes et mythes de l'Héraclès tyrien en Méditerranée*, Louvain, Peeters, 1988, p. 233-236, après G. M. Turnquist.

> dort avec ravissement, du pays des Hespérides vers la terre des Éthiopiens, où se tiennent son char rapide et ses chevaux, jusqu'à ce qu'arrive l'Aube qui naît dans la brume. C'est là que le fils d'Hypérion [le Soleil] monte sur son autre véhicule[69].

Athénée, dans le catalogue de vases à boire qui nous a déjà fourni des indications sur la coupe qu'Amphitryon avait rapportée de guerre, a recopié plusieurs descriptions de cet ustensile spécial, dont la tradition remonte à des œuvres du VIIe siècle av. J.-C., la *Titanomachie* cyclique, le poème de Pisandre de Camiros sur Héraclès, Mimnerme, Stésichore... Son emploi pose de nombreux problèmes. D'après les vers de Mimnerme qui viennent d'être cités, il faut supposer que le courant de l'Océan, chaque journée, ramène à vide le bol (ou le chaudron) depuis l'orient vers l'île du couchant. Mais Héraclès l'emprunte uniquement pour sa double traversée entre le continent et l'île. Le bol ne suivrait pas le cours du fleuve Océan, mais le traverserait d'une rive à l'autre, allant plus loin qu'Érytheia, depuis la rive qui borde la terre des hommes jusqu'à la rive de l'autre monde. Une fois le Soleil parvenu là-bas, les lois de l'espace et des distances ne semblent plus compter. Dans les vers de Stésichore, Héraclès, le soir, croise le Soleil qui entre dans la coupe tandis qu'il en sort et s'enfonce dans un bois noir (les lauriers forment un couvert particulièrement serré) :

> Le fils d'Hypérion se mit à descendre dans la coupe d'or, afin de traverser l'Océan et d'aller vers les abîmes de la nuit sacrée, ténébreuse, vers sa mère, sa légitime épouse et ses enfants chéris. Et lui, à pied, s'en allait vers le bois ombragé de lauriers, le fils de Zeus[70].

La coupe appartient au Soleil, mais c'est de l'Océan (Pisandre) ou de Nérée (Stésichore, Panyassis) qu'Héraclès la reçoit. Le remplacement de l'Océan par Nérée donne à penser qu'Héraclès va aussi trouver le vieillard pour l'obliger à lui révéler son chemin et l'issue de son expédition[71]. Deux vers anonymes pourraient se

69. Mimnerme, poète ionien (de Colophon), de la seconde moitié du VIIe siècle av. J.-C., fr. 12 West (Athénée, XI, 469*f*-470*b*).

70. Stésichore, S 17 *SLG* (Athénée, XI, 469*e*). Denys Page a pensé qu'il s'agissait plutôt du retour du héros, rendant la coupe au Soleil et partant à pied sur le continent avec les bœufs, conformément aux indications d'Apollodore (voir ci-après).

71. Pisandre, fr. 6 Davies / 5 Bernabé ; Stésichore : citation relevée par M. Davies, *Class. Quart.*, 1988, p. 277 (*Paradox. Vat.* 33, dans Keller, *Rerum Natur. Script. Gr. Min.*, 110 ; manque dans D. Page) ; Panyassis, fr. 7*a* Davies, 9 Bernabé. Voir une étape analogue dans le voyage d'Héraclès vers le jardin des Hespérides.

rapporter à cette surprenante traversée : « Comment as-tu franchi le cours de l'Achéloos aux tourbillons d'argent, par les chemins humides du large fleuve Océan[72] ? » Selon Phérécyde, le Soleil n'a pas autorisé tout de suite Héraclès à emprunter son véhicule nocturne : le héros a dû le menacer de son arc[73]. « Le Soleil lui dit d'arrêter et lui [Héraclès], pris de peur, arrête. » Puis c'est Océan qui veut mettre le héros à l'épreuve et le secoue lorsqu'il est au large ; à nouveau Héraclès fait mine de tirer sur lui. « Et, pris de peur, l'Océan lui demande d'arrêter. » Héraclès apparaît ici en pacificateur des flots, éloge qui lui est décerné à propos de cet exploit par Pindare : « Il a dompté les fauves au large, les plus terribles ; de son initiative, il a recherché les courants des hauts-fonds, là où, en sûreté, il touchait au terme du retour, et il a expliqué la terre[74]. » Cela le rapproche de son double phénicien Melqart, le patron de Tyr et de Gadeira / Cadix[75]. La mention de hauts-fonds est importante. Car, pour les Anciens, la limite des eaux navigables n'était plus marquée par l'étendue d'un océan sans rivages. Un géographe du IVe siècle av. J.-C., le « pseudo-Skylax », la décrit : « Des colonnes d'Hercule jusqu'à l'île de Kerné, il y a en tout douze jours. Au-delà de Kerné, on ne peut plus naviguer à cause du manque de profondeur de la mer, de la vase et des algues[76]. » De façon étrange pour nous, l'Océan, sur sa rive opposée à la nôtre, se transforme en une lagune ou un marais littoral (λίμνη), où les dieux baignent leurs chevaux pour les rafraîchir[77].

On remarquera d'autre part que le Soleil et Héraclès naviguent à travers l'Océan dans un bol, c'est-à-dire dans un récipient qui a moins de tirant d'eau qu'un navire à quille (moins de stabilité aussi : Océan secoue Héraclès). Or les Phéniciens faisaient leur

72. Cette citation vient d'un commentateur alexandrin d'Homère, Ammonios, citant un de ses confrères plus anciens, Séleucos, lequel alléguait ces vers, pris au chant V d'un poème sur Héraclès, peut-être par Panyassis, pour l'emploi du nom du fleuve Achéloos au sens d' « eau » : Panyassis, fr. 31 (*dub.*) Bernabé, fr. *dub.* 3 Davies (à Homère, *Il.*, XXI, 195).

73. Phérécyde, n° 3, fr. 18*a* Jac., dans Athénée, XI, 470c. Le détail d'Héraclès menaçant le Soleil (qui lui donnait chaud) et recevant la coupe est conservé dans le résumé d'Apollodore (II, 5, 10).

74. Pindare, *Ném.*, III, 22-26. Voir Euripide, *Héraclès*, 400-402 (en d'autres circonstances, Pindare, *Isthm.*, III-IV, 70-73).

75. Voir *Mythologie et géographie*, p. 229-231 et 249.

76. [Skylax], 112, *Geogr. Gr. Min.*, I, p. 93.

77. Callim., *H.*, V, *pour le Bain de Pallas*, 9-12 (aux sources, ou dans les eaux de l'Océan) ; comparer Homère, *Od.*, III, 1, et Nonnos, *Dion.*, III, 4. Voir ci-après, p. 267, le texte d'Euripide, et les notes de C. Müller à Skylax pour des parallèles à cette conception du géographe.

commerce occidental avec des bateaux ronds appelés γαῦλοι, mot descriptif puisque γαυλός signifie « seau à traire, bol », avec un déplacement d'accent pour différencier les deux emplois[78]. Héraclès emprunte à nouveau ce véhicule pour revenir avec les vaches sur le continent, selon Apollodore. Le motif sera repris par le mythographe pour emmener Héraclès vers le pays des Hespérides. Selon une variante, Héraclès revient « dans une barque de bronze [et non d'or], d'Érytheia où abondent les vaches », comme il y est allé, ajoute Eustathe, qui cite ces vers d'Euphorion[79]. Dans une version peut-être tardive, Héraclès utilise comme voile de cette nef de bronze la peau du lion (Servius, à Virgile, *Énéide*, VIII, 299).

Il est difficile de se représenter concrètement ces va-et-vient. Une version relativement ancienne (vers 500 av. J.-C.) les élimine radicalement : pour Hécatée de Milet, le pays de Géryon se trouve sur le continent, en Épire, dans la région d'Ambrakia. C'est l'historien d'Alexandre, Arrien de Nicomédie, qui rapporte avec éloge cette localisation et confirme que la région nourrit des vaches superbes. Il était bien placé pour en juger, lui qui avait résidé au bord du golfe d'Ambrakia pour suivre les cours d'Épictète dans la capitale provinciale de Nicopolis[80]. Comme le souligne Arrien, ramener un troupeau simplement de la côte épirote jusqu'à Tirynthe, ce n'était déjà pas un mince exploit..

À l'époque de Carl Robert, on pensait qu'il s'agissait de la localisation originelle des pâturages de Géryon, transportés par la suite aux limites du monde. Cela ne paraît pas aussi évident aujourd'hui : « à l'origine », c'est-à-dire, pour nous, chez Hésiode, Érytheia est un pays où personne n'est allé. À l'époque archaïque, très clairement, l'île est identifiée à Gadeira / Cadix, site tout à fait réel, fondation carthaginoise dont le grand dieu est Melqart, l'Héraclès tyrien. Il est bien possible que la tentative d'Hécatée ou de Skylax, à la fin de la période archaïque, pour rapprocher Érytheia soit inspirée par un souci de vraisemblance.

Certes, dans leur effort pour insérer les légendes étranges dans

78. Γαῦλοι est le terme usuel, peut-être d'origine sémitique, pour désigner les navires de commerce phéniciens : voir, pour la région des limites de la mer navigable, [Skylax], 112. Sur le mot, Pierre Chantraine, *Dict. étym.* ; comparer l'origine du mot « vaisseau ».

79. Euphorion, fr. 52 Powell (Eustathe, à Denys le Périégète, 558).

80. Hécatée, n° 1, fr. 26 Jac. (Arrien, *Anabase*, II, 16, 5-6). Aussi le pseudo-Skylax, *Périple*, 26, la Kestris, en Thesprotie ; voir Thuc., I, 46. Le véritable Skylax (519-516 av. J.-C.) a été une source d'Hécatée, mais le *Périple* transmis sous son nom est du IVe siècle av. J.-C. Sur Héraclès patron d'Ambrakia, voir la fin de ce chapitre.

un monde de mieux en mieux connu, les Grecs les ont assez souvent rejetées toujours plus loin. Mais ils les ont aussi placées, à l'occasion, juste à la limite de leur propre terre. Ils ont fait vivre les Phéaciens à Corfou, couler l'Achéron en Thesprotie, pour nous en tenir à la région où Hécatée situait les prés de ces fabuleux troupeaux. D'autres emplacements incongrus ont été proposés pour les prés de Géryon : en Lydie, déclare Pausanias, qui n'y croit pas. Dans une île de la mer Noire, selon Palaiphatos, qui transcrit des *Récits incroyables*[81].

Mais repartons vers l'île fabuleuse d'Érytheia, l'île d'Hésiode et de Stésichore. Seul Apollodore conserve la gradation des combats livrés là-bas par Héraclès :

> Arrivé à Érytheia, il trouve un gîte dans le mont Abas. Le chien le devine et s'élance contre lui. Mais Héraclès le frappe de sa massue et tue le bouvier Eurytion, qui venait au secours du chien. Ménoitès, qui gardait là-bas les vaches d'Hadès, annonça ce qui s'était passé à Géryon. Géryon rattrapa au passage du fleuve Anthémoeis Héraclès, qui ramenait les vaches, lui livra combat et fut tué à coups de flèches.

L'ancienneté des détails donnés par Apollodore a été magnifiquement confirmée par le décor de la plaque de poitrail déjà mentionnée, trouvée à Samos. On y voit Eurytion abattu d'une flèche dans le front ; Orthos, aux pieds de Géryon, une flèche dans l'une de ses têtes, l'autre peut-être assommée. Et Géryon, une tête renversée, tuée par une flèche, cependant qu'Héraclès, épée en main, en empoigne une autre à la base du cimier du casque. Les vaches sont déjà du côté d'Héraclès ; de l'autre côté, il ne reste plus que la nature sauvage, des bouquetins[82]. Héraclès a ici revêtu la peau de lion, détail nouveau à l'époque, dont Philip Brize a bien souligné l'importance : il exprime une nouvelle conception du héros, « en costume de brigand » (Athénée), un marginal dirions-

81. Paus., I, 35, 7-8, avec le commentaire de F. Chamoux. D'après Palaiphatos, 24, Géryon habite l'île Trois-Têtes (Τριкαρηνία), dans la mer Noire ; ses vaches sont petites et bizarrement bâties. Voir aussi [Aristote], *Mir. Ausc.*, 133 (et 145) ; myth. Vat., I, 68 ; et « l'étroite Érytheia » proche du Caucase, dans les *Argonautiques orphiques*, v. 1048, avec le comm. de F. Vian dans son éd., p. 33.

82. Plaque découverte en 1983, publiée par Ph. Brize, *Athen. Mitteil.*, 1985, p. 53-90 ; *LIMC*, V, *s.* Herakles, n° 2476.

nous. Quelqu'un qui menace le Soleil, voire tire sur lui et qui (au retour ?) s'enivre chez Pholos[83].

L'attitude de Géryon sur la plaque est très proche de ce que suggère la douzaine de vers de Stésichore décrivant la mort de Géryon ou d'une de ses têtes : frappée au front d'une flèche qui fait ruisseler un sang rouge sur sa cuirasse et ses membres, comparée à un pavot qui s'incline[84]... De ce sang naît un arbre à l'aspect changeant, pin maritime ou pin parasol (ou bien deux arbres), qui répand des gouttes de sang, ou bien, à la saison des Pléiades, produit des fruits pareils à des cerises sans noyau[85]. Stésichore, dans cette comparaison délicate et languide, semble prêter à Géryon une beauté à laquelle correspond, dans son comportement, dans ses propos une humanité sensible peut-être aussi à Pindare, qui affirme : « je te loue, Géryon » (fr. 81 Snell-Maehler). Mais, chez Eschyle, Héraclès tue « des pasteurs injustes » (fr. 74 Radt)... Désormais les monstres seront des monstres. Géryon avait une fille, Érytheia, qui fut aimée d'Hermès et donna le jour à Norax, lequel emmena des Ibères coloniser la Sardaigne et fonda la cité de Nora (Pausanias, X, 17, 5). Les Phéniciens auraient été présents à Nora dès le commencement du IXe siècle et toute cette partie de la légende d'Héraclès intègre des traditions phéniciennes, sans doute hellénisées en plusieurs étapes.

Le retour d'Héraclès

Héraclès donne une partie de son butin à un roi d'Ibérie hospitalier (Diodore). C'est la souche de troupeaux consacrés à Héraclès qui existaient encore au temps de l'historien. La réputation des élevages dans les *marismas* du bas Guadalquivir ne date pas d'hier. Avec le reste des troupeaux, Héraclès passe par le territoire d'Abdéra (Apollodore), placée non loin de Cadix par Étienne de Byzance, qui se renseigne dans un récit sur Géryon ; en fait Abdéra, fondation phénicienne, se trouvait sur la côte méditerranéenne, entre Malaga et Almeria, dans une région où les

83. Ph. Brize, *loc. cit.*, p. 86-87. Héraclès « brigand » : Athénée, XII, 512*f.* Sur le costume d'Héraclès, voir ci-dessus, chap. X, fin. De même, dans sa geste, l'épée le cède à l'arc.
84. Stésichore, S 15 *SLG*, 6-17 (*P. Oxy.*, 2617, fr. 4 et 5).
85. Paus., I, 35, 8 ; Philostrate, *Vie d'Apoll. de Tyane*, V, 5 ; Servius *auctus*, à Virgile, *Én.*, VII, 662.

Phéniciens se sont installés en nombre et de bonne heure (dès le VIIIe siècle)[86]. Le héros revient donc en suivant la côte.

Au passage d'Héraclès à travers les Pyrénées se rattache une légende bizarre. À l'aller, Héraclès avait été reçu par le roi Bébryx. Le soir, le héros, ivre une fois de plus, s'était uni à la fille de son hôte, Pyréné. Celle-ci accoucha d'un serpent et son père la chassa. Pleurant, répétant le nom de son bien-aimé d'un soir, elle s'en alla par les montagnes où elle fut la proie des bêtes sauvages. À son retour, Héraclès découvrit ses restes épars, les ensevelit et appela si fort et si souvent la malheureuse jeune fille que son nom resta attaché aux montagnes[87]. Bébryx est l'éponyme des Bébrykes, farouches prédécesseurs des Narbonnais, dont la première mention figure dans une description de la Méditerranée composée à l'intention d'un roi de Bithynie[88]. Il n'est pas étonnant que l'auteur ait saisi ou sollicité le rapprochement entre les Bébrykes de Bithynie et ceux de Narbonnaise, d'autant que le nom de l'héroïne Pyréné se rencontre aussi en Thrace, c'est-à-dire chez des proches cousins des Bithyniens.

Héraclès traverse ensuite la Gaule, qu'il civilise, interdisant de sacrifier les étrangers, et fonde Alésia, s'il faut en croire Diodore (IV, 19). Le nom d'Alésia garderait le souvenir de l'errance (ἄλη) qui avait entraîné le héros si loin vers le nord. Parce qu'elle devait son existence à Héraclès, Alésia n'avait été prise par personne avant Jules César, qui la soumit à Rome avec le reste de la Gaule (52 av. J.-C.). Il est vrai, note Diodore, que César a été proclamé dieu en raison de ses exploits. Plus logiquement, le passage d'Héraclès est attesté en Provence, où Ialébion (ou Alébion) et Derkynos, deux fils de Poseidon, veulent lui enlever les vaches ; l'incident est situé de manière imprécise en Ligurie par Apollodore, mais le géographe Pomponius Mela nous fait retrouver sous ces deux noms sans signification la légende d'origine de la plaine de la Crau, aux portes d'Arles (II, 78). Elle sera étudiée plus loin car, pour cette étape, le parcours d'Héraclès depuis Érytheia a tendu à se confondre avec celui qui, en sens inverse, le mène vers le jardin des Hespérides.

86. M. Gras, P. Rouillard, J. Teixidor, *L'Univers phénicien*, p. 53-56.

87. Silius It., III, 420-440. Pline fait allusion à ce qu'on raconte sur Hercule et Pyréné, pour le juger, avec bon sens, *fabulosum* (III, 4).

88. *Description du monde* mise sous le nom de Skymnos, 200 et suiv. Voir aussi Avienus, *Ora maritima*, 482 ; Dion Cassius, fr. 56, 2 (schol. à Lycophron, 516 et 1305) ; Ét. Byz., *s.* Bébrykes ; Zonaras, VIII, 21.

Ensuite, Apollodore omet toutes les aventures italiennes d'Héraclès avec son troupeau. Parmi celles-ci, la plus célèbre est la mise à mort de Cacus, le sauvage voleur de vaches, sur l'Aventin ; mais cette histoire appartient aux traditions romaines et nous imiterons le mythographe en la laissant de côté[89]. Il convient cependant de suivre les chemins d'Héraclès à travers le sud hellénisé de la péninsule. En effet, comme le dit l'auteur du recueil de *Mirabilia* placé sous le nom d'Aristote : « On raconte qu'en bien des endroits de l'Italie il y a bien des souvenirs d'Héraclès sur les routes qu'il a suivies[90]. » En fait, il y a une équivoque sur le terme « Italie » : ou bien il désigne la région habitée par la tribu des Italoi, c'est-à-dire la pointe occidentale de la botte, son talon, à l'est, portant le nom d' « Iapygie ». Ou bien il a son extension actuelle. C'est au sens restreint que l'emploie le pseudo-Aristote, qui met les traces d'Héraclès en Italie en parallèle avec celles qu'il a laissées en Iapygie. Il suit, ce faisant, le plus ancien des historiens siciliens, Antiochos de Syracuse, auteur d'un traité sur l'Italie, qui écrivait vers la fin du ve siècle av. J.-C.[91].

Notre premier guide sera Diodore, plus disert qu'Apollodore. Diodore, comme du reste Strabon, a soin de distinguer « ce que l'on appelle maintenant Italie », soit l'ensemble de la péninsule, et « l'Italie » tout court, soit le seul extrême Sud-Ouest[92]. S'inspirant de Timée de Tauroménion, il mentionne un combat contre les Géants dans la « plaine de Phlégra » (*alias* les champs Phlégréens), près de Cumes, en Campanie, sur les pentes du Vésuve : c'est le transfert dans une région volcanique aux terres brûlées (ce qu'évoque le nom) d'un des plus grands exploits d'Héraclès d'après la poésie archaïque, sa participation à la Gigantomachie de Pallène (en Chalcidique, Grèce du Nord), où le site de la bataille s'appelait déjà *Phlégra*[93].

Héraclès aurait également fermé l'exutoire vers la mer du lac Averne et établi une chaussée entre celui-ci et la mer ; nous

89. Voir notamment Diodore, IV, 21, 1-4 ; Virgile, *Én.*, VIII, 185-275. C'est l'origine du culte d'Hercule à l'*Ara maxima.* Autres traditions, Denys d'Halicarnasse, I, 34 à 42, 3-4. Pour l'ensemble, on peut voir Jean Bérard, *La Colonisation grecque de l'Italie méridionale et de la Sicile dans l'Antiquité. L'histoire et la légende,* Paris, PUF, 2e éd., 1957, p. 402-417.
90. [Aristote], *Mir. Ausc.,* 97.
91. Antiochos de Syracuse, n° 555, fr. 3 Jac., cité par Strabon, VI, 1, 4 (254).
92. « Ce que l'on appelle maintenant Italie » : Diodore, IV, 21, 5 ; voir Strabon, VI, 1, 1 (209). « L'Italie » tout court : Diodore, IV, 24, 7 (Héraclès repasse de Sicile sur le continent).
93. Id., IV, 21, 5-6 ; voir Strabon, V, 4, 4 (243) et VI, 3, 5 (281) ; et [Aristote], *Mir. Ausc.,* 107.

retrouvons là un de ses rôles favoris[94]. La forme hellénisée du nom de l'Averne, Ἄορνος, est identique au nom d'une montagne de l'Inde, cadre d'exploits héracléens. Le héros fonde Herculanum et même Pompéi[95]. Un obscur Port-Hercule du Bruttium se réclamait de lui[96]. Il passe aussi, on le verra, pour le fondateur d'une autre Héraclée, en Lucanie, sur le golfe de Tarente.

Une visite en Sicile

Au moment où Héraclès va passer en Sicile, le monstre marin Skylla, hybride de jeune fille et de chienne, lui dérobe plusieurs bêtes. Héraclès le tue, mais Phorkys, père du monstre, fait bouillir le cadavre et le ressuscite : il faut bien que Skylla reste en vie pour dévorer, plus tard, quelques marins d'Ulysse[97]. Hellanicos et Apollodore, sans se soucier de Skylla, motivent l'arrivée d'Héraclès en Sicile par la poursuite d'une bête échappée : « À Rhégion, un taureau s'échappa, se jeta bien vite à la mer, passa à la nage en Sicile. » Cette anecdote explique à la fois le nom de Rhégion, par le radical **rheg-* du verbe « s'échapper », et celui de la région alentour, qui est l'Italie au sens premier. En effet, l'animal « traversa le pays alentour que l'on appela Italie, d'après son nom (les Étrusques appellent en effet le taureau *italos*)[98] ». Ce mot étrusque est en fait le latin *uitulus*, mais Apollodore évite toute mention de Rome, par tendance archaïsante et sans intention politique.

Héraclès, à la suite du fugitif, passe dans l'île avec son troupeau, à la nage, en tenant un taureau par une corne[99]. Sur la visite

94. Lycophron, 697 et suiv., « les chemins remblayés des bœufs du lion » ; Diodore, IV, 22, 1-2 (la *via Herculea*) ; Strabon, V, 4, 6 (245).

95. Herculanum : Denys d'Halicarnasse, *Ant. rom.*, I, 44, 1 ; Ovide, *Mét.*, XV, 711. Pompei : Servius, à Virgile, *Én.*, VII, 662, à cause du cortège (*pompa*) de triomphe d'Héraclès.

96. Strabon, VI, 1, 5 (256) ; Pline, III, 73.

97. Lycophron, 44-49, 650-652, et schol. aux v. 46 et 651 ; voir Denys Bras-de-cuir, n° [15], fr. 12. Jac., d'après les schol. à Homère, *Od.*, XII, 85, et Eustathe, à Homère, *Od.*, p. 1714, 1, 45. Stésichore avait déjà composé une *Skylla* ; ces légendes nous parviennent sans doute à travers Timée. Servius, à Virgile, *Én.*, III, 420 (recopié par le myth. Vat., II, 170) remplace Skylla (en Italie) par Charybde (côté sicilien).

98. Apollodore, II, 5, 10. La tradition remonterait à Hellanicos (n° 4, fr. 111 Jac.) d'après Denys d'Halicarnasse, *Ant. rom.*, I, 35. Dans le texte d'Apollodore, il faut transposer καὶ τὴν πλησίον [...] ἐκάλεσαν avant καὶ ταχέως (J.-C. Carrière). Voir aussi Varron, *Rerum rustic.*, II, 1, 9 ; Aulu-Gelle, *Nuits attiques*, XI, 1, 2.

99. Diodore, IV, 22, 6, d'après Timée ; la légende a pu être racontée par Callim., *Aitia*, fr. 32 et 618 Pfeiffer.

d'Héraclès en Sicile Diodore est beaucoup plus complet que pour le parcours continental : il parle de sa patrie (IV, 23-24). Héraclès veut faire le tour de l'île. Pour son repos, à la demande d'Athéna, les nymphes font jaillir des sources chaudes, à Himère (qui est toujours une station thermale, Termini Imerese) et à Ségeste (Terme Segestane, près de Castellammare del Golfo) — Héraclès est le patron des stations thermales [100]. Non loin d'Himère, il tue un individu inhospitalier nommé Solous, qui laisse néanmoins son nom à la colonie carthaginoise de Solonte [101]. Puis il passe à l'extrémité occidentale de l'île, où il se bat avec Éryx, fils d'Aphrodite et de Poseidon ou Butès, éponyme du mont qui domine Drépanon/Trapani. C'est le seul épisode qui figure à la fois chez Diodore et chez le mythographe.

> Il arriva dans la plaine d'Éryx, roi des Élymes. Éryx était un fils de Poseidon et il mit le taureau [qui s'était enfui à Rhégion] avec ses propres bêtes. Héraclès confia le troupeau à Héphaistos et se hâta de rechercher le taureau. Il le découvrit parmi les bêtes d'Éryx, qui refusa de le rendre, sauf si Héraclès le battait, lui, Éryx, à la lutte. Héraclès le battit trois fois et le tua, prit le taureau et le reste des bêtes [Apollodore].

Éryx a une fille, Psophis, qu'Héraclès emmène. Il la laisse, enceinte, dans une vallée d'Arcadie qui prendra son nom [102].

C'est à l'historien Hérodote que nous devons de voir sous un jour très cru à quoi riment toutes ces bagarres entre Héraclès et des chefs de village qui, invariablement, ont moins de force que de convoitise. À la fin du VIe siècle av. J.-C., à un jeune prince lacédémonien, aventurier que les Carthaginois et les Libyens ont empêché de s'installer en Libye, un collectionneur d'oracles comme il en circule beaucoup en Grèce déclare qu' « il y a une terre d'Héraclès en Sicile ; c'est le pays d'Éryx, qui appartient tout entier aux Héraclides, puisque Héraclès en personne l'a acquis » (bien ou mal, ce n'est pas l'affaire de l'oracle). Delphes semble confirmer ces alléchantes révélations et le jeune prince, nommé Dorieus, repart — pour se faire massacrer avec les siens par les

100. Ibycos de Rhégion, fr. 300 *PMG* (voir ci-dessus, chap. X, fin) : Pindare, *Olymp.*, XII, 18 et suiv. (évoque les sources d'Himère sans nommer Héraclès) ; Diodore, V, 3, 4 ; et les schol. à Pindare.

101. Ét. Byz., *s.* Solous, citant Hécatée de Milet, n° 1, fr. 76 Jac.

102. Paus., VIII, 24, 2. Psophis avait un culte de l'Aphrodite de l'Éryx (*ibid.*, 6).

Carthaginois et les indigènes au seuil d'une terre promise à la légère. Cependant, ce qui, pour lors, échoua en mainte autre circonstance réussit et prospéra[103].

Revenant vers l'est par la côte sud, Héraclès est aidé par une brave femme nommée Motyé, qui lui indique ceux qui ont emmené ses bêtes[104]. Elle laissera son nom à un bel établissement punique. Le héros établit ensuite ses droits de propriété sur le site d'une future Héraclée (Minoa), fondée sous ce nom par son descendant Dorieus ou un de ses compagnons, détruite par les Carthaginois jaloux de sa prospérité, dit Diodore, ce qui paraît être une allusion à leur grande avancée à la fin du Ve siècle av. J.-C., catastrophique pour les cités grecques de l'ouest de l'île. Puis le héros arrive à Syracuse, où il institue, à la source Kyané, un sacrifice annuel à Déméter et Coré. Il s'enfonce alors à l'intérieur, tuant des chefs indigènes qui veulent lui barrer le passage ; les gens du pays rendent à ces chefs les honneurs prescrits par l'oracle sikèle des dieux Paliques[105]. À Léontinoi, il laisse des « souvenirs immortels » de sa visite, mais Diodore ne fait pas deviner de quoi il s'agit. Des traces d'un massacre, à coups de flèches, des Lestrygons, dont plus tard les survivants détruiront l'escadre d'Ulysse[106] ? Comme à propos de Skylla, se manifeste le souci de faire rencontrer à Héraclès les monstres qui peuplent l'Occident fantastique des voyages d'Ulysse, décor complété plus tôt sans doute que celui de la légende de Géryon.

À Agyrion, il accepte pour la première fois de recevoir des honneurs divins et un prodige marque sa venue : sur un chemin rocailleux proche de la ville, ses bêtes et lui-même laissent leurs empreintes comme dans la cire. Il fonde près de cette curiosité un culte funéraire pour Géryon et, près de la porte d'Héraclès, un culte d'Iolaos pour les jeunes gens qui lui consacrent leur chevelure, comme il est d'usage en Grèce pour les divinités protectrices de l'enfance. Ici les impies sont frappés de mutisme et « pareils à des morts ». Ce culte donne lieu tous les ans à des concours sportifs, de manière analogue à ce qui se passe à Thèbes (voir ci-dessus, p. 191-192). Puis il repasse en Italie.

Cette description complaisante des cultes et des traditions de la

103. Hérodote, V, 42-48 ; Paus., III, 16, 4-5.
104. Ét. Byz., *s.* Motyé, citant Hécatée de Milet, n° 1, fr. 77 Jac.
105. Diodore, IV, 23, 5 et Macrobe, *Saturnales*, V, 22 et 30.
106. Lycophron, 662-665 et les scholies. Il est cependant curieux que l'on fasse de Léontinoi, cité à l'intérieur du pays, la ville des Lestrygons

petite patrie de Diodore montre quelle était la matière première de la mythologie : une infinité de traditions locales, patiemment collectées, interprétées pour identifier les dieux et les héros, les rattacher à des légendes connues qu'ils venaient enrichir d'un détail savoureux ou d'un simple nom.

L'Italie du Sud

Revenu sur le continent, entre Rhégion et la Locride, Héraclès, voulant faire la sieste, en fut empêché par les cigales. Il pria qu'elles disparussent et depuis lors il n'y eut plus en cet endroit une seule cigale[107]. La légende s'inspire évidemment d'un phénomène réel, enregistré par Timée, Strabon, Pausanias. Ces auteurs le situent et lui donnent une explication rationnelle : dans le ravin de l'Alex, qui séparait les territoires de Locres et de Rhégion, les cigales chantaient sur le versant locrien, ensoleillé, et non sur le versant de Rhégion, à l'ombre[108]. Cette singularité ne passait pas pour faire honneur aux gens de Rhégion, comme on le voit dans l'anecdote charmante que raconte Strabon, d'après Timée : à Delphes, aux concours pythiques, un citharède de Locres, Eunomos, et un autre de Rhégion, Ariston, s'affrontent. Ariston, pour s'assurer la bienveillance des jurés, fait valoir que les fondateurs de sa patrie ont été consacrés religieusement au dieu. Eunomos rétorque que des gens chez qui les cigales ne chantent pas ne devraient même pas être autorisés à concourir. L'épreuve commence et Ariston semble avoir toutes les chances de l'emporter. Mais c'est Eunomos qui va gagner : pendant qu'il se produit, une corde de sa cithare se casse, une cigale vient se poser à sa place et supplée aux notes manquantes...

L'intervention d'Héraclès a dû être imaginée à Rhégion, pour donner des lettres de noblesse à ce qui, après tout, n'était qu'une carence. On retrouve Héraclès exterminateur d'insectes en Grèce centrale, dans la région de l'Oita, qu'il a débarrassée des sauterelles ; en Ionie, à Érythrées, où grâce à lui la vigne qui pousse sur

107. Diodore, IV, 22, 5, raconte l'épisode avant le tour d'Héraclès en Sicile, alors qu'il doit logiquement se dérouler après, comme le suggère du reste chez lui l'emploi de l'expression « entre Rhégion et Locres » (et non l'inverse). Sur le territoire de Locres, la pointe sud de l'Italie était le cap Héracleion (Strabon, VI, 1, 7 [259]).

108. Timée, n° 566, fr. 43 Jac., cité par Antigone de Carystos, *Hist. mir.*, 1 ; Strabon, VI, 1, 9 (260). Paus., VI, 6, 4, raconte la même histoire, mais appelle le cours d'eau *Caikinos*.

les pentes du mont Mimas n'est parasitée par aucune larve[109]. D'après les trois exemples, cet Héraclès agit dans des régions montagneuses, et uniquement là, souligne Strabon à propos d'Érythrées. Pour des espèces de plus grande taille, Diodore exalte son rôle en Crète et en Libye (IV, 17, 3-4).

Les Locriens attribuaient à Héraclès la fondation de leur cité. Il avait été reçu par un prince nommé Locros, d'origine phéacienne, installé en Italie. Le beau-père de Locros, Latinus, venu rendre visite à sa fille, se trouvait chez lui à ce moment. Il voulut dérober les vaches d'Héraclès, qui l'abattit d'une flèche. Héraclès, par méprise, tua aussi Locros, qui venait prendre sa défense contre le voleur. Héraclès éleva un tombeau à Locros et, plus tard, il apparut pour prescrire de fonder une ville à l'emplacement du tombeau de sa victime (Conon, *Récits,* 3, dans Photios, cod. 186). On retrouve le même schéma, avec des héros différents, dans la légende suivante sur le chemin d'Héraclès, celle de Lakinios et Croton[110].

Héraclès passe à Crotone ; il y tue Lakinios, qui veut lui voler ses vaches, et fonde le culte d'Héra Lakinia ; ou bien le roi Lakinios refuse de le recevoir, le chasse et fonde le même culte en action de grâces[111]. En même temps que Lakinios, mais sans le vouloir, Héraclès a tué son gendre Croton, lui a élevé un tombeau et a prédit aux indigènes qu'une ville portant le nom du roi, « Crotone », s'élèverait plus tard à cet endroit[112]. Ces méprises à l'égard de Locros et de Croton ont leur analogue et probablement leur modèle dans un combat nocturne des Argonautes (parmi lesquels Héraclès) : drossés par la tempête à la côte qu'ils viennent de quitter, ils se trouvent attaqués par leurs hôtes de la veille, les Dolions, et Jason, sans le reconnaître, tue le roi Kyzicos[113].

Le site de Crotone fut le cadre d'une aventure plus originale. Héraclès, ayant soif, arrive à une maison et demande à boire. Or la femme du maître de maison a ouvert en cachette une jarre de vin.

109. Strabon, XIII, 1, 64 (613). Les monnaies de bronze pseudo-autonomes d'Érythrées, à l'époque impériale, montrent la statue et le temple d'Héraclès Tueur de vers, *Ipoctonos.*

110. Jean Bayet, *Les Origines de l'Hercule romain*, Paris, 1926, p. 159-164.

111. La première version chez Diodore, IV, 24, 7 ; Servius, à Virgile, *Én.*, III, 552. La seconde dans Servius *auctus, ibid.* Ét. Byz., *s.* Lakinion, se contente de citer le héros de ce nom. Servius *auctus* le dit fils de Cyrène, que l'on a voulu une fois de plus corriger en *Pyréné* (Friedländer, cité par C. Robert, p. 428, n. 1).

112. Diodore, *loc. cit.* ; Croton gendre de Lakinios : Tzetzès, à Lycophron, 1007. Récit simplifié par Ovide, *Mét.*, XV, 12-59.

113. Apoll. Rh., I, 1012-1152.

Pour ne pas se trahir, elle dit à son mari : « On ne va tout de même pas ouvrir cette jarre pour un étranger ! Il n'y a qu'à lui apporter de l'eau. » Héraclès, sur le pas de la porte, entend la conversation ; il félicite le brave homme qui lui aurait donné du vin et lui conseille d'aller voir sa jarre : elle a été pétrifiée. Depuis ce temps, c'est une honte pour les femmes du pays de boire du vin [114]. Quant à la ville elle-même, elle sera fondée par Myskélos, descendant d'un compagnon d'Héraclès, Alémon. Héraclès apparaît en rêve à Myskélos et lui ordonne de chercher un fleuve, l'Aesar, aux « ondes pierreuses » — au lit plein de galets [115]. On retrouve ici le thème de l'eau pétrifiée qui apparaît dans la légende d'origine de la Crau ; il est question aussi dans le récit de cailloux blancs. Mais chacune des deux légendes parallèles joue librement avec des éléments identiques.

Plus loin vers l'est, à Siris, Héraclès aurait tué le devin Calchas. Cela pose un sérieux problème de chronologie légendaire, la mort de Calchas étant forcément survenue après la guerre de Troie [116]. Sur le même territoire, la basse plaine du fleuve Siris, à Pandosia, « on montrait les empreintes du dieu, sur lesquelles il n'est permis à personne de marcher [117] » (Héraclès est qualifié de dieu, comme en Sicile, à Agyrion, où il a également laissé ses empreintes). Cette région est attribuée par le pseudo-Aristote à l'Iapygie, c'est-à-dire à la partie sud-est de la péninsule, où se trouvait notamment Tarente, et non plus à l'Italie [118].

Héraclès est enfin le fondateur d'Héraclée, dans la plaine du Siris. Ces légendes ont été développées tard, puisque le site d'Héraclée n'a reçu ce nom qu'en 433-432, lorsque les Doriens de Tarente y fondèrent cette cité, qui se substitua à Siris, colonie ionienne détruite un siècle plus tôt, comme chef-lieu de la région. Elles sont peut-être dues à Antiochos de Syracuse, qui écrivait juste après la création d'Héraclée et devait se préoccuper de donner des traditions doriennes, grâce à Héraclès, à cette région d'abord colonisée par les Ioniens. À cet égard, le meurtre de Calchas par Héraclès prend une valeur symbolique.

114. Alkimos de Sicile, *L'Italie*, n° 560, fr. 2 Jac., cit. par Athénée, X, 441*a*.
115. Ovide, *loc. cit.*
116. Lycophron, 978-983 et schol. Ces incohérences, résolues en supposant des homonymes, scandalisent Tzetzès dans ses scholies.
117. [Aristote], *Mir. Ausc.*, 97.
118. Près de Siris, une rivière sinueuse, le Kylistarnos, rappelait qu'Héraclès avait été attaqué par un serpent qui l'avait entouré de ses anneaux : *Etym. Magn.*, 544, 30.

Un retour qui n'en finit pas

Cette profusion de fondations légendaires se tarit brusquement à l'est du pays de Siris. Sans plus de détails, Héraclès remonte vers le nord pour contourner le fond de l'Adriatique par voie de terre, chez Diodore comme chez Apollodore[119]. Mais, tandis que Diodore, par l'Épire et le Péloponnèse, conduit son héros à Tirynthe pour enchaîner sur le travail suivant, Apollodore offre des péripéties complémentaires :

> Et [Héraclès] mena [ses bêtes] vers la mer Ionienne. Lorsqu'il arriva au bout de la mer, Héra envoya un taon contre les vaches. Elles s'égaillèrent dans les piémonts de Thrace. Héraclès en rattrapa certaines et les emmena vers l'Hellespont, tandis que le reste, laissé sur place, devint sauvage.

En fait, tous les peuples dont Héraclès avait traversé le territoire sont censés avoir cherché à lui voler de si belles bêtes et toutes les régions d'élevage bovin se flattèrent de perpétuer la race des bœufs de Géryon. « Celtes, Chaones, Thesprotes, tous les Épirotes » s'étaient fait battre tour à tour par l'invincible héros[120]. Cependant, en Épire, un certain Larinos (« Engraissé ») était arrivé à ses fins[121].

D'après Stésichore, semble-t-il, Héraclès passait par chez Pholos, où le poète nous le montre en train de boire copieusement[122]. Sans doute revenait-il à Tirynthe par un chemin relativement court, se bornant à contourner l'Adriatique et arrivant dans le Péloponnèse par l'ouest. Mais l'occasion de décrire, derrière l'infatigable troupeau, les pays du Nord et de l'Orient ne pouvait pas être perdue.

119. Il faut mentionner encore que Brindisi tire son nom de Brentès, fils d'Héraclès : [Aristote], *Mir. Ausc.*, 108 ; Ét. Byz., *Etym. Magn.*, *s.v.* ; et que Padoue (*Patavium*) avait un oracle de Géryon : Suétone, *Tibère*, XIV.

120. Anton. Lib., *Mét.*, IV, 6. Puis des Corinthiens, descendants d'Héraclès, sont venus fonder Ambrakia. Ce genre de récits fait bien comprendre l'intérêt pour les Grecs de marquer le passage d'Héraclès. Celui-ci ne fonde pas directement les cités historiques, mais il affirme des droits anciens de propriété, que les immigrants, après des siècles, feront valoir.

121. Schol. à Pindare, *Ném.*, IV, 84. Voir schol. à Aristophane, *Paix*, 925 ; *Ois.*, 465 ; *Souda* et Photios, *s.* Λαρινοὶ βόες ; Tzetzès, *Chil.*, VIII, 270. Athénée, IX, 376*b* fin, mentionne les bœufs de Larinos, mais non la légende.

122. Stésichore, S 19 *SLG* (fr. 181 *PMG*), dans Athénée, XI, 499*b*.

Selon Hérodote (IV, 8-10), Héraclès serait même passé chez les Scythes ! Il y aurait été surpris par l'hiver et ses juments se seraient échappées alors qu'il dormait sous sa peau de lion. Des juments, et non plus des vaches : nous voilà bien chez les Scythes. Elles auraient été gardées par une femme-serpent, avec laquelle Héraclès aurait dû cohabiter pour obtenir la restitution des juments. Il lui aurait donné trois fils et lui aurait laissé l'un de ses arcs et sa ceinture, à laquelle était attachée une coupe. Celui des trois qui saurait tendre l'arc et nouer la ceinture de la bonne manière resterait sur place, les autres seraient chassés. Comme de juste, un seul fils aurait effectué correctement les deux opérations, Skythès, ancêtre des rois scythes [123]. L'arc des Scythes leur serait donc venu d'Héraclès (pour la tradition inverse, voir ci-dessus, chap. X).

Sur le chemin du retour, Héraclès ne s'arrête pas en Scythie, mais va jusqu'au Caucase. Il y installe des habitants d'Albe en Italie, près de Rome, qui l'avaient suivi et forment la souche des Albains du Caucase. Lorsque Pompée, au cours des guerres contre Mithridate, obtient l'appui de cette population, la découverte de la parenté mythique avec les Romains, grâce à Albe, intervient fort à propos [124].

Plus loin encore, les compagnons d'Alexandre avaient reconnu la descendance de ceux d'Héraclès dans un peuple indien, les Sibai : signes distinctifs, ils élèvent des vaches et les marquent au fer d'un signe en forme de massue [125]. Les circonstances de l'expédition d'Héraclès en Inde ne se laissent pas préciser. C'est une tradition rare, dit Arrien, à la différence de celle qui concerne Dionysos. Héraclès y engendre une fille, éponyme du peuple des Pandai, Pandaia, à la puberté précoce (dès sept ans), couverte de perles par son père incestueux, dotée de 365 villages qui pourvoient à sa subsistance, un jour par an chacun ; tous ces détails pris à l'ambassadeur Mégasthène (qui vit la vallée du Gange en 303 av. J.-C.) n'ont plus rien à voir avec la mythologie grecque [126].

Revenons vers l'ouest et vers la Thrace : « Les vaches rassem-

123. Parthénios, *Histoires d'amour*, XXX, donne une adaptation de cette légende qui fait d'Héraclès l'ancêtre des rois gaulois, mais chez lui la jeune Kelto ou Keltiné n'est pas une femme-serpent (voir aussi *Etym. Magn.*, 502, 45).

124. Trogue Pompée, d'après Justin, XLII, 3, 4, dans un développement sur le culte de Jason au Caucase. Le témoignage de Trogue Pompée, petit-fils d'un client du grand Pompée, a une valeur particulière. Voir p. 242.

125. Arien, *Inde*, 5, 8 (voir ci-dessous) et 12-13.

126. *Ibid.*, 8, 4 à 9, 8 ; d'après Mégasthène, fr. XLVI Schwanbeck. Voir Polyen, I, 3, 4, et Pline, VI, 76 et VII, 28. Pour les perles, comparer, à Tyr, la découverte de la pourpre sous le patronage de l'Héraclès tyrien : *Mythologie et géographie*, p. 248-249.

blées à grand-peine, Héraclès s'en prit au Strymon. Le fleuve était auparavant navigable ; il y jeta tant de pierres qu'il le rendit non navigable[127] » (Apollodore, II, 5, 10). Après le Rhône (la Crau) et l'Aesar, en Italie du Sud, le Strymon : les rivières pierreuses paraissent un signe du passage d'Héraclès.

Le dixième travail arrive enfin à son terme. Au passage de l'Isthme de Corinthe, le géant Alkyoneus tente de voler le troupeau ; il est assommé d'un coup de massue[128]. La route de Tirynthe est libre. Chez Apollodore, Eurysthée sacrifie les troupeaux de Géryon à Héra (Diodore ne dit rien sur leur destinée) — à l'époque hellénistique on en fera les ancêtres des troupeaux de la vallée de l'Oronte, bénéficiaires d'un grand travail de drainage entrepris par Héraclès pour son ami Archippos, le maître de Pella (Apamée), qui avait consisté à ouvrir un chemin à l'Oronte vers la mer, mais laissait subsister de merveilleux marais à vaches en aval d'Apamée[129]. Jusqu'au bout, l'image du robuste bouvier armé de l'arc et de la massue, poussant son fécond troupeau, aura stimulé l'imagination et la fantaisie géographique des Anciens.

127. Voir la légende d'origine de la Crau, ci-après, à propos des Hespérides.
128. Schol. à Pind., *Ném.*, IV, 43*b* ; voir ci-dessous, p. 314.
129. Oppien d'Apamée en Syrie, *Cynégétiques*, II, 109-112 (les bœufs) et 112-149 (le drainage de la plaine). Le poème est dédié à Caracalla (monté sur le trône en 212), mais rapporte des traditions d'Apamée beaucoup plus anciennes. Héraclès au service d'autrui : voir ci-dessous, p. 365.

XIV

Deux travaux vers l'Au-delà

Les pommes d'or des Hespérides

> Ces épreuves achevées en huit ans et un mois, Eurysthée invalida celle des troupeaux d'Augias et celle de l'hydre, et lui en prescrivit une onzième : rapporter les pommes d'or des Hespérides[1].

Quels qu'en aient été les motifs et la date, quel qu'ait été le nombre des Travaux à l'origine, la césure ainsi introduite par Apollodore met en relief à la fois le vol des bœufs de Géryon, qui conclut la série des travaux « ordinaires », et les deux restant, qui mènent le héros en des lieux d'où personne n'est jamais revenu. Ces deux derniers travaux sont d'ailleurs très différents l'un de l'autre. Alors que la capture de Cerbère est attestée, à l'origine de la culture grecque, par Homère, le voyage chez les Hespérides est sans doute plus récent. De cette légende ce sont deux images de la seconde moitié du VIe siècle av. J.-C. qui montrent le plus ancien visage. Une offrande à Olympie, des statues en bois de cèdre, nous présente les principaux acteurs : Atlas, le Titan qui porte le ciel, relégué à l'extrémité occidentale de l'univers ; Héraclès ; le pommier dont il doit cueillir les fruits d'or, gardés par un serpent enroulé autour de l'arbre ; enfin cinq nymphes Hespérides (« Occidentales »), qui vivent dans le jardin de l'arbre aux fruits d'or, non loin d'Atlas[2].

1. Apollodore, II, 5, 11 pour l'ensemble de ce travail.
2. Paus. les décrit (VI, 19, 8) : c'est une offrande déposée à Olympie dans le trésor d'Épidamne, œuvre d'un artiste spartiate, Théoclès, aidé de son fils ; les Hespérides avaient été transportées à l'Héraion. Nous ne savons pas combien elles étaient à l'origine : cinq ou plus.

Le deuxième témoin (vers 500) a, lui, la qualité de document officiel. C'est en effet une monnaie de Cyrène, une ville de Libye qui se flattait de posséder sur son territoire le jardin des Hespérides. Après les personnages, voici l'épisode essentiel de la légende : la cueillette. On voit à gauche une Hespéride, mains tendues vers le pommier qui occupe le centre de l'image ; à droite Héraclès, nu, debout, tenant de la main droite sa massue, au repos, lui aussi face à l'arbre[3]. De la scène se dégage une impression paisible, qui sera par la suite celle de la plupart des représentations, mais non des textes.

La légende a donc été constituée longtemps avant que ne la racontent, au début du ve siècle, le poète Panyassis et le prosateur Phérécyde. Phérécyde, conservé par les scholies à Apollonios de Rhodes, est à la fois la source la plus ancienne et la plus détaillée[4]. L'épisode fait figure de doublet du voyage chez Géryon : une même destination, des étapes interchangeables. Dans la légende d'Héraclès, ce motif poétique des arbres aux fruits d'or, gardés par de mélodieuses jeunes filles, prend toute son importance vers l'époque où Pindare se plaît à évoquer les beaux vergers promis après leur mort à ceux qu'aiment les dieux. Cependant, tout comme les champs Élysées sont déjà mentionnés par l'*Odyssée*, les Hespérides figurent chez Hésiode dans la *Théogonie*.

Elles sont d'après lui les filles que la Nuit a conçues toute seule, sans dormir avec aucun dieu[5]. « Au-delà de l'Océan glorieux », elles possèdent de belles pommes d'or et les arbres qui les portent. La formule qui les situe sert aussi pour les Gorgones et les étables brumeuses de Géryon. À la limite des terres, aux confins de la nuit, elles chantent d'une voix claire. Devant elles se tient Atlas, portant le ciel profond. Pour garder leur trésor, Phorkys et Kétô, procréateurs de monstres bien connus, ont engendré un serpent redoutable, leur dernier-né. Il se trouve à la fois, comme Atlas et comme Ménoitios le bouvier d'Hadès, à l'extrême Occident et

3. Tétradrachme d'argent, au Cabinet des médailles à Paris, exemplaire unique. Voir *LIMC*, V, *s.* Herakles, n° 2714, et François Chamoux, *Cyrène sous la monarchie des Battiades*, Paris, De Boccard, 1952, p. 280.

4. Phérécyde, n° 3, fr. 16 et 17 Jac., conservés pour l'essentiel dans schol. à Apoll. Rh., IV, 1396 ; Panyassis, fr. 11 Bernabé, 10 Davies. On négligera de simples mentions de la légende, par ex. Hygin, *Préf.*, 39, *Fables* 30 et 151.

5. Hésiode, *Théog.*, v. 213 et suiv., 274-275, 294, 333-335, 516-520. Filles de la Nuit et des Ténèbres, dans une généalogie d'origine stoïcienne, conservée par Cicéron, *De nat. deorum*, III, 44, et par Hygin, *Fables*, Prologue. Filles de Phorkys et Kétô d'après la schol. à Apoll. Rh., IV, 1396-1399*d*, sans doute par confusion avec l'origine du serpent (voir ci-après).

dans les profondeurs de la terre. Martin L. West a noté cette indifférence entre l'au-delà et l'en dessous du monde dans la *Théogonie*[6]. Le décor de l'exploit d'Héraclès étant ainsi planté, le silence gardé par Hésiode sur celui-ci a paru surprenant[7] : on ne peut que le constater.

Phérécyde explique l'origine des pommes, trésor des Hespérides. Lors de la première union de Zeus et d'Héra, dit-il, la Terre avait fait pousser des pommiers aux fruits d'or[8]. Ensuite, comme les nymphes Hespérides, filles d'Atlas, volaient ces fruits, Héra posta pour les garder un serpent, fils de Typhon et de la Vipère[9] (Échidna). Il émettait des cris de toutes sortes, et par cent têtes, double paradoxe pour un serpent.

On peut sans doute comparer l'offrande de la Terre au gazon, dru et doux, et aux fleurs qu'elle produit, dans l'*Iliade*, lors d'une union beaucoup plus tardive, où les deux partenaires sont enveloppés d'une belle nuée d'or, sur le mont Gargaron, en Troade[10]. Cette première union, qui est aussi plus solennelle, se place dans le jardin des dieux, près d'Atlas.

Euripide évoque ce beau lieu en contrepoint d'une scène dramatique d'*Hippolyte*, pendant que Phèdre, sa vengeance enclenchée, met fin à ses jours. Alors les femmes de Trézène, ses confidentes, rêvent de fuir au bout du monde, d'abord vers les rives de l'Éridan, puis auprès des Hespérides, dans le jardin où s'est accompli l'amour de Zeus et d'Héra, modèle de l'union conjugale :

> Si je pouvais atteindre le rivage semé de pommiers où chantent les Hespérides ! Là le souverain des mers aux marins n'accorde plus de

6. Le serpent dans les profondeurs de la terre : Hésiode, *Théog.*, 334. — Atlas : comparer 518 et 746 et suiv. Voir M.L. West, notes aux v. 622, 720-819 (en particulier p. 358 et suiv.), 746 ; A. Ballabriga, *Le Soleil et le Tartare*, p. 75-89, expliquant cet illogisme par la transformation d'un motif hérité, celui du Géant qui soutient l'ensemble du cosmos et se trouve en dessous : les Grecs en auraient fait un soutien « local et partiel » du ciel, sans éliminer totalement la première conception.

7. Voir la discussion de M.L. West, qui propose deux vers de facture hésiodique comme échantillon de ce qu'aurait pu écrire le poète (au v. 216).

8. Ou bien elle avait offert des pommes d'or à Héra et celle-ci avait semé leurs pépins dans son jardin, près de l'Atlas : myth. Vat., II, 161. Voir l'expression d'Euripide ci-après · « le rivage semé de pommiers ».

9. Comme l'aigle de Prométhée, autre victime d'Héraclès au cours du même travail. — Les Hespérides, filles d'Atlas, voleuses de pommes : version attribuée à Phérécyde par Ératosthène, *Catast.*, III, p. 60 Robert ; voir Servius *auctus*, à Virgile, *Én.*, IV, 484 (sans garant ; de là les myth. Vat., I, 106 ; II, 161). Confusion entre les Hespérides et les nymphes de l'Éridan dans la schol. à Euripide, *Hippol.*, 742 (« filles de Zeus et de Thémis »).

10. Homère, *Il.*, XIV, 347-351.

route sur les hauts-fonds empourprés, touchant au bord auguste du ciel que tient Atlas ; et coulent des fontaines d'immortalité, près du château où Zeus a sa couche. Là, offrant la vie, la Terre toute divine fait pour les dieux croître la félicité [11].

La région est empourprée par le soleil couchant et la limite des eaux navigables est constituée de hauts-fonds et de marais [12]. Dans l'imagination des Grecs, ce site enchanté a pris place auprès des « jardins d'Océan » ou de l'île boisée de Calypso, où Ulysse se morfond parmi les plaisirs [13]. Calypso est une fille d'Atlas, proche voisin des Hespérides et, dans une tradition, leur père.

Si les Hespérides résident, selon la tradition la plus ancienne, en ce « jardin des dieux », à l'extrême Occident inaccessible, cela n'a pas empêché des esprits concrets de les placer à la lisière du monde habité par les Grecs. Selon un récit de navigation du milieu du IVe siècle av. J.-C. (le « pseudo-Skylax »), le jardin des Hespérides se trouvait en Libye, dans l'une des luxuriantes oasis côtières entre Cyrène et le site actuel de Benghazi [14] :

À partir de Cyrène [en allant vers l'ouest], jusqu'aux Hespérides, voici quels sont les ports et les terroirs fortifiés : la baie de Phycous. Dans l'arrière-pays est le jardin des Hespérides. C'est un endroit profond de 18 brasses [environ 32 mètres], à pic sur tout le tour, n'offrant nulle part de descente ; il fait 2 stades [environ 400 mètres], pas moins, en largeur comme en longueur. Cet endroit est ombragé d'arbres emmêlés les uns aux autres et on ne peut plus serrés. Ce sont le lotos, toutes sortes de pommiers, des grenadiers, des poiriers, des arbousiers, des mûriers, des vignes, des myrtes, des lauriers, du lierre, des oliviers, des oliviers sauvages, des amandiers, des noyers. Parmi les terroirs dont on n'a pas parlé, il y a, vers le jardin, Vigne, Poirier à une distance de 30 stades [environ 6 kilomètres] [15], Presqu'île [Chersonèse], de très nombreux jardins, Zénertis, Tau-

11. Euripide, *Hippol.*, v. 742-751.
12. Voir ci-dessus, p. 250-251. Je traduis l'expression de la manière la plus littérale, contrairement à Louis Méridier dans son éd. : « La sombre mer » (Paris, Les Belles Lettres, CUF, 1927), ou à Marie Delcourt, qui omet ces mots, (Paris, Gallimard, « Bibliothèque de la Pléiade », 1962). L'adjectif « pourpre » veut dire aussi « bouillonnant » et les Grecs, dès Homère, ont joué sur ses deux sens, par exemple en l'appliquant au sang qui coule d'une blessure. Euripide l'emploie ici à quelques vers d'intervalle, d'abord pour le courant d'un fleuve, l'Éridan « agité », puis pour les marais du pays du soleil couchant.
13. Jardins d'Océan : Aristophane, *Nuées*, 271 ; Calypso : Homère, *Od.*, I, 51-54.
14. Voir F. Vian, à Apoll. Rh., t. III, p. 61 et suiv. et 195 et suiv.
15. Le texte est peu sûr, mais l'incertitude ne porte pas sur la distance.

cheira, le bourg de Caucalos, la ville et le port d'Hespérides, et, près de la ville, le fleuve Ekkeios.

Les archéologues ont retrouvé, me semble-t-il, dans l'arrière-pays de Cyrène ces « terroirs fortifiés » dont parle le pseudo-Skylax : des vergers nourris par des sources, protégés par des forts antiques, dont la végétation est identique à celle qu'évoque le géographe d'autrefois [16]. Or celui-ci, en reconnaissant le jardin des Hespérides au creux inaccessible d'une cuvette, en arrière de Phycous, le place sur le territoire de Cyrène et se fait donc l'écho d'une tradition de cette cité. Un peu plus loin, il signale la cité d'Hespérides (aujourd'hui Benghazi), marquant l'entrée du golfe de la grande Syrte, dont le nom seul indique qu'elle prétendait elle aussi posséder le fameux jardin, ce qui est confirmé par le nom du désert littoral, sur la Syrte, « dunes d'Héraclès ». Hespérides ou Euhespérides, isolée à 350 kilomètres de Cyrène, formait une cité distincte mais soumise au roi de Cyrène jusqu'à la chute de la royauté, en 439 av. J.-C. [17]. Les conditions naturelles sont beaucoup moins favorables à Euhespérides que dans la région de Cyrène ou du cap Phycous et, à date historique, le jardin s'y présentait, on le verra, sous un aspect bien moins riant [18]. Il y avait donc, me semble-t-il, deux traditions distinctes sur le jardin des Hespérides en Libye. L'une, celle du pseudo-Skylax et des Cyrénéens, le plaçait non loin de cette ville. De l'autre, celle d'Euhespérides, l'auteur du périple ne souffle mot, bien qu'il parle du site précis du jardin. En revanche, elle est exploitée par Apollonios de Rhodes.

Les Hespérides sont trois : Hespéré, Érythéis et Aiglé (« Soirée », « Rougeur », « Lueur ») chez ce poète (IV, 1427 et suiv.). Hespéré semble avoir été appelée parfois Hespéréthousa [19]. Apollonios ne révèle pas leur origine [20]. Le serpent gardien, chez lui, s'appelle Ladon, nom de fleuve en Arcadie et en Bithynie, et aussi

16. Skylax, 108, *Geogr. gr. min.*, I, p. 83-84. A. Laronde, *Libykai Historiai. Cyrène et la Libye hellénistique*, Paris, CNRS, 1987, p. 293, 307-308.
17. F. Chamoux, *Cyrène*, p. 174.
18. A. Laronde, *loc. cit.*, p. 52.
19. *Catalogues* hésiodiques, fr. 360 (douteux), reconstitué d'après Servius *auctus*, à Virgile, *Én.*, IV, 484, et une schol. à Clém. Alex., *Protrept.*, p. 302, 1. 34 à 303, 1. 2 Stählin. *Hestiaréthousa* dans Apollodore. Tzetzès, *Théog.*, v. 117 et suiv., cite quatre Hespérides ; mais, dans son œuvre poétique, il fait preuve d'une fantaisie trop évidente pour qu'on lui accorde crédit. Sur les vases, leur nombre varie, entre une et sept, onze même une fois, ainsi que leurs noms, en général différents de la tradition littéraire.
20. Remarque de F. Vian, n. à IV, 1414.

sur place, sous la forme Lathon : précisément, le serpent tué par Héraclès se transforme en une rivière souterraine, à l'emplacement du fameux jardin[21]. Le pseudo-Skylax, lui, donnait au fleuve local un nom tout différent, Ekkeios.

Le jardin, précisément, a disparu après le passage dévastateur d'Héraclès. Les nymphes ne sont plus que trois arbres amis de l'eau, un peuplier, un orme et un saule, qui indiquent une source aux voyageurs. Il est curieux qu'Apollonios ait écrit juste après la reconquête de la Libye par le roi macédonien d'Égypte Ptolémée III Évergète, époux de Bérénice (fille du maître de Cyrène, mort en 250 av. J.-C.). Cette reconquête militaire (après 250) entraîna l'abandon du site ancien d'Euhespérides au profit d'une cité nouvelle, toute proche et dans un meilleur emplacement, Bérénikê (en 246, lors du mariage)[22]. Le passage violent d'Héraclès n'évoquait-il rien aux auditeurs alexandrins d'Apollonios, vers 246-240[23] ? Et ce alors que les Ptolémées aimaient à se rattacher à Héraclès, que Ptolémée III se fit représenter en Héraclès terrassant Antaios le Libyen à la lutte pour une victoire de 241[24] ? Apollodore, lui, polémique contre ces versions réalistes : « Ces pommes n'étaient pas, comme certains l'ont dit, en Libye, mais sur l'Atlas, chez les Hyperboréens », affirme-t-il. La localisation chez les Hyperboréens de l'Atlas et de nymphes occidentales d'après leur nom même est paradoxale et sans autre exemple ; on essaiera tout à l'heure de l'expliquer.

D'un bout à l'autre du monde

De même que c'est le voyage de retour d'Héraclès qui a été développé dans l'épisode de Géryon, ici c'est le voyage aller qui a stimulé l'imagination des mythographes. Alors que les itinéraires depuis l'île de Géryon se situent plutôt à l'ouest et au nord-ouest, Héraclès passe par les quatre points cardinaux pour se rendre chez les Hespérides, d'après Phérécyde. Pour ce voyage, et, semble-t-il, pour lui seul, Héraclès doit au préalable obtenir des informations

21. Apoll. Rh., IV, 1396. Pour le fleuve, voir Strabon, XVII, 3, 20 (836) ; Pline, V, 31. La forme *Lathon*, pour le serpent, se trouve probablement sur la Table Albani, *e*, v. 13 : δράκοντα λαθ (que l'on complète λαθ[ών, « à l'insu du serpent », mais qui pourrait être Λάθ[οντα, « [après avoir tué] le serpent Lathon »).
22. A. Laronde, *Libykai Historiai*, p. 379-415.
23. Pour la date, voir F. Vian, Introduction à son éd. des *Argonautiques*, t. I, p. XIII.
24. K. Schefold et F. Jung, fig. 204.

sur la route à suivre : tout comme Ulysse, perdu chez Circé, pour revenir à Ithaque, doit consulter Tirésias ; comme Persée, pour aller chez les Gorgones, s'informe auprès des nymphes ; comme Ménélas, retenu en Égypte, contraint Protée, le Vieux de la mer, à lui expliquer comment rentrer chez lui[25] ; comme Io, enfin, à qui Prométhée révèle le cours de ses errances et le sens mystérieux de son destin. Curieusement, Héraclès a recours successivement aux nymphes, à un Vieillard de la mer (Nérée, non Protée) et à Prométhée[26]. Dans une version de l'histoire de Géryon, aussi, Héraclès s'empare de Nérée pour le contraindre à lui donner le bol d'or.

Il reste difficile de constituer un itinéraire tout à fait cohérent, si tant est qu'il ait jamais été dessiné par les mythographes. Sur la route qui le mène vers les Hespérides, le premier danger qu'affronte Héraclès est un combat contre un fils d'Arès et de Pyréné, au passage du fleuve Échédôros[27]. D'après Apollodore, ce fils s'appelle Kycnos. Mais le combat d'Héraclès contre Kycnos est bien localisé ailleurs[28].

Or le seul repère géographique fourni par le mythographe est ce nom de fleuve, l'Échédôros, qui arrosait le pays d'une tribu macédonienne, les Crestônes, mentionnés à plusieurs reprises par Hérodote et par Thucydide ; ils habitaient dans les montagnes au nord de Thessalonique et l'Échédôros, appelé aujourd'hui Gallicos, coule juste à l'ouest de la capitale macédonienne[29]. D'après l'*Etymologicum Genuinum* B, Héraclès, parti en quête des pommes d'or, a pour adversaire en Crestonie le roi de cette contrée, fils d'Arès et de Pyréné, nommé Lycaon[30]. Pyréné est elle-même fille d'Himéros, fils d'Europs ; ce dernier sert à l'évidence d'éponyme à Eurôpos, cité macédonienne sur l'Axios[31]. Lycaon est mentionné par Euripide, dans *Alceste*,

25. Homère, *Od.*, IV, 351-572.

26. Seul manque à l'appel l'oracle des morts consulté par Ulysse au cnant XI de l'*Odyssée*.

27. Apollodore, II, 5, 11.

28. Voir ci-dessous, p. 355-357.

29. L'Échédôros, fleuve qui prend sa source chez les Crestônes : Hérodote, VII, 124 et 127, sous la forme *Cheidôros* ou *Écheidôros*. Sur les Crestônes (ou Grest-), voir aussi V, 3, 5, et VIII, 116 ; Thuc., II, 99, 6 ; 100, 4 ; IV, 109, 4. Les Crestônes sont mentionnés aussi par Hérodote, I, 57, que P.E. Legrand n'aurait pas dû corriger (cf. Thuc., IV, 109, 4). Hécatée de Milet (d'après Ét. Byz., *s.* Krestôn) et Pindare (d'après Ét. Byz. et Hérodien, II, 875) connaissaient ce peuple.

30. Texte publié par E. Miller, *Mél. de litt. grecque*, p. 258, *s. Pyréné*, repris et expliqué par U. Höfer, *Myth. Lex.*, *s.* Pyrene, col. 3341 et suiv.

31. Ou Vardar. Voir Justin, VII, 1, 6. C. Robert, p. 512, rapproche d'Himéros Himéraion en Thrace, plus loin de la Crestonie.

comme le premier des trois fils d'Arès contre lesquels Héraclès a dû se battre ; viennent ensuite Kycnos et Diomède[32]. Ces témoignages, l'un allusif, fourni par un auteur classique, l'autre détaillé et précis mais très tardif, révèlent la légende d'un combat d'Héraclès en Macédoine contre un fils d'Arès, qui s'appelait sans doute Lycaon, mais qu'Apollodore confond avec Kycnos, le plus célèbre duelliste fils d'Arès à s'être mesuré à Héraclès. Chez Apollodore, Arès prend le parti de Kycnos et se joindrait au duel si Zeus ne faisait tomber sa foudre entre ses deux fils pour les séparer[33].

Les pas d'Héraclès, lorsqu'il prétend franchir l'Échédôros, le portent vers l'est, et non vers le nord ou l'ouest. Néanmoins, c'est vers l'ouest qu'il se dirige en définitive, « vers les vagues marines de la côte Adriatique et vers l'eau de l'Éridan, où, dans la houle bouillonnante du fleuve, leur père, goutte à goutte les malheureuses filles, dans leur chagrin pour Phaéthon, pleurent les rayons lumineux de l'ambre[34] ». L'Éridan fut identifié avec le Pô. Mais, dans la géographie mythique, il est le fleuve emblématique du Nord-Ouest, représentant à la fois le Rhône et le Pô et jaillissant « des confins de la terre, où sont les portes et les demeures de la Nuit[35] ». Et il se jette aussi dans l'Océan, par un bras imaginé peut-être à la faveur d'une vague connaissance du Rhin.

Aux sources de ce fleuve mystérieux qui roule des larmes d'ambre, des nymphes, que Phérécyde déclare filles de Zeus et de Thémis (qui est à la fois la Justice, une divinité de la terre et une puissance prophétique), envoient Héraclès consulter Nérée, qui lui dira où cueillir les pommes d'or. Nérée résiste en utilisant le stratagème habituel des divinités marines : la métamorphose ; puis, vaincu, il renseigne Héraclès. Le combat d'Héraclès maîtrisant un monstre marin a été un thème de prédilection de l'art archaïque. Un illustre fronton de l'Acropole et de nombreux vases en témoignent, donnant parfois une vision humanisée et même familière de la lutte : sur l'un d'eux, à Munich, Héraclès a posé la massue, pris le trident de Nérée, et il dévaste sa demeure, brisant tous les accessoires du banquet, coupe, broc à vin, cruche à eau. En face, une Néréide accourt en brandissant un pilon. Les deux

32. Euripide, *Alceste*, v. 501-504. Arès et les Crestônes : voir Lycophron, 937.
33. Apollodore, II, 5, 11. C'est une réminiscence du duel en Thessalie (II, 7, 7 ; voir ci-après chap. XVII).
34. Euripide, *Hippolyte*, 735-741.
35. Apoll. Rh., IV, 630-631.

personnages semblent avoir échangé leurs attributs : la Néréide tient un bâton, Héraclès le trident[36].

Le héros se rend donc à Tartessos. Il est tout près des Hespérides. Peut-être, comme les Argonautes après lui, a-t-il suivi l'Éridan. Mais une fois là-bas, dit Phérécyde, il repart vers le Sud et vers l'Est : « Arrivé à Tartessos, il passe en Libye, puis il arrive au Nil. » Aucune explication à ce demi-tour n'étant donnée dans les résumés qui subsistent de ces récits, nous en sommes réduits à supposer qu'Héraclès a appris de Nérée où sont les pommes, mais que Nérée ne lui a pas dit comment les prendre. Et que, arrivé à Tartessos, Héraclès dans l'embarras se résout à aller consulter le frère d'Atlas, le Titan Prométhée, enchaîné sur le Caucase, à l'autre extrémité du monde. En tout cas, la question posée à Nérée est « où » (la réponse n'est pas conservée), tandis que la réponse de Prométhée est « voici comment » (la question n'est pas conservée).

Comme dans la légende de Persée, le voyageur apprend en plusieurs étapes ce qu'il doit faire. L'autre informateur d'Héraclès est Prométhée. Mais avant d'arriver auprès de ce dernier, le héros aura fait un long voyage, dont le récit le plus cohérent est fourni par la scholie qui résume Phérécyde, source ultime, semble-t-il, de cet itinéraire à rebours[37]. Héraclès repart de Tartessos par le Sud-Ouest, la Libye, l'Égypte, puis, au sud de Thèbes, la Libye extérieure, dit la scholie, et il arrive au bord de l'Océan, où il s'embarque sur la coupe du Soleil ; chez Apollodore l'Arabie prend place avant cette Libye extérieure.

Les exploits principaux d'Héraclès, en cours de route, ne varient guère selon les auteurs : ce sont ses victoires sur Antaios en Libye, sur Bousiris en Égypte. Elles forment une paire chez Diodore et chez Apollodore, qui les présentent comme le châtiment de rois xénophobes. Parfois la lutte avec Antaios constitue un Travail. C'est aussi un sujet pour le théâtre[38]. Les Maurétaniens (Maurousioi) étaient des descendants « des Indiens qui vinrent en Libye à la suite d'Héraclès », sans doute à cette occasion[39] ; cela suppose qu'Héraclès avait déjà conquis l'Inde, un

36. K. Schefold et F. Jung, p. 172-173 et fig. 210.
37. Phérécyde, n° 3, fr. 17 Jac., dans schol. à Apoll. Rh., IV, 1396 ; voir aussi Diodore et Apollodore.
38. Les poètes tragiques Phrynichos et Aristias ont composé des pièces sur le sujet. Une stèle garde le souvenir d'un acteur de Tégée, vainqueur à divers concours, qui avait joué à la fête des Sôtéria de Delphes *Héraclès* d'Euripide et *Antaios* d'Archestratos (*IG*, V, 2, 118).
39. Strabon, XVII, 3, 7 (828).

indice de plus que cette légende avait été rattachée au retour du héros avec les bœufs de Géryon, à travers le monde. À moins d'imaginer qu'à l'occasion de sa visite à Prométhée Héraclès avait poussé jusqu'en Inde.

Antaios fils de la Terre

Antaios est installé à Irasa, à l'intérieur des terres, à l'est de Cyrène, chez Pindare et Phérécyde[40]. Ce méchant roi tue les voyageurs et utilise leurs crânes pour couronner le temple de Poseidon[41]. La coutume, dans son pays, de marier les filles à l'issue d'une épreuve de course à pied imposée aux prétendants est racontée par Pindare[42]. Antaios a une fille, appelée Alkéis ou Barké (éponyme d'une cité à l'ouest de Cyrène), dont nous ne savons rien de plus : ce n'est pas à elle, mais à la femme du vaincu qu'Héraclès s'unira après l'épreuve[43]. Héraclès vient à bout d'Antaios par un procédé très particulier : il l'empoigne par la taille, le soulève et le maintient en l'air sans lui laisser reprendre contact avec le sol, jusqu'à ce qu'il meure. C'est l'inverse de la lutte habituelle, où il faut plaquer l'adversaire au sol. En effet, Antaios, fils de la Terre, retrouve ses forces au contact de sa mère[44] ; il en va de même, à Pallène, pour le géant Alkyoneus, mais Héraclès en triomphera d'une autre manière. Cependant, les peintres de vases de l'archaïsme tardif, qui connaissent le schéma du lutteur soulevé par son adversaire d'une part et de l'autre aiment à représenter Héraclès et Antaios, les montrent toujours au sol ; l'exemple le plus beau est le cratère d'Euphronios au Louvre, où l'expression du Géant ne permet pas de douter qu'il soit en train de succomber[45]. Le type d'Héraclès maintenant Antaios

40. Pindare, *Pyth.*, IX, 106 ; Phérécyde, n° 3, fr. 75 Jac.
41. Pindare, *Isthm.*, III-IV, 70-73.
42. Voir ci-dessus, p. 112-114 et *Pyth.*, IX, 105-120. Sur ces vers, qui ont fait penser dès l'Antiquité que c'était la fille d'Antaios qui était mariée ainsi, alors qu'il s'agissait d'une Libyenne épousée par l'ancêtre grec du destinataire du poème. Voir F. Chamoux, *Cyrène*, p. 283.
43. Pisandre, fr. 6 Bernabé (qui, apparemment par lapsus, donne Βάκχη au lieu de Βάρκη), 7 Davies, dans la schol. à Pindare, *Pyth.*, IX, 185*a*.
44. Apollodore, voir ci-dessus ; Hygin, *Fable* 31 ; Stace, *Théb.*, VI, 868 et suiv. ; Servius *auctus*, à Virgile, *Én.*, VIII, 299. À Apollodore, ajouter les schol. à Platon, *Lois*, VII, 796*a* ; à Stace, *Théb.*, VI, 869 ; Juvénal, III, 88 et suiv. ; Quint. Sm., VI, 286 et suiv. Antaios est décrit dans Lucain, IV, 593 et suiv., et dans le *Codex* de Saumaise, I, 12.
45. *Euphronios, peintre à Athènes au VIe siècle av. J.-C.*, Paris, Éd. de la réunion des musées nationaux, 1990, A. Pasquier et M. Denoyelle (dir.), n° 3 (p. 67-76).

hors de contact avec le sol, qui apparaît à la fin du ve siècle, a pu être popularisé par le sculpteur Lysippe au siècle suivant. Lysippe avait en effet exécuté une série des Travaux pour le sanctuaire d'Héraclès d'un « port Héraclès » dépendant de la petite cité d'Alyzia, en Acarnanie ; l'endroit était désert et un gouverneur fit transporter à Rome ces chefs-d'œuvre négligés, qui purent ainsi exercer une influence à la mesure du talent de leur créateur[46]. Quoi qu'il en soit, cette victoire d'Héraclès le trapu sur un Géant resta le modèle du triomphe à la lutte[47]. Héraclès Palaimon (« Lutteur ») était le protecteur naturel de la palestre, connu en Béotie et ailleurs[48]. Nous le retrouverons à Olympie (voir ci-dessous, p. 319-320), où les ossements d'Antaios auraient été apportés afin de faire la preuve de l'exploit[49].

Selon Phérécyde, après avoir vaincu le Géant, Héraclès s'unit à sa femme, appelée Iphinoé, et engendre un fils, Palaimon[50]. Plus tard, la femme fut rebaptisée Tingé (éponyme de Tanger) et le fils Sophax, ancêtre des rois de Maurétanie, recevant le nom d'un souverain puissant de l'Afrique du Nord à la fin du IIIe siècle av. J.-C., le Numide Syphax. La légende avait été élaborée pour ce souverain, illustrant la propension de tous ces rois, grecs ou non d'origine, mais hellénisés par leur culture, à se dire descendants d'Héraclès. C'est alors qu'Antaios fut transporté dans le Rif : on y montra son tombeau, sa femme reçut le nom de Tingé[51]. En 81 av. J.-C., Sertorius eut la curiosité de faire ouvrir ce tombeau ; il renfermait un squelette de 60 coudées (environ 27 mètres) que l'on remit en place.

Mais revenons au monde des mythes. Fatigué par la lutte et l'amour, Héraclès s'endort à même le sol. C'est alors qu'il est attaqué par les Pygmées, qui profitent de son sommeil pour le ligoter, épisode dont Swift s'est souvenu dans *Les Voyages de*

46. Strabon, X, 2, 21 (459). Le gouverneur pourrait être Q. Caecilius Metellus, entre 148 et 146 av. J.-C. (voir François Lasserre, à Strabon). John Boardman reste très réservé sur cette influence (*LIMC*, V, 1, p. 16*a*).
47. Pindare, *Isthm.*, III-IV, 70-73.
48. « À Héraclès Palaimon et à la cité, Mélantichos, fils d'Ariston, a consacré à ses frais le temple, le portique et tout le reste » (Coronée, *IG*, VII, 2874).
49. Philostrate, *Héroicos*, 36 (p. 289).
50. Phérécyde, n° 3, fr. 76 Jac., dans l'*Etym. Gen.* B, p. 249 Miller (et l'*Etym. Magn.*, p. 679, 50 ; schol. à Lyc., 663).
51. Plutarque, *Sertorius*, 9, 8-9 (semble s'inspirer des *Histoires* de Salluste). Tombeau d'Antaios : Strabon, XVII, 3, 8 (829), près de Lixus (Larache, sur l'Atlantique au sud de Tanger) ; Solin, 24, 3. Tingé et le souvenir d'Antaios : P. Mela, I, 26 ; Pline, V, 2-3 (aussi à Lixus avec le jardin des Hespérides).

Gulliver[52]. Le héros se défait sans peine de ses liens et les met dans un pan de sa peau de lion pour les emporter à Eurysthée. Et il reprend sa pérégrination à rebours, de l'ouest vers l'est, que nous racontent Phérécyde et Apollodore.

Bousiris, le méchant pharaon

> Après la Libye, il parcourut l'Égypte, sur laquelle régnait Bousiris, fils de Poseidon, et de Lysianassa, fille d'Épaphos. Ce roi sacrifiait les étrangers sur l'autel de Zeus, conformément à un oracle. En effet, depuis neuf ans, la disette régnait en Égypte ; un devin de profession, Phrasios, venu de Chypre, affirma qu'elle cesserait s'ils égorgeaient chaque année un étranger mâle à Zeus. Bousiris commença par égorger le devin, puis les étrangers qui abordaient. Ainsi Héraclès, arrêté à son tour, fut conduit aux autels ; brisant ses liens, il tua Bousiris et son fils Amphidamas[53].

Bousiris porte un nom égyptien, un toponyme, *Per-Ousere,* « la Demeure d'Osiris », aujourd'hui Abousir, dans le centre du delta, dont les fêtes, évoquées par Hérodote, n'ont nul rapport avec le conte populaire grec qui vient d'être résumé[54]. Ce conte permet de projeter sur un peuple étranger le fantasme bien connu du sacrifice humain (les Égyptiens eux-mêmes ne se privaient pas de l'imputer à ceux qu'ils voulaient caractériser comme des impies). Apprécié par les peintres de vases, surtout au début du ve siècle av. J.-C., il est prétexte à une représentation à la fois ethnographique et caricaturale des prêtres égyptiens : crâne rasé, tunique de lin plissée, curieux nez camus et sexe circoncis, dont le gland volumineux contraste avec le phimosis strict d'Héraclès, conforme à la mode grecque[55]. Par la suite, les parodies égyptiennes ou bien sont passées de mode ou bien ont trouvé d'autres thèmes.

Une tradition littéraire, d'Hérodote à Diodore de Sicile, en passant par le prestigieux rhéteur Isocrate au début du IVe siècle

52. Philostrate, *Tableaux*, II, 22 ; Ammien, XXII, 12, 4.
53. Phérécyde, n° 3, fr. 17 Jac. (schol. à Apoll. Rh., IV, 1396 ; source d'Apollodore ?) ; Apollodore, II, 5, 11, 7 (texte traduit) ; Diodore, IV, 18, 1 ; 27, 3 ; Hygin, *Fable* XXXI, 2 ; [Plutarque], *Parall.*, 38*a* (315).
54. Hérodote, II, 59, 61. Nom expliqué correctement par Diodore, I, 88, 5.
55. *Péliké* du peintre de Pan, vers 470, Athènes, Mus. nat., 9683, dans K. Schefold et F. Jung, ill. 214 ; voir *ibid.*, p. 176. Il me paraît douteux, malgré ces deux auteurs, que « ce mythe, comme presque toute la légende grecque, remonte au IIe millénaire ». Ils continuent, du reste : « Depuis que Psammétique, vers 650, avait ouvert l'Égypte aux Grecs... »

av. J.-C., ne mentionne l'histoire de Bousiris que pour souligner ses invraisemblances et réhabiliter un roi civilisateur[56]. Une autre insiste sur la gloutonnerie du roi, qui trouve en Héraclès son maître ; elle est représentée peut-être par Panyassis, en tout cas dans le drame satyrique et jusqu'à la comédie dite moyenne[57] (IVe siècle av. J.-C.). Chez Épicharme, quelqu'un décrit Héraclès en train de manger (comme une victime que l'on engraisse avant de l'abattre ?) : « Tout d'abord, si tu le voyais manger, tu en mourrais ! Son gosier grogne en dedans, ses mâchoires claquent, ses molaires grincent, ses canines crissent, ça crépite hors de son nez, il bouge les oreilles ! » Les auteurs, dans ce cas, devaient privilégier la scène où Héraclès, couronné de bandelettes comme une victime, feint de se laisser conduire à l'autel, parmi les apprêts d'un banquet. Callimaque faisait allusion à la première partie de la légende : le mauvais conseilleur qui est la première victime de son mauvais conseil, à la faveur d'une comparaison avec le tyran d'Agrigente, Phalaris, qui s'était fait construire un taureau de bronze, à l'intérieur duquel il rôtissait à mort ses compatriotes. Phalaris inaugura sa machine infernale avec le constructeur de celle-ci[58].

Pour la suite du voyage d'Héraclès, Apollodore le conduit à Rhodes, ce qui est surprenant pour quelqu'un qui est censé se rendre d'Égypte en Arabie. Selon les Rhodiens, le héros est venu chez eux à son retour de Troie, après la conquête de Cos. Quant à nous, remettant à ce retour de Troie l'étude de l'escale rhodienne, nous pousserons droit vers le sud.

La victime suivante d'Héraclès est, en Arabie, Émathion, le fils de Tithon, simple mortel, prince troyen, et de la déesse du jour, Éôs ; il vit en Arabie selon Apollodore, en Éthiopie selon Diodore[59]. Héraclès intronise à sa place son frère Memnon. Dans une tradition isolée, Émathion voulait empêcher Héraclès de cueillir les pommes[60]. Ce prince du Sud aurait eu un rôle opposé à

56. Hérodote, II, 45 ; Isocrate, XI, *Bousiris*, réfutation d'une œuvre sur le même thème par un autre sophiste ; Ératosthène, dans Strabon, XVII, 1, 19 (802) ; Diodore, I, 88, 5.

57. Panyassis, fr. 12 Bernabé, 23 Davies ; Epicharme, *Bousiris*, p. 94 Kaibel (Athénée, X, 411*ab*) ; un drame satyrique d'Euripide et quatre comédies au moins portaient ce titre.

58. Callim., *Aitia*, II, fr. 44-47 Pf. et 252-253 *Suppl. hell.* ; pour Phalaris, voir par exemple Ovide, *Art d'aimer*, I, 647 et suiv.

59. Ascendance d'Émathion : Hésiode, *Théog.*, 984 et suiv. Sa mort : Phérécyde, n° 3, fr. 73 Jac. (schol. à Hésiode, *loc. cit.*), que suit Apollodore, II, 5, 11, 9. Voir aussi Diodore, IV, 27, 3 ; Table Albani, *d*, 1. 130 et suiv

60. Schol. A à Homère, *Il.*, XI, 5.

celui que tiendra Atlas, le Titan du grand Nord (c'est du moins sa localisation dans la version de Phérécyde et d'Apollodore, où il réside au pays des Hyperboréens). Émathion est par ailleurs un éponyme bien installé en Macédoine[61]. Sa légende n'a pas connu la même faveur que les deux précédentes, et il n'a pas eu les honneurs de la scène.

Selon Phérécyde, Héraclès, après avoir tué Bousiris, remonte le Nil, passe à Thèbes, franchit les montagnes (celles d'où tombe le fleuve à l'origine mystérieuse) et arrive en « Libye extérieure » qu'il débarrasse à coups de flèches de ses animaux nuisibles[62] (ici le récit d'Apollodore rejoint celui de Phérécyde). Ensuite, Héraclès utilise à nouveau la coupe du Soleil, pour aller cette fois du sud vers l'est. Cette notation est un doublet de l'histoire de Géryon. Héraclès contourne les terres habitées par l'extérieur et atteint le Caucase à son extrémité orientale, ayant expérimenté toutes les formes de navigation, fluviale, maritime, océanique[63]. C'est à cette extrémité du monde que souffre Prométhée. « Et, poursuit Apollodore, passant sur le continent en face, il abat de ses flèches, sur le Caucase, l'aigle, fils d'Échidna et de Typhon, qui mangeait le foie de Prométhée. » Apollonios de Rhodes évoque de manière saisissante le passage de l'aigle volant vers sa proie enchaînée au Caucase, sans rien dire sur ses origines (II, 1246-1259). Zeus avait juré que Prométhée resterait attaché ; lorsque son fils vient le délivrer, il doit donc, pour ne pas faire mentir le serment paternel, laisser un lien sur le corps de Prométhée : « Et il délia Prométhée, prenant comme lien celui de l'olivier, et il fournit à Zeus Chiron, immortel, qui consentit à mourir en échange de Prométhée. » L'olivier est un arbre cher à Héraclès. On a déjà vu quelle difficulté soulève cet échange d'immortalité (ci-dessus, p. 216).

Il faut signaler ici l'interprétation rationalisante d'Hérodoros : Prométhée était un roi de Scythie, qui n'arrivait pas à assurer la subsistance de ses sujets à cause des inondations catastrophiques du fleuve Aigle ('Αετός). Aussi ses sujets le mirent-ils aux fers. Héraclès survenant détourna le fleuve vers la mer — c'est

61. Une partie de la province s'appelait *Émathie*, Justin, VII, 1, 1 ; il est le père d'autres éponymes, Ét. Byz., *s.* Brousis et Galadra.
62. Phérécyde, n° 3, fr. 17 Jac., dans la schol. a Apoll. Rh., IV, 1396. Ces lignes ne seraient pas de Phérécyde selon F. Jacoby, on ne voit pas pourquoi.
63. Selon Phérécyde, en une expression que Wilamowitz voulait supprimer.

pourquoi on dit qu'il supprima l'Aigle — et délivra Prométhée de ses chaînes [64].

Et Héraclès de repartir, dûment conseillé par Prométhée. Le récit de son voyage était fait dans le *Prométhée délivré* d'Eschyle. Prométhée décrit le chemin au héros et lui prédit ses aventures. Alors qu'il traversera la vallée du Rhône, il sera attaqué par des indigènes ligures, tellement nombreux que les flèches viendront à lui manquer pour les exterminer ; le sol mou ne lui offrira pas le moindre projectile à ramasser pour se défendre. Alors Zeus prendra pitié de son fils et fera pleuvoir une averse de pierres rondes avec lesquelles Héraclès pourra chasser la foule des Ligures : c'est l'origine de la Crau, plaine de galets et de sable [65]. Le philosophe, historien et géographe Poseidonios d'Apamée, qui a visité la Gaule méridionale au début du Iᵉʳ siècle av. J.-C., estime qu'il aurait été plus simple que Zeus fît pleuvoir les cailloux directement sur les ennemis de son fils. Strabon lui réplique en citant deux vers d'Euripide : « C'est parce qu'il voulait le malheur pour les Troyens et des souffrances pour les Grecs que Zeus le père a décidé cela [66]. » Zeus ne provoque pas la ruine d'un peuple sans faire souffrir aussi ceux qu'il utilise à cette fin. Et si les dieux aident ceux qu'ils aiment, ils ne se substituent pas à eux. C'est aussi la leçon des métopes d'Olympie, où Athéna se tient à côté d'Héraclès. D'une seule main, elle allège la voûte céleste que porte son protégé, alors qu'il doit, lui, durcir tous ses muscles pour résister. C'est déjà la leçon des propos d'Héraclès dans l'*Odyssée* : il reconnaît l'aide d'Hermès et d'Athéna lors de sa descente aux Enfers, mais l'exploit reste le sien (XI, 623-626).

Héraclès au jardin

Prométhée, dans la version de Phérécyde et d'Apollodore, a conseillé à Héraclès de ne pas cueillir lui-même les mystérieuses pommes, mais d'y envoyer Atlas. Héraclès, dans cette version, n'entre donc pas dans le jardin, région extra-océanique sans doute

64. Phérécyde, nº 3, fr. 7 Jac. ; Hérodoros, nº 31, fr. 30 Jac. (schol. à Apoll. Rh., II, 1248) ; Apoll. Rh., II, 1246-1259.
65. Eschyle, *Prométhée délivré*, fr. 199 Radt (326 Mette), cité par Strabon, IV, 1, 7 (183).
66. Euripide, fr. 1072 Nauck², dans Strabon, *loc. cit.* Il vaut la peine de lire les explications « rationalistes » proposées par Poseidonios et Strabon pour cette curiosité naturelle : elles ne nous apparaissent pas moins fantastiques que la légende...

interdite aux mortels ; il prend la place d'Atlas et reçoit la charge du ciel sur ses épaules. Le serpent n'a plus de rôle à jouer.

> Atlas cueille trois pommes auprès des Hespérides, puis revient vers Héraclès. Et, ne voulant plus soutenir la voûte céleste, <il lui dit qu'il portera lui-même les pommes à Eurysthée et demande à Héraclès de soutenir le ciel à sa place. Héraclès accepte mais le repasse à Atlas par une ruse. En effet Prométhée, dans ses conseils, lui avait dit de demander à Atlas de reprendre le ciel le temps> qu'il se mette un coussin sur la tête[67]. Atlas, à ces mots, pose les pommes à terre et reprend le ciel. C'est ainsi qu'Héraclès les ramassa et s'en alla[68].

Prométhée apparaît ici dans un de ses rôles familiers : le dieu qui prend le parti des hommes contre ses semblables, voire son propre frère Atlas, et qui enseigne aux hommes la ruse nécessaire. Sur le coffre de Kypsélos, œuvre archaïque, ex-voto conservé à Olympie et décrit par Pausanias, Héraclès menace de son épée Atlas, qui à la fois détient les pommes et soutient le ciel (Pausanias, V, 18, 4).

D'après la version la mieux attestée dans les textes littéraires, Héraclès tue le serpent et s'empare des pommes par la force. Il se passe alors des conseils de Prométhée. Cette version remonterait à Panyassis[69]. L'exploit était immortalisé au ciel, où une constellation, l'Agenouillé (*Engonasin*), passait pour représenter le héros encore arc-bouté, foulant aux pieds le serpent gardien. Selon une autre explication, l'Agenouillé figurait Héraclès ramassant une pierre pour se défendre contre les Ligures. Ce catastérisme aurait été inspiré par le *Prométhée délivré* d'Eschyle[70]. Sauf un détail, essentiel pour la figure de la constellation, Héraclès blessé et tombé à genoux, qui ne concorde pas avec la citation d'Eschyle faite par Strabon.

Dans une version non moins ancienne que celles qui viennent d'être présentées, et attestée surtout par les documents figurés,

67. En fait, c'est un cercle rembourré servant aux femmes à porter des fardeaux sur la tête : Aétios (médecin), 12, 55 Kostomiris.

68. Apollodore, II, 5, 11, complété par Phérécyde, nº 3, fr. 17 Jac.

69. Panyassis, fr. 11 Bernabé, 10 Davies, cité par les auteurs de catastérismes ; Sophocle, *Trach.*, 1099-1100 ; Euripide, *Héraclès*, 394-399 ; Apoll. Rh., IV, 1393-1460 ; Ératosthène, IV ; Hygin, *Astron*, II, 6, 1.

70. Eschyle, fr. 199 Radt (326*c* Mette), au dire d'Hygin, *Astron.*, II, 6, 3, qui place l'épisode au retour d'Héraclès avec les troupeaux de Géryon.

Héraclès reçoit sans violence les pommes directement de la main des Hespérides. Ou bien de la main d'Athéna[71].

La légende a bien sûr été rationalisée. À cet égard, l'interprétation de Diodore est une tentative de virtuose pour intégrer dans un récit « historique » le plus d'éléments possible. D'abord, comme d'autres auteurs, il joue sur l'homonymie en grec entre le nom des moutons et celui des pommes. Dans les régions occidentales, deux frères, Hespéros et Atlas, gardaient des troupeaux à la toison blonde et même dorée. Atlas épouse une fille de son frère et ils ont sept filles, que l'on appelle soit « Atlantides », d'après leur père, soit « Hespérides », d'après leur mère[72]. Comme elles sont fort belles, le méchant roi d'Égypte Bousiris les convoite et envoie des corsaires les enlever. Heureusement, Héraclès va passer par là. Il exécute Antaios, Bousiris, remonte le Nil jusqu'en Éthiopie pour débarrasser ce pays d'Émathion et se rend vers l'ouest pour obtenir les moutons. Il croise les corsaires à une escale : ils s'en reviennent après avoir enlevé les jeunes filles dans un jardin où elles s'amusaient. Héraclès tue les corsaires, ramène les demoiselles à leur père et reçoit en récompense non seulement autant de moutons qu'il veut, mais encore des cours d'astronomie, science où Atlas excelle[73].

D'autres encore pensaient que des fruits bien jaunes avaient donné l'impression qu'ils étaient en or : voilà les pommes d'Héra devenues cédrats. Chez le poète comique athénien du IVe siècle av. J.-C. (comédie « moyenne ») Antiphanès, un jeune homme offre des cédrats à une jeune fille, qui fait un peu la moue : « ils arrivent à l'instant de chez le roi de Perse. — Moi, je croyais qu'ils venaient de chez les Hespérides, car il n'y en a que trois », répond la belle (les amoureux offraient des pommes à l'objet de leur passion)[74].

71. Amphore attique, vers 470, où Athéna apporte les pommes à Héraclès assis, épuisé ; la scène se passe en présence d'Océan et des Océanides : *LIMC*, V, *s.* Herakles, n° 2681 ; Hesperides, n° 72*a* ; voir H. Cahn, *Actes* du colloque sur le vase grec, Copenhague, 1987, p. 107-116, fig. 1-7, et K. Schefold et F. Jung, p. 375, comparant Héraclès épuisé sur la métope d'Olympie, où il est vainqueur du lion de Némée, vers 460.

72. Ascendance dérivée, semble-t-il, de celle que Phérécyde prêtait aux nymphes ; Diodore, IV, 27, 1-2 ; voir Servius *auctus*, à Virgile, *Én.*, IV, 484.

73. Diodore, IV, 27 ; la transformation de pommes en moutons remonterait à un certain Agroitas, n° 762, fr. 3 Jac. (dans les schol. à Apoll. Rh., IV, 1396-1399*a*) ; Varron, *Res rust.*, II, 1, 5 ; Palaiphatos, 18, transportant la légende dans la région de Milet (célèbre pour la qualité de sa laine, qui venait de Phrygie) ; Servius, à Virgile, *Én.*, IV, 484 ; myth. Vat., I, 38 ; II, 161 fin. Hérodoros, n° 31, fr. 13 Jac. (ci-après), faisait d'Atlas un Phrygien, on ne sait pas pourquoi.

74. Antiphanès, fr. 59 Kassel-Austin, dans Athénée, III, 84*a*. Pommes/cédrats : Juba (roi de Maurétanie et homme de lettres, à l'époque d'Auguste), n° 275, fr. 6 Jac. ; Martial, XIII, 37. Voir M.L. West, à Hésiode, *Théog.*, 215.

Hérodoros d'Héraclée développe une interprétation allégorique des exploits d'Héraclès, qui devient non seulement un civilisateur, mais encore un maître de sagesse. Par exemple, au cours de la quête des pommes des Hespérides, il a reçu d'Atlas les colonnes du monde, c'est-à-dire la connaissance des cieux. Il a tué avec sa massue le dragon gardien des pommes, c'est-à-dire qu'avec la massue de la philosophie il a écrasé la diversité du plaisir amer. Il a reçu les trois pommes, c'est-à-dire les trois vertus : ne pas se mettre en colère, ne pas être cupide, ne pas être voluptueux[75]. L'interprétation astronomique, d'après laquelle Atlas est un savant astronome, instructeur d'Héraclès, se retrouve ensuite chez Diodore et chez les commentateurs d'Hésiode :

> [Hésiode] appelle « Hespérides » les heures du soir et « pommes d'or » les astres. Elles s'occupent [des pommes], parce que c'est à ces heures-là que nous voyons les étoiles. Héraclès est le soleil. Il veut dire que, quand le soleil est là, les astres ne se voient plus, c'est-à-dire qu'Héraclès a récolté les pommes[76].

Apollodore est apparemment plus prosaïque. Mais son récit respecte aussi mieux les traditions archaïques et le caractère sacré de ces fruits, dont la possession est un privilège divin et qui n'ont pas de place en ce monde : « Il rapporte les pommes et les donne à Eurysthée, qui les prend et les redonne à Héraclès. Celui-ci les rend à Athéna, qui les rapporte. En effet, il n'était pas permis [ὅσιον] qu'elles fussent placées quelque part[77] » (II, 5, 11). Les pommes, à peine conquises, disparaissent à tout jamais, retournant à ce « nulle part » surnaturel qui enveloppe notre monde. De tels détails inciteraient à comparer, dans des civilisations voisines, d'autres arbres auxquels s'enroule un serpent : aux origines de Tyr, entre les deux roches Immortelles (*Ambrosiaï*), dans ce qui sera le sanctuaire le plus vénérable de la ville, reproduit par les colons de Gadeira ; aux origines du monde, dans le jardin de la Genèse, bien sûr, l'arbre dont les fruits devaient nous rendre « comme des dieux » et qui, en réalité, nous a voués à la mort[78]... De telles comparaisons restent fragiles et nous ne savons même

75. Hérodoros, n° 31, fr. 13-14 Jac., d'après Clém. Alex., *Strom.*, I, 73, 2 (360) et Cramer, *Anecd. Paris.*, II, 380, 22 (Georges Kédrénos, I, 33 Bonn).
76. Scholies à Hésiode, *Théog.*, 216, citées par M.L. West *ad loc.*
77. Aphrodite avait utilisé ces pommes pour permettre à Hippomène de conquérir Atalante : myth. Vat., I, 39.
78 Genèse, 3, 1-5. — Tyr : *Mythologie et géographie*, p. 239 et suiv.

pas si, d'une manière ou d'une autre, le récit biblique prend le contre-pied d'une tradition cananéenne sur un arbre d'immortalité.

Cerbère

Voici, parmi les douze travaux d'Héraclès, celui qui est attesté à la date la plus haute, dès l'*Iliade.* L'un de ceux, aussi, dont le souvenir est le plus vivace. Le nom du chien gardien des Enfers n'est-il pas devenu nom commun ? Avec l'hydre et Géryon, c'est l'un des trois véritables monstres auxquels Héraclès doit se mesurer. Ce chien a en effet plusieurs têtes et il est environné de serpents. Mais la tradition est restée plutôt raisonnable. Hésiode lui accordait cinquante têtes, Pindare cent, mais le nombre ordinaire est de trois[79]. Et, pas plus que ses têtes, les variantes de sa légende n'ont proliféré. Cet exploit si impressionnant avait-il moins de séduction que le voyage vers les fruits d'or brillant dans les brumes de l'ouest, gardés par de belles cantatrices ? Sa tradition a été moins enrichie.

Même les conditions préalables à l'exploit paraissent ici anodines. Pour avoir accès aux Enfers, Héraclès doit être initié aux mystères célébrés à Éleusis en l'honneur de Déméter et de sa fille. C'est ce qui lui permettra, dit-il chez Euripide, de gagner son combat[80]. En effet, selon les paroles d'Isocrate, « ceux qui participent à l'initiation possèdent, pour la fin de leur vie et pour l'éternité tout entière, les plus douces espérances[81] ». Les mystères confèrent une immunité non pas face à la mort, mais face à la terreur de la mort. Avant d'être initié, Héraclès doit toutefois remplir deux autres conditions : être adopté par un Athénien, les étrangers n'étant pas, alors, admis aux mystères[82] ; être purifié du sang qu'il a versé, en l'occurrence celui des Centaures. La cérémonie de l'adoption servait de récit explicatif, d'*aition* justifiant l'ouverture des mystères à tous les Grecs, et l'initiation elle-

79. Hésiode, *Théog.*, 312 ; Pindare, fr. 249*b* (*Dith.*, II) Snell-Maehler.

80. Euripide, *Héraclès,* v. 610-613. Ce voyage d'Héraclès est parodié par Aristophane dans les *Grenouilles.*

81. Isocrate, IV, *Disc. panégyrique* (c'est-à-dire prononcé devant l'assemblée de tous les Grecs à Olympie), 28.

82. Un certain Pylios, Plutarque, *Thésée,* 33, 2 ; voir Apollodore, II, 5, 12 (phrase considérée comme interpolée).

même était assurée par Eumolpos, ancêtre de l'une des deux familles sacerdotales d'Éleusis. C'est à un représentant de l'autre (les Hérauts), Callias, que Xénophon prête en 371 av. J.-C. un discours où il rappelle l'initiation d'Héraclès et, ensuite, celle de Castor et Pollux, les demi-dieux protecteurs des Spartiates, pour souligner les liens qui existent entre les Péloponnésiens et les Athéniens[83]. Un poème pindarique sur la descente d'Héraclès dans l'Hadès fait allusion à cette initiation du premier étranger par Eumolpos[84]. Quant à Diodore, il fait initier Héraclès par Musée, fils d'Orphée, et d'autre part sépare initiation à Éleusis et purification du meurtre des Centaures, qui donne lieu d'après lui à l'institution par Déméter des « petits mystères » à Agra[85].

Le héros peut dès lors s'aventurer avec confiance sur ce chemin inédit pour un vivant. Le passage pour la descente est normalement au cap Ténare, au fond d'une caverne qui s'ouvrait dans un sanctuaire de Poseidon, près d'un temple du dieu, et qui a été retrouvée[86]. Le lieu de remontée, en revanche, est variable. Quant au parcours souterrain du héros, il s'est naturellement enrichi de quelques péripéties. Les Enfers sont entourés d'eau stagnante ou de fleuves au faible courant : « De là dégorgent la ténèbre infinie / les fleuves sourds de la nuit opaque[87]. » Depuis l'*Odyssée*, ils portent des noms qui parlaient aux Grecs : « Là, dans l'Achéron, coulent le Pyriphlégéthon et le Cocyte, qui est une branche du Styx[88]. » L'*Achéron* résonne comme le mot « chagrin », le *Pyriphlégéthon* est « Flamboyant de feu », le *Cocyte* « Hurlement de deuil », le *Styx* dit la « haine » ou l' « aversion ». Le passeur des morts sur ces eaux angoissantes, Charon, épouvanté de voir Héraclès, n'ose pas l'empêcher de monter dans sa barque : il serait resté un an aux fers pour cette faute professionnelle[89].

Comme de juste, Héraclès fait une série de rencontres dans l'Hadès. Toutefois, « lorsque les âmes le virent, elles s'enfuirent, à l'exception de Méléagre et de Méduse, la Gorgone. Il tira son épée

83. Xénophon, *Helléniques*, VI, 3, 6.
84. Fr. *dub.* 346 Snell-Maehler ; voir Hugh Lloyd-Jones, *Maia*, 1967, p. 206-229 ; D.S. Robertson, *Hermes*, 1980, p. 274-300.
85. Diodore, IV, 14, 3 ; 25, 1 ; voir schol. à Aristophane, *Ploutos*, 1013.
86. Euripide, *Héraclès*, 23 ; Apollodore, II, 5, 11 ; Servius et Servius *auctus*, à Virgile, *Géorg.*, IV, 466 ; schol. à Denys le Périégète, 791. La caverne : Strabon, VIII, 5, 1 et la n. de R. Baladié sur l'emplacement du sanctuaire ; Paus., III, 25, 4-7.
87. Pindare, *Thrènes*, fr. 130 Snell-Maehler, trad. J.-P. Savignac. Eau stagnante : Aristophane, *Grenouilles*, 137.
88. Homère, *Od.*, X, 513-514.
89. Servius, à Virgile, *Én.*, VI, 392 ; myth. Vat., II, 150.

contre la Gorgone comme si elle était vivante, mais il apprit d'Hermès que ce n'était qu'une image vide » (Apollodore). On se souvient que c'est la crainte de voir surgir la tête de la Gorgone qui amène Ulysse à battre en retraite depuis les lisières du pays des morts. Chez Bacchylide, dans une ode triomphale de 476 av. J.-C., Héraclès tend son arc contre Méléagre, qui l'avertit lui-même de ne pas tirer contre des fantômes et l'invite à ne pas avoir peur. Dans la conversation qui s'engage, les deux héros se prennent de sympathie l'un pour l'autre ; Méléagre raconte l'histoire de sa mort.

> Héraclès, en réponse, lui dit : « Pour les mortels, ne pas naître, ne pas voir la lumière du soleil, voilà ce qui vaut le mieux ! Mais il ne sert à rien de se lamenter là-dessus ; il ne faut parler que de ce que l'on va accomplir. Est-ce que, dans son palais, Oineus, cher à Arès, a encore une fille non mariée, qui te ressemblerait ? J'en ferais volontiers mon épouse épanouie. » L'âme de Méléagre ferme à la guerre lui déclara : « J'ai laissé à la maison Déjanire à la nuque délicate, ignorante encore d'Aphrodite d'or qui envoûte les mortels. »

Le récit s'interrompt sur ces mots, de manière très abrupte. Visiblement, Bacchylide n'avait pas besoin d'en dire plus et tout le monde dans l'auditoire connaissait l'issue du mariage (voir ci-après, chap. XVII). Ce pacte d'amitié conclu entre deux héros au moyen de la sœur de l'un d'eux était évoqué aussi par Pindare, dans un dithyrambe intitulé *Descente d'Héraclès aux Enfers ou Cerbère,* composé pour les Thébains [90].

Héraclès fait encore, près des portes, la rencontre de Thésée l'Athénien et de son compagnon Peirithoos le Lapithe (Thessalien), retenus enchaînés, en position assise (qui, en Grèce, semble liée à la paralysie et à la mort). Malgré Jean Racine, Thésée n'était pas ce « Volage adorateur de mille objets divers, / Qui va du dieu des morts déshonorer la couche » ; c'était Peirithoos qui avait voulu devenir l'amant de Perséphone et, pour cette entreprise audacieuse, avait obtenu l'aide de son ami. Selon Apollodore, « voyant Héraclès, ils lui tendirent les mains en lui demandant de les relever grâce à sa force. Lui, prenant Thésée par la main, le fit

90. Bacch., V. v. 159-175 (56-175 pour l'ensemble) ; Pindare, *Dith.* II, fr. 149*a* Snell-Maehler.

lever, mais quand il voulut redresser[91] Peirithoos, comme la terre bougea, il le laissa ». Mais c'est de l'intérieur des légendes de Thésée que doivent être étudiées les relations entre les deux héros, toujours très amicales.

Héraclès n'aura également qu'un demi-succès en essayant de soulager un autre damné, Ascalaphos, qui était, lui, une créature des Enfers, fils de Styx ou d'Achéron et de la nymphe Obscurité. Il gisait sous une lourde pierre, car c'était son témoignage qui avait fait condamner Perséphone à vivre aux Enfers, alors que sa mère la réclamait : Perséphone aurait pu revenir définitivement si elle n'avait pris aucune nourriture dans l'Au-delà — si elle avait totalement rejeté l'hospitalité qu'on lui offrait. Or Ascalaphos seul avait vu que la jeune fille avait rompu son jeûne, en pressant contre sa bouche sept grains de grenade, sans doute pour calmer sa soif. Il la dénonça et Perséphone dut se partager entre sa mère Déméter et son époux Hadès. Déméter, dans sa douleur maternelle, châtia l'indiscret. Pour Ovide, à qui nous devons ces détails, elle le transforma directement en chat-huant[92]. Apollodore suit d'abord une version ancienne, utilisée aussi par le poète Euphorion pour maudire le voleur qui lui a pris une coupe précieuse : « Puisse-t-il supporter dans l'Achéron la lourde pierre d'Ascalaphos, celle que, dans son courroux, Déméter a fait peser sur ses membres, parce que, seul, il avait porté témoignage contre Perséphone[93] ! » Apollodore, ou sa source, accumule les châtiments, ce qui est peut-être une manière de concilier des traditions différentes : Héraclès fait rouler la pierre et, en riposte, Déméter transforme le misérable puni en oiseau de nuit.

« Voulant offrir du sang aux âmes, il égorgea l'une des vaches d'Hadès. Comme leur gardien, Ménoitios, fils de Keuthônymos [“ Dissimule-nom ”, c'est-à-dire qui fait disparaître le nom des hommes sur la terre ; Carl Robert comprend “ Celui dont on doit cacher le nom ”], l'avait provoqué à la lutte, il l'attrapa par la taille et lui brisa les côtes, mais Perséphone intercéda pour lui » (Apollodore). Comme chez les Hespérides, à Pylos et en Élide, Héraclès renverse l'ordre ancien mais n'établit rien à la place. Ménoitios est le bouvier d'Hadès qui avait prévenu Géryon que le

91. Apollodore emploie ἀναστῆναι, le verbe utilisé pour « ressusciter » dans le vocabulaire chrétien.

92. Ovide, *Mét.*, V, 533-550. Voir aussi Servius, à Virgile, *Géorg.*, I, 39 (d'où Servius *auctus*, à Virgile, *Én.*, IV, 462).

93. Euphorion, fr. 9, v. 13-15 Powell.

héros était en train de lui voler ses bœufs. Il se trouve donc, comme Atlas, tantôt au-delà de l'Océan, tantôt en dessous de la terre.

Héraclès aurait été bien accueilli par Perséphone, reconnaissant en lui son frère (un fils de Zeus), dit Diodore (IV, 26, 1). Cet accueil est un présage de sa divinisation prochaine : Perséphone est, comme il se doit pour un mortel, la divinité qui le reçoit ; mais elle salue en lui son semblable. Aristophane présente cette bienvenue de manière concrète, qui nous rappelle que l'attrait de la nourriture peut être une manière de calmer l'angoisse de la mort (c'est une servante de Perséphone qui parle) : « Ah, te voici, très cher Héraclès ! Dès que la maîtresse a su que tu étais là, tout de suite elle s'est mise à faire cuire des pains, elle a mis sur le feu des marmites de purée de pois cassés, deux ou trois, un bœuf tout entier sur les braises, galettes et croissants sont au four[94] ! » Les relations avec Hadès sont plus difficiles[95]. Le dieu pose à Héraclès de dures conditions : il lui interdit de se servir d'un bouclier et d'armes métalliques pour capturer le chien[96]. Héraclès se protège avec la peau du lion et lui jette des pierres pointues (ἀκίδες λίθιναι). Apollodore décrit la lutte avec la terrible bête, qui a été un thème favori de la peinture de vases : « Héraclès trouva le chien aux portes de l'Achéron ; protégé par sa cuirasse, enveloppé de sa peau de lion, lui entourant la tête avec ses mains, il ne renonça pas à maîtriser et à étrangler la bête avant de l'avoir fait obéir, bien qu'il eût été mordu par le serpent de la queue. » Le héros peut alors repartir des Enfers, traînant derrière lui la bête rétive et grondante, exhibant aux hommes, après (ou avant) les pommes merveilleuses, ce que l'Hadès renferme de plus redoutable.

Euripide le fait revenir par le bois de la Souterraine (Coré), à Hermione[97]. Par Trézène, disent Pausanias et Apollodore[98]. Ou encore, selon les traditions locales, il sort du monde souterrain par une grotte d'Héraclée du Pont[99]. L'aconit, plante au poison

94. Aristophane, *Gren.*, 503 et suiv.
95. Sur un vase, Héraclès menace Hadès d'une pierre (C. Robert, p. 485).
96. Schol. BT à Homère, *Il.*, V, 395.
97. *Héraclès*, v. 615 ; voir Paus., II, 35, 10. Voir [Platon], *Axiochos*, 371*e ;* Vogliano, *P. Univ. Milan*, I (1935), n° 20, 18-31.
98. Paus., II, 31, 2 ; Apollodore, II, 5, 12.
99. Xénophon, *Anabase*, VI, 2, 2 (la descente). Pour la remontée, voir Hérodoros, n° 31, fr. 31 Jac. ; Euphorion, fr. 37 Powell (l'un et l'autre, schol. à Apoll. Rh., II, 354 et schol. A à Homère, *Il.*, V, 99) ; Ovide, *Mét.*, VII, 408-415 ; Denys le Périégète, 789-792. Euphorion mentionne aussi la colline d'Héraclée appelée *Aconai*, les « Pierres à aiguiser » (voir J.U. Powell *ad loc.*) ; aussi chez Nicandre.

foudroyant qui poussait dans les environs, était né des éructations du chien infernal et les concrétions blanchâtres à l'entrée de la grotte résultaient des dépôts de sa bave. Apollonios ne souffle mot de l'aconit et substitue à la seconde légende une explication « scientifique » : c'était du givre déposé constamment par le courant d'air froid[100]. Ou encore, Héraclès a surgi sur le mont Laphystion, en Béotie, qui portait un sanctuaire de Zeus Laphystios et, à son sommet, un Héraclès « aux yeux brillants » (Charops), là où il est remonté avec le chien de l'Hadès[101]. Ou enfin le héros serait revenu par le Ténare, comme il était descendu, mais la grotte s'y terminait en cul-de-sac, ce qui avait inspiré à Hécatée de Milet, le devancier d'Hérodote, une explication rationaliste : il y avait au Ténare un serpent dont le venin était si foudroyant qu'on l'appelait « le chien de l'Enfer »[102]. De ce fait, chez Hécatée, tout se passe sur le même site.

Des rives de l'Achéron Héraclès rapporta le peuplier blanc, arbre consacré aux morts. Son bois servait exclusivement, à Olympie, aux sacrifices en l'honneur de Zeus[103]. Héraclès s'était couronné de son feuillage, en signe de victoire sur Cerbère ; les feuilles bicolores étaient censées symboliser les doubles épreuves affrontées par le héros, sur et sous la terre[104]. Les athlètes, dans des circonstances que nous ne pouvons plus préciser, s'en couronnaient à leur tour[105].

Pendant son trajet sur cette terre, Cerbère se serait échappé près de la source Kynadra, entre Mycènes et l'Héraion, dont l'eau reçut le nom d' « eau de la liberté » ; les esclaves affranchis venaient en boire[106]. On doit à Euphorion un tableau du retour d'Héraclès conduisant Cerbère vers Tirynthe :

> De derrière lui, sous son ventre velu blottis, les serpents de sa queue lui léchaient les flancs. Sous les paupières de la bête noire, ses

100. Apoll. Rh., II, 734-745. Ce silence d'Apollonios est étrange, car il s'agit d'un des principaux sanctuaires d'une ville dont le poète fait l'éloge. Peut-être Héraclès est-il passé alors à l'île de la mer Noire qui porte son nom, où les souris respectent les offrandes qui lui sont faites et ne font jamais de mal aux vignes (Élien, *Nat. an.*, VI, 40).
101. Paus., IX, 34, 5.
102. Hécatée, n° 1, fr. 27 Jac. (dans Paus., III, 25, 5) ; Strabon, VIII, 5, 1 (363).
103. Paus., V, 14, 2.
104. Servius, à Virgile, *Buc.*, VII, 61.
105. Théocrite, II, *Magiciennes*, 121 ; Callim., fr. 804 Pfeiffer ; schol. à Théocrite, *loc. cit.*, se référant à Ératosthène, *Vainqueurs olympiques.*
106. Antiphanès, *Aleiptria* (« La Masseuse »), d'après Athénée, III, 123*b-c* (simple mention de l'eau de la liberté) ; Paus., II, 17, 1 ; Hésychios, *s.* ἐλεύθερον ὕδωρ ; Eustathe, à Homère, *Od.*, p. 1747, l. 11.

> yeux lançaient des éclairs. C'est dans les brasiers ou c'est à Lipari que de telles étincelles, quand le fer est frappé à coups de masse, jaillissent dans l'air (et crie l'enclume martelée), ou parmi les suies de l'Etna, séjour du Fulgurant. Il arriva à Tirynthe, pour Eurysthée à la rancœur recuite, vivant du fond de l'Hadès, le dernier des Douze Travaux. Et, dans les carrefours de Midéa où l'orge abonde, tremblantes avec leurs enfants, les femmes les regardaient[107].

Eurysthée, à cette occasion, effectue un nouveau plongeon dans sa jarre-refuge en bronze. Puis Héraclès ramène le chien aux portes de l'Hadès, où il disparaît à jamais.

Retour aux Douze Travaux

Nous voici arrivés au terme de longues épreuves. Ce n'est pas seulement une série de douze tableaux séparés que nous avons vue défiler, tant viennent s'y insérer d'exploits dits accessoires, apparaissant très vite comme des récits autonomes. C'est un infini ressac d'épreuves qui attendaient Héraclès. Le héros a été victime de sa popularité ; tous les peuples ont voulu avoir une aventure héracléenne à placer sur leur territoire. Ces Travaux décousus sortent de moules très divers. Bien distinctes des scènes de chasse (lion, sanglier, biche, oiseaux) ou de razzia (bœufs de Géryon), les expéditions contre des populations aux confins de la sauvagerie, les Amazones, les Centaures, ne sont cependant pas sur le même plan : la lutte contre les Amazones constitue l'un des Travaux, non la lutte contre les Centaures. Tel ou tel épisode de la vie d'Héraclès aurait pu être intégré aux Travaux, ainsi le drainage de Phénéos ou la lutte contre Antaios, pour nous en tenir à deux de ses spécialités les plus éclatantes.

Certains travaux sont réellement composites, déjà dans la première partie, qui associe par exemple la capture du sanglier de l'Érymanthe et le massacre des Centaures. Tel autre n'a été intégré qu'en partie — les démêlés avec Augias ne trouvent leur solution que bien plus tard dans la carrière d'Héraclès ; Pindare, expliquant clairement la guerre contre les Molionides par le désir de se faire payer ses gages, ne semble pas connaître la division entre le curage des étables d'Augias et les campagnes d'Héraclès en Élide[108].

107. Euphorion, fr. 51 Powell.
108. Pindare, *Olymp.*, X, 26-30.

Enfin, le vol des bœufs de Géryon et la quête des pommes des Hespérides forment deux récits de voyage « à tiroirs », encore qu'inégalement garnis, susceptibles de toutes sortes d'insertions ; il en va de même, à un moindre degré, pour deux autres expéditions, chez Diomède et chez les Amazones. Les aventures les plus célèbres tendent à être les plus riches en péripéties, mais ce n'est pas toujours le cas. La descente aux Enfers pour ramener Cerbère a gardé un canevas assez simple, même si la rencontre du fantôme de Méléagre l'enchaîne étroitement à la suite du destin d'Héraclès.

L'inutilité des travaux est frappante ; elle est surtout sensible dans la deuxième partie, où le taureau et les juments sont seulement déplacés, tandis que Cerbère et les pommes sont restitués. La ceinture de l'Amazone sert seulement à la gloire d'Héra et les taureaux de Géryon font souche un peu partout, sauf en Argolide. Au contraire, la première série peut représenter une mise en ordre, par élimination de monstres et soumission des forces naturelles. Cet aspect est présent aussi dans les longs voyages d'Héraclès, qui ouvrent des routes pour les hommes à venir et marquent les limites de leur activité.

Héraclès est, temporairement, frustré de ses victoires. C'est pour Eurysthée qu'il les remporte, et encore celui-ci ne les agrée-t-il pas toujours : dès le deuxième travail, il fait des réserves sur les conditions de la victoire sur l'hydre. De plus, il ne sait en général que faire des trophées de son encombrant vassal. Avec d'autres maîtres le héros n'est pas plus heureux : il est victime d'employeurs malhonnêtes — Augias, Laomédon.

Un document, la Table Albani, du IIe siècle ap. J.-C., permet de mesurer l'impact de ce cycle fixé assez tard sur la biographie du héros, en même temps qu'il suggère une autre interprétation du rôle d'Eurysthée, à travers la personnalité légendaire de sa fille Admété, *Admata* en dorien. Nous avons déjà mentionné ce bas-relief complexe et nous pouvons le regarder maintenant d'un œil plus averti. Il montre, dans sa partie supérieure, « Héraclès se reposant » ; à son registre inférieur, entre deux stèles portant la liste des Travaux et travaux accessoires d'Héraclès, on voit à gauche Héraclès tenant une patère à libations et à droite la Victoire ; et, entre eux, une figure féminine légendée « La prêtresse d'Héra argienne, Admata, fille d'Eurysthée et d'Admata, fille d'Amphidamas, 58 ans ». La Victoire, élevant de la main droite un broc, paraît remettre une patère à libations à la figure centrale. Tout a été discuté dans ces trois personnages [109].

Mais même si on refusait d'identifier la figure centrale avec Admata nommée juste en dessous, il resterait que cette inscription, au centre de la plinthe et en très gros caractères, désigne la fille d'Eurysthée comme un personnage important et très certainement la dédicante fictive. Le chiffre de cinquante-huit ans indique la durée pendant laquelle elle a été en fonction à l'Héraion. Dans ce contexte, elle correspond peut-être à la durée attribuée à la carrière d'Héraclès, mort selon certains philosophes à cinquante-deux ans (voir ci-dessous, p. 362). D'autre part, à l'étage inférieur du relief figure un trépied dédié « au nom d'Héraclès » par son père, alors qu'il avait participé aux Daphnéphories, fête, à Delphes et à Thèbes, qui consistait à couper du laurier pour en faire les couronnes destinées aux vainqueurs des concours. Ce soin était réservé à un jeune garçon dont les deux parents étaient vivants, et c'est pour commémorer la participation d'Héraclès que son père offre le trépied. Cette offrande évoque le début de la carrière du héros : avant tout exploit, il coupe des couronnes pour récompenser les autres, lui qui procurera le feuillage de tant de couronnes [110].

Et au terme de ses exploits, dans le registre supérieur, il goûte le repos. On comprend que les listes de la Table Albani ne soient qu'une énumération de victoires, même quand il leur faut non seulement omettre, mais encore déformer des épisodes célèbres. Et l'intermédiaire, la prêtresse qui reçoit de la Victoire la patère à libations, est la fille d'Eurysthée, la prêtresse d'Héra. Elle n'apparaît pas ici comme membre d'un clan ennemi, mais comme l'instrument sacralisé d'un destin qui la dépasse. Toutes les épreuves visent à la glorification d'Héraclès, qui ne remporte ses victoires que parce qu'il y est acculé.

Malgré tout, la fin des Travaux marque celle d'une expiation. Héraclès est désormais libre de résider dans la patrie de ses ancêtres, à Tirynthe. Mais il ne connaît qu'un bref répit, sur lequel les mythographes ne s'apesantissent guère. Il lui reste en effet à régler ses contentieux avec Augias, le roi d'Élide, et avec

109. Voir ci-dessus, p. 169.

110. Sur les Daphnéphories, voir M.P. Nilsson, *Griechische Feste*, p. 164-165 ; sur le sens de la fête, en relation avec les concours, à l'époque où fut gravée la Table Albani, L. Robert, ΑΜΦΙΘΑΛΗΣ, *Harvard St. Class. Philol., Mélanges W.S. Ferguson*, 1940, 509-519, repris dans *Op. Min.*, I, 633-643.

Laomédon, le roi de Troie, à se venger du dédain de son maître en archerie Eurytos, à honorer l'offre qu'il a faite à Méléagre, pour sceller leur amitié, d'épouser sa sœur Déjanire. Voilà l'armature des récits qui vont suivre : des revanches, un crime et le mariage fatal.

HÉRACLÈS, HÉROS ET DIEU

XV

Les revanches

Depuis Tirynthe, en Argolide, et Phénéos, en Arcadie, Héraclès mène des campagnes à Troie et en Élide, qui sont construites sur le même schéma : le héros rend un service contre une récompense qui lui est ensuite refusée ; pour se faire payer, il doit organiser une expédition contre ses employeurs malhonnêtes, Laomédon à Troie et Augias en Élide. Ces deux épisodes ont été rattachés aux Travaux, le second étroitement, le premier de manière plus lâche et irrégulière. Ils s'y relient de toute manière par le thème de la subordination du héros à un maître, avec cette différence importante qu'elle est volontaire et résulte d'un pacte.

Pendant son séjour à Tirynthe, donc pendant la même période, Héraclès tue Iphitos, fils de son maître en archerie Eurytos, frère d'Iole, la jeune fille qu'il souhaite épouser. Mais nous ne séparerons pas ce meurtre de ses conséquences, qui ramènent Héraclès en Grèce centrale et préparent directement sa fin ; il trouvera place au chapitre suivant.

Le grand historien de la religion grecque Martin P. Nilsson a voulu distinguer un Héraclès originaire de Tirynthe et un Héraclès thébain. Les deux campagnes contre Laomédon et contre Augias, dont le caractère ancien ne saurait être mis en doute puisqu'elles sont déjà connues de l'auteur de l'*Iliade*, montrent clairement que les exploits guerriers du héros sont accomplis aussi bien depuis l'Argolide ou l'Arcadie que depuis Thèbes ou la Grèce centrale. Et, réciproquement, l'épisode du lion du Cithéron fait d'Héraclès thébain un tueur de monstres ou du moins de fauves[1]. Le caractère du héros ne varie pas selon son lieu d'origine.

1. Martin P. Nilsson, *The Mycenaean Origin of Greek Mythology*, Cambridge, 1932, p. 206-220 ; J.-Cl. Carrière, *La « Bibliothèque » d'Apollodore*, p. 187.

Refuges dans le Péloponnèse

Même après l'expiation que constituent les Travaux, Héraclès ne saurait revenir résider à Thèbes. Le meurtre de ses enfants l'a contraint à jamais à quitter cette ville. Il est emmené par Thésée, qui le fait passer par Athènes, où il est purifié rituellement de la souillure du meurtre[2]. Après quoi, il se retire à Tirynthe. C'est alors qu'il mène son expédition contre Troie, alors aussi qu'il tue Iphitos[3]. Il doit repartir derechef, chassé de Tirynthe à la suite de ce nouveau meurtre ou banni par la jalousie d'Eurysthée, au cours de ses luttes contre Augias[4]. Ou encore, à un banquet, les fils d'Eurysthée déposent devant lui une part de viande plus petite que celle des autres convives. Héraclès, se considérant offensé, en tue trois[5]. On peut supposer que c'est un motif d'exil.

Il s'installe en Arcadie, à Phénéos, où il séjourne quatre ans ; c'est le pays de sa grand-mère, la mère d'Amphitryon, Laonomé[6]. De là, il mène l'essentiel de ses campagnes péloponnésiennes[7]. Toutes ne figurent pas dans ce chapitre, les dégâts commis en Messénie et en Laconie ayant été considérés par les Anciens comme des séquelles du meurtre d'Iphitos : Héraclès se venge de ceux qui l'ont repoussé après cette nouvelle souillure.

Bien qu'Héraclès n'y ait pas obtenu de culte, Phénéos, cité voisine de Stymphale, mieux enclose encore derrière ses montagnes, est un haut lieu de sa légende — aujourd'hui un peu oublié[8]. Lieu étrange à cause de son lac, tantôt lac suisse au dire des voyageurs, tantôt réduit à un marécage selon les époques et les

2. Euripide, *Héraclès*, 1322-1335 et 1386-1388 — ces derniers vers peut-être interpolés, car 1322-1335 semblent impliquer un séjour d'Héraclès à Athènes. Thésée lui offre de s'installer auprès de lui (1325).

3. Diodore, IV, 31 ; Apollodore, II, 6, 1.

4. Diodore, IV, 32 et 33.

5. Anticleidès, *Retours*, II, cité par Athénée, IV, 157*f*, qui donne leurs noms.

6. Héraclès avait fait un passage, avant son bannissement, à Olénos, en Achaïe, tout à l'ouest, vers Dymè, près de l'Élide : voir ci-dessus, à propos des étables d'Augias. — Témoignages sur Phénéos dans *IG*, V, 2, p. 81 et suiv.

7. Diodore, IV, 33, 2 et 34, 1. Pausanias place le séjour d'Héraclès à Phénéos après son exil de Tirynthe, avant son installation à Thèbes, mais c'est une conjecture personnelle (VIII, 14, 2).

8. Comme le remarque M. Jost, *Sanctuaires et cultes d'Arcadie*, p. 532. Voir aussi p. 27-37, notamment p. 29. — À la différence de Psophis (Héraclès, une biche ou un sanglier) ou de Stymphale (Héraclès, un oiseau), Phénéos ne célèbre pas Héraclès sur son monnayage, abondant au IVe siècle.

caprices des gouffres. On lui prêtait des propriétés inquiétantes : son eau était toxique si on en buvait la nuit[9]. C'est une région d'eaux maléfiques ou magiques. Au nord, juste de l'autre côté des monts qui forment une haute barrière entre le bassin de Phénéos et la côte, se trouve la cascade du Styx, qui, de jour comme de nuit, était mortelle pour qui s'y abreuvait (Strabon, VIII, 8, 4) ; dans le même district de l'Arcadie, un peu plus loin vers l'ouest, coulait la source de Cleitôr, où les filles de Proitos avaient été guéries de leur folie[10].

Héraclès accomplit des travaux de drainage à Phénéos. Il ouvrit les gouffres au pied des montagnes qui dominent la plaine fermée de cette petite cité, afin de permettre l'écoulement des eaux de pluie, et creusa un fossé à travers cette plaine pour la rivière locale — mais elle avait retrouvé son ancien cours, ajoute Pausanias, et ne suivait plus le canal d'Héraclès[11]. Celui-ci, ainsi qu'une digue étaient encore bien visibles au début du XIXe siècle et leurs traces se devinent aujourd'hui ; comme à Orchomène, on a attribué à Héraclès des travaux accomplis à l'époque mycénienne[12].

Phénéos est la base d'Héraclès lors de ses campagnes contre l'Élide. Il y a consacré deux statues faites en bronze de l'île de Démonésos, l'une des îles des Princes (*Chalki* en grec et *Heybeli* en turc) dans la mer de Marmara, célèbre pour son gisement sous-marin de cuivre de grande qualité[13]. Peut-être une tradition prétendait-elle que ses exploits en Propontide avaient eux aussi été accomplis depuis Phénéos ? C'est également là qu'il transporte le trépied qu'il a enlevé à Delphes et, mille ans plus tard, Apollon se venge de cet outrage, bouche les évacuations aménagées par le héros, inonde le territoire et anéantit la population[14]. Les cataclysmes de Phénéos sont connus des savants Théophraste et Ératosthène[15].

9. Ovide, *Mét.*, XV, 332-334.
10. Sur la proximité des sites, voir Paus., VIII, 17, 6 et suiv. La légende est racontée ci-dessus, p. 120-122.
11. Rivière Olbios ou Aroanios (Paus., VIII, 14, 1-3).
12. J. Knauss, « Der Graben des Herakles im Becken von Pheneos und die Vertreibung der Stymphalischen Vögel », *Athen. Mitteil.*, 1990, p. 1-52.
13. Callim., fr. 407, 3 Pf., utilisé par Antigonos de Carystos, 131 ; qualité : Nicandre, fr. 97 Schneider, cité par Pollux, V, 38 et suiv. Voir aussi sur Démonésos, [Aristote], *Mir. ausc.*, 58, p. 834*b*, l. 18 et suiv. ; Ét. Byz., *s.v.* ; Hésychios, *s.* Δημονήσιος χαλκός. Le chien de Procris était en bronze de Démonésos ; voir ci-dessus, p. 157.
14. Plutarque, *Délais de la vengeance divine*, 12 (557*c*).
15. Théophraste, *Recherches sur les plantes*, III, 1, 2 et V, 4, 6 ; Ératosthène, fr. III B 105 Berger, dans Strabon, VIII, 8, 4 (389). Voir R. Baladié, *Le Péloponnèse de Strabon*, p. 93-104.

Héraclès est présent dans d'autres parties de l'Arcadie. À Mantinée, il s'unit à la fille d'un héros local, Alcimédon, qui vit dans une caverne de la montagne[16]. Cette nouvelle amante s'appelle Phialô, considérée, semble-t-il, comme leur éponyme par les habitants d'une autre ville arcadienne, située beaucoup plus à l'ouest, Phigaleia. Comme de juste, Héraclès lui donne un fils. Le grand-père Alcimédon expose la mère et l'enfant, attachés, dans la montagne pour que les bêtes sauvages les fassent périr. L'enfant pleure ; une pie ou un geai, oiseau bavard dont les facultés imitatives étaient célèbres, l'entend et reproduit ses sanglots[17]. Héraclès, passant par là, entend à son tour le chant de l'oiseau, le prend pour le sanglot même du nourrisson et se met à la recherche de celui-ci ; près d'une source qui depuis lors s'appelle la Pie (*Kissa*), il trouve et délivre la mère et l'enfant, Aichmagoras. Pausanias, qui signale simplement les curiosités sur la route qui part de Mantinée en direction de l'ouest, ne raconte pas la suite, que l'on peut imaginer : Héraclès installe la mère et l'enfant sur le site futur de Phigaleia. À Tégée, il aura un rejeton beaucoup plus célèbre, Télèphe[18].

Troie

Héraclès est passé une première fois à Troie et a délivré la ville du monstre qui la terrorisait. Comme le roi Laomédon lui refuse la récompense promise, il revient à la tête d'une armée et se fait justice. Quelles sont les circonstances de sa première visite ? Le litige remonte soit à l'époque des Douze Travaux, au retour de chez les Amazones (Apollodore), soit au voyage des Argonautes, qu'Héraclès a accompagnés jusqu'en Mysie[19]. Il arrive alors à pied à Troie, venant de Mysie, où les Argonautes l'ont abandonné[20]. La seconde visite, celle de la vengeance, est précédée et suivie d'une série d'aventures, dont la dernière a le caractère d'une

16. Ce récit d'après Paus., VIII, 12, 3.
17. Aristote, *Hist. anim.*, IX, 615*b* 19 ; voir D'Arcy W. Thompson, *A Glossary of Greek Birds*, Londres et Oxford, 1936, *s.* κίσσα.
18. Voir ci-après, chap. XVI. Sur Héraclès et Iphiclès en Arcadie, voir M. Jost, *Sanctuaires et cultes d'Arcadie*, p. 532-534.
19. Diodore, IV, 32, 1, renvoyant à un passage, un peu plus loin, où c'est la vengeance d'Héraclès qu'il insère dans le voyage des Argonautes (IV, 49, 3).
20. Table Albani, *d*, l. 12-19 ; Servius, à Virgile, *Én.*, I, 619 (d'où schol. à Stace, *Achill.*, 397 ; myth. Vat., II, 199) ; II, 312 ; XI, 262.

épreuve d'apothéose. Il s'agit cette fois d'une expédition dont Troie est le but exclusif.

Le témoin le plus ancien, l'*Iliade,* ne situe pas dans la carrière d'Héraclès sa première venue à Troie. En revanche, quatre ou cinq passages du poème inscrivent son intervention dans l'histoire d'une ville bénie à sa naissance par les dieux, qui lui donnent la prospérité, mais perdue par la perfidie de son roi, Laomédon. Ce sont de brefs exemples, souvent allusifs, qui ne retiennent des événements que ce qui s'accorde au propos du narrateur.

Au chant V, le chef argien Diomède veut inciter son cocher à foncer sur leur adversaire, le Troyen Énée, pour lui prendre ses chevaux, au lieu de fuir. Il lui explique l'histoire de ces bêtes de prix. Jadis, en compensation pour Ganymède, fils de Trôs, le prince troyen qu'il a enlevé et garde auprès de lui, Zeus a donné à Trôs, seigneur de la ville, des chevaux, les meilleurs du monde ; Laomédon, petit-fils de Trôs, en a hérité. Ces pur-sang excitent les convoitises. Anchise, père d'Énée, lui aussi de la famille royale troyenne, est parvenu à faire saillir ses juments par les étalons venus du ciel. Il en a obtenu six poulains, dont il a donné deux à son fils — ceux-là mêmes dont Diomède voudrait s'emparer[21].

Un peu plus loin dans le même chant, un fils d'Héraclès, Tlépolème, affronte un fils de Zeus, Sarpédon, qui se bat pour les Troyens. Dans le défi qu'il lance, Tlépolème rappelle que son père Héraclès est venu à Troie avec six navires, seulement pour s'emparer des chevaux divins de Laomédon, et a détruit la cité. Sarpédon lui réplique que ces bêtes lui étaient dues par Laomédon, en récompense d'un bienfait qu'il ne précise pas, car il a hâte d'en découdre[22].

Il y avait, près de Troie, sur le rivage, un grand mur recouvert par le sable ou les décombres, au sommet duquel les dieux, Poseidon en tête, s'asseyaient en observateurs. Ce mur avait été élevé par les Troyens et Athéna, pour servir d'abri à Héraclès lors de sa bataille contre le monstre marin[23]. Voilà donc, selon toute vraisemblance, le bienfait d'Héraclès à Laomédon : il a tué un monstre marin qui ravageait la Troade. Il faudra que le lecteur avance un peu, au chant suivant, pour conjecturer, à nouveau de manière incidente, l'origine de ce monstre. Zeus, continuant à

21. Homère, *Il.*, V, 265-270.
22. *Ibid.*, V, 640-643 et 648-651.
23. *Ibid.*, XX, 145-148.

favoriser le maître de Troie, lui a envoyé, pour le servir pendant une année, deux dieux, Apollon et Poseidon. Apollon garde les troupeaux du roi, Poseidon construit un rempart pour protéger sa ville. L'année écoulée, Laomédon refuse de leur verser le salaire convenu et les renvoie avec des menaces[24].

Dès lors se dessine le canevas sur lequel reposent les allusions homériques : les Troyens subissent les ravages d'un monstre marin que les dieux ont envoyé pour punir le manque de parole de leur roi. Héraclès promet de tuer le monstre contre une récompense, les chevaux de Laomédon ; mais, une fois délivré le pays, Laomédon refuse de donner la récompense ; Héraclès revient avec des compagnons, prend et pille la ville, et repart avec les chevaux, dont les descendants frauduleux que s'était procurés Anchise restent cependant en Troade. Ce canevas a été enrichi de diverses manières, et peut-être a-t-il donné lieu à une version plus complète dès l'époque d'Homère. Dans celle que nous possédons, l'extermination du monstre est rendue plus dramatique par les malheurs d'une ou de plusieurs jeunes filles :

> Apollon envoya une épidémie et Poseidon, de son côté, un monstre, apporté par un raz de marée, qui enlevait les gens dans la plaine. Les oracles déclaraient que pour se débarrasser de ces calamités il fallait que Laomédon exposât Hésionè, sa fille, pour être la proie du monstre ; ce que fit le roi, en l'attachant aux rochers voisins de la mer[25].

Ce récit paraît avoir été mis en forme par un mythographe du ve siècle av. J.-C., Hellanicos de Lesbos[26]. Le nom d'Hésioné apparaît tard dans la légende ; chez Sophocle encore, la fille de Laomédon reste anonyme[27]. Chez Hygin, le monstre croque mainte jeune fille avant qu'on lui offre Hésioné. Chez le second mythographe du Vatican, il y a plusieurs bêtes et l'oracle ordonne de leur offrir des filles nobles[28]. Lorsque vient le tour d'Hésioné,

24. *Ibid.*, XXI, 441-457. Le rempart a déjà été mentionné dans le poème (VII, 452 et suiv.) ; Apollon et Poseidon l'auraient bâti ensemble.
25. Apollodore, II, 5, 9.
26. Hellanicos, *Récits sur Troie,* n° 4, fr. 26 Jac. (schol. ABD à Homère, *Il.*, XX, 146 ; XXI, 444). Bref récit chez Ovide, *Mét.*, XI, 197-217.
27. Sophocle, *Ajax*, 1300-1303. Elle s'appelait aussi Théaneira : schol. à Lycophron, 467 et 469, citant Istros, n° 334, fr. 57 Jac.
28. Hygin, *Fable* 89 ; myth. Vat., II, 193 ; voir I, 136 et 137. Voir aussi Servius et Servius *auctus*, à Virgile, *Én.*, I, 550. Variante chez Lycophron, 952-957 (voir 472), et schol. à 952.

Laomédon refuse et décrète que tous les Troyens devront à tour de rôle livrer leurs filles aux bêtes. Ceux qui le peuvent se mettent alors à expédier les leurs à l'étranger ; c'est ainsi qu'un certain Hippotès envoie sa chère Ségesta en Sicile occidentale, où, de ses amours avec le fleuve Crimisos qui a pris l'aspect d'un chien, naît Aceste, fondateur de la cité qui portera le nom de la jeune fille, Égeste ou Ségeste[29]. C'est le symbole des doubles origines revendiquées par la population non grecque des Élymes, possesseurs du sol ; autochthones et pérégrines (troyennes)[30].

Le personnage d'Hésioné évoque naturellement Andromède, elle aussi livrée enchaînée à un monstre marin, dans la légende de Persée. Mais Hésioné n'est pas promise à un rôle aussi important qu'Andromède auprès de Persée. Héraclès se bornera, lorsqu'il aura conquis Troie, à offrir la jeune captive à son ami Télamon.

La récompense qu'il réclame reste les chevaux de Laomédon, présentés désormais comme immortels ; parfois, d'après Homère, on ajoute qu'ils peuvent galoper sur l'eau ou sur des épis[31]. Pour affronter le monstre, Héraclès, armé de pied en cap, l'attend à un passage (« la bouche », dit le grec) ménagé dans le mur du littoral. L'animal arrive gueule béante et Héraclès saute à l'intérieur de son corps ; il y reste trois jours à le tailler en pièces et, lorsqu'il en ressort, il a perdu tous ses cheveux[32]

Mais l'exploit accompli, Laomédon refuse au héros sa récompense — ou bien le trompe en lui donnant des chevaux ordinaires, et non pas ceux venant de Zeus.

Paros, Thasos, le littoral thrace

Héraclès doit revenir à Troie afin de se faire justice par la force. « Il part pour Ilion avec dix-huit navires [six, disait simplement Homère] à cinquante rames, ayant rassemblé une armée de héros

29. Virgile, *Én.*, V, 38 et suiv. ; Hygin, *Fable* 273, 14, d'après Virgile ; Servius, à Virgile, *Én.*, I, 550 ; V, 30 ; Tzetzès, à Lycophron, 472 fin et 952, le fils du Crimisos et de la Troyenne, Aigestas, fonde trois cités, Aigesta (Ségeste), Atalla et Éryx.

30. Voir Valérius Flaccus, *Argon.*, II, 451-578.

31. Homère, *Il.*, XX, 226-229 ; Hygin, *loc. cit.* Hésioné est mentionnée de pair avec les chevaux dans certaines versions : chez Ovide, Hygin.

32. Schol. à Lycophron, 34, et à Homère, *Il.*, XX, 146, d'après Hellanicos, n° 4, fr. 26*b* Jac. ; voir le fr. 108, qui nomme le lieu de l'exposition *Agammeia* ou *Agammé*, parce que Hésioné avait été exposée « non mariée » (γάμος : mariage) ; Sextus Empiricus, *Adv.*

volontaires pour l'expédition[33]. » Chemin faisant, selon Pindare, il relâche à Paros et met un terme, semble-t-il, à un sacrifice d'étrangers qui s'y pratiquait (fr. 140*a* Snell-Maehler). Apollodore place cette escale au cours du trajet vers le pays des Amazones, pour lequel Héraclès n'a affrété qu'un seul navire : de Pindare à Apollodore, du ve siècle av. J.-C. au IIe après, l'escale à Paros et l'ensemble du cycle troyen d'Héraclès ont tendu à perdre leur autonomie et à se subordonner à l'un ou l'autre des Douze Travaux, qui se sont enrichis en vidant de leur substance les autres aventures. La *Bibliothèque* incorpore dans le récit de l'expédition contre les Amazones un ensemble cohérent de traditions des colonies pariennes.

> Héraclès aborda à l'île de Paros, qu'habitaient les fils de Minos, Eurymédon, Chrysès, Nèphalion, Philolaos. Deux des passagers débarquèrent et furent tués par les fils de Minos. [Il n'est plus question de sacrifices humains.] Irrité de leur mort, Héraclès tua les meurtriers sur-le-champ, enferma les autres dans la ville et y mit le siège, jusqu'à ce que ceux-ci lui envoient des négociateurs lui proposer de prendre deux personnes, celles qu'il voudrait, en échange des victimes. Héraclès leva le siège en emmenant avec lui les fils d'Androgéôs, fils de Minos, Alcaios et Sthénélos.

Ces petits-fils de Minos portent respectivement le nom du grand-père d'Héraclès et celui du père d'Eurysthée, qui sont deux frères nés de Persée. Héraclès les installe à Thasos, d'où il chasse les Thraces. Or cette île était historiquement une colonie de Paros et, comme à Paros, Héraclès y tenait une place importante dans les cultes[34].

En revenant de Thémiskyra, Héraclès aborde successivement, d'est en ouest, à Ainos, Thasos et Torônê (sur la péninsule centrale de la Chalcidique)[35]. Les sites du continent appartiennent au voisinage de Thasos, comme le suggère le poème d'Archiloque

33. Apollodore, II, 6, 4 ; et 5, 9 pour les citations suivantes.

34. Voir J. et L. Robert, *Bull. Épigr.*, 1955, 178, p. 248 ; Danièle Berranger, *Recherches sur l'histoire et la prosopographie de Paros à l'époque archaïque*, Clermont-Ferrand, Presses de l'université Blaise-Pascal, 1992, p. 191 et suiv. ; p. 148 sur Héraclès dans les Cyclades.

35. Les épisodes thraces sont groupés sur la Table Albani, *IG*, XIV, 1293 A, l. 78-93, qui énumère les juments de Diomède, la prise d'Ainos, de Thasos, de Torônê, la fondation d'Abdère, le meurtre des fils de Borée (vent du nord, d'origine thrace), Calaïs et Zétès. Sur ce dernier épisode qui se déroule sur l'île de Ténos, voir notamment Acousilaos, n° 2, fr. 31 Jac. (Apollodore, III, 15, 2) ; Apoll. Rh., I, 1300-1309 et schol. (et F. Vian *ad loc.*) ; Hygin, *Fable* 14, 18.

gravé à Paros sur un monument, mentionnant Thasos et Torônê[36]. Ainos (Enez aujourd'hui) était une colonie éolienne à l'embouchure de l'Hébros. Elle se trouve sur « une péninsule rocheuse d'une quarantaine de mètres d'altitude, entourée presque de toutes parts par des lagunes dont la plus vaste [...] lui servait de port[37] ». C'est peut-être la roche de Sarpédon mentionnée par la tradition, qui connaît aussi un cap Sarpédon, un peu plus loin à l'est, sur l'arrondi de la côte qui marque l'entrée du golfe Mélas[38] (aujourd'hui Saros). Ainos et Torônê paraissent occuper sur le littoral thrace des positions symétriques par rapport à Thasos. Héraclès y rencontre, de la part de descendants de Poseidon, le même type d'accueil contrasté : sur le même site, les uns sont bienveillants et les autres agressifs. À Ainos, « il est reçu par Poltys. Au moment où il repart, sur le rivage il tue d'un coup de flèche Sarpédon, fils de Poseidon et frère de Poltys, à cause de son outrecuidance ». La Table Albani place cette escale à Ainos lors de l'expédition contre Diomède, dont le domaine, rappelons-le, se trouve sur le continent, dans la région d'Abdère, juste en face de Thasos[39]. À l'ouest de Thasos, Héraclès débarrasse Torônê de deux lutteurs, fils de Protée et petits-fils de Poseidon[40]. Dans cette légende, Protée l'Égyptien, un juste, est devenu roi de Thrace. Il a des fils cruels qui méprisent les lois et sont tués par Héraclès. Le père ensevelit ses fils et purifie Héraclès du meurtre. Puis il va cacher son chagrin en Égypte.

Cet ensemble de traditions remontant à Paros était certainement lié à la guerre contre Troie : à Paros, Héraclès portait l'épithète *Callinicos*, « À la belle victoire », qu'il avait gagnée à Troie, où, on va le voir, son compagnon d'armes Télamon la lui avait décernée. D'après une inscription, son culte à Paros était associé à celui de Zeus Roi et un fragment de Pindare montre justement Héraclès fondant à Paros un autel à Zeus[41]. Télamon le Salaminien joue

36. Fr. 89 West, 19-20 ; N. Kontoléon, *Arch. ephem.*, 1952 (1954), 32-95.
37. R. Baladié, à Strabon, VII, fr. 51, et lexique, *s.* Ainos.
38. Autres localisations des roches sarpédoniennes : voir F. Vian, à Apoll. Rh., I, 216.
39. Table Albani, *d*, l. 81-83. Ainos s'appelait auparavant Poltymbria d'après son roi Poltys, selon Hellanicos, n° 4, fr. 197 bis Jac. (*Add.*, p. 6 *). Poltys et Ainos figurent dans un fragment d'Euphorion, 416, *Suppl. Hell.*, v. 3. La cité serait devenue Ainos après la mort, en ces lieux, d'un compagnon d'Ulysse de ce nom : Callim., fr. 697 Pf. ; Euphorion, fr. 62 Powell ; voir Ét. Byz., *s. v.* Sarpédon apparaît sur les peintures de la basilique d'Herculanum : voir ci-dessus, p. 203.
40. Ce qui suit d'après Conon, *Récits*, 32, résumé par Photios, cod. 186. On retrouve ailleurs le thème du « lutteur thrace » : légende de Palléné, Nonnos, *Dion.*, XLVIII, 90-237. Autres références, *Mythologie et géographie*, p. 87 et 269.
41. *IG*, XII, 5, 234 ; Archiloque, fr. 324 West ; Pindare, fr. 140*a* Snell-Maehler, v. 62-63

dans ces légendes le même rôle qu'Iolaos dans celles du Péloponnèse, mais il ne faut pas voir ici de traditions rivales : Pindare associe les deux compagnons d'Héraclès, et le poète ionien Archiloque acclame, à côté d'Héraclès, Iolaos : « Hourra [Τήνελλα], la belle victoire ! Salut, seigneur Héraclès, à toi et à Iolaos, les deux piquiers ! » L'exclamation initiale servait à saluer les vainqueurs dans les concours [42]. Le voyage de retour d'Héraclès depuis Troie comporte un dernier épisode sur la côte thrace, lorsque sa randonnée égéenne, après un passage à Athènes, se termine par sa participation à la Gigantomachie de Pallène, prélude à son apothéose. Pour l'heure, il reste au héros à prendre Ilion :

> Débarqué à Ilion, il laisse la garde des navires à Oiclès, tandis que lui-même, avec les autres héros, part à l'attaque de la ville. Quant à Laomédon, il va aux vaisseaux avec sa troupe, tue Oiclès au combat, mais il est repoussé par les gens d'Héraclès et assiégé dans la ville [43].

Oiclès est un Argien, d'une famille de devins. Il descend de Mélampous [44], il est le père d'Amphiaraos [45]. On ne le nomme guère par ailleurs que pour indiquer la filiation d'Amphiaraos. Il subsiste des vestiges d'une légende où il termine son existence en Arcadie. C'est là que son petit-fils Alcméon, frappé de folie, va le trouver [46]. Il a sa tombe dans la même province, à Mégalépolis [47].

Diodore de Sicile donne ici un récit plus détaillé qu'Apollodore [48]. Laomédon, qui n'a pas assez d'hommes pour résister aux troupes d'Héraclès, songe à mettre le feu à ses vaisseaux et à lui interdire ainsi la retraite ; cette tactique semble avoir été inspirée aux remanieurs par les tentatives que fait Hector pour incendier la flotte achéenne, dans l'*Iliade* [49]. Laomédon parvient à tuer Oiclès, qui, laissé à la garde des vaisseaux, est allé à sa rencontre, mais les sentinelles restées sur le rivage ont remis les vaisseaux à flot et les ont éloignés de la côte, à l'abri des projectiles incendiaires ; elles

42. Pindare, *Ném.*, III, 36-37.
43. Apollodore, II, 6, 4.
44. Paus., VI, 17, 6.
45. Homère, *Od.*, XV, 244 ; Pindare, *Pyth.*, VIII, 39.
46. Apollodore, III, 7, 5.
47. Paus., VIII, 36, 6, qui ajoute : « si le destin l'a surpris en Arcadie et non pas alors qu'il participait à l'expédition d'Héraclès contre Laomédon ».
48. Diodore, IV, 32, 3. Diodore semble suivre Dionysios (Denys) Skytobrachion (Bras-de-cuir ; mythographe alexandrin du IIe siècle av. J.-C.), n° 32, fr. 14 Jac.
49. C. Robert, *Griech. Heldens.*, p. 551.

exécutent une manœuvre proposée par Agamemnon chez Homère[50]. Laomédon retourne vers la ville ; il est tué avec la plupart de ses hommes devant celle-ci et son tombeau se serait trouvé près des portes Skaiai (« De gauche » ou « De l'ouest »), que l'*Iliade* a rendues célèbres[51]. Dans une perspective de glorification d'Héraclès, l'avancée des Troyens vers les vaisseaux est présentée comme le résultat d'un stratagème du héros. L'ennemi est attiré jusqu'à la mer, puis tourné, acculé à combattre le dos à l'eau et massacré[52].

Cette prise de Troie est plus ancienne non seulement, bien sûr, que la prise de Troie par Agamemnon et ses alliés, mais aussi que la prise de Thèbes par les fils des Sept Chefs ; c'est, semble-t-il, la première cité dont Héraclès s'empare à la tête d'une expédition, si l'on met à part le sac d'Orchomène par Héraclès thébain (voir ci-dessus, p. 186). La part prise à la victoire par Télamon est restée célèbre, grâce à Pindare et aux Tragiques, et on chantait dans les banquets à Athènes : « Télamon fut le premier, Ajax le second, dit-on, parmi les Danaens qui vinrent à Troie, après Achille[53]. » Télamon apparaît, dans le récit d'Apollodore, à travers une anecdote surprenante au premier abord, comme le fondateur du culte d'Héraclès à la belle victoire[54] :

> Télamon fit une brèche dans le rempart et entra le premier dans Troie, et Héraclès après lui. Lorsqu'il vit que Télamon était entré le premier, il tira son épée et voulut l'attaquer, parce qu'il n'acceptait pas que quelqu'un se montrât plus fort que lui. Ce que voyant, Télamon se mit à entasser les pierres qui se trouvaient là et, quand Héraclès lui demanda ce qu'il faisait, il dit qu'il aménageait un autel à Héraclès à la belle victoire. L'autre l'en félicita[55].

La gloire de Télamon

La gloire de Télamon tend à faire de l'ombre à celle d'Héraclès, et c'est bien le sens du récit d'origine de ce culte. Peut-être est-ce à

50. Homère, *Il.*, XIV, 75-79.
51. Servius, à Virgile, *Én.*, II, 241. Ce sont les portes Scées de la tradition littéraire française.
52. Polyen, I, 3, 3.
53. Chanson de banquet, 16 Page (899 ; d'après Athénée, XV, 695*c*) ; voir Pindare, *Ném.*, III, 36-37 ; IV, 25-26 ; *Isthm.*, VI, 27-31 ; Diodore, IV, 32, 5.
54. Voir Hellanicos, n° 4, fr. 109 Jac., d'après schol. à Lycophron, 469, où l'autel élevé avec les pierres de la brèche est consacré à Héraclès Qui écarte le mal (Ἀλεξίκακος).
55. Apollodore, II, 6, 4.

cause de l'ancienneté et de l'éminente dignité de cette victoire qu'on a placé lors de la première prise de Troie l'invention de la coutume de distribuer un prix de bravoure. Une coupe pour Télamon, selon un auteur nommé Pisandre, peut-être le poète épique de Camiros[56]. C'est une récompense ou un ex-voto courant, néanmoins apprécié. Mais Télamon avait reçu un cadeau plus précieux encore : « Le premier des Grecs, Héraclès, le fils de Zeus, se mit à donner des prix de bravoure lorsqu'il eut pris Troie ; il lui [à Télamon] donna Hésioné[57]. » Les Athéniens, possesseurs de Salamine, ne se lassent pas de répéter la gloire des héros salaminiens, Télamon et son fils Ajax[58]. Mais Apollodore, à nouveau, fournit les détails : « Lorsqu'il eut pris la ville, abattant Laomédon et ses fils, sauf Podarkès, il donna à Télamon, comme prix de sa bravoure, Hésioné, fille de Laomédon. » Héraclès ne s'intéresse pas à Hésioné, qui aura l'humble sort d'une concubine. Les poètes comiques avaient là-dessus une explication toute prête. Dans l'*Hésioné* d'Alexis apparaît un Héraclès bâfreur et buveur, devenant insensible à la présence d'Hésioné, malgré la beauté de la jeune fille : « Dès qu'il a vu deux hommes apporter la table croulant de hors-d'œuvre variés, il a cessé de me regarder[59]. »

Héraclès a néanmoins, à l'égard de sa captive, une attention qui ménage l'avenir de Troie :

> Il lui permit de choisir, parmi les prisonniers, celui qu'elle voulait emmener. Hésioné ayant choisi son frère Podarkès, il lui dit qu'il fallait d'abord qu'il devînt esclave et qu'alors elle le recevrait en donnant quelque chose en échange. Lorsqu'on le mit en vente, la jeune fille ôta le voile de sa tête et le donna en échange. C'est pourquoi Podarkès fut appelé Priam[60].

Diodore explique les raisons pour lesquelles Héraclès aurait épargné Priam, dans une version à couleur historique : en débarquant, Héraclès envoya deux hérauts, Télamon et Iphiclos,

56. Athénée, XI, 783*c*, fr. 11 Bernabé, 8 Davies.
57. Xénophon, *Cynég.*, I, 9.
58. Sophocle, *Ajax*, 434-436, 1299-1303 ; Euripide, *Troyennes*, 799-819 ; Isocrate, *Évagoras* (IX), 16.
59. Fr. 89 Kassel-Austin, d'après Athénée, IX, 367*f ;* voir le fr. 88 (*ibid.*, XI, 470*e*).
60. Apollodore, II, 6, 4. « Priam » est rattaché à πρίαμαι, « j'achète ».

réclamer son dû ; Laomédon les mit aux fers, contre l'avis de Priam, qui leur procura deux épées, grâce auxquelles ils purent s'échapper ; en reconnaissance, Héraclès, avant de repartir, installa Priam sur le trône de Troie[61]. Le récit plus romanesque d'Apollodore, avec la scène du rachat par le voile, suivrait Hellanicos, dans cette partie comme plus haut, à propos de l'exposition d'Hésioné ou de l'entrée de Télamon dans Troie[62]. On peut s'interroger sur le sens de ce détail du voile dont la jeune fille se défait pour racheter Priam. Comme le voile est un attribut de la femme mariée ou sur le point de l'être, je verrais là un signe de la condition future d'Hésioné : dévoilée prématurément, elle ne sera pas épouse, mais seulement concubine, et le fils qu'elle donnera à Télamon, l'archer Teucros, sera considéré comme un bâtard.

Errances en mer Égée

D'après Istros, le disciple de Callimaque, Hésioné, déjà enceinte des œuvres de Télamon, s'enfuit du navire et arriva à la nage à Milet, depuis Lesbos (*sic*). Le roi de Milet, Arion, la découvrit cachée dans un bois, la recueillit et éleva comme le sien le fils auquel elle donna le jour, Trambélos, qui plus tard serait tué par son cousin Achille[63]. Priam aurait fait réclamer Hésioné, soit par Pâris qui aurait enlevé Hélène pour se dédommager, soit par Anténor[64] ; ou bien Priam aurait rendu visite à sa sœur à Salamine, et Anchise, à cette occasion, aurait fait un détour par l'Arcadie, où il aurait été reçu par Évandre[65].

C'est presque le hasard qui nous fait connaître un autre épisode insulaire de la légende d'Héraclès, aux abords de Troie. Il a dû sa relative et passagère popularité à un événement historique. En 447

61. Diodore, IV, 49, 6.
62. Lycophron, 337 et schol. ; voir Hygin, *Fable* 89, et Servius, à Virgile, *Én.*, I, 619 pour les noms successifs de Priam.
63. Lycophron, 467-475 et schol. à 467 (d'après Istros, n° 334, fr. 57 Jac.). Sur la fontaine Achilleion à Milet, où Achille s'était lavé les mains après le meurtre, voir Aristoboulos, n° 139, fr. 6 Jac. (dans Athénée, II, 43*d*). Euphorion plaçait à Lesbos l'histoire de Trambélos : fr. 27 Powell (= Parthénios, 26), s'inspirant de vers dont on possède maintenant une partie : fr. 415, I, 12-18 ou 19 *Suppl. Hell.* Le nom *Trambèlos* ressemble à un toponyme ; *Tarbèlos* est le nom de la montagne de Caunos, en Carie.
64. Pâris : Servius, à Virgile, *Én.*, X, 91 (d'où la schol. à Stace, *Achill.*, 21 ; myth. Vat., II, 199). Anténor : Darès, 4 et suiv. Pâris, Anténor et d'autres : Dracontius, *Rapt d'Hélène*, 220 et suiv.
65. Servius *auctus*, à Virgile, *Én.*, III, 80.

av. J.-C., Périclès envoya des colons athéniens s'installer sur l'île de Lemnos, dans le nord de la mer Égée, où vivait une population considérée comme non hellénique. Après cette date, on voit apparaître sur des vases attiques une scène de sacrifice offert par Héraclès, accompagné du jeune Philoctète, à la déesse Chrysé, qui avait un sanctuaire à Lemnos[66]. Chrysé était la déesse éponyme d'une île proche de Lemnos, qui avait disparu dans la mer avant l'époque de Pausanias (VIII, 33, 4). Une autre escale égéenne d'Héraclès, à Icaria, plus près de Cos, est rattachée par Apollodore à son retour de chez Omphale, donc aux conséquences du meurtre d'Iphitos ; elle sera étudiée avec celles-ci.

Mais, dans la carrière d'Héraclès, la prise de Troie a trouvé place dans un schéma solidement construit, selon une progression claire : un exploit héroïque avec la prise de Troie ; la lutte contre l'hostilité d'Héra au cours du voyage à Cos ; l'accueil du héros parmi les dieux, à la faveur de la Gigantomachie. Pindare place à la suite ces trois épisodes, comme Apollodore[67]. Les deux premiers étant déjà connus de l'*Iliade*, nous sommes ici dans les parties les plus anciennes de la légende d'Héraclès.

La venue d'Héraclès à Cos est mentionnée par Homère en deux passages complémentaires[68]. Dans le premier, Héra demande au dieu Sommeil d'endormir Zeus, après qu'elle aura fait l'amour avec lui, afin qu'elle puisse venir en aide aux Grecs, mis en difficulté par les Troyens. Sommeil hésite à accepter et rappelle à la déesse que, déjà, elle l'a circonvenu pour qu'il endorme Zeus ; elle en a profité alors pour déclencher une tempête, qui a séparé de sa flotte Héraclès revenant de Troie et l'a entraîné vers Cos. À son réveil, Zeus, furieux, aurait jeté Sommeil du haut du firmament dans la mer, si le dieu n'avait trouvé refuge auprès de Nuit (XIV, 250-261).

Sommeil, à qui Héra promet de donner pour femme une de ses jeunes et jolies suivantes, finit par se laisser convaincre. C'est Zeus qui, à son réveil, de nouveau furieux, rappelle à Héra comment il l'a punie la première fois : il a suspendu son épouse par des chaînes d'or, « en haut », « au firmament, dans les nuages » ;

66. K. Schefold et F. Jung, p. 194 et suiv. Ce sacrifice appartient en fait à la légende de Philoctète.

67. Pindare, *Ném.*, III, 36-37 ; IV, 25-30 ; *Isthm.*, VI, 27-35. Toutefois, dans la quatrième *Néméenne*, il ne termine pas exactement sur la Gigantomachie, mais sur le combat contre le géant Alkyoneus (v. 25-27).

68. Homère, *Il.*, XIV, 250-261 et XV, 18-30.

aucun dieu ne pouvait l'aider et ceux qu'il attrapait, Zeus les prenait par un pied et les lançait vers la terre depuis le seuil de l'Olympe. Quant à Héraclès, victime d'un violent coup de vent du nord, dérivant jusqu'à Cos, son père l'a protégé et ramené « vers l'Argolide nourricière de chevaux », après qu'il a accompli « bien des exploits »[69].

Ces exploits ne sont pas davantage précisés par Homère. Dans les *Catalogues* hésiodiques, « pour un mince motif », Héraclès à Cos ravage la ville du roi Eurypylos, qui a deux fils, Chalcôn et Antagoras. Puis il part pour Phlégra, où il tue les Géants[70]. Pindare évoque Héraclès, rabattu par le Zéphyr sur Cos alors qu'il est déjà dans les parages du Péloponnèse, tombant comme la foudre sur les Méropes, habitants primitifs de l'île[71]. Avant lui, les aventures à Cos ont dû être racontées par les poètes de la région, auteurs d'œuvres sur Héraclès, Pisandre de Camiros et Panyassis d'Halicarnasse (en face de Cos), mais nous ne savons sous quelle forme.

En 1976 furent publiés un commentaire par Apollodore d'Athènes et quelques vers d'un poème anonyme intitulé *Méropis* (épopée sur les Méropes, nom des premiers habitants de Cos), peut-être du VIe siècle. Héraclès y est aux prises avec un guerrier invulnérable, Astéros ; il essuie une fois de plus une défaite préalable et n'est sauvé, de justesse, que par Athéna[72]. Puis il écorche son adversaire pour utiliser sa peau comme une cuirasse. Le personnage d'Astéros, dont le nom évoque les Géants (l'un d'eux, nommé *Aster,* est victime d'Athéna), et le détail de la victime écorchée sont nouveaux[73]. Le récit d'Apollodore est ici relativement simple et proche à la fois des *Catalogues* et de la *Méropis :*

> Héraclès aborde à Cos ; les gens de Cos, croyant qu'il conduisait une troupe de brigands, cherchaient à le repousser, à coups de

69. Καὶ πολλά περ ἀθλήσαντα, 30 ; XV, 18-30. Voir I, 586-594 : Héphaistos est l'un des dieux qui, voulant aider Héra, ont été précipités par Zeus depuis l'Olympe. Malgré l'optatif de répétition en XV, 22, peut-être fut-il la seule victime.
70. Hésiode, fr. 43*a* Merk.-West, 58-65.
71. Pindare, *Hymnes*, fr. 33*a* Snell-Maehler, d'après Strabon, VII, fr. 57, et Quintilien, VIII, 6, 71.
72. F. Vian, « Gigantomachie et Héracléide », p. 134.
73. *Suppl. Hell.*, fr. 903*a; Poetae epici graeci,* p. 131-135 Bernabé. Les éditeurs du *Supplementum*, H. Lloyd-Jones et P. Parsons, font remarquer que le motif de la peau d'Astéros contamine la légende herculéenne du lion (du Cithéron ou de Némée), et la légende où Athéna, lors de la Gigantomachie, fait de la peau d'une de ses victimes son manteau, l'égide. Le bouclier consacré par Héraclès à Rhodes après cette victoire est revêtu de cuir (voir ci-après). — Aster : Aristote, fr. 637 Rose.

> pierres. Mais lui, de vive force, prend l'île de nuit et tue le roi Eurypylos, fils d'Astypalaia [éponyme de l'île immédiatement à l'ouest de Cos] et de Poseidon. Au cours du combat, Héraclès fut blessé par Chalcodon, mais Zeus l'enleva et il n'eut pas de mal[74].

Ce récit s'accorde avec la *Méropis* pour dire qu'Héraclès a d'abord été battu par ses adversaires, mais les présentations divergent.

Plutarque conserve une tradition locale encore différente. Héraclès a perdu dans la tempête cinq de ses six navires (c'est l'escadre que lui prête Homère) ; le sixième se brise sur la côte. Héraclès débarque, rencontre Antagoras, le fils du roi Eurypylos, qui garde les troupeaux de son père et, comme il a faim, lui demande un mouton. L'autre le provoque à la lutte. Pendant qu'ils sont aux prises, les Méropes viennent aux secours d'Antagoras, les compagnons d'Héraclès leur font face et la bataille devient générale. Héraclès a le dessous, il doit chercher refuge dans une cabane où habite une vieille femme thrace, qui le dissimule en lui faisant mettre une tunique et un chapeau de femme. Puis il retourne au combat et remporte la victoire, après quoi il s'unit à la fille du roi, Chalkiopé. En souvenir de l'abri que lui a donné la vieille, il revêt pour la circonstance un habit de femme, brodé ; et le prêtre de son temple, à Antimacheia, au centre de l'île de Cos, à son tour, lorsqu'il sacrifie, porte le même costume[75]. De cette union naît un fils, Thessalos, qui engendre Pheidippos et Antiphos, futurs chefs du contingent de Cos et d'îles voisines devant Troie[76].

Le nom de Thessalos évoque évidemment la Thessalie, mais la légende ne l'y rattache qu'au prix de nombreux détours. Après la guerre de Troie, ses deux fils émigrent et s'installent sur la côte ouest de la Grèce, à Éphyra de Thesprotie, terre anciennement conquise par leur ancêtre Héraclès[77]. Pheidippos a un fils, Aiatos, qui obtient, sans doute à Delphes, un oracle selon lequel la personne de sa famille qui traversera la première l'Achéloos sera la

74. Apollodore, II, 7, 1.
75. L'ensemble de ce récit dans Plutarque, *Questions grecques*, 58, 304*c* et suiv. ; voir 301*e*. Le lieu-dit Πύξα et le culte d'Apollon φύξιος (« des Fugitifs ») gardaient le souvenir de cette fuite : schol. à Théocrite, VII, 130.
76. Homère, *Il.*, II, 676-680, connaît l'ensemble de cette généalogie.
77. [Aristote], *Péplos*, 39 ; Strabon, IX, 5, 23 (444). Voir aussi Hérodote, VII, 176 ; schol. à Apoll. Rh., III, 1090 ; Velleius Paterculus, I, 1, 1.

maîtresse du pays. Sa sœur Polycleia l'accompagne et entend l'oracle. Au retour, lorsqu'ils arrivent au bord de l'Achéloos, elle fait semblant de s'être foulé une cheville. Aiatos prend Polycleia dans ses bras pour lui faire passer l'eau. Mais juste avant l'autre rive, la jeune fille bondit pour la toucher la première et s'exclame : « C'est moi le roi ! » Admirant une telle ingéniosité, Aiatos épouse sa sœur et ils ont un enfant, qu'ils appellent *Thessalos,* comme son arrière-grand-père [78]. Ils partent à la conquête de la terre que leur a promise l'oracle et l'enlèvent aux Béotiens, battus à Arné. La plaine s'appellera la « Thessalie ». Une autre version, beaucoup plus simple, fait de Thessalos le fils d'Haimôn et le petit-fils de Pélasgos [79].

Après la bataille de Cos, Athéna emmène Héraclès en Chalcidique, pour le faire participer au combat des dieux contre les Géants. Ils traversent la mer Égée du sud-est vers le nord-ouest. Cela ne laisse guère de place pour une escale à Rhodes. Or les dédicaces de Lindos montrent que, aux yeux des Rhodiens en tout cas, Héraclès était arrivé chez eux avec le butin fait à Troie et sur les Méropes. Les Lindiens conservaient en effet dans le temple d'Athéna deux boucliers consacrés par le héros à la déesse sa protectrice. Ils étaient à armature d'osier, revêtue pour l'un de cuir et pour l'autre de bronze, et portaient des dédicaces. Le bouclier de cuir était celui d'Eurypylos, roi des Méropes ; celui de bronze avait appartenu à Laomédon [80].

À Rhodes se situe l'épisode du bœuf de labour tué et mangé par Héraclès, raconté par Callimaque qui ne se soucie pas, semble-t-il, de le situer dans la vie d'Héraclès [81]. C'est le récit d'origine, très peu élaboré, d'une particularité rituelle. Lindos rendait un culte à Héraclès Dévoreur de bœufs : l'assistance couvrait d'injures le prêtre pendant qu'il sacrifiait un bœuf et festoyait en l'honneur d'Héraclès [82] (Βουθοίνα). Cela se passait près d'un mouillage portant un nom qui convient à Héraclès, un port de Lindos, Thermydrai (« Eaux chaudes » ; Apollodore). Débarqué à cet endroit, il avait demandé à manger à un laboureur. Comme le

78. Polyen, VIII, 44 ; Charax de Pergame, n° 103, fr. 6 Jac., dans Ét. Byz., *s.* Δώριον. Voir aussi Paus., dans Eustathe, à Homère, *Il.*, p. 331, l. 18 ; Zénobios, IV, 29 (vœu à Apollon Cataibasios). Comparer les rapports mythologiques entre Ambrakia et la région des Thermopyles, sous le patronage d'Héraclès, Nicandre, *Mét.*, dans Anton. Lib., IV.

79. Rhianos, fr. 25 Powell, dans schol. à Apoll. Rh., *loc. cit.*, et Ét. Byz., *s.* Αἱμονία.

80. Christian Blinkenberg, *La Chronique du temple lindien,* Copenhague, 1912 BV (99 av. J.-C.).

81. *Aitia*, I, fr. 22-23 Pf.

82. Le prêtre était seul à festoyer : Nonnos l'abbé, I, 56.

laboureur le lui refusait, Héraclès lui prit un bœuf, l'abattit et le dévora, tandis que, réfugié sur une hauteur, de loin, le paysan le couvrait de malédictions. Le héros ne fit qu'en rire et déclara qu'il n'avait jamais fait de festin plus agréable [83]. Peut-être à la suite de cet incident, une jeune fille de Lindos (la fille du laboureur ?), qui avait lancé des insultes au dieu invaincu [Héraclès] « se jeta du haut des rochers » — l'acropole de Lindos est très escarpée au-dessus de la mer. Mais l'allusion d'Ovide qui nous fait entrevoir cette péripétie était déjà obscure pour ses commentateurs anciens [84]. Les malédictions du Lindien ont donné un proverbe concernant l'impuissance [85]. L'épisode a été exploité par les Pères de l'Église [86].

Il est le doublet d'une scène analogue en Grèce centrale, où le laboureur anonyme est remplacé par le Dryope Theiodamas, qu'Héraclès sollicite pour lui-même et pour son fils Hyllos, tout petit, car là-bas Héraclès voyage en famille — de là vient à Rhodes, dans le récit de Conon, la mention du fils d'Héraclès Hyllos [87]. Mais les conséquences de deux incidents presque identiques seront très différentes. Ici la fondation d'un culte officiel d'Héraclès ; là-bas le prétexte à une guerre qui déracinera le peuple des Dryopes et libérera un territoire pour les Doriens. Seul Apollodore fait du paysan lindien un voiturier ; tous les autres témoins le donnent pour laboureur, détail important. On reconnaît peut-être le besoin qu'ont éprouvé les paysans grecs de justifier de manière cérémonielle l'abattage du plus précieux de leurs animaux domestiques, besoin qui a suscité un célèbre récit d'Hésiode où la faute est rejetée sur Prométhée, qui est du reste sévèrement puni par la suite [88]. De même origine est le rituel athénien des Bouphonia (« Meurtre du bœuf »), où la responsabilité est rejetée sur un objet, la hache qui a permis de tuer la bête [89].

83. Conon, *Récits*, 11, dans Photios, cod. 186 (n° 26, fr. 1, 11 Jac.). Récit schématique d'Apollodore, II, 5, 11.
84. Ovide, *Ibis*, 497-500 et scholies.
85. Zénobios, IV, 95 ; Diogénianos, VI, 15. Voir Ammien Marcellin, XXII, 12, 4.
86. Origène, *Contre Celse*, VII, 54 ; Lactance, *Div. inst.*, I, 21, 31-36 (*CSEL* XIX, 84 et suiv. et 689) ; Grég. Naz., *Disc.*, IV, 77, 103, 122 (*PG*, XXXV, 604, 640, 661) ; *Poèmes*, II, 2, 7, 278 (*PG*, XXXVII, 1573) et ses scholiastes.
87. Philostrate, *Tableaux*, II, 24 ; Ammien Marcellin, *loc. cit.* Voir ci-après, chap. XVII. Ces légendes ont été étudiées par Jean-Louis Durand, *Sacrifice et labour en Grèce ancienne. Essai d'anthropologie religieuse*, Paris, La Découverte, 1986, p. 149-159.
88. Hésiode, *Théog.*, v. 535-560.
89. Textes cités *in extenso* par R. Pfeiffer, *Kallimachos-Studien*, p. 90 et suiv. Conjecture inutile de Q. Cataudella, à propos d'un détail donné par Philostrate (le paysan avait jeté des pierres à Héraclès), sur une lapidation rituelle à l'origine, remplacée par des malédictions (*Riv. Fil.*, 12, 1934, p. 65).

Le combat contre les Géants

Cette nouvelle scène de gloutonnerie fait figure d'incident et reste extérieure au grand dessein qui va poser Héraclès en auxiliaire des dieux olympiens. Conduit par Athéna, il se rend de Cos jusqu'en Chalcidique, sur la péninsule occidentale de Pallène-Phlégra, où il participe à la bataille des Olympiens contre les Géants. Il est le mortel, seul, non plus à la tête d'une armée, dont les dieux ont besoin pour triompher[90]. Archer en surnombre, il combat sur le char de Zeus, envoyant des flèches pendant que ce dernier lance la foudre, et cela constitue un présage de son apothéose : « Il mena le cortège de la belle victoire avec les dieux[91]. » De tous les participants à ce combat c'est lui qui est glorifié le plus souvent, avant même Athéna[92]. Cet ensemble marqué par une gradation, de la première prise de Troie aux combats contre les Méropes à Cos, pour finir par ceux de Chalcidique, a dû être composé à une date ancienne[93] ; attesté bien avant celui qui mène Héraclès au bûcher de l'Oita, il présente tous les éléments nécessaires à la divinisation, y compris les tribulations imposées par Héra. A deux extrémités de la mer Égée, les différentes batailles sont liées : Poseidon, poursuivant depuis Pallène le Géant Polybôtès, l'écrase sous un rocher qui tombe près de Cos et forme l'île de Nisyros.

L'adversaire d'Héraclès est Alkyoneus, qui ne peut pas mourir tant qu'il reste sur la terre qui lui a donné naissance : chaque fois que les flèches du héros l'abattent, il se relève, avec une nouvelle vigueur. De là sans doute la remarque de Pindare : « Et les mains d'Héraclès ne ménagèrent pas la corde au son grave de son arc. » Sur le conseil d'Athéna, il faut que le héros traîne son adversaire

90. F. Vian, « Gigantomachie et Héracléide », p. 133, n. 13. Apollodore, I, 6 (d'où Tzetzès, à Lycophron, 63), dont la version très archaïque est riche en détails que je ne reproduis pas tous. Dans la schol. à Pindare, *Ném.*, I, 101, les dieux ont besoin de deux demi-dieux pour triompher, Héraclès et Dionysos. Localisation des géants : schol. à Lycophron, 526.

91. Euripide, *Héraclès*, 177-180, et des vases archaïques. Voir Hésiode, *Théog.*, 950-955, d'après l'interprétation de M.L. West *ad loc.*, suivi par F. Vian, p. 132 ; Pindare, *Ném.*, I, 67-72.

92. F. Vian, *loc. cit.*, p. 131.

93. Il se trouvait dans les *Catalogues* hésiodiques, fr. 43*a*, 61-65 Merk.-West ; la *Méropis, Suppl. Hell.*, n° 903*a* ; chez Éphore, n° 70, fr. 34 Jac. ; Strabon, VII, fr. 25 ; Apollodore, I, 6, et Dionysios, *Gigantiade*, en particulier fr. 71-79 Livrea.

hors de sa région natale, la presqu'île de Pallène, pour en venir enfin à bout. Mais le combat d'Héraclès contre Alkyoneus n'est pas toujours présenté dans le cadre de la guerre des dieux contre les Géants. Il peut s'agir aussi d'un combat individuel, et la popularité ancienne de cette vision est bien illustrée par les peintures de vases archaïques. Alkyoneus est un bouvier[94] ; il a volé les vaches du Soleil qui paissaient à Érytheia (c'est, on s'en souvient, le nom de l'île de Géryon). Le combat se passait parfois à l'isthme de Corinthe, et non plus à l'isthme de Thrace (Pallène/Phlégra). Alkyoneus, d'un jet de pierre, écrasait douze quadriges des alliés d'Héraclès, avec chevaux et passagers : on retrouve le thème de la défaite préalable[95]. Les vases montrent une tout autre scène : Alkyoneus endormi à côté de ses bêtes, et c'est ainsi qu'Héraclès le surprendra. Sur l'un des plus beaux, il s'approche du géant assoupi ; il tient encore de la main gauche son arc et une flèche, mais sa droite a déjà tiré l'épée dont il va l'occire. Héraclès affronte ces dangers accompagné par Télamon[96].

C'est en récompense de ces exploits qu'il obtient la main d'Hébé (comme, dans une version peut-être plus tardive, Cadmos obtient celle de la déesse Harmonie en récompense de l'aide qu'il a apportée à Zeus contre Typhée), ce qui fut le prétexte d'une pièce d'Épicharme, *Le Mariage d'Hébé*[97].

Vengeances et maraudes dans le Péloponnèse

L'expédition contre Augias est bien différente de celle contre Troie. Certes, elle est également punitive, puisqu'elle résulte du litige survenu après le nettoyage des étables, et elle présente Héraclès en chef d'armée[98]. Mais elle n'a pas le caractère triomphal de la victoire sur Laomédon, « modèle » de la prise

94. Pindare, *Isthm.*, VI, 32-35 ; Apollodore, *loc. cit.*, pour le vol des troupeaux.
95. Pindare, *Ném.*, IV, 27-30. Ce sont les scholies *ad loc.* qui placent le combat dans l'isthme de Corinthe. On y voyait la pierre lancée par Alkyoneus (le rocher de l'Acrocorinthe ?). Mais quelle est la valeur de cette tradition ?
96. Schol. à Apoll. Rh., I, 1289. Epicharme avait composé une comédie, *Alkyoneus.* Pour le vase, K. Schefold et F. Jung, fig. 233-234 (coupe du peintre d'Alkyoneus, après 500, Genève, coll. R. Boehringer). Le géant avait des filles qui, depuis la pointe de Pallène, se jetèrent dans la mer et furent transformées en oiseaux, les alcyons (sur l'origine desquels il existe d'autres légendes) : Hégésandros de Delphes (auteur hellénistique), *FHG*, IV, fr. 46 Müller, dans Bekker, *Anecdota graeca*, 377, 25 ; *Souda, s.* Ἀλκυονίδες ἡμέραι.
97. Pindare, *Ném.*, I, 67-72.
98. Étude d'ensemble dans C. Robert, p. 538-544.

d'une ville. La situation d'Héraclès est ici moins enviable : il a dû abandonner Tirynthe pour se réfugier à Phénéos, à la suite du meurtre d'Iphitos (qui sera raconté au chapitre suivant) ou pour une autre raison.

> Peu de temps après, il part en expédition contre Augias, ayant réuni une armée d'Arcadiens et reçu en renfort des volontaires pris parmi les héros de la Grèce. Augias, apprenant qu'Héraclès lui faisait la guerre, établit comme généraux des Éléens Eurytos et Ctéatos, soudés de naissance l'un à l'autre, qui dépassaient les hommes d'alors par la force ; ils étaient les enfants de Molioné et d'Actor ou, disait-on, de Poseidon. Actôr était le frère d'Augias[99].

Les deux Molions sont évoqués par Nestor dans l'*Iliade.* Le vieillard les dépeint comme « jeunes encore et peu aguerris » dans un épisode incompatible avec la légende racontée dans ce chapitre, car ils auraient dû être tués, ainsi qu'Augias, par Héraclès avant les combats qu'il raconte. Une autre fois, se flattant peut-être un peu, il explique que, dans sa jeunesse, personne ne le battait aux concours sportifs, sauf les Molions à la course de chars[100]. Il les caractérise simplement comme des jumeaux. Ibycos de Rhégion les décrit. C'est Héraclès qui parle : « J'ai tué les garçons aux blancs chevaux, les enfants de Molioné, du même âge, aux têtes pareilles, au corps unique, l'un et l'autre nés dans un œuf d'argent » (fr. 4 Page). Homère les appelle « les deux Molions », d'un vieux mot qui voulait probablement dire « combattants » et dont le sens était perdu. On a réinterprété plus tard ce nom comme un matronyme[101]. Dans les vers d'Ibycos, les Molions ont quelque analogie avec les Dioscures, eux aussi jumeaux meneurs de blancs chevaux, issus d'un œuf[102].

Or les Molions sont vainqueurs d'Héraclès. Cette défaite, qui surprenait Carl Robert, n'est pas la seule que le héros ait eu à subir : « Le combat contre Kycnos a mis en déroute même le très violent Héraclès », rappelle Pindare avant d'évoquer le combat contre les Molions[103]. Il ne faut voir là nulle « tendance antido-

99. Apollodore, II, 7, 2.
100. Homère, *Il.*, XI, 709 et suiv. ; XXIII, 638-642. Homère semble ignorer les démêlés d'Augias et des Molions avec Héraclès. Voir p. 229 et 328.
101. Wackernagel, *KZ*, 23 (1877), p. 302 et suiv., cité par C. Robert, p. 538, n. 5 et 6.
102. Id., p. 538-540. Ménoitios, père de Patrocle, est aussi un fils d'Actor, donc un frère ou demi-frère des Molions : Pindare, *Olymp.*, IX, 69-72.
103. *Ibid.*, X, 15-16.

rienne », contrairement à ce que pensait le savant, attribuant aux Grecs la même exploitation nationaliste de leurs traditions qu'aux Allemands et aux Français d'après 1870. Il n'y a pas de raison de penser que la version primitive comportait une victoire directe du héros. « Les Molions arrogants lui pillèrent son camp de Tirynthiens, installé au fond de l'Élide[104]. »

Héraclès s'enfuit avec ses troupes. Chez Apollodore, malade, il apparaît hors d'état de secourir ses hommes : « Il se trouva qu'Héraclès tomba malade au cours de l'expédition ; c'est pourquoi il conclut une trêve avec les Molionides. Par la suite, ceux-ci s'aperçurent qu'il était malade, attaquèrent son armée et lui tuèrent beaucoup de monde. » C'est peut-être la maladie qui le frappe après le meurtre d'Iphitos. Ce costaud est aussi un fragile, et le « mal d'Héraclès » désignait l'épilepsie.

Pausanias apporte à ces textes de précieux compléments topographiques. Une victime des Molions était enterrée, avec son cheval, sur l'hippodrome d'Olympie, là où l'on rendait un culte au démon Trouble-chevaux, Taraxippos[105]. Mais c'est à Phénéos qu'on montrait, à l'extérieur de la ville, à 15 stades environ (3 kilomètres) sur la route de Pellène, près d'un temple d'Apollon Pythien, les tombes des compagnons d'Héraclès morts pendant la guerre contre les Molionides. Parmi eux figuraient Télamon et Chalcodon, au dire du moins des Phénéates, auxquels Pausanias refuse d'accorder créance[106]. En ville même, sur une colline près du stade, au pied de l'acropole, on montrait aussi les tombes d'Iolaos et d'Iphiclès, le neveu et le demi-frère du héros, en spécifiant qu'Iphiclès avait été blessé par les Molions : « les fils d'Actor, appelés du nom de leur mère Moliné ». Iphiclès avait été soigné, puis enseveli à Phénéos, par un certain Bouphagos (« Mangebœuf ») et sa femme Prômné ; le nom de Mangebœuf est tout à fait héracléen et évoque le concours avec Lépréos (voir ci-après) ; c'est aussi un nom de fleuve, « le Dévorant »[107]. Ailleurs encore, on montrait les tombes des hommes d'Héraclès victimes de la furie guerrière des Molions, et il y en avait plus sans doute

104. *Ibid.*, X, 31-34.
105. Paus., VI, 20, 16. Un certain Daméon de Phlionte, mais son identité et son origine n'étaient pas assurées.
106. Id., VIII, 14, 9-10 ; 15, 5-6. Quelles étaient les origines de ce Chalcodon ? Le nom est attesté dans la légende en Béotie ou en Eubée, ainsi qu'à Cos, adversaire d'Héraclès qui le blesse (voir ci-dessus).
107. M. Jost, *Sanctuaires et cultes d'Arcadie,* p. 418-419.

que nous n'en connaissons. C'est ainsi que Pausanias mentionne, à Dymé d'Achaïe, la tombe d'un jeune amant d'Héraclès, sans préciser la cause de sa mort. Or on a retrouvé sur le site une dédicace en vers, pas trop abîmée, à un certain Polystratos : « Salut, ô le plus beau des beaux adolescents, Polystratos, honoré plus que tous par Héraclès le Fort, toi qui jadis fus dompté par la lance des bouillants fils de Moliné ! » Puis le poème rappelle que le jeune homme a rassemblé une armée pour aider Héraclès et que celui-ci, après sa mort, a mené le deuil, pleurant, gémissant, coupant sa chevelure, ce que dit aussi Pausanias. L'inscription a dû être gravée vers 219 av. J.-C., alors que les gens de Dymé avaient grand besoin d'un défenseur contre les incursions de leurs voisins d'Élide au sud et d'Étolie au nord[108]. Lors de la même défaite, Héraclès lui-même avait fui jusqu'à la source dite « Délicieuse » (*Bady*) du Bouprasion, dans un riche terroir aux frontières de l'Élide et de l'Achaïe, près de Dymé[109]. De là, disait-on, le proverbe : « Contre deux, pas même Héraclès[110] ! » Une autre explication remontait, on l'a vu, à la lutte contre l'hydre de Lerne.

Les Molions chassèrent donc Héraclès de l'Élide, mais Héraclès eut sa revanche sur ses propres terres, non loin de Némée, dans le pays de collines où se rencontrent la Corinthie et l'Argolide, au piémont oriental de l'Arcadie. « Plus tard, lorsqu'on célébra pour la troisième fois les concours isthmiques, les Éléens envoyèrent les Molionides prendre part aux sacrifices ; Héraclès leur tendit une embuscade à Cléônai et les tua[111]. » Or les Molions étaient inviolables en tant qu'ambassadeurs des Épéens et Pindare, dans la dixième *Olympique*, a soin de présenter un combat à visage découvert, sur la route[112]. La mère des Molions fit diligence pour identifier le meurtrier de ses enfants. Les Éléens demandèrent justice aux Argiens, qui refusèrent, puis se tournèrent vers les Corinthiens pour qu'ils excluent les Argiens des concours isthmiques. Sur leur refus, Moliné maudit ceux d'entre ses compa-

108. Georg Kaibel, *Epigr.*, 790. Le poème est du style d'Alcée de Messène. Paus., VII, 17, 8, appelle le jeune homme Sostratos, par confusion avec un Sostratos dont il parle à la page suivante ; la concordance des détails par ailleurs ne rend pas douteuse l'identification.

109. Schol. à Platon, *Phédon*, 89*c*. Sur la localisation du Bouprasion, voir Strabon, VIII, 3, 8 (340) et R. Baladié, *Le Péloponnèse de Strabon*, p. 67-68 et 177-178.

110. Voir ci-dessus, p. 212.

111. Apollodore, II, 7, 2, comme la citation suivante. Voir aussi Diodore, IV, 33, 3 ; schol. à Platon, *Phédon*, 89*c*.

112. Remarque de G. Karl Galinsky, *The Herakles Theme*, Oxford, Blackwell, 1972, p. 32.

triotes qui voudraient y prendre part. Et les Éléens, par la suite, s'en abstinrent. Les raisons de cette absence faisaient l'objet de discussions dont Pausanias et Plutarque gardent l'écho[113]. Une fois les Molions éliminés, Héraclès s'empare sans mal de l'Élide, massacrant Augias et ses enfants, disent d'un commun accord Diodore et Apollodore, ce qui n'était pas la version de l'*Iliade*, pour qui le fils de Phyleus règne dans l'île de Doulichion, cependant que l'Élide est gouvernée par les descendants d'Augias, des Molions et d'Amarynkeus. Pausanias propose un arrangement humanitaire : Héraclès remet à Phyleus l'Élide, ainsi que les prisonniers, parmi lesquels Augias, auquel Phyleus ne fait évidemment pas de mal. Phyleus reste dans la province le temps de rétablir l'ordre, puis retourne à Doulichion, en laissant sur le trône son père, qui meurt de vieillesse ; un autre de ses fils lui succède[114].

Les débuts des concours olympiques

Mais la grande affaire de cette campagne était certainement pour les Grecs l'institution des concours olympiques : « Il institua aussi les concours olympiques, fonda l'autel de Pélops et bâtit six autels pour les douze dieux », dit Apollodore. L'histoire du guet-apens tendu aux Molions pourrait refléter une rivalité entre les concours isthmiques et olympiques — ils sont célébrés aux limites opposées de la zone géographique des six premiers travaux. Or Olympie et Némée sont des concours héracléens, non pas l'Isthme. Les concours de l'Isthme sont présentés ici comme plus anciens que ceux d'Olympie, qui, de surcroît, ont été fondés par un sacrilège qui ne respecte pas les ambassadeurs. L'origine des Olympiades est racontée aussi par Pindare[115]. Les fêtes données par Héraclès lors de sa victoire sur Augias et sur les Molions constituent leur première célébration. Héraclès lui-même se présenta à l'épreuve de lutte. Personne n'osant relever le défi, Zeus prit forme humaine et affronta son fils. La lutte fut longtemps égale, jusqu'à ce que le

113. Paus., V, 2 en entier ; Plutarque, *Sur les oracles*, 13 (400*e*).
114. Comparer Homère, *Il.*, II, 615-630, et Paus., V, 3, 2-4. Voir ci-dessus, p. 227.
115. Pindare, *Olymp.*, X, 24-77 ; allusion, *ibid.*, II, 5-6. Les derniers détails donnés par Apollodore sont pris à Pindare, *loc. cit.*, X, 24-25.

dieu se démasquât ; ou bien Zeus se laissa vaincre et Héraclès prit le titre de *Palaimon*, « Lutteur »[116].

La victoire d'Héraclès sur Augias, parce qu'elle est liée à l'origine des concours olympiques, figurait au livre III des *Aitia* de Callimaque, qui s'ouvrait sur l'évocation des concours néméens. Comme le pays était dépeuplé après la guerre, Héraclès avait marié les veuves de l'Élide à ses propres soldats[117]. De là, disait-on, venait une coutume éléenne : le fiancé se rendait en armes chez sa promise[118]. Une autre explication au repeuplement de l'Élide complète heureusement celle qui vient d'être donnée : les femmes avaient prié Athéna de les rendre mères dès qu'elles s'uniraient à un homme. Athéna les ayant exaucées, on lui fonda un sanctuaire où elle était invoquée comme « Mère »[119].

C'est à l'occasion de cette revanche qu'Héraclès attaqua le peuple de Lépréos, les Caucônes (en Triphylie)[120]. Lépréos était le fils ou le petit-fils de Poseidon et il s'était opposé au héros lors de son litige avec Augias[121]. Héraclès et Lépréos se réconcilièrent sur l'intervention de la mère de ce dernier, Astydameia, fille de Phorbas, et se livrèrent un concours comportant le lancer du disque, puis des épreuves plus originales : puiser de l'eau, à qui aurait mangé un bœuf le premier. Lépréos perdit chaque fois. Pausanias, qui rapporte une tradition locale, ne parle que d'une seule épreuve, manger chacun un bœuf entier, et accorde le match nul à Lépréos. Lépréos, contrarié, s'arma et provoqua Héraclès en duel ; il succomba (Athénée). Cette légende semble avoir été populaire au IVe siècle, où les auteurs comiques cultivent l'image d'Héraclès glouton. Elle figurait dans deux *Éloge d'Héraclès* de cette époque, par Matris de Thèbes et Caucalos de Chios, le frère

116. Lycophron, 40-42 ; Nonnos, *Dion.*, X, 373-377, avec le commentaire de Gisèle Chrétien *ad loc. ;* Tzetzès, à Lycophron, 41 (détails sur les concours olympiques) et 663 (pour le titre *Palaimon*) ; *Etym, Magn.*, *s.* κήρ.

117. La légende est expliquée par les schol. A à Homère *Il.*, II, 629 et XI, 700.

118. Callim., fr. 76-77*a* Pf.

119. Paus., V, 3, 2. Contrairement à ce que dit R. Pfeiffer au fr. 77, ce n'est pas forcément une légende différente de la précédente (et si Callimaque et Pausanias se complètent au lieu de s'opposer, il est possible qu'Augias et ses fils soient restés en vie d'après le poète aussi).

120. Dans la même région, en direction de l'Arcadie, se trouve la cité de Phigaleia, dont l'éponyme Phialô avait été aimée d'Héraclès : voir le début de ce chapitre.

121. Le fils : schol. à Callim., *H.*, I, 39 ; le petit-fils : Athénée, X, 412*a*. Exposés détaillés et identiques des faits chez Athénée, X, 412*a-b*, et Élien, *Var. hist.*, I, 24, remontant à un commentateur alexandrin de Callimaque, Zénodotos (n° 19, fr. 1 Jac. ; sur ce dernier, voir R. Pfeiffer à Callim., fr. 200*a* et 662). Divergences chez Paus., V, 5, 4.

de Théopompos[122]. Au concours, ils ajoutent une épreuve de boisson. Nous sommes ici dans le monde de la parodie. Le vrai triomphe qui achève la campagne péloponnésienne d'Héraclès, ce sont bien sûr ces premiers concours, à Olympie, qui virent Zeus lui-même descendre dans l'arène et se laisser vaincre par son fils. Là encore, comme, après la prise de Troie, lors de la bataille contre les Géants, Héraclès entre de plain-pied dans le monde des dieux.

122. Matris (chez Athénée) est cité aussi par Diodore, I, 24, 4 (voir ci-dessus, chap. X, p. 178. Nous ne savons à peu près rien de lui, sauf qu'il se nourrissait de baies de myrte ; peut-être disciple d'Isocrate, il composa un *Éloge d'Héraclès* (n° 39 Jac.).

XVI

Le crime

Il peut sembler étrange d'intituler ce chapitre « Le crime ». Comme si c'était le premier... Même si l'on écarte des agressions que la conscience antique réprouvait moins que la nôtre, il reste au moins, à la charge d'Héraclès, l'assassinat de ses enfants, qui est bien aussi grave que celui d'un hôte et ami. Mais si la mort d'Iphitos reste *le* crime d'Héraclès, c'est en raison de ses conséquences. Elle précipite le héros dans la position la plus dégradante où il se soit trouvé, vendu comme esclave, et en même temps elle ouvre la voie à son apothéose, à travers des affaires complexes où il apparaît moins que jamais à son avantage...

À l'origine se placent les mariages d'Héraclès. D'abord l'échec du premier, avec la Thébaine Mégara, fille du roi Créon. Après le meurtre de ses enfants, il ne peut plus vivre avec la mère de ceux-ci, et il donne donc Mégara à son neveu Iolaos (Apollodore, II, 6, 1). Les Douze Travaux ont été accomplis par un homme seul, qui n'a plus de famille[1]. Une fois libéré, Héraclès cherche à se remarier. Or la légende lui offre non pas une épouse, mais deux : Déjanire et Iole. C'est pour cela que dans cette partie de son existence il est difficile de restituer, ou de donner, une cohérence chronologique à la biographie du héros.

L'une de ces épouses lui a été promise dans l'Hadès : c'est Déjanire. Lorsqu'il est allé chercher Cerbère, il a éprouvé une telle admiration pour un héros défunt qu'il a voulu sceller leur amitié en épousant sa sœur ; les frères jouent un rôle important dans les mariages d'Héraclès, ainsi Iphitos dans sa tentative d'épouser Iole

1. Rappelons que seul Euripide, dans *Héraclès*, place les Travaux avant le meurtre. Dans le poème hellénistique intitulé *Mégara*, l'épouse d'Héraclès ne s'est pas séparée de lui malgré le meurtre : voir ci-dessus, p. 168.

Héraclès rencontre Déjanire à Calydon, en Étolie (Grèce de l'Ouest), où il doit la disputer au dieu-fleuve Achéloos. Quant à l'autre épouse, Iole, elle est la fille de son maître en archerie Eurytos[2]. Héraclès se met de son propre mouvement sur les rangs pour obtenir sa main — elle a été promise au vainqueur d'un concours de tir à l'arc contre le père et ses fils, avec l'arme redoutable d'Eurytos. Plus tard, passé à Ulysse, cet arc sera celui qui devra permettre de remarier Pénélope[3]. Héraclès gagne le concours, mais Iole lui est néanmoins refusée à cause du crime qu'il a commis contre les enfants de son premier mariage[4]. Seul parmi les fils d'Eurytos, Iphitos prend le parti du prétendant. Eurysthée et Eurytos, le roi de Tirynthe et le roi d'Oichalia, sont les deux grands partenaires et ennemis d'Héraclès. Les peintres de vases nous révèlent des moments oubliés de cette légende : sur un amusant cratère corinthien du Louvre, peint vers 590 av. J.-C., Héraclès, attablé avec Iphitos et Eurytos, se relève sur le coude au passage d'Iole, qu'il regarde avec intensité. Un siècle plus tard, sur une coupe du peintre de Panaitios, c'est une rixe, également dans le décor d'une salle de banquet ; Iphitos a pris à Héraclès son arc, Eurytos lui a pris sa massue, et le héros, auquel il reste ses poings, est en train de boxer un troisième adversaire. Sophocle aussi, dans *Les Trachiniennes,* se livre à des variations sur le thème du banqueteur scandaleux[5].

Où était Oichalia ? À la différence de Mycènes, de Tirynthe ou même de sites secondaires comme Phénéos, la ville avait disparu ; nuls restes imposants ne fixaient avec certitude son emplacement, qui était un sujet de discussion dans l'Antiquité, comme l'explique Strabon[6]. À la suite d'Apollodore d'Athènes dans son commentaire au *Catalogue des vaisseaux,* il distingue entre différentes Oichalia[7]. Dans la Grèce historique, plusieurs sites passaient pour

2. Sur les dons d'Eurytos, Homère, *Od.*, VIII, 224-228 ; Apoll. Rh., I, 86-89 et Hygin, *Fable* 14, 8, font de Clytios et Iphitos, fils d'Eurytos, des Argonautes et racontent, d'après Homère, qu'Eurytos a voulu rivaliser avec Apollon au tir à l'arc (voir ci-dessus, chap. X).

3. Homère, *Od.*, XXI, 11-41 ; Apollodore, II, 6,1, et schol. à Sophocle, *Trach.*, 266. Le mot pour « concours » est le même que pour les Travaux d'Héraclès, ἆθλον, chez Apollodore.

4. Apollodore, *loc. cit.* ; Diodore, IV, 31, 2.

5. Cratère corinthien à colonnettes, musée du Louvre, E 635 ; coupe du peintre de Panaitios, New York, Met. Mus., 12.231.2. Sophocle, *Trach.*, 268 et suiv. Comparer Héraclès aux prises avec un nommé Ops, qu'on a voulu rattacher à la famille d'Eurytos, hydrie du peintre de Cléophradès, musée du Louvre, G 50. Voir K. Schefold et F. Jung, p. 219-221.

6. Strabon, IX, 5, 17 (438), commentant Homère, *Il.*, II, 729, sur la région de Tricca

7. Strabon, VIII, 3, 6 (339) ; IX, 5, 17 (438).

avoir porté ce nom, mais en général en avaient changé. Des principaux sites en lice pour le titre de l'Oichalia légendaire d'Eurytos et d'Iole, l'un est en Thessalie, proche de Tricca ; les Thessaliens le retrouvaient dans le village d'Eurytion, qui paraissait dérivé du nom du roi d'Oichalia[8]. C'était le candidat d'Apollodore et d'un autre critique d'Homère, Aristarque. L'hypothèse thessalienne ne convainc pas Strabon. Un autre est en Eubée, sur le territoire d'Érétrie[9]. C'est ce dernier qui est l'Oichalia des poètes, de Créophylos à Sophocle. Une autre Oichalia était Andania, en Messénie, aux confins de l'Arcadie, dans une région où les toponymes d'origine thessalienne sont nombreux. Phérécyde, à ce propos, se distinguait de la tradition épique sur deux points : Oichalia se trouve dans le Péloponnèse ; Héraclès tue seulement les fils d'Eurytos, laissant le roi se réfugier en Eubée[10]. Et il demande Iole en mariage non pour lui, mais pour son fils ; ainsi la morale est sauve et Déjanire n'a plus de raison d'être jalouse. Une autre Oichalia était en Étolie[11].

Héraclès, lorsqu'il cherche à épouser Iole, est retiré à Tirynthe. C'est là aussi qu'il tue Iphitos[12]. Puis il reprend sa vie errante. Il est difficile d'évaluer la durée du répit que lui a procuré ce séjour au pays de ses pères.

Le meurtre d'Iphitos

Le mariage d'Héraclès et d'Iole est une longue entreprise, vouée finalement à l'échec, puisque Héraclès mourra avant de l'avoir épousée. Les deux grandes péripéties de cette tentative sont le meurtre d'Iphitos et le rapt d'Iole. Entre les deux, s'entrelacent une série d'aventures, directement reliées au meurtre (guerre contre Nélée, servitude chez Omphale), découlant de rencontres plus anciennes (les vengeances, contre Laomédon à Troie, contre Augias en Élide, qui viennent d'être racontées) ou fortuites (le massacre des enfants d'Hippocoon).

8. Homère, *Il.*, II, 596 et 730 ; Strabon, VIII, 3, 6 (339), se référant à Démétrios de Skepsis ; Paus., IV, 2, 3 ; 33, 4-5, pour le village d'Eurytion. Voir R. Baladié, *Le Péloponnèse de Strabon*, p. 47, n. 12.

9. Strabon, IX, 5, 17 (438) et Paus., *loc. cit.*, d'après Créophylos ; localisation à Érétrie, dans le secteur de Skios, par Hécatée de Milet, n° 1, fr. 28 Jac., dans Paus., *loc. cit.*

10. Phérécyde, n° 3, fr. 82*a* Jac., dans schol. à Sophocle, *Trach.*, 354.

11. Strabon, X, 1, 10 fin (448). Une dernière (?) Oichalia, sur le territoire de Trachis (*ibid.*) ne semble pas connue par ailleurs.

12. Diodore, IV, 31 ; Apollodore, II, 6, 1.

Le meurtre d'Iphitos, le seul des frères d'Iole qui ait appuyé la demande en mariage présentée par Héraclès, est un épisode clé de la composition de l'ensemble. C'est le crime qu'Héraclès expiera le plus durement. Il est attesté dès l'*Odyssée*. Iphitos a perdu douze juments, qui allaitaient des mules. Tout en cherchant ses bêtes, il passe dans le sud du Péloponnèse où il rencontre Ulysse et, pour sceller avec lui des liens d'hospitalité, lui offre l'arc qu'il tient de feu son père, qui le tient lui-même d'Apollon [13]. Puis il arrive chez Héraclès, qui le reçoit dans sa demeure et à sa table ; ensuite, bien qu'Iphitos soit protégé par les lois de l'hospitalité, Héraclès le tue et garde les juments. Cette version, ainsi présentée, n'implique pas forcément qu'il les a volées : d'après une scholie au passage, il est simplement le receleur d'Autolycos, le plus malin des voleurs, le grand-père d'Ulysse, établi dans le Parnasse. Homère se garde de dire qu'Héraclès est l'auteur du vol ; il affirme seulement que le meurtre lui permet de conserver les bêtes, et il insiste sur le crime commis contre l'hospitalité [14]. Iole se trouve ici complètement en dehors de l'affaire.

Une version parallèle, transmise par Sophocle dans *Les Trachiniennes* et, sous une forme plus complète, par Diodore, relie au mieux les démêlés successifs d'Héraclès avec son ancien maître en archerie. Héraclès en personne vole les juments, qui appartiennent à Eurytos et non à Iphitos, pour se venger d'avoir été évincé quand il a demandé la main d'Iole. Ce dernier point est passé sous silence chez Sophocle (v. 260-269), de manière bien compréhensible : le spectateur est informé de l'histoire à travers un récit fait à Déjanire, que l'on veut ménager en lui cachant sa disgrâce ; le messager évite donc toute allusion à Iole et se contente d'évoquer diverses humiliations qu'Eurytos infligeait à Héraclès : à un dîner, comme il était ivre, il l'avait fait jeter dehors.

Quant au vol, Iphitos soupçonne Héraclès et va le trouver à Tirynthe. Là, Héraclès l'emmène sur une haute tour, pour qu'il inspecte la campagne avoisinante et tâche d'y découvrir ses bêtes ; Iphitos doit reconnaître qu'il ne les aperçoit pas ; Héraclès lui

13. Ce sera le fameux arc du concours de tir et du massacre des prétendants, à la fin de l'*Odyssée*.

14. Homère, *Od.*, XXI, 11-41, et schol. au v. 22. Il est curieux qu'une tradition de Phénéos raconte comment Ulysse parcourt le Péloponnèse à la recherche de ses juments, qui lui ont été volées, les retrouve à Phénéos et y fonde un culte à Artémis Trouve-chevaux (*Heurippa*), Paus., VIII, 14, 5-6. Les beaux pâturages de la haute plaine de Phénéos convenaient bien à l'élevage des chevaux ; voir M. Jost, *Sanctuaires et cultes d'Arcadie*, p 35-36, 287 et 410-411.

reproche alors d'avoir menti en l'accusant de vol et le jette du haut de la tour[15]. Le meurtre d'Iphitos entraîne l'exil d'Héraclès et des siens, à Phénéos, comme on l'a vu, ou bien, chez Sophocle qui abrège, directement à Trachis[16].

Ce meurtre est présenté sous un jour très différent chez Apollodore : pour ce dernier, sans ambiguïté, l'auteur du vol est Autolycos et il n'est plus question de recel. Ce sont des vaches, non des juments, qui ont été volées (cette variante paraît propre à Apollodore), et Iphitos prend devant son père la défense d'Héraclès injustement soupçonné. « Il va trouver Héraclès, le rencontre revenant de Phères où il avait sauvé Alceste, qui était morte pour Admète, et lui demande de l'aider à chercher les vaches. Héraclès le lui promet et le reçoit chez lui, mais, à nouveau pris de folie, il le jette du haut des murs de Tirynthe » (Apollodore). Par rapport aux récits déjà examinés, on a l'impression qu'Apollodore veut donner une version des faits plus favorable à Héraclès, qui vient d'accomplir un de ses exploits les plus méritoires (le secours porté à Alceste est ici une aventure autonome). De plus, Héraclès n'est pas le voleur et ne saurait être rendu responsable d'un crime commis dans un accès de folie.

Pour se débarrasser de la souillure qu'il a contractée, Héraclès est entraîné dans une série d'aventures. En effet, les conséquences du crime sont doubles : à l'égard des dieux, Héraclès doit se soumettre à une purification (et trouver quelqu'un qui consente à la lui administrer). Il doit d'autre part offrir une compensation à Eurytos, le père de la victime, qui du reste la refusera. La première de ces exigences l'amène à des expéditions punitives contre ceux qui ont refusé de l'aider : c'est la suite des dévastations du Péloponnèse. La seconde l'astreint à une punition que subissent d'autres personnages mythiques coupables de meurtre (Apollon après le meurtre des Cyclopes, chez Admète) : une période de servitude à l'étranger auprès d'Omphale, à qui il sera vendu comme esclave, l'argent de la vente constituant le dédommagement d'Eurytos.

L'ordre de ces deux opérations paraît variable. La servitude chez Omphale précède immédiatement la mort d'Héraclès chez Sophocle ; d'après la Table Albani c'est le « tout dernier » de ses « autres exploits (*parerga*)[17] ». Mais les biographes que nous

15. Sophocle, *Trach.*, 269-273 ; Diodore, IV, 31, 1.
16. Sophocle, *loc. cit.*, 38-40.
17. *Ibid.*, 69-72 ; Table Albani, *IG*, XIV, 1293, *e*, 1. 18 (dernière ligne de cette partie).

avons suivis en général, Apollodore et Diodore, la placent avant toute une série de campagnes. Il me paraît préférable de ne pas trop séparer cette ultime expiation d'Héraclès et sa mort-apothéose, et c'est pourquoi nous étudierons d'abord le châtiment des derniers ennemis du héros dans le Péloponnèse, avant de gagner définitivement la Grèce centrale, où se jouent les dernières scènes de sa vie.

Diodore et Apollodore fournissent en substance les mêmes détails . « Voulant être purifié du meurtre, [Héraclès] va chez Nélée — c'était le souverain de Pylos. Nélée le repousse, à cause de son amitié pour Eurytos [on ne sait pas à quoi tient cette amitié] ; il va à Amyclées, où il est purifié par Déiphobos, fils d'Hippolytos. » Amyclées sera ensuite son refuge lors de sa campagne contre Sparte, dont les maîtres ont pris parti pour Nélée.

Massacre en Messénie

Voici donc venu le temps de nouvelles maraudes péloponnésiennes[18]. Héraclès se venge de ceux qui l'ont humilié. Il marche contre Pylos parce que Nélée n'a pas voulu le purifier du meurtre d'Iphitos[19]. Cette campagne est évoquée dès l'*Iliade*. Nestor dit qu'Héraclès a tué tous les meilleurs guerriers du royaume et les douze fils de Nélée, sauf lui. Il n'explique pas pourquoi, car ce sont les conséquences de la campagne qui lui importent. Nélée lui-même en réchappe dans l'*Iliade*, mais non plus chez Apollodore, qui l'inclut dans le massacre. Les *Catalogues* hésiodiques précisaient que Nestor (le plus jeune) était alors en voyage, à Gérénia, en Messénie[20].

L'aîné de ces fils était Périclyménos, auquel Poseidon, leur grand-père (père de Nélée), avait accordé de se métamorphoser à

18. C. Robert, p. 535-537.

19. Apollodore, II, 6, 2, 3 et les schol. BT à Homère, *Il.*, XI 690 ; après le meurtre d'un Trachinien anonyme, schol. à Pindare, *Olymp.*, IX, 43, voir 44*c* ; simplement « demandant à être purifié », schol. A à Homère, *loc. cit.* Divers autres motifs sont proposés par Agias et Derkylos, *Chronique d'Argos*, n° 305, fr. 1 Jac. ; Télésarchos, *Argol.*, n° 309, fr. 1 Jac. (ces auteurs d'après les schol. BT à l'*Il.*, *loc. cit.*).

20. Homère, *Il.*, XI, 690-693 ; [Hésiode], *Catal.*, fr. 34 et 35, v. 7-8 Merk.-West. Voir Paus., III, 26, 8. Les fils de Nélée : liste dans les *Catal.*, fr. 33, v. 9-12 ; chez Apollodore, I, 9, 9, avec des variantes mineures ; différente, sauf les noms de Périclyménos et Nestor, schol. BT à Homère, *Il.*, XI 692. Apollodore, II, 7, 3, suit les *Catalogues.*

volonté — en aigle, fourmi, abeille ou serpent[21]... Il se jouait ainsi de ses adversaires, par la volonté d'Athéna. Mais quand Héraclès attaqua Nélée, Athéna abandonna Périclyménos ; alors qu'il était posé, sous la forme d'une abeille, sur la bosse du joug du char d'Héraclès, Athéna l'indiqua au héros et le lui fit abattre d'une flèche — ce qui représente, me semble-t-il, un exploit de tir à l'arc. Périclyménos mort, Héraclès put piller la ville et assassiner les autres fils de Nélée[22]. Sur la manière dont Périclyménos avait été tué, les opinions variaient. Selon le poète Euphorion, transformé en mouche et posé sur l'aiguillon du héros, il aurait été écrasé d'un coup de massue, sans que l'aiguillon en fût cassé, peut-on supposer[23]. Selon Ovide, Périclyménos, transformé en aigle, avait labouré de ses serres et de son bec le visage d'Héraclès, mais Héraclès l'abattit d'une flèche à la jointure de l'aile, alors qu'il planait (préparant une nouvelle attaque) ; dans cette version peu favorable à Héraclès, l'exploit redevient banal. Chez Nonnos, qui veut lui aussi rabaisser la gloire d'Héraclès, Périclyménos-abeille est tout simplement écrasé par le héros entre deux doigts[24].

C'est alors aussi qu'Héraclès blessa d'une flèche Hadès, qui était « à Pylos parmi les morts », expression énigmatique, dont nous pouvons essayer de deviner comment Pindare, à défaut d'Homère, la comprenait : « Et Hadès ne garda pas immobile sa baguette, par laquelle il fait descendre vers les allées d'en bas les mortelles dépouilles des mourants[25]. » Hadès était en train de faire descendre dans son royaume les troupes d'Héraclès, ce qui paraît plus vraisemblable que de supposer qu'il aidait les Pyliens à la tête d'une armée de morts. Le thème de la forte mortalité parmi les troupes d'Héraclès, au cours de ses expéditions, apparaît ici en filigrane. Pausanias a vu à Élis le sanctuaire d'Hadès, ouvert un jour par an seulement. Hadès, qui n'est adoré nulle part ailleurs, reçoit là un culte en mémoire de l'aide qu'il apporta aux Pyliens (Pylos étant identifiée avec la ville de ce nom située en Élide, et

21. Apoll. Rh., I, 156-160. Poseidon était parfois donné comme le père de Périclyménos : schol. A à Homère, *Il.*, II, 336 ; Philodème, *Sur la piété*, 128, p. 49 Gomperz.

22. Les détails sur Périclyménos proviennent des *Catal.* hésiodiques, fr. 33*a* et *b* et 35 Merk.-West.

23. Euphorion, fr. 64 Powell, avec les renseignements complémentaires fournis par la schol. à Apoll. Rh., I, 156, qui le cite.

24. Ovide, *Mét.*, XII, 555-572 ; Nonnos, *Dion.*, 43, 247-249. Selon Hygin, *Fable* 10, la métamorphose en aigle permet à Périclyménos d'échapper au massacre, par une faveur de Poseidon, et Héraclès ne tue que dix fils de Nélée.

25. Homère, *Il.*, V, 395-397 ; Pindare, *Olymp.*, IX, 33-35, trad. J.-P. Savignac modifiée. Voir aussi Sénèque, *Herc. fur.*, 560 et suiv.

non en Messénie), comme allié, lors de l'invasion d'Héraclès aidé par Athéna. Le roi de Pylos, Nélée, porte un nom, Νηλεύς, « Impitoyable », qui est un qualificatif d'Hadès. Héraclès blessa peut-être aussi Héra[26]. Les dieux étaient en effet venus défendre Pylos : Poseidon, Hadès, Apollon, selon Pindare ; Arès, dit l'auteur du *Bouclier*[27]. À ce dernier Héraclès, par trois fois, a fait mettre genou à terre en frappant son bouclier d'un coup de lance ; la quatrième fois, il a planté sa lance dans la cuisse du dieu de la guerre, qui est tombé face contre terre. Il y a sans doute là un souvenir des exploits de Diomède face aux dieux, au chant V de l'*Iliade*.

De tous les enfants de Nélée un seul survit, Nestor, tout comme à Troie un seul des fils de Laomédon, Priam, survit au passage d'Héraclès. Les saccages d'Héraclès paraissent annoncer la disparition des grandes cités à la génération suivante, qui détruira Thèbes, puis Troie. Ils préfigurent ainsi la fin de la race des héros[28]. Plus tard, les Héraclides revendiqueront Pylos comme une conquête de leur ancêtre, qui n'avait fait que la remettre en dépôt à Nestor. Il y aurait eu une réconciliation entre Héraclès et les enfants de Nélée, jurée sur des quartiers de sanglier, au lieu dit depuis le « Tombeau du sanglier » — Pausanias oublie que les enfants sont tués et qu'il ne peut s'agir que des petits-enfants[29].

Dans l'*Iliade*, Nestor raconte longuement comment Augias et les Éléens profitèrent alors de la faiblesse des Pyliens pour les malmener. Augias confisque quatre chevaux de course et le char que Nélée avait envoyés concourir en Élide. Nélée lui vole du bétail en représailles, une bataille rangée s'ensuit, où le jeune Nestor fait ses premières armes ; l'Élide est totalement envahie[30].

Héraclès marche ensuite contre Lacédémone, parce que les enfants d'Hippocoon, roi de cette ville, ont soutenu Nélée. C'est du moins l'explication d'Apollodore et de Pausanias, dont les récits se complètent et qui introduisent un motif secondaire : les

26. Paus., VI, 25, 2-3. Héra blessée : c'est ce qu'on avait déduit, dès le poète Panyassis, du fait que cet épisode est mentionné dans l'*Iliade* juste avant la blessure infligée à Hadès (V, 392-394).

27. Pindare, *Olymp.*, IX, 29-35 ; *Bouclier*, 359-367, ainsi que Panyassis, fr. 21 Bernabé, 6A Davies.

28. Hésiode, *Travaux*, 161-165.

29. Paus, II, 18, 7 ; IV, 15, 8.

30. Homère, *Il.*, XI, 670-762. Dans la version courante, la campagne d'Héraclès contre Augias a lieu avant celle qui est dirigée contre Nélée, et les Molions y sont adultes, alors qu'ils sont encore jeunes et peu aguerris dans le récit de Nestor, v. 170 ; de plus, Héraclès finit par les tuer, ainsi qu'Augias.

fils d'Hippocoon ont aussi tué le fils de Likymnios avec leurs gourdins lacédémoniens (des *scytales*), parce que, attaqué par un de leurs molosses, il avait jeté une pierre à l'animal et l'avait assommé. Pausanias précise que le malheureux cousin d'Héraclès était un adolescent, nommé Oiônos, dont on montrait la tombe près du sanctuaire d'Héraclès, au village dit « Les Platanes »[31].

La tradition locale s'intéressait surtout au litige entre Hippocoon et son frère Tyndare, à l'expulsion injuste de Tyndare et à l'alliance conclue entre celui-ci et Héraclès, qui lui permettait de retrouver sa place. C'est probablement dans cette optique que l'expédition était évoquée par Alcman de Sparte[32] ; les débris de ses poèmes peuvent être complétés par les indications prosaïques et explicites de Pausanias. Hippocoon, avec l'aide de ses vingt fils, chasse Tyndare, qui n'en a que deux, Castor et Pollux (et peut-être même sont-ils nés en exil)[33]. La victime se réfugie soit dans le nord de la Laconie, à Pellana, soit en Messénie, auprès d'un autre frère[34].

Une fois de plus, Héraclès ne triomphe pas sans difficulté. Les fils d'Hippocoon parviennent à blesser le héros, qui doit battre en retraite. En Élide aussi, lors du premier engagement, il avait dû fuir ; lui-même était tombé malade, Iphiclès avait été blessé par les Molions et était mort de sa blessure à Phénéos[35]. À Sparte, Iphiclès est tué sur place. La double mort d'Iphiclès dénote clairement le démarquage d'un épisode sur l'autre. Mais les défaites inaugurant des campagnes qui seront victorieuses ne sont certainement pas des ajouts récents. Elles contribuent plutôt à faire d'Héraclès un modèle non seulement de guerrier, mais encore de chef qu'un revers initial ne saurait décourager.

Héraclès est blessé et doit battre en retraite furtivement en direction de Thérapné. Cette indication suggère qu'il se dirige vers Amyclées, chez l'ami qui a accepté de le purifier du meurtre d'Iphitos. Une fois guéri, il fonde, au passage de l'Eurotas, un temple d'Asclépios Cotyleus. Selon Alcman et son commentateur Sosibios de Laconie, la blessure aurait été reçue à l'avant-bras ou à

31. Apollodore, II, 7, 3 ; Paus., III, 15, 4-5.

32. Né en 672-668, il serait le plus ancien des poètes lyriques : *Souda*, *s.* Alcman, *test.* 1 Campbell.

33. Paus., III, 26, 2, s'appuyant sur Alcman, fr. 23 Page-Campbell.

34. Id., III, 1, 4 et 21, 2.

35. Id., VIII, 14, 9-10 ; voir ci-dessus, p. 316. Même doublet à propos d'Oiōnos (ci-dessus, n. 31 et p. 343, n. 4).

la main[36]. Elle est donc relativement bénigne. Mais le terme employé (*cotyle*, « creux »), désigne surtout, à la hanche, l'articulation de la tête du fémur : un combattant touché au cotyle a très peu de chances de se retirer vivant du champ de bataille, une telle blessure l'empêchant absolument de se tenir debout — outre qu'elle est très douloureuse. Cela devait être la tradition de Tégée, qui conservait, dans le foyer commun des Arcadiens, une statue d'Héraclès où l'on voyait sa plaie au-dessus de la cuisse, ce qui correspond à une blessure du cotyle. Tégée fait figure de base arrière d'Héraclès, comme Phénéos lors de ses tentatives contre l'Élide[37].

C'est peut-être après ce premier échec qu'Héraclès sollicite un allié qui n'a pas moins de fils qu'Hippocoon, l'Arcadien Képheus :

> Arrivé en Arcadie, il demande à Képheus de se joindre à lui, avec ses vingt fils. Mais comme Képheus craignait que, s'il quittait l'Arcadie, les Argiens attaquassent le pays, il refusa de se joindre à l'expédition. Héraclès, qui avait reçu d'Athéna, dans un pot à eau de bronze, une boucle de la Gorgone, donne cette boucle à Stéropé, la fille de Képheus, en lui disant que, si une armée survenait, elle mettrait les ennemis en déroute en brandissant trois fois cette boucle du haut des murailles, sans regarder devant elle.

Il est curieux que Képheus porte le même nom que le père d'Andromède et qu'il obtienne d'Héraclès une boucle de la Gorgone[38].

Seule la deuxième attaque permet à Héraclès de tuer Hippocoon et ses enfants[39]. Dans ce qui reste de son poème, Alcman énumère les fils d'Hippocoon, roi de Sparte, tués par Héraclès — dix sur

36. Sosibios, IIIe av. J.-C., n° 595, fr. 13 Jac., cité par Clém. Alex., *Protr.*, 36, 2, dans un passage riche en traditions péloponnésiennes, laconiennes en particulier. Voir les scholies à Clément, *loc. cit.*, II, p. 308 Stählin, citant Alcman. Elles se réfèrent certainement au fr. 1 Page-Campbell, dont elles précisent le contenu (fr. 15 Bergk, non reproduit par les derniers éditeurs). Euphorion aussi évoquait cette légende, dans le *Thrax*, fr. 29 Powell, d'après les mêmes scholies.

37. Paus., VIII, 53, 9. Même interprétation sur un disque de marbre à Munich : *LIMC*, IV, *s.* Herakles, n° 1597. Il y avait aussi un temple d'Athéna Aléa (la déesse de Tégée) sur la route de Sparte à Thérapné.

38. Apollodore, II, 7, 3. C. Robert, p. 237, s'appuyait là-dessus pour reconstituer une première version de la légende de Persée, qui se serait déroulée à l'intérieur du Péloponnèse. L'explication est vraisemblablement différente. Voir Claude Rolley, « Le cheveu de Méduse », *Rev. ét. gr.*, 1971, juill-déc., p. XIX-XX.

39. Paus., III, 15, 5 et 19, 7.

vingt. Képheus meurt avec ses fils au cours du combat, tous sauf trois, précise Diodore[40]. À la suite de quoi Tyndare, frère cadet d'Hippocoon, allié d'Héraclès, avec ses fils Castor et Pollux (et leurs sœurs Hélène et Clytemnestre), peut s'installer sur le trône de Sparte[41]. Cet ancien droit de conquête légitime les prétentions ultérieures des Héraclides.

Héraclès vainqueur fonde un sanctuaire en l'honneur d'Héra, pour la remercier de ne pas s'être opposée à lui, pour une fois. Faute d'autre victime, il lui sacrifie des chèvres, d'où l'épithète d'Héra « Mange-chèvres », à Sparte, unique dans le monde grec, souligne Pausanias[42].

L'infortune d'Augé

C'est à l'occasion de son passage à Tégée qu'Héraclès viole Augé[43]. Il s'agit bien d'un viol, à la brutalité sans détour. Dans les représentations, Augé résiste avec des gestes pathétiques à un Héraclès qui est souvent montré ivre. Les souverains de Pergame ont adopté cette légende, prenant le fils d'Héraclès et d'Augé pour ancêtre mythique, et l'ont fait sculpter sur la frise intérieure de l'autel de Zeus. Mais elle avait déjà une longue histoire. Hécatée de Milet l'avait racontée, Sophocle et Euripide l'avaient mise en scène dans des pièces perdues. Au IVe siècle av. J.-C., elle avait été évoquée par un orateur, Alcidamas, originaire d'Élaia, le port de Pergame[44]. La version dynastique sculptée à Pergame deux cents ans plus tard est encore différente et plus raffinée. Il vaut la peine, en la rapportant, d'indiquer le garant antique de chaque variante, qui permet de se rendre compte du développement arborescent de récits qui ont suivi la fortune des Attales.

Aléos, le roi de Tégée, apprend d'un oracle que sa fille aura un fils qui tuera ses oncles maternels. Il la voue donc à la virginité et en fait une prêtresse d'Athéna (Alcidamas). Lors de ses fréquents passages à Tégée, Héraclès séduit la jeune fille, qui devient sa maîtresse (Hécatée dans Pausanias, VIII, 4, 9). Ou bien, pris de

40. Alcman, fr. 1 Page et Campbell ; Diodore, IV, 33, 6.
41. Apollodore, II, 7, 3. Apollodore ne dit pas combien il meurt d'enfants d'Hippocoon et Képheus, sans doute par imprécision du résumé.
42. Αἰγοφάγος, Paus., III, 15, 9.
43. Voir M. Jost, *Sanctuaires et cultes d'Arcadie*, p. 372.
44. Alcidamas, *Ulysse*, 14-16, p. 179-181 Blass (à la suite d'Antiphon).

vin, Héraclès la viole (Alcidamas), alors qu'elle va à la fontaine au nord du temple d'Athéna (la tradition locale d'après Pausanias, VIII, 47, 4), sans savoir qui elle est [45]. Ou bien, alors qu'elle va accomplir un sacrifice à Athéna, Héraclès l'aperçoit et s'en éprend (version de l'autel de Pergame, qui ne laisse pas deviner comment cet amour impossible s'accomplit).

Augé dissimule sa grossesse puis son accouchement et élève son fils à l'intérieur du temple dont elle est la prêtresse. Cette impureté attire sur le pays une épidémie, l'enquête menée par Aléos fait découvrir le bébé. L'enfant, exposé sur le mont Parthénios, est sauvé grâce à une biche qui le nourrit et des bergers qui l'élèvent et lui donnent un nom, Télèphe. Quant à Augé, son père la livre à un capitaine de vaisseau, Nauplios, pour qu'il la vende à l'étranger. C'est Teuthras, roi de Mysie, en Asie Mineure, qui achète Augé et l'épouse [46].

Ou bien Aléos, découvrant la grossesse de sa fille, la fait emmener par un capitaine qui a l'ordre de la noyer en mer ; chemin faisant, la jeune fille accouche à genoux, comme le faisaient les femmes grecques [47]. Ou bien, après la naissance, Aléos surprend la mère et l'enfant et les met tous les deux dans un coffre qu'il jette à la mer et qui est porté par les courants jusqu'en Mysie, où Augé épouse le roi (Hécatée). Il adopte Télèphe comme son fils (Strabon, XIII, 1, 69 ; 615). Ou bien seule Augé est mise dans le coffre (autel de Pergame) et le roi de Mysie l'adopte comme fille (Hygin, *Fable* 99). Pendant ce temps, dans le Péloponnèse, la déesse de l'Arcadie en personne et Héraclès veillent sur l'enfance du petit Télèphe, allaité par une lionne et non plus une biche (autel).

Télèphe adolescent arrive à la cour d'Aléos, où il n'est pas reconnu. Conformément à l'oracle, il tue ses oncles maternels (ce seul point chez Hygin, *Fable* 244). Aléos comprend alors qui il est et l'envoie par le monde chercher quelqu'un qui veuille le purifier : les savants suppléent cette partie de la légende, pour laquelle les sources ont disparu. Télèphe arrive en Mysie, obser-

45. Apollodore, II, 7, 4. Autant qu'on voie, Tzetzès, à Lycophron, 206, ne fait que suivre le mythographe.

46. Apollodore, exploitant au moins en partie une tradition locale. Voir Paus., VIII, 48, 7, et 54, 6.

47. Tradition locale en rapport avec le surnom de la déesse des accouchements Eileithyia à Tégée, « Augé à genoux », Paus., VIII, 48, 7.

vant le silence de rigueur quand on a contracté une souillure grave, et son mutisme devint proverbial[48].

Ou bien, Télèphe, recueilli et élevé comme s'il était son fils par un roi nommé Corythos, une fois grand veut savoir qui est sa mère ; il se rend à Delphes et l'oracle lui ordonne d'aller en Mysie, chez le roi Teuthras. Il se rend là-bas, se fait reconnaître, reçoit l'accueil le plus chaleureux, épouse la fille du roi qui n'a pas d'héritier mâle et lui succède sur le trône (Diodore, IV, 33, 11-12).

Ou encore, Télèphe, étranger inconnu à la cour de Teuthras, est prié d'aider à repousser une invasion : le roi lui promet son royaume et sa « fille » Augé (Hygin, *Fable* 100 et autel de Pergame, qui n'évoque pas le meurtre des oncles). Mais Augé veut rester chaste et décide de tuer au soir de leurs noces le mari qu'on lui impose. Épée en main, elle s'apprête à accomplir le crime lorsqu'un serpent gigantesque se dresse entre elle et sa victime (autel et Élien, *Histoire des animaux,* III, 47). Épouvantée, elle lâche son arme, Télèphe se rend compte de la tentative, veut à son tour la tuer. Dans son désespoir, elle invoque Héraclès qui l'a violée jadis, le responsable de ses malheurs. Télèphe comprend d'après ses paroles qui elle est en réalité : non pas la fille du roi de Mysie, mais la jeune fille d'Arcadie qui lui a donné le jour. Télèphe la ramène dans sa patrie (Hygin). Elle reste prêtresse d'Athéna en Mysie et Télèphe devient roi du pays (l'autel)[49].

L'une de ces versions au moins, celle de la *Fable* 100 d'Hygin, est sans aucun doute le résumé d'une tragédie. Mais laquelle, il serait imprudent de le dire... Cet enchaînement de variantes permet surtout de situer parmi les autres la version en quelque sorte officielle à Pergame, écrite sous le double signe du romanesque et de la décence.

Mais revenons à Héraclès, que nous avons laissé, au terme violent et amer de ses vengeances, toujours sous le coup de la punition divine pour la faute que constitue le meurtre d'Iphitos. Car le fait d'avoir été purifié par les hommes n'entraîne pas qu'il ait expié au regard des dieux. « Souffrant d'une grave maladie à cause du meurtre d'Iphitos, il va à Delphes demander la guérison. Comme la Pythie ne lui répond pas, il veut piller le temple et

48. Sophocle, *Mysiens*, dans Aristote, *Poétique*, 24, 1460*a*, 32 ; *Parœmiogr. gr.*, I, 212 Leutsch-Schneidewin ; poètes comiques, Alexis, dans Athénée, X, 421*d* ; Amphis, *ibid.*, VI, 224*de*.

49. Sur Héraclès à Pergame, voir L. Robert, *Rev. phil.*, 1977, p. 64-68 (*Op. Min.*, V, p. 404 et suiv.) et 1984, 7-18 (*Op. Min.*, VI, p. 457-468).

emporter le trépied pour se faire un oracle à lui. Apollon se bat contre lui et Zeus lance la foudre entre eux. » Diodore, qui ne parle pas de la lutte avec Apollon, enchaîne sur la vente d'Héraclès à Omphale[50]. Cette lutte est l'un des motifs favoris de l'art archaïque, un des plus anciens dans l'iconographie des légendes. Pour Plutarque, le vol du trépied serait le signe d'une conversion d'Héraclès au savoir, dans sa maturité, après qu'il a délivré Prométhée et fréquenté les écoles de Chiron et d'Atlas[51]. L'interprétation courante était celle d'une insulte faite à Apollon[51]. Le trépied fut transporté à Phénéos ; plus tard, les deux demi-frères se réconcilièrent et fondèrent Gytheion, sur la côte de Laconie[53].

Héraclès aux pieds d'Omphale

> Quand [Apollon et Héraclès] eurent été séparés de cette manière [par la foudre, après la contestation sur le trépied], Héraclès reçut un oracle qui disait qu'il guérirait de sa maladie quand il aurait été vendu, aurait passé trois ans en servitude[54] et donné à Eurytos l'argent obtenu, en compensation du meurtre. L'oracle rendu, Hermès mit Héraclès en vente [à travers ses épreuves, Héraclès devient de plus en plus proche des dieux]. C'est Omphale, fille de Iardanos, qui l'acheta, la reine des Lydiens, à qui son mari Tmôlos, en mourant, avait laissé le pouvoir. Eurytos n'accepta pas l'argent qu'on lui apportait.

Seul Hygin considère la servitude comme une expiation pour le meurtre de ses enfants (*Fable* 32). Omphale est présentée comme une veuve, sauf chez Diodore, qui en fait une jeune fille, παρθένος. Héraclès arrive chez elle « malade à la suite de ses travaux ». Deux rivières de Lydie, l'Akélès et l'Hyllos, lui fournissent des bains chauds et le guérissent. En reconnaissance, il donnera leurs noms à ses enfants : Hyllos au fils qui lui naîtra de Déjanire, Akélès ou Achélès à celui qu'il aura d'Omphale

50. Apollodore, II, 6, 1-3 (ce texte et le suivant) ; Diodore, IV, 31-5-6. Cette lutte fait l'objet de quelques allusions : schol. à Pindare, *Olymp.*, IX, 43 ; Cicéron, *De natura deorum*, III, 16, 42 ; Hygin, *Fable* 32 ; Servius, à Virgile, *Én.*, VIII, 300.
51. Plutarque, *Sur l'* « *E* » *de Delphes*, 6 fin (387*d*). Voir ci-dessus, p. 297.
52. Id., *Disparition d'oracles*, 7 (413*a-b*).
53. *Délais de la vengeance divine*, 12 (557*c* et 560*d*) ; Paus., III, 21, 8 (fondation de Gytheion) ; VIII, 37, 1 ; X, 13, 7-8.
54. Même précision chez Hérodoros, n° 31, fr. 33 Jac., dans la schol. à Sophocle, *Trach.*, 253.

(Panyassis) ou d'une esclave d'Omphale (Hellanicos)[55]. Les inventeurs de ces variantes sont sans doute ceux qui plaçaient le pays de Géryon en Lydie, dans les mêmes parages[56]. Le séjour d'Héraclès chez la reine est l'occasion d'une deuxième série d'exploits contre des malfaiteurs, plus comparables toutefois par leur groupement géographique à ceux de Thésée sur le chemin d'Athènes qu'à l'ensemble des Douze Travaux.

À l'origine, Omphale réside en Grèce centrale, et toute l'histoire de ses relations avec Héraclès s'y inscrit aisément[57]. C'est ainsi que le fils qu'elle a d'Héraclès, Lamos, est l'éponyme de la ville de Lamia, dans la vallée du Spercheios[58] ; les Cercopes, brigands de grand chemin originaires d'Oichalia, rôdent aux Thermopyles[59] ; Syleus cultive ses vignes sur les pentes du Pélion, les Itônes, tribu de pillards dont Apollodore ne parle pas, sévissent en Phthiotide[60]. Les deux Cercopes, trouvant Héraclès endormi, voulurent lui dérober ses armes[61] ; ils furent attrapés vivants par le héros et rapportés par lui comme du gibier, accrochés tête en bas aux extrémités d'une perche qu'il tenait sur l'épaule. Celui qui était derrière se mit à rire en voyant les fesses velues d'Héraclès, car leur mère leur avait dit de se méfier de « l'Homme au cul noir » (*Mélampygos*). Puis tous les deux rirent et Héraclès finit par les relâcher[62]. De là le proverbe « rencontrer un cul noir » — les

55. Panyassis, fr. 20 Bernabé, 17*a* et *b* Davies, dans les schol. à Homère, *Il.*, XXIV, 616*b* et à Apoll. Rh., IV, 1149-1150 ; Hellanicos, n° 4, fr. 112 Jac., dans Ét. Byz., *s.* Akélès. La schol. à Apoll. Rh. mentionne deux fils d'Héraclès nommés Hyllos. L'un d'eux est fils de Déjanire, l'autre de Mélité, fille d'une rivière de Corcyre. Contrairement à Jacoby, j'adopte dans Étienne de Byzance la correction de Saumaise, « esclave d'Omphale » (les manuscrits portent 'Ομφαλίδος).

56. Paus., I, 35, 7-8, région de Téménou Thyrai. Autres traditions héracléennes en Lydie dans *Mythologie et géographie*, p. 106-111. Héraclès en Asie Mineure : voir aussi la légende de Lityersès en Phrygie et Héraclès-Sandon à Tarse, *ibid.*, p. 114 et 175-176.

57. Wilamowitz, selon Tümpel, dans *Myth. lex.*, III, 1, 1871 ; A.S. Arvanitopoullos, *Rev. phil.*, 1911, p. 289-293, publiant une inscription relative à un différend frontalier entre deux cités des Dolopes, Angeiai et Ctiméné, qui se prévalent toutes les deux du culte d'Omphale ; G. Herzog-Hauser, *Real-Enc.*, 1939, *s.* Omphale, col. 387. On a pensé aussi la localiser en Épire, voire en Macédoine, sans indices vraiment probants, me semble-t-il (voir C. Robert, p. 589-591).

58. Ovide, *Héroïdes*, IX, 54 ; Ét. Byz., *s.* Lamia.

59. Hérodote, VII, 216 : les « sièges des Cercopes » là où le défilé est le plus étroit, ainsi que la « pierre du Cul-noir » (voir ci-dessous). Ils sont dans la région d'Éphèse chez Apollodore. Chez Diodore, il s'agit d'un peuple. Diotimos d'Adramytteion (*Suppl. Hell.*, 394) donne leurs noms, Olos et Eurybatos (*Souda*, *s.* Eurybatos) ou Sillos et Tribalos (Xénagoras, dans la schol. à Lucien, 42. *Alex.*, 4, p. 180 Rabe). Les Cercopes sont aussi mentionnés par Cratinos, *Les Archiloques*, fr. 12, *Com. Att. Fragm.* I, p. 15. Ils évoquent les Dryopes leurs voisins de l'ouest, voir le chapitre suivant.

60. Diodore, IV, 31, 7.

61. Ce détail chez Nonnos l'abbé, schol. à Grég. Naz., *Invective*, I, 39 Westermann et Brock.

62. Tzetzès, *Chiliades*, 74 et suiv. ; Eustathe, à Homère, *Od.*, XIX, 247, p. 1864.

fesses blanches passaient au contraire pour indiquer la lâcheté[63]. Le motif burlesque d'Héraclès et des Cercopes pendus à la perche a été souvent représenté par l'art grec. Chez Apollodore non plus ils ne sont pas tués, mais seulement ligotés. Chez Phérécyde ils étaient pétrifiés. Sur un vase, Héraclès les apporte dans une cage à Eurysthée. Chez d'autres, transformés en singes, ils occupent les îles Pithécoussai (Ischia), dans la baie de Naples[64].

L'histoire de Syleus est un peu plus complexe. Il contraignait les passants à piocher ses vignes. Héraclès arracha les ceps, y mit le feu et tua le vigneron avec sa fille Xénodoké (« Hospitalière ») ; cette version est commune à Apollodore et, sans mention de la fille, à Diodore[65]. Dans une version illustrée sur trois vases du ve siècle av. J.-C., Héraclès a dû recevoir l'ordre de piocher la vigne ; mais il se met à arracher les ceps et dévaste le vignoble ; une jeune fille, sans doute la fille du propriétaire, s'enfuit en courant, emportant la peau de lion et la massue du héros. Sur l'autre face du vase, Syleus, un bandeau royal autour du front, l'air perplexe, entend le rapport d'un jeune homme fébrile, en vêtement court et chapeau de soleil, tenant deux javelots à la main[66].

Euripide donna un surcroît de célébrité à la légende par son drame satyrique *Syleus :* d'après cette pièce, Héraclès n'a pas été vendu à Omphale, mais directement au vigneron qui, peu enthousiasmé par l'acquisition de ce gaillard d'allure princière, se laisse persuader par Hermès. Mal lui en prend : Héraclès, après avoir arraché les ceps, en fait un feu de joie. Puis, mis en appétit, il sacrifie à Zeus le meilleur bœuf de Syleus, ouvre sa meilleure jarre de vin, arrache la porte de sa demeure pour s'en faire une table de banquet, auquel, bon prince, il invite son employeur. Il lui propose même un de ces concours à qui boira le plus, très en vogue dans la Grèce antique. Enfin, il inonde la propriété en détournant un fleuve, séduit la fille de Syleus (cavalièrement : « Entre, et allons au lit. Et essuie donc tes larmes ») et part avec elle[67]. On ne sait pas ce qu'il advient du père.

La légende de Syleus en Grèce centrale est connue aussi par

63. Zénobios, V, 10, et Apostolios, XI, 19 (recueils de proverbes) ; schol. à Lycophron, 91.
64. Phérécyde, n° 3, fr. 77 Jac. ; Ovide, *Mét.,* XIV, 90-100, sans établir de rapport avec les Cercopes punis par Héraclès.
65. Apollodore, II, 6, 2-3 ; Diodore, IV, 31, 7.
66. K. Schefold et F. Jung, p. 204-207.
67. Euripide, *Syleus,* drame satyrique, connu par Philon d'Alexandrie, *Quod omnis probus liber sit,* 101 ; Tzetzès, *Sur la comédie,* III, 27. Le vers cité est le fr. 694 Nauck².

Conon, écrivant au début de l'Empire. Dicaios (« Juste ») et Syleus (« Pillard ») étaient deux frères, fils de Poseidon, vivant sur le Pélion[68]. Syleus avait une fille. Après avoir tué le méchant, Héraclès s'éprend de sa fille, recueillie par son oncle, et l'épouse La jeune femme meurt de chagrin pendant une trop longue absence de son héroïque mari. Celui-ci, revenant au moment des funérailles, voudrait se jeter sur le bûcher de la morte, mais l'assistance l'en empêche. Après son départ, les gens du lieu enclosent le tombeau et font de la sépulture un sanctuaire d'Héraclès[69].

Il peut sembler étrange que ces légendes aient été transportées de Grèce centrale en Lydie. Elles permettaient de donner des ancêtres grecs à la dynastie de Crésus le Philhellène, les Mermnades, qui prétendaient descendre d'Héraclès. Le choix d'Omphale a dû être fait par des colons thessaliens, peut-être ceux de Magnésie du Sipyle puisque la légende a été transportée autour du Sipyle. Quant à la date du transfert, elle est forcément antérieure à la fin des Mermnades, lors de la destruction du royaume de Crésus par Cyrus (546 av. J.-C.). Cette innovation a été attribuée à l'auteur de la *Prise d'Oichalia*, peut-être Créophylos de Samos[70].

Au service de la reine, ce ne sont pas les exploits d'Héraclès que la postérité a retenus. L'image d'Hercule aux pieds d'Omphale est restée parmi les plus célèbres de la mythologie gréco-romaine. Pourtant, elle ne se diffuse pas avant l'époque hellénistique. C'est alors qu'on voit les fameuses scènes où les amants échangent leurs vêtements, Omphale enveloppée de la peau de lion, Héraclès en tunique féminine, de couleur safran[71]. Les mythographes ne s'autorisent pas ces fantaisies. Diodore a soin de respecter les conventions sociales. Lorsque Héraclès est esclave, il cohabite avec une servante, dont il a un fils. C'est seulement quand la reine, admirant sa valeur, lui a rendu la liberté qu'il devient son amant et engendre Lamos[72]. Apollodore ne parle même pas d'amour entre

68. On a peut-être un indice d'une autre localisation, en Thrace, dans une lettre attribuée au philosophe Speusippe, *à Phil.*, 30, 6 (*Épistologr. gr.*, 630 Hercher) : C. Robert, p. 521.
69. Conon, *Récits*, 17, dans Photios, cod. 186.
70. Strabon, XIV, 1, 18 (638) ; Cramer, *Anecdota Oxoniensia*, I, 1835, 327 ; Eustathe, à Homère, *Il.*, p. 330, l. 43 à 331, l. 3. Sur Créophylos, voir ci-dessous, p. 357-358.
71. Il semble cependant que l'échange soit attesté dès l'époque archaïque : fragment d'amphore, style d'Exékias, vers 540, mentionné par K. Schefold et F. Jung, p. 199. Voir aussi le titre d'une comédie vers la fin du Ve siècle, *Héraclès la mariée*, par Nicocharès. Héraclès travesti : par ex. Dion, XXXII, 94.
72. Diodore, IV, 31, 8 ; le fils de la servante s'appelle Cléodaios. Voir ci-dessus, la naissance d'Akélès.

la maîtresse et son robuste serviteur. Chez Sophocle, la servitude est ramenée à un an. Et, pour Héraclès, la triple humiliation : être vendu, à une femme, et à une Barbare, est telle que, sitôt libre, il n'a qu'une pensée, réduire à son tour en esclavage, avec sa famille, celui qui lui a attiré un tel malheur (Sophocle, *Les Trachiniennes*, 252-257). Il est vrai que c'est le messager d'Héraclès qui rapporte cela à Déjanire, l'épouse du héros. En même temps qu'il lui cache la vraie raison de la dernière expédition (enlever la jeune Iole plutôt que se venger), il jette un voile sur les possibles plaisirs de cette année de servage.

Mais la légende d'Omphale, entre toutes, se plie aux propos de circonstance. Aspasie était traitée de « nouvelle Omphale » par les poètes comiques, ce qui sous-entendait que son amant Périclès s'était laissé dominer, tel Héraclès[73]... Voici, chez Lucien, Asclépios et Héraclès, deux dieux de fraîche date, jaloux, Héraclès, encore plus neuf que l'autre, lui disputant la préséance et Asclépios se défendant : « Et moi, en tout cas, je n'ai pas été esclave comme toi, je n'ai pas cardé la laine en Lydie, vêtu d'une robe pourpre, à recevoir les coups de la sandale d'or d'Omphale [manière usuelle, à la fois douloureuse et vexante, pour une maîtresse de punir ses servantes][74]. »

C'est à ce moment qu'Apollodore, de manière inattendue, raconte une aventure insulaire d'Héraclès, l'escale à Icaria, qu'on aurait plutôt placée lors de son trajet de Troie à Cos. Mais comme il a été entraîné jusqu'à Cos par les vents déchaînés par Héra, cette escale était impossible.

> Abordant à l'île de Doliché [« Longue »], il y voit le corps d'Icare qui avait été rejeté sur le rivage et l'ensevelit, puis il appelle l'île Icaria et non plus Doliché. En récompense de ce geste, Dédale fit à Pise [en Élide] une image à la ressemblance d'Héraclès[75]. Héraclès lui-même, de nuit, ne la reconnut pas, la crut vivante et lui lança un coup de pierre.

Pausanias explique aussi que la plus ancienne statue d'Héraclès a Thèbes fut dédiée par Dédale reconnaissant du soin pris par

73. Plutarque, *Périclès*, 24 ; schol. à Platon, *Ménex.*, 235*e*.
74. Lucien, 79, *Dial. dieux*, 15 (13), 2. Voir aussi Ovide, *Héroïdes*, IX, 55 et suiv. ; Plutarque, *Quest. gr.*, 45 (301 *f*) ; schol. à Homère, *Od.*, XXI, 22 ; Jean de Lydie, *Magistr.*, III, 64.
75. Pise peut désigner la ville d'Élide ; il existait aussi une « montagne de Pise », Πισαῖον ὄρος, en Béotie, [Plutarque], *Parall.*, 32 (313*c*).

Héraclès pour ensevelir le cadavre d'Icare, qu'il avait reconnu, sur le cap de l'île qui s'appelle maintenant Icaria. Mais Pausanias rationalise la légende : Dédale et Icare s'enfuient de Crète sur des vaisseaux ; Icare, mauvais pilote, fait naufrage. Et il n'est pas question de la méprise d'Héraclès face à la statue.

« C'est pendant qu'il était au service d'Omphale que, dit-on, eut lieu l'expédition en Colchide, la chasse au sanglier de Calydon, et que Thésée, en revenant de Trézène, nettoya l'isthme[76]. » Héraclès chez Omphale est en quelque sorte mis entre parenthèses ; son absence laisse le champ libre aux exploits des autres héros. Ce synchronisme doit être secondaire ; en général, Héraclès participe au début de l'expédition des Argonautes, qu'Apollonios de Rhodes place à l'époque des Douze Travaux (il saccage le jardin des Hespérides la veille de l'arrivée des Argonautes). D'autre part, la servitude chez Omphale est une conséquence indissociable du meurtre d'Iphitos ; or Iphitos et son frère Clytios sont bien attestés parmi les Argonautes. Héraclès ne participe jamais à la chasse de Calydon. Quant à ses multiples relations avec Thésée, elles n'ont pas été imaginées dans le cadre d'une biographie suivie et il est impossible d'en faire la chronologie.

Aux pieds d'Omphale, Héraclès est arrivé en Grèce centrale, qui sera le cadre de ses derniers exploits, sur les pentes de la montagne au sommet de laquelle se consumera le brasier de son apothéose.

76. Apollodore, II, 6, 3, comme la citation précédente ; Paus., IX, 11, 4-5.

XVII

Mort et apothéose du héros

Les aventures d'Héraclès en Grèce centrale ont joui d'une grande popularité à l'époque archaïque ; mais, dans une littérature dévastée par le temps, il ne nous reste guère que le souvenir des œuvres qui les racontèrent alors. Cette ultime partie de l'itinéraire du héros mène à deux épisodes essentiels : son apothéose et, sous la houlette de sa descendance, la formation du groupe des Doriens, qui se lanceront à la conquête du Péloponnèse. Ici la légende rejoint d'un côté la religion, le culte d'Héraclès en Grèce, et de l'autre l'histoire, les trop célèbres « invasions doriennes ».

Le schéma d'ensemble est simple et cohérent, en trois actes. Acte premier : en Étolie, Héraclès épouse Déjanire. Un jour, au passage d'un fleuve, celle-ci fait l'objet d'une tentative de viol de la part du Centaure Nessos. Nessos est frappé aussitôt d'une flèche par Héraclès, mais, avant de mourir, il a le temps d'inviter Déjanire à recueillir un peu du sang de sa blessure, un philtre capable, dit-il, de lui assurer la fidélité de son mari. Acte deux : Héraclès et Déjanire s'installent à Trachis, au nord des Thermopyles et de la Béotie. Héraclès convoite une autre femme, Iole, fille d'Eurytos, roi d'Oichalia, en Eubée. Comme le père de la jeune fille la lui refuse, il monte une expédition, prend et détruit la ville, tue le roi et tout le reste de sa famille, emmène Iole. Acte trois : quand Déjanire apprend que son mari revient avec une captive dont il va faire son épouse, elle lui envoie une tunique enduite de la fameuse substance. C'est un poison violent qui brûle les chairs d'Héraclès, cependant que le vêtement lui colle à la peau sans qu'il puisse s'en défaire. Souffrant atrocement, le héros décide de mettre fin à ses jours. Au sommet de l'Oita, la montagne qui domine Trachis, il fait amonceler un bûcher, grimpe au sommet et ordonne qu'on l'allume. Héraclès disparaît au milieu des flammes. Il ne meurt pas, mais est accueilli sur l'Olympe.

Ce schéma, qui s'est prêté à plus d'une variante, était déjà connu des *Catalogues* hésiodiques d'héroïnes aimées par les dieux. De ce poème nous avons lu la section consacrée à Alcmène[1]. Il parlait aussi d'Héraclès à propos d'autres dames. Déjanire amenait la légende de la tunique, de la mort et de l'apothéose[2]. Iole, le récit de la prise d'Oichalia, qui permet à Héraclès de s'emparer de la jeune fille. La tradition selon laquelle Héraclès mourant donne Iole à son fils Hyllos figurait peut-être dans les *Catalogues ;* en tout cas, ils énumèrent — c'est leur vocation — la descendance du héros, importante par les mises en place qu'elle permet[3]. Aujourd'hui, une œuvre littéraire domine de très haut toute cette légende, *Les Trachiniennes* de Sophocle, ainsi faite qu'elle nous inspire beaucoup plus de compassion pour Déjanire que pour Héraclès.

Si le mariage d'Héraclès avec Déjanire, à l'occasion de son séjour en Étolie, a gardé une structure simple, la partie qui se déroule autour de Trachis est, elle, confuse. D'autres légendes interfèrent en effet avec celles qui viennent d'être esquissées. Les titres et les thèmes des poèmes hésiodiques du VIe siècle, le *Bouclier* (racontant le duel contre Kycnos), *Le Mariage de Kéyx, Aigimios*, feraient penser que leurs auteurs étaient animés par un intérêt pour cette région. En effet, Héraclès y trouve non pas un mais deux protecteurs, Kéyx et Aigimios, et livre, pour eux et pour lui, une série de combats dont les versions se sont influencées mutuellement, affrontant à la fois des peuples et des individus, Theiodamas, les Dryopes, les Lapithes, Kycnos, le roi d'Orménion ; sans parler de la servitude auprès d'Omphale, qui, sous sa forme originelle, le conduisait déjà dans ces parages. Enfin, Apollon Pythien, le seigneur de Delphes, joue désormais un grand rôle dans la désignation des adversaires d'Héraclès. Aussi bien celui-ci se trouve-t-il, à Trachis, sur les terres du dieu ; c'est de Trachis que dépendaient les Thermopyles, où siégeait le « conseil d'administration » du sanctuaire de Delphes (l'amphictionie).

Comme Pindare, bien qu'il aime évoquer les origines des Doriens, ne s'attarde guère sur cette partie de la geste d'Héraclès,

1. Un passage a été traduit ci-dessus, p. 154.
2. Fr. 25 Merk.-West, v. 17-33.
3. Fr. 229, v. 14-17, d'après la restitution hypothétique de M.L. West, *Hesiodic Catalogue*, p. 112 (voir aussi fr. 251 et 252 Merk.-West).

notre témoin le plus ancien est aujourd'hui Hérodote. Il garde l'écho d'aventures d'Héraclès en Grèce centrale : son abandon aux Aphètes par les Argonautes, la capture des Cercopes, la déportation des Dryopes, le bûcher sur l'Oita. À cet égard, il est l'héritier des intérêts de la poésie archaïque, même s'il faut se souvenir que la région des Thermopyles, l'un des principaux théâtres d'opération de la seconde guerre médique, occupe de ce fait une grande place dans son *Enquête.*

En Étolie : le mariage avec Déjanire

Revenons un peu en arrière. Héraclès quitte Phénéos de son plein gré, triste d'avoir perdu son demi-frère Iphiclès et son cousin germain Oiônos au cours de la lutte contre les Molions, précise Diodore [4]. Il passe de l'autre côté du golfe de Corinthe et se rend chez le roi Oineus, en Étolie, à Calydon [5]. Selon Bacchylide, il y a été incité par le fantôme de Méléagre, à la fin des Douze Travaux. Dans l'Hadès, en effet, Méléagre, fils d'Oineus, et Héraclès ont convenu, pour sceller leur amitié, qu'Héraclès épouserait Déjanire, sœur de Méléagre, encore ignorante de l'amour (voir ci-dessus, p. 285). Déjanire porte un étrange prénom : « Tueuse d'hommes », qui paraît annoncer le destin du couple... Mais son explication, on le verra, est toute différente.

Héraclès arrive en Étolie au moment où le dieu du grand fleuve de la région, l'Achéloos, demande la main de la jeune fille épouvantée [6] :

> J'avais pour prétendant un fleuve, j'ai nommé l'Achéloos. Sous trois formes, il me réclamait à mon père, se présentant comme un taureau dans tout son éclat, ou tantôt comme un serpent tacheté, tantôt à l'image d'un homme au front de taureau, et de sa barbe ombreuse jaillissaient des fontaines d'eau de source [7].

4. Diodore, IV, 34, 1 ; Plutarque, *De fraterno amore,* 21 (492*d*).
5. Ou, selon Sophocle, *Trach.*, 7, à Pleuron, cité voisine, mais dans tous les cas auprès du roi de la région, Oineus.
6. Tout au contraire de la Thessalienne Tyrô, éprise du fleuve de son pays, l'Énipeus : voir ci-dessus, p. 49. Déjanire est parfois présentée comme la fille de Dionysos, protecteur d'Oineus : Apollodore, I, 8, 1 ; Hygin, *Fable* 129. Il est rare que les dieux fassent des filles aux mortelles. Sur l'Achéloos, voir Hans P. Isler, *LIMC* I, 1981, *s.v.*
7. Sophocle, *Trach.*, 9-14.

Héraclès, dont le passage sur terre marque à tant d'égards une rupture avec le passé, vient troubler le schéma, somme toute assez conventionnel, de ces noces d'une princesse avec le fleuve de son pays. Il mate les prétentions du dieu au cours d'une épreuve de lutte, qui, plus encore que la course à pied, paraît son sport favori. Son adversaire a pris la forme d'un taureau. « Et Zeus des concours fit heureuse l'issue. » Au VIe siècle av. J.-C., les Mégariens offrirent à Olympie de petites figures de cèdre ornées d'or, représentant les protagonistes du combat d'Héraclès contre l'Achéloos : Zeus, Déjanire, l'Achéloos, Héraclès et Arès aidant l'Achéloos, tandis qu'Athéna était l'alliée d'Héraclès [8]. Une fois de plus, Arès fait figure de protecteur désigné des adversaires d'Héraclès, tandis que Zeus préside, tout comme lors des concours d'Olympie. Héraclès, dans l'affrontement, empoigne le fleuve-taureau par une corne et la casse. L'Achéloos, affaibli, pris de honte, se retire dans les roseaux, où il se cache désormais [9].

Cependant, explique Apollodore, « l'Achéloos retrouve sa corne, donnant en échange celle d'Amaltheia ». C'est la Corne d'abondance, objet de récits variés. Amaltheia, la nymphe qui avait nourri Zeus enfant, possédait une corne de taureau. « Selon Phérécyde, elle avait la propriété de répandre en abondance toute nourriture ou boisson que l'on pouvait souhaiter [10]. » En fait, dans les représentations, elle évoque plutôt la richesse agricole, la fécondité d'un terroir, débordante qu'elle est de fleurs et de fruits. Ou bien Amaltheia est la chèvre qui a nourri Zeus enfant et à laquelle le petit dieu, en jouant, a cassé une corne [11]. Parfois c'est Héraclès qui l'apporte à Oineus en présent pour obtenir la main de Déjanire, après l'avoir cassée à Achéloos ; mais, selon un récit, il l'a reçue d'Hermès alors qu'il se rendait chez Géryon [12] ; sur certains vases il la reçoit de Dionysos ; d'après Ovide, ce sont les Naïades qui ont rempli la corne de l'Achéloos et l'ont offerte au héros [13]. Sur une peinture murale trouvée dans le camp militaire

8. Paus., VI, 19, 12.
9. Ovide, *Mét.*, IX, 1-100. Sur l'idée que la perte d'une corne prive Achéloos de sa vigueur, voir Archiloque, fr. 276 West. Le même accident arrive au taureau de Marathon, dompté par Thésée : Callim., fr. 288, 1 *Suppl. Hell.*
10. Phérécyde, n° 3, fr. 42 Jac., cité par Apollodore, II, 7, 5, par Tzetzès, à Lycophron, 50 (p. 37, 1. 5-8 Scheer) et dans l'argument des *Trachiniennes*. Amaltheia était fille d'un certain Haimonios.
11. La corne d'Amaltheia : Strabon, X, 2, 19 (458) ; Diodore, IV, 35, 4 ; schol. à Homère, *Il.*, XXI, 194 ; Hygin, *Fable* 31.
12. Hésychios, *s.* ' Αμαλθείας κέρας. Voir ci-dessus, p. 246.
13. Ovide, *Mét.*, IX, 87 et suiv. ; Lactantius Placidus, *Récits*, IX, 1 ; Hygin, *Fable* 31.

romain d'Echzell, exécutée peu après 150 ap. J.-C., mais semblant dériver d'un original du IVe siècle av. J.-C., Héraclès reçoit la Corne d'abondance des mains de la Fortune ; peut-être ici le thème est-il de circonstance : la Fortune de Rome veille à l'approvisionnement de ses soldats, en cette pointe extrême du *limes*, au nord de Francfort [14].

Deux récits sensiblement contemporains, par Diodore de Sicile et par Ovide, font de cette lutte le symbole de la domestication du fleuve. Son cours désormais maîtrisé, il apporte l'opulence aux habitants de Calydon [15]. Héraclès, ici encore, est un maître des eaux. L'Achéloos, par ailleurs, est l'aîné et le plus vénérable des fleuves [16] ; l'eau que l'on utilise pour les rites religieux s'identifie à la sienne, pure par excellence ; les poètes peuvent l'appeler « eau de l'Achéloos ». Grâce à lui, dans ce pays béni par Dionysos, s'est fait le premier mélange de l'eau et du vin.

Comme à Thèbes, Héraclès se met au service de son beau-père et de la communauté qui le reçoit. De même qu'il avait délivré Thèbes des Minyens, il prend la tête d'une expédition contre les Thesprotes et conquiert la ville d'Éphyra, leur capitale. Il s'unit à la fille du roi vaincu, Astyoché, et devient par elle le père de Tlépolème, qui, obligé de s'exiler pour avoir tué son grand-oncle Likymnios, colonisera Rhodes [17]. Il est curieux de voir que les Héraclides de Rhodes et de Cos sont liés à la Grèce de l'Ouest autant qu'à l'Argolide, les uns par leur aïeule, les autres par la migration des fils de Thessalos (voir ci-dessus, p. 310).

C'est depuis Calydon qu'Héraclès organise le départ pour la Sardaigne des enfants qui lui sont nés des filles de Thespios (voir ci-dessus, p. 184). Engendrés au début de la carrière d'Héraclès, ces enfants semblent établis vers la fin de celle-ci. Mais Héraclès vivra assez longtemps avec Déjanire pour qu'à sa mort leur fils Hyllos soit un adolescent. Sa biographie est décidément rebelle à l'unité.

Le départ de Calydon et l'installation à Trachis dont le roi est Kéyx (d'où le poème hésiodique du *Mariage de Kéyx*) résulte-

14. Mathilde Schleiermacher, « Die römischen Wand- und Deckenmalereien aus dem Limeskastell Echzell », *Saalburg Jahrbuch*, 1991, p. 96-120 (p. 111 et suiv.).

15. Diodore, IV, 35, 3-4. Voir aussi l'interprétation détaillée de Strabon, X, 2, 19 (458), pour qui Héraclès a élevé des digues et creusé des canaux pour régulariser le fleuve.

16. Acousilaos, n° 2, fr. 1 Jac., dans Macrobe, *Sat.*, V, 18, 9, dont le chap. 18, 1-12 est un très riche exposé sur la signification religieuse de l'Achéloos.

17. Voir Homère, *Il.*, II, 657-670 ; Pindare, *Olymp.*, VII, 20-34 ; Diodore, IV, 36, 1.

raient du meurtre involontaire d'un page[18]. Héraclès avait un peu bu et une bourrade, soit cordiale, soit à titre de réprimande, a suffi :

> Tandis qu'il festoyait chez Oineus, d'un coup de poing il tua Eunomos, fils d'Architélès, alors qu'il lui donnait de l'eau sur les mains. Il était apparenté à Oineus. Le père de l'enfant, parce que l'accident était involontaire, lui pardonnait ; mais Héraclès n'en voulut pas moins subir l'exil, conformément à la loi.

Le petit page obtient un sanctuaire, dit « de l'Échanson », à Proschion d'Étolie, pas très loin de chez Oineus[19].

Une fois de plus, Héraclès apparaît comme un héros violent, impulsif mais légaliste. Sa carrière offre une série d'affaires de meurtre, avec leurs conséquences juridiques et religieuses — une véritable jurisprudence. L'exil ici est volontaire ; le héros s'impose lui-même la punition, à la différence de ce qui se passe pour Iphitos, et il est pardonné par le père. Aussi les conséquences restent-elles anodines, comparées à celles du meurtre d'Iphitos. Le nom de l'enfant échanson varie : Archias ou Cherias (nom tiré du mot χείρ, « main ») chez Hellanicos, Kyathos (« Louche » à puiser le vin) chez Nicandre et Pausanias, Eunomos (« Bon Usage ») chez Hérodoros et Apollodore, Eurynomos selon Diodore. Il commet une faute dans le service, dit Diodore, diversement expliquée : par ignorance, il lui verse sur les mains l'eau du bain de pieds, ou bien il l'éclabousserait simplement en lui lavant les mains. Héraclès, l'amateur de banquets, est qualifié pour instruire un jeune garçon à faire le service à table ; c'est ainsi qu'il confie au petit Hylas le soin de l'eau, sans doute pour le même usage qu'ici. D'une autre manière, il provoque là aussi le malheur de l'enfant[20]. Or il a rencontré Hylas et l'a recueilli pour l'éduquer, sur le chemin de l'exil qui suit le décès du jeune cousin d'Oineus.

L'histoire de l'échanson est placée en Argolide par Pausanias. Alors qu'Héraclès revient de chez les Hespérides, rapportant les fameuses pommes, il s'arrête à Phlionte, chez un sien parent. Là, il rencontre Oineus de Calydon, qui voyage avec son échanson. Le

18. Hellanicos, n° 4, fr. 2 Jac. ; Hérodoros, n° 31, fr. 3 Jac., l'un et l'autre chez Athénée, IX, 410*f*-411*a* ; schol., à Apoll. Rh., I, 1212.

19. Nicandre, fr. 17 Schneider (même origine) et Apollodore, II, 7, 5-6 (texte traduit). Proschion est cité par Thuc., III, 101, 5 ; 106, 1.

20. Voir ci-après, p. 351-352.

malheureux enfant se révèle mauvais serveur ; Héraclès le réprimande d'une pichenette qui suffit à le tuer. Kyathos avait une chapelle à Phlionte, près du sanctuaire d'Apollon ; à l'intérieur, des statues de marbre représentaient la victime tendant la coupe à Héraclès (Pausanias, II, 13, 8). Une semblable diffusion montre bien que l'image d'Héraclès patron des banqueteurs n'est pas une création récente, mais appartient au fonds ancien de sa légende.

Le cadeau du Centaure

C'est sur le chemin de ce nouvel exil que se noue le drame qui coûtera la vie à Héraclès. Le territoire de Pleuron et de Calydon est arrosé à l'ouest par l'Achéloos et à l'est par l'Évènos, fleuve moins important mais encore considérable et surtout dangereux à traverser. Dès le VIIe siècle av. J.-C., Archiloque en avait fait le cadre d'une de ses œuvres restées célèbres : Déjanire, sur le point d'être violée par Nessos, rappelle ses malheurs passés, l'insistance de l'Achéloos à l'épouser et l'intervention d'Héraclès. Cette mise en scène fut critiquée pour son invraisemblance par le sophiste Dion de Pruse dans une œuvrette de jeunesse (vers 70-80 ap. J.-C.) : pendant que la belle se lamente, elle laisse à l'insolent tout loisir d'arriver à ses fins[21]. La rencontre de Nessos est au centre de l'une des plus belles pièces de Sophocle, *Les Trachiniennes,* et c'est Déjanire elle-même qui raconte comment le malheur est arrivé. Nessos « contre salaire, faisait franchir aux mortels, dans ses bras, l'Évènos, fleuve au cours profond, sans les conduire en tirant sur des rames ou grâce aux voiles d'un navire » (v. 559-561) — sans non plus les prendre en croupe, ce qui lui eût évité une tentation fatale. Ces détails laissent deviner l'impossible souci de donner une explication vraisemblable à un conte fantastique. Il en va de même chez Apollodore, qui veut expliquer pourquoi Héraclès ne prend pas lui-même Déjanire dans ses bras : « Nessos faisait passer contre paiement ceux qui se présentaient, disant que les dieux lui avaient attribué ce passage pour sa justice[22]. Héraclès passa le fleuve tout seul, mais, comme Nessos

21. Archiloque, fr. 286-289 West ; Dion, *Disc.* LX, début (= fr. 286 d'Archiloque).

22. La justice est une qualité inhabituelle chez un Centaure et on aimerait comprendre que les dieux, « dans leur justice, lui avaient attribué ce passage ». Mais déjà l'auteur de l'argument des *Trachiniennes,* adaptant ce texte, comprenait « parce qu'il [Nessos] était juste ».

lui réclamait un paiement, il lui confia Déjanire pour qu'il la transportât. » Ce début de récit n'est pas explicite. Il faut comprendre qu'Héraclès décide d'abord de traverser par ses propres moyens ; devant l'insistance de Nessos, il lui confie Déjanire et le Centaure la fait passer avant qu'Héraclès n'ait franchi le fleuve. Ce point est plus clair dans le récit parallèle que fait Diodore. La suite des détails donnés par Apollodore sont marqués par un égal souci de vraisemblance. Le mythographe dit crûment ce que Déjanire estompe chez Sophocle : le Centaure cherche à la violer et arrive partiellement à ses fins. Là aussi, des questions se posaient aux poètes et aux mythographes. Comment Nessos fait-il pour violer la jeune femme au milieu du fleuve ? Si Héraclès l'en empêche en tirant sur lui, comment achève-t-il la traversée ? Comment a-t-il le temps de faire ses recommandations à Déjanire ? Apollodore pallie certaines invraisemblances :

> L'autre, au cours de la traversée, cherche à la violer. Elle s'écrie, Héraclès l'entend, au moment où Nessos sort de l'eau il tire sur lui, au cœur. Nessos, sur le point de mourir, appelle Déjanire et lui dit que, si elle veut avoir un philtre d'amour pour Héraclès, elle n'a qu'à mélanger la semence qu'il a répandue sur terre et le sang de la blessure faite par la pointe de la flèche. C'est ce qu'elle fait, et elle garde le mélange par-devers elle [23].

Une divergence avec le récit que Sophocle met dans la bouche de Déjanire s'explique par la pudeur. Déjanire en effet ne parle pas d'un viol « à moitié perpétré » (Diodore) et le philtre qu'elle décrit est fait seulement du sang de Nessos, empoisonné par la flèche, non de son sperme (v. 555-577). Au demeurant, c'est le sang qui compte, car à travers lui Héraclès sera en définitive tué par deux de ses victimes, l'hydre et le Centaure. Un autre détail, en revanche, est essentiel. Il faut que Nessos soit tué de loin, par une flèche, pour qu'il ait le temps de faire à Déjanire les recommandations qui vont lui assurer l'éternelle fidélité d'Héraclès. Or, pour les peintres de vases, il pouvait être plus commode de décrire un combat rapproché. C'est ainsi qu'un cratère du musée de Naples montre le Centaure qu'Héraclès assomme d'un coup de massue alors que la bête cherche à étreindre Déjanire, en présence

23. Apollodore, II, 7, 6 ; voir Archiloque, fr. 288 West, d'après la schol. à Apoll. Rh., 1, 1212-1219*a*.

d'Oineus. Mais l'artiste a eu soin de le nommer *Dexaménos* et non pas *Nessos,* parce qu'il a eu le sentiment que Nessos ne pouvait mourir que frappé par une flèche[24]. Un fragment lyrique fort mutilé évoque lui aussi le passage d'un fleuve, une jeune fille aux bras de rose, un Centaure ; la jeune fille appelle son époux et celui-ci, de sa massue, assomme la bête[25]. Il ne peut guère s'agir, dans l'état de nos connaissances, que d'Héraclès, Nessos et Déjanire, mais cette version exclut tout moment de complicité entre l'agresseur et sa proie.

Il y avait en Étolie plus d'un Centaure : Strabon mentionne le tombeau de Nessos « et des autres », colline au pied de laquelle jaillit une eau malodorante, chargée de caillots provenant des cadavres putréfiés (*sic*) ; on a déjà rencontré, à l'Anigros dans le Péloponnèse, ce thème de la puanteur répandue par la blessure envenimée des Centaures. On le retrouve aussi dans la blessure au pied de Philoctète, et sans doute chaque fois, bien que ce ne soit pas toujours précisé, pour la même raison : c'est le venin de l'hydre, dont la pointe des flèches était enduite, qui garde sa virulence[26].

Bandits de Grèce centrale

Alors, par les sentiers escarpés de la Phocide, passant tout près de Delphes, Héraclès se rend à Trachis, cité des Maliens, qui prit par la suite en son honneur le nom d' « Héraclée » *(Héracleia)*[27]. C'est la région juste au nord des Thermopyles, les « portes Chaudes », avec leurs sources et leur défilé, verrou de la Grèce. Un homme de Trachis montra aux Perses, en 480, le chemin de montagne qui leur permit de forcer le passage[28]. Au pied du massif de l'Oita, la ville se trouve aussi au débouché de l'itinéraire direct depuis Delphes vers la Thessalie, à travers la montagne[29] ;

24. Charles Dugas, « La mort du centaure Nessos », *Rev. ét. anc.*, 1943, p. 18 et suiv., repris dans *Recueil Charles Dugas,* Paris, De Boccard, 1960, p. 85-91.
25. Bacch., fr. 64 Snell-Maehler (attribution incertaine).
26. Strabon, IX, 4, 8 (427) ; même évocation à propos des Géants, à Leuca, en Italie (pointe sud du talon de la botte) : VI, 3, 5 (281). L'Anigros : voir ci-dessus, p. 217. Philoctète : *ibid.*
27. Héracleia, fondation lacédémonienne, se trouvait à 6 stades environ (1 200 mètres) des ruines de Trachis : Strabon, IX, 4, 13 (428).
28. Hérodote, VII, 213-214 ; Paus., I, 4, 2 ; III, 4, 8.
29. Paus., X, 22, 1 et 8-13.

face à l'Eubée, elle occupe un fond de golfe tranquille, cerné de toutes parts par les terres, envasé par les alluvions de temps immémoriaux. Un lieu de passage, par le défilé, mais aussi de stabilité, de repos, d'horizons fermés, d'eaux calmes et de montagne massive — c'est l'aspect sur lequel Sophocle a choisi d'insister[30].

Avant d'y arriver, le héros doit traverser le pays des Dryopes. Ce peuple de Grèce centrale tire sans doute son nom de celui de sa région, Dryopia, « Pays des chênes ». L'éponyme Dryops se range à côté de Cercops (« Qui a une queue de serpent »), Aithiops (« Qui a le teint brûlé »), et rappelle les traditions sur les premiers hommes et les arbres. Dryops, « Qui est [dur] comme chêne », est lui-même fils du fleuve Spercheios, qui coule au pied du massif de l'Oita, et d'une Danaïde, héroïne liée aux sources, Polydôra[31]. Son territoire est le massif de l'Oita, arrière-pays de Trachis, qui devint ensuite la Doride[32]. Il commande la route vers Delphes, aujourd'hui la route de Brallos à Amphissa, dont le petit-fils de Dryops, Amphissos, fils d'Apollon, est l'éponyme[33]. Les Dryopes, dont le rôle ressemble à celui des Cercopes aux Thermopyles (voir ci-dessus, chap. XVI), détroussent les pèlerins qui traversent leur région et l'oracle veut se débarrasser d'eux. Un peu plus au nord, Kycnos aussi est présenté comme un bandit dont Héraclès délivre Apollon.

Héraclès, pour attaquer les Dryopes, a besoin d'un prétexte et il le trouve dans un incident similaire au vol d'un bœuf de labour à Lindos. C'est l'histoire de Theiodamas le Dryope, racontée par Callimaque et par Apollonios de Rhodes, de manière quelque peu différente[34] ; Callimaque semble avoir eu le souci de distinguer cet épisode de celui de Lindos, qui le précède immédiatement dans son poème.

Theiodamas est un riche laboureur, peu accueillant ; il refuse à

30. Je m'inspire de la belle évocation du pays de Trachis au début d'un chant des *Trachiniennes*, où, comme il est d'usage chez Sophocle, alors que la catastrophe est enclenchée sans recours mais que tout paraît sauvé, le chœur lance un cri de joie (v. 633-640).

31. Phérécyde, n° 3, fr. 8 Jac. (schol. à Apoll. Rh., 1, 1212-1219*a* fin), et Nicandre, *Mét.*, I (Anton. Lib., 32).

32. Hérodote, VIII, 31. La distinction que semble faire Étienne de Byzance entre Dryopie de l'Oita et Dryopie de Trachis est factice.

33. Nicandre, *Mét.*, I (Anton. Lib., 32) ; Ovide, *Mét.*, IX, 324-393.

34. Callim., *Aitia*, I, fr. 24-25 Pf. ; Apoll. Rh., I, 1213-1220. Voir la schol. à Apoll. Rh., I, 1213 et suiv. ; *Anth. Plan.*, 101 et ci-dessus, à propos du sacrifice lindien. F. Vian analyse la légende avant les deux grands poètes hellénistiques dans son éd. d'Apollonios, t. I, p. 46-48.

Héraclès, qui voyage en famille, avec femme et enfant, quelque nourriture que celui-ci lui demande pour son fils. Héraclès lui prend alors un bœuf, le sacrifie et se met à festoyer. Theiodamas se rend à la « cité » des Dryopes et revient avec une troupe pour châtier l'importun. L'attaque met un moment Héraclès en difficulté ; Déjanire, qui participe à la lutte, est blessée au sein. Ce détail inhabituel n'est pas fortuit : il subsiste des traces d'une tradition qui présentait les sœurs du brave Méléagre comme des combattantes. Déjanire « savait conduire un char et était entraînée à la guerre[35] ». Ce serait là le sens de son nom, « Tueuse d'hommes » ; il la désigne non comme une épouse criminelle, mais comme une guerrière. Les Dryopes enfin vaincus s'installent dans le Péloponnèse, soit parce qu'ils se réfugient en suppliants auprès d'Eurysthée, soit parce que leur vainqueur Héraclès les déporte en Argolide, sur ordre de l'oracle de Delphes. Les Dryopes seront désormais consacrés à Apollon et leur principal temple honorera Apollon Pythien. Ils reçoivent la région d'Asiné, dont le nom exprime leur assagissement (il est interprété « Sans nuisance », par α privatif et le radical du verbe σίνω, « nuire »), et leur vainqueur marque leur territoire avec un repère, l'olivier tordu[36]. L'olivier est un arbre d'Héraclès et, quand il passe en Sicile à la suite de ses bœufs échappés, il doit les retrouver près de « l'olivier bossu » — un repère commode[37]. Une partie des Dryopes, qui ne s'est pas battue contre Héraclès, a émigré dans le sud de l'Eubée, à Styra, et refuse désormais de porter ce nom[38].

La soumission des Dryopes ressemblerait à bien d'autres campagnes d'Héraclès, sans la légende d'Hylas, fils de Theiodamas, bien-aimé du héros. Elle a fait sa célébrité littéraire, au point que Virgile pouvait interroger : « Qui n'a pas parlé de l'enfant Hylas ? » (*Cui non dictus Hylas puer ?*[39]). Cinq grands poètes hellénistiques au moins, Callimaque, Théocrite, Apollonios de

35. Apollodore, I, 8, 1 ; Nonnos, *Dion.*, XXXV, 89-91 ; schol. à Apoll. Rh., 1, 1212-1219. Voir *Mythologie et géographie*, p. 25-26.

36. Bacchylide, fr. 4 (*Péan*), v. 44-48 ; Paus., IV, 34, 9-11 (notice générale) ; II, 28, 2 l'olivier tordu) ; II, 36, 5 (sanctuaire d'Apollon Pythien) ; *Etym. Gen.*, *s.* ' Ασινεῖς (explication de leur nom).

37. Paus., III, 16, 4-5 ; voir ci-dessus, chap. XIII, « Les vaches de Géryon ».

38. Hérodote, VIII, 46 ; Paus., IV, 34, 11. Diodore, IV, 37, 2, place aussi des Dryopes dans le sud de l'Eubée, à Carystos ; Dryopes à Kythnos dans les Cyclades (Hérodote, VIII, 46), d'où ils émigrent à Chypre (comparer Hérodote, VII, 90 et Diodore, *loc. cit.*) ; et, en Argolide, outre Asiné, à Hermioné (Hérodote, VIII, 43, cf. 73), et Éion (Diodore pour les trois localités).

39. Virgile, *Géorgiques*, III, 6.

Rhodes, Nicandre, Euphorion, avaient évoqué son destin, qui appartient aux traditions de Kios (aujourd'hui Gemlik), un port important sur la côte asiatique de la Propontide (mer de Marmara)[40]. Kios s'est hellénisée surtout à partir de la conquête d'Alexandre, mais la légende d'Hylas, l'enfant perdu que l'on regrette et appelle en Mysie, semble connue déjà au ve siècle. La ville honorait Héraclès ou des compagnons de celui-ci (Kios, Polyphémos) comme fondateurs[41].

Un adolescent, Hylas, avait été enlevé par les nymphes alors qu'il se rendait à une source dans la forêt pour rapporter de l'eau. Depuis lors, au cours d'une fête, les gens de Kios (les *Kianoi*) parcouraient les montagnes à sa recherche ; arrivés au bord de la source, ils appelaient rituellement, par trois fois, Hylas et l'écho leur répondait[42]. Les poètes font de ce petit Hylas le mignon d'Héraclès, qui veille sur son éducation. Il est venu jusqu'à Kios avec lui, au cours de l'expédition des Argonautes ; c'est Héraclès qui l'a envoyé à la corvée d'eau pour le soir et, désespéré de l'avoir perdu, il ne se rembarquera pas. Les Kianoi lui jurent de ne jamais cesser leurs recherches et lui donnent en garants des otages déportés à Trachis par l'amant éperdu[43]. Des relations subsistent entre les deux cités grâce au lien établi par Hylas le Dryope. Hylas est dans tous les cas originaire de Grèce centrale ; il est soit le fils de Theiodamas, recueilli tout petit par Héraclès lorsqu'il a massacré sa famille, soit le fils de Kéyx[44].

C'est Apollonios de Rhodes qui donne le plus de consistance à l'arrière-plan tribal du conflit. Chez lui, Theiodamas fait figure de pauvre hère ; la querelle que lui cherche Héraclès est un simple prétexte pour attaquer les Dryopes. Il n'est question ni de Déjanire ni d'Hyllos, et Héraclès enlève Hylas, pour qui il se prend d'affection et qu'il emmène avec lui lorsqu'il s'embarque sur la nef *Argo*. Enfin, le mythographe Apollodore a le souci de relier la guerre d'Héraclès contre les Dryopes et son installation à Trachis.

40. Callim., *Aitia,* fr. 24-25 Pf. (seul Theiodamas apparaît dans ce qui subsiste du poème) ; Théocrite, XIII, *Hylas ;* Apoll. Rh., I, 1207-1272 ; Nicandre, *Mét.*, dans Anton. Lib., XXVI ; Euphorion, fr. 76 Powell (schol. à Théocrite, XIII, 7). Kios, d'abord en Mysie, fit ensuite partie du royaume de Bithynie.

41. F. Vian, à Apoll. Rh., t. I, p. 38-39 et 44-46.

42. Strabon, XII, 4, 3 (564) ; pour le cri rituel, voir aussi Nicandre (Anton. Lib., XXVI, fin) ; allusion dans Théocrite, XIII, *Hylas,* 58-60 et Apoll. Rh., I, 1240 et 1260. Voir Solin, 42, 2 (p. 171 Mommsen).

43. Apoll. Rh., I, 1345-1357, et le commentaire de F. Vian, p. 39.

44. Hylas est fils de Kéyx d'après le seul Nicandre. Il viendrait d'Oichalia ou d'Argos selon Hygin, *Fable* 14, 11. Il existait une Oichalia en Dryopie : Ovide, *Mét.*, IX, 331.

Pour lui, tout cela résulte d'un plan préétabli au départ de chez son beau-père Oineus : « Et il décida de se rendre chez Kéyx, à Trachis. » Le *casus belli* avec Theiodamas est provoqué au cours du voyage par un refus de nourriture ; une fois arrivé à Trachis, le héros, avec l'aide du roi local, déclenche son expédition punitive[45].

Une version assez différente semble avoir été donnée par le poème hésiodique *Le Mariage de Kéyx* et reprise par Bacchylide et Hérodote. Dans cette version, Héraclès n'arrive pas de l'ouest, d'Étolie, mais de Thessalie. Parti avec les Argonautes, il a débarqué pour aller chercher de l'eau, à la première escale sur la côte de Magnésie (les Aphètes) et a été oublié[46]. Cette donnée, l'abandon d'un passager qui, de corvée d'eau, s'est égaré, semble avoir été adaptée et réutilisée dans l'histoire d'Hylas. Héraclès arrive à l'improviste à Trachis, chez Kéyx, à qui il demande l'hospitalité[47]. C'est alors qu'il soumet les Dryopes. Au festin du mariage de Kéyx, roi de Trachis, Héraclès se présente sans avoir été invité — il sera plus tard en quelque sorte le saint patron des parasites[48] ; les maigres vestiges du poème se rapportent à la voracité du héros ou à des devinettes, propos de table.

Kéyx est un personnage évanescent dans la légende d'Héraclès ; Sophocle évite de le nommer dans *Les Trachiniennes.* Après la mort d'Héraclès, trop faible pour protéger les enfants du héros en butte à la vindicte d'Eurysthée, il confiera cette tâche à Thésée[49]. Beaucoup plus important est Aigimios, le roi des Doriens. L'épopée archaïque (hésiodique) intitulée *Aigimios* devait raconter ou du moins évoquer les expéditions entreprises par Héraclès pour le compte de ce roi et l'aide procurée ensuite par Aigimios aux Héraclides après la mort de leur père, mais les fragments conservés parlent de tout autre chose[50]. Aigimios, chez Pindare, est le plus ancien roi des Doriens et leur législateur ; au même titre qu'Héraclès, il est l'ancêtre des tribus émigrées ensuite à Égine et dans le Péloponnèse : « Les descendants de Pamphylos et des fils d'Héraclès, habitant sous les collines du Taygète, veulent à jamais

45. Apollodore, II, 7, 7.
46. Schol. à Apoll. Rh., 1, 1289 = Hésiode, fr. 263 Merk.-West. Voir Bacch., *Péan* IV ; Hérodote, VII, 193.
47. Zénobios, II, 19 = Hésiode, fr. 264 Merk.-West.
48. Documents réunis par l'érudit Polémon, *FHG,* III, fr. 78 (Preller), cité par Athénée, VI, 234*e ;* voir C. Robert, p. 636.
49. Paus., I, 32, 6.
50. Ce poème est attribué à Hésiode ou à Cercops ; fr. 294-301 Merk.-West.

suivre les lois d'Aigimios, eux, les Doriens. Les fortunés, ils occupèrent Amyclées [près de Sparte], partis du Pinde[51]. » Aidé par Héraclès alors que les Lapithes l'avaient chassé de son domaine, il devient en retour le protecteur des orphelins laissés par le héros[52]. Aigimios est fils de Doros, petit-fils d'Hellen, arrière-petit-fils de Deucalion, mais cette généalogie n'est rappelée, incidemment, que par Diodore[53]. Quant aux notices sur Doros, elles ne mentionnent pas Aigimios, sauf une scholie à Pindare qui fait de Doros le fils d'Aigimios[54]. Les noms de ses enfants, Pamphylos et Dymas, en revanche, sont bien établis[55]. Il faut leur ajouter Hyllos, fils d'Héraclès, adopté par Aigimios après la mort de son père, selon Éphore ; à eux trois, ils sont les éponymes des trois tribus doriennes du Péloponnèse.

Deux traditions semblent coexister, l'une faisant intervenir Kéyx puis les Athéniens, l'autre Aigimios. Héraclès se bat contre les Dryopes à la fois pour Kéyx et (chez Apollodore) pour Aigimios. La rencontre de Theiodamas était rattachée à son passage chez Kéyx. Ce doublet n'est pas le seul : cette partie de la légende du héros, la plus confuse, juxtapose sans les fondre tout à fait les traditions parallèles de cantons voisins de Thessalie et de Doride. On a l'impression que désormais tout converge vers Trachis ; Héraclès y arrive soit depuis l'ouest (l'Étolie), soit depuis la mer (abandonné par les Argonautes), soit, enfin, avec Aigimios, depuis le nord de la Thessalie.

Diodore et Apollodore s'accordent à placer l'alliance d'Héraclès et Aigimios dans la dernière partie de sa vie, entre la rencontre de Nessos et la prise d'Oichalia[56]. Héraclès dirige alors trois expéditions, contre les Lapithes, contre les Dryopes et contre le roi d'Orménion, Amyntor ; il se bat en duel avec Kycnos. Sur cette série d'exploits, comme l'avait remarqué Carl Robert, le récit

51. Pindare, *Pyth.*, I, 63-66 ; voir aussi V, 69-72 : Apollon prophétique « a installé à Lacédémone, à Argos et dans la divine Pylos les forts descendants d'Héraclès et d'Aigimios » ; *Isthm.*, IX, 1-4.
52. Strabon, IX, 4, 10 (427).
53. Diodore, IV, 58, 6.
54. Schol. à Pindare, *Pyth.*, I, 121*a*. Sur Doros, voir par exemple Hérodote, I, 56 ; Strabon, VIII, 7 1 (383) ou Conon, *Récits*, 27, qui tous les deux relatent l'installation des Doriens dans le Parnasse (c'est-à-dire dans la Doride de l'Oita), sans faire intervenir Héraclès ni Aigimios. Voir aussi Apollodore, I, 7, 3.
55. Pindare, *loc. cit.* ; Éphore (élève d'Isocrate, IVe siècle av. J.-C.), n° 70, fr. 15 Jac., dans Ét. Byz., *s.* Dymanes ; Paus., II, 28, 6 (Pamphylos) ; VII, 17, 6 (Dymas). Chez les poètes : Callim., fr. 703 Pf. ; Euphorion, fr. 47 Powell ; anon., fr. 1173 *Suppl. Hell.*
56. Diodore, IV, 37, 3 ; Apollodore, II, 7, 7, 2 et suiv.

d'Apollodore est le plus simple, Diodore semblant conserver davantage de détails archaïques[57]. Héraclès délivre d'abord Aigimios de la pression des Lapithes, installés dans le bassin du Pénée, dans la partie nord de la Thessalie. Aigimios lui propose contre son aide une partie de son royaume, le tiers, précise Diodore ; récompense qu'Héraclès déclinera pour lui-même mais demandera que l'on réserve à ses descendants.

Apollodore place ici une guerre contre Laogoras, roi des Dryopes, distincte de celle que provoque le conflit avec Theiodamas ; pour cette campagne, Héraclès est aidé par ses fidèles Arcadiens qui le suivent depuis Phénéos, et par les Maliens de Kéyx. Diodore appelle le roi des Dryopes Phylas, comme le roi d'Orménion (voir ci-après). Chez les deux auteurs, le roi dryope est impie envers Apollon : « il banquetait dans le sanctuaire d'Apollon », dit Apollodore ; détail modelé sur le comportement de Kycnos, qui, d'après le *Bouclier*, occupait le sanctuaire d'Apollon. Des légendes stéréotypées semblent toutes raconter la répression du banditisme dans ces régions montagneuses, sous l'autorité d'Apollon. Sur la Table Albani, « Phylas » et les Dryopes sont donnés comme des sujets rebelles d'Héraclès. Cela s'accorde avec les tendances de cette énumération d'exploits, qui transforme Héraclès en souverain autonome et conquérant : il fallait que les empereurs romains pussent s'identifier à lui[58].

Par ailleurs, Héraclès tue en duel le fils d'Arès Kycnos, (« Cygne », l'oiseau d'Apollon) qui se tenait dans un bois consacré à Apollon, sur le territoire de la ville de Pagasai, contrôlant la route d'Iolcos à Trachis ou, à plus longue distance, de la Thessalie à Delphes[59]. Diodore et Apollodore associent ce duel, pour des raisons géographiques, à la campagne contre Amyntor d'Orménion, les deux se déroulant près du golfe de Pagasai[60] (aujourd'hui de Volo), et il tient très peu de place chez eux. Il était au contraire célèbre à l'époque archaïque, et il nous en est parvenu deux versions.

57. C. Robert, p. 530-535.

58. *Bouclier* hésiodique, 57 et suiv., 70 ; Diodore, IV, 37, 4 ; Apollodore, II, 7, 7, 2 ; Table Albani, *d*, l. 68-78.

59. Le nom de sa mère, Pélopia, est donné par Nicolas de Damas, n° 90, fr. 54 ; Apollodore, II, 7, 7. C'est une fille de Pélias (Apollodore, I, 9, 10 et Nicolas, chez qui la filiation, implicite, n'est pas moins évidente). Apollodore appelle *Kycnos* un autre adversaire d'Héraclès, en Macédoine, en fait Lycaon (voir ci-dessus, p. 272).

60. Seul Apollodore précise le lieu, Itônos : voir Strabon, IX, 5, 8 (433) et 14 (435). D'après le *Bouclier*, Kycnos est enterré près de l'Anauros (v. 477), dans la région de Pagasai, Iolcos, Orménion. Combat près du fleuve Pénée, Paus., I, 27, 6.

Selon le *Bouclier*, tout se déroule à l'avantage d'Héraclès. Seule œuvre des continuateurs d'Hésiode à être conservée en entier, ce poème (premier tiers du VIe siècle ?) doit son titre à une description du bouclier d'Héraclès, occupant plus du tiers de l'œuvre[61] (v. 139-320). L'ensemble raconte le combat d'Héraclès contre le brigand Kycnos, qui sévit sur la route de Thessalie à Delphes, au détriment des pèlerins d'Apollon (v. 479-480). Kycnos est le gendre de Kéyx, le roi de Trachis. Héraclès le rencontre près de Pagasai, au fond du golfe. De cette légende thessalienne le poème donne une version adaptée, quelque peu hagiographique : Héraclès ne faiblit à aucun moment devant Kycnos, au côté duquel se tient pourtant Arès ; aidé par Athéna, non seulement il le tue, mais il blesse même le dieu son père. Dans une autre forme de la même version, Héraclès triomphe de Kycnos, puis, à la manière épique, un combat s'engage sur le corps du vaincu, derrière lequel se tient Arès. Zeus avec sa foudre s'interpose entre ses deux fils, l'homme et le dieu. Cette version, transmise par Apollodore et Hygin, n'en remonte pas moins à l'époque archaïque : elle est illustrée, vers 530 av. J.-C., avec une ampleur épique[62].

Selon Stésichore et Pindare, au contraire, Kycnos est l'un des adversaires qui font d'abord fuir Héraclès[63]. Stésichore avait composé une œuvre sur Kycnos. Cette dernière, apparemment, s'opposait au *Bouclier*, que le poète connaissait et jugeait authentique. En effet, d'une part il s'en distinguait en donnant à Héraclès l'équipement qui est resté le sien, peau de lion, massue, arc, alors que le *Bouclier* lui prête l'arroi d'un guerrier recouvert de bronze, se battant à la lance et à l'épée. Ce serait l'originalité de Stésichore par rapport à l'un de ses modèles, le poète lyrique Xanthos, qui conservait à Héraclès l'armement homérique[64]. D'autre part, au lieu de la victoire sans incertitude qui lui est accordée dans le *Bouclier*, Héraclès était d'abord mis en fuite par son adversaire. Cette version, qui a des analogues dans le reste de la légende

61. Le *Bouclier* a été édité et commenté par C. F. Russo, *Hesiodi Scutum*, Florence, 1950.

62. Apollodore, II, 5, 11 (combat placé en Macédoine) ; Hygin, *Fable* 31. Vase peint par Lydos ou son atelier, à Berlin, Pergamonmuseum, F 17332, reproduit et commenté par K. Schefold, *Götter und Heldensagen der Griechen in der spätarchaischen Kunst*, Munich, Hirmer, 1978, p. 136-138.

63. Stésichore, fr. 207 *PMG* ; Pindare, *Olymp.*, X, 15. Le poème de Stésichore est connu uniquement par la scholie à ce passage de Pindare.

64. Xanthos, poète presque inconnu, fr. 699 *PMG* ; cité par un commentateur d'Homère du IVe siècle, Mégacleidès, lui-même cité par Athénée, XII, 512*f*-513*a* (ce fr. de Xanthos), et par Élien, *Var. hist.*, IV, 26 (le fr. 2 et dernier). Voir ci-dessus, p. 188 et 190.

d'Héraclès, a des chances d'être aussi ancienne que celle du *Bouclier*. Elle a été préférée par Pindare, qui devait trouver immoral qu'un homme tienne tête à un dieu et, pire encore, lui inflige une blessure.

Le dernier exploit d'Héraclès dans ces régions est relaté par Apollodore et par Diodore, utilisant chacun un schéma tout prêt, mais différent. Il s'agit de l'élimination d'Amyntor, roi d'Orménion, que l'un et l'autre s'accordent à placer après le duel avec Kycnos. Orménion figure chez Strabon : un village au pied du Pélion, sur le golfe, fier d'être mentionné par Homère dans le Catalogue des troupes d'Agamemnon. Depuis l'époque hellénistique, il a été intégré à la cité de Démétrias [65]. Diodore modèle cette rencontre sur la campagne contre Oichalia. Héraclès voudrait épouser la fille d'Amyntor, Astydameia, qui lui est refusée car il a déjà Déjanire. Aussi attaque-t-il la cité d'Orménion. Il tue le roi, prend sa fille et la rend mère d'un fils, Ctésippos. Apollodore, lui, raconte un nouveau duel du même type que le combat contre Kycnos : Amyntor, roi d'Orménion, veut empêcher Héraclès de traverser sa ville [66]. Héraclès l'affronte et le tue. L'accent est ici très différent. Bien que ces aventures se déroulent à l'intérieur d'horizons étroits, entre Oita, Pinde et Pélion, Héraclès y apparaît comme celui qui fraie des routes pour la circulation des hommes, au même titre que lorsqu'il traverse la Libye et arrive aux colonnes d'Hercule [67].

Un bûcher sur la montagne

C'est dans la mouvance d'Homère que se situe un poète du VIIe siècle, Créophylos de Samos, qui a composé la *Prise d'Oichalia*. Un témoin de qualité, Callimaque, nous apprend qu'elle contenait « tout ce qu'ont enduré Eurytos et la blonde Iole », non

65. Homère, *Il.*, II, 734 ; IX, 447-484. Sur Orménion, voir Strabon, IX, 5, 18 (438-439). Démétrias avait été fondée par Démétrios Poliorcète en 294-293 av. J.-C. pour être sa capitale.

66. Apollodore, II, 7, 7 ; Diodore, IV, 37, 4. Amyntor était le père de Phoinix, le père nourricier d'Achille.

67. L'identification est perceptible en deux passages des *Trachiniennes*, où il est question d'Héraclès en Eubée ou en Lydie : les expressions conviendraient aussi s'il était parti chez Géryon (v. 99-100, 648).

sans ironiser sur le mérite insuffisant de l'œuvre, malgré ses prétentions homérisantes[68].

« Arrivé à Trachis, il rassembla une armée contre Oichalia, voulant se venger d'Eurytos. » Oichalia est en général placée en Eubée[69]. Comme dans ses campagnes péloponnésiennes, Héraclès part à faible distance de ses bases. Il emmène avec lui des Arcadiens, ceux qui l'ont suivi depuis Phénéos, et des tribus locales : Maliens de Trachis, Locriens d'Oponte, sur la rive du golfe, face à l'Eubée. Il ne va pas livrer un duel, mais une guerre en règle, où, comme d'habitude (en Élide, à Sparte), il perd des alliés très proches, un fils de Kéyx, deux de Likymnios, au dire d'Apollodore. Ils ont dû succomber au cours de quelque revers préalable aujourd'hui effacé des textes subsistant. Ceux-ci évoquent surtout le triomphe grandiose du héros après le sac de la ville, le massacre d'Eurytos et de ses fils survivants et la capture d'Iole. Hygin ou plutôt son modèle a même imaginé là une scène digne de Sade : pour obliger la jeune fille à demander son amour, Héraclès se met en devoir de tuer ses parents devant elle. Mais Iole ne fléchit pas dans son refus[70]. Cette ignominie n'a pas d'autre garant que le mythographe romain.

Après la conquête, Héraclès se rend à la pointe nord-ouest de l'Eubée, juste en face de la Locride, où il fonde un culte à Zeus son père, qui, d'après le nom de l'endroit, s'appellera *Zeus Kénaios*.

> Là, sur son butin, à Zeus Kénaios qui déploie les nuages, il sacrifiait neuf taureaux mugissant sourdement, et il allait en offrir deux à Celui qui soulève les mers et domine les terres [Poseidon], et une vache aux longues cornes à la vierge au regard redoutable, Athéna. Alors la divinité contre laquelle on ne se bat pas [l'Amour] tissa pour Déjanire une ruse habile, source de bien des larmes, lorsqu'elle apprit la douloureuse nouvelle : le fils de Zeus que nul combat n'effraie envoyait Iole aux bras blancs, chez lui, pour être son épouse épanouie. L'infortunée ! la malheureuse ! quel piège a-t-elle préparé ! C'est la jalousie, déployant sa force, qui l'a perdue, et le voile de ténèbres sur l'avenir, lorsque, sur le Lycormas fleuri, elle reçut de Nessos, par inspiration divine, la chose monstrueuse[71].

68. Callim., *Épigr.* 6 Pfeiffer (55 Gow-Page), cité par Strabon, XIV, 1, 18 (638), Créophylos aurait reçu chez lui Homère, qui, en remerciement, lui aurait offert la *Prise d'Oichalia.* Callimaque fait parler le poème : « Je célèbre tout ce qu'ont enduré Eurytos et la blonde Iole, et on m'appelle “ œuvre homérique ”. Pour Créophylos, par Zeus ! c'est beaucoup. »

69. Pour sa localisation, voir ci-dessus, p. 322-323.

70. Hygin, *Fable* 35, sur Iole ; la *Fable* 36, sur Déjanire, suit la version courante.

71. Bacch., XVI, 17-35. Lycormas, autre nom de l'Évenos (Ét. Byz.).

Bacchylide, comme Sophocle ou Ovide, note qu'Héraclès n'aura pas le temps d'accomplir ce dernier sacrifice. Il restera incomplet, remplacé en fait par une autre offrande, celle du vainqueur lui-même brûlant sur l'Oita. C'est que, pour la circonstance, il a revêtu la tunique que lui a envoyée Déjanire, la tunique ointe du sang empoisonné du Centaure[72]. Soit qu'Héraclès fasse demander un vêtement de cérémonie à Déjanire (Apollodore), soit que Déjanire prenne l'initiative de l'offrir (Sophocle), dans tous les cas c'est le héraut Lichas qui apprend à l'épouse délaissée d'abord l'heureuse nouvelle de la victoire de son mari, puis l'amour de celui-ci pour une autre. Alors Déjanire se souvient qu'il y a bien longtemps Nessos lui a indiqué un moyen infaillible de s'assurer la fidélité d'Héraclès. Déjà dans les *Catalogues*, Lichas est aussi celui qui transmet le cadeau fatal[73]. Cela lui vaudra d'être la dernière victime d'Héraclès, qui, l'attrapant par un pied, l'envoie s'écraser contre des récifs qui à jamais porteront son nom[74]. Le poison, inerte tant qu'il est à l'obscurité, se met à bouillonner dès que la lumière et la chaleur du soleil l'atteignent et à brûler tout ce qu'il touche : c'est ce que Déjanire constate avec horreur quand elle retrouve réduit en cendre le flocon de laine qui lui a servi à enduire la tunique. Quant à Héraclès, dès que le bûcher du sacrifice à Zeus s'enflamme et que sa chaleur se fait sentir, la tunique lui colle à la peau et commence à le brûler jusqu'aux os, d'une douleur insupportable que seule la mort apaisera.

Mais Bacchylide, au moment d'évoquer la tunique et le bûcher, s'interrompt et se détourne vers le passé lointain, vers le philtre que Nessos a remis à Déjanire. Pas plus que pour Sophocle, à ses yeux Déjanire n'est coupable. Jamais Déjanire n'imprègne la tunique avec le sang empoisonné du Centaure pour un autre mobile que pour reconquérir l'amour de son mari.

Une fois qu'elle s'est rendu compte de ce qu'elle a fait, Déjanire se pend. À l'époque de Pausanias, son tombeau existait encore, près de Trachis ; les Argiens aussi prétendaient l'avoir[75].

72. D'après Ovide, c'est la propre tunique de Nessus, imprégnée de son sang encore chaud, que Déjanire a reçue du monstre mourant comme un *irritamen amoris*, un stimulant pour l'amour (*Mét.*, IX, 129-133).

73. [Hésiode], *Catal.*, fr. 25, v. 22.

74. Sophocle, *Trach.*, 777-785. D'après Ovide, *Mét.*, IX, 211-229, Lichas projeté dans la mer, desséché par la terreur, est changé en écueil.

75. Paus., II, 23, 5. Déjanire figure, chez Hygin, dans une liste de suicidées notoires (*Fable* 243, 3)

Consumé par deux de ses victimes, le Centaure et l'hydre, et par la femme qui matérialise son alliance avec un mort, Méléagre, Héraclès comprend enfin l'oracle secret que Zeus lui a communiqué : « Personne, parmi ceux qui respirent, ne le tuerait ; mais ce serait un mort, un habitant de l'Hadès » (v. 1160-1161). Mais il n'impute sa mort qu'à son ennemi le plus direct, en l'occurrence, le Centaure Nessos. D'autres oracles, connus de Déjanire, disaient qu'à l'occasion de sa campagne en Eubée, « ou bien il allait accomplir la fin de son existence, ou bien, ayant relevé ce défi, mener à l'avenir une existence heureuse » (v. 79-81, voir 166-168). C'est la fin des peines qui pèsent sur lui (v. 1170). Et en effet, dit-il amèrement, « aux morts ne s'attache point de peine » (v. 1173). Lors de la représentation des *Trachiniennes,* le public, à qui l'idée de la divinisation d'Héraclès était familière, devait bien penser aussi à l'autre sens possible de cette phrase : il vivra dans le monde des dieux, « à l'existence facile », selon la formule homérique. Mais Sophocle n'y glisse pas la moindre allusion, Bacchylide pas davantage et non plus Euripide dans son *Héraclès.* Ni Héraclès ni son entourage ne savent, du vivant du héros, le sort qui l'attend.

Sophocle ne glisse non plus aucune allusion au sort ultérieur d'Hyllos, à ses démêlés avec Eurysthée ; Héraclès lui ordonne seulement d'épouser Iole et de préparer un bûcher au sommet de l'Oita. D'après Eschyle aussi, semble-t-il, les enfants d'Héraclès élèvent le bûcher de leur père[76]. Chez Diodore, ce sont Likymnios et Iolaos qui assistent Héraclès dans ses derniers moments ; le bûcher est élevé par eux sur ordre de l'oracle de Delphes et Héraclès y est transporté en tenue militaire. « Le reste, Zeus s'en occuperait. » Comme Iolaos et les siens, ensuite, en recherchant les os ne trouvent plus rien, ils croient que, conformément à l'oracle, Héraclès est devenu un dieu. Au-delà du rationalisme habituel de Diodore, il est significatif qu'Iolaos reçoive ici un rôle tandis qu'Hyllos n'en a aucun. Proche compagnon d'Héraclès dont il conduit le char, Iolaos, comme Hyllos, a reçu une femme du héros en mariage — Mégara, après le meurtre de ses enfants ; il sera ensuite le protecteur des Héraclides et tuera Eurysthée, un exploit que la tradition attribue aussi à Hyllos[77].

76. Eschyle, *Héraclides* (?), fr. *73b* Radt.
77. Diodore, IV, 38, 3 ; voir 31, 1. Iolaos est souvent associé dans le culte à Héraclès (Plutarque, *De fraterno amore,* 492*c ;* voir à Thèbes, à Agyrion). La mort d'Héraclès est racontée aussi par Ovide, *Mét.,* IX, 134-272.

Tout autre est la perspective dans *Hercule sur l'Oeta,* tragédie de Sénèque, au demeurant inspirée par *Les Trachiniennes.* Dès les premiers vers, Hercule sait qu'il doit monter au ciel et manifeste son impatience d'y aller ; au milieu des souffrances que lui inflige la tunique il a en extase la vision du ciel ; il s'élance joyeux sur le bûcher et, à la fin de la pièce, sa voix tombe du ciel pour confirmer à sa mère et aux siens son ultime triomphe sur les Enfers. La mort du fils de Jupiter est ici le modèle d'une apothéose impériale.

Retournons en Grèce, où les choses se peignent par touches plus minutieuses. « Héraclès se rend sur le mont Oita [qui appartient à Trachis], y élève un bûcher et, quand il y est monté, ordonne d'y mettre le feu. Personne ne voulait faire ce geste ; c'est Poias, qui passait à la recherche de ses troupeaux, qui met le feu ; et c'est à lui qu'Héraclès donna son arc. » Poias est le père de Philoctète, héros de la guerre de Troie, à laquelle il se rend porteur de l'arc et des flèches d'Héraclès ; souvent, c'est Philoctète, et non son père, qui allume le bûcher[78]. L'arc ne reste pas dans la famille du héros, mais est transmis à une personne de rencontre. Il en était allé de même pour l'arc d'Eurytos, passé à Iphitos, puis de celui-ci à Ulysse. Un lieu-dit sur l'Oita s'appelait *Phrygia* (Φρυγία), parce que, disait-on, c'était là qu'Héraclès avait grillé[79] (φρύγω). Un fleuve, le Dyras, jaillit du sol pour éteindre le bûcher[80].

« On dit que, pendant que le bûcher brûlait, dans des coups de tonnerre, un nuage passa sous Héraclès et l'emmena au ciel. Par là, obtenant l'immortalité et réconcilié avec Héra, il épousa Hébé, fille de la déesse, dont il eut des fils, Alexiarès et Anikétos » (Apollodore, II, 7, 7, comme les citations précédentes). La réconciliation avec Héra passe par une adoption et une deuxième naissance, racontées par Diodore. Héra, « montant au lit et prenant Héraclès contre son corps, le fit descendre à travers ses vêtements jusqu'à terre, imitant la naissance véritable[81] ». La scène est illustrée très exactement sur un miroir étrusque de Pérouse[82]. Elle est présentée de manière un peu différente sur

78. Ainsi chez Diodore, IV, 38, 4 ; Sénèque, *Herc. Oeta,* 1485-1487 ; Hygin, *Fable* 36, 5 ; Servius, à Virgile, *Én.*, VIII, 299 (Hercule donne ses flèches en échange du service rendu par Philoctète).

79. Ét. Byz., *s.v.*, et Hygin, *Fable* 30, 3. De plus, Hygin sait qu'Héraclès est mort sous l'effet du venin de l'hydre. Le toponyme Φρυγία se rattache sans doute au mot φρύγανον, « bois sec », petit bois pour allumer le feu.

80. Hérodote, VII, 198 ; Strabon, IX, 4, 14 (428).

81 Diodore, IV, 39, 2 ; voir Lycophron, v. 39 et schol. ; Hésychios, *s.* δευτερόποτμος et Ἥραιος.

82. M. Renard, « Hercule allaité par Junon », *Mélanges J. Bayet, op. cit.*, p. 611-618.

d'autres miroirs et dans la peinture, où le rite d'adoption consiste pour la déesse à donner le sein au héros, figuré comme un adolescent, voire un adulte barbu s'avançant vers la déesse qui lui présente son sein[83]. Désormais, dans l'Olympe où il a été introduit par Athéna, Héraclès enfin peut banqueter à son aise et connaître le repos qui lui a été accordé si chichement au cours des cinquante-deux années de son existence[84].

Ainsi s'achève la longue et multiple histoire d'Héraclès. Après s'être mesuré à la lutte avec son père Zeus, à Olympie ; après être monté sur le char de Zeus pour cribler de flèches les Géants, il a trouvé sur le bûcher de l'Oita la plus douloureuse et la plus définitive des consécrations. Déterminer la date à laquelle elle lui fut accordée, analyser l'alliage qui constituait Héraclès, nous emmènerait, loin de cette narration, sur des terrains plus mouvants que les marais d'Abdère, plus incertains que les confins occidentaux des Hespérides.

83. K. Schefold et F. Jung, p. 132 et n. 312-314, renvoyant à K. Schauenburg, « Herakles unter Göttern », *Gymnasium*, 1963, p. 128 et suiv. Cette figuration rappelle les scènes, dans l'art égyptien, où Isis donne le sein au pharaon.

84. Clém. Alex., *Protr.*, II, 30, 7, d'après les philosophes aristotéliciens Hiéronymos et Dicaiarchos.

XVIII

Le tombeau d'Héraclès

Une fois Héraclès installé dans l'Olympe en un banquet perpétuel, le champ s'ouvre à la rêverie de l'auditoire de ces contes et chacun peut redessiner dans les nuages la figure de son choix. Les savants qui l'ont tant étudié aimèrent croire que leurs dessins coïncidaient avec une silhouette antérieure du héros, embrumée par les nuages de la fable et par eux restituée dans son éclat : Héraclès est apparu tour à tour en saint patron des Doriens ou en type de guerrier indo-européen à ceux qui cherchaient à l'intérieur de la culture grecque ; en Gilgamesh, en Nergal, en Melqart à ceux qui étaient plus sensibles aux influences qui ont fécondé cette culture aux VIIIe et VIIe siècles av. J.-C. Toutes ces recherches ont leur légitimité, toutes contribuent à éclairer le personnage mythique, si on ne les prend pas pour principe d'explication unique et si on ne force pas les légendes à entrer dans des cadres dont aucun ne convient à toutes.

Sans renouer avec la fuite vers les origines, envisageons Héraclès à l'intérieur du monde qui l'a tant chéri et lui a accordé une si grande et si durable popularité[1]. À tel point que le fils de Zeus, c'est même devenu un lieu commun, aurait pu faire figure de rival du Christ. Comme lui, il est le fils du dieu suprême qui le laisse de loin agir et souffrir ; son père terrestre tient un rôle effacé, cependant que sa mère, très présente, lui survit. Ces rencontres

1. Voir Georges Dumézil, *Heur et malheur du guerrier*, 2e éd., Paris, Flammarion, 1985, p. 97-105 ; G.K. Galinsky, *The Heracles Theme ;* W. Burkert, *Structure and History*, Berkeley-Los Angeles, University of California Press, 1979, p. 78-98 ; Françoise Bader, « De la préhistoire à l'idéologie tripartite : les travaux d'Héraklès », *D'Héraklès à Poseidon. Mythologie et protohistoire*, R. Bloch (dir.), Genève-Paris, Droz et Champion, 1985, p. 9-124.

sont amusantes, mais peut-être faut-il y regarder à deux fois avant de pousser le parallèle. Héraclès ne propose aux hommes rien de comparable au message du Christ. Son triomphe sur la mort a un caractère individuel, il ne vaut pas pour l'ensemble des défunts, dont le sort n'est en rien changé par sa visite. Héraclès relève Thésée, certes, mais quelle différence avec le Christ saisissant par le poignet Adam et Ève pour les entraîner vers le ciel ! Héraclès, et c'est déjà une belle œuvre, a aidé les hommes à s'installer en ce monde ; il ne leur a pas proposé de voie nouvelle vers l'autre. Il ne demande ni qu'on l'aime, ni qu'on le suive ; il propose un modèle à imiter, respectable, pratique et somme toute assez court, ce qui n'est pas toujours un défaut. Il prêche par son exemple terrestre la valeur de l'effort ; dans l'univers, il symbolise l'énergie de la nature[2]. Mais s'il ne faut pas exagérer sa stature, il ne faut pas non plus la réduire. Héraclès est un héros panhellénique et non purement dorien, comme le montrent son rôle à Paros et à Thasos ou ses divers passages à Éleusis et à Athènes, où il trouve, et ses enfants après lui, un refuge. Ses échanges de bons procédés avec Thésée sont frappants ; il délivre Thésée des Enfers et c'est, selon Euripide, Thésée qui le recueille après le meurtre de ses enfants. Les Athéniens sont fiers d'avoir été les premiers, après sa mort, à lui rendre un culte divin.

Héraclès l'errant, bien loin d'être attaché à quelque tribu ou groupe ethnique, est un éternel exilé, malgré ses deux patries. Il naît chez des bannis ; à peine adolescent, il est mis à l'écart par son propre père, qui l'envoie garder les vaches dans la montagne, à la suite, déjà, d'un premier meurtre. Et sa vie durant, à peine a-t-il fini d'expier par l'absence une de ses fautes qu'il en commet une nouvelle, s'excluant sans cesse de la société des hommes qui devraient lui être les plus proches : ainsi, quand il séjourne chez son beau-père Oineus, à cause du meurtre du petit échanson. Ce geste involontaire n'en révèle que mieux, à des yeux grecs, sa destinée. Il a été commis lors d'un banquet, acte marquant de la vie sociale, alors comme aujourd'hui. Héraclès semble condamné à rôder aux frontières, juste en dehors de ses patries. Il trouve refuge non dans l'Argolide de ses ancêtres, mais au creux des monts d'Arcadie, à Phénéos. Il termine ses jours dans le pays malien, sur l'avant-seuil de la Béotie.

2. Marcel Detienne, « Héraclès, héros pythagoricien », *Revue de l'histoire des religions*, 1960, p. 19-53.

Ce prince de très noble ascendance a pour vocation d'être un serviteur : dans sa légende, le thème de la soumission est constant, quel qu'en soit le motif — naissance, salaire, relation amoureuse ou matrimoniale (dans ce cas, il vaque pour son beau-père). Cela semble un élément fondamental de sa personnalité mythique, non accepté par Carl Robert. Admirant trop Héraclès pour se résigner à cet abaissement, il se refuse à croire que, dans la forme originelle de la légende, Héraclès ait entrepris son expédition contre les Amazones sur un ordre d'Eurysthée · « Non, c'est comme puissant chef d'armée, comme seigneur et prince indépendant » qu'il est parti là-bas[3]. Cette dégradation du personnage d'Héraclès n'a sans doute pas eu lieu. Si haut que nous remontions, la condition qui lui est assignée n'est même pas celle d'un vassal. Le vasselage suppose un fief, une autorité sur des inférieurs, une stabilité. Certes, Héraclès est entouré de quelques compagnons, neveux ou cousins, et de fidèles Arcadiens le suivent depuis Phénéos ; mais il fait figure de chef de bande, non de chevalier doté par le seigneur qui a agréé ses services ; il est moins chanceux que Tydée, fils d'Oineus (Étolien de naissance), et Diomède, fils de Tydée, qui trouvent à s'installer en Argolide. Nous serions bien en peine de désigner le royaume originel du « prince indépendant » rêvé par le grand savant, sans faire de graves violences à la tradition légendaire. Sa vie n'est pas non plus un apprentissage — ou alors, Héraclès serait un bien mauvais élève et ses travaux n'ont, malgré Georges Dumézil et ses disciples, aucune valeur pédagogique. Sauf celle, très générale, de la soumission à la volonté des dieux.

Héraclès se présente comme un héros paradoxal. À plusieurs reprises, alors qu'il est si pieux et si vigoureux, la folie et la maladie font irruption dans sa vie. La folie l'amène à tuer ses enfants ou son allié Iphitos ; la maladie physique le frappe et renverse le cours de sa fortune après le meurtre d'Iphitos, lors de ses campagnes contre les Molions ; et cela avec une justification éthique. Quels sont au juste ces maux ? Chez Hippocrate et Galien, l'épilepsie, qui frappe à la fois le corps et l'âme, est le « mal d'Héraclès ». Or aucun épisode de sa biographie ne se laisse ramener à une crise d'épilepsie. Elle ne peut être pour quoi que ce soit dans le meurtre de ses enfants. Ce n'est pas elle non plus qui provoque ses défaites en Élide : les attaques d'épilepsie sont passagères et le paludisme

3. C. Robert, p. 465.

conviendrait mieux pour paralyser durablement un général. Il ne faut sans doute pas chercher de définition clinique aux maladies d'Héraclès. L'épilepsie ne lui a été attribuée que parce qu'elle était le « mal sacré ». Il est aussi affecté de maladies de peau — à cet égard, son sort est comparable à celui des filles de Proitos ; la dermatose s'accompagne de troubles psychiques, frénésie sexuelle d'un côté, violence meurtrière de l'autre. Des sources ou des cours d'eau bienfaisants les guérissent ; pour Héraclès, c'est, en Lydie, l'Akélès et l'Hyllos.

Le héros révèle souvent ses faiblesses. C'est seulement dans le cycle des Douze Travaux qu'il apparaît invincible. Lorsque, à la fin de sa vie, après avoir rappelé ses travaux, il déclare : « J'ai goûté à d'autres peines, par dizaines de milliers, et personne n'a triomphé de mes bras[4] », il oublie ses défaites devant les Molions, les fils d'Hippocoon, Kycnos ; ou la gloire de ses compagnons éclipsant la sienne, Télamon à Troie. De plus, ce héros viril se travestit pour passer un an aux pieds d'Omphale et cela lui était déjà arrivé à Cos, d'abord pour échapper aux ennemis, puis pour s'unir à la fille du roi.

Terrifiant, Héraclès serait-il un ogre ? Il en a les travers, manifestant une fâcheuse tendance à manger des bœufs entiers, à Lindos dans l'île de Rhodes, chez les Dryopes, en Grèce centrale, contre Lépréos, dans le Péloponnèse. Il est doté de tous les appétits du monde : glouton, ivrogne, paillard, brutal, et il les garde une fois devenu dieu, du moins dans la comédie d'Aristophane, *Les Oiseaux*. L'attitude de son maître Eurysthée terrifié par sa vaillance, ne sachant que faire des monstres qu'Héraclès lui apporte, introduit une touche supplémentaire de burlesque, renversant le rapport habituel du maître vaillant et du domestique poltron. Cet aspect n'est pas uniquement du ressort de la littérature. Certains cultes qui lui sont rendus font figure de parodies : en Attique, à Héraclès Μηλών, en guise de bélier on sacrifie une pomme dans laquelle on a planté quatre brindilles en dessous pour les pattes, deux en dessus pour les cornes[5]. Le jeu de mots entre μῆλον, « pomme », et μῆλον « mouton », a déjà servi à propos des pommes des Hespérides, transformées en moutons, à l'inverse de ce qui se passe ici... Cela n'empêche pas la sincérité de

4. Sophocle, *Trach.*, 1101 et suiv.
5. Hésychios, *s.v.*, et Pollux, I, 30 et suiv. ; M.P. Nilsson, *Griechische Feste*, p. 448, fait à ce propos d'Héraclès un dieu-pomme, certainement à tort.

la dévotion. Après qu'Hérodote a parlé librement de la légende de Bousiris, qu'il est difficile de prendre au sérieux, il ne manque pas d'ajouter une formule pieuse pour faire pardonner ses propos[6].

Héraclès, personnage familier, a inspiré plus de proverbes que n'importe quel autre héros — expressions de banquet, sur le vin, sur ceux qui s'invitent à la table d'autrui, ceux qui travaillent pour les autres, sur les limites de la force (« contre deux, pas même Héraclès »), voire, dans un registre plus vulgaire, sur la vigueur des « culs noirs »... Il nous a légué une série d'expressions, à vrai dire aujourd'hui plus littéraires que véritablement usuelles, « un cerbère », « une hydre », « les écuries d'Augias », « la tunique de Nessus »...

Parmi ses spécialités, les sports tiennent une place de choix. Avec Hermès, il est le patron de la palestre, et son exercice favori est la lutte, qui lui vaut le surnom de Palaimon, inspire à Douris une explication du proverbe qui vient d'être cité et surtout marque de manière étonnante le déroulement du premier de ses Douze Travaux, la lutte contre le lion. Ses exploits les plus prestigieux ne sont pas accomplis à la guerre, mais ressemblent à des épreuves sportives. Héraclès joue un grand rôle dans la fondation et l'organisation des concours, à Némée, à Olympie. On lui doit le choix des couronnes, ici d'ache, là d'olivier ; le peuplier blanc aussi lui était consacré, avec une signification à la fois funéraire et triomphale.

Héraclès est par excellence, plus encore que Persée, le visiteur du monde, de l'*oicouménê*. Mais derechef il faut être attentif aux nuances. Carl Robert, après avoir présenté le contenu de la Table Albani, campe son héros : « donc Héraclès en conquérant du monde, fondateur de villes et colonisateur[7] ». C'est tout à fait vrai pour la Table, qui tend à assimiler Héraclès à un empereur romain. Ce l'est moins pour le héros hellénique. Héraclès ne conquiert pas tellement et, en tout cas, il ne garde pas ses conquêtes. Il prépare les fondations et légitime les occupations ultérieures plus qu'il ne fonde et n'occupe lui-même. Parmi les hommes, le thème du bienfaiteur mal récompensé sert aussi à expliquer les honneurs conférés à ses descendants[8]. Il est celui qui fraie des chemins, qui défriche. Son rôle le plus important se situe au-dessus de cette

6. Hérodote, II, 45 fin.
7. C. Robert, p. 530.
8. Euripide, *Héraclès ;* Plutarque, *Délais de la vengeance divine*, 13, (558*b*).

sphère d'activités humaines. Héraclès est l'auxiliaire des dieux, celui qui aide le destin de l'univers à s'accomplir, délivre Prométhée, participe à la bataille contre les Géants dans les champs Phlégréens.

Un détail est significatif de ce sens surnaturel du rôle d'Héraclès : chez Diodore, le temps des héros commence avec Niobé, fille de Phoroneus, première femme avec qui Zeus se soit uni — Phoroneus est lui-même, dans les traditions argiennes, le premier homme. Il s'achève seize générations plus tard, avec Alcmène, la dernière femme avec qui Zeus se soit uni — c'est le cadre même de ce livre. Le passage du fils d'Alcmène, tuant ou domptant les monstres primitifs, marque-t-il la fin d'un monde ? Surtout le début du monde des hommes ordinaires, moins fort, mais organisé, policé, stabilisé. L'antique protecteur y apparaît sous un jour parfois inattendu. Lui qui a écrasé l'hydre et fait fuir la biche, il lui reste à détruire les insectes, à protéger champs et vergers contre les sauterelles, d'un bout à l'autre de la Méditerranée hellénisée, de l'Asie Mineure à Métaponte.

Un autre rôle inattendu d'Héraclès est celui d'un maître de l'eau, en tant que patron des sources thermales qui naissent sur ses pas en Sicile et ailleurs. Et aussi, de manière emblématique, face à l'Achéloos qui n'est pas un fleuve ordinaire, mais celui qui entre tous détient la plus éminente dignité, juste après l'Océan. Et Héraclès le vainc définitivement. L'hydraulique semble être sa spécialité : à Orchomène, à Phénéos, en Élide au service d'Augias, au Tempé, à Abdère, dans la vallée de l'Oronte. Les Anciens en ont été conscients, car les interprétations de ses aventures font souvent de lui une sorte d'ingénieur, lorsqu'il ouvre le chenal de Gibraltar, marqué par les colonnes d'Hercule, ou lorsqu'il dompte le fleuve Aigle, qui ravageait le royaume caucasien de Prométhée, voire dans sa lutte contre Achéloos. Mégara le rêve en train de creuser un fossé... Héraclès semble avoir une prédilection pour les régions où les lacs se transforment facilement en marais, s'assèchent ; où la mer risque de faire irruption sur les basses terres.

Sur mer, il tend son arc contre l'Océan, il triomphe des monstres des abysses. C'est la vision du héros que proposent de nombreuses scènes, sculptées ou peintes durant la période archaïque, où il lutte contre Triton, un monstre tricéphale, Nérée ou le Vieux de la mer. Il leur extorque les précieuses informations qui lui permettront d'aller plus loin que quiconque aux frontières du monde et de la connaissance. Peut-être Melqart a-t-il, sur ce point, influencé son image. Il protège les marins « à égalité avec Poseidon », selon Aelius Aristide[9]. Héraclès (est-ce seulement dû à ses multiples voyages ?) prend la figure d'un pacificateur des mers ; les poètes mettent en parallèle l'extermination des monstres marins et celle des monstres terrestres ; maître de la navigation, les flots se calment devant lui, ceux du Pont qui reçoit de lui son nom de « Bienveillant » *(Euxin)* ou ceux de l'Océan. Le plus grand triomphe d'Héraclès, n'est-ce pas, sous l'autorité de Zeus, la domestication de la terre habitée ? « Lui qui est allé dans l'Olympe, après avoir exploré toutes les terres et le creux abrupt de la mer blanchissante, et pour les navigations fait la traversée paisible[10]. »

9. Aelius Aristide, *Discours*, XL, 12.
10. Pindare, *Isthm.*, III-IV, 73-75.

Note sur les abréviations

Les textes considérés comme sources pour l'étude de la mythologie ont été composés sur un peu plus de deux millénaires, d'Homère (fin du VIIIe siècle av. J.-C. ?) à Jean Pédiasimos (XIVe siècle ap. J.-C.).

Pour être précis, les renvois à ces sources doivent souvent être complexes, indiquant à la fois les divisions internes de l'œuvre et les pages d'une édition de référence. Cela tient aux conditions particulières de transmission de la littérature ancienne[1]. Nombre d'œuvres, perdues dans leur version intégrale, sont connues par des extraits, analyses ou résumés conservés dans des florilèges ou des traités, commentaires, etc. Certaines ont été restituées par des livres antiques sur papyrus, parfois émiettés en menus fragments ; quand on les cite, il est important d'indiquer le nom du savant dont on suit l'édition : « Sappho, fr. 55 Lobel-Page » indique le fragment 55 de Sappho dans l'édition d'Edgard Lobel et Denys Page, Oxford, 1955 ; c'est la numérotation de référence, reprise par David A. Campbell dans la collection de textes classiques Loeb, Cambridge (Massachusetts)-Londres, Harvard University Press-Heinemann, 1982.

D'autre part, les renvois concernent souvent non pas l'œuvre elle-même, mais des commentaires (formant un ouvrage distinct) ou des scholies (extraits de commentaires plus anciens, compilés en marge du texte commenté à partir du IVe ou du Ve siècle ap. J.-C. environ). Rarement, nous pouvons nommer leur rédacteur : par exemple, Aréthas, archevêque de Césarée de Cappadoce, pour Platon. Les scholies à Homère, qui sont particulièrement abondantes, se répartissent en plusieurs familles : les scholies A ont été utilisées dans un célèbre manuscrit de l'*Iliade*, le *Venetus A*.

Il est donc difficile de donner des références à la fois précises, claires —

1. On s'en fera une bonne idée grâce au livre de L.D. Reynolds et N.G. Wilson, *D'Homère à Érasme. La transmission des classiques grecs et latins*, Paris, Éd. du CNRS, 1984.

et brèves ; le recours à des abréviations s'impose. Afin de concilier ces exigences, j'ai indiqué autant que possible en toutes lettres les noms des auteurs, à un petit nombre d'exceptions près, répertoriées plus loin ; mais j'ai gardé les formes abrégées pour les titres, considérant que le lecteur pourra aisément les retrouver s'il le désire. Lorsque l'auteur n'est connu que par une seule œuvre, le titre de celle-ci n'est pas indiqué. Pour les ouvrages en prose, on renvoie au livre, puis au chapitre, puis à la section : « Paus., II, 5, 3 » signifie Pausanias, *Périégèse,* livre II (*La Corinthie*), chapitre 5, section 3. Pour les ouvrages en vers, au chant ou livre (s'il y a lieu), puis au vers : « Apoll. Rh., II, 1173 » signifie Apollonios de Rhodes, *Argonautiques,* chant II, vers 1173.

À ces indications peut s'ajouter, pour les ouvrages en prose, le numéro de page dans l'édition de référence, avec éventuellement l'indication de la ligne ou (par lettres) du secteur de la page. Ainsi « Strabon, VIII, 5, 2 (363) » signifie Strabon, *Géographie,* livre VIII, chapitre 5, section 2, page 363 de l'édition d'Isaac Casaubon (érudit protestant du XVIe siècle) ; « Clém. Alex., *Strom.*, I, 102, 5 (380) » signifie Clément d'Alexandrie, *Stromates,* livre I, paragraphe 102, subdivision 5, page 380 de l'édition d'Oxford, procurée par Potter en 1715 ; la division en paragraphes, indépendante de la division en chapitres (qu'il n'est donc pas nécessaire d'indiquer) est l'œuvre de Klotz (1831-1834) ; elle a été reprise par Staehlin qui a introduit les subdivisions, dans l'édition de Berlin en 1905. La présentation ne saurait donc être uniformisée ; elle est liée à l'histoire de chaque texte. Dans Athénée, cas exceptionnel, les livres ne sont pas subdivisés en chapitres. Lorsqu'un auteur a composé de nombreuses œuvres, il est commode de les numéroter. « Lucien, 78, *Dial. marins,* 8 (6) », signifie que les *Dialogues marins* de Lucien sont la soixante-dix-huitième œuvre de cet auteur copiée sur le plus ancien manuscrit à nous avoir conservé son œuvre entière (*Vaticanus graecus* 90). Dans la série des *Dialogues marins,* le numéro 8 est celui du dialogue cité, d'après l'édition de M.D. MacLeod (Oxford Classical Texts, 1987), conforme à une famille de manuscrits (γ). Le chiffre 6 indique la place de ce dialogue dans l'édition d'Amsterdam (1743), suivie par la célèbre collection de textes grecs publiée chez Teubner, à Leipzig.

Pour plus de clarté, j'indique ici les quelques auteurs anciens dont le nom a été abrégé ou dont la présentation paraissait appeler des éclaircissements.

Enfin, les titres de revues ou de recueils ont été abrégés avec le souci de faciliter leur recherche en bibliothèque.

1. Auteurs

Anton. Lib. : Antoninus Liberalis, *Métamorphoses.*
Apoll. Rh. : Apollonios de Rhodes, *Argonautiques.*

Apollodore : la mention du nom de l'auteur seul renvoie à la *Bibliothèque*. Les renvois à l'*Épitomé* qui la complète sont signalés.

Bacch. : Bacchylide, édition Snell-Maehler, Leipzig, 1970.

Callim. : Callimaque, édité par Rudolf Pfeiffer, Oxford, Clarendon Press, t. I : *Fragmenta*, 1949 : t. II : *Hymni et epigrammata*, 1951.

Clém. Alex. : Clément d'Alexandrie, notamment le *Protreptique* (*Protr.*) et les *Stromates* (*Strom.*).

Ét. Byz. : Étienne de Byzance, *Ethnica*, dictionnaire donnant les formes exactes des noms géographiques, leur origine et leurs dérivés, édité par August Meineke, Berlin, 1849.

Eust. : Eustathe, érudit byzantin du XIIe siècle, qui devint archevêque de Thessalonique, auteur d'un commentaire aux poèmes homériques que l'on cite en indiquant le vers commenté et, en général, la page et la ligne du commentaire dans l'édition de Leipzig (1827-1830). Eustathe commenta aussi la *Périégèse* de Denys.

Germ. : Germanicus, fils adoptif de Tibère, auteur d'une traduction latine en vers des *Phénomènes* d'Aratos ; on renvoie aux scholies à cette traduction par les pages de l'édition d'Alfred Breysig, en indiquant éventuellement le manuscrit d'où elles proviennent.

Grég. Naz. : Grégoire de Nazianze.

Juv. : Juvénal ; le nom est abrégé seulement pour les renvois aux scholies.

Lact. Plac. : Lactantius Placidus, commentateur d'Ovide et de Stace.

Lyc. : Lycophron, *Alexandra ;* le nom est abrégé seulement pour les renvois aux scholies, dues à Jean Tzetzès (XIIe siècle).

Myth. Vat. : Mythographes du Vatican, éd. Bode, Celle, 1834 ; édition critique en cours dans la CUF.

P. Mela : Pomponius Mela, *Chorographie.*

Paus. : Pausanias, *Périégèse*

Pline : Pline l'Ancien, *Histoire naturelle.*

Quint. Sm. : Quintus de Smyrne, *La Suite d'Homère*, éd. F. Vian, Paris, CUF, 1963-1969.

Servius et Servius *auctus :* Servius est un érudit latin du IVe siècle, auteur d'un commentaire à Virgile dont quelques manuscrits donnent une version augmentée (Servius *auctus*), publiée pour la première fois par Pierre Daniel à Paris en 1600, d'où le nom qu'on lui donne parfois de *scholia Danielis.* L'édition de référence est aujourd'hui celle de Georg Thilo et Hermann Hagen, Leipzig, Teubner, 1881-1887.

Silius It. : Silius Italicus, *Punica.*

Thuc. : Thucydide, *Histoire de la guerre du Péloponnèse.*

Val. Fl. : Valerius Flaccus, *Argonautiques.*

2. *Éditeurs de recueils*

Bernabé : *Poetae Epici Graeci, Testimonia et Fragmenta,* t. I, éd. A. Bernabé, Leipzig, Teubner, 1988.

Campbell : *Greek Lyric,* II, éd. David A. Campbell, Cambridge (Massachusetts)-Londres, Harvard University Press-Heinemann, coll. Loeb, 1988 (le tome 1, paru en 1982, contient les poètes de Lesbos, Sappho et Alcée).

Davies : *Epicorum Graecorum Fragmenta,* éd. Malcolm Davies, Göttingen, Vandenhoeck und Ruprecht, 1988.

Jac. : *Die Fragmente der Griechischen Historiker,* éd. Felix Jacoby, 1923-1958. Les renvois se font par numéro d'auteur et de fragment, du type « Acousilaos, n° 2, fr. 23 Jac. »

Kassel-Austin : *Comicorum Graecorum Fragmenta,* éd. R. Kassel, C. Austin, Berlin-New York, De Gruyter, 1983 et suiv. (en cours).

Merk.-West : *Fragmenta Hesiodea,* éd. Reinhold Merkelbach et Martin L. West, Oxford, Clarendon Press, 1967.

Nauck² : *Tragicorum Graecorum Fragmenta,* éd. A. Nauck, Leipzig, 2ᵉ éd., 1889.

Powell : *Collectanea Alexandrina,* éd. John U. Powell, Oxford, Clarendon Press, 1925.

West : *Iambi et Elegi Graeci ante Alexandrum cantati,* éd. Martin L. West, Oxford, Clarendon Press, 1971.

3. *Recueils, collections ou ouvrages cités par leur titre*

Anth. Pal. : Anthologie Palatine, ainsi appelée parce que son manuscrit fut à Heidelberg en la possession de l'Électeur palatin, recueil d'épigrammes en quinze livres, un seizième livre étant formé par l'*Anthologie de Planude* (voir ci-dessous).

Anth. Plan. : Anthologie de Planude, recueil d'épigrammes compilé en 1299 par l'érudit byzantin Maxime Planude, inséré dans les éditions à la suite de l'*Anthologie Palatine* (voir ci-dessus).

BMC : A Catalogue of the Greek Coins in the British Museum, Londres, British Museum, 27 volumes, 1873-1927.

CUF : Collection des Universités de France (« Budé »), textes et traductions d'auteurs grecs et latins publiés à Paris. Les Belles Lettres, sous les auspices de l'Association Guillaume Budé.

Etym. Gen : Etymologicum Genuinum, manuscrits A et B. Le manuscrit B a été publié par É. Miller, *Mélanges de littérature grecque,* Paris, 1868.

Etym. Magn. : Etymologicum Magnum, éd Th Gaisford, 1848.

FHG : Fragmenta Historicorum Graecorum, éd. C. et T. Müller, Paris, Didot, 5 volumes, 1841-1870.
IG : Inscriptiones Graecae, publiées sous les auspices de l'Académie de Berlin à partir de la fin du XIXe siècle, selon un ordre géographique ; c'est ainsi que le volume *IG* XIV, paru en 1890, contient les inscriptions grecques d'Occident.
LIMC : Lexicon iconographicum mythologiae classicae, dir. Lily G. Kahil, Zurich, en cours ; t. I-V, 1981-1990.
Myth. Lex. : Ausführliches Lexikon der Griechischen und Römischen Mythologie, dir. W. Roscher, 1884-1937.
Mythologie et géographie : Pierre Chuvin, *Mythologie et géographie dionysiaques. Recherches sur le poème de Nonnos de Panopolis*, Clermont-Ferrand, ADOSA, 1992.
PG : Patrologie grecque, éd. Jean-Paul Migne, Paris, 161 volumes, 1857-1866.
PMG : Poetae Melici Graeci, éd. Denys Page, Oxford, Clarendon Press, 1962.
P. Oxy. : The Oxyrhynchus Papyri, éd. B.P. Grenfell, A.S. Hunt, E. Lobel et continuateurs, Londres, depuis 1898.
Real-Enc. : Paulys Realencyclopädie des classischen Altertumswissenschaft, éd. Georg Wissowa et continuateurs, Stuttgart, 1894-1978.
SLG : Supplementum Lyricis Graecis, éd. Denys Page, Oxford, Clarendon Press, 1974.
Suppl. Hell. : Supplementum Hellenisticum, éd. Hugh Lloyd-Jones et Peter Parsons, Berlin-New York, De Gruyter, 1983.
*Sylloge*³ *:* W. Dittenberger, *Sylloge inscriptionum graecarum* [Choix d'inscriptions grecques], Leipzig, 3e éd., 1915-1924, 4 vol.
Trag. Gr. Fragm. : Tragicorum Graecorum Fragmenta, Göttingen, Vandenhoeck und Ruprecht, en cours ; en particulier t. III, *Eschyle*, éd. Stefan Radt, 1985 ; t. IV, Sophocle, éd. S. Radt, 1977.

4. *Ouvrage cité par le seul nom de son auteur*

Carl Robert, dans Ludwig Preller, *Griechische Mythologie*, III : *Die griechische Heldensage*, par C. Robert, 1 : *Die Heroen und die Sage*, 2 : *Die Nationalheroen*, Berlin, Weidmann, 1921.

5. *Abréviations diverses*

ad loc. : commentaire au passage cité.
cod. : codex.
fr. : fragment.
schol. : scholie.

s. suivi d'un nom propre : *sub*, renvoi à un article de dictionnaire.
s.v. : *sub verbo*, renvoi à un article de dictionnaire, lemme déjà cité.
test. : *testimonium*, témoignage ancien sur un auteur ou une œuvre.
v. : vers.

La mise entre crochets droits [ ] du nom d'un auteur signifie qu'il n'est pas considéré comme l'auteur véritable de l'œuvre citée.
Les crochets obliques < > délimitent un passage restitué par conjecture, fondée en général sur des textes parallèles.

TABLEAUX GÉNÉALOGIQUES

1. DU FLEUVE INACHOS À LA GÉNISSE IO

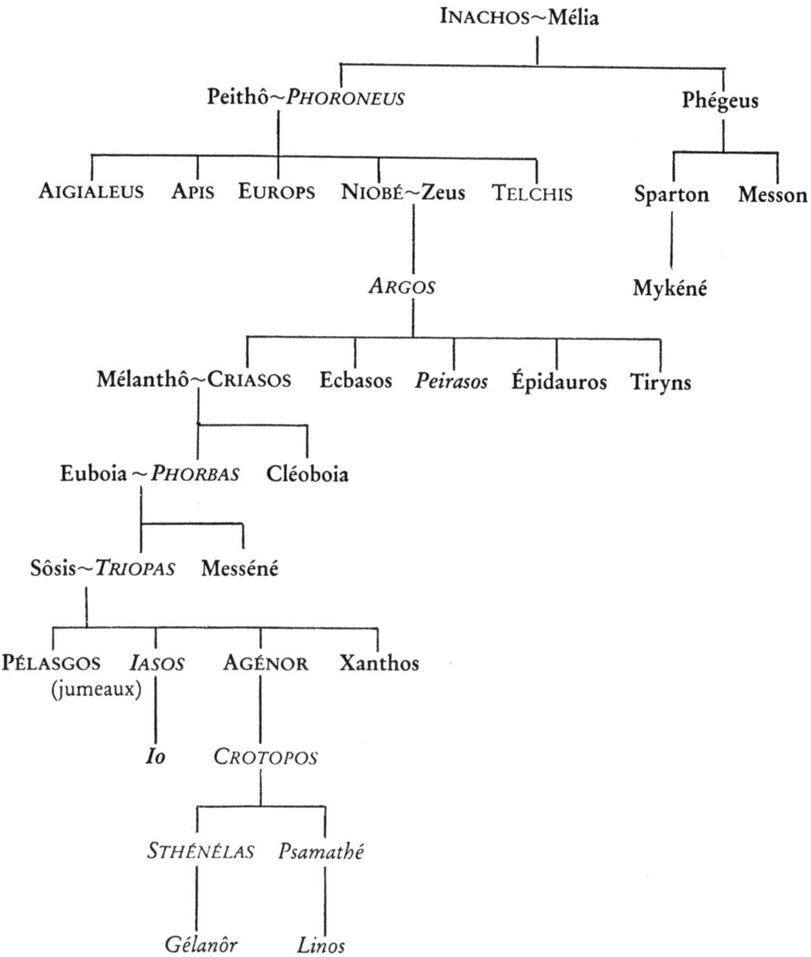

En **gras** : noms figurant dans les scholies à Euripide, *Oreste*, 932 et 1246.
En *italique* : noms figurant chez Pausanias, II, 16, 1 et 19, 8.
En PETITES CAPITALES : noms figurant chez Clément d'Alexandrie, *Strom.*, I, 21
Ce stemma place Triopas à la septième génération après Inachos, sauf chez Pausanias qui ne mentionne pas Criasos et fait de Phorbas le fils d'Argos.
Pausanias, II, 16, 4, fait de Sparton père de Mykéneus le fils de Phoroneus, suivant Acousilaos et passant Phégeus sous silence.

2. LA DESCENDANCE D'IO

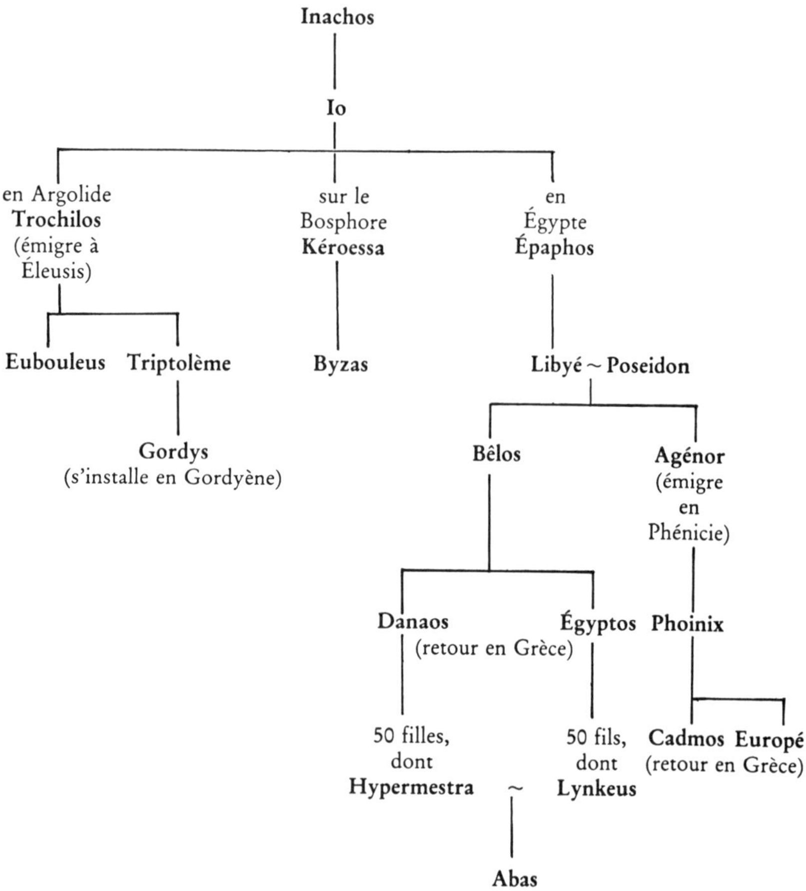

3. LA DESCENDANCE DE DANAOS ET LES DYNASTIES D'ARGOS

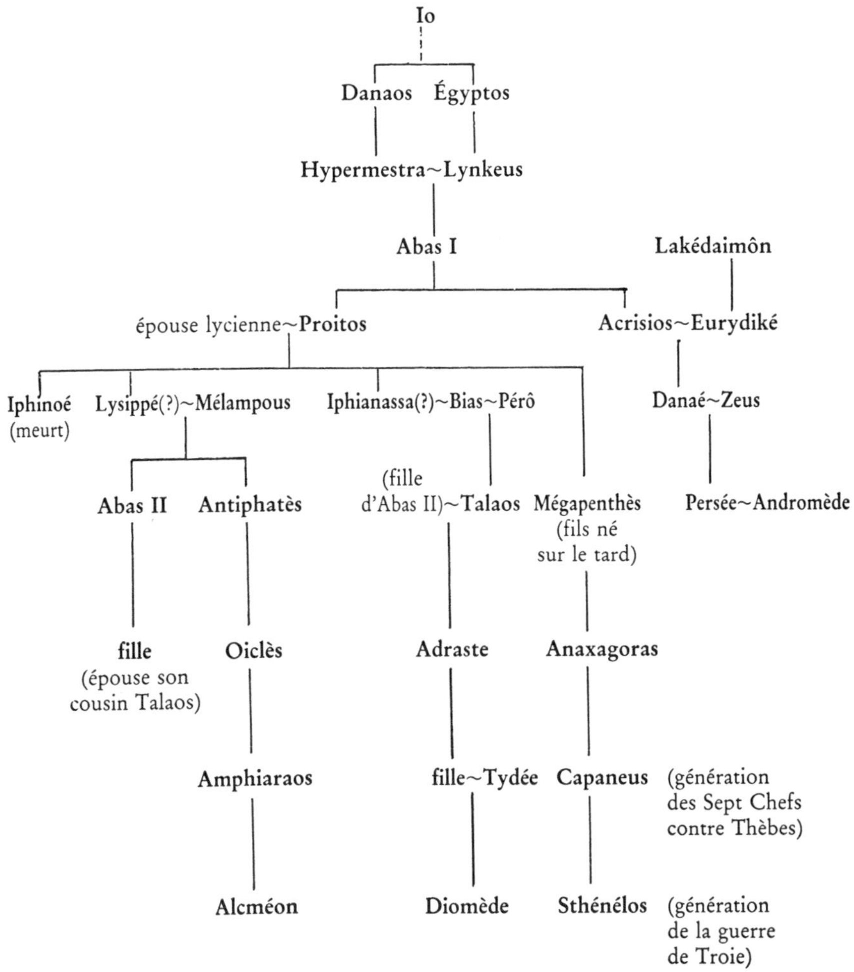

La généalogie Mélampous-Antiphatès-Oiclès-Amphiaraos remonte à *l'Odyssée,* XV, 243.

4. DE PERSÉE À HÉRACLÈS

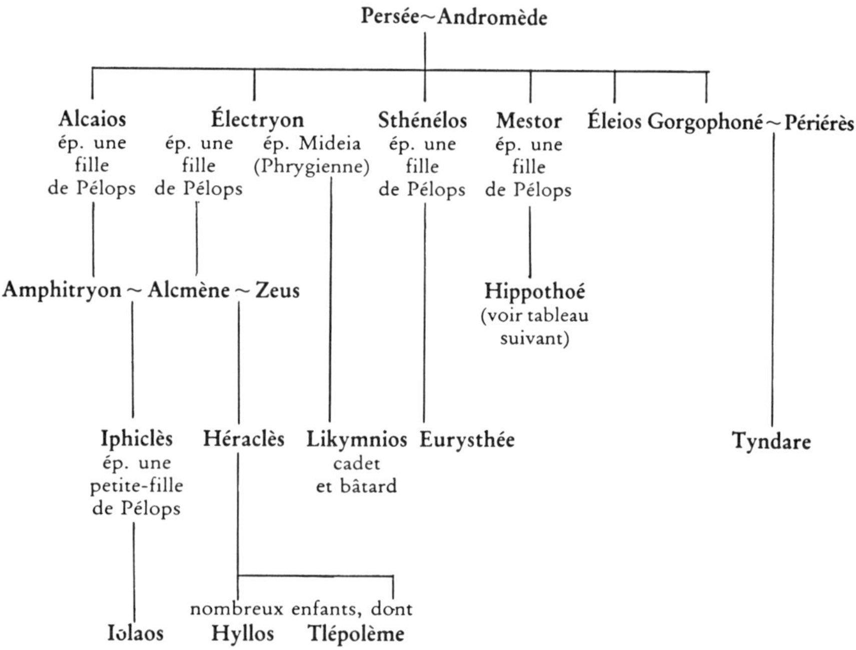

5. TAPHIENS ET TÉLÉBOAI : quatre versions

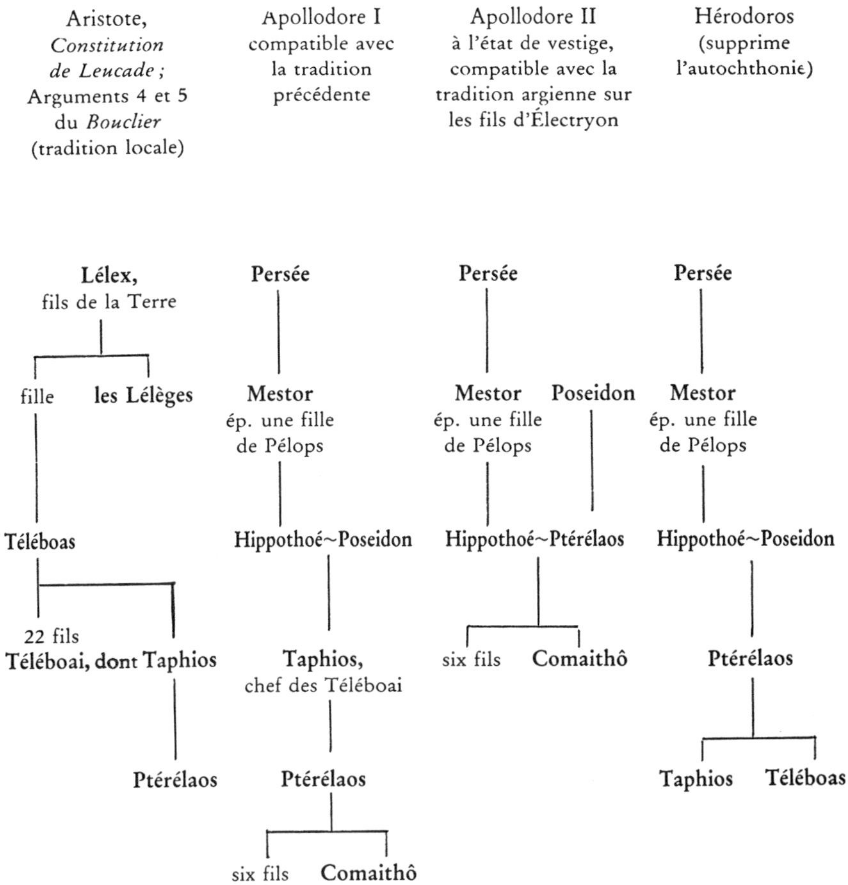

CARTES

Cartographie Guy Lécuyot

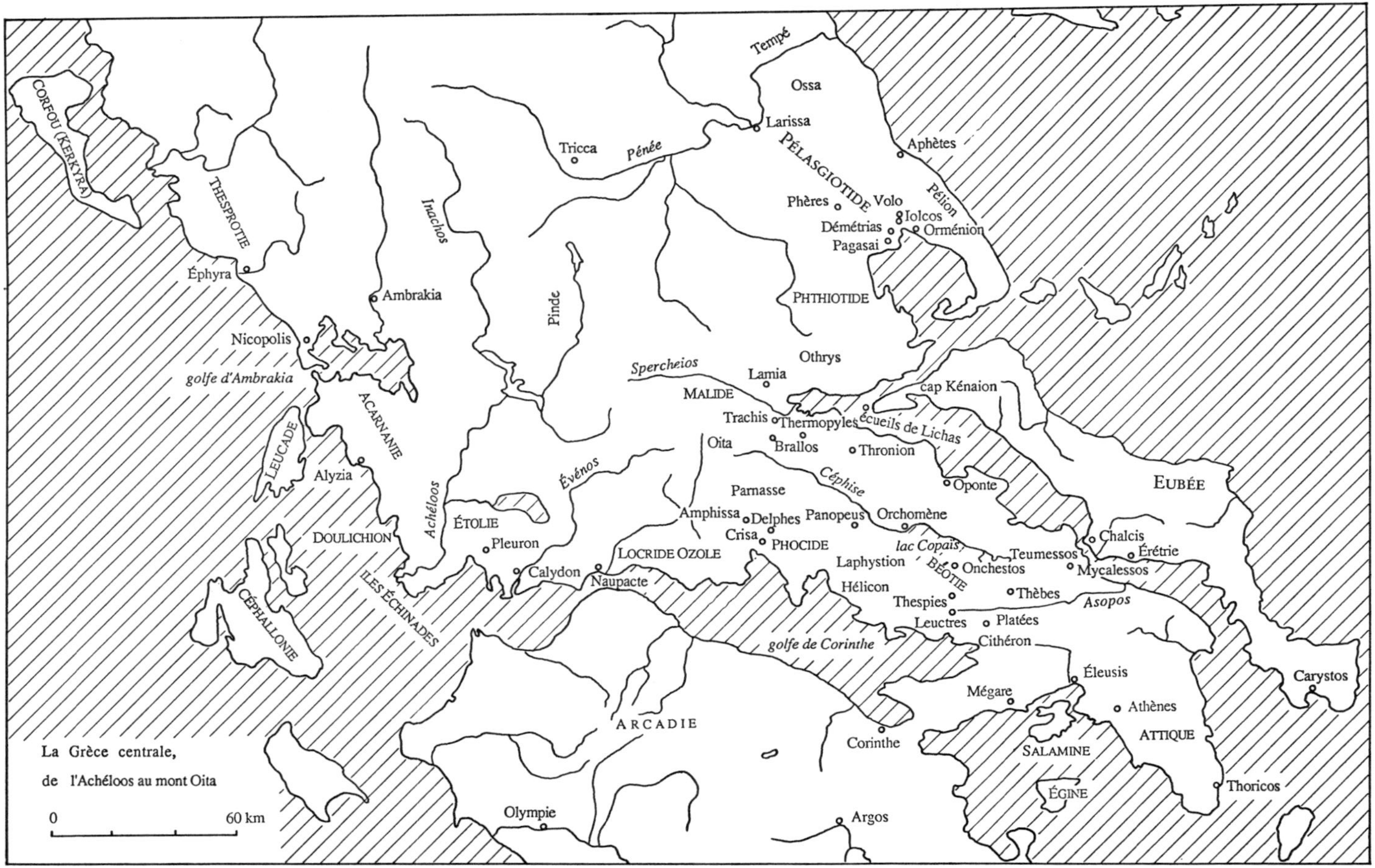
La Grèce centrale,
de l'Achéloos au mont Oita
0
60 km
CORFOU (KERKYRA)
THESPROTIE
Éphyra
Nicopolis
golfe d'Ambrakia
Ambrakia
Inachos
LEUCADE
ACARNANIE
Alyzia
Achéloos
DOULICHION
CÉPHALLONIE
ILES ÉCHINADES
ÉTOLIE
Pleuron
Calydon
Évènos
Naupacte
LOCRIDE OZOLE
Pinde
Tricca
Pénée
Tempé
Ossa
Larissa
PÉLASGIOTIDE
Aphètes
Pélion
Phères
Volo
Iolcos
Démétrias
Orménion
Pagasai
PHTHIOTIDE
Othrys
Spercheios
Lamia
MALIDE
Trachis
Thermopyles
écueils de Lichas
cap Kénaion
Oita
Brallos
Thronion
Céphise
Parnasse
Amphissa
Delphes
Panopeus
Orchomène
Crisa
PHOCIDE
lac Copaïs
Laphystion
BÉOTIE
Onchestos
Teumessos
Hélicon
Thespies
Thèbes
Asopos
Leuctres
Platées
Cithéron
golfe de Corinthe
Oponte
EUBÉE
Chalcis
Érétrie
Mycalessos
Carystos
Éleusis
Mégare
Athènes
ATTIQUE
SALAMINE
ÉGINE
Thoricos
Corinthe
ARCADIE
Olympie
Argos

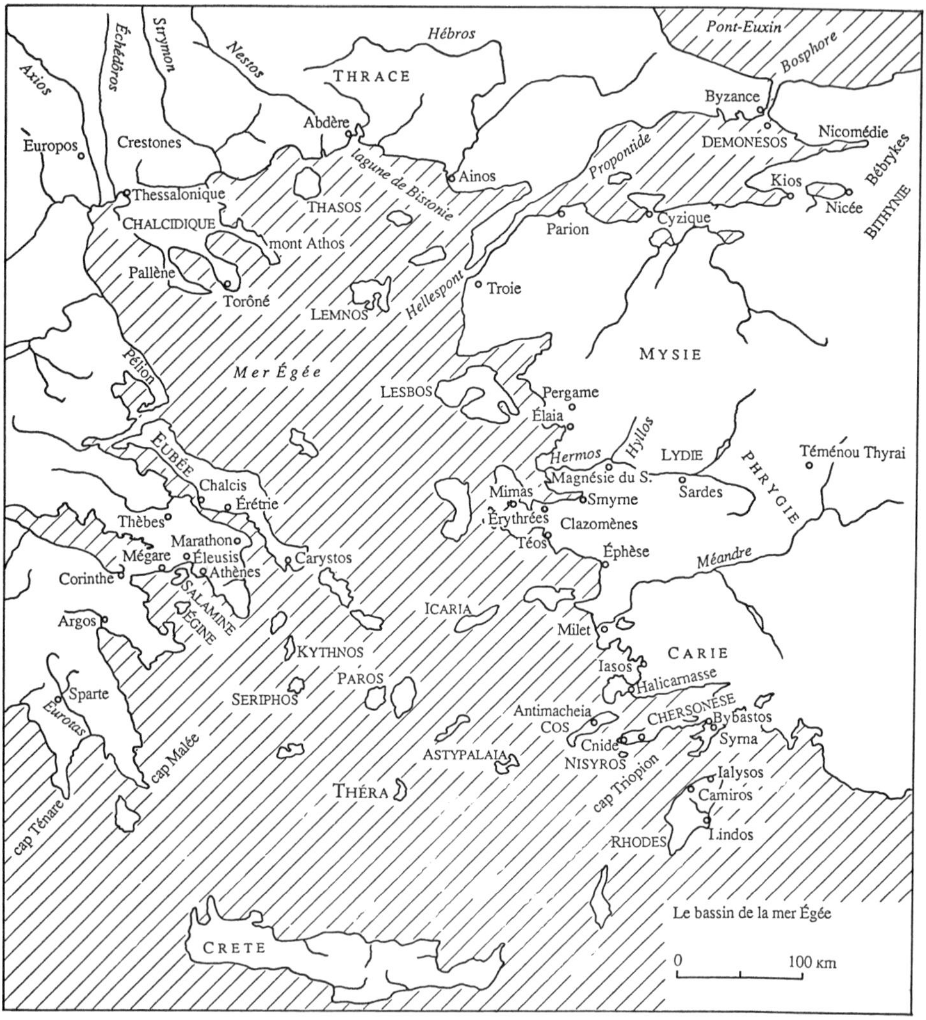
Pont-Euxin
Bosphore
Hébros
Axios
Échédôros
Strymon
Nestos
THRACE
Byzance
Abdère
Europos
Crestones
Nicomédie
DEMONESOS
Bébrykes
lagune de Bistonie
Ainos
Propontide
Kios
Thessalonique
THASOS
Nicée
BITHYNIE
CHALCIDIQUE
Parion
Cyzique
mont Athos
Pallène
Torôné
Troie
LEMNOS
Hellespont
Pélion
MYSIE
Mer Égée
LESBOS
Pergame
Élaia
Hyllos
Hermos
LYDIE
Téménou Thyrai
PHRYGIE
EUBÉE
Magnésie du S.
Chalcis
Sardes
Mimas
Smyrne
Érétrie
Thèbes
Érythrées
Clazomènes
Marathon
Téos
Mégare
Éleusis
Éphèse
Carystos
Athènes
Méandre
Corinthe
SALAMINE
ICARIA
ÉGINE
Argos
Milet
KYTHNOS
CARIE
Iasos
PAROS
Halicarnasse
Sparte
SERIPHOS
Antimacheia
CHERSONÈSE
Eurotas
COS
Bybastos
Syma
Cnide
ASTYPALAIA
cap Malée
NISYROS
Ialysos
cap Triopion
THÉRA
Camiros
cap Ténare
Lindos
RHODES
Le bassin de la mer Égée
CRETE
0
100 km

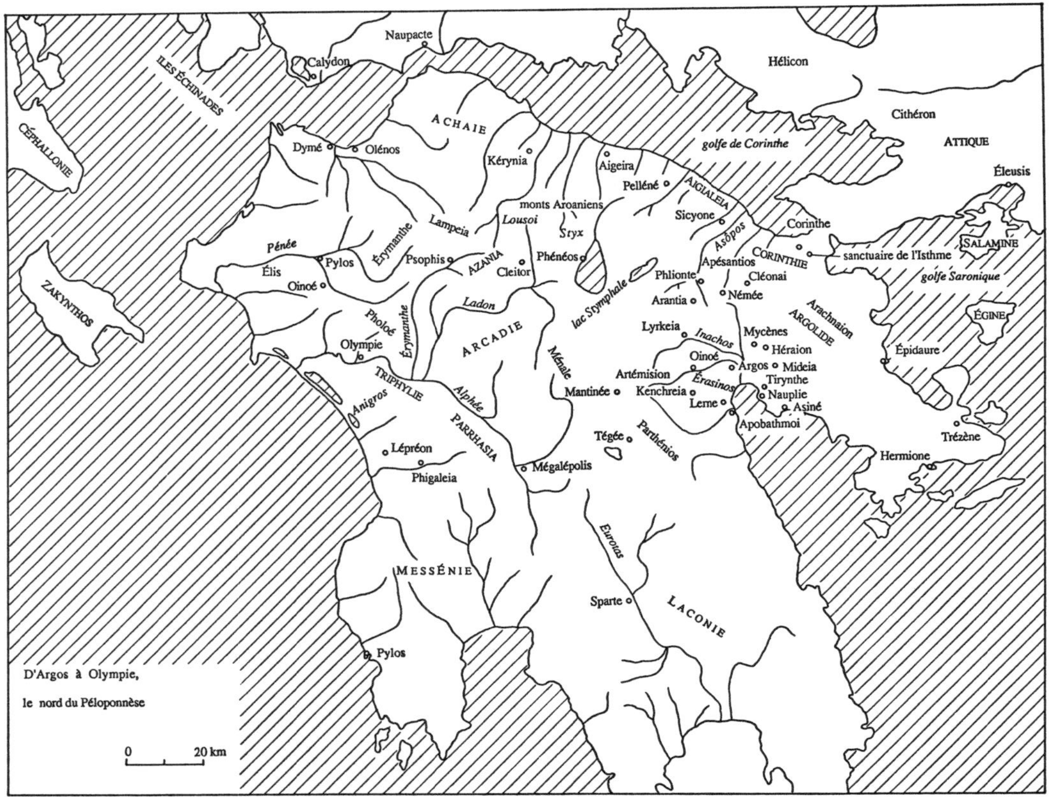

D'Argos à Olympie,
le nord du Péloponnèse

INDEX DES PERSONNAGES MYTHOLOGIQUES

Les termes géographiques (fleuves en particulier) ne sont relevés que s'ils ont été personnifiés. On trouvera ici, par exemple, Achéloos, mais non l'Achéron. L'Index enregistre également les animaux et les monstres, classés à leur nom propre ou, à défaut, sous le nom de leur espèce (on cherchera les oiseaux du lac Stymphale à *oiseaux* et non à *Stymphale*).

Abas, 115-118, 123.
Abdéros, 234 (n. 14), 235.
Abel, 65.
Abîme, *voir* Tartare.
Abiram, 29.
Aceste, 301.
Achaiménès, 142.
Achaios, 52.
Achéens, 27.
Achéloos, 49, 60, 152, 230, 322, 343-345, 347, 368.
Achille, 29, 33-34, 51-52, 65 (n. 26), 174, 180, 241, 243, 305, 307, 357 (n. 56) ; A. aux Enfers, 28 ; descendance d'A., 25 ; armes d'A., 28.
Acrisios, 117-119, 123, 127-130, 144-145, 217.
Actor, 227, 315-316.
Adam, 37, 50, 65, 364.
Admata (femme d'Eurysthée), 290.
Admète, 165, 195 (n. 16), 235-236, 325.
Admété (ou Admata, fille d'Eurysthée), 237, 290-291.
Adraste, 58, 123, 158.
Agamédès, 187.
Agamemnon, 27-28, 77, 124, 173-174, 192 (n. 3), 305, 357.
Agénor, 73-76, 81 (n. 79), 84, 97.
Agrios, 215.
Aiatos, 310-311.
Aichmagoras, 298.
Aidoneus, 62 (n. 14).
Aiétès, 150 (n. 14).
Aigaion, 248 (n. 66).
Aigestas, 301 (n. 29).
Aigialeus, 65-68, 76, 79.
Aigimios, 123, 342, 353-355.
Aigipan, 42.
Aiglé, 269.
Aiolos, 52, 123.
Aithiops, 92.
Aitôlos, 68.
Aizeios, 77.
Ajax, 25, 28, 179, 305-306.
Alalcoméneus, 50.
Alcaios, 142, 147-150, 156, 178, 302.
Alcathos, 187.
Alceste, 165, 235-236, 325.
Alcimédon, 298.

Alcmène, 58-59, 70, 147, 149, 156, 161, 168, 173-176, 180, 193, 342, 368.
Alcméon, 304.
Alébion, *voir* Ialébion.
Alémon, 261.
Aléos, 331.
Alexiarès, 361.
Alkeidès, Alkaios, 193, *voir aussi* Héraclès.
Alkéis, 274.
Alkis, 186.
Alkyoné, 150 (n. 14).
Alkyoneus, 50, 136, 203, 274, 308 (n. 67), 313-314.
Alphée, 21, 66.
Amaltheia, 246, 344.
Amarynkeus, 318.
Amazone(s), 92, 137, 170, 194-203 *passim*, 237-244, 289-290, 298, 302, 365 ; *voir aussi* Antiope, Déilyké, Hippolyté, Mélanippé, Oiolyké.
Ammon, 140, *voir aussi* Zeus Ammon.
Amour, *voir* Éros.
Ampélos, 152 (n. 25).
Amphiaraos, 33, 58, 123-124, 304.
Amphibia, 150.
Amphictyon, 52.
Amphidamas, 150, 276, 290.
Amphimachos, 149 (n. 10).
Amphirrhoé, 96.
Amphissos, 350.
Amphitryon, 58-59, 147-162 *passim*, 173-174, 178-180, 182-183, 186 (n. 53), 187, 192-193, 249, 296.
Amycos, 239-240.
Amymoné, 103-106, 108, 131, 212.
Amyntor, 354, 357.
Amythaon, 120.
Anactôr, 149 (n. 10).
Anaxagoras, 123.
Anaxô, 149 (n. 7).
Anchios, 215.
Anchise, 33, 51, 299-300, 307.
Androcleia, 186.
Androgéôs, 232, 302.
Andromède, 47, 127, 140-150, 301, 306, 330.
Anikétos, 361.
Anna, 111 (n. 42).
Antagoras, 309-310.
Antaios, 182, 201, 203, 246, 273-276, 281, 289.
Anteia, 119.
Anténor, 307.
Antibia, 150.
Anticlée, 26-27, 31, 34.
Antinoos, 151.
Antiochos, 152 (n. 25).
Antiope, 241, 243.
Antiphos, 310.
Antipoinos, 186.
Aphrodite, 33, 39, 51, 86, 102-103, 112, 118, 154, 257, 282 (n. 77), 285 ; A. de l'Éryx, 257 (n. 102) ; A. Porte-victoire, 115.
Apis (argien), 61 (n. 11), 63-74 *passim*, 79-80, 95.
Apollon, 31, 33, 45 (n. 33), 48 (n. 48), 62, 67, 75-76, 80, 174 (n. 7), 188, 193, 195 (n. 16), 220, 221 (n. 56), 233 (n. 10), 300, 324, 325, 328, 333-334, 350, 351, 354 (n. 51), 355 ; A. des Fugitifs, 310 (n. 75) ; A. Isménios, 161 ; A. Lykios (aux loups), 63, 107-108, 142, 223 (n. 67) ; A. Phénéatès, 222 ; A. Pythien, 342, 351 : sanctuaires d'A., 30, 187, 222 ; statue d'A., 121.
Apollonis, 139 (n. 49).
Aras, 43.
Archandros, 114.
Archélaos, 149 (n. 10).
Archémoros, *voir* Opheltès.
Archias, *voir* Eunomos.
Archiloque, 30-31.
Archippos, 264.
Architélès, 114, 346.
Arès (dieu), 40 (n. 12), 99, 159 (n. 47), 161, 188, 201, 233, 237, 241 (n. 43), 245, 271-272, 285, 328, 344, 356.
Arestor, 70, 81 (n. 80), 88.
Aréthuse, 21.
Argeiphontès, *voir* Hermès.
Argeus, 131.
Argia, 62 (n. 13).
Argonautes, 150 (n. 14), 170, 202, 224,

238, 260, 273, 322 (n. 2), 339, 343, 352, 353, 354.
Argos (fils de Danaé), 131.
Argos (fils de Niobé), 68-73, 78-79, 81 (n. 80).
Argos (Voit-tout), 60, 67, 70-73, 80-81, 86-90, 135-136.
Ariadne, 128, 143-144.
Arimaspes, 92.
Arion, 307.
Aristée, 33, 184 (n. 47), 233 (n. 10).
Arnéos, 183.
Artémis, 174 (n. 7), 181, 220-222 ; A. Coria (?), 122 (n. 83) ; A. Eucleia, 186 ; A. Persuasion, 115 ; A. Trouve-chevaux, 324 (n. 14) ; culte d'A., 121-122 ; lieu consacré à A., 44, 214, 222.
Ascalaphos, 286.
Asclépios, 33, 45, 165, 338 ; A. Cotyleus, 329.
Asôpos, 71 (n. 49).
Aster, 309 (n. 69).
Astérion, 60.
Astéros, 309.
Astydameia, 149, 319, 357.
Astyoché, 345.
Atalante, 114, 282 (n. 77).
Até, *voir* Erreur.
Athéna, 24, 33, 46, 58, 62, 102, 132-141 *passim*, 161, 176-177, 185, 188, 190, 192, 197, 218, 224, 257, 279, 281, 282, 299, 309, 311, 313, 327, 328, 330-332, 344, 356, 358, 362 ; A. Aléa, 330 (n. 37) ; A. Coria, 122 (n. 83) ; A. Lindia, 103 ; A. Meneuse d'armée, 210 ; A. Mère, 319 ; A. Zostéria, 158 (n. 40) ; culte d'A., 106-107 ; sanctuaire d'A., 221.
Atlantides, 281.
Atlas, 22-23, 137, 197, 200-201, 203, 246 (n. 58), 265-268, 273, 278-283, 334.
Atrée, 29, 156.
Aube, 248-249.
Augé, 130 (n. 12), 131 (n. 18), 331-333.
Augias, 170, 181, 192 (n. 3), 194-201, 208, 225-230, 232, 265, 289-291, 295, 296, 314-315, 318-319, 323, 328, 368.
Autolycos, 179, 324, 325.
Automaté, 106, 114.
Automédousa, 187.
Axios, 51.
Azan, 68.

Baal, 211.
Barké, *voir* Alkéis.
Basilos, 94.
Bébryké, 240.
Bébrykes, 239-240, 254.
Bébryx, 254.
Bellérophon, 93, 119-120, 241, 244.
Bêlos, 95, 97, 140.
Bias, 120, 122-123.
biche de Kérynia, 193-201 *passim*, 214, 220-223.
Borée, 302 (n. 35).
Bouphagos, 316.
Bourdons (Képhènes), 47.
Bousiris, 203 (n. 38), 246, 273, 276-279, 281, 367.
Briareus, 42, 241 (n. 43), 247.
Britomartis, 33.
Brongos, 208 (n. 13).
Bronze (race de), 47.
Butès, 257.
Byzas, 91.

Cabeiros, 50.
Cacus, 255.
Cadmos, 33, 42, 46, 57, 94-97, 105 (n. 20), 122, 157, 176, 314.
Calaïs, 302 (n. 35).
Calchas, 261.
Callirhoé, 244.
Callithoé, Callithy(o)essa, 84, *voir aussi* Io.
Calypso, 22, 268.
Capanée, 123.
Car, 66-67.
Cassiopée, Cassiépeia, 96, 105 (n. 19), 140.
Castor, 33, 179, 284 *voir aussi* Dioscures.
Cécrops, 43, 78 (n. 71).
Centaures, 40, 170, 182, 196-201 *pas-*

sim, 213-218, 230, 241, 283-284, 289, 360 ; *voir aussi* Agrios, Anchios, Chiron, Élatos, Eurytion, Homados, Nessos, Pholos.
Céphée, *voir* Képheus.
Cerbère, 24, 165, 170, 194-201 *passim*, 205, 210, 218, 244, 283-290, 321.
Cercopes, 335-336, 343, 350.
Cérès, 111 (n. 41).
Chalcodon, 158, 185, 310, 316.
Chalcôn, 309.
Chalkiopé, 310.
Chaos, *voir* Espace.
Charites, 57.
Charon, 30, 284.
Charybde, 256 (n. 97).
Cheirimachos, 149 (n. 10).
Chéol, 29.
Cherias, *voir* Eunomos.
Chersidamas, 152 (n. 25).
Chimère, 206, 244.
Chiron, 40, 48, 180, 203, 216, 278, 334.
Choreia, 143, *voir aussi* Ménades.
Chromios, 152 (n. 25).
Chrysaor, 40 (n. 13), 133, 205, 245-246, 248.
Chrysé, 308.
Chrysès, 302.
Ciel, *voir* Ouranos.
Circé, 40, 48, 271.
Cléodaios, 337 (n. 72).
Cléométra, 116.
Clyménos, 185.
Clytemnestre, 28, 148, 192 (n. 3), 331.
Clytios, 322 (n. 2), 339.
Comaithô, 152, 158-159.
Copreus, 210.
Coré, 236, 287, *voir aussi* Perséphone ; culte de C., 258.
Coré (descendant de Ruben), 29.
Coroibos, 75-76.
Corybantes, 50.
Corythos, 333.
Cottos, 42.
Courètes, 50, 67, 96.
crabe (à Lerne), 212.
Cranios, 159.
Créon, 156-158, 161, 186-187, 321.
Créontiadès, 187.
Crès, 79.
Criasos, 71 (n. 48), 73.
Crimisos, 301.
Crisos, 118 (n. 69).
Cronos, 33, 38-39, 41, 46, 48, 135, 167, 211.
Croton, 260.
Crotopos, 72, 75-76, 79.
Ctéatos (Molion), 315.
Ctésippos, 357.
Cupidon, 177.
Cybèle, 50.
Cyclopes, 38, 41, 119, 215, 236, 325 ; *voir aussi* Polyphème.

Dactyles, 65.
Daidalé, 50.
Dalila, 160.
Danaé, 58, 123, 128-132, 138-139, 144, 148-149, 174 (n. 6).
Danaïdes, 31, 57, 80-81, 95, 99-118 *passim* ; *voir aussi* Amymoné, Automaté, Bébryké, Cléométra, Hypermestra, Isonoé, Kélainô, Phylodameia, Physadeia, Polydôra, Scaié.
Danaos, 57, 76, 80, 95-118 *passim*, 123-124, 140 (n. 51), 149, 184.
Dardanos, 65 (n. 26).
Datan, 29.
Dédale, 184, 218, 338-339.
Déicoon, 187.
Déilyké, 241 (n. 43).
Deinô, 134, *voir aussi* Vieilles.
Déiphobos, 326.
Déjanire (Déianeira), 49, 77, 170-171, 217, 230, 285, 292, 321-324, 338, 341-342, 345, 347-349, 351, 352, 357-360.
Déméter, 112, *voir aussi* Cérès ; culte de D., 50, 64, 198, 258, 283-284, 286.
Derkynos, 254.
Désir, 39.
Destinées, 236.
Deucalion, 45-46, 51-53, 63-65, 78 (n. 70), 354.
Dexaménos, 217, 229, 349.
Dicaios, 337.
Dictys, 131, 139.

Didon, 111 (n. 41).
Diomède (roi thrace), 33, 58-59, 123-124, 194-203 *passim*, 210, 232-235, 272, 290, 302-303.
Diomède (fils de Tydée), 299, 328, 365.
Dionysos, 50, 52, 57, 62, 94, 122-123, 128, 143-144, 157, 165, 173, 177, 208 (n. 13), 215, 263, 313 (n. 90), 344-345 ; D. Lyaeus, 111 (n. 41) ; apothéose de D., 33 ; D. aux Enfers, 103.
Dioscures, 148, 329, 331 ; *voir aussi* Castor, Pollux.
Dolion, 40 (n. 11).
Dolions, 41.
Dorieus, 257-258.
Dôros (fils d'Épaphos), 96.
Dôros (fils d'Hellen), 52, 354.
Dryopes, 209, 312, 342, 350-355, 366.
Dryops, 115, 350.
Dymas, 123, 354.
Dysaulès, 43, 50.

Éaque, 25, 35, 47.
Ecbasos, 71 (n. 48), 81 (n. 80).
Échidna, 72, 205, 245, 267, 278.
Écho, 84.
Égine (nymphe), 47.
Égisthe, 28.
Égyptiades, 93-112 *passim*, 117, 240 ; *voir aussi* Mélanchros, Lynkeus.
Égyptos, 80, 95-110 *passim*, 118.
Eileithyia, 332 (n. 47).
Élatos, 216.
Électryon, 142, 147-150, 152-156.
Éleios, 227.
Elpénor, 26, 34.
Émathion, 277-278, 281.
Énée, 33, 51, 65 (n. 26), 111, 131, 299.
Énipeus, 49, 343 (n. 6).
Ényô, 134 ; *voir aussi* Vieilles.
Éôs, 157, 277 ; *voir aussi* Aube.
Épaminondas, 188.
Épaphos, 57, 69 (n. 42), 86, 90, 95-99, 276.
Épeios, 161, 227.
Épidauros, 70.
Er, 35.
Érèbe, 24.
Érechthée, 52.
Erginos, 185-187.
Érinyes, 32, 38, 192 (n. 3), 236.
Éros, 37, 39, 358.
Erreur, 174.
Érytheia (fille de Géryon), 253.
Érythéis, 269.
Éryx, 257.
Ésaü, 118.
Espace, 38.
Éther, *voir* Firmament.
Euarété, 128 (n. 5), 132 (n. 19).
Eubouleus, 84.
Eumée, 151.
Eumolpos (à Éleusis), 185-186, 284 ; (maître d'Héraclès), 179.
Eunomos, 346.
Europé, 57, 94, 97, 157 (n. 34 et 37), 232-233.
Europs, 79, 271.
Euryalé, 132, 138 ; *voir aussi* Gorgones.
Eurydiké, 128, 149 (n. 9).
Eurymédon (roi des Géants), 41 ; (= Persée), 131-134 ; (fils de Minos), 302.
Eurynomos, *voir* Eunomos.
Eurypylos, 309-311.
Eurysthée, 147, 150, 156, 168, 173, 178, 191, 193-195, 202, 210, 213, 217, 219, 220, 225, 230, 231, 235, 237, 245, 265, 276, 280, 282, 289-291, 302, 322, 336, 351, 353, 360, 365, 366.
Eurytion, 217, 229-230, 244-246, 248, 252.
Eurytos (roi d'Oichalia), 179-180, 188, 229 (n. 92), 292, 295, 322-326, 334, 341, 357-358, 361.
Eurytos (Molion), 315.
Euthymos, 49.
Évandre, 68 (n. 38), 307.
Ève, 37, 364.
Évérès, 152 (n. 25), 155.

Firmament, 39.
Fortune, 345.

Frênes, 47-48, *voir aussi* Nymphes, Mélia.

Gaia, Gè, *voir* Terre.
Ganymède, 299.
Géants, 24, 38-44, 64, 167, 255, 309, 320, 349 (n. 26), 368 ; *voir aussi* Aigaion, Alkyoneus, Antaios, Aster, Astéros.
Gélanôr, 107.
Géryon, 40 (n. 13), 133, 165, 170, 194, 196-200, 205, 221, 232, 237, 243-246, 262 (n. 119), 264-266, 270-271, 278, 280 (n. 70), 283, 286, 289-290, 314, 335, 344, 357 (n. 67) ; culte de G., 258.
Gilgamesh, 208, 363.
Glaucos, 188 (n. 61), 202, 235 (n. 17).
Glycon, 45.
Gordys, 93.
Gorgone(s), 27, 40, 89, 92, 132-138, 266, 271 ; *voir aussi* Méduse, Euryalé, Sthennô.
Gorgophoné, 142, 147-148.
Gorgophonos, 149 (n. 10).
Gouneus, 149.
Grâces, voir Charites.
Graicos, 53.
Grées, *voir* Vieilles.
Guêpes, 47, 140.
Gygès, 42.

Hadès (dieu), 24, 28, 165, 236, 266, 327, 328 ; casque d', 134-137, 252, 284, 286-287.
Haimôn, 311.
Halia, 44.
Haliai, *voir* Ménades.
Harmadios, 33.
Harmonie, 122 (n. 90), 174 (n. 6), 314.
Harpalycos, 179.
Hébé, 32, 58, 166-167, 314, 361.
Hécate, 50, 91 (n. 38).
Hector, 304.
Héleios, 142, 147-148, 158.
Hélène, 32, 148, 307, 331.
Héliades, 43.
Hélios, 43, 50, 62, 92, 227-228, 248-250, 253, 273, 278.
Hellen, 52-53, 70, 354.
Héphaistos, 135, 137, 157 (n. 37), 188, 218, 224, 248, 257, 309 (n. 69).
Héra, 24, 28-29, 32, 40 (n. 12), 50, 57-58, 60-62, 64, 73, 80, 83-90, 95-96, 116-117, 120, 144, 150, 173-178, 188, 191-192, 203, 206-207, 210-212, 222, 232, 235, 241, 246 (n. 61), 264, 267, 290, 308, 309 (n. 69), 328, 331, 338, 361 ; *voir aussi* Junon ; H. Argeia, 60-62, 83-84, 128, 290-291 ; H. Lakinia, 260 ; H. Mange-chèvres, 331 ; culte d'H., 63, 105-107.
Héraclès (héros), 22-24, 31, 42, 44, 57-58, 67, 70, 72, 80, 88-89, 92, 100, 103, 109, 121 (n. 80), 122 (n. 85), 123-124, 127, 135-137, 140 (n. 51), 142, 145-150, 152, 154-155, 158, 161-371 *passim* ; dans l'Hadès, 32-33 ; dieu, 261 ; H. à la belle victoire (Callinicos), 303, 305 ; H. Charops, 288 ; H. Coupeur de nez, 185 ; H. Mélôn, 366 ; H. Misogyne, 183 (n. 43) ; H. Palaimôn, 275, 367 ; H. qui écarte le mal (Alexicacos), 305 (n. 54) ; H. Tueur de vers, 260 (n. 109) ; H. Tyrien, 263 (n. 126) ; colonnes d'H., 23, 247-248, 250, 357, 368 ; lieux consacrés à H., 239, 246 ; culte d'H., 255 (n. 89), 297, 330, 337 ; *voir aussi* Melqart.
Héraclides, 25, 28, 52, 123, 160, 174 (n. 6), 176, 182, 191-192, 257, 263, 275, 328, 331, 345, 353, 360 ; *voir aussi* Créontiadès, Déicoon, Hyllos, Norax, Thérimachos, Thespiades.
Hermaon, 88.
Hermès, 39 (n. 10), 42, 45 (n. 34), 65, 87-88, 90, 115 (n. 54), 134-135, 139, 176 (n. 11), 177, 179, 188, 235, 279, 334, 336.
Hésioné, 300-301, 306-307.
Hespéré, Hespéréthousa, 269.
Hespérides, 22, 90 (n. 31), 133, 135, 166, 170, 180, 194-202, 206, 210, 221, 244-246, 249, 251, 254, 265-274, 286, 290, 339, 366 ; *voir aussi* Aiglé, Érythéis, Hespéré.

Hespéros, 281
Hiérax, 87.
Himéros, 271.
Hippé, 106.
Hippocoon, 165, 185, 323, 328-331, 366.
Hippodamie, 114, 132
Hippolyte, 243.
Hippolyté, 241, 243.
Hippomène, 282 (n. 77)
Hipponomé, 149.
Hippotès, 301.
Hippothoé, 150, 152-153.
Homados, 217.
hydre de Lerne, 40, 67, 72, 103, 170, 193-205 *passim*, 210-213, 217, 244, 265, 283, 290, 348-349, 360, 361 (n. 79).
Hylas, 240, 346, 351-352.
Hyllos, 123, 192, 312, 334, 342, 345, 352, 354, 360.
Hyperboréens, 22, 133, 170, 221, 270, 278.
Hypérion, 249.
Hypermestra, 57, 80, 100, 102 (n. 10), 110-112, 115-117, 120, 240.
Hypnos, *voir* Sommeil.
Hyrmina (fille d'Épéos), 227.
Hyrmina (fille de Nélée), 227 (n. 84)

Ialébion, 254.
Iapétos, 46.
Iarbas, 50.
Iardanos, 334.
Iason, 68 (n. 38).
Iasos, 73-75, 78-80.
Icare, 186 (n. 53), 338-339.
Icarios, 113.
Ignètes, 43 (n. 22).
Illouyanka, 211.
Inachos, 48, 60-62, 67-71, 76-81, 84, 87 (n. 20), 93, 131, 152.
Io, 52, 54, 57-60, 62, 68-74, 76, 78-99 *passim*, 120-121, 145, 242, 271.
Iolaos, 100 (n. 2), 184, 187, 192, 210-213, 238, 304, 316, 360 ; culte d'I., 258.
Iole, 170-171, 179, 192, 295, 321-324, 338, 341-342, 357-358, 360.
Ion, 52.
Iphianassa, 120.
Iphiclès, 168, 173, 179, 181, 187, 192-193, 195, 219, 238, 316, 329, 343.
Iphiclos, 306.
Iphigénie, 140.
Iphinoé, 120, 275.
Iphis, 150 (n. 14).
Iphitos, 149, 170, 193, 195, 295-296, 308, 315-316, 321-326, 333, 339, 346, 361, 365.
Isis, 80 (n. 78), 85 (n. 8), 95.
Isménè, 71 (n. 49).
Isonoé, 115.
Itônes, 335.
Ixion, 28, 40 (n. 12)
Iynx, 84-85, 89.

Jacob, 118.
Jason (Argonaute), 22, 46, 72 (n. 53), 155, 180, 202, 260, culte, 263 (n. 124)
Jeunesse, *voir* Hébé
Joseph, 119.
Junon, 111 (n. 41)

Kélaineus, 149 (n. 10)
Kélainô, 115 (n. 54)
Kélainos, 115.
Kelto, Keltiné, 263 (n. 123).
Kentauros, 40 (n. 12).
Képhalos, 157-160.
Képhènes, *voir* Bourdons.
Képheus, 68, 139-141, 330-331.
Képhisos, 60.
Kerdô, 66.
Kéroessa, 86, 91.
Kétô, 72, 132, 205, 210, 266.
Keuthônymos, 286.
Kéyx, 342, 345, 352 (n. 44), 353, 354 356, 358.
Kyathos, 347 ; *voir aussi* Eunomos.
Kycnos, 134 (n. 28), 186, 201, 203, 233, 271-272, 315, 342, 350, 354-357, 366.
Kydnos, 159.
Kyréné, 233.
Kyrnos, 93 (n. 43), 184 (n. 47).

Labdacides, 161.
Ladon, 269.
Laios, 161.
Lakédaimon, 128.
Lakinios, 233, 260, 260 (n. 112).
Lamos, 335, 337.
Laogoras, 355.
Laomédon, 290, 292, 295, 298-301, 304-307, 311, 314, 323.
Laonomé, 149, 296.
Lapithes, 216, 218, 354.
Larinos, 262.
Latinos (ou Latinus), 53, 131 (n. 18), 260.
Lélèges, 46.
Lélex, 151.
Lépréos, 316, 319.
Lestrygons, 41, 258.
Létô, 174 (n. 7), 210.
Léviathan, 211.
Libyé, 95-97.
Lichas, 359.
Likymnios, 150, 155-156, 193, 219, 329, 345, 358, 360.
Linos, 72, 75-76, 179-181.
lion de Némée, 183, 193-210 *passim*, 228, 245, 281 (n. 71).
lion du Cithéron, 170, 183, 185, 295.
Locros, 260.
Lumière du jour, 38.
Lune, 206, *voir aussi* Séléné.
Lycaon (fils d'Arès), 233, 271-272.
Lycaon (Arcadien), 44 (n. 25), 68, 77.
Lycaon II, 77.
Lycos, 192 (n. 3), 238-239.
Lycurgue, 144.
Lynkeus, 58, 80, 99-100, 102 (n. 10), 110-112, 115-117, 120.
Lyrcos, 67, 93-94, 115.
Lysianassa, 276.
Lysidiké, 149-150.
Lysinomos, 149 (n. 10).
Lysippé, 120.

Magnès, 52.
Makédôn, 52.
Marcia, 198.
Mariandynes, 240.
Marsyas, 31.
Médée, 29.
Médousa, 150 (n. 14).
Méduse, 31, 40, 57, 72, 127-128, 132-145, 205, 211-212, 246, 284-285, 330.
Mégamédé, 183.
Mégapenthès, 120, 122-123, 145.
Mégara, 168, 187, 191-193, 321, 360, 368.
Mélampous, 120-123.
Mélanchros, 116.
Mélanippé, 240-241, 243.
Méléagre, 31, 165, 170, 202 (n. 35), 284-285, 290, 292, 343, 351.
Mélia, 40, 48, 62, *voir aussi* Nymphes.
Mélité, 335 (n. 55).
Melqart, 93, 184, 248, 250-251, 363, 368.
Memnon, 277.
Memphis, 96.
Ménades, 143.
Ménélas, 32-33, 77, 271.
Ménoikeus, 149, 185.
Ménoitès, 245-246, 252.
Ménoitios, 246 (n. 58), 266, 286-287, 315 (n. 102).
Mentès, 151.
Mérope, 309, 311, 313.
Mestor (fils de Persée), 142, 147-150, 153, 155-156.
Mestor (fils de Ptéréalos), 152 (n. 25).
Métanastès, 114.
Midas, 150.
Mideia, 150, 156.
Min (« le Veilleur »), 133.
Minos, 28, 32, 35, 57, 157, 231-232, 302.
Minyens, 170.
Mnésimaché, 229.
Moires, *voir* Destinées.
Moïse, 29.
Molioné (ou Moliné), 315-317.
Molionides (ou Molions), 196, 225, 227, 289, 315-318, 328 (n. 30), 343, 365, 366.
Molorcos, 207-208, 214.
Molosses d'Épire, 157 (n. 37).
Musée, 284.
Muses, 31, 35.

Mygdon, 239 (n. 37).
Mykéné, 70 (n. 48), 77.
Mykéneus, 77.
Myrmidons, 47, 140.
Myrtilos, 115.
Myskélos, 261.

Naïades, 135, 344.
Nauplios, 105, 131, 332.
Nélée, 25, 49, 120, 170, 227 (n. 84), 323, 326-328.
Néoptolème, 29.
Nèphalion, 302.
Nérée, 135 (n. 33), 249, 271-273, 368.
Néréides, 105 (n. 19), 140-141, 272.
Nessos, 152, 213, 217, 230, 341, 347-349, 358-360.
Nestor, 25, 326, 328.
Nikippé, 149-150.
Nil, 50, 92, 96.
Niobé, 65, 67-71, 77-78, 107, 368.
Nisos, 160.
Norax, 253.
Nuée, 40 (n. 12), 216.
Nuit, 38, 42, 266, 272.
Nycteus, 227 (n. 84).
Nymphes, 39, 47, 62, 67, 69, 109, 134-135, 139, 214, 222, 257, 267 (n. 9), 270-272, 281 (n. 72), 352 ; *voir aussi* Amaltheia, Argia, Comaithô, Égine, Hespérides, Iynx, Mélia, Naïades, Obscurité, Océanides, Philyra, Taygète.

Oannès, 50.
Obscurité (Orphné, nymphe), 286.
Océan, 20-21, 48 (n. 48), 60, 244, 248-251, 268, 281 (n. 71), 368, 369.
Océanides, 62, 66, 281 (n. 71).
Ocnos, 29.
Œdipe, 57, 157, 158 (n. 39), 161, 245.
Ogygos, 63, 79.
Oiclès, 58, 304.
Oineus, 285, 344, 346, 349, 353, 364, 365.
Oinomaos, 115, 128 (n. 5), 132.
Oinotros, 77.
Oiolyké, 241 (n. 43).
Oiônos, 329, 343.
oiseaux du lac Stymphale, 194-201 *passim,* 223-225, 296-297.
Olympos (flûtiste), 31.
Omphale, 170, 195, 231, 308, 323, 325, 334-339, 366.
Opheltès, 208.
Ophiogeneis, 45.
Opous, 46.
Ops, 322 (n. 5).
Orchoménos, 114, 115 (n. 54).
Oreste, 77 (n. 70), 87 (n. 20), 179.
Orion, 28.
Ornis, 225.
Orphée, 31, 179-180, 284.
Orthos, 205-206, 244-245, 248, 252.
Osiris, 95.
Othryis, 52.
Otréra, 241 (n. 43).
Ouranos, 38-42, 47, 135, 211.

Palaichthôn, 80.
Palaimon (fils d'Héraclès), 275 ; *voir aussi* Héraclès Palaimon.
Paliques (dieux), 258.
Pallantion, 68.
Pallas (Titan), 44.
Pamphylos, 123, 353-354.
Pan, 39 (n. 10).
Pandaia, 263.
Panopeus, 118 (n. 69), 158, 161.
Pâris, 307.
Pasiphaé, 231.
Patrocle, 34, 315 (n. 102).
Pégase, 40 (n. 13), 132 (n. 20), 133, 244.
Peiras, Peirasos, *voir* Peirèn.
Peirèn, 72-73, 78-79, 84.
Peirithoos, 28, 229 (n. 92), 285-286.
Peithô, *voir* Persuasion.
Pélasges, 47 (n. 46), 68-69, 73, 107.
Pélasgos, 43, 50, 64, 68-69, 73-81 *passim*, 99-100, 107-108, 311.
Pélée, 33.
Péleus, 159.
Pélias, 49, 120, 355 (n. 59).
Pélopia, 355.
Pélops, 52, 67, 124, 132 (n. 19), 148-150, 156, 187, 210.
Pemphrédô, 134, *voir aussi* Vieilles.

Pénélope, 47, 113, 179, 322.
Penthésilée, 241 (n. 45), 243.
Périclyménos, 326-327.
Périérès, 142, 148, 185.
Périmédé, 156.
Péro, 123.
Persée, 33, 52, 57, 72, 89, 92-93, 100, 119, 123-124, chap. VII, 147-150, 152, 156, 158, 173, 178, 211, 271, 301-302, 330 (n. 38), 367.
Perséphone, 27-28, 283, 285-287 ; *voir aussi* Coré.
Persès, 142.
Persô, 134, *voir aussi* Vieilles.
Persuasion, 66, 84.
Peukétios, 77.
Phaéton, 272.
Phalaris, 277.
Pharis, 114, 115 (n. 54).
Pharmakides, 174.
Phéaciens, 39, 41, 217.
Phèdre, 243, 267.
Phègeus, 66, 78.
Pheidippos, 310.
Phénéos, 43.
Phénix, 142.
Phialô, 298, 319 (n. 120).
Philaios, 25.
Philammon, 179.
Philoctète, 217, 308, 349.
Philolaos, 302.
Philyra, 48.
Phineus, 131, 141.
Phoibos (ou Phébus), 111 (n. 41) ; *voir aussi* Apollon.
Phoinix (descendant d'Io), 97.
Phoinix (père nourricier d'Achille), 357 (n. 66).
Pholos, 40, 48, 203, 214-219, 253.
Phorbas, 71 (n. 48), 73-74, 78-79, 227, 319.
Phorkys, 72 (n. 54), 89, 132, 136, 205, 210, 256, 266.
Phoroneus, 48, 57, 59, 62-81 *passim*, 93, 368.
Phrasios, 276.
Phrixos, 185 (n. 49).
Phylas, 355.
Phyleus, 208, 227-229, 318.
Phylodameia, 115 (n. 54)
Phylonomos, 149 (n. 10)
Physadeia, 106.
Picus, 131.
Pilumnus, 131.
Piranthus, 73 (n. 56)
Pittheus, 183.
Planctes, 23.
Podaleirios, 94.
Podarkès, 306.
Poias, 361.
Pollux, 33, 284, *voir aussi* Dioscures.
Poltys, 303.
Polybôtès, 313.
Polycleia, 311.
Polydectès, 128 (n. 2), 131-133, 138-139, 145.
Polydôra, 115 (n. 54), 350.
Polydôros, 122.
Polynice, 158.
Polyphème, 215, 232.
Polystratos, 317.
Polyxeinos, 155.
Poseidon, 24, 29, 40 (n. 13), 41, 49, 51, 60-62, 91, 96 (n. 52), 97, 103-105, 108, 115 (n. 54), 120, 131-133, 140, 150, 152-153, 160, 203, 205, 217, 227, 231, 235 (n. 18), 248 (n. 66), 254, 257, 276, 299-300, 303, 310, 313, 315, 319, 326, 327 (n. 21 et 24), 328, 337, 358, 369 ; P. Génésios, 104-105 ; P. Onchestios, 185 (n. 49) ; culte de P., 185, 274.
Praxidicai, 66.
Presbôn, 185 (n. 49).
Priam, 241, 306-307, 328.
Procris, 157.
Proitides, 120-123, 129, 144, 174 (n. 6), 217, 297, 366 ; *voir aussi* Iphianassa, Iphinoé, Lysippé.
Proitos, 62, 88, 117-123, 128, 129 (n. 8), 145.
Prômné, 316.
Prométhée, 40, 43, 63, 65, 70, 79, 81 (n. 80), 89, 92, 99, 170, 198, 202 (n. 37), 203, 205, 216, 246 (n. 58), 267 (n. 9), 271, 273, 278-280, 334, 368.
Pronos, 159.

Protée, 271, 303, *voir aussi* Vieux de la Mer.
Psamathé, 72, 75.
Psophis, 66, 257.
Ptérélaos, 152-153, 155, 158-160.
Punition (Poiné), 75.
Putiphar (femme de), 119.
Pygmaios, 96.
Pygmées, 96, 275.
Pyraichmès, 187.
Pyréné, 254, 271.
Pyriphlégéthon, 284.
Pyrrha, 45, 51-52, 65, 70.

Rhadamanthe, 32, 35, 180-181.
Rhéa, 48.
Ruben, 29.

Salmoneus, 62 (n. 14).
Samos, 159.
Samson, 160.
Samuel, 29.
sanglier de l'Érymanthe, 193-202 *passim,* 210, 213-214, 218-219, 229, 289.
Sarapis, 69, 110.
Sarpédon, 203, 299, 303.
Satyres, 67, 104.
Satyros, 67, 72, 104.
Saül, 29.
Sauros (« Lézard »), 214.
Scaié, 114.
Scamandre, 49.
Ségesta, 301.
Séléné, 44, 50.
Sémélé, 103, 174 (n. 6).
Sept (contre Thèbes), 66, 72, 100, 158, 161, 208, 305, *voir aussi* Adraste Polynice.
Sérapis, 110, *voir aussi* Sarapis.
Silène, 39, 67, 214.
Silènes, 40.
Sisyphe, 28, 31.
Skylla, 160, 256, 258.
Skythès, 263.
Soleil, *voir* Hélios.
Solous, 257.
Sommeil, 308.
Sophax, *voir* Palaimon.
Sostratos (= Polystratos), 317.
Sparté, 128.
Spartes, 46.
Sparton, 77-78.
Spercheios, 115 (n. 54), 350.
Sphinx, 206, 244.
Staphylos, 94, 183.
Stéropé, 330.
Sthénélos, 123-124, 142, 147-150, 156.
Sthénélos (fils d'Androgéôs), 302.
Sthennô, 132, *voir aussi* Gorgones.
Stratobatès, 149 (n. 10).
Strymon, 69 (n. 40).
Stymphalides, 225.
Stymphalos, 225.
Styx, 72 (n. 54), 284, 286, 297.
Sybaris, 44.
Syleus, 335-337.
Symplégades, 23.
Syrnos (?), 93.

Talaos, 58-59.
Talos, 48 (n. 47).
Tantale, 28, 31, 69.
Taphiens, 151-156.
Taphios, 152-153, 155, 160.
Taraxippos, 316.
Tarpéia, 160.
Tartare, 38, 42, 72.
taureau de Crète, 194, 196-201.
Taygète, 214, 222.
Télamon, 240-241, 301, 303, 307, 314, 316, 366.
Telchines, 43.
Telchis, 68, 79.
Téléboai, 58, 148-161 *passim.*
Téléboas, 151-153, 160.
Télédiké, 66.
Télégonos (époux d'Io), 95.
Télégonos (petit-fils d'Io), 96.
Télémaque, 151.
Télèphe, 131 (n. 18), 298, 332-333.
Ténèbres, 38.
Ténéros, 48.
Terre, 37-44, 46, 49-50, 67-68, 71-72, 80, 201, 233 (n. 10), 267-268, 274.
Téthys, 60.
Teucros, 307.
Teutamidès, 145.

Teutaros, 180.
Teuthras, 332-333.
Thamyris, 31.
Theiodamas, 312, 342, 350-353, 355.
Thelxion, 68.
Thémis, 45, 267 (n. 9), 272.
Thérimachos, 187.
Thésée, 28, 94, 114 (n. 52), 127, 149, 218, 232, 239 (n. 36), 241, 243, 285-286, 296, 335, 339, 344 (n. 9), 353, 364.
Thespiades, 184.
Thespios, 170, 180, 183, 193, 197 (n. 22), 345.
Thessalos, 310-311, 345.
Thronia, 235 (n. 18).
Thya, 52.
Thyades, 52.
Thyeste, 29, 156.
Tingé, *voir* Iphinoé.
Tirésias, 26-27, 29-31, 162, 166, 168 174, 178, 271.
Tiryns, 70.
Tisaménos, 77 (n. 70).
Titans, 38, 40-42, 64 ; *voir aussi* Atlas, Iapétos, Ménoitios, Pallas, Prométhée.
Tithon, 277.
Tityos, 28, 30.
Tlépolème, 74, 103 (n. 12), 195, 299, 345.
Tmôlos, 334.
Trambélos, 307.
Triopas, 73-74, 78-79.
Triptolème, 84, 93.
Triton, 368.
Trochilos, 75 (n. 64), 84, 86
Trophonios, 187.
Trôs, 299.
Turnus, 131.
Tyché, *voir* Fortune.
Tydée, 33, 58, 365.
Tyndare, 148, 156, 329, 331.
Typhée, 41-42, 314.
Typhon, 205, 245, 267, 278.
Tyrannos, 152 (n. 25).
Tyrô, 49, 120, 343 (n. 6).

Ulysse, 22, 26-35, 47, 151, 179, 215, 233, 256, 258, 268, 271, 285, 296 (n. 2), 322, 324, 361.

Victoire, 290-291.
Vieilles, 92, 133-135, 136 (n. 37), 206 (n. 3) ; *voir aussi* Deinô, Enyô, Pemphrédô, Persô.
Vieillesse, 166.
Vieux de la mer, 32, 368 ; *voir aussi* Phorkys, Protée.
Vipère, *voir* Échidna.

Xanthos, 73-74.
Xénodoké, 336.
Xouthos, 52.

Zétès, 302 (n. 35).
Zeus, 24, 41-42, 45 (n. 34), 46-47, 50-51, 57-59, 62-65, 70, 72, 83-86, 90, 92-97, 111 (n. 41), 115 (n. 54), 129, 147, 154-155, 157 (n. 34 et 37), 158, 160-162, 167, 173-178, 182, 188, 191, 193, 198, 216, 222, 226 (n. 81), 231, 236, 246 (n. 58), 249, 267-268, 272, 278-279, 287, 299, 301, 308-310, 313-314, 318-320, 344, 360, 368-369 ; Z. Ammon, 45, 64, 97 ; Z. Kénaios, 358 ; Z. Laphystios, 288 ; Z Néméen, 64 ; Z. Roi, 303 ; Z. Sauveur, 207-208 ; Z. Sthénios, 114 ; culte de Z., 73, 145, 276, 288, 303, 331 ; descendance de Z., 25, 28, 32-33, 80 (n. 78), 210 ; foudre de Z., 33, 58, 334, 356 ; temple de Z., 196, 199.

INDEX DES PRINCIPAUX TEXTES ANCIENS TRADUITS OU COMMENTÉS

Un astérisque indique les passages qui font l'objet d'une interprétation personnelle ou d'une conjecture.

Un numéro de page en gras signale les passages traduits.

Les scholies sont placées à la suite des auteurs qu'elles commentent ; Servius se trouve après Virgile.

Quand un texte est connu à travers un résumé antique, on renvoie à l'auteur du texte et non au résumé.

On n'a pas répertorié les sections auxquelles cette *Mythologie* se réfère constamment dans l'œuvre d'Apollodore (livre II, qui a fourni l'ossature du présent ouvrage), de Diodore de Sicile (livre IV, à propos d'Héraclès) et de Pausanias (livre II, sur l'Argolide).

Auteurs

Acousilaos, p. 59, 67-68, 72-73, 77-79 ; fr. 1 Jac., p. 354 ; fr. 29, p. **231**.

Alcidamas d'Élaia, p. 331-332.

Alcman, fr. 23 Page, p. 329-330.

Alexis, fr. 89 Kassel-Austin, p. **306** ; fr. 140, p. 180-181.

Alkimos de Sicile, fr. 2 Jac., p. **261**.

Antiphanès, fr. 59 Kassel-Austin, p. **281**.

Apoll. Rh., I, 111-112 et 324-325, p. **72** ; 747-751, p. **155** ; 1211-1220, p. 350, 352 ; 1315-1320, p. 202 ; II, 734-745, p. 287-288* ; 774-795, p. 239-240 ; 779, p. 202 ; 966-969, p. 240 ; IV, 1396-1460, p. 269-270 ; 1513-1514, p. 134.

Archiloque, p. 302-304 ; fr. 286, p. 347.

Aristophane, *Gren.*, 503-507, p. **287** ; *Nuées*, 1045-1052, p. 189-**190**.

Aristote, *Constitution de Leucade*, fr. 473 Rose, p. 151 ; — *ae Tégée*, fr. 591 Rose, p. 44 ; *Éthique à Nicomaque*, V, 8 (1132*b*), p. 180-**181** ; *Poétique*, 11 (1452*a*27) et 18 (1455*b*29), p. 116.

(pseudo-), *Mir. Ausc.*, 97, p. 255*, 261 ; 100, p. 184 ; *Péplos*, fr. 637 Rose, p. 114 ; 39, p. 310.

Arrien, *Anabase*, II, 16, 5-6, p. 251 ; IV, 15, 3-4 et VII, 13, 2-3, p. 243 ; *Bithynica*, fr. 38 Roos, p. 240.

Asios de Samos, fr. 8 Bernabé/Davies, p. **43**.

Bacchylide, V, 159-175, p. **285** ; XVI, 17-35, p. **358**-359 ; fr. 4 (*Péan*), 44-48, p. 351.
Callim., *Aitia*, I, fr. 22-23 Pf., p. 311-312 ; fr. 23, 19-20, p. **169** ; fr. 24-25, p. 350-351 ; fr. 26-31, p. 75-76 ; II, fr. 44-47 (et 252-253 *Suppl. Hell.*), p. 277 ; III, fr. 54-59 (254-268 *Suppl. Hell.*), p. 207 ; fr. 55, p. **206** ; fr. 66, p. **106** ; fr. 76-77a, p. 319.
Castor de Rhodes, p. 81.
Charax de Pergame, fr. 13 Jac., p. 88.
Cléarque de Soloi, fr. 79 Müller, p. 75-76.
Clém. Alex., *Strom.*, I, 102, 5 à 103 fin (379-381), p. 78-79.
Conon, *Récits*, 3, p. 260 ; 17, p. 337 ; 40, p. 142.
Créophylos de Samos, *Prise d'Oichalia*, p. 337, 357-358.
Denys d'Halicarnasse, I, 11, 2-3, p. 77.
Diodore, IV, 14, 4, p. 70.
Dion de Pruse, *Disc.* XL, début, p. 347.
Élien, *Hist. Var.*, III, 39, p. **61** ; *Nat. Anim.*, XII, 39, p. **44**.
Épicharme, *Bousiris*, 94 Kaibel, p. **277** ; *Héraclès à la recherche du baudrier*, p. 238.
Eschine (pseudo-), *Lettres*, 10, p. 49.
Eschyle, *Amymoné*, p. 104 ; *Danaïdes*, fr. 44 Nauck[2] (Radt), p. **112** ; *Prom.*, 568-569, p. 89 ; 640-682, p. 85-**86** ; 709-736, p. 91-92 ; 721-728, p. 242 ; 790-852, p. 92 ; 792-800, 871-874, p. 89 ; 795-797, p. 134 ; 846-852, p. 95 ; 853-864, p. **99** ; 1026-1029, p. 216 ; *Prométhée délivré*, fr. 199 Radt, p. 279, 280 ; *Suppl.*, passim, p. 80-81, 101-102 ; 260-270, p. 67-68 ; 299-305, p. 86 ; 313-323, p. 95 ; 544-546, p. 90 ; 547-564, p. 94 ; 547-555, p. 91 ; 557, p. 89 ; 574-589, p. **95**.
Euphorion, fr. 9 Powell, p. **286** ; fr. 18, p. 144 ; fr. 18, 86, 176, p. **134** ; fr. 50, p. **213** ; fr. 51, p. 199, **289** ; fr. 52, p. **251** ; fr. 64, p. 327 ; fr. 415, II, 14-19 *Suppl. Hell.*, p. **159**.
Euripide, *Alceste*, p. 235-236 ; 501-504, p. 233, 271-272 ; *Héraclès*, p. 186-187, 192 ; 177-180, p. **313** ; 357-415, p. 201 ; 375-379, p. **221** ; 408-417, p. **237** ; *Hippolyte*, 742-751, p. **267-268** * ; *Mélanippe*, fr. 484 Nauck[2], p. **39** ; *Syleus*, fr. 694, p. **336** ; fr. 228, 7-8, p. **107-108**.
— scholies à *Hécube*, 886, p. 80, 102 ; *Oreste*, 932, 1246, p. 60 et suiv., 77 ; 932, p. 96.
Hécatée de Milet, fr. 6 Jac., p. **213-214** ; fr. 26, p. 251 ; fr. 77, p. 258.
Hellanicos de Lesbos, *Troica*, p. 307 ; *Phoronide*, p. 59-60 ; fr. 26 Jac., p. 300, 301 ; fr. 36, p. 74-75 * ; fr. 105, p. 234 ; fr. 111, p. 256 ; fr. 112, p. 335.
Hérodoros d'Héraclée du Pont, fr. 15 Jac., p. 148 ; fr. 13-14, p. 282 ; fr. 17 et 18, p. 180 ; fr. 20, p 183 ; fr. 30, p. 278-279.
Hérodote, I, 1-2 et 5, p. 88 ; II, 91, p. 133 ; IV, 8-10, p. 263 ; 110-117, p. 242 ; V, 42-48, p. 257-258 ; 59, p. 161.
Hésiode, *Théogonie*, 116-160, 183-206, p. 38 ; 213, 215-216, p. 266 ; 270-336, p. 205-206 ; 287-294, p. **244**-245 ; 333-335, 516-520, p. 266-267 ; 535-616, p. 65.
(pseudo-), *Catalogues*, p. 51-54, 62-63, 67, 70, 72-73 ; fr. 34-35 Merkelbach-West, p. 326-327 ; fr. 193, p. 149 ; 195, 8-26, p. **154** ; *Bouclier*, p. 356 ; 1-56, p. **154-155** ; 220-227, p. **137** ; 479-480, p. 356.
— scholies à la *Théog.*, 216, p. 282.
Hippolyte, *Réf. hér.*, V, 7, 3-6, 1. 13-26 Marcovich, p. **49-50**.
Homère, *Iliade*, II, 615-630, p. 227-228, 318 ; V, 265-270, 640-651, p. 299 ; 395-397, p. 327 ; XI, 670-762, p. 328 ; 709-710, p. 315 ; XIV, 250-261 et XV, 18-30, p. 308-309 ; XIX, 103-105, p. **173-174** ; XX, 145-148, p. 299 ; XXI, 441-457, p. 300 ; XXIII, 69-76, 100 et suiv., p. **34** ; 638-642, p. 315 ; *Odyssée*,

XI, passim, p. 26-29 ; 206-208, p. **34** ; 602-604, p. 32 ; XXI, 11-41, p. 324.
Horace, *Odes*, III, 11, 27, p. 118 ; 33-52, p. **110-111**.
Hygin, *Fable* 100, p. 333 ; 143, p. 65 ; 170, 9-10, p. 117.
Ibycos de Rhégion, fr. 4 Page, p. **315**.
Lucien, 79. *Dial. dieux*, 15 (13), 2, p. **338**.
Macrobe, *Sat.*, V, 18, 9, p. 345.
Mégacleidès d'Athènes, p. 189-190.
Mégasthène, fr. XLVI Schwanbeck, p. 263.
Mélanippide, fr. 757 Page, p. **101**.
Ménandre, *Dyscolos*, 153-159, p. **139** ; *Samienne*, 761-767, p. 129.
Mimnerme, fr. 12 West, p. **248-249**.
Nicainétos, *Lyrcos*, p. 93-94.
Nicandre, *Mét.*, II, p. 352 ; IV, p. 175 ; fr. 104 Schneider, p. 149-150.
Nicolas de Damas, fr. 13 Jac., p. 192-193.
Nonnos de Panopolis, *Dion.*, XXV, 126-139, p. **141** (trad. F. Vian) ; XLVII, 474-741, p. 143.

Oppien d'Apamée, *Cynégétiques*, II, 109-149, p. 264.
Ovide, *Mét.*, I, 610-615, p. 85 ; 668-723, p. 87 ; IX, 285-303, p. 175.
Palaiphatos, fr. 31 et 32 Jac., p. 136.
Panyassis, p. 192, 195, 335 ; fr. *dub.* 31 Bernabé, 3 Davies, p. **250**.
Pausanias, III, 12, 2, p. 113 ; V, 10, 9, p. 199-200* ; VI, 19, 8, p. 265 ; VII, 17, 8, p. 317 ; VIII, 7, 2, p. 104* ; 53, 9, p. 330* ; X, 28-31, p. 30-32 ; 31, 11, p. 118.
Phérécyde d'Athènes, p. 59 ; fr. 10-12 Jac., p. 128 et suiv., 134-139, 144 ; fr. 16-17, p. 266-267 ; fr. 17, p. 273-280 ; fr. 18*a*, p. 250 ; fr. 42, p. 344 ; fr. 66, p. 74 ; fr. 69*a*, p. **178-179** ; fr. 75-76, p. 274-275.
Philétairos, fr. 18 Kock, p. 118.
Phrynichos, *Les Égyptiens*, n° 3, fr. 1 Snell, p. 99.
Pindare, *Isthm.*, III-IV, 73-75, p. **369** ; 83-88 (= IV, 65-70), p. 191-192 ; VI, 27-35, p. 308, **313**-314 ; VII, 5-7, p. 161 ; *Ném.*, I, p. 178 ; 61-72, p. **167**, 313 ; III, 22-26, p. **250** ; 36-37, p. 308 ; IV, 25-30, p. 308 ; VI, 1 et suiv., p. **37** ; X, 1-20, p. **57-58** ; 5, p. 96 ; *Olymp.*, III, 13-30, p. 220-222 ; 44, p. **247** ; IX, 33-35, p. **327** ; 49-61, p. 45-46 ; X, 15-16, p. **315**, 356 ; 24-77, p. 318 ; 29-30, p. **226** ; 31-34, p. **316** ; *Pyth.*, I, 63-66, p. **353-354** ; IV, 14, p. 97 ; V, 69-72, p. **354** ; IX, 112-116, p. **113** ; 113-114, p. 105 et 108 ; XII, 7-12 et 18-25, p. **138** ; fr. 81 Snell-Maehler, p. 253 ; fr. 130, p. **284** ; fr. 149*a*, p. 285 ; 169*a*, p. 232-233.
Pisandre de Camiros, p. 195, 205, 211, 224, 306.
Platon, *Timée*, 22*a*, p. 65, 69-70.
Plaute, *Amphitryon*, 203-261, p. 160.
Pline, VII, 56 (194), p. 64 ; XXVIII, 17 (59), p. **175**.
Plutarque, *Fêtes des Daidala à Platées*, fr. 158 Sandbach, p. 73 ; *Propos de table*, IX, 6, 2, p. **62** ; *Quest. gr.*, 51 (303*a*), p. **61** ; 58 (304*c*), p. 310 ; *Vie d'Héraclès*, fr. 7, p. 182 ; (pseudo-), *Parall.*, 7 (307), p. 187-188.
Pompée (Trogue), d'après Justin, II, 4, 18-25, p. 242-243 ; 32-33, p. 243 ; XLII, 3, 4, p. 263.
Porphyre, *De l'abstinence*, III, 15, p. 68 ; *Vie de Pythagore*, 34-35, p. 246.
Prodicos, 84 B 1 Diels-Kranz, p. 189.
Sappho, fr. 55 Lobel-Page, p. **35**.
Sénèque, *Hercule sur l'Œta*, p. 361.
Silius It., III, 420-440, p. 254.
Simonide, fr. 38 Page, p. **130**.
Skylax (pseudo-), 108, p. **268**-270 ; 112, p. 250*.
Sophocle, *Inachos*, fr. 270-272 Radt, p. 60 ; *Trach.*, p. 342, 360 ; 9-14, p. **343** ; 252-257, p. 338 ; 260-273, p. 322, 324-325 ; 555-577, p. 348 ; 559-561, p. **347** ; 1095-1097, p. 213.
Stésichore, *Géryonéis*, p. 244 ; S 7 *SLG*, p. 246 ; S 15, 6-17, p. 253 ; S

17, p. **249** ; S 19, p. 262 ; S 87, p. 245 ; *Kycnos*, fr. 207 *PMG*, p. 356.
Strabon, III, 5, 3-5 (169-170), p. 248 ; XVI, 2, 5 (750), p. 93 *.
Théocrite, XIII, *Hylas*, p. 352 ; XXIV, *Héraclès enfant*, p. 178, 181 ; 103-129, p. 179.
(pseudo-), XXV, *Héraclès tueur du lion*, 7-22, p. 227 ; 85-94, p. **228** ; 145-149, p. 232 ; 199-281, p. 208-209.
Théodectès de Phasélis, *Lynkeus*, p. 116.
Timée de Tauroménion, fr. 43 Jac., p. 259.
Virgile, *Én.*, VIII, 293-300, p. 199.
commentaire de Servius à l'*Én.*, IV, 58, p. 111 ; X, 497, p. 102 ; — *auctus*, à l'*Én.*, VIII, 299, p. 199.
Xénophon, *Cynég.*, I, 9, p. **306**.

Œuvres anonymes

Aigimios, p. 90, 342, 353-354.
Anacreontea, 9 Campbell, p. **179**.
Anth. Pal., VII, 154, 6, p. 75-76.
Anth. Plan., 91, p. 198-199 ; 92, p. **193-194**.
Bible, Genèse, premiers chapitres, p. 65-66 ; 3, 1-5, p. 282 ; 25, 22-23, p. 118 ; Isaïe, 27, 1, p. 211 ; Nombres, 16, 33 et suiv., p. 29 ; Psaumes, 74, 12-14, p. 211 ; I Samuel, 28, 3-25, p. 29.
Chronique de Lindos, B, v, p. 311.
Danaïde, p. **100-101**.
Epigr. Gr., 790 Kaibel, p. **317**.
Etym. Gen. B, *s.* Pyréné, p. 271-272.
Mariage de Kéyx, p. 342, 345, 353-354.
Mégara, p. 168, 321 ; 83-87, p. 174.
Méropis, p. 309-310, 313.
Phoronide, p. 59, 62, 65, 79, **84**.
Table Albani (*IG*, XIV, 1293), p. 169, 270 *, 290-291 *.

Œuvres sans titre

fr. 985 *PMG*, p. 49-50.
fr. 1168 *Suppl. Hell.*, p. 238, **240**.
P. Oxy., X, 1241, col. II, p. 75 ; II et III, p. 68 ; IV, p. 63.

TABLE DES MATIÈRES

Introduction 7

LE MONDE DES MYTHES

I. Le monde des mythes 19

II. Les Enfers 25

Une société comme une autre, p. 28. *Panorama*, p. 30. *Les Champs Élysées*, p. 32. *Des poèmes pour les morts*, p. 34.

III. Naissances 37

La castration originelle, p. 38. *Premiers combats*, p. 40. *Les autochthones*, p. 43. *Germinations minérales et hommes-fourmis*, p. 45. *Le frêne, le poirier et le tilleul*, p. 47. *Traditions régionales, fleuves ancêtres*, p. 48. *L'unité des Grecs*, p. 50.

ARGOS ET SES LÉGENDES

IV. La terre du premier homme 57

Le domaine d'Héra, p. 60. *Le plus ancien des hommes*, p. 62. *En famille : Phoroneus, Apis et Niobé*, p. 66. *Chaînes généalogiques*, p. 70. *Rois et bergers*, p. 74. *Io, fille d'Inachos*, p. 80.

V. Io, les tribulations d'une génisse 83

Vagabondages, p. 88. *La quête d'Io*, p. 92. *La délivrance*, p. 94. *Les enfants d'Io*, p. 95.

VI. Des Danaïdes aux filles de Proitos 99

Lerne et les sources de l'Argolide, p. 103. *Danaos parmi les siens*, p. 107. *Le massacre de Lerne*, p. 108. *La tendresse d'Hypermestra*, p. 110. *Le vrai mariage des Danaïdes*, p. 112. *La fin de Danaos, la fondation d'une famille*, p. 115. *Le tonneau des Danaïdes*, p. 117. *Les frères ennemis*, p. 118. *Mélampous, le hors-venu*, p. 120.

LES ANCÊTRES D'HÉRACLÈS

VII. Persée le conquérant 127

Une prison de bronze, une pluie d'or, p. 128. *La tête de la Gorgone*, p. 131. *Andromède et le monstre*, p. 139. *Meurtrier de Dionysos*, p. 143. *Parricide et fondateur de Mycènes*, p. 144.

VIII. L'avent d'Héraclès 147

Dans les eaux de Lépante, p. 151. *Les pirates taphiens et Amphitryon*, p. 153. *Le renard et le chien*, p. 157. *Le cheveu d'or*, p. 158. *La longue nuit*, p. 161.

HÉRACLÈS, ARGIEN ET THÉBAIN

IX. Héraclès aux multiples vies 165

Les modèles, p. 166.

X. Enfances 173

Naissance, premiers dangers, p. 174. *Premier crime*, p. 179. *Première chasse, premières amours*, p. 182. *Première guerre*, p. 184. *Héraclès armé par les dieux*, p. 188.

XI. Les Douze Travaux 191

La servitude, p. 191. *Un cycle ordonné*, p. 195. *Les plus anciens témoins*, p. 199.

XII. Six travaux dans le Péloponnèse 205

Le lion de Némée, p. 205. *L'hydre de Lerne*, p. 210. *Le sanglier de l'Érymanthe*, p. 213. *La biche de Kérynia*, p. 220. *Les oiseaux du lac Stymphale*, p. 223. *Les étables d'Augias*, p. 225.

XIII. Quatre travaux par le monde 231

Le taureau de Crète, p. 231. *Les juments de Diomède le Thrace*, p. 232. *La ceinture de la reine des Amazones*, p. 237. *Les vaches de Géryon*, p. 243. *Les colonnes d'Hercule*, p. 246. *Le bol d'or du Soleil*, p. 248. *Le retour d'Héraclès*, p. 253. *Une visite en Sicile*, p. 256. *L'Italie du Sud*, p. 259. *Un retour qui n'en finit pas*, p. 262.

XIV. Deux travaux vers l'Au-delà 265

Les pommes d'or des Hespérides, p. 265. *D'un bout à l'autre du monde*, p. 270. *Antaios, fils de la Terre*, p. 274. *Bousiris, le méchant pharaon*, p. 276. *Héraclès au jardin*, p. 279. *Cerbère*, p. 283. *Retour aux Douze Travaux*, p. 289.

HÉRACLÈS, HÉROS ET DIEU

XV. Les revanches 295

Refuges dans le Péloponnèse, p. 296. *Troie*, p. 298. *Paros, Thasos, le littoral thrace*, p. 301. *La gloire de Télamon*, p. 305. *Errances en mer Égée*, p. 307. *Le combat contre les Géants*, p. 313. *Vengeances et maraudes dans le Péloponnèse*, p. 314. *Les débuts des concours olympiques*, p. 318.

XVI. Le crime 321

Le meurtre d'Iphitos, p. 323. *Massacre en Messénie*, p. 326. *L'infortune d'Augé*, p. 331. *Héraclès aux pieds d'Omphale*, p. 334.

XVII. Mort et apothéose du héros 341

En Étolie : le mariage avec Déjanire, p. 343. *Le cadeau du Centaure*, p. 347. *Bandits de Grèce centrale*, p. 349. *Un bûcher sur la montagne*, p. 357.

XVIII. Le tombeau d'Héraclès 363

Note sur les abréviations 371

Tableaux généalogiques 377

Cartes 385

Index des personnages mythologiques 391

Index des principaux textes anciens traduits ou commentés 403

*Cet ouvrage a été composé
par l'Imprimerie BUSSIÈRE
et imprimé sur presse CAMERON
dans les ateliers de B.C.A.
à Saint-Amand-Montrond (Cher)
en décembre 1993*

35-14-8918-02/1

ISBN 2-213-02976-8

N° d'édition : 3085. N° d'impression : 679-93/145.
Dépôt légal : décembre 1993.

Imprimé en France

35-8918-1